Muriel Sch

Kein ganzes

Muriel Scheu

Kein ganzes Halbes

Mein schönes Leben als Junkie

Wunderlich

1. Auflage Januar 2010

Satz aus der Berthold Garamond PostScript (InDesign)
bei Pinkuin Satz und Datentechnik, Berlin
Druck und Bindung CPI – Clausen & Bosse, Leck
Printed in Germany
ISBN 978 3 8052 0879 6

Eindringlich sei dem Leser von der Autorin zugeflüstert: Dies ist ein Buch über die Gier, über Unersättlichkeit und nicht zuletzt über tragische Missverständnisse. Drogenabhängigkeit ist eine Krankheit, weder geeignet zur Verherrlichung noch zur Nachahmung empfohlen …

Für Fatih Akin

Georgetown, Insel Penang,
Malaysia Februar 1981

Beim Gedanken an die Todesstrafe wird der Atem flacher, und der Puls steigt. Die Mischung aus Risikolust, Beklemmung und Erwartung erregt. Die Möglichkeit der Todesstrafe als Gipfel der Genusssucht, als ultimativer Höhepunkt der Gier.

Mein Körper pumpt wuchtige Adrenalinschübe in jede Zelle, die Nerven sind fast zum Zerbersten gespannt, mein Herz kreist stoßend wie eine Schiffsschraube. Hunde jaulen und heulen in der tropischen Nacht, ein seidiger Luftzug, der etwas von weichem Leder hat, streift meine Gesichtshaut, auf der der Schweiß perlt. Meine Augen sind zu schmalen Schlitzen geworden, denen des Rikschafahrers ähnlich, der vor mir mit sehnigen Beinen und ausgemergeltem Gesicht gleichmäßig in die knarrenden Pedale tritt. Neben mir sitzt mit starrer Miene Chico aus der Dominikanischen Republik. Ich kann seine verhaltene Erregung spüren. Hinter uns in der zweiten Rikscha befinden sich Paul, Kanadier, und John aus London, gefolgt von der letzten Fahrradkutsche, die die beiden Australier Simon und Alan transportiert.

Rumpeln, Quietschen, Widerhall – nur wir sind auf der Straße. Sämtliche Häuser sind geschlossen, die Rollos sind zu, die Läden und Geschäfte verrammelt. Um 21 Uhr 30 Ortszeit sind in Georgetown die Bürgersteige hochgeklappt … die Dunkelheit ist die Geisterzeit. Wir fahren durch die Chulia Street, biegen ab in die Gasse, in der tagsüber heruntergekommene Südinder und Malayen mit allem dealen, was illegal ist, gegenüber vom Noble Hotel mit den überdimensionalen roten chinesischen Schriftzeichen, und verlieren uns im Labyrinth der engen Gassen, in die kein Auto passt. Eigenartige Gerüche – und ekelhafte – steigen meine Nase hoch.

Vor einer steilen Leiter hält unser Fahrer das Gefährt an. Mein Herz klopft bis zum Hals. Steif springen wir von dem schiefen, aufgeplatzten Kunstledersitz und folgen der lapidaren Kopfbewegung des Malayen. Ein Blick nach links, ein angespanntes Blinzeln nach rechts – alles in Ordnung. Niemand ist uns gefolgt.

Als Erste klettere ich so schnell es geht die schmale Stiege hoch bis in den ersten Stock. Die fünf Männer folgen. Vor mir ein länglicher Korridor mit einer einzigen Tür am Ende. Es ist fast stockdunkel. Tastend bewegen wir uns leise fluchend vorwärts. Ich hole tief Luft und öffne mit einem Ruck die halb vermoderte Tür. Augenblicklich schlägt mir der typische, unverkennbare, die Sinne kitzelnde Duft entgegen, vergleichbar mit nichts anderem auf der Welt. Gierig bleibe ich mit bebenden Nasenflügeln stehen, sauge den Geruch bis in die Spitzen meiner Lungen und lasse den Blick schweifen. Am Boden sind auf abgenutzten Linoleumstreifen einzelne Plätze von gespenstischen Gestalten belegt, den Kopf auf einer hölzernen Stütze, die Augen entweder geschlossen oder den starren, glänzenden Blick in eine unendliche Ferne gerichtet … so weit weg.

Ein Junge von etwa zehn Jahren, sehr hübsch, dunkelbraun, geschmeidig, weist uns still unsere Plätze zu. Nur die dunkelhonigfarbenen Petroleumlampen verbreiten ein diffuses Zwielicht, Schatten aus einer anderen Welt erreichen die Wände des Bretterverschlages – denn mehr ist es nicht. Ich strecke mich auf meinem Linoleumplatz aus und höre, wie Simon und Chico leise ihrer Enttäuschung Luft machen. Sie hatten einen Ort mit schweren Brokatvorhängen, dicken Teppichen, Porzellanlampen und vierzehnjährigen Mädchen als Bedienung erwartet, nicht so etwas realistisch Heruntergekommenes wie das hier. Ein zweiter Junge, dem anderen zum Verwechseln ähnlich, hockt sich neben mich. Er hält ein Bündel mit etwa vierzig Zentimeter langen Holzstäbchen wie einen seltenen Blumenstrauß in der Hand, an der deutlich die Sehnen hervortreten. Oben an der Spitze der Stäbe befindet sich jeweils eine schwarze, kirschgroße Kugel. Geschickt dreht er einen der Klumpen über der schimmernden Funzel, bis er ölig zu glänzen beginnt. Immer wieder knetet er die erhitzte Masse zwischen Daumen und Zeigefinger, bis sie Fäden zieht. Im richtigen Moment, wenn die Substanz schon fast wieder erkaltet ist, reißt er mit einem Ruck ein etwa zehn Zentimeter langes, dunkelkaramellartiges, dünnes Stück ab, rollt es gekonnt in der Handfläche zu einem maiskorngroßen Kügelchen und stopft es in den dicken, runden Kopf einer Pfeife mit fast sechzig Zentimeter langem Schaft. Er hält sie verkehrt herum über ein Lämpchen mit einem Kerzenstummel, um die Masse erneut zu erhitzen, dann reicht er mir die Pfeife mit ausdruckslosem Gesicht. Tiefschwarz sind seine Riesenpupillen, in denen der Widerschein der Funzel schwach glimmt. Auf der Seite liegend, den Kopf auf der Holzstütze, nehme ich einen tiefen Zug, sauge mit aller Kraft, aber langsam, wohldosiert, denn es muss das ganze Kügelchen in einem Zug weggeraucht werden. Meine Lungen füllen sich mit dem Qualm. Auf den anderen Plätzen liegen schweigend meine Begleiter in Erwartung ihrer Pfeife. Sie beobachten jede meiner Bewegungen aufmerksam; für sie alle ist es das erste Mal. Ich kenne die Prozedur bereits aus Thailand, nicht aus dem Film, wie sie. Die schönen Zwillingsbrüder bedienen jeden. Dann die zweite Pfeife, alles wie vorher: erhitzen, drehen, kneten, ziehen, wieder erhitzen, in der Handfläche rollen, rein in den hölzernen Pfeifenkopf. Eine dritte Dosis. Allmählich senkt sich der Pulsschlag.

Ich spüre einen intensiven Blick aus schmalen Augen, der gespannt und distanziert an meinem Körper heraufwandert, um schließlich auf meinem Gesicht zu verweilen. Auf dem Platz neben meinem liegt ein bronzefarbener, muskulöser Mann Ende zwanzig. Anerkennend nickt er, als er sieht, dass ich in der Lage bin, die Pfeife komplett in einem langen, nicht enden wollenden Zug zu leeren, den Rauch ganz langsam in einem dünnen Faden aus gespitztem Mund auszustoßen. Sein Gesicht ist herrlich, eine geschwungene Nase mit nicht allzu breitem Rücken, voller, sehr fein geschwungener Mund, Lippen mit klarer Kontur, eigenwilliges Kinn, wacher, kluger Blick, mandelförmige Augen aus hellgelbem Bernstein. Das tiefschwarze Haar ist im Nacken zu einem dicken Knoten geschlungen, eine

Strähne hängt nachlässig heraus. Sie reicht ihm fast bis an die Hüfte und glänzt geheimnisvoll, vielversprechend … unsere Augen treffen sich, träumerisch und weich.

Der Junge kommt wegen der vierten Pfeife wieder, doch auf einen Wink, den ich kaum als einen solchen wahrnehme, huscht er davon und beschäftigt sich mit Paul, wie ich verschwommen erkennen kann. Der Langhaarige mit den seltsamen Gelbaugen beugt sich vor, bereitet wortlos und gelassen die Pfeife zu und bietet sie mir an. Er ist schnell über mir, bevor ich den Rauch ausstoßen kann, öffnet den Mund – ah! diese Zähne! – in Erwartung des Qualms. Ganz langsam puste ich ihm den sich windenden Faden zwischen diese makellosen Perlen. Panthergleich dreht er sich wieder zur Seite, träge, sicher, und stößt mit einem tiefen, leisen Seufzer den Restrauch aus. Wir verfolgen mit unserem Blick seinen Weg unter die Decke des Raumes, bis nichts mehr zu erkennen ist. Ich starre gedankenverloren in die düstere Höhe über mir, sehr wohl den Blick des Tieres spürend.

Mit sehr leiser, ruhiger Stimme fragt er mich langsam, aus welchem Land ich komme und wie mein Name lautet. Ich schaue mir sein feines Gesicht an, bevor ich gedämpft antworte. Er betrachtet mich in aller Ruhe, nickt andeutungsweise. Mit der flachen Hand deutet er auf seine Herzgegend, zieht mit einem kleinen Schniefer die Nase hoch und stellt sich vor:

«My name Sunny Chow, me Malaysian people, I been to your country last year.»

Reizvoller Akzent. So weich.

«Where?»

«In Stuttgart, Heidelberg, Frankfurt. I like German girls. You first time in Penang?»

«Äh, no. I've been here once before.»

Er zeigt wieder lächelnd seine Drachenzähne.

«You know cloud biting, hhmm?»

Ich senke in einer Bewegung kurz den Kopf, blicke ihm in die Augen.

«I know cloud biting.»

Er nickt träge. Flüsternd, abgehackt kommen die Worte.

«I can see that.»

Er benutzt den poetischen Ausdruck, Wolken beißen. Das gefällt mir sehr. In meiner Heimat, dem angeblichen Land der Dichter und der Denker, existieren solche feinsinnigen Umschreibungen nicht, ganz abgesehen davon, dass «Wolken beißen» bei uns keine Tradition hat. Der Bernsteinäugige schaut sich nach meinen Begleitern um. Wieder zieht er mit einem leisen Geräusch die Nase hoch und kratzt sich kurz mit dem sehr lang gewachsenen, mit abblätterndem roten Nagellack versehenen Nagel des kleinen Fingers an der Wange. Fast geschlossen sind seine merkwürdigen Augen.

«Want one more smoke?»

Ich nicke kurz. Er macht die fünfte Pfeife fertig, zwischendurch mustern mich einmal kurz die schimmernden, gelben Augen. Alan ist von seinem Linoleum aufgestanden, hockt sich etwas unbeholfen, leicht schwankend, neben mich, will von mir wissen, wie viel er rauchen soll, um eine optimale Wirkung zu erzielen.

«Not more than five pipes, maybe you will be sick after enjoying too much of it. Remember death penalty!», sage ich leise zu ihm.

«Man, I'm ready for more!»

Er ist heiß drauf geworden, das kann ich sehen. Ich halte eine Hand hoch, alle Finger abgespreizt.

«Five! Not more!»

Er starrt mich begriffsstutzig an und huscht mit leichten Gleichgewichtsstörungen zurück auf seinen Platz.

«This man not know cloud biting. I can see that.»

Gedämpft klingt die Stimme von Sunny Chow durch die Schwaden der fünften Pfeife. Auch diesmal kriegt er wieder seine Ladung in den Rachen geblasen. Benebelt lehnen wir uns zurück. Die Schatten summen leise. Die Zeit steht still. Einander zugewandt liegt jeder von uns auf seinem Platz. Der Junge aus Samt und Sehnen bietet eine sechste Pfeife an, doch ich winke ab. Mit halb geschlossenen Augen und halb geöffnetem Mund genieße ich die gute Qualität. So muss es sein, das Opium!

Sunny Chow und ich schauen uns an, vergessen, wo wir uns befinden. Seine Augenschlitze mit der hellgelben Iris funkeln. Die Pupillen sind so gut wie gar nicht mehr zu erkennen. Habe ich auch so einen Blick? Ich habe, ich fühle es, auch diese dämonischen Augen, die erst recht bei heller Farbe geisterhaft mutieren, das Schwarze nur noch stecknadelkopf klein.

Satte, schwüle Schwere bemächtigt sich meiner. Befriedigt und vollkommen entspannt liege ich fest und doch so schwebend wie eine Feder einfach nur da, berauscht von den Pfeifen, der geheimnisvollen, gefährlichen Atmosphäre, der überwältigenden, exotischen Schönheit meines neuen Bekannten, errege mich am Verbotenen, auf das die Strafe des Todes durch Erhängen oder Genickschuss steht.

Ich bin immer noch so wach, dass ich mir zutraue, notfalls zu flüchten, während die Männer eine Pfeife nach der anderen geraucht haben.

Sunny Chow bemerkt mein Schielen auf die Armbanduhr. Wenn wir den letzten Nachtbus nach Batu Ferringhi, fünfzehn Kilometer vor Georgetown, wo wir logieren, erwischen wollen, sollten wir jetzt mal die Hufe schwingen. Wie selbstverständlich hilft mir Sunny Chow, die Männer zu wecken. Wir stecken den Zwillingsbrüdern einige Scheine zu. Schlapp wanken wir durch den stickigen, dunklen Korridor, die Männer sind in keinem guten Zustand und taumeln. Sunny Chow hilft mir, sie einzeln die steile Leiter hinunterzuhieven und in die im Schatten der chinesischen Häuser wartenden Rikschas zu verfrachten. Kein leichtes Unterfangen, denn sie alle haben gut die doppelte Dosis wie ich, sie haben sich in ihrer Gier verschätzt. Halb tot hängen sie jetzt in den Fahrradkutschen. Paul würgt und kotzt grunzend einen ordentlichen Schwall platschend auf die Straße. Leise flucht er.

«Fuck!»

Mir schwant Übles, doch die Gasse ist leer. Gleichmütig setzt sich der Fahrer unserer Rikscha in Bewegung. Chico, schweißbedeckt, zusammengesunken, halb links aus dem Gefährt heraushängend, ab und zu stöhnend und sich den Bauch haltend. Zwischen uns eingezwängt Sunny Chow, der dann und wann aufmerksam die Augen in alle Richtungen schweifen lässt und mir mit einer Geste bedeutet, mich ruhig zu verhalten. Ich hätte sowieso geschwiegen. Ich lausche konzentriert dem Hundegebell, dem Hähnekrähen, dem gleichmäßigen Radeln des Rikschamannes. Wir biegen um die Ecke und passieren den Khoo-Kongsi-Tempel, dessen zierlich geschwungene Dachfirste als Silhouette in der Dunkelheit auszumachen sind. Die Grillen zirpen in voller Lautstärke. Nachtvögel geben unheimliche Laute von sich. Der Duft der Räucherstäbchenbündel des Familientempels der Khoo hinterlässt eine feine Spur. Hinter einem Fensterladen schreit ein Baby. Staunend empfinde ich tiefe Zufriedenheit, wie ich sie so oft in Tropennächten fühle – und seit meiner Kindheit immer wieder suche.

Wir erreichen den Busstand. Mühsam klettern die fünf Männer der westlichen Welt in den fensterscheibenlosen, rostigen Bus, der zahlreiche Monsungüsse erlebt hat. Jeder will am Fenster sitzen, um mehr Fahrtwind abzukriegen, geschafft und breit, wie sie sind. Sunny Chow und ich haben ein Auge auf sie, argwöhnisch mustern wir aufmerksam gespannt unsere Umgebung im Bewusstsein, was uns droht, wenn wir geschnappt werden. Ächzend setzt sich der Bus in Bewegung. Beim ersten Schlagloch hängen Chico und Simon kotzend aus der Fensteröffnung. Vor mir wischt sich Alan den Mund ab und grinst mich an.

«That was good, man! You got guts – I'll never forget this night in my life!»

«Are you alright?»

Er verdreht die Augen. «Man, I'm fine!»

«Yeah, man, it's phantastico, si!», meint auch Chico mit seinem spanischen Akzent zwischen zwei Brechanfällen. Wir sind alle klatschnass vom Schweiß. Ich fühle mich großartig. Wir passieren die Vorstadt mit den verrückt verbauten Häusern, bis links nur noch undurchdringlicher Dschungel und rechts die Brandung mit schäumenden Kronen auszumachen ist. Das Eigentümliche an dem Strand sind die riesigen Felsbrocken, wie gigantische Kartoffeln in Soße, umspült von sanften Wellen, gluckernd und murmelnd. Sunny Chow starrt neben mir aus dem Fenster in den Regenwald, ich bin in die Betrachtung des Meeres versunken. Ich weiß, dass da ein unsichtbares Band zwischen uns besteht, und das lässt mich schneller atmen. Wieder diese Erregung. Wieder dieser Kick. Immer wieder will ich das, ohne Ende wieder und wieder.

Ab und zu vernehme ich ein «Great!», «Phantastico!», «Fabulous!» und dann und wann noch ein rülpsendes Würgen, begleitet von hohem, albernem Kichern. Schrill klingen die Grillen und die anderen Insekten im Urwald, aufdringlich hallt das Gequake der Frösche in meinem Schädel, bis ich völlig eingelullt bin. Schaukelnd hält mit schrillem Reifengekreisch der abgewrackte Rostbus. Ein Mann nach dem anderen kriecht heraus, der uniformierte Fahrer blickt ausdruckslos aus seinen Schlitzaugen hinter uns her. Schwankend tapsen wir am Dschungel vorbei, es ist stockdunkel.

Penetranter Gestank nach verrottender organischer Materie weist uns den Weg. Unser chinesischer Guesthousebesitzer ist hauptberuflicher «Krabbenfermentierer». Die verwesten, getrockneten Krabben werden zu Pulver zermahlen und zusammen mit einer geringen Menge pulverisiertem Trockenfisch, Sojasoße, Salz und Zucker zu der überall in Südostasien beliebten Fischsoße verarbeitet, vor allem in Thailand ist sie als «Nahrm Pla», wörtlich «Fisch Wasser», von keinem Tisch wegzudenken. An die Taschenlampen haben wir nicht gedacht, und Straßenbeleuchtung gibt es in diesem Teil der Welt noch nicht. Mit jammernden Wehlauten öffnet sich das metallene Schiebegitter. Die angetörnten Jungs verschwinden grunzend, hustend und würgend in ihren Schlafverschlägen.

Sunny Chow steht wie ein Schatten neben mir. Leicht berührt sein Handrücken meinen, es fühlt sich vertraut und richtig an. Gut. Wir schleichen die Straße zurück, wortlos. Auskostend. Vor uns ein enger Dschungelpfad, fast vollständig zugewachsen. Die Blätter der Urwaldpflanzen rascheln, knistern, locken vielversprechend, verführerisch. So verführerisch … so gut.

Tastend, Schritt für Schritt, berührt von den feuchten, warmen, lebendigen Blättern, arbeiten wir uns durch den Dschungelpfad. Ich trete auf was Weiches, meiner Kehle entfährt ein unterdrückter Laut. Sunny Chow legt seine Hand auf meine Schulter. Mit leiser, beruhigender Stimme:

«Relax. Keep cool.»

Tiefes Vertrauen weckt dieser Klang, ich entspanne mich. Er nimmt mich an die Hand, und ich lasse mich führen wie ein kleines Mädchen.

Unheimliche Geräusche dringen an mein Ohr, winden sich durch meinen Schädel, bohren sich in mein Hirn: überall Insekten, Moskitos, Blutegel, Fühler, die nach mir suchen, Antennen, die mich ertasten. Etwas knackt vernehmlich unter meinem Fuß, ich schaffe es, dem keine Beachtung zu schenken, voll Vertrauen auf die feste, warme Hand, die mich sicher leitet, für mich sorgt, mich beschützt.

Fließendes, singendes, gurgelndes Wasser, ganz in der Nähe, jetzt noch näher. Sanft und entschlossen werde ich vom Wasser weggebracht. Nach einigen Metern ertaste ich eine Holzunterlage, darüber noch eine, und dann noch eine. Es geht eine Art Treppe hinauf, ich höre, wie schleifend ein Vorhang zur Seite geschoben wird. Und da ist er wieder, der Geruch des Opiums. Ich mache die Augen auf. An meinem Nacken spüre ich Sunny Chows Atem – oder ist es ein heißer Windhauch? Vor mir ein einzelner Raum einer auf landestypische Art auf Stelzen gebauten Hütte aus Holz und Bambus, am Boden drei Linoleumschlafplätze recht eng beieinander, über die einige sehr schöne Tücher gebreitet sind. Eine Kiste in einer Ecke ist vollgestopft mit Kleidung aller Art. Beleuchtet ist das Ganze nur von der Kerzenlampe, über die ein magerer Europäer eine Opiumpfeife hält. Er lächelt.

«Hallo. I am Peter from Germany.»

«Hallo, Muriel aus München.»

«Wo wohnst du denn da?»

«Kolumbusplatz.»

«Kenn ich. Ich bin aus Stuttgart.»

Er mustert mich neugierig.

«Wie lang bist du schon unterwegs?»

«Drei Wochen. Und du?»

«... Penang ... zwei Jahre. So schnell werde ich auch nicht zurückkehren können.»

Er hält die Handgelenke kreuzförmig übereinander. Nun, der

Grund, warum sie ihn in den Bau stecken wollen, geht mich nichts an. Er schaut auf.

«Wo warst du vorher?»

«Sri Lanka, Thailand. Wohnt ihr beiden hier, du und Sunny Chow?»

«Ja, seit sie ihn entlassen haben bei der Polizei. Kannst du dir Sunny Chow als Bullen in Uniform vorstellen? War doch völlig klar, dass so ein Irrer da nicht zurechtkommt. Seitdem zieht er von einem Ort zum andern. Diese Hütte war verlassen, wegen der bösen Geister, die hier umgehen. Jetzt wohnen wir hier.» Er bedeutet mir, mich auf den mittleren Platz niederzulassen, und reicht mir die Pfeife. Sunny Chow hat es sich bereits auf der Liege links neben mir bequem gemacht. Das mit den bösen Geistern, das interessiert mich.

«Erzählt mir was von den bösen Geistern!»

«She wants to know about the evil spirits around», wendet sich Peter an Sunny Chow. Dessen Miene verfinstert sich einen Moment unmerklich. Sunny Chow zündet ein Räucherstäbchen an. Ich ziehe den Opiumrauch langsam ein und blase ihn zu Sunny Chow rüber, der lächelt.

«Neulich erst ist hier ein böser Geist an der Hütte vorbei zum Wasser gezogen, wir haben ihn genau gespürt und hatten eine Gänsehaut vor Kälte. Seltsame Schlurfgeräusche hat er verursacht, und die Tiere waren praktisch still … sogar die Insekten.»

Nachdenklich starrt mich Peter an.

«Remember putrid smell from spirit!» Sunny Chows Stimme ist kaum zu hören. Selbstverständlich ist er, wie alle Einheimischen, von der Existenz unzähliger Geister und Dämonen fest überzeugt. Ein böser Geist, der übel stinkt? Das habe ich auch noch nicht gehört.

«Wieso zum Wasser? Was will der Geist am Strand? Etwa schwimmen?»

«Böse Geister streben immer dem Wasser zu, weißt du, auf Bali glauben sie, dass alles Böse aus dem Meer kommt, auch hier in Malaysia ist das Meer ein Ort des Schreckens. Vielleicht kehrte der Geist ja heim!»

Sunny Chow gibt die Pfeife über meine Hüfte hinweg an Peter zurück, der sie sofort neu zuzubereiten beginnt, sich auf Chinesenart auf die Seite legt, sie umgekehrt über das Lämpchen hält und in einem Zug leer raucht. Noch eine, meine, wird fertig gemacht. Nach einem tiefen Zug gebe ich die bemerkenswert schöne Pfeife weiter.

«Feines Gerät!»

Anerkennend nicke ich Peter zu.

«Wir dealen mit so altem Kram. Willst du was sehen?» Im Liegen holt Peter aus der Klamottenkiste eine abgenutzte, schmierige Decke hervor. Vorsichtig knüpft er die Knoten auf und schlägt feierlich den Stoff beiseite. Gespannt blickt er mich an. Vor mir liegt ein gutes Dutzend antiker, gebrauchter Opiumpfeifen der unterschiedlichsten Größen und Ausführungen, jede auf ihre Art eine Kostbarkeit.

«Ich darf doch?»

«Bitte!», sagt er stolz. Langsam lasse ich den Schaft durch meine Finger gleiten. Feine Silberornamente in thailändischer Schrift sind mit Muscheln und Perlmutt eingelegt. Wie der Flügel eines Schmetterlings, so zierlich und fein ist das Mosaik aus den verschiedenen Materialien verwoben, bildet Muster, Linien, Bewegung. Der Kopf ist aus einem Stück Teakholz geschnitzt, auch daran finden sich feinste Muschelschalen, winzige Krebsscheren, Perlmutt und Silber.

«Gefällt?»

«Gefällt sehr!»

Bewundernd nehme ich eine andere in die Hand. Sunny Chow pustet mir sehr angenehm und gekonnt unaufdringlich auf meine von der Hitze feuchte Schulter, ein schönes Gefühl, und wirklich etwas abkühlend. Der Duft der Räucherstäbchen harmoniert perfekt mit dem Aroma des Opiums. Noch ein tiefer, tiefer Zug und ich versinke, die antike Pfeife mit den winzigen Massivsilber-Buddhas im Schoß. Peter nimmt sie mir weg und legt sie zurück.

Von weit her höre ich ihn lauernd fragen:

«Möchtest du einen wahren Schatz sehen?»

«Zeig her.»

Ich kann nur noch flüstern. Er kramt in der unergründlichen

Tiefe der geheimnisvollen Kiste und legt mir eine schwere und doch leichte, feste und doch nicht harte Pfeife in die Hände.

«Fühl sie nur!», fordert er mich auf. «Was ist das für ein Material, was würdest du sagen?»

Ich befühle das Ding. Eigenartig. Ein seltsames Gefühl beschleicht mich.

«Keine Ahnung.»

Sie schimmert ganz matt, wie dunkles Elfenbein, liegt gut in der Hand, fast schon ein Colani-Modell, so körpergerecht. Dieser polierte, glatte Schaft mit einer leichten Einbuchtung auf der Längsseite, die sich vom Mundstück bis hin zum Kopf zieht.

«Sie scheint mir aus einem Stück gearbeitet, kann das sein?»

Auch ist sie ein Stück kürzer als die anderen Pfeifen.

«Oberschenkelknochen. Vom Menschen.»

Ich hatte es geahnt.

«Woher hast du sie?»

Jetzt bin ich erst recht neugierig geworden. Peter antwortet nicht, sieht mich aus blauen Augen mit stecknadelkopfkleinen Pupillen an, während Sunny Chows Hand sanft meine Hüfte streichelt. Der Deutsche legt den Zeigefinger an den Mund und schüttelt einmal kurz den Kopf. Statt zu antworten, macht er ein Stück von dem klebrigen, schwarzen Zeug rauchfertig. Schweigend lächelt er und bietet mir die Pfeife aus Menschenknochen an. Seine von der Sonne gebleichten Locken kleben an seiner schweißnassen Stirn. Es ist heiß. Sehr heiß.

Die Hütte ist voller Qualm, der sich in phantastischen Formen zu geisterhaften Phänomenen verdichtet, sich weiterwindet, um sich schließlich zu verlieren. Im Dschungel draußen vor der Stelzenhütte, wo die Rafflesia, die größte Blume der ganzen Welt, wächst, wiegen sich die Riesenpflanzen, Lianen, Schlinggewächse, vielfältige Arten schlanker Palmen, gigantische Pilze und gefräßige Orchideen zum unheimlichen Chor der nachtaktiven Vögel, vereinen sich mit dem Rascheln und Schleichen der Kriechtiere und dem allzu schrillen Gezirpe der Myriaden von Insekten.

In dieser Nacht werde ich halb tot gestreichelt von einem malaysischen Exbullen mit hüftlangem Schwarzhaar und Goldaugen und einem blondgelockten, silberäugigen Mitteleuropäer.

Links an meiner Hüfte wandern Sunny Chows Hände bis zur linken Brust, deren pochender Herzschlag unter seiner Berührung noch heftiger wird. An meinem Ohr lausche und empfinde ich die zarten, bösartigen, gehauchten Einflüsterungen des Deutschen. Längst sind wir alle drei nackt. Unsere Körper glänzen, überzogen sind sie von schimmernder Feuchtigkeit, wie eine zweite Haut, die uns soeben erst gewachsen ist, erfunden in einer Tropfsteinhöhle irgendwo in einem Land, in dem die Vision der wahre Schatz der Dinge ist. Sunny Chow legt behutsam eine fremde Blume, tiefrot wie Rubin und Blut, auf mein feuchtglänzendes Schamhaar. Ich empfinde weder wer noch wo ich bin. Nur der Moment zählt. Diener des Augenblicks.

Sunny Chow spielt sich an meinem linken Oberschenkel hinunter, mit der Zunge und den Wunderlippen, erreicht das Knie, hält kurz inne, um es sich anzusehen, gleitet weiter die Wade entlang, um meinen linken Fuß abzuküssen. Peter knabbert an meinem rechten Ohr, fährt seine Form mit der Zungenspitze ab, saugt an dem Ohrläppchen, so, dass ich halb besinnungslos in die weichen Tücher gepresst werde. Meine Zehen werden einzeln ganz wunderbar abgelutscht, jede wird mit der größten Aufmerksamkeit behandelt. Peters Mund verschmilzt mit meinem, ganz sacht, wie von selbst. Seine Zunge erfasst die meine, und dann beißt er vorsichtig zu. Ich fühle seine Erektion rechts an meinem Bein. In Ruhe werden meine Oberschenkel auseinandergezogen, so breit es geht. Sunny Chow kniet, Unverständliches murmelnd, fast wie ins Gebet versunken, dazwischen, seine verschwommenen Pantheraugen unter den schweren Lidern sind auf mein Gesicht gerichtet. Peter küsst meinen Busen und streckt seinen Arm aus, drückt Sunny Chows Gesicht an die richtige Stelle. Mir dreht sich alles, ich taumele, flach ausgestreckt an den Boden gepresst, fliege ich durch eine fremde Dimension neuer Erfahrungen, nie gekannter Empfindungen, in ein Meer von Gefühl und Gespür, auf Wogen von Duft auf Duft, von Haut auf Haut, von Lippen auf Lippen, Augen auf Augen, Haaren auf Haaren, Nässe auf Nässe, Glattem auf Glattem. Ich bin besiegt, obwohl ich nicht an Widerstand dachte. Die Zungen zwischen meinen Beinen, die fremden, schönen Männer, die sich lasziv, aufreizend langsam und so wild küssen dort unten, der hungrige Gecko unter der Decke des Universums auf Insektenjagd – Fleisch. Mit verdrehten Augen liege ich da und weiß gar nicht, wer von den beiden mir jetzt seinen Harten reinschiebt, ich empfinde nur ein ungeheures Gefühl des Schwebens, des Schmelzens, in meinem Kopf tief drinnen atmen zehntausend Wesen, kitzeln von innen mit ihrem Wimpernschlag meine triefende Schmerzgrenze. Zuckend schließe ich die Augen. Elektrisiert halte ich beide im Arm, wer ist wer, egal, schweißveredelt bilden wir einen schwer atmenden Haufen aus Körpern. Verschlungen ineinander fallen wir in einen schläfrigen Traum, uns immer wieder berührend, mit den Mäulern nacheinander schnappend, da es unmöglich geworden ist aufzuhören, Zähne an Schulter, dichtes Haar auf Hals, Hände um Taille, Arm um Hüfte, Beine um feste Pobacken, Hand um fremden, warmen, geschmeidigen Nacken geschlungen. Tief. Den Duft des Lebendigen und der Haut. Atmend. Wir sind vollkommen. Wir heben schweigend ab ins Bodenlose.

Im großen Freiluft-Fisch-Restaurant am Strand von Batu Ferringhi stehen überall Aquarien und Wasserbecken mit lebendigen Langusten, Krabben, Hummern. Bizarre Formen, schuppig, mit und ohne Panzer, mit und ohne Fühler und Scheren; alles ist da, was das Meer zu bieten hat, vom Redsnapper bis zum Jellyfish, von der Abalone-Muschel bis zur Seegurke, vom Seeigel bis zum Kugelfisch. Dieser ist allerdings nur Dekoration, denn wenn seine Leber oder seine Eierstöcke bei der Zubereitung auch nur ganz leicht angeritzt werden, wird das starke Nerven- und Stoffwechsel-Gift den Essenden töten. Es ist typisch für die Todessehnsucht der Japaner, dass dort etwa hundertzwanzig staatlich geprüfte Köche den Kugelfisch zubereiten; sie nennen den Fisch Fugu. Meine Augen verfolgen den Giftfisch, der nervös fächelnd mit seinen fast durchsichtigen, unproportional kleinen Propellerflossen im Wasser zu stehen scheint, ohne sich vom

Fleck zu rühren. Starre, runde Augen glotzen scheinbar ins Leere. Stacheln ragen hier und da in unregelmäßigen Abständen aus seinem Schuppenpanzer. Wird er gereizt, der Giftige, groß wie zwei Männerfäuste, pumpt er sich zu doppelter Größe auf, und sein Kussmaul spitzt sich noch mehr zu.

«Fascinating creature, isn't it!»

Dunkle Stimme, französischer Akzent. Glatte, mit Gel zurückgekämmte braune Haare, etwas über schulterlang, braune Augen, Lacoste-Hemd in Dunkelblau, Jeans mit Bügelfalte. Ich nicke.

«Right.»

«Where are you from?»

Ich sage es, spreche aber kein Französisch mit ihm, man kann nie wissen. Xavier aus Belgien arbeitet seit zwei Jahren in Singapur in der Werbebranche.

«Do you want to have dinner with me?»

Klar lasse ich mich zum Essen einladen. Er reicht mir den Arm.

«Madame!»

Wir schlürfen Cocktails, Singapore Sling, mit ordentlich Gin drin, in meinem leicht desolaten Zustand genau das Richtige. Als ersten Gang gibt es eine exzellente Sharkfin-Soup, Haifischflossensuppe. Damals hatte ich noch kein Umweltbewusstsein.

Das Lokal ist heute wegen des chinesischen Neujahrsfestes bis auf den letzten Platz besetzt. Komplette Sippen haben sich aufgeregt durcheinanderplappernd an den Tischen niedergelassen, alle sind fein gemacht, vor allem die Kinder sind geputzt und geschmückt. Die kleinen Mädchen mit Make-up, Lippenstift, Rouge und geschwärzten Augen sehen mit den roten, rosa und weißen Blüten im pottschwarzen Haar aus wie Miniaturnutten, so riechen sie auch; man hat sie mit süßlichem, schwerem Parfüm überschüttet. Während wir Ingwer-Fisch essen, bricht draußen vor dem Eingang ein lautes Getöse aus, Gongs, Tröten, Rasseln und Trommeln begleiten mit Krachern, Böllern und stinkendem Knattern einen Glücksdrachen. Unter der Maske mit Glotzaugen und geöffnetem Rachen steckt ein Halbwüchsiger, vier, fünf andere sind unter dem acht Meter langen Schwanzteil verborgen. Sie springen durch die

Tische und wackeln mit Kopf und Verlängerung, die Erwachsenen stopfen Geldscheine in den offenen Rachen, während viele Kinder vor Angst anfangen, laut zu weinen. Schutzsuchend verstecken sich die Püppchen der Nachbarn unter dem Tisch. Lachend versucht eine schildkrötengesichtige Oma ein Mädchen unter ihrem Stuhl wieder hervorzulocken, schwätzt quäkig auf das Kind ein. Ich nehme die chinesischen Laute auf – fremd, kompliziert, ungewohnt. Eine seltsame Sprache, auf die sich da ein Millionen und Millionen zählendes Volk eingelassen hat. Angeblich ist jeder vierte Mensch auf der Welt Chinese.

Unter unserem Tisch spüre ich Xaviers Füße, frech schaut er mir gerade in die Augen. Ich erwidere den Blick ungerührt und verpasse ihm einen kräftigen Tritt. Er zeigt nicht die geringste Reaktion. Das Gespräch dreht sich um Chinesen. Scharfsinnig bemerkt Xavier, dass es für einen Europäer niemals möglich sei, die Schlitzaugen richtig kennenzulernen; in vielen Bereichen halten Chinesen fest zusammen und Schlüsselpositionen besetzen sie ausschließlich mit Familienmitgliedern. In krassem Kontrast dazu steht das offensive Verhalten der Frauen und Mädchen. Wenn sie sich für einen Mann interessieren, machen sie ihn in aller Eindeutigkeit an.

Das war mir im März 1978 in Singapur aufgefallen, ich habe daraus gelernt und verhalte mich ähnlich. Das finde ich reizvoll. Hauptsache, ich kriege, was ich will. Erneutes Tasten mit den Füßen, noch ein heftiger Tritt. Ich habe keine Lust auf diesen Belgier mit den komischen Klamotten und der affigen Frisur, durch die er sich alle paar Minuten mit den Fingern fährt, um die Strähnen in Position zu halten. Er bewohnt in Singapur ein Haus in der Nähe des Tiger Balm Gardens. Morgen kehrt er zurück.

Zum Dessert gibt es einen phantastischen Salat aus Wassermelonen, Papaya, Rambutan, Lychees, Ananas, Zuckerbananen und – Erdbeeren. Gegen zweiundzwanzig Uhr verlassen wir das immer noch überfüllte Restaurant, gehen vorbei am Rasa Sayang mit den schön geschwungenen malaysischen Dächern, am Palm Beach Hotel und den anderen Bunkern, in denen Pauschaltouristen aus aller Welt von den großen Reisegesellschaften untergebracht sind. Dazwischen

Fahrradverleihe, Garküchen, Obst- und Souvenirstände. Unmittelbar an die linke Straßenseite grenzt der dichte Urwald, eine fremde, ehrfurchtgebietende Welt. Nach einem Zwei-Kilometer-Marsch erreichen Xavier und ich den Randbezirk von Batu Ferringhi. Xavier kann seine Hände nicht bei sich halten, ich muss sie wegschlagen. Aber da er eine Menge interessante Sachen zu erzählen weiß und er mir ernstlich nichts tut, kann ich ihn ertragen.

Quietschend und krachend öffnet Mr. Hong, wie immer in locker sitzender, knieumspielender Hose und weißem Rippunterhemd, grinsend das metallene Schiebegitter. Er latscht o-beinig in seinen Gummischlappen vor uns her. Gelächter schallt durch den nach zwei Seiten hin offenen langen Korridor, von dessen Wänden die Verschläge aus gehen, die zumeist Langzeittravellern als Unterkunft dienen. Chico versucht gerade von Mimi Wong aus Hongkong – ich schwöre, sie heißt wirklich so – zu erfahren, wie er auf Mandarin-Chinesisch das Wort «Jungfrau» aussprechen muss. Zungenbrechend färbt er das Wort mit seinem spanischen Akzent. Alle sind stoned, ich sehe ihre Gesichter, ihre ausgelassene Laune. Mimi Wong bemüht sich wirklich. Einer ihrer Schneidezähne ist am unteren Ende ein Stückchen abgebrochen, das verleiht ihrem hübschen, hellbronzenen Gesicht etwas sehr Eigenes, wie ich finde. Sie reist mit ihrem englischen Freund Martin aus Liverpool. Vorgebeugt und langsam, mit einer Engelsgeduld, spricht sie Chico mehrmals hintereinander das Wort vor.

«Chüü-Loi! Chüü-Loi, Chüüüü-Loi!»

Ganz eindeutig. Tschüh-Leu, so wird es ausgesprochen. Alle lachen sich halbtot, als Chico ungeschickt versucht, das Wort zu wiederholen.

«Tsi-Roi, Tsi-Roi, hä, it's that, Tsi-Roi – äh, no?»

Mimi Wong strampelt kreischend mit den Beinen, hysterisch lachend. Als sie endlich wieder Luft bekommt, versucht sie es erneut.

«Man, listen carefully, listen: Chüü-Loi, Chüü-Loi! Got it?»

«Tsi-Roi! Tsi-Roi! Man, I got it! Tsi-Roi!»

Mimi Wong gibt auf. Eifrig notiert Chico sich das Wort in sein

Notizbuch. Wir setzen uns dazu, während ein Joint mit Thaigras herumgereicht wird. Aromatischer Geschmack und echt heavy in der Wirkung, nach acht, zehn Minuten macht das Zeug richtig platt. Xavier zieht kräftig und schön langsam, wie sich das gehört. Ich nehme ebenfalls einen Qualm. Mimi Wong will von Chico wissen, was er sich da notiert. Er erklärt, dass er sich jedes Wort in spanischer Lautschrift aufschreibt, damit er nicht vergisst, wie es ausgesprochen wird, und rückt gleich mit der nächsten Frage raus.

«What means in mandarin-chinese ‹Are you married›?»

Mimi Wong brüllt vor Vergnügen, und wir lachen alle mit, es dauert einige Zeit, bis wir uns einigermaßen beruhigen.

Xavier hat zwar diesen scheußlichen Akzent, kann aber recht gut Englisch. Wir erzählen uns die typischen Traveller-Storys, wie man sie in immer neuen Varianten von Bombay bis Bali kennt. Jeder von uns ist im Reisen erfahren und gibt die verrücktesten Anekdoten zum Besten. Die Nacht ist schwül. Drückende Hitze und der penetrante Gestank der vergammelnden Krabben erschweren das Atmen. Martin holt den einzigen Ventilator der Herberge aus seiner und Mimi Wongs Bude, Alan stellt eine Flasche mit einem malaysischen Branntweinverschnitt auf den wackeligen, kleinen Bambustisch. Wir holen unsere Zahnputzbecher und kippen das hochprozentige Zeug namens «Orang Hutan», mit einem überflüssigen «H» vor dem «Utan». Genauso fühlen wir uns auch, als die Flasche leer ist. Mittlerweile ist es nach zwei Uhr. Xavier, Mimi Wong und ich beschließen, auf der Suche nach einer erfrischenden Brise an den Strand zu gehen. Fünf Minuten später stehen wir mit den Füßen im nördlichsten Salzwasser der Straße von Malakka. Leise murmelnd und wispernd umspülen die Wellen unsere Waden. Selbst am Meer ist die Luft wie eine Bleiplatte und zum Schneiden dick. Wir begleiten Xavier zu seinem Hotel. Schweigend genießen wir die Tropennacht. Drüben, über dem Festland von Malaysia, zucken Blitze aus schwarzen Wolken, hier über Penang ist der Himmel noch klar und sternenübersät. Die präzisen Konturen der schlanken Palmen, unter denen sich die kleinen Hütten und Häuschen an den Boden schmiegen, sehen aus wie in einem Scherenschnitt. Fischerboote liegen auf dem Sand, verströmen Fischgeruch und Salzaroma und geben noch immer Hitze ab. Auf dem Rückweg bleibe ich unvermittelt stehen.

«Mimi Wong! Look at the sky!»

Sie sieht mich, immer noch sehr stoned, mit leichtem Silberblick verwirrt an und fragt zurück:

«Which sky?» Welcher Himmel!

Und dann brechen wir beide in nicht enden wollendes Gelächter aus, fassen uns an den Händen und rennen, mit den Füßen spritzend, durchs Wasser, durch dieses heiße Meer, dessen Temperatur genauso hoch ist wie die der stickigen Luft. Wir laufen am Strand entlang, bis wir die verrottenden Schalentiere riechen – gerade noch rechtzeitig. Es beginnt ohne Vorankündigung von einer Sekunde auf die andere zu stürmen, dass die Palmen sich ächzend biegen. Blitze leuchten im Akkord schrill auf, begleitet von krachendem Donner. Das Tropengewitter entlädt sich mit aller Kraft genau über den Wellblechdächern des Fischerdorfes am Rande von Batu Ferringhi. Während dicke Regentropfen schwer auf das Dach meines Verschlages prasseln und endlich erfrischende Luftströme durch die Ritzen der Holzwände wehen, wickele ich ein Kügelchen Opium in ein Zigarettenpapierchen und spüle es mit dem allerletzten Schluck des malaysischen Feuerwassers hinunter. Die Kerze wird vom Windzug gelöscht. In der von zuckenden Blitzen erhellten Atmosphäre, dem zornigen Donnergrollen und Krachen, dem lauten Regengepeitsch, fühle ich mich gut. Gedankenverloren liege ich lang ausgestreckt nackt auf meiner Pritsche, nur ein Sarong, dieses dünne Stück Baumwollstoff, das sich asiatische Männer um die Hüften schlingen, bedeckt mich. Mit gespitzten Ohren lausche ich dem Naturphänomen über mir. Gegen Morgengrauen falle ich in einen tiefen Schlaf.

Johore Bahru, Malaysia März 1978

Ab und zu glitzert das Wasser neben der Brücke auf, wenn ein Fischerboot mit Laterne oder ein Frachtschiff vorbeituckert. Unser Auto ist bequem und klimatisiert. Ich sitze im Fond neben Peter Bogdanovich, vorne George Morfogen, sein Freund und Berater. Unser malaysischer Fahrer Andrew Chua sieht mit zweiunddreißig aus wie eine alte Oma, Pausbacken, schwere Lider, gewelltes Haar. Er kennt sich aus in Singapur und Umgebung, deshalb ist er nicht nur unser Fahrer, sondern übersetzt auch Englisch in Malaysisch, eine dem Indonesischen sehr ähnliche Sprache, ganz weich und schmeichelnd für europäische Ohren, und er beherrscht die gängigen chinesischen Idiome Mandarin, Kantonesisch und Yünnanesisch, das im tiefen Süden des Riesenreiches China gesprochen wird. Mao stammte aus Yünnan, das für seine höllisch scharfen Delikatessen berühmt ist. Für das anstehende Filmprojekt von Bogdanovich ist Andrew Chua unentbehrlich geworden. Der Malaye kennt jeden Puff, jedes Hotel vom Palast bis zur Absteige. Er weiß alles über Schmuggel, Waffen, Drogen- und Menschenhandel, Knäste, Lager, Geheimgesellschaften, Bordelle aller Art, Mafia, Tätowierläden, Transsexuelle und so weiter. Bevor wir (Johore Bahru liegt gegenüber Singapur auf dem Festland und gehört zu Malaysia) einreisen durften, wiederholte sich die Passprozedur. Peter dreht einen kleinen Grasjoint. Die Stadt Johore Bahru liegt scheinbar verlassen da. Andrew Chua steuert den schweren Wagen einen Hügel hoch, und allmählich entfernen wir uns von den Häusern und Hütten. Auf dem Höhenrücken einige Palmen und Banyanbäume. Wir biegen um eine Kurve, gleiten durch eine Einfahrt in einen unbeleuchteten Hof. Wenige Autos sind geparkt, aber auffallend viele Fahrradrikschas und dreirädrige Bemos. Stoned klettern wir aus dem Auto und folgen unserem Fahrer zu einem düsteren Gebäude. Selbst hier auf dem Hügel steht die Luft. Andrew Chua klingelt zweimal kurz, einmal lang, einmal kurz. Nach einiger Wartezeit wird die Tür von einem mageren Chinesen mit Habichtsgesicht geöffnet.

Schweigend folgen wir in angespannter Atmosphäre. Wir stolpern eine dunkle Treppe hinunter. Geräusche dringen an mein Ohr, eine Tür wird aufgerissen, und im Gegenlicht fliegt ziemlich unsanft ein sturzbetrunkener, älterer Chinese vor meine Füße, er lallt fluchend und wütend schimpfend vor sich hin. Peter packt mich bei der Hand und zieht mich mit sich in einen schlecht beleuchteten Saal. Amphitheatermäßig ist eine Arena aufgebaut, Holzbänke gehen in mehreren Etagen, wie im Zirkus, in die Höhe. Überall aufgeregte, reichlich alkoholisierte Malayen, Inder und Chinesen auf dichtbesetzten Plätzen. Es herrscht ein wahnwitziges Chaos. Neugierig mustert man uns, ich bin wohl die einzige Frau hier. Wegen der Lautstärke verständigen wir uns mit Handzeichen und nehmen unsere Plätze in der zweiten Reihe ein. Zwei Chinesen kommen mit ihren muskulösen, schlanken Hähnen in die Arenamitte. Sofort geht es los. Der Schiedsrichter passt genau auf. Die Aufregung der brüllenden Männer steigert sich. Südostasiaten lieben Hahnenkämpfe und Wettatmosphäre über alles. Junge Männer mit Flaschen und Gläsern wühlen sich durch die überfüllten Ränge, der Alkohol wird ihnen aus der Hand gerissen. Die Hähne sind blitzschnell, aggressiv und durchtrainiert. Nach einer halben Minute wird der Besiegte, eine blutige Federspur hinterlassend, von seinem enttäuschten Besitzer weggetragen. Sofort kommt der nächste Hahn dran, der geduckt und hinterhältig voller Feindseligkeit auf den andern loshackt; das Blut tropft, größere und kleinere Federn wirbeln umher. Die Hähne geben keinen Laut von sich. Intensives, hochkonzentriertes Fixieren. Heimtückisches Blitzen der messerscharfen Stahlsporen, dann ersterben rotfunkelnde Augen, während das Leben stoßweise mit Schwallen von aufdringlich leuchtendem, nassem Blut in wenigen Konvulsionen aus dem geschmeidigen Kämpferkörper herausgedrückt wird. Die Männer toben. Von Schnaps und Wetten berauscht, beginnen Schreie und

Pöbeleien neben uns. Entfachte Rauflust. Eine wütende Schlägerei bricht los; ein untersetzter Malaye mit winzigen Augen und Kampfnarben auf Wangen, Stirn und Lippen zieht ein Butterfly-Messer mit Überlänge und sticht es dem anderen mit voller Wucht in den Oberschenkel. Der Getroffene stiert den Angreifer für den Bruchteil einer Sekunde zu lange an. Ein Fehler. Mit besonderer Lust an der Grausamkeit wird das Messer einmal in der frischen Wunde rumgedreht. Aufschrei. Umstehende schnappen sich nun erst die Kontrahenten, verdrehen ihnen mit gezieltem Griff die Arme und zerren sie zum Ausgang, wo sie mit einem einfachen Tritt in den Hintern rausbefördert werden.

Die Hahnenkämpfe sind beendet. Es ist ein bisschen ruhiger geworden. Minuten später sitzt der Messerstecher mit blutigem Hemd, seelenruhig, als wäre nichts geschehen, wieder auf seinem früheren Platz. Ein Ansager tritt vor und kündigt irgendetwas auf Chinesisch an. Das Publikum wird in einen regelrechten Spannungszustand versetzt, das kann ich spüren, auch Peter Bogdanovich nimmt das wahr. Musik ertönt, billiger Bombast-Hardrock übelster Sorte. Das Licht wird fast ganz gelöscht, auf die Arenamitte wird ein Strahler gerichtet. Unter leiernden Fanfaren erscheinen nun eine Frau und ein Mann in verschlissenen, seltsamen Katzenkostümen. Die Frau macht einen auf rollige Katze, windet sich, schreit und quäkt maunzend. Sie lässt sich auf alle viere nieder und reckt den Hintern in die Höhe. Der Mann in dem Katerdress massiert wie wild seinen Schwanz, während er ihr auf den wackelnden Arsch starrt. Als er endlich hart genug ist, spuckt er ein paar Mal drauf und stößt ihn, ohne zu zögern, der Frau rein. Sie schreit auf. Das Publikum grölt. Miauend und fauchend ficken sie, angefeuert von den besoffenen Schlitzaugen. Ein groteskes Schauspiel menschlicher Niedrigkeit, dargeboten von zwei Europäern? Australiern? Amerikanern? Ist das originale, echte, wirkliche Obszönität? Warum produziert sich jemand auf diese Weise, an diesem Ort der Absurdität, zwei Stockwerke unter der Erde am Endpunkt der malayischen Halbinsel – oder sind diese beiden gleichmütige Gladiatoren des Irrsinns, verkannt, hilflos, ausgeliefert, verzweifelt? Ist dies der ultimative Nihilismus?

Segnet sie mit Gold und schafft sie ins nächste Hospital – aber verweigert ihnen nicht die Anerkennung.

Angewidert sollte ich sein. Stattdessen empfinde ich perverse Sensationslust, grimmiges Vergnügen, verwirrte Erschütterung, und reine, schlichte Trauer. Ich bin wund und verwundert. Peter und George sind schweigsam. Auf der Rückfahrt nach Singapur erfahren wir von unserem Chauffeur, dass es im ganzen südostasiatischen Raum Bordelle gibt, in denen zum Vergnügen der Männer Mädchen mit besonderen Fähigkeiten in Lippen, Zunge und Fingern arbeiten: Man hat ihnen die Zähne ausgebrochen und die Augen entfernt.

So etwas gibt es auch mit kleinen Jungs und jungen Männern; genauso, wie die «Liebhaber» diverser Tiere bedient werden.

Eine psychosomatische Klinik
irgendwo mitten in Deutschland
März 1998

Ich schreibe jetzt Ihre Antworten auf, bitte seien Sie so präzise wie möglich. Wenn ich Sie dabei nicht immer ansehe, so hat das nichts damit zu tun, dass ich was gegen Sie habe, sondern, weil ich mich konzentrieren muss. So ... Sie heißen Scheu, Muriel, geboren am 11. Januar 1956, abgebrochenes Kunststudium, zwei abgeschlossene Berufsausbildungen, ... hhmmm, verheiratet, ein Sohn ... soso, hmm, der müsste nächsten Monat ... sechs werden. Jetzt zur Drogengeschichte. Wann haben Sie sich das erste Mal illegale Substanzen zugeführt?»

«Mit vierzehn.»

«Hhm ... Moment, das ist –»

«Achtundzwanzig Jahre.»

«Achtundzwanzig Jahre?»

«Yes, doc.»

Alles wird aufgenommen.

«Was haben Sie nach der Entgiftung vor?»

Er rückt seine Brille zurecht und lugt darüber hervor.

«Therapie.»

«Hhm. Was hat Sie bewogen, nach achtundzwanzig Jahren eine Therapie zu machen?»

«Ich will Freiheit.»

«So. Hhm. Aha. Die wievielte Therapie ist denn das?»

«Die erste.»

«Sie sind nie zuvor in einer Langzeittherapie gewesen?»

Stirnrunzeln. Leichtes Befremden auf der Doktorseite.

«Na schön. Gut. Weiter. Wann haben Sie welche Droge zuallererst genommen?»

Ich zögere, mit der Antwort rauszurücken, diese Offenheit bin ich nicht gewöhnt. Der Arzt merkt es, lässt den Stift sinken.

«Hören Sie, ich unterliege der ärztlichen Schweigepflicht. Wenn Sie bei uns entgiften wollen, muss ich Ihre Vorgeschichte so genau wie möglich aufnehmen.»

Ich antworte langsam.

«Äh … 1970.»

«Was genau, bitte?»

«Haschisch.»

«Und dann?»

«LSD.»

«Wann genau?»

«Eine Woche später.»

«Eine Woche später.»

Er wiederholt meine Worte, während er sie hinschreibt.

«Und dann?»

«Heroin.»

«Wann?»

«Eine Woche später.»

«Eine Woche nach dem LSD? Heroin?»

«Ja.»

«Auf welche Art haben Sie das Heroin zu sich genommen?»

Ich mache die Bewegung andeutungsweise.

«Wie, Sie haben es sich sofort intravenös …? Sie haben nicht am Anfang geschnupft oder geraucht, bevor Sie anfingen zu drücken?»

Er sieht zu mir rüber, dreht den Kugelschreiber in der Hand hin und her.

«So ist es.»

«Nun ja, normal wird es am Anfang durch die Nase gezogen oder auf einem Silberpapier … Weiter. Kokain.»

«Äh … Nnnein.»

«Wie – kein Kokain?»

«Gab es zu der Zeit noch nicht. Ich entdeckte das Kokain erst sehr spät für mich. Ich bevorzuge Heroin.»

«Hhm. Die meisten mischen das ja gerne. Gut. Kokain zunächst mal eher weniger. Tabletten? Flunitrazepam? Diazepam? Valium? Rohypnol? Überhaupt, wie sieht es mit Benzos aus? Früher gab's auch Captagon, sehr beliebt, wie sieht's damit aus? Mandrax vielleicht?»

Mit seinem angenommenen Junkie-Slang versucht der Arzt, mir seine Erfahrenheit zu demonstrieren. Schleimer. Ich schleime auch, wenn ich mir einen Vorteil erhoffe.

«Ich liebe Opiate.»

«Amphetamine? Barbiturate? Sedativa? Ruhigsteller, Wachmacher, Schmerzmittel? Was ist mit leicht erhältlichem Ephedrin?»

«Langweilt.»

«Das ist selten. Meist nehmen sie alles, was sie in die Finger kriegen, Hauptsache, es knallt.»

Hauptsache, es knallt. Ich würde mir jetzt gerne was knallen.

«Ich nicht.»

«So. Dann sind Sie eine Ausnahme. Wie steht es mit THC, mit Alkohol?»

«Ab und zu Hasch, ab und zu Alk.»

«Wie ab und zu genau?»

«Drei-, viermal im Monat kiffen, zwei-, dreimal in der Woche kippen, Jägermeister, Bier, Gin.»

«Und kein Kokain?»

«Ich sagte bereits, dass ich mit ganz wenigen Einschränkungen Heroin und Opium liebe. Kokain durch die Nadel ist geil, aber nur für die ersten eineinhalb Minuten, Nase ist reine Verschwendung. Coca muss man schießen, interessant wird es, wenn die Schädeldecke kurz vorm Abheben ist und es im Kopf richtig läutet. Für jeden Tag ist es zu gefährlich, eine Sucht reicht mir.»

Ein anständiger Koksknaller ist Megawahnsinn. Ich merke, ich beginne, mich heißzureden.

«Ecstasy? Speed? Halluzinogene Pilze? Kaktus? Psilocybin? Meskalin? Wie viel LSD haben Sie genommen?»

«Sommer 1970 LSD, weitergemacht damit in den frühen Siebzigern, Meskalin, Psilocybin, wie oft LSD weiß ich nicht mehr genau, vielleicht hundertmal, vielleicht zwanzigmal mehr, vielleicht zwanzigmal weniger oder so, und Pantopon und Dilaudid und Polamidon und Berliner Tinke und Morphiumpräparate in Tablettenform und später, Anfang der Achtziger, auch Temgesic und Codein, wenn's nichts anderes gab. Valoron taugt nichts für Heroinjunkies, verursacht Höllenturkey sofort nach dem Druck.»

«Also damals die ganze Palette durch, mehr oder weniger.»

Er blickt über den Rand der Brille, beugt sich wieder über seine Formulare.

«Eher mehr, scheint mir ...»

«Speed gefiel mir, wenn es reine Kristalle waren, hab ich dreißig- oder vierzigmal genommen, ist aber auf Dauer nicht mein Ding. Ich liebe Heroin ... Kokain phasenweise. Und nur mit der Nadel. Mit der Nadel!»

Ich schließe einige Momente fest die Augen. Nadel.

«Wie haben Sie das erste Mal Kokain zu sich genommen? Mit der Nadel?»

Scheiße. Der will es aber genau wissen.

«Gebast.»

«Also crackmäßig geraucht. Wie oft?»

«Zwanzig-, dreißigmal. Es ist nett. Aber nicht so mein Ding.»

«Aber man sagte mir, es macht gierig.»

«Ich bin auf was anderes gierig.»

«Auf Heroin?»

«Das sagte ich bereits.»

Langsam geht er mir auf die Nerven. Gereizt wende ich mich ab.

«Gut. Weiter. Krankheiten. Haben Sie eine Form der Hepatitis?»

«A und B ausgeheilt, C aktiv.»

«Aids? Sind Sie HIV-infiziert? Sie können das ruhig sagen, denn morgen früh nehmen wir Ihnen Blut ab.»

«Nein, kein HIV. Muss das sein, diese Blutabnahme? Wo wollen Sie denn da was rauskriegen?» Ich weise auf meinen Hals, meine Arme und Beine.

«Ohne Blutabnahme können Sie nicht entgiften. Wir brauchen Ihre aktuellen Blutwerte. Keine Sorge, wir haben das bisher bei jedem geschafft, das können Sie mir ruhig glauben. Neigen Sie zu Krampfanfällen?»

«Nein.»

«Wie sieht's mit den Zähnen aus?»

«Prothesen.»

«Wie kam das, wann?»

«Seit mir im März 1989 das Zahnfleisch ex ging während einer Infektion.»

«Was für eine Infektion?»

«Keine Ahnung.»

«Wo war das?»

«Indien.»

«Ist das jetzt in Ordnung?»

«Wurde im August 1989 repariert und vor zwei Wochen noch nachgecheckt. Mein Mund ist voll saniert.»

«Also keine Probleme diesbezüglich.»

«Keine Probleme.»

Eifrig wird alles notiert, dann legt er mir eine Einverständniserklärung vor, ich muss unterschreiben, dass ich mich freiwillig in eine geschlossene Abteilung begeben habe. Ich erhalte ein Döschen für die Stuhlprobe und kriege die Hausordnung vorgelesen.

«Wecken ist morgens um Viertel vor sieben. Sehen Sie sich am Aushang das Tagesprogramm an, es ist in diverse Einheiten unterteilt, zum Beispiel in Gesprächsgruppen, Küchendienst, Hausreinigung, Außenaktivitäten wie Spaziergang, Sport und so weiter, alles in Begleitung eines Therapeuten oder Betreuers. Dann gibt es noch Kunsttherapie, kurz KT. Die Teilnahme an allem sowie Pünktlichkeit ist eine Verpflichtung für jeden Patienten, nur der diensthabende Arzt kann Sie bei entsprechenden Beschwerden von der Aktivität befreien. Zweierbeziehungen sind nicht erlaubt, so was stört erfahrungsgemäß den reibungslosen Ablauf der Entgiftung, wenn's gar nicht anders geht: Kondome liegen im Badezimmer in einem Behälter. Drogen aller Art führen zum sofortigen Abbruch der Behandlung, unangekündigte Urinabgaben für ein Screening werden unter Umständen zweimal täglich durchgeführt. Gewalt in jeder Form, auch verbal, zieht dieselbe Konsequenz nach sich. Bei anderen Regelverstößen erhalten Sie eine Warnung, wiederholt sich der Verstoß, werden Sie entlassen. Sie bekommen in den ersten achtundvierzig Stunden alle zwei Stunden eine kleine Einheit Methadon, bis Sie abgefüllt sind und es Ihnen gutgeht, Sie sollen ja schließlich nicht leiden, ne? Ach ja, waren Sie mal im Methadonprogramm?»

«Von Mai 1994 bis Oktober 1997.»

«Das muss ich hier noch eintragen.»

Er schreibt alles nieder. Über seine Brille hinweg sieht er zu mir rüber.

«Von Oktober 1997 bis April 1998. Was haben Sie da gemacht?»

«Gas gegeben.»

«Heroin?»

«Heroin.»

«Gespritzt?»

«Ich hab Holzvenen, ich kann nicht mehr drücken.»

«Nase?»

«Blech.»

«Auf Alufolie geraucht. Ihnen ist bekannt, dass da jede Menge Giftstoffe mit … Jetzt, wo Sie es sagen: Man hört es Ihrer Stimme an und diese Geräusche in den Lungen, danach sehe ich mal … nun gut.»

Kurze Pause.

«Und jetzt wollen Sie Freiheit, wie?»

«Jetzt will ich Freiheit.»

Singapur März 1978

Mit unvorhersehbaren Konsequenzen bestimmte meine erste Asienreise den weiteren Verlauf meines Lebens.

Den Weg von Bangkok bis runter nach Bali machte ich in verschiedenen Etappen mit öffentlichen Verkehrsmitteln, nur von Singapur nach Denpasar nahm ich das Flugzeug. Da waren hässliche Gegenden und Städte, die mir gerade deshalb und aufgrund ihrer Hoffnungslosigkeit interessant erschienen, und idyllische Postkartenplätze, deren Hübschheit mich nicht reizte und die ich schnell gelangweilt wieder verließ.

Die dunklen, tückischen Sachen brachten eine Intensivierung des Lebensgefühls. Durchschnittliches, allzu Normales, allzu Bequemes wollte mich nicht bei sich behalten. War es mein nervöses, wankelmütiges Temperament, meine innere Unruhe oder ein verborgener Instinkt – was war es, das mich trieb? Obskure, suspekte Situationen peitschten meine Vorstellungskraft in immer größere Höhen – und in der Einsamkeit lag der exquisite Geschmack kühner Zuversicht: Es wird schon gutgehen. Ich fühlte mich immer allein, unter Travellern, unter Einheimischen. Gehetzt von einem unerklärbaren Hunger, von einem niemals zu stillenden Durst irgendwo in meinen tiefsten Seelenschichten, suchte ich nach Gelegenheiten, hinter die Fassade bloßer Nettigkeit zu blicken, wühlte in Belanglosigkeit, in Alltäglichem, hartnäckig, zäh, um Gültigkeit, Verbindlichkeit – Wahrheit …? – zu erschnüffeln, zu verfolgen, zu analysieren. Zu jeder Sekunde die höllische Angst vor südostasiatischen Knästen im Nacken. Paranoid, manchmal. Ich brachte es durch diszipliniertes Trainieren zu einem gewissen Niveau im Ignorieren meiner eigenen Ängste. Alles, was meine Umgebung betraf, erregte mich, machte mich halb verrückt vor Neugier, und alles, was meine eigene Person betraf, lernte ich endlich zu leugnen. Bis auf das Gift. Das ließ sich nicht leugnen. Vor mir selbst jedenfalls nicht. Besaß ich nun die Bescheidenheit, die Demut, die man mir lange Jahre mühevoll hatte anerziehen wollen?

«Immer um die eigene Person kreisen …», hörte ich meinen Vater in verächtlichem Ton, «… anstatt das Nächstliegende zu tun, nämlich: sich tatkräftig für seine Mitmenschen interessieren!»

Ich entwickelte schon früh ein ungesundes Interesse an meinen Mitmenschen: Andere sind alles, du bist nichts. Es ist mir immer schwergefallen, das «rechte» Maß zu halten.

Als ich zum ersten Mal durch die damals noch nicht abgerissene Altstadt des Chinesenviertels am Singapore River bei der Bencoolen Street und in der Bugis Street Gegend zu Fuß bei jeder Tages- und Nachtzeit umherstreifte, war ich nahe an dem, was man unter befriedigt versteht. Die alten Chinesenhäuser, dunkel, überfüllt und ohne jede Privatsphäre, führten zu einer Auseinandersetzung mit dem Flüchtigen, Vergänglichen, auch mit dynamischen Prozessen der Politik, und ich begriff, dass alle Erscheinungen, alle Dinge, alle Wesen ständiger Veränderung unterworfen sind und dass dies das wichtigste Kennzeichen des Lebens ist. Allein durchwanderte ich in gleißender Mittagshitze die widerstrahlenden Gassen und Sträßchen, verfolgt von den im Schatten hockenden Blicken der dort lebenden Chinesen. Es kam vor, dass ich mich einfach neben sie setzte auf eine Kiste, eine Stufe oder einen Hocker. Manche wandten sich augenblicklich ab, andere, vor allem die alten Omas, hießen mich mit zahnlosem Lächeln willkommen. Ich spürte die Solidarität von Frauen, die gemäß ihrer Tradition nur halbe Menschen sind. Diese Schwesterlichkeit beeindruckte mich, stimmte mich zutiefst nachdenklich, und fortan suchte ich sie in jeder Frau, die mir begegnete – wo immer auch auf dieser Welt.

An jenem Tag Anfang März 1978 platzte auf der Orchard Road über mir eine Wolke. Sechzehn Uhr nachmittags. Es goss, wie es nur in den Tropen schütten kann. In Sekunden war ich völlig durchnässt und hielt, leise fluchend, Ausschau nach einem Taxi. Neben mir fuchtelte ein Europäer ebenfalls mit den Armen, ein Auto hielt an, beide sprangen wir ins Trockene, jeder auf seiner Seite.

Ich: «Oh! Äh …»

Ohrläppchenlange Durcheinanderlocken, mittelbraun, zu wuchtiges Brillengestell, kräftige Himmelfahrtsnase, dicke, dunkelrote Lippen umgeben von unsportlicher Haut. Diese Mixtur betrachtete mich … irgendwie – französisch. Er verstand es, die Situation augenblicklich zu nutzen. Seine Hand über einen durchnässten Lederaktenkoffer ausstreckend:

«Maijö näimö iesö Pierre Cottrell, fromö France!»

Wer konnte den armen Mann mit dem Akzent verstehen?

«Je m'appelle Muriel. Je suis allemande.»

«Très bien. Est-ce que vous avez envie de travailler pour une production de film?»

«Ou ça?»

«Ici, sur place, à Singapour!»

In Singapur für ein Filmprojekt arbeiten? Für Geld? Ich wollte Näheres wissen und erfuhr, dass ich sofort mitkommen konnte ins Hotel Shangri-La, zu Peter Bogdanovich. Das sagte er so, als ob man diesen Bogdanovich unbedingt kennen müsse. Ich fragte, wer zum Teufel denn das sei, erntete einen indignierten Blick, dann erklärte Cottrell ein bisschen von oben herab, dass dieser Bogdanovich ein bekannter Regisseur aus Hollywood sei, und eben bei dem arbeite er, ob ich noch nie was von *The Last Picture Show* gehört hätte, seinem besten Film. Ich konnte mich nicht erinnern, diesen Titel jemals gehört zu haben. Aber *Papermoon* und *Is was, doc?*, diese beiden waren mir ein Begriff. Ach, wirklich? Der Typ, der die Streifen gemacht hat, war hier in der Stadt? Für ein neues Projekt suchten sie noch Mitarbeiter, die halfen, die Dreharbeiten, die Mitte April beginnen sollten, vorzubereiten. Sollte dieser Cottrell mir etwas vormachen, würde ich mich heftig wehren. Misstrauisch und neugierig zugleich überlegte ich, was das wohl für eine Art Job sein könnte … Ich konnte einen Geldsegen vertragen. Dringend.

Das Taxi hielt vor dem Shangri-La, einem der teuersten Hotels der Stadt. Während Cottrell bezahlte, stieg ich aus. Die Glasflügeltüren glitten lautlos auseinander. Kühle schlug uns entgegen, wir durchquerten die elegante, hohe Halle auf wertvollen, dicken Teppichen, in denen ich fast knöcheltief einsank. Mit dem geräumigen Aufzug ging es hoch in den sechsten Stock. Ein langer Korridor, gedämpfte Musik, wie unten in der Halle. Unzählige Türen links und rechts. Cottrell klopfte an.

«Yeah, come in!» Wir betraten einen sehr großen und mit allen Annehmlichkeiten versehenen Raum, mit Sitzgruppe um einen flachen Tisch, ausgeklügelt angebrachten Lampen und Spiegeln, Bar, riesiges Badezimmer, wie ich durch die offene Tür sehen konnte, Wandschränke mit Schiebetüren, Bett im Nebenzimmer, schwere, bodenlange Vorhänge vor den Fenstern, zusammengehalten von dicken, gedrehten Kordeln mit kostbaren Posamenten. Vor einem venezianischen Spiegel stand Bogdanovich mit dem Telefonhörer in der Hand, bedeutete uns per Handzeichen, Platz zu nehmen. Während er telefonierte, beobachtete er sich selbst und uns im Spiegel. Seine Stimme klang angenehm und melodiös, zwischendurch lachte er, dann sprach er ruhig und gleichmäßig weiter. Die Stimme gefiel mir. Sie passte zu dem großen Mann mit dem unmodernen Bürstenhaarschnitt.

Ende des Telefongesprächs. Mit ausgestreckter Hand kam er auf mich zu, nickte Pierre Cottrell einmal kurz zu und stellte sich vor.

«Hi, I'm Peter Bogdanovich, do you like it here in Singapore?»

Ich erwiderte den festen Händedruck, nannte meinen Namen und meine Nationalität.

«Oh, a kraut, great, wonder-baahr, was iiest miet Schöweine, Würschtelln, Böratwurschtlkartofflln, Schnietzelln, Fräulein Kraut?»

Wir grinsten uns an. Ich verstand nicht, was er mit «Kraut» meinte, überlegte verunsichert, worauf er hinaus wollte. Ob er im Grunde wissen wollte, ob ich alleine reiste? Vielleicht hieß es gar nicht «Kraut», sondern «crowd». Ich räusperte mich und fasste mir ein Herz.

«I am alone, I don't travel in a crowd!»

Irritiert lächelte er freundlich weiter.

«So, you are all alone, Fräulein!»

«Yes. I hate crowds. I'm not made for many people …»

Sein Blick verriet mir, dass ich irgendwas Seltsames gesagt hatte. Hoffentlich war ich geschickt genug, meine eigene Verwirrung zu verbergen.

«So, Fräulein Kraut, how old are you?»

Ich sagte ihm, dass ich im Januar zweiundzwanzig geworden sei. Ob ich eine schöne Party gehabt habe, wollte er wissen.

Ich erzählte, dass ich allein in einer chinesischen Kneipe in Georgetown auf der malaysischen Insel Penang war und wie die Männer dort aus geschlitzten Augen beobachtet hatten, wie ich mich nach etlichen Porzellantässchen für Zwerge, so winzig, mit einer warmen, durchsichtigen Flüssigkeit nach dem Aufstehen gleich wieder hinsetzen musste, weil sich alles drehte. Er lachte sich halb tot bei meiner Schilderung, und ich bekam ein Kompliment. Ich hätte Talent zum lebhaften Erzählen, und das sei eine Begabung, die er sehr bewundere. Dann wurde sein Ton etwas ernsthafter.

«I need a secretary, can you write in English?»

Ich sagte, das käme auf einen Versuch an. Wann sollte es denn losgehen? Sofort. Er wolle ein Telex diktieren, das dringend nach Los Angeles geschickt werden müsse. Peter schickte Pierre Cottrell raus, der mürrisch das Apartment verließ, und holte erst einmal einen Beutel Gras hervor. In aller Ruhe drehte er eins von diesen langen, dünnen Dingern, wie sie es in Mexiko tun (das sagte er jedenfalls), zündete das Teil an und blies sachte die Glut gleichmäßig rund, bevor er mir den ersten Zug anbot. Nach zwei Zügen reichte ich ihn Peter und fragte ihn nach seinem Alter. Ich hatte noch nie einen seriös und geschäftsmäßig aussehenden, in Ehren ergrauten Zweiundvierzigjährigen am Joint ziehen sehen. Er konnte das gar nicht glauben und nahm theatralisch noch einen Zug. Wir kicherten albern und tranken Pepsi Cola auf Eis. Dann wurde es ernst. Das Telex musste raus. Bogdanovich holte Block und Stift für mich und begann zu diktieren – an einen gewissen Hugh Hefner. Peter bemerkte, dass ich Schwierigkeiten mit dem Namen hatte, buchstabierte ihn mit einer Engelsgeduld und erwähnte nebenbei, dass dies der Oberboss vom

Magazin *Playboy* sei. Ich erntete keinen überheblichen Blick, weil ich diesen Namen nicht kannte; das erleichterte die Kommunikation mit Bogdanovich ungemein. Dieser Hef, wie Peter ihn nannte, koproduzierte den Film, der hier in Singapur gedreht werden sollte.

Ich schrieb alles mit und wunderte mich, dass er zwischendurch immer wieder das Wort «period» sagte. Nun, ich schrieb auch das hin, er war der Chef. Am Schluss ließ er sich das Geschriebene zeigen, kriegte große Augen und brach in schallendes Gelächter aus. Ich saß da und war ein bisschen pikiert. Es stellte sich heraus, dass der Begriff «period» nichts anderes bedeutete als «Punkt». Und ich hatte das Wort jedes Mal voll ausgeschrieben. Peter Bogdanovich schrieb unter weiteren Lachanfällen in sein Notizbuch: «Today hired and fired a german secretary.» Er meinte allerdings, ihm gefiele, dass ich mir zu helfen wisse, ich könne einen anderen Job haben.

Jeden Morgen erhielt ich eine Liste von Dingen, die ich zusammen mit dem malaysischen Fahrer Andrew Chua rausfinden sollte. Peter erklärte mir, worum es ging. Die Novelle *Saint Jack* des Kanadiers Paul Theroux, der in Singapur gelebt und gearbeitet hatte, sollte verfilmt werden, mit Ben Gazzara als Zuhälter Jack Flowers in der Hauptrolle und dem Holländer Robby Müller an der Kamera, Namen, die ich nie zuvor gehört hatte. Nun wurden Drehorte, Kleindarsteller und Statisten gesucht. Eine Aufgabe ganz nach meinem Geschmack. Ich erhielt ein eigenes Zimmer auf der Etage, wo sie alle wohnten, im sechsten Stock, und einhundert Dollar Honorar pro Tag. Praktisch jeden Abend fanden Geschäftsessen statt. Peter gab mir Extrageld für passende Garderobe, und ich wurde als Dekoration mitgeschleppt. Gleich am ersten Abend dinierten wir – ich war in Chloé gekleidet – exquisit unten im piekfeinen Restaurant des Shangri-La bis in die Nacht mit einem der beiden Shaw-Brothers, zwei millionenschweren Filmproduzenten. Mr Shaw aus Hongkong war gelangweilt und verwöhnt. Ich vergaß sofort wieder, wie er aussah; ich war viel zu aufgeregt bei meinem ersten Geschäftsessen, als dass ich auf eine Nebensächlichkeit wie das Gesicht eines Milliardärs achten konnte. Der runde Tisch in dem eleganten, mit kostbaren chinesischen

Original-Antiquitäten ausgestatteten High-Class-Restaurant verfügte in der Mitte über eine drehbare Scheibe. Ausgezeichnete, dem Auge wie dem Gaumen gleichermaßen höchst angenehme, seltene Delikatessen wurden in dreizehn Gängen von wunderschönen jungen Chinesinnen in hautengen, knöchellangen, leuchtend roten Seidenkleidern serviert. Ich war hingerissen von dem Luxus und der chinesischen Atmosphäre. An den Schönheiten, die uns diskret und charmant bedienten, konnte ich mich nicht sattsehen, versuchte, mir alles einzuprägen, zu lernen. Dieses ausgeklügelte, dem Schummerlicht angepasste Make-up, das pechschwarze, glatte, glänzende Haar bis auf den Rücken, die anmutigen Bewegungen, diese geschlitzten, schimmernden, roten Kleider mit goldenen Drachen bestickt, dieses Lächeln. Die schwarzlackierten, mit Perlmutt delikat eingelegten Truhen, Stühle und Tische, beleuchtet von alten Lampen aus topasfarbenem Glas, die verschlungenen Muster der tiefen, weichen Teppiche, die gedämpfte chinesische Musik, gespielt von einer Drei-Mann-Kapelle, auf seltenen Instrumenten aus dem Reich der Mitte, die Wirkung des dunkelroten Weines in Kristallgläsern, der Duft und der Geschmack der ausgesuchten Speisen, sorgfältig und phantasievoll präsentiert, die Gesellschaft steinreicher verwöhnter Geschäftsleute und kreativer Köpfe – all das verzauberte mich, schmeichelte meinen Sinnen. Es war ein hocherotischer, kitzelnder Abend ohne jeden Sex, ich war aufgeladen, ich schwebte zehn Zentimeter über dem Teppich in meinen Lagerfeld-Klamotten, die meine zerstochenen Arme verbargen. Eine seltsame Welt, die ich noch nicht durchschaute, hatte sich mir aufgetan.

Am nächsten Morgen erhielt ich von Peter die angekündigte Liste. Mit leicht verquollenen Augen nahm er mich ganz selbstverständlich in die Arme, küsste mich schmatzend auf die Stirn und meinte, ich hätte meine Sache gestern Abend gut gemacht, schön diskret, wie sich das bei einem solchen Anlass gehört. Ich behielt für mich, dass der ungewohnte Luxus mir die Sprache verschlagen hatte.

Meine Aufgabe heute war es, eine zweistöckige Kolonialvilla, original im malayo-englischen Stil, ausfindig zu machen, die als Drehort für Jack Flowers Bar-Bordell herhalten könnte, sowie einen

Tätowierer, denn im Film wird Flowers von der chinesischen Mafia gekidnappt und an beiden Armen mit chinesischen Schriftzeichen geinkt, die ihn als Ausgestoßenen kennzeichnen. Jack ist ein ganz Schlauer und lässt sich die Zeichen kurzerhand so überstechen, dass er beide Arme voll Blumen und Ranken hat, passend zu seinem Namen.

Außer der Liste bekam ich noch eine Polaroidkamera, um eventuelle Drehorte zu dokumentieren. Ich zog mich in bequemem Chic an und fuhr mit unserem Fahrer Andrew Chua los.

Zunächst durchquerten wir das Stadtzentrum mit den gigantischen Departmentstores, vorbei am Chinese Emporium, kamen durch hässliche, aber interessante Straßen mit übervölkerten Hochhäusern, Legebatterien nicht unähnlich, und näherten uns einem Parkviertel auf einem Hügel, wo in tropischen Gärten klassische Kolonialvillen standen. Langsam glitten wir an diesen Träumen aus Holz und Stein vorüber, ab und zu hielt Andrew Chua an, damit ich Polaroids machen konnte. Die Bilder beschriftete ich mit der jeweiligen Adresse, falls Peter und sein Team ein bestimmtes Haus persönlich besichtigen wollten. Riesige Urwaldpflanzen, Orchideen, Hängewurzelbäume und vielfältige Palmenarten, leuchtend rote und weiße Hibiskusblüten mit der charakteristischen Trompetenform wechselten sich ab mit blütenübersäten Bougainvilleahecken in allen Rosa-, Gelb- und Rottönen. Singapur ist die Gartenstadt Südostasiens, darauf ist man sehr stolz; man war bereits 1978 umweltbewusst wie sonst nirgendwo auf der Welt. An jeder Ecke lauerten Detektive auf Verbrecher, die eine Zigarettenkippe wegwarfen; das wurde mit einer empfindlichen Geldbuße bestraft. Unübersehbar auf großen Tafeln am Straßenrand, an Bushaltestellen und auf den Milliarden Mülleimern der Slogan «Keep your city clean and green!» in Englisch und oft noch in den gängigen Sprachen der Region. Drogen und Prostitution und lange Haare bei Männern waren streng verboten. Am Eingang von Singapur, ganz gleich, ob Hafen, Straße oder Airport, standen Schilder, die in unmissverständlichen Piktogrammen zeigten, welcher Look erwünscht war. Suspekten Gestalten wurde die Einreise verweigert. Ein Friseur sowie ein Klamottenladen befanden sich unmittelbar neben den Grenzkontrollen. Das war auch bei meiner Einreise, von Java kommend, der Fall am Changi-Airport. Ich merkte schnell, welche Vorteile ein angepassteres Äußeres bot. Ich benutzte *Rive Gauche* von Yves Saint Laurent und hüllte mich in elegante Kleider anstatt wie gewohnt in originelle Zusammenstellungen herrlicher Stilbrüche, wie es mir bisher so viel Spaß gemacht hatte. Von jeher liebte ich Schuhe mit Riemen und Schnallen, das war als kleines Mädchen schon so gewesen. Auf neue Schuhe war ich so stolz, dass ich sie die ersten Nächte mit ins Bett nahm. Schuhe, Stiefel, Parfüm – mehr brauche ich nicht, so stolziere ich notfalls durch die Hölle.

Mittlerweile war es fast halb drei. Wir hatten Hunger und Durst. Andrew Chua brachte mich zu einer der zahlreichen Garküchen unter freiem Himmel. An das Essen mit Stäbchen hatte ich mich gewöhnt. Um uns herum kauende, schmatzende und schlürfende Chinesen und Malayen, vereinzelt ein paar Tamilen und andere Südinder. Wir bekamen ein ausgezeichnetes Mahl aus fangfrischen Krebsen und Krabben. Nie hätte ich gedacht, dass es in dieser Gegend solche Delikatessen gebe. Satt, zufrieden, und ein bisschen matt hielten wir etwa eine Stunde später vor einem Haus mit drei Stockwerken in der Nähe des Hafenviertels. Auf meiner Liste stand ein Tätowiershop. Im Erdgeschoss befand sich ein Schmuckgeschäft mit Gold und Jade. Wir durchquerten den langen Raum mit den Glastheken, unter denen glitzernde Kostbarkeiten ausgestellt waren. Vier, fünf Verkäufer schenkten uns keine Beachtung. Zielstrebig hielten wir auf die hinterste Tür zu. Andrew Chua öffnete sie. Und wieder betrat ich eine andere Welt. Ein Dutzend Matrosen, Südinder, hockte dicht gedrängt auf langen Holzbänken. Augenblicklich verstummte das Gespräch. Alle musterten mich durchdringend, von oben bis unten. Die Wände waren gelblich weiß, die Farbe blätterte an vielen Stellen in handtellergroßen Schichten ab. Unter der Decke surrte ein schlapper Ventilator. Andrew Chua nickte den Matrosen wortlos zu. Ich hob die Hand, schaute in die Runde: «Hi, boys!»

Sie schwiegen, machten aber Platz, damit wir uns setzen konnten.

Alle starrten mich an. Wie aus dem Boden gewachsen stand plötzlich ein chinesischer Junge vor mir und bedeutete mir mit einer knappen Geste mitzukommen.

«Wait here!», sagte ich zu Andrew Chua. Der nickte mit einer einzelnen Kopfbewegung, stets darauf bedacht, keine Energie zu vergeuden. Der Junge führte mich durch einen Vorhang und einen kurzen Flur. Links und rechts an den Wänden hingen tausende Musterzeichnungen für Tätowierungen aller Art. Eine hölzerne Tür wurde geöffnet. Vor mir stand die chinesische Ausführung von Alfred Hitchcock. Mit hängender Unterlippe und zurückgelegtem Kopf, die Arme vor dem dicken Bauch und der fraulich runden Brust verschränkt, sah er mich scharf an. Eine schnelle Bewegung – er wies mit fettem Zeigefinger auf mich, ohne seine Körperhaltung zu verändern.

«You want get tattoo?»

«Ah, no, I would like to make some pictures in order to find out about the quality of your tattoos, can I do that?»

Er blickte mich durchdringend aus strichdünnen Augenschlitzen an. Eine Statue mit verschränkten Armen. Ich deutete auf die Polaroidkamera. Langsam entgegnete der Tätowierer mit kehliger Stimme, selbstsicher und arrogant:

«Qua-lit-y de-pend on mo-ney.» Er machte demonstrativ die Schlitze zu, eine hochnäsige Bewegung mit dem Kinn, dann wendete er sich um und stolzierte in den hinteren Teil des Raumes, während mich der Junge wieder zurück durch die Holztür schob.

Peter Bogdanovich übernahm mein Erlebnis mit dem Tätowierer eins zu eins für den Film. Der Ausspruch des chinesischen Hitchcock-Doppelgängers, der es kategorisch ablehnte, selbst im Film aufzutreten, wird von einem kleinen, dürren Männchen gesprochen, viel zu schnell und ohne das Charisma des echten Tätowierers. Diese Fehlbesetzung enttäuschte mich.

Pierre Cottrell entpuppte sich als komplettes Arschloch. Er konnte nicht vertragen, dass Peter und ich ein so vertrauliches Verhältnis hatten. Eines Tages lauerte er mir im Flur des sechsten Stockes auf.

Ohne Vorwarnung hielt er mich fest, versuchte, mich auf den Mund zu küssen, und packte mit der linken Hand gleich ins Volle. Ein kurzer Augenblick erstarrter Überraschung, dann ein sattes Knie in seine Eier, und er wand sich am Boden. Nach Luft schnappend, krümmte er sich mit angezogenen Beinen auf dem teuren Teppich. Er gab fiese Geräusche von sich, die mich ärgerten. Streitlust kochte hoch in mir. Er verdiente eine Strafe. Ich zielte mit dem Fuß auf die Gegend, wo ich seine Niere vermutete, und spuckte kräftig in Richtung seines dämlichen Gesichts. Überrascht und erfreut sah ich, dass ich getroffen hatte, obwohl ich nie zu zielen verstand. Triumphierend schleuderte ich ein paar saftige Beleidigungen nach unten.

«Bâtard! Sale fils de chienne! Salaud! Fick dich ins Knie, Sackgesicht!»

Bastard! Dreckiger Sohn einer Hündin! Arschloch! Leid tat mir, ihn als Hundesohn zu bezeichnen, denn ich liebe Hunde sehr. Aber «Sohn einer Menschin» hätte er vielleicht nicht verstanden, so folgte ich in diesem Fall der Tradition. Und «Sackgesicht» ist richtig eklig, wenn man sich das bildlich vorstellt.

Ich tat so, als sei ich lässig, und schlenderte weiter, als wäre nichts geschehen, aber das Herz klopfte mir bis zum Hals, sämtliche Muskeln und Nerven vibrierten in adrenalingeladenem Aufruhr. Die Lust an der Wut hätte mich beinahe mit sich gerissen.

Wie gerne wäre ich gewalttätig geworden.

Aufgrund der Sprachschwierigkeiten mit den Chinesen entstanden witzige Situationen. Als Peter Bogdanovich sich unbedingt chinesische Visitenkarten machen lassen wollte, lachten sich die sonst so reservierten Chinesen in der Druckerei halb tot.

«My name is Peter …» So weit ging das ja noch. Der Name Bogdanovich ist für chinesische Ohren so ziemlich das Unmöglichste, was im Reich der Akustik denkbar ist.

«Bog…da…»

«Bock … Bock … Bock?!»

«Listen. Pe-ter Bog-da-no-vich!»

«Peter o.k. Understand. But what mean ‹Bok…›?»

«This is my name. My last name. Bog-da-no-vich!»
«No. Witch?»
«What do you mean, witch?»
«Bock-Bock-Bock-Bock-!»
«Bock … what?!»
«Bock with a ‹G›!»
«Ah … what?»
«A ‹G›!»
«Ädschi?»
«Oh, god … a ‹G›!»
«Yes. Ogod with aji … no?»
«Look, I'll write it down for you! I want it translated in Chinese exactly like this! Now, how do you spell this in Chinese language?»
«Oh … Yes … Understand. Exactlay. In Chinese.»

Es bedurfte viereinhalb Stunden anstrengenden Schweißvergießens, endloser, aufgeregter Diskussionen unter chinesischen Schriftgelehrten und zahlreicher frustrierender Versuche, bis der einzeilige Text der Visitenkarte zustande kam.

«Never knew Chinese people are that German!»

Peter Bogdanovich bezeichnete alles, was ihm penibel oder kleinlich vorkam, mit «German».

Die Suche nach geeigneten Statisten und Mitarbeitern fand ich sehr interessant. Eines Morgens saß ein sympathischer, untersetzter Chinese mit dicken Brillengläsern vor meinem Tisch. Die Leute sollten sich von mir registrieren lassen. Ich fragte ihn nach seinem Namen.

Er: «Ng!»
Ich: «Pardon me, Sir, I only want to know your name!»
Er: «Ng!»
Ich lehnte mich frustriert zurück.
«Your name, please!»
Er: «Ng! Ng!»

Vielleicht hat der arme Mann einen Sprachfehler, ruhig bleiben. Ich drehte meinen Stift in der Hand, nahe daran, die Geduld zu verlieren.

«I just only ask for your name!»
«Ng. Ng. Ng. David.»
Er schreibt auf einen Zettel: David Ng.
«This is my name.»
Der Familienvater David Ng wurde ein unentbehrlicher Mitarbeiter; er organisierte einen Großteil der Dreharbeiten, erwies sich als belastbar, zuverlässig und begeistert bei der Sache. Übrigens: Ng's gibt es in Singapur wie ... Schulzes in Berlin.

An einem Tag, an dem ich keine Pflichten hatte, fühlte ich mich relaxed, unbeschwert und sicher. Ein guter Tag für Lysergsäurediäthylamid. Auf Bali hatte ich einen Trip geschenkt bekommen, den ich nun hier im sauberen Singapur einschmeißen wollte. Ich traf die Vorbereitungen: Kassettenrecorder auf den Balkon, griffbereit Tapes mit Pink Floyd, auf den Boden balinesische Tücher, gegen das Geländer javanische Schattenspielfiguren gelehnt, eine Schale mit tropischem Obst, gekrönt von einer vollen, knallroten Hibiskusblüte, ein Champagnerkühler mit Eis, ein Waschlappen, kalte Getränke ohne Alkohol und meine geliebte, aus Holz geschnitzte Figur des geflügelten Garuda, die von Bali über Java mitzuschleppen mühevoll gewesen war. Ich stellte die Sachen so lange immer wieder in anderen Kombinationen zusammen, beachtete den Einfall des Sonnenlichts, arrangierte das Ganze sorgfältig, bis ich zufrieden war. Es fehlten Kissen. Ich holte welche aus meinem klimatisierten Hotelzimmer in die Nachmittagshitze auf den Balkon, platzierte eines an der Wand, falls ich eine Rückenlehne benötigen sollte, eines im Zentrum und eines ganz nah am Metallgeländer, denn ich würde sicherlich beobachten wollen, was unter mir passierte. Dem Operator am Telefon trug ich auf, eventuelle Nachrichten entgegenzunehmen, aber keinen Anruf durchzustellen, ich wollte bis morgen nicht gestört werden. Ich zog mich bequem an, legte einen dünnen, violetten, schleierähnlichen Schal mit goldenem Glitter im Paisley-Muster um die Schultern, nahm Spiegel und Make-up-Täschchen mit auf den Balkon, und machte es mir auf dem Kissen an der Wand gemütlich. Aus dem Täschchen kramte ich eine längliche Kapsel hervor. Leuchtend gelbes Pulver darin. Ein altmodischer «Yellow Sunshine». Einige Momente lang besah ich mir die Zauberkapsel. Dann legte ich sie möglichst tief hinten in den Rachen und spülte mit kaltem Ananassaft nach. Während ich auf die Wirkung wartete, trug ich sorgfältig Make-up, Lippenstift, Lidschatten, Mascara und Rouge auf. Der Vorgang des Schminkens, die Auswahl der Farben, die Art und Weise des Auftragens machten gelassen. Die ruhigen Bewegungen, konzentriert ausgeführt, hatten was Meditatives.

Es war etwa siebzehn Uhr Ortszeit, als sich meine Wahrnehmung zu verändern begann. Ich hockte wie die Asiaten auf den Fersen, die Arme lang ausgestreckt auf den angewinkelten Knien ruhend, und zündete eine indonesische Garam-Zigarette an, auch unter dem Namen «Kretek» bekannt. Ich liebe so sehr den Duft der mit Gewürznelken und Zucker versetzten Zigaretten. Ganz Java und ganz Bali riecht danach, der Geruch ist für mich untrennbar mit Malaysia und Indonesien verbunden. Die Stadt lag mir zu Füßen. Überall das intensive, tropische Grün in sämtlichen Schattierungen. Die japanische Sprache kennt für jede Abstufung einen anderen Namen, hörte ich einen Traveller am Kuta Beach erzählen, es heißt nicht einfach wie bei uns hellgrün oder grasgrün, nein, es gibt völlig verschiedene Bezeichnungen für diese Vielfalt, so präzise, als wäre zum Beispiel Grasgrün nicht eine Variante der Grundfarbe, sondern eine total andere. Ob das stimmt, wusste ich nicht, aber die Idee gefiel mir. Während die Schatten länger wurden, die gnadenlose Sonne sanfter, dachte ich darüber nach, vergegenwärtigte mir die Farben und ihre spezifische Bedeutung. Singapur besitzt viele rote Hausdächer, Farbtupfer in einem Gemälde aus den vielfältigsten Grünabstufungen in goldener und goldener strahlendem, weicher und raffinierter, zauberhaft sich wandelndem Licht. Hier und da ragte ein spiegelverglaster Wolkenkratzer empor. Staunend trank ich den Anblick, starrte geradeaus auf einen Punkt am Horizont und befand mich plötzlich, wie in einer Überblendung im Film, einen Monat zurück in der Vergangenheit, wieder in Indonesien. Pink Floyd's *Set the controls for the heart of the sun* verstärkte diesen seltsamen Eindruck wirkungsvoll, wie berechnet, als würde meine Vorstellung gelenkt. Und ich ließ es zu.

Laut schreiend begleitete ich den Sonnenuntergang, der «Yellow Sunshine» hatte sich in mir voll entfaltet, auf meinem Balkon im sechsten Stock im Shangri-La-Hotel. Vorsichtige Dämmerung. Ein erfrischender Wind kam auf. Die ersten Lichter glitzerten. Entspannt und doch aufmerksam schweifte mein Blick über die Einkaufszentren, Riesenhotels und Wolkenkratzer, aus denen das Licht quoll. Wie viele Fenster! Wie viele Menschen dahinter! Wie viele Schicksale! Wie viel Vernunft, wie viel Gefühl, wie viel Glück, wie viel Schwachsinn, Schmerz, Leid, Liebe, Verzweiflung, Vergnügen, Wut, Mut, Hoffnung! Wo wurde gerade gearbeitet, wo wurde geschlafen, wo wurde jemand gequält, wo geliebt, wo wurde soeben ein neuer Mensch gezeugt, getragen, geboren, wo war jemand krank, wo kotzte gerade einer, wo versuchte sich gerade einer die Nadel in den Arm zu drücken, wo wurde geküsst, wo vergewaltigt, wo mordete gerade ein Mensch einen anderen, wen kennzeichnete gerade der Engel des Endes? Was passierte gerade auf der anderen Seite der Stadt? Was passierte gerade auf Bali? Was passierte gerade in Bangkok, in Rangoon? Was passierte in diesem Augenblick auf der anderen Seite der Welt, wo es mitten in der Nacht ist? Was passierte da, wo der nächste Tag bereits am flirrenden Morgenhimmel seit Stunden begonnen hatte? Befand ich mich noch im Gestern? Die Gleichzeitigkeit, die unendliche Verwobenheit aller Möglichkeiten, aller Wirklichkeiten, aller Ideen, Visionen, Phantasien, Utopien, Universen, Mikro- und Makrokosmen – das alles erschlug mich, brachte mich in einen Zustand tiefer Erschütterung. Ich versenkte mich in den Anblick meiner Hände, dieser Wunderwerke der Natur, bewunderte die feinmotorische Funktionstüchtigkeit, die Präzision dieser Werkzeuge, die Eleganz, die Sensibilität und die Schönheit, ließ die Finger à la balinese tanzend und fächelnd vor meinen Augen herziehen, fühlte jede Zelle einzeln, sah mit Röntgenblick durch die Haut, die Epidermis, die darunter liegenden Schichten, tastete mich durch Gewebe, verfolgte die Sehnen, klebte an Venen und Kapillaren, ließ meine Knochen und Knorpel vom Blutstrom umsprudeln, bis ich keine Lust mehr hatte, und machte mich über die Nerven her, beobachtete genau die bioelektrischen Feuerungen der Neuronen von Synapse zu Synapse, wuuuuschsch! Bis ich sie im Rückenmark und im Hirn spürte, um endlich den Anblick meiner freigelegten Handknochen zu genießen. Sie rochen zudem überaus appetitlich, die Haut um die Knochen war wie paniert … irgendwie … lecker!

Langsam fuhr ich mit der Zunge bei geschlossenen Augen mit der gebotenen Andacht über diese Götter – meine Hände. Meine göttlichen, allmächtigen, allwissenden, herrlichen Hände!

Ich begann zu lecken, zu lutschen, zu knabbern, zu beißen, zu kauen und zu schlucken – ich hatte ja gar keine Ahnung gehabt, wie lecker meine Hände schmeckten, Gott! Was für ein Geschmack! Speichel hatte sich zu dichtem Schaum in meinem angespannten Mund angesammelt, und der Unterkiefer drückte, der Druck war den ganzen Kehlkopf entlang zu spüren, und ich bemerkte den hauchdünnen Schweißfilm, der meinen ganzen Körper bedeckte, als hätte ich in Drachenblut gebadet. Der Mond stand als halbe Sichel am Himmel, waagrecht wie in den Märchen aus Tausendundeiner Nacht, hellsilbern und tönend, schwingend, pulsierend, breite Strahlen aussendend. Mein Blick umfasste die buntbemalte Holzfigur, der geflügelte Garuda sah mich aus seinen Glotzaugen mit aufgerissenem Schnabel geradewegs an. Reiß- und Fangzähne waren fein geschnitzt, sogar eine kleine Zunge streckte er mir entgegen.

Ich legte die Kassette mit der balinesischen Musik ein. Bereits die ersten Klänge des Gamelans und der Flöte versetzten mich zurück. Nach Bali, in den Tempel im Wald von Gianyar, in jener Nacht, in der der Mond so voll, so fremd war. Von Priestern in Trance versetzt, tanzten zwei sechs- oder siebenjährige Mädchen, um die gertenschlanken, biegsamen Körper phantastische, goldglänzende Tücher gewickelt, auf der Treppe vor dem gespaltenen Tor des Tempels. Zerbrechliche Blütenkronen aus Frangipani und Hibiskus trugen sie auf dem Kopf. Anmutig bewegten sie sich langsam, völlig synchron zur Gamelanmusik, die Taille vorgereckt, den Unterkörper nach hinten, mit am Knie abgewinkelten Beinen, die dünnen Ärmchen auf Schulterhöhe mit dem Ellenbogen abgewinkelt, fächelten sie mit jedem Finger einzeln. Beide Kinder hatten ihre Augen fest geschlossen. Ergriffen vernahm ich leises Flüstern der Balinesen. Engel seien in die Kinder gefahren, göttliche Wesen manifestierten sich in den Mädchen, nur deshalb könnten sie, ohne zu üben, den Legong, wie dieser rituelle Tanz heißt, perfekt vorführen.

Allmählich fing ich mich wieder. Ein Blick auf die Armbanduhr, seit vier oder fast fünf Stunden war ich auf Trip … oder? Egal. Es war seit Jahren nicht mehr hell geworden, die ganze Welt war eingetaucht ins Dunkel … ah! Dunkel! So schön dunkel, mit einigen statischen und einigen mobilen Lichtpunkten. Ich wollte durch dieses gepunktete Schwarzsamt schwimmend treiben und verließ watend und rudernd mein Zimmer, diese kleine Welt mit weichen, netten Spielzeugmöbeln, haha, wie irre – ein Automatismus der Hand ließ einen «Schlüssel» mit Anhänger in so ein kleines Löchlein in einer Tür gleiten und sich geheimnisvoll mit einer leichten Umdrehung bewegen, und siehe da: Die Tür öffnete sich. Ich kraulte auf einen blinkenden Lichtpunkt zu … Zauberfinger drückte drauf … leises Klingeln, aus einer der zehntausend Zwischenwelten … ein phantastischer Kasten bot sich mir maulgrinsend an … fliegend bugsierte ich mich selbst in sein Innerstes innen hinein … noch mehr solcher lustiger Knöpfchen, sie kicherten so nett, ich stimmte ein, freundlich kicherte ich mit … Hexenhand bewegte einen der unteren – ha! Der leuchtete ja auch! Magischer Kasten mit Frau drin rast ins Erdinnere … zum heißen Kern – Stopp. Behälter gefüllt mit Frau steht still … öffnet sich ein weiteres Mal … lässt Frau sanft gleiten … von Zunge … behutsam … mit aller gebotenen Vorsicht … witzige, sehr lebendige Töne kitzeln kichernd die Ohren der Frau … locken … verlockend … führen, verführerisch … Spur aufnehmen … folgen … gehorchen …

Und plötzlich befand ich mich mitten auf einer – Tanzfläche? Was für Musik war das … egal, alles ist gut … die Klänge wollten mich bewegen, das merkte ich genau … mein Mund lachte, erfreut darüber, dass mein Hirn und meine Hüften die Absicht der netten Töne durchschaut hatten … man muss vorsichtig umgehen mit Klangwellen, sonst tun sie einem was, sie sind schnell beleidigt, mitunter schneller, als man es merkt … ja, sie haben die Macht zu töten … Aha, so ist das, ich verstand langsam, dies hier war wohl eine Disco im Herzen der Erde … für alle Wesen, die den Weg hier herunter schafften. Viele wunderschöne, herrliche Menschen wiegten und taumelten wie seltene Schmetterlinge im Halbdunkel um mich herum. Mein Gott! Waren sie schön! Tränen der Bewunderung und Dankbarkeit schossen in mir hoch gegen die Unterseite meiner Kopfhaut … so viel überwältigende, perfekte Schönheit! Die warmen, fächelnden Klänge bewegten mich … es ging ganz von allein. Unmittelbar neben meinem ätherischen, durchsichtigen Leib tanzten drei Menschen, die besonders gut harmonisierten. Sie waren ebenfalls beinahe so durchsichtig wie ich, ihre Augen fast geschlossen unter leicht sichelförmigen Brauen. Schlangengleich wanden sie sich, träge, sinnlich, klasse. Einfach sexy. Sie betrachteten mich, aufmerksam, ruhig, gelassen, mit Würde. Eine dunkle Stimme, volltönend und doch wispernd, lockend, dicht an dem Loch in meinem Kopf, durch welches mein Gehör Klänge aufnimmt … nennt man das «Ohr»?

«I like your style!»

Ich war ehrlich geschmeichelt, dies von einem Abbild vollkommener anatomischer Ästhetik zu vernehmen. Meine Augen betrachteten enthusiastisch in ehrlicher Bewunderung ein absolut authentisches Bronze-Ohr.

«Are you in harmony with yourself …?», hauchte ich in die dunkelste, unergründlichste Stelle des anmutigen Hörorgans.

«Oh, yeah!», schwebte mir die Antwort fein entgegen. «Sure I am in harmony with myself!»

Ein seelenverwandtes Wesen? Ich fühlte tiefe Verbundenheit und Freude. Wir hatten uns erkannt! Ein kühles Glas wurde mir in die Hand gedrückt, genüsslich schlürfte ich einige Tropfen daraus, es schmeckte wie Coca-Cola, nur tausendmal frischer und besser. Waren das da neben mir Frauen? Oder Männer? Oder … Mädchen, die aussahen wie Jungen, die aussahen wie Mädchen? Oder waren es Jungen, die aussahen wie Mädchen, die aussahen wie Jungen? Die Erkenntnis schoss mir durchs Blut: Ich befand mich unter Hermaphroditen! Ich war mit den Boten der Götter, den Überbringern von Nachrichten, Aufträgen und Befehlen von oben … von ganz oben! Wie erfreulich, wie angenehm … Sie nahmen mich bei den Händen, links und rechts, und sprachen sanft und melodiös auf mich ein – was immer sie auch mit mir vorhatten, ich sagte zu allem ja. Auf einmal saßen wir in einem Auto. Und stiegen auch bald wieder aus. Die Fahrt kam mir vor, als würde ich plötzlich von einem Ort zum anderen versetzt, so wie ein Flug. Ich erkannte das Chinesenviertel. Schnell ging mein Atem, ich spürte einen Druck auf und unter meinem Unterkiefer, das Schlucken ging auch nicht so leicht – zu viel Speed in der Kapsel? Yellow Sunshine. Dieser Druck im Unterkiefer … hatte ich das schon die ganze Zeit? Erst jetzt meldete mir mein Unterbewusstsein, nein, mein Bewusstsein, dass dieser pressende Kiefer und der Stein in der Gurgel anfingen, zu nerven, und ich stammelte im Gehen meinen Hermaphroditen etwas vor. Augenblicklich erhielt ich die beruhigende Antwort, wurde sogar von einem göttlichen Wesen berührt, am Unterarm … köstlich. Sie passten auf mich auf.

«You will get your … tea … don't worry, you will get it in five minutes, darling!»

Überschwänglich bedankte ich mich. Meine Hand wurde sanft gedrückt. Alles war gut.

«My name Zizi!», raunte die klingende Stimme, die überging in ein Summen, und dann sang Zizi wirklich gekonnt gefühlvoll Rod Stewarts *You got a nerve*, «I loved you once, but I don't love you now, please, please go away, go away, please, please go away … your love has turned into hate …»

Langsam begann der Trip runterzufahren, ganz langsam, ganz weich, angenehm. Ich war ruhig, doch der Druck im Kehlkopf und Kieferbereich war noch deutlich vorhanden. Wir schlenderten durch die belebten Straßen der nächtlichen Stadt, während die Wirkung des Acids immer mehr nachließ. Es war kurz vor ein Uhr. Lärm und vielstimmiges Stimmengewirr, babylonisch tönte es aus einer schmalen Gasse, die Autos nicht befahren durften. Die Bugis Street! Da war sie, die berühmt-berüchtigte Straße der Matrosen, Spieler, Trinker, Abzocker, Nutten, Gauner und Taschendiebe aller Couleur inmitten eines Stromes neugieriger Touristen aus aller Welt, der sich langsam an Garküchen und Souvenirständen vorbeischob. An einem runden Tisch fast mitten auf der Straße nahmen wir auf niedrigen, wurmstichigen Stühlen Platz. Augenblicklich war ich mit meinen drei Hermaphroditen umzingelt von jeder Sorte Händler, man wollte mir neue Waschlappen, grelle Postkarten mit «Greetings from Singapore» drauf, Taschenlampen, Messer und Gabeln, Scheren, Luftballons, T-Shirts mit «Lion City»-Aufdrucken und Kochtöpfe andrehen, und eine chinesische Liliputanerin mit deformiertem Gesicht und Buckel hielt mir laut kreischend einen hässlichen, eierschalenfarbenen Vibrator unter die Nase. Zizi scheuchte sie resolut alle weg. Dann kriegten wir irgendeinen Palmenschnaps der härteren Sorte vorgesetzt, den alle mit Coca-Cola mischten, und wenige Minuten später bekam ich meinen Tee. Leicht ermüdet von dem anstrengenden Trip, nahm ich dankbar das Glas in die Hand. War ich jetzt wieder «normal»? In einer solch merkwürdigen Umgebung wusste ich das nicht so genau, auf jeden Fall war es spannend und unterhaltsam.

Ein großes Hallo, meine drei Schönheiten wurden überschwänglich begrüßt, geherzt und geküsst von einem halben Dutzend aufgetakelter Transvestiten und Transsexuellen, eine attraktiver und koketter als die andere. Mir schwirrte der Kopf bei so viel Gegurre, Geplänkel und Gekicher, echte Frauen würden sich nie so verhalten. Unübersehbar war ihre Lust, sich zu zeigen, sich bewundern zu lassen – wie alle Transen dieser Welt es eben so an sich haben. Sie wollen nichts weiter, als vierundzwanzig Stunden am Tag schön sein, darin finden sie ihre Identität, ihre Daseinsberechtigung.

Neugierig beäugt von einer vorüberziehenden, schwäbisch näselnden Touristengruppe, wurden sie erst recht exhibitionistisch und mutig. Ein besonders gelungener transsexueller Mensch mit weißen Federn im Haar und am Popo, wie die Tänzerinnen des Moulin Rouge, zog sein glitzerndes Paillettenoberteil zur Seite und reckte stolz die kleinen Hormontitten Richtung Schwaben, die laut johlten und Beifall klatschten. Dem Reiseleiter wurde das alles ein bisschen zu ausgelassen, und bevor die Situation außer Kontrolle geraten konnte, trieb er seine Leute weiter. Prompt folgten Bedauernsäußerungen: «Ha noi, des isch schad, mir müsset jetzat weida!» und «Ade! Ade! I wärd von däne da dräume!»

Ein Hocker schob sich zwischen uns, und das bildhübsche Schmetterlingswesen, das Befederte, setzte sich mit graziös übereinandergeschlagenen Beinen so gekonnt hin, dass der Federbusch am Steißbein nicht beschädigt wurde. Schmale Füße, die Zehennägel grellrosa mit Perlmuttglanz lackiert, trugen Stilettos, verboten hoch, silbern, natürlich mit Pailletten besetzt, wie das Oberteil; der hochgeschlitzte, weiße Rock ließ den Bauchnabel frei. Meine Nase registrierte einen schweren süßlichen Duft. Das blitzende Oberteil war immer noch nicht an seinen korrekten Platz zurückgeschoben worden. Ich konnte nicht umhin, die perfekten dunkelbraunen, nach oben gerichteten Spitzen ihrer samtigen Brüste anzustarren.

«You like?», wurde ich von der einschmeichelndsten Stimme gefragt, die ich jemals im Leben vernommen hatte. Ich musste tief durchatmen, und schon wurde mir die Hand geführt und gegen die knallharten, geschwollenen Warzen gepresst. Ich schloss die Augen. «Very beautiful, really …», stotterte ich mühsam und wagte, die Finger auszustrecken, um die ganze Brust zu umfassen. Das pulsierende, vitale, lebendige, pochende Herz unmittelbar zu fühlen, machte mich schwindelig. Zögernd zog ich meine Hand zurück, leicht benommen und beeindruckt von den Wundern dieser Welt. Der Schmetterling lachte, spöttisch, leise. Sofort brauchten meine Ohren diese Stimme aus Tiger und Honig noch einmal, deshalb wollte ich wissen, wo das herrliche Wesen herkam. Mir klopfte das Herz, als mich diese Augen, dieses Gesicht, diese Nase ansahen, und ich verfolgte genau jede Bewegung der prallen, geschwungenen Lippen. Beim Sprechen kamen die Worte gedehnt, mit extrem betonten Bewegungen aus diesem lüsternen Mund geflossen, sie drückten mich noch tiefer in mein Stühlchen, und ich merkte, wie ich automatisch die Lider halb schloss und den Klang der tiefen, selbstsicheren Stimme einsaugte.

«Born in Singapore, live in Singapore, die in Singapore!»

Der malaysische Akzent und das unzulängliche Englisch übten ei nen zusätzlichen Reiz aus. Bestimmt würde ich nie wieder aufstehen können, am Stuhl gefesselt und geknebelt von dieser Stimme.

Plötzlich ein Höllenlärm. Ein Haufen sturzbetrunkener amerikanischer Matrosen schob sich rücksichtslos polternd durch die Menge. Zizi kreischte vor Entzücken, alle am Tisch klatschten in die Hände. Prompt hielten die Amis an unserem Tisch. Einer von ihnen sprach in flüssigem Chinesisch mit meinen Vögelchen, die amüsiert drauflosplapperten und kicherten. Ich spürte die steigende Spannung; hier wurde eine klare Herausforderung in Kantonesisch oder Mandarin ausgesprochen, und ich verstand kein Wort.

«Timothy! It's your turn this time, remember?»

Timothy war offensichtlich der Jüngste unter ihnen, vermutlich war er neu bei der Marine. Er wurde auf das flache Dach eines einstöckigen Hauses gehievt. Ein durchtrainierter, muskulöser Kollege bugsierte sich mit einem einzigen Klimmzug hinterher, und sie bekamen zwei Stöcke nach oben gereicht. Unten auf der Straße sammelten sich Leute in Erwartung. Die beiden auf dem Dach öffneten ihre Gürtel, drehten sich um, ließen die Hosen bis zur Wade herunter, bückten sich und reckten ihre Hintern der Menge zu. Sie steckten sich auf ein gebrülltes Kommando hin die Fackeln in den Arsch, und gelenkig wie sie waren, zündeten sie die leicht wippenden Stöcke an. Ein Höllenspektakel brach los. Johlend, schreiend und pöbelnd wurden Wetten abgeschlossen. Mal sehen, wer es am längsten aushielt. Meine begeisterten Tischgenossen jauchzten und sprangen hoch, alle waren völlig aus dem Häuschen. Ich brüllte einfach mit und schrie Anfeuerungen auf Deutsch; das machte ja richtig Spaß hier! Die Flammen kamen den Hinterbacken gefährlich näher, immer näher, noch näher. Ein gellender Schrei – mit einem Ruck riss sich der Muskelkerl das lodernde Teil heraus und schleuderte es wütend in die Zuschauer, die es prompt auf das Hausdach zurückwarfen. Nun entledigte sich auch Timothy seiner Fackel. Mit ruhiger Gelassenheit schraubte er demonstrativ langsam die Fackel aus seinem Arsch und reichte sie seinem Kontrahenten. Der zog das nicht brennende Ende mit einer Geste der Geringschätzung unter seiner Nase hin und her, wandte sich an den Gewinner, und an den Bewegungen seines Mundes erkannte ich, dass er etwas gar nicht Nettes zu ihm sagte. Augenblicklich schnellte die Faust des Siegers vor und zertrümmerte das Nasenbein des schlechten Verlierers; wer hatte gedacht, dass das Milchgesicht so mutig ist. Eine wütende Prügelei, beide bluteten stark aus Nase, geplatzten Lippen und Augenbrauen, verbissen kämpfend. Schließlich rollten beide laut keuchend am Boden, blutgetränkt die weiße Kleidung, dann stürzten sie vom Dach, wurden aber von ihren Kameraden mehr oder weniger aufgefangen. Alles schrie in voller Lautstärke temperamentvoll durcheinander, eine Riesenaufregung.

Schließlich stand mein gefiederter Schmetterling auf, bahnte sich einen Weg durch das Getümmel – man machte respektvoll Platz. Ein entschlossenes «You! Enough! Make friends!» brachte Ruhe in die Situation. Das Federwesen kam mit den blutenden Kämpfern zurück an unseren Tisch.

«Sit down, you!» Der lange lackierte Zeigefinger deutete auf eilig herbeigeschaffte Hocker. Brav setzten sich die beiden Helden hin und stießen gemeinsam mit ihren Gläsern an; es herrschte wieder Friede.

«Born in Singapore, live in Singapore, die in Singapore!»

Ein paar Tage später musste ich Singapur für einen neuen Job in Nordafrika verlassen. Der Vertrag war rechtsgültig unterschrieben. Am 1. April sollte ich meine Arbeit für ein großes deutsches Reiseunternehmen in Tunesien aufnehmen. Leider bekam ich deshalb nicht mal den Anfang der Dreharbeiten von Peter Bogdanovichs Film mit. Den Hauptdarsteller Ben Gazzara lernte ich nie kennen und Kameramann Robby Müller erst im Oktober, fast sechs Monate später, in München. Der englische Schauspieler Denholm Elliott, der im Film einen Herzanfall bekommt und in einer beeindruckenden Szene zu Grabe getragen wird, würde erst sehr viel später eintreffen, da sein Part nur etwa ein Drittel der Geschichte ausmacht. Die Rolle des Eddy Shuman übernahm Peter Bogdanovich selber, deshalb auch der bürstenähnliche Haarschnitt. Ben Gazzaras Freundin im Film, die von der Insel Sri Lanka stammende Schauspielerin Monica

Subramaniam, war in Wirklichkeit die von Peter, der sie später mal nur fürs Ficken für eine Nacht im Peninsula Hotel in Hongkong traf und sie sogar für vierzehn Tage zu sich nach Los Angeles holte.

Seine beiden Töchter, so um die acht, neun Jahre alt, wollten wissen, was er in Hongkong zu tun habe, und mit theatralischen Gesten übernahm Peter Ben Gazzaras Antwort für solche Fälle:

«Oh, I am thinking and writing, thinking and writing!» Ich denke und schreibe, denke und schreibe.

Eine psychosomatische Klinik
irgendwo mitten in Deutschland
März 1998

Eine vom Team führt mich hoch in der ersten Stock auf das Zimmer Nummer fünf; ich registriere, dass die beiden anderen Betten belegt sind. Ein deutsches Krankenzimmer mit Gummibaum und Zimmerlinde. Drei Betten, zwei große Kleiderschränke und ein kleiner. Waschbecken in einer Nische in der Ecke. Meine Augen tränen, die Nase läuft Amok, und ab und zu muss ich mich schütteln, wenn Millionen Ameisen unter meiner Haut wütend kitzeln wie elektrischer Strom. Mir ist flau im Magen, und jedes kleinste Gelenk kann ich lokalisieren. Siebenmal hintereinander muss ich heftig und sehr geräuschvoll niesen. Mir ist so kalt.

«Sie kriegen gleich was, erst muss ich Sie filzen. Stellen Sie Ihre Sachen da auf das freie Bett und öffnen Sie die Taschen. Unten hat der Arzt Sie ja bereits untersucht und bei der Gelegenheit Ihre Kleider, die Sie anhaben, durchsucht. Haben Sie irgendwo noch Drogen oder Feuerzeuge?»

Distanziert blickt sie mich aus hellbraunen Augen an, die hinter ihrem schlecht sitzenden Brillengestell langweilig aussehen.

«Weder noch. Ich will entgiften.»

Ich kann meine Stimme kaum wiedererkennen.

«Manchmal vergessen Leute was in ihren Klamotten, was glauben Sie, was da alles zum Vorschein kommt!»

Sie sieht mich skeptisch an. Ein Schauer schüttelt mich.

«Gedulden Sie sich, wir müssen das erst hinter uns bringen.»

«Ich habe mich nicht beschwert.»

Jetzt ein Blech ziehen, denke ich, jetzt ein Blech ziehen. Sie nimmt sich ernst meine Sachen vor, guckt in jedes Döschen, schraubt jeden

Deckel ab, schnüffelt an jeder Tube, stellt den Nagellackentferner beiseite mit der Bemerkung, dass ich den abgeben müsse, weil die Flüssigkeit missbraucht werden könne, und heißt mich, den Kopf vorbeugen. Sie durchwühlt meine langen Haare mit ihren Gummihandschuhen. Mit spitzen Fingern fummelt sie die Unterwäsche aus der schwarzen Tasche.

«Sie wissen, dass sexuelle Beziehungen hier nicht erlaubt sind?»

Ich denke an was völlig anderes.

«Was finden Sie denn so alles beim Filzen?»

«Oh, wir haben schon ab und zu ein Päckchen gefunden, Spritzen, Kanülen, Ascorbinsäure, einen Krümel Haschisch, Feuerzeuge, Alufolie – alles, was die Leute so in ihren Taschen vergessen, es muss ja nicht absichtlich sein ...»

Ich muss mich setzen bei dem Gedanken an Heroin. Wieder muss ich tausendmal hintereinander niesen. Sie reicht mir ein Taschentuch.

«Mein Name ist Barbara Baufeld. Wenn Sie was brauchen, klopfen Sie unten im Teamraum an die Tür. Die ersten zwei Tage haben Sie noch Schonfrist. Sie sind ab dem dritten Tag zur Teilnahme an allem verpflichtet, haben Sie das verstanden?»

«Hab ich.»

Sie sieht mich ernst an.

«Kann ich mal zur Toilette?» Erste Darmkrämpfe kündigen sich an. Baufeld weist mir den Weg. Ich will die Toilettentür schließen, sie rutscht mit rein und hält einen durchsichtigen Plastikbecher in ihren Gummihandschuhen.

«Bitte eine Urinprobe für das Drogenscreening, wir sollten wissen, was Sie alles konsumiert haben in den letzten Tagen»

Ich schaffe es kaum, mir die Hose runterzuziehen, als ein Feuerzeug herunterfällt – wie kommt denn das? Ein vernichtender Blick, Baufeld bückt sich und hebt es auf.

«Sorry, war keine Absicht», stoße ich hervor, während ich mit zittriger Hand den Becher mit der Aufschrift meines Namens unter den dürftigen Urinstrahl halte. Obwohl ich das Gefühl hatte, endlos pinkeln zu können, kommen nur einige Tropfen. Der Becher ist noch nicht einmal zu einem Viertel gefüllt, körperheiß und beschlagen. «Mehr geht nicht», krächze ich mühsam, geschüttelt von einem Hustenanfall, der mich zum Würgen bringt. Gut, dass ich hier auf der Toilette bin. Sie hilft mir, begleitet mich nach unten ins Erdgeschoss zum Arzt.

«So, Frau Scheu, Ihr Methadon!»

Im Labor- und Ärztezimmer riecht es stark nach Medizin und Desinfektionslösung, der Gestank – so empfinde ich es jetzt in meinem Zustand – reizt meine Nasen- und Augenschleimhäute. Erneuter Niesanfall, wieder den Rotz abwischen. Der Turkey ist ausgewachsen. Es ist fünfzehn Uhr. In zwei Stunden erhalte ich die nächste Dosis. Geschwächt setze ich mich auf die papierbezogene Kunststoffbank, nehme das Glas mit dem Grapefruit-Methadon-Gemisch in beide Hände. Fest umschlossen halte ich es an meine zitternden Lippen, schließe die tränenden Augen. Und dann trinke ich das Glas in einem Zug mit weitgeöffneter Kehle bis auf den allerletzten Tropfen leer.

Los Angeles
November/Dezember 1978

Are you daddy's new girlfriend?»

Prüfend, misstrauisch schaute mich das kleine Mädchen mit den überschulterlangen, braunen Haaren und braunen Augen an. Sie umklammerte mit kleiner Hand die Stange, die das Schild mit meinem Namen drauf hielt. Eine energische Stimme wiederholte die Frage.

«Are you daddy's new girlfriend?»

Ein etwa zwei Jahre älteres Mädchen neben der Kleineren sah mich durchdringend an. Sie trug ein Hütchen und hatte ein hübsches, neugieriges, aufgewecktes Gesicht mit einem Anflug gesunder Skepsis. Die Kleinere wirkte im Ganzen jünger, süßer; Reste weicher, kleinkindlicher Rundheit an Wangen, Augen und Nase ließen sich erahnen. Ich fand die beiden auf Anhieb klasse.

«Was möchtet ihr denn, das ich bin?», fragte ich sie.

Sie sahen mich an, ohne eine Miene zu verziehen. Keine Antwort auf meine Gegenfrage, sondern die lapidare Feststellung, ich hätte einen komischen Akzent. Sie stellten sich vor: Alexandra, die Erstgeborene, und Antonia. Ein Mann kam aus dem Hintergrund auf mich zu, reichte mir die Hand und stellte sich höflich vor.

«Welcome to Los Angeles! Hi, my name is Mike, I'm Peter's driver.»

Peter war verhindert und ließ mich durch seinen Chauffeur und seine Töchter abholen. Mike schnappte sich mein Gepäck.

Die Fahrt in einem grünsilbernen Rolls-Royce mit Trittbrettern an den Seiten dauerte fast eineinhalb Stunden. Die Kinder saßen mit mir hinten im Fond. Noch niemals zuvor hatte ich in einem Rolls-Royce gesessen; die Armaturen und die ausziehbaren Tabletts auf der Rückseite der Sitze waren aus rotbraunem, schön gemasertem, glänzendem Mahagoni. Die Sitze aus feinstem Leder, weich und fest zugleich. Vorne am Kühler blinkte die Emily, mit ausgebreiteten Flügeln in geduckter Haltung.

Ich dachte: «Da kommste ausm Sauerland, und wo biste jetzt ...», neben mir links und rechts saß eine Tochter Peters. Die Kinder hatten schöne, kluge Gesichter, fragende Augen, wache Köpfchen. Sie gefielen mir sehr. Ich gefiel ihnen nicht besonders, das spürte ich. Ich erfuhr, dass sie diesen «Abhol-Job» öfter mal übernehmen mussten und dass ihnen die ganzen Weiber gehörig auf die Nerven gingen. Ich merkte, wie Mike vorne die Ohren spitzte, sich aber nicht einmischte. Schweigen.

Auf einem Hügel rechts stand in gigantischen Buchstaben «Hollywood». Eine gepflegte Gegend, auf einer guten Straße, die das Viertel weitläufig zu durchqueren schien. Links und rechts nur große, teils schlossartige Privatbesitze, riesige Hecken gaben den Blick nicht frei, und je höher die Hecken und Palmen und Villen, desto schmaler kam mir die betonierte Straße mit ihren geflickten Streifen in der Mitte vor. Ha! Sunset Boulevard! Scheißstraße. An meiner ersten Straße in Amerika hätte ich jede Menge auszusetzen gehabt – war nicht Amerika das Land der wunderbaren breiten Straßen, stellten sie sich nicht immer so dar? Alle fünf Minuten ein Streifenwagen voll grimmig dreinblickender Bullen. Wir bogen ab, ich bemerkte gerade noch das Schild «Copa de Oro Road», und nach drei Minuten hielten wir vor einem großen Tor. Mike drückte irgendwo drauf, das Tor öffnete sich wie von selbst. Ein riesiges weißes Gebäude aus mehreren ineinander verschachtelten Häusern in spanischem Stil lag vor uns. Tropische Bäume, Palmen und sonderbare Pflanzen im sehr gepflegten Garten. Knirschend rollten wir über den Kies. Ein schönes, nicht zu protziges Portal, eine Leiste elektronischer Knöpfe in einem Rahmen in Klingelknopfhöhe. Mit klopfendem Herzen hielt ich eine Sekunde inne; Peter in seinem eigenen Haus hier in L.A. zu sehen, war eine neue Situation. Wir betraten eine geräumige Eingangshalle. Am Ende der Halle ein professioneller Billardtisch, um den herum mehrere Leute mit ihren Queues standen. Peter setzte gerade zu einem Stoß an.

Konzentrierte Augen auf die schwarze Kugel. Die beiden Schwestern warteten ab.

Noch während die Kinder und ich die Szene beobachteten, empfand ich sofort eine starke Antipathie gegen Peters Mitspieler. Er hatte sehr kruseliges, langes blondes Haar, seine riesige Adlernase ragte zwischen eng zusammenstehenden, kleinen, beinahe wimpernlosen Augen hervor. Blaine Novak aus New York. Er war meiner Meinung nach nicht nur hässlich, sondern strahlte darüber hinaus eine Falschheit aus, die ihresgleichen suchte. Ich sah Blaine und lehnte ihn total ab. Blaine sah mich und lehnte mich total ab.

Peter drehte sich zu uns um. Erst wurden die Kinder umarmt, sehr sympathisch, und anschließend begrüßte er mich, als sei ich mal eben aus der Nachbarschaft und nicht über einen Ozean und den Nordpol hergekommen. Peter stellte mich vor, und sie fuhren fort mit ihrer Unterhaltung und ihrem Billardspiel. Ich setzte mich auf den steinernen Fußboden, ziemlich müde, und bekam noch Teile des Gesprächs mit, bevor ich im Halbschlaf zusammensank. Die fünf Männer redeten viel, manche tranken Whisky, andere hatten eine Bierdose in der Hand. Peter trank Mineralwasser. Ab und zu schnaubte er mit der Nase und wischte sich über die Stirn. Er wirkte distanziert, kühl. Er lachte kaum, seine Mimik war starr, und er nahm nervös des Öfteren kleine, hastige Schlucke aus dem hohen Glas. Ich hatte den Eindruck, er sei abwesend. Im Hintergrund lief ein Fernseher oder ein Radio. Aufgeregt berichtete eine Stimme über unglaubliche Ereignisse im Urwald von Guayana, dem Massenselbstmord von sieben- oder achthundert Anhängern der Jim-Jones-Sekte. Es waren die ersten Nachrichten, die ich in Los Angeles mitbekam. Die Stimmen verschmolzen zu einem Mosaik, untermalt von klackenden Billardkugeln und dem Geräusch der Absätze auf dem steinernen Boden.

«She's got a mouth … my god! She's really fabulous looking, sexy, very, very sexy, and she's got something in her voice – boy! Her mouth is a bit like, ah … this … look!»

Blaine Novak versuchte seine Oberlippe hochzuziehen und machte ein Gesicht, das wohl sexy aussehen sollte.

«What's her name?», fragte Peter, während er um den Billardtisch herumging, sich die Kugelsituation von allen Seiten besah.

«Deborah Harry, that's her name. The band's name is *Blondie*, don't forget that name! They're going to be really big, boy!»

Blaine verzog schwärmerisch sein Habichtsgesicht. Entrückt blickte er in Peters Richtung, schloss die Augen, küsste schmatzend seine Mittelfingerspitze und versicherte:

«Deborah Harry. *Blondie*. Believe me!»

In seinem Blick … eine Mischung aus absoluter Gewissheit und lauernder Hinterhältigkeit. Etwas schien überhaupt nicht zu stimmen, wenn Blaine zugegen war, nur, was genau es war, konnte ich auch später nie sagen. Er tat mir nichts, war distanziert und kurz angebunden. Wir fühlten uns angespannt in Gegenwart des anderen und gingen uns aus dem Weg. Ich bekam das Gefühl, er bilde sich ein, ich könne ihm in die Karten gucken, und begann zu glauben, er fühle sich von mir irgendwie durchschaut.

Nach einer Woche bei Peter kam ich mir immer noch genauso fremd vor wie am Anfang. «Da kommste ausm Sauerland, und wo biste jetzt …», dachte ich immer wieder. Ich war durch das ganze Haus geführt worden, riesengroß, u-förmig um einen Swimmingpool im Garten herumgebaut, durch einen kleinen Park mit einem fast gläsernen Gartenhäuschen, welches der Sekretärin Joyce als Büro diente. Der eine Flügel beherbergte eine bestens ausgestattete Küche mit separatem Eingang, dahinter, am Ende des Gebäudes, befand sich ein Zimmer mit einem Bett, in dem zahlreiche Gemälde von Peters tödlich verunglücktem Vater an den Wänden hingen. An die Wand lehnte ich mein neuestes Fotobuch, Helmut Newtons *White Women*, von dem ich mich lange Zeit nicht trennen konnte und das ich überallhin mitschleppte. Im Flügel gegenüber residierte Peter auf zwei Stockwerken, geräumiges Badezimmer mit Jacuzzi, lange Korridore mit weichen Teppichen, Kristalllüster. Unten zusätzlich ein Sport- und Gymnastikraum, sowie ein voll ausgestatteter kleiner Ballettsaal mit Stange, Spiegel, raffiniertem Soundsystem und Klavier. Im Erdgeschoss neben der Eingangshalle das Wohnzimmer. Ein sehr großer, hoher Raum, Kamin, Fensterfront zum Swimmingpool im Garten, mit Sesseln, Sofas, Gemälden und anderen Kunstgegenständen, dicken, ausgedehnten Teppichen, hier und da eine Lampe mit weichem Licht. Am Ende des Wohnzimmers: ein Flügel und ein Mikrophonständer vor dem Durchgang zu Peters Privatbereich im anderen Gebäudeteil. Zweimal in der Woche, manchmal auch öfter, kam ein Pianist ins Haus; er beherrschte die Klassiker von Cole Porter und Frank Sinatra, Peters Lieblingssongs. Dann entspannte er sich beim Singen, und er sang hingebungsvoll, wenn auch nicht gut. Er sang einfach gerne.

Der Haushalt wurde besorgt von der schwarzen Haushälterin. Sie ließ mich spüren, dass sie mich nicht mochte. Vermutlich mochte sie niemanden, denn sie war immer schlecht gelaunt, auch im Umgang mit Peter, der es mit einem Achselzucken wegsteckte. Sie war eine gute Haushälterin.

Mike pflegte den Rolls-Royce. Privat liebte er Hunde und zeigte mir stolz Fotos von seinem Akita, einer seltenen Hunderasse aus Japan.

Joyce kümmerte sich um alles Buchhalterische und arbeitete oft sehr lange in ihrem Gartenhäuschen. Ich kannte ihre Stimme vom Telefon; angenehm, nicht so quäkig. Sie hatte schöne, schulterlange dunkle Haare, manchmal hochgesteckt, und war von zurückhaltender, aber bestimmter Art.

Peter nahm mich vom ersten Tag an überallhin mit. Oft fuhren wir nach Hollywood; der Film erhielt seinen Negativschnitt, und im Tonstudio gab es auch was zu tun. Aufmerksam verfolgte ich alles. Eines Tages wollte Peter, dass ich mich besonders sorgfältig anziehe.

«We're having lunch with Orson Welles. You know Orson Welles, don't you?!»

Einen Moment musste ich überlegen. Wer war Orson Welles nochmal? Ich hatte ihn doch mal in so einem alten Schwarzweißstreifen gesehen. Alle Welt kennt Orson Welles.

«Ah, well, I think I know whom you mean. He has a big belly!»

«He has an enormously big belly. He's fat, kraut, he is a real fat man!»

Wir fuhren zum Mittagessen ins «Ma maison», sein bevorzugtes Restaurant. Orson Welles saß dick und fett und übers ganze Gesicht grimmig lächelnd am Tisch, die Stoffserviette in den Kragen gesteckt in Vorfreude auf sein Essen. Peter umarmte und küsste Orson, der blieb sitzen, streichelte Peters Wange und nannte ihn «kid».

Sie trafen sich mindestens einmal die Woche hier und hatten seit Jahren einen engen, herzlichen Kontakt. Eine schöne Männerfreundschaft, dachte ich amüsiert, und reichte dem dicken Orson Welles, der so berühmt war, die Hand. Prüfend schaute er mir zwanzig Sekunden ins Gesicht, drückte meine Hand und sagte bedächtig zu Peter, ohne meine Hand loszulassen:

«So! I see, you've got your own kraut now, kid!»

Peter lachte.

Orson Welles ließ langsam meine Hand los.

«A good kraut, ja ja, Schnietzelwürschtel miet Kachtouffels, gutgutgut, jawohl!»

Also so brachten sie sich gegenseitig Kenntnisse der deutschen Sprache bei! Orson Welles meinte, ich solle ihn Orson und nicht Mr Welles nennen, und war sehr nett und witzig. Wir blieben geschlagene drei Stunden am Tisch, essend, trinkend, uns angeregt unterhaltend, und von beiden Männern wurde ich in vielen Dingen detailliert um meine Meinung gefragt. Meistens ging es um Film, um Inhalte, um Schauspieler, Regisseure, die Filmmusik, die neuesten und die älteren Techniken zu ihrer Herstellung. Und um Bücher und Frauen und Drogen und Alkohol und Essen und Trinken.

Mit Orson fühlte ich mich wohl, er beherrschte die Kunst, Distanz zu wahren, ohne distanziert zu sein. Zwischendurch dieses grimmige Lächeln, dieser Charakterkopf unter den Fettschichten. Wir drei aßen einmal die Woche zusammen zu Mittag, immer am selben Tisch. Auf der Rückfahrt sagte ich Peter, dass ich geglaubt hatte, Orson Welles sei tot. Er erzählte mir die tragische Geschichte von dem jungen Orson Welles und den heuchlerischen Hollywoodstudios, von *Citizen Kane* und *Der Untergang des Hauses Usher*, von *Der dritte Mann*, von Rita Hayworth, von anderen Frauen, von Orsons

Verbitterung und Suchtproblemen. Er sei fresssüchtig, er werde sich zu Tode fressen, er werde sich auf die Art umbringen, genauso wie auch Marlon Brando es tun werde.

Peters Prophezeiung trat ein. Jahre später, ich befand mich irgendwo in Indien, mehr tot als lebendig, hatte er es geschafft. Orson Welles war geplatzt. Es tat mir sehr leid um ihn; ich hatte ihn gern gemocht, dann versuchte ich, eine Vene zu finden für den nächsten Schuss, und bemühte mich, Orson Welles aus meinem Gedächtnis zu verdrängen. Den netten, dicken, fetten Orson Welles. Grimmiges Lächeln.

Meine Tage – Peter hatte meistens viel zu tun – verbrachte ich schon mal in Westwood oder auf einem bestimmten Teil des Sunset Boulevards, wo ganz brauchbare Klamottenläden waren. Biba und Fiorucci liebte ich besonders und kaufte eine Umhängetasche in Form eines glitzernden Fisches, auf die ich sehr stolz war. Als ich mit Mike heimkam, war Besuch da. Gelächter und lebhaftes Stimmengewirr schallten aus der Küche. Anthony Perkins, soeben vom Set gekommen, noch Make-up im Gesicht, seine Frau Berry und ihre Schwester Marisa Berenson und deren enge Freundin Diane von Fürstenberg aßen die dänische Eiskrem aus riesigen Familienportionsbechern, die Peter immer in der Truhe hatte. Peter stellte mich allen vor. Marisa kam mir überirdisch schön vor. Als Model war sie mir ein Begriff, in Andy Warhols *Interview* war sie oft abgebildet, und ich fand sie umwerfend. Wie gerne wäre ich gewesen wie sie, 1 Meter 83 groß, anmutig, schmal, zierlich, mit winzig kleinem Busen, androgyn und doch so weiblich. Sie wandte sich mir freundlich zu, sagte etwas, ich verstand nicht gleich.

Ich starrte in ihre riesigen, blaugrünen, ausdrucksvollen Augen, und das Sprechen fiel mir schwer. Wie konnte ein Mensch so schön sein, so faszinierend, dass ich den Blick nicht abwenden mochte.

Mit wenigen Menschen ergeht es mir so, aber wenn, dann neige ich dazu, ihnen zu verfallen. Eine störende Neigung, die mich von anderen Dingen abhält, denn nichts erscheint mir so wichtig wie die Liebe und die Schönheit. Marisa bedeutete mir die Verkörperung dessen, was ich niemals erreichen, niemals besitzen oder sein oder darstellen würde. Es umwehte sie ein Hauch von Tragödie, sie trug ein nur für mich sichtbares Diadem aus Enttäuschung, Dramatik, unerfüllten Sehnsüchten. Sie war geübt im Traurigsein, ob aus Veranlagung ihres schwedischen Herzens oder als Resultat ihrer mir völlig unbekannten Lebensgeschichte, kann ich nicht sagen. Strahlend blickte sie mich an. Geduldig. Ihre Augen verrieten die ungezählten Tränen, die, die sie bereits vergossen hatte, und, wie ein Echo aus der Zukunft, das Schimmern der Tränen, die sie noch weinen würde. Ja, sie lebte im Traurig-Paradies. Ich brachte kein Wort heraus und musste mich abwenden. Peter bemerkte meine Verwirrtheit, rettete die Situation, indem er mich bei der Hand nahm, und stellte mich vor Berry hin, Marisas Schwester.

«You've got something in common, you both have been to Africa.»

Berry besaß eine aufrichtige Herzlichkeit, eine Wärme, ein Talent, Menschen das Gefühl ihrer eigenen Bedeutung zu vermitteln, sodass ich mir wertvoll, aber nicht bedeutend im hochmütigen Sinne vorkam. Möglicherweise war es genau das gewesen, was ich hier in L.A. mit all diesen berühmten, verwöhnten, steinreichen Leuten vermisste. Im Gespräch mit ihr blühte ich auf. Sie war im nördlichen Ostafrika gereist, ich kannte Teile von Westafrika. Während des Gesprächs hörte ich irgendwann nicht mehr so richtig zu, vielmehr beobachtete ich sie, wie sie aussah, ihre Mimik, ihr Gesicht, den Klang ihrer gleichmäßigen, beruhigenden Stimme, ihre Körpersprache, ihre kräftigen Hände, deren Form eine Mixtur aus Feingefühl, Sinnlichkeit und Energie ausstrahlten. Sie war auf eine ganz andere Art schön als ihre Schwester. Sie besaß nicht deren mondäne Eleganz und Statur, dafür eine Fähigkeit, mit Offenheit und innerer Grazie auf andere zuzugehen. Berry war eine Zuhörerin, eine Aufsaugerin, der Typ, dem wildfremde Menschen sofort Geheimnisse anvertrauen möchten, die sie nie zuvor jemand erzählt haben. Zuversicht konnte sie vermitteln. Sie hatte eine Antenne für Störungen in ihrem nahen Umfeld und die Gabe, diese ohne viel Aufhebens in die richtige Schwingung zu bringen. Mit Anthony

Perkins, der bis beziehungsweise auch noch nach ihrer Heirat als homosexuell galt, verband sie etwas Tieferes als nur die Tatsache, dass sie zwei kleine Kinder hatten. Ich glaubte, dass beide das Geheimnis ihrer Verbindung noch nicht gelöst hatten, aber – spielte das eine Rolle? Möglicherweise war das ihr Geheimnis, nämlich die Fähigkeit, ein Rätsel einfach so stehen zu lassen, ohne ständig auf der Suche nach seiner Lösung verloren zu gehen im Unentwirrbaren.

Tony und Berry besaßen oben in den Hügeln von Hollywood ein Haus mit Veranda und hölzerner Front, in der Auffahrt davor befanden sich einige schöne Autos aus den sechziger Jahren, bonbonfarben, mit hohen Heckflossen. Wir besuchten Tony und Berry öfters. Das sympathische Durcheinander von Gästen, eigenen und fremden Kindern, die herrliche Unordnung im Haus, überall verstreut irgendwelche Gegenstände und Kinderspielzeug, tat mir wohl. Der introvertierte Tony verschloss sich über seine schwarzen Augen und seine Körperhaltung. Nach *Psycho*, den ich mir auf Peters Empfehlung hin ansah, bemerkte ich zu meiner Überraschung, dass Tony sich sehr gewandt bewegen konnte, wenn er sich im privaten Kreis entspannt fühlte, aber er hatte sich im Laufe der Jahre so an die Schlaksigkeit seiner Filmcharaktere gewöhnt, dass er fast immer so wirkte, als wisse er nicht wohin mit seinen vielen langen Armen und Beinen. Höflich, nett, freundlich gab er sich, doch er ließ niemanden an sich ran. Ich war ihm gegenüber auf eine unbestimmte Art schüchtern, ohne von ihm eingeschüchtert worden zu sein. Gerade seine Reserviertheit war es, die ihn so anziehend machte, seine hohe, muskulöse Gestalt, sehr breitschultrig, sehr schmalhüftig, Handgelenke und Finger wie geschnitzt. Von großer Kraft und Zerbrechlichkeit zugleich; solche Hände hatte ich bei einem Mann noch nie gesehen. Außer bei Orson Welles hatte ich noch nie so eine Ausgeprägtheit, gleichzeitig Unerfassbarkeit gespürt. Sein seltsames Lächeln, zögerlich, als könne er sich nicht wirklich zum Lächeln durchringen, schief, mit tiefgründigem Intellekt und einer speziellen Art von finsterem Sexappeal. Ich verstand, warum Hitchcock gerade Tony für die Rolle des

Norman Bates genommen hatte. Perkins verkörperte Bates auf eine sehr unheimliche Weise. Für Besetzungen hatte «Hitch», wie Peter ihn nannte, ein untrügliches Empfinden.

Im Anschluss an einen Nachmittagsbesuch bei Tony, Berry und den Kindern bekam Peter Lust, seinen Freund Hugh Hefner zu besuchen. Seine Villa sei stets voll mit Mädchen und immer sei was los, versuchte Peter mir die Sache schmackhaft zu machen, außerdem sei «Hef» bei der Produktion von *Saint Jack* geschäftlich dabei und somit an Fertigstellung und Vermarktung des Films interessiert.

Eine halbe Stunde später rollten wir gemütlich durch Beverly Hills, vorüber an schlossähnlichen Villen in riesigen Parks, Peter zeigte auf die eine oder andere, hier wohnt ein saudiarabischer Prinz, dort hat mal John Wayne gewohnt, den habe er früher oft besucht, einige Straßen dahinter wohnte Jack Nicholson, und als er noch in Fritz Langs Nähe gelebt hatte, stattete Peter dem alten Lang ab und zu einen Besuch ab. Howard Hawks war einer von Peters Lieblingen, sämtliche Hawks-Filme konnte er präzise in wenigen Minuten erzählen und auf ihre Besonderheiten aufmerksam machen. Ich schaute mir das alles an, dachte «Da kommste ausm Sauerland …», als wir ein breites Tor mit seltsamen Kästen an den Seiten erreichten. Es war dunkel geworden; hohe Bäume und Palmen ragten in den dämmrigen Abendhimmel. Ein Knacken in den Kästen. Peter hatte seine Scheibe schon heruntergelassen, er sprach deutlich und laut seinen Vor- und Nachnamen. Das Tor öffnete sich wie von Zauberhand. Wir glitten eine lange und breite Allee entlang, während mir erklärt wurde, das Tor würde auf Stimmen reagieren und sei in der Lage, bekannte und unbekannte zu identifizieren; wer in dem System nicht gespeichert sei, dem öffne sich der Sesam nicht. Die Auffahrt näherte sich einem gigantischen Gebäude. Es war der schlechte Nachbau eines französischen Schlösschens, gepaart mit amerikanischer Vorliebe für Prunk, Protz und Überfluss. Türme, Erker, Vorbauten. Ein Eingang wie aus einem Walt-Disney-Streifen. Wir stiegen aus, und Peter übergab die Schlüssel dem Mann in der grauslichen Phantasieuniform. Das Portal öffnete sich, und wir standen in der größten

Eingangshalle, die ich je gesehen hatte. Eine breite Treppe, bedeckt von einem wertvollen Läufer, führte nach oben. Geräuschvoll wurde im ersten Stock eine Tür aufgerissen und wieder zugeschlagen, eine nackte Frau rannte laut kreischend mit wehenden Haaren heraus, gefolgt von einem Mann, der mir bekannt vorkam. Ich stieß Peter an, der ebenfalls nach oben starrte, und sagte, dass ich den Mann schon mal irgendwo gesehen hätte. Kopfschüttelnd beobachtete er, was sich da oben hinter der Balustrade abspielte. Heftig schlug eine Tür zu.

«James Caan. His wife must not know that he fucks other girls», flüsterte Peter. Dieser Schauspieler? James Caan? Peter nickte. Caan betrog angeblich seine Frau nach Strich und Faden, gedeckt von diesem Hef. Wenn jemand mit dem Chef dieser Residenz bekannt war und Lust auf Abenteuer hatte, kam er hierher, benutzte anwesende oder mitgebrachte Mädchen in den oberen Stockwerken und konnte sich sicher fühlen: Keine Fotografen, keine Presseleute, und die Angestellten waren zu absoluter Diskretion verpflichtet. Eventuelle Anrufe allzu neugieriger Ehefrauen oder Freundinnen wurden rund um die Uhr von speziell geschultem Personal höflich und effektiv abgewimmelt. «Da kommste ausm Sauerland», dachte ich gerade, als die personifizierte schlechte Ausstrahlung in seidenem Pyjama auf uns zuschritt. Der Hausherr. Er begrüßte Peter, drückte ihm die Hand und schaute mich von oben herab an. Peter stellte mich vor.

«Hef, this is Muriel, my kraut, she stays with me for some time. Muriel, this is Hugh Hefner.»

«Nice to meet you.»

Ein laffer Händedruck für mich, pro forma. Aufmerksam sah er an meinem Körper hoch und hinunter, mein Gesicht schien ihn nicht weiter zu interessieren. Er schaute um Haaresbreite an meinem Ohr vorbei. Ich fühlte mich nicht gut. Hugh Hefner mochte mich auf Anhieb nicht, und mir ging es umgekehrt genauso. Peter kannte mich inzwischen ganz gut, er klopfte mir beruhigend auf die Schulter, raunte mir ins Ohr:

«Keep cool, kid – it's alright …» Immer ruhig bleiben.

Konnte er mir meine Gedanken ablesen? Beschämt nahm ich

mich zusammen. Wieso empfand ich diese augenblickliche Abneigung? Dieser Hefner hatte mir schließlich nichts getan.

Wir gingen mit dem «Schlafanzug», wie ich Hefner insgeheim nannte, in die Küche. Es war der einzige Raum, der mir in diesem Haus gefiel, schön groß, enorm großer Herd, ein Riesentisch mit Stühlen, technischer Schnickschnack, wohin man auch blickte, jede Menge Köche und anderes, meist schwarzes Küchenpersonal. Freundlich und schnell setzten sie uns köstliche frisch gebratene Hamburger vor. Ein Diener in der hausüblichen Phantasie-Uniform hielt uns ein Tablett vor, darauf verschiedene Süßigkeiten sowie größere und kleinere Joints. Nun, gastlich war Schlafanzugs Haus durchaus, wobei jede Gelegenheit zu hemmungsloser Angeberei genutzt wurde. Außer uns ließen sich auch drei junge, pickelige Schülerinnen das Essen schmecken. Mit einem obszönen Ausdruck auf den schmalen Lippen kitzelte Hefner, ohne zu lächeln, eine von ihnen vorn im Ausschnitt, worauf sie in verlegenes Kichern ausbrach. Peter begrüßte derweil ein sehr hübsches blondes Mädchen Mitte oder Ende zwanzig. Sie trug um den Hals eine goldene Kette mit dem Schriftzug «Sondra», Hefs derzeitige Favoritin Sondra Locke, Playmate, wie Peter mir später erklärte. Freundlich reichte sie mir die Hand, stellte sich vor und lächelte mich offen an. Ich mochte sie. Wie kam eine solche Frau zu einem solchen Widerling – diese Frage stellte ich mir oft im Leben. Steinreich mochte er sein, aber unangenehm und hässlich. Mich konnte man mit Geld nicht locken, aber wenn ich einen Menschen schön fand, war ich in der Lage, mich voll und ganz hinzugeben. Heute sehe ich solche Dinge völlig anders.

Nach dem Essen verabschiedete sich Hefner von Peter, sie wollten sich am kommenden Sonntag wieder treffen. Beim Hinausgehen, Sondra am Arm haltend, forderte er Peter auf, mich durch Haus und Gelände zu führen, mir alles zu zeigen. Dem Kraut zu zeigen, wo's langgeht, sozusagen. Was beabsichtigte er, warum führte er mir seinen Besitz vor?

Sogar der Park war nicht verschont von überladenem Protzkitsch. Unter der Rasenfläche des Gartens befand sich eine künstliche Höhle, Stalaktiten und von unten wachsende Stalagmiten waren in grellbunten Farben beleuchtet, Wasser sprudelte hervor, umspülte schäumend kleine Inselchen, künstliche Felsen in der Halle. Ein halbes Dutzend mehr oder weniger nett aussehender Mädchen tummelte sich mehr oder weniger nackt im Wasser. Ich war enttäuscht. Ich hatte mich gefreut, kluge und schöne Klasse-Frauen kennenzulernen, konnte aber fast nur Schülerinnen mit schlechtsitzender Brille, ungepflegten Haaren und schlechter Haut entdecken. Ich fragte mich, ob diese uninteressanten, langweiligen Bräute auch den Pool bevölkern würden, wenn Kameras zugegen wären. Peter war auch nicht sehr begeistert. Unvermittelt blieb er stehen und sagte:

«Weißt du, was Kitsch ist? Sechs Tänzerinnen auf einer Bühne ist Geschmack, sechzig Tänzerinnen auf einer Bühne ist Kitsch! Komm, lass uns einen Film ansehen, er hat einen Kinosaal mit allem, was das Herz begehrt.»

Minutenlang durchschlenderten wir Korridore, Flure, Gänge, durchquerten die eine oder andere Halle, mal kleiner, mal größer, gingen durch protzig ausgestattete Zimmer. Hefner besaß selbstverständlich ein großzügig ausgestattetes Privatkino, mit bequemen Sesseln und Sofas und echten Kinositzen. Peter Bogdanovichs Vorführsaal gefiel mir dennoch besser: kleiner, gemütlicher, kuscheliger, privater.

Ein uniformierter schwarzer Diener kam mit einem dicken Aktenordner. Darin befand sich nach Genre geordnet eine umfangreiche Liste, Filme aus sämtlichen Dekaden unseres Jahrhunderts, Stummfilme, Klassiker der schwarzen Serie von Jacques Tourneur über Howard Hawks bis zum unvermeidlichen Hitchcock, Horrorfilme, Actionstreifen, Komödien und Raritäten – einfach alles. Der Ordner mit Sexfilmen von zarter Erotik bis hin zu einem reichhaltigen Angebot harter Pornos war ganz besonders dick, wie Peter mir versicherte, und musste bei dem Diener extra angefordert werden. Ständig verfügbar waren selbstverständlich die Playboy-Produktionen, Aufmärsche diverser Playmates aller Jahrgänge in Hefners Haus, Garten, Tropfsteinhöhle und Swimmingpools, Partys mit Prominenz, Pressematerial und dergleichen mehr. Seltsamerweise waren die Mädchen in den Werbefilmen um ein Vielfaches attraktiver als diejenigen, die ich selbst hier sah.

Ich durfte mir einen Film wünschen, und da ich von Peter einiges darüber gehört hatte, entschied ich mich für *Out of the Past*, den wunderbaren Jacques-Tourneur-Film aus den Fünfzigern. Das Tablett mit Süßigkeiten und Joints in drei verschiedenen Ausführungen wurde abgestellt, wenn wir Appetit auf etwas anderes hätten, sollten wir es den Diener wissen lassen, so die freundliche Aufforderung.

Peter hatte mir eingeschärft, beim Betrachten eines Films stets auf fünf Dinge zu achten: erstens die Story, zweitens die Schauspieler, drittens das Licht, viertens die Kameraführung, fünftens den Schnitt. Für mich persönlich fügte ich noch die Filmmusik hinzu, ein wichtiges Element zur Unterstützung des dramaturgischen Ablaufes. Ich bekam als Hausaufgabe, mir täglich einen Film anzusehen, den Peter für mich aussuchte. Manchmal sah ich ihn mir in einem Kino irgendwo in Los Angeles an, zu dem ich per Taxi oder mit dem Fahrer Mike gelangte, oder aber Peter hatte den Streifen in seinem eigenen Repertoire. War ein Film weder im Kino noch zu Hause in Peters Archiv, ließ er ihn in die Copa de Oro Road bringen. Peter schien bei der Auswahl der Filme für mich ein bestimmtes System zu haben, das ich aber nicht durchschaute. Es waren völlig unterschiedliche Arten von Filmen, und immer wollte er nachher von mir meine Sicht hören. Meistens verglich er sie mit seiner Kartei. Er hatte sich seit vielen Jahren zu eigen gemacht, auf Karten den Titel, das Datum des ersten Sehens und seinen Eindruck in knappen Worten zu notieren. Er hatte alle Filme, in die er mich schickte, mindestens vier-, fünfmal gesehen, und es schien ihm Freude zu machen, meine Sehweise zu schulen und gleichzeitig anhand der Karteikarten herauszufinden, ob er noch dieselbe Meinung wie damals hatte. Ab und zu, wenn er Zeit hatte, begleitete er mich in ein Kino in der City. Nach einem dieser Ausflüge steuerte er den Rolls-Royce mit den seitlichen Trittbrettern gemächlich den Boulevard entlang. Ich war hungrig, der Weg nach Hause war noch weit, und ich langweilte mich bei Peters Schilderung der aufgeblasenen Kunst-Titten seiner Exfrau Polly Platt.

«Peter, stop, there's a *Kentucky Fried Chicken* over there!»

Ich zeigte mit ausgestrecktem Arm auf das einladende Schild am Straßenrand. Zweifelnd blickte Peter zu mir und dann wieder zu dem Schild. Im letzten Augenblick drehte er das Steuer, und der schwere Wagen rollte vor das Schnellrestaurant. Verkommen aussehende Typen lungerten herum, braune Papiertüten in schmutzigen Händen, abgetragene Kleidung.

Jetzt fand ich Los Angeles etwas spannender als sonst. Das Leben unter berühmten Schauspielern, depressiven Regisseuren, neurotischen Popstars, Millionären mit krankhaften Marotten und riesigem, abgegrenztem Besitz, über den Tag und Nacht gewacht wurde, war mir nur kurze Zeit interessant vorgekommen. Nirgendwo konnte man sich wirklich frei und unbefangen bewegen, und jeder fürchtete die Presse wie der Teufel das Weihwasser. Nervöses Misstrauen, theatralische, gespielte Freundlichkeit und oft auch unangebrachte Arroganz prägten die Atmosphäre in Beverly Hills und Bel Air.

Hier waren nun endlich mal keine bekannten Leute. Endlich mal keine Menschen, die unbedingt reich und berühmt sein wollten oder es waren. Man darf meine Vorliebe für Schmutz gerne belächeln; mich jedenfalls hat ein gewisses Maß an Dreck schon immer inspiriert. Und hier war ein normales Restaurant mit normalen Verrückten.

Ich hatte Peter dazu gebracht, etwas zu tun, was er noch nie in seinem Leben gemacht hatte: eine Lokalrunde zu schmeißen und sich den Rolls mit Leuten von der Straße vollzupacken. Die Mahagonitabletts aufgeklappt, überall Essen und Trinken, eine kauende Hausfrau, ein schmatzender Straßenjugendlicher, zwei begeisterte Obdachlose und ein paar dankbare Alkoholiker saßen entweder im Inneren des Wagens oder lehnten sich an das Chassis des blank gewienerten Wagens. Jeder klopfte jedem auf die Schulter, und alle waren zufrieden. Peter sagte, er würde das nie in seinem Leben vergessen. Niemand hatte ihn gefragt, wer er sei, das fand er wohl sehr angenehm.

Einige Tage später nahm Peter an einer Talkrunde im Fernsehen teil; es ging um das merkwürdige Leben des dicken, netten Orson Welles und seine seltsame Beziehung zu Hollywood, einem einzigen filmpolitischen Skandal und himmelschreienden Fehlentscheidungen, wie Peter zu sagen pflegte. Peter saß direkt neben Orson, der wegen seiner ungeheuren Leibesfülle auf einem extrabreiten, stabilen Stuhl Platz genommen hatte. Gerührt bemerkte ich, wie Orson ab und zu verstohlen Peters Hand tätschelte, so als fühle er sich sicherer, wenn er dicht neben ihm war.

Ich saß in der ersten Reihe neben einem übelgelaunten, alten, beinahe weißhaarigen Mann namens Michelangelo Antonioni, mit dem Peter sich nach der Veranstaltung noch zwanzig Minuten unterhielt, während ich mit Orson plauderte und einen Drink nahm. Presse und Fotografen hatten zehn Minuten Zeit bekommen, ihren Job zu machen, und waren dann hinauskomplimentiert worden. Auf der Heimfahrt erfuhr ich, der missmutige, alte Italiener sei der Regisseur von *Blow Up*. Ich kannte weder ihn noch den Film.

Langsam glitten wir den Sunset Boulevard hoch. Zwischen Hochhäuserfronten lugten dann und wann die Wipfel hoher Palmen hervor. Leuchtreklamen blinkten mit gigantischen künstlichen Weihnachtsbäumen um die Wette. Diese Überdosis «Jingle-Bells»-Getöse nervte Peter und auch mich. Wieder fühlte ich mich fehl am Platz. Plötzlich meinte Peter, wir könnten ja noch in eine Bar gehen. Das Roxy würde mir bestimmt gefallen.

Wir waren die einzigen Gäste zu dieser frühen Stunde, ließen uns in die weichen Polster sinken und schwiegen, jeder hing seinen Gedanken nach. Ich empfand Peter immer als anregenden, sehr lebhaften Unterhalter; dass auch gemeinsames Schweigen möglich war, ohne sich blöd vorzukommen, wertete ich als Zeichen besonderer Vertrautheit.

Die Tür öffnete sich, zwei Personen, bepackt mit Reisetaschen, schauten sich kurz um und betraten die Bar. Ein großer, breiter Mann, schwarzes Haar, schwarzer Bart, Brille, und eine mittelgroße Frau mit braunem Kurzhaarschnitt blickten in unsere Ecke. Ungläubig sah Peter auf den Mann mit dem schwarzen Bart und der Brille, der breit grinste, die Taschen fallen ließ und schon drei Meter vorher die Arme ausbreitete. Peter war aufgesprungen. Mit herzlichen Umarmungen begrüßten sich die Männer, während die Frau sich im Hintergrund hielt. Sie lächelte sehr nett. Die zwei machten einen übermüdeten Eindruck. Nach dem ersten Hallo stellte Peter mich vor.

«Francis, this is Muriel, a kraut, we met in Singapore while shooting my last film. Muriel, this is a good friend of mine, Francis Coppola!»

Der kräftige Francis schüttelte meine Hand. Seine Begleiterin schien so müde zu sein, dass sie kaum in der Lage war, sich an der Unterhaltung zu beteiligen, doch sie verfolgte unser Gespräch. Coppola hatte sein Projekt *Apocalypse Now* im Urwald einer philippinischen Insel abgedreht; er kam gerade vom Airport nach einem langen Transpazifikflug. Coppola sah abgekämpft aus, verschwitzt, der Bart war längere Zeit nicht richtig gepflegt geworden. Beide Regisseure hatten ihren letzten Film in Asien gedreht und tauschten lautstark, sich gegenseitig vor lauter Begeisterung ins Wort fallend, ihre Erfahrungen aus. Die Dreharbeiten von Francis Coppola mussten eine wahre Mühsal gewesen sein: Erst war Thailand als Drehort anvisiert worden, doch auch nach langen, komplizierten Verhandlungen erhielten sie eine Drehgenehmigung nicht. Schließlich wich man auf die Philippinen aus. Noch bevor das Set gebaut worden war, war der vorgesehene Zeitplan gesprengt worden. Endlich fertig und bereit für die ersten Einstellungen, fegte ein tropischer Wirbelsturm genau über den Teil der Insel. Erneuter Aufbau. Zeitverzug. Marlon Brando unkooperativ, langwierige Verhandlungen endlich doch noch erfolgreich. Hauptdarsteller Martin Sheen: nach der Hälfte der Drehzeit Herzattacke, weiterer Verlauf der Dreharbeiten ernstlich in Frage gestellt, erneut Wirbelsturm, islamische Rebellen, korrupte Beamte, nervtötende Insekten, außergewöhnliche Monsunregengüsse, im Schlamm versinkendes Camp, defekte Technik wegen zu hoher Luftfeuchtigkeit, Magenerkrankungen und Brechdurchfall dezimieren das Team, im Dschungel unerfüllbare Sonderwünsche von Brando, weitere Finanzierung des Films unsicher, konstante Ungewissheit zermürbt sämtliche Beteiligte: *Apocalypse Now*!

Fasziniert saß ich, ein unwissendes Sauerländer Mädchen, das noch nie etwas in seinem Leben richtig gemacht hat, in dieser kleinen, intimen Runde mit zwei Top-Regisseuren, wurde zu jedem Thema befragt und mit einbezogen, als sei mein Beitrag ernst zu nehmen. Mir wurde zugehört und meine Meinung kommentiert. Ich bekam allmählich ein Gefühl für die eigene Ernsthaftigkeit, ich fühlte neben meiner Hollywood-Verunsicherung auch eine Daseinsberechtigung, deutlich wie nie zuvor im Leben.

Ein Kinofilm ist oft der sichtbare Beweis für die Lösung eines Riesenhaufens von unlösbar erscheinenden Problemen. Francis Ford Coppola hatte *Der Pate* gedreht. Nun saß er neben mir, völlig fertig, und fragte mich nach meiner Meinung. Mich. Mit einem Mal fiel mir ein, woher ich diesen James Caan in Hefners Gemäuer kannte: Er stellte das unsympathische Testosteron-Opfer Sonny im *Paten* dar.

Francis gab mir seine Karte mit der freundlichen Aufforderung, mich zu melden, wenn ich mal nach San Francisco käme. Vorsichtshalber schrieb er mit einem Kugelschreiber den Namen seiner Sekretärin hinzu, Nancy Ely. Beim Abschied gab er mir den Rat, doch selbst Filme zu machen, es seien zu wenig Frauen in dem Business. Peter mischte sich ein: Was Francis denn glaube, was ich die ganze Zeit hier in Los Angeles mache – er würde mich schon richtig in die Mangel nehmen und mir in der begrenzten Zeit beibringen, was ginge. Ich glaubte, nicht richtig zu hören. Zwei Hollywood-Regisseure ermutigten mich, eines Tages selbst Regie zu führen. «Da kommste ausm Sauerland, und wo biste jetzt …»

Peter wurde zunehmend deprimierter. Seine Freundin Cybil Sheperd war vor einigen Monaten aus der Copa de Oro Road ausgezogen. Stockend erzählte er mir die Geschichte. Diese Erzählungen endeten meistens mit der zornig ausgestoßenen Feststellung, die Presse habe ihre Beziehung kaputtgemacht. «One of the saddest things in the world is a romance in public …»

Ich hatte einen Code erfunden, um auf Partys Peters Aufmerksamkeit auf eine bestimmte Frau zu lenken, die mir auffiel. Eine echte Schönheit wurde als «Rolls» bezeichnet, eine ganz ansehnliche als Cadillac, und ein Volkswagen bedeutete «nicht übel, man könnte was draus machen». Unsere Drei-Klassen-Einteilung wandten wir für den Rest meines Aufenthaltes durchweg an und hatten eine diebische Freude, wenn mitten im Gespräch Peter «Rolls!» zu mir sagte und weitersprach. Es war ein Ratespiel nur zwischen uns beiden. Ich schaute mich um, wen Peter wohl gemeint haben könnte. Glaubte ich, sie entdeckt zu haben, bestätigte ich im Vorbeigehen ohne eine Miene zu verziehen ein deutliches «Rolls», so laut, dass jeder Umstehende es hören musste. Nun wusste Peter, dass ich wusste, wen er gemeint hatte. Irgendwann brauchte ich einen neuen Haarschnitt. Peter ließ mir am Nachmittag vor der Party beim Exmann von Liza Minnelli einen Termin bei einem Starfriseur downtown machen. Mike fuhr mich im Rolls-Royce hin und brachte mich auch wieder zurück nach Bel Air.

Kurz vor Ende des Haareschneidens. Dank der Kontaktlinsen hatte ich im Spiegel einen Überblick über den Geschäftsraum. Eine Frau mit einem Männerhut betrat den Laden. Ein «Rolls». Sie war sehr interessant, ruhig, selbstsicher und richtig cool. So hatte ich mir immer eine Lady vorgestellt, mit zurückhaltender Freundlichkeit, klaren Vorstellungen von dem, was sie will, und dem Talent, dies in wenige Worte zu fassen. Sie nahm direkt neben mir Platz, obwohl noch viel freier Platz zur Verfügung stand. Wir lächelten uns an.

«You've got a David Bowie haircut», stellte sie ruhig fest und nickte, während sie mich genau besah. Ich drehte den Kopf, soweit möglich, damit sie alle Seiten sehen konnte. Sie zeigte ihre Zähne beim Lächeln, strahlte mich an aus wunderbar blauen Augen. Die oberen Frontzähne standen nicht korrekt eng nebeneinander. Auch bei ihr zu meiner Überraschung der leicht angedeutete Silberblick. Bemerkenswert schöne, sonnengebräunte Gesichtshaut, umrahmt von dunkelbraunen Locken, fast bis zur Schulter. Sie nahm den olivfarbenen Männerhut ab und schüttelte kurz ihre herrlichen Haare durch, als ein Friseur sich ihr zuwandte. Ich versuchte gerade, ihre

Hände zu betrachten, als Mike kam, um mich abzuholen, warf dem schönen Mädchen ein Bye-Bye zu, was sie freundlich erwiderte, und verließ das Geschäft. Später erzählte ich die Begebenheit Peter. Interessiert ließ er sich genau beschreiben, wie sie aussah. Bei der Erwähnung ihrer kleinen Zahnlücke schien Peter zu wissen, um wen es sich handelte. Möglicherweise sei sie heute Abend auf der Party.

Ich sah sie sofort. Peter stand mit einem langhaarigen, blonden Mädchen zusammen, ins Gespräch vertieft. Er unterhielt sich so lebhaft, wie ich ihn schon lange nicht mehr erlebt hatte, mit einem Mädchen in einer Tweedjacke und einer Ballonmütze. Diese unpassende Kleidung machte sie mir sympathisch. Außerdem interessierte mich brennend, wer Peter so aufzuwecken vermochte. Ich näherte mich den beiden, stieß Peter an, lächelte dem Mädchen zu, drückte Peters Arm und sagte laut: «Rolls-Royce!»

Ich war im falschen Augenblick dazwischengekommen, das fühlte ich. Er reichte der Person hinter mir die Hand, zog sie in den Kreis, und stellte uns einander vor. Da stand sie vor mir, sie, die heute Nachmittag beim Friseur war, trug nun nicht den Männerhut. Rolls-Royce. Spitzenklasse.

«Muriel, this is Lauren Hutton. Lauren, this is Muriel Scheu from Germany.»

«Oh, we met at the barber's, right? You were next to me, I love your David Bowie hairstyle, so you're from Germany, I love Germany, what's your place there and what are you doing here?» Während unserer Unterhaltung nahm ich die Gelegenheit wahr, sie aus nächster Nähe zu betrachten. Wieder strahlte sie mich an, die kleine Lücke zwischen ihren schimmernd weißen, großen Frontzähnen wirkte einfach umwerfend niedlich. Ich fragte mich, ob ihr leichter Silberblick bei bestimmten Anlässen ausgeprägter wurde. In den Film *American Gigolo* Jahre später ging ich nur wegen ihr mehrmals. Lauren Hutton schien unkompliziert zu sein, und ihre natürliche Heiterkeit machte sie erst recht attraktiv.

Das Mädchen in der dicken Herrenjacke, das es fertiggebracht hatte, Peter aus seiner Lethargie aufzuwecken, wurde mir als Colleen Camp vorgestellt, Schauspielerin. In dieser Nacht wurde sie Peters

Geliebte und löste mich ab. Ich war froh, die unangenehme Seite meiner Tätigkeit bei Peter Bogdanovich hinter mich gebracht zu haben. Für Peter brachte ich keinerlei erotisches Interesse auf.

Einige Tage später flogen wir mit Peters Töchtern nach Arizona, seine kranke Mutter besuchen, und fuhren am späten Nachmittag mit den Kindern in ein Einkaufszentrum. Gegenüber dem Spielzeugladen war ein Laden für Fotoapparate und Kameras. Peter sah mich an.

«You know which one you'd like to have?»

Minuten später besaß ich meine erste Spiegelreflexkamera. Ich platzte vor Stolz. Sogar ein Weitwinkelobjektiv, ein kleines Zoom, nicht besonders leistungsstark, aber durchaus brauchbar für den Anfang, Filter, Tasche und drei Dutzend Filme aller Art trug ich in einer Tüte zum Auto. Peter hatte meine Art zu fotografieren immer gemocht. Es hatte in Singapur begonnen mit der geliehenen Minox meines Vaters, die ich leider im Taxi vergaß, noch bevor ich nach Indonesien runterkam, dann fotografierte ich für die Dreharbeiten von *Saint Jack* Locations, potenzielle Statisten und andere Mitwirkende. Ich fand großen Gefallen am Fotografieren, nur war es leider teuer. Endlich besaß ich meine eigene Kamera. Peter ermunterte mich, nicht aufs Geld zu achten, sondern rumzutesten, wie es mir in den Sinn kam. Ich fotografierte Peter, wie er ein Eis lutscht, ich fotografierte Peters Hände vor dem leeren Aschenbecher. Er war in schlechter Verfassung, klagte immer öfter über drückende Schwermut, sobald die Kinder außer Sichtweite waren. Lustlos starrte er mich an. Ich fotografierte ihn so.

«I'm so depressed!»

«Don't move, just stay like that!»

Er gehorchte, hielt in der Bewegung inne. Es machte ihm nichts aus, dass ich ihn in seiner Traurigkeit ablichtete. Später grübelte ich darüber nach, ob er da bereits so weit in seine Depression versunken war, dass ihm vollkommen egal geworden war, was mit ihm oder unmittelbar um ihn herum geschah. Ich konnte ihm nicht helfen. Zeitweise färbte sein Zustand auch auf mich ab. Ich war noch nie ein unbeschwerter Mensch gewesen. Manchmal half Galgenhumor. Manchmal halfen Drogen. Manchmal half Sex. Manchmal half nichts.

Ein paar Tage später, wieder zurück in Peters Haus, vernahm ich in den frühen Morgenstunden quer über den ganzen Innenhof vom anderen Flügel her ein Gestöhn und Gebrüll, wie ich es nie zuvor gehört hatte. Erschreckt setzte ich mich in meinem Bett auf. Mit aufgerissenen Augen starrte ich in die Nacht, angestrengt lauschend. Es war nur Peter, der sich von Colleen ein bisschen verdreschen ließ. Sieh mal an, dachte ich erstaunt, das hatte ich nicht geahnt. Und überhaupt – so was hatte ich noch nicht richtig kennengelernt.

Durch Peters Beziehung zu Colleen Camp kühlte die unsere ab. So plötzlich, wie das Feuer durch Colleen entfacht worden war, so plötzlich erlosch es jedoch wieder. Peter hatte öfter solche «Strohfeuer»-Beziehungen. Warum Peter und ich uns drei Jahre lang immer wieder trafen und miteinander über Ozeane und Kontinente hinweg telefonierten, was es war, das sein Interesse an mir wachhielt, kann ich nicht sagen. Vielleicht der Humor.

Meine Aufenthaltsgenehmigung war abgelaufen, und einen Tag vor Weihnachten war ich wieder in Deutschland. Verwirrt und orientierungslos fand ich mich im Sauerland auf die bekannte Weise überflüssig. Mein Platz war hier nicht, war es niemals gewesen. Überall fühlte ich mich fremd. Auch mir selbst war ich fremd.

Eine psychosomatische Klinik irgendwo mitten in Deutschland März 1998

Ich stehe bibbernd und geschwächt am Fenster im Aufenthaltsraum, der Rest der Gruppe ist mit einem Betreuer zum einstündigen Spaziergang, der täglich um vier als sogenannte «Außenaktivität» durchgeführt wird. Etwas unsicher ziehe ich an einer Zigarette, um fünf Uhr kann ich mir das nächste Mal Methadon holen. Draußen regnet es, im Wind zittern erste Blättchen und Knospen. Genauso fragil fühle ich mich auch. Die Zigarette schmeckt wie Stroh, zum Kotzen. Ein kräftiger Schauer schüttelt mich gut durch, ich friere erbärmlich, und doch läuft mir der Schweiß den Rücken runter. Ich gebe mir alle Mühe, dem möglichst wenig Beachtung zu schenken, noch dreiundzwanzig Minuten, und es gibt die nächste Dosis. Über der Tür hängt eine große Uhr. Ich zähle die Sekunden mit, mein Gott, das dauert ja eine Ewigkeit. Die Wände des Aufenthaltsraumes sind deprimierend mit aufmunternden Postern dekoriert. «Nicht hängenlassen!» und «Wird schon wieder!» und «Nicht den Mut verlieren!». Entsetzlich. Tiefe Schwermut befällt mich bei diesem Anblick. Besser mal hinsetzen, auf einen der blauen kunststoffgepolsterten Stühle, die an der Wand stehen. Davor ein länglicher Tisch, auf dem sieben sehr volle Aschenbecher stehen und ein vergessenes Päckchen «Schwarzer Krauser», typischer Knasttabak, und zwei Päckchen Gizeh-Blättchen. Unter der Decke ist ein armlanger Holzvogel, so eine Art Phantasie-Albatros, befestigt. Er baumelt über der Tischmitte. Mit einem Band dran, an dem man ziehen kann. Über den Sinn des Am-Band-Ziehens werde ich später noch aufgeklärt. Ein Spaßvogel hat dem Albatros einen Pseudo-Joint in den Schnabel gesteckt und aus Kaugummi eine Fliegerbrille für das Vieh gebastelt. Einen Meter weiter stehen drei Esstische mit je fünf Stühlen. Im ökomäßigen Kiefernholzregal: ein Toaster, eine Schale grüne Äpfel, sehr sauere Sorte, ein Goldfischglas, darin drei künstliche, gewagt gestreifte Fische. Missmutig starre ich ins Leere, wie beschissen ist diese Strohzigarette. Es ist 16:45, noch fünfzehn Minuten. Soll ich jetzt schon hingehen? Oder noch aushalten? Ich überlege. Wenn ich sage, ich habe einen Affen, ich brauch mein Methadon, kriege ich dann einen dummen Spruch reingewürgt? Oder – sollten sie hier «Verständnis» haben? 16:46 und 20 Sekunden. 16:46 und 21 Sekunden. 16:46 und 22 Sekunden. Verständnis. Scheiß-Verständnis. 16:46 und 23 Sekunden. 16:46 und 24 Sekunden. 25 Sekunden. Scheiß auf Verständnis. Noch 35 Sekunden, und es ist 16:47 Uhr. Poltern und Lärmen schreckt mich aus bleiernen Nichtgedanken. Schritte vieler Menschen nähern sich, Gelächter und Gesprächsfetzen dringen durch die zum Flur hin geöffnete Tür, sichtbar, wie kalter Atem. Neun, zehn, elf Männer betreten den Raum, und drei Frauen. Mit Blicken werde ich abgecheckt, während sie sich auf blauen Polstern niederlassen und unbeirrt weiterquasseln, Tabak aus Hosen- und Jackentaschen nesteln, Zigaretten drehen, anzünden. Durcheinanderreden. Kein Zuhören, reines Abladen, reines Imponiergehabe. Augenblicklich fühle ich mich in dieser Gesellschaft unbehaglich. Unemanzipierte Männer kann ich nicht leiden. Warum ist der Großteil der Junkies so – laut? Wie lange Zeit muss ich hier verbringen? Tränen steigen mir hoch. Über was soll ich mich unterhalten mit den lauten Leuten? Was habe ich mit ihnen gemeinsam? Scheiß auf Verständnis. Ich bin nicht tolerant. Ich bin genervt. Ich fühle mich so – deplatziert. Was habe ich überhaupt mit anderen Menschen, Junkies oder nicht, gemeinsam ... alles kommt mir so fremd vor. Wie immer. Ich hänge in den Seilen wie ein Boxer in der zehnten Runde. Ein schmerzhafter Bauchkrampf zwingt mich gekrümmt auf den nächsten Stuhl. Was mache ich hier überhaupt?

Gerne würde ich mich zurückziehen, nach oben in das Krankenzimmer im ersten Stock. Gleich gibt es Methadon, nur noch ein Weilchen, es dauert nicht mehr lange. 16:48 und neun Sekunden. Gleich! Meinen Leidensgenossen scheint es verdammt gut zu gehen, was haben die drin, dass sie sich so lebhaft unterhalten können? Während des Spaziergangs, der normalerweise bis 17 Uhr dauert, hat ein Junge einen Krampfanfall erlitten, höre ich. Das ist das Resultat der Mischung von Heroin, Alkohol, Kokain und jeder Menge Benzos. Wenn diese Leute ihre gewohnte Dosis nicht mehr bekommen, macht's Zisch! im Hirn, sie kippen um, der ganze Körper verkrampft sich, und wenn der Anfall nach zwei bis fünf Minuten vorüber ist, können sie sich an nichts erinnern. Bevor sie die Zähne aufeinanderdrückt, sollte man der betroffenen Person einen Block in den Mund legen, das kann ruhig ein Ast, ein Edding, ein Feuerzeug sein, sonst kann es tatsächlich passieren, dass die Zunge zwischen die Kiefer gerät.

«Ey, häss jesehn, wier op de Schnüss jefalln is, vorher hädder noch mitte Arme jerudert, dann verdrehder de Auren, und wusch! lieschter da!»

«Mitten inne Matsche, Mann, ey! Jetziser jut einjesaut, hasse jesehn, wadder für dreckje Klamotten hätt!»

«Jeschiehdem rescht, isch finde immer voll fürn Arsch, wie der sisch inner Gruppe als Co-Therapeut aufführt, äscht ätzend!»

«Wie bist du denn unterwegs, Alter! Wie, Co-Therapeut! Er hinterfragt wenigstens die Dinge!»

«Aufn Sack geder alln damit, der Angeber, meint wohl, er wär wat Besseres als wir, labert un labert un labert ohne Ende, ey, Mann!»

«Kippt der einfach so um, Mensch, wusstisch jarnisch, dat der son Pillenkopp war, der hätt doch immer geblökt, so von wejen, datter dat nisch abkann, so, wenner voll abkackt und so ...!»

«Ey, Alter, inner U-Bahn letzte Woche isser vollstens abjekackt, un alser widder klar inner Birne war, saser inne Unterhose da, ey, der hatte nix mäh, ey, Alter, ey, stell dir dat vor, Kehr, Mann, ey, selbs sein Gebiss war wech, Kehr, Mann, Scheiße, ey!»

«All-ter Schwede!»

«Schei-ßße!»

«Äscht? Is ja grell! Ohne Beißer, und inne Unterhose!»

«Dumm gelaufen, wa! Der hätt do auch immer diese falschen

Halben vertickt, sachte immer, et wär korrekt abjewogen, abber dat war niemals wirklich 'n janzes Halbes!»

«Nirgenwo jibtet korrekte janze Halbe, escht, ey, Mann!»

«Kehr! Schei-ßße!»

«Der Jürgen mit dem großen schwarchzen Köter un dem schwarchzen Hut, der hatte als einzijer ne Zeit lang eschte Halbe Grämmer!»

«All-ter Schwede! 'n korrektes Halbes habbich seit Ewichkeiten nich mehr jehabt!»

Ich erhebe mich mit großer Anstrengung und schwanke Richtung Arztzimmer. Ich kann fühlen, wie sie mir auf den Arsch glotzen. Ich klopfe an die Tür, versuche, mich zu gedulden. Was bleibt mir auch anderes übrig. Der lange Doktor mit der Glatze, der mich eingangs unter- und durchsucht hat, tut interessiert. Ich nehme ihm das nicht ab. Was stimmt nicht mit diesem Arzt? Er lächelt säuerlich von seiner Höhe auf mich herab. Er fühlt sich durch mich gestört, ich sehe es ihm an.

«Frau Scheu, wie geht es Ihnen?»

«Äh, ja, danke, es geht schon.»

«Sie haben um 15 Uhr was gehabt ... jetzt ist es 17 Uhr, gut. Setzen Sie sich.»

Er deutet auf die papierbezogene Plastikbank. Ich schwanke leicht. Er beobachtet jede Reaktion, jede Bewegung.

«Sie leiden an akutem Desintoxikationssyndrom, wie der Affe in der Fachsprache heißt. Bitte, Ihr Glas. Um einer Überdosierung entgegenzuwirken, können Sie erst in zwei Stunden wieder was haben, die ganze Nacht durch und den morgigen Tag über. Übermorgen, am dritten Tag, sind Sie dann eingestellt und erhalten morgens und abends je in zwei Hälften Ihre festgesetzte Tagesration, haben Sie das verstanden? Sie bleiben die ersten achtundvierzig Stunden auf dieser Dosis, dann wird täglich ein halber Meter runtergegangen. Nach fünf, sechs Wochen in etwa – wir sagen Ihnen das noch genau – sind Sie auf null. Haben Sie verstanden, Frau Scheu?»

Ich nicke. Wie soll ich nicht wissen, an was ich leide, und warum gibt es alle zwei Stunden nur einen halben Meter, wann werde ich so abgefüllt sein, dass dieses lästige, ekelhafte «Desintoxikationssyndrom» weg ist, und überhaupt, was redet der da. In zwei Stunden gibt es wieder was. In zwei Stunden erst wieder. In zwei Stunden. In … zwei … Stun … den …

Sauerland 1955/56

Nachdem ein besonders hartnäckiger Bewerber von ihrem Vater, meinem zukünftigen Großvater, dem hervorragenden, allseits ob seiner besonderen Leistungen auf dem komplizierten Gebiet der Zahnmedizin geschätzten Zahnarzt Dr. Dr. A. L. Water-Krampf, wegen seiner evangelischen Herkunft achtkantig aus dem Haus geworfen wurde («Einen Heiden heiratest du mir nicht!»), war die Bahn frei. Mein zukünftiger Vater schickte sich an, den Koffer nach oben in die von ihm gemietete Mansarde im Hause meines zukünftigen Großvaters zu tragen. «Ich hoffe doch, dass Sie kein Heide sind!», sagte meine zukünftige Mutter zwischen zwei Treppenstufen, von der sie gerade Milliarden von Kleinstlebewesen gewissenhaft wegputzte. Er verknallte sich auf der Stelle, wie vom Blitz getroffen, und wollte in dem Moment nichts sehnlicher besitzen als dieses fast immer singende, fast immer lachende, fast immer putzende Mädchen. Sie hatte schöne Augen, grünbraun, oliv, sozusagen, und einen dunkleren Teint, als gerade in Mode war. Ihre Wangen strahlten in gesunden Apfelfarben, ihre Beine waren voller dichter, langer schwarzer Haare, was auf eine gewisse «Rassigkeit» (was immer das auch heißen mag) schließen ließ. Ihre Zurückhaltung, geübt aus rein praktischen Vorstellungen von einem anständigen, katholischen Verhältnis zwischen Mann und Frau, wurde als eine besondere Form der Raffinesse ausgelegt («… die versteht es, in einem Mann Begehren zu wecken, pure Koketterie!»). Was dieses aus dem Französischen stammende Wort betrifft, war mein frankophiler, zukünftiger Vater mit zweiunddreißig Jahren ein Experte. Als Philologe nahm er sich (und es) wirklich ernst. Die mittelhochdeutsche Aussprache des Nibelungenliedes, ein gewisser Oskar von Wolkenstein, Walther von der Vogelweide in gotischer Schrift, ein bisschen Runenkunde, etwas Latein, das Italienische, das

Deutsche und im Besonderen das Französische – das interessierte ihn, darüber diskutierte er in gehobenem Überhochfranzösisch mit Intellektuellen, die er auf zwei, drei Reisen durch das Land seiner vernünftigen romanistischen Träume kennengelernt hatte. Er hatte etwas zu erzählen von der weiten Welt da draußen, und meine zukünftige Mutter, die noch nie den Rhein gesehen hatte, versuchte mitzureden, um ihn zu beeindrucken. So berichtete sie mit leuchtenden Augen von ihrem Jahr im Mädchenpensionat in Bad Pyrmont, und während er sich an dem vor Aufregung blitzenden Olivgrün ihrer dunkel bewimperten Augen ergötzte, drang so nebenbei an sein Ohr, dass sie eine gelernte Hausfrau sei. Von katholischen Nonnen gründlich ausgebildet. «Sogar ein bisschen in Hygiene und Gesundheit, was ja auch zur Kindererziehung gehört …», schloss sie und errötete nicht. «Rechnen kann ich auch. Das hamwer im Fach ‹Rechnen für die gewissenhafte Hausfrau› durchgenommen, und ich tanze gerne.»

Sie versuchte, unter allen Interessenten den Fähigsten herauszufinden, ohne auch nur einen Augenblick die Distanz zu verlieren. Man hatte ihr bestimmte Wertvorstellungen beigebracht, unter anderem, dass absoluter Gehorsam dem Vater gegenüber eine der erstrebenswertesten Tugenden sei. Von Natur aus zufrieden mit dem, was ist, zeigte sie nicht die geringste Neigung zu kritischem Denken. Alles, was sie wissen musste für ihr Leben, hatte man ihr beigebracht. Auch, wie man als Zahnarzthelferin in der Praxis mitmacht. Zappelnde Patienten wurden ruhiger, wenn meine zukünftige Mutter sich mit ihrem Strahlelächeln dem Zahnarztstuhl näherte: Dabei ließ sie zwei Reihen blitzweißer, gepflegter Zähne sehen, als lebendigen Beweis für die Qualitäten ihres Chefs, meines zukünftigen Großvaters.

Ihre drei Geschwister waren anders. Vier völlig verschiedene Kinder. Aber nur meine zukünftige Mutter hatte so eine durchschlagende Wirkung auf Männer. Vermutlich lieben intellektuelle Männer naive Mädchen, und es erwacht in ihren hormongeplagten Träumen der Wunsch, Hochzeit zu halten. Fröhlich, jung, hübsch, kerngesund, topfit im Haushalt, temperamentvoll und doch gehorsam: Sie strahlte aus, was Männer wollen.

Sie konnte gerade mal berechnen, ob der vor ihr kniende, bis zur Blindheit verliebte, gebildete Akademiker die Aufzucht ihrer zukünftigen Brut plus den Unterhalt ihrer eigenen Person aufzubringen in der Lage war. Selbstverständlich erwartete sie schöne Geschenke, ein bisschen Schmuck, den ein oder anderen Pelzmantel, im Sauerland herrscht ein raues Klima, und sie fror doch immer so.

Ihre heitere Vitalität wirkte auf meinen zukünftigen Vater, als ob nichts in der Welt sie jemals kleinkriegen würde. Noch auf der Treppe beschloss er, sie zu heiraten und mit ihr Kinder zu haben. Nie zuvor war er dermaßen froh gewesen, katholisch zu sein. Benommen krabbelte mein zukünftiger Vater die Stufen hoch, bemüht, die blitzblank gewienerten Stufen nicht mit einem herabrieselnden Staubkorn zu entweihen. Meine zukünftige Mutter hob stirnrunzelnd die Augen und schaute ihm nach. Vor ihrem geistigen Auge lief die Hochzeit in Weiß ab. Die Glocken in ihrem Kopf läuteten gerade, als mein zukünftiger Vater sich umsah, in der Absicht, sich schnell nochmal zu berauschen. Sofort setzte auf ihrem Gesicht ein Strahlen ein, das er nie für möglich gehalten hatte. Auch bei ihm läutete so einiges. Nicht nur im Kopf.

Sie heirateten Ende April und fuhren auf Hochzeitsreise ans Mittelmeer. Bereits in den nächsten Tagen hatte sie, wie vorauszusehen war bei einer so gesunden Frau, einen sich korrekt und pünktlich teilenden Zellklumpen in ihrer leistungsfähigen jungen Gebärmutter. Vermutlich wurde ich an der Côte d'Azur in der Nähe von Nizza gezeugt. Oder in Diano Marina an der Riviera. Daher erklärt sich vielleicht meine südländische Impulsivität, meine peinliche Neigung zu unbeherrschten Wutausbrüchen und meine unnormale Vorliebe für Schimpfwörter und obszönes Fluchen in der Öffentlichkeit. Meine leider reichlich vorhandenen Hemmungen führe ich darauf zurück, in einer gewissermaßen verschämten Atmosphäre entstanden zu sein. Wupp-wupp. Nach mir gelang meinen Eltern noch meine jüngere Schwester und zuletzt mein Bruder.

Von den mich umgebenden Erwachsenen hatte ich zu zweien eine tiefere Beziehung: zu meinem Vater und zu meiner Oma Emma. Die pummelige Mutter meiner schlanken Mutter hatte etwas Rebellisches an sich. Das Folgende kann ich nicht in normaler Lautstärke erzählen, deshalb senke ich die Stimme und flüstere: Sie fühlte sich hingezogen zum fahrenden Volk, und sie war unordentlich bis zur Schlampigkeit. Es kam auch vor, dass sie sich nicht um Konventionen scherte, ganz im krassen Gegensatz zu ihrem Ehemann, dem Zahnarzt. Meine Oma liebte ich wegen dieser Rebellenader; aber erst viel später verstand ich, dass sie nicht ernsthaft aufmüpfig war, sondern es sich vielmehr um eine der zahlreichen Spielarten ihrer geradezu orientalisch anmutenden Großzügigkeit handelte. Abgesehen davon war sie das, was man als stinkfaul bezeichnete. Für die beiden muss ihre Ehe die Hölle gewesen sein, zu gegensätzlich waren ihre Persönlichkeiten. Irgendwann fingen sie an, Freude daran zu empfinden, sich gegenseitig zu demütigen. Bösartig versteckte die Oma die Serviettenringe, die für den Mittagstisch vorgesehen waren, erfreute sich an der Wut hinter seinen beherrschten Gesichtszügen und hoffte auf eine Steigerung, indem er die Beherrschung verlieren möge vor Dienstmädchen und Kindern. Zu ihrer Enttäuschung hatte er sich im Griff und entglitt nicht eine Sekunde. Täglich ließ sie sich andere Streiche einfallen, um sich daran zu ergötzen, wenn er die Fassung verlor. Ja, die beiden liebten es, sich gegenseitig in Rage zu versetzen in diesem friedlichen sauerländischen Städtchen.

Was der Sauerländer mit Ostasiaten, Arabern und Amerikanern gemeinsam hat, ist die Kunst des Heuchelns. Ein in der Öffentlichkeit ausgesprochener kritischer Gedanke, ein zweideutiger Scherz, eine gedankenlose Tat konnte den Ausschluss einer Familie aus der Gemeinschaft nach sich ziehen. Nur perfekte Heuchelei bot Schutz. Emma war schlau im Umgehen dieser Tradition. Sie hatte nicht den Charakter fürs Heucheln – zu viel Arbeit. Anstrengungen aller Art hatten ihr noch nie zugesagt, lieber versuchte sie, ihnen aus dem Weg zu gehen. Im Haushalt betätigte sie sich später nur noch, wenn sie der Aufgabe etwas Spaß abzuringen vermochte. In ihrer Großzügigkeit gestand sie anderen dasselbe Recht zu, nur verstand sie tragischerweise niemand.

Noch eine andere Eigenschaft war ausgeprägt bei Emma: Sie liebte es, kleinen Kindern Angst und Schrecken einzujagen, indem sie schaurige Geschichten von entführten, gequälten und ermordeten Kindern, lebhaft ausgeschmückt, erzählte. Des Abends vor dem Schlafengehen gab sie uns erschauernden Kindern den dringenden Rat, grundsätzlich unterm Bett nachzusehen, ob sich da vielleicht ein fremder Mann versteckt hat. Oder da liegt ein abgeschnittener Kopf! Abgeschnittene Köpfe stinken und nehmen schlafenden Kindern den dringend benötigten Sauerstoff im Schlafzimmer. Noch viele Jahre später beherzigten meine bange jüngere Schwester und ich den Rat: Wir sahen vorm Schlafen immer klopfenden Herzens unters Bett.

Meine Oma hatte einen so dicken Bauch, dass sie sich rückwärts auf die Waage stellen musste, denn die Skala wurde durch die enormen Fleischberge vorne verdeckt. Eine königlich gebogene Nase zierte ihr Gesicht, und im November hing wackelnd an der Spitze ein dicker, schleimiger Tropfen, auf den ich wie gebannt starrte, um ja nicht den spannenden Augenblick der Loslösung zu verpassen. Sie saß breitbeinig im Sessel, ohne Pause rauchend. Ich tat so, als sei ich mit Lego, über den halben Teppich verstreut, beschäftigt, nur, damit ich einen Blick zwischen ihre monumentalen Schenkel werfen konnte. Tief schnitten die Einmachgummiringe über den Knien in bläulich und rosa geädertes Fleisch ein, und meistens hatten ihre so befestigten Strümpfe ein halbes Dutzend Laufmaschen, viele waren mit einem Klecks Nagellack am Weiterlaufen gehindert worden. Manche ihrer Strümpfe hatten mehr rosa Nagellackpunkte als freie Fläche. Bis heute hege ich deshalb eine Vorliebe für Punkte-Muster. Sehr zu meinem Bedauern, aber auch zu meiner Erleichterung, ließ sich nie feststellen, was sich in der Mitte zwischen diesen gewaltigen Säulen verbarg – sie waren so umfangreich, dass sie auf Kniehöhe aneinanderrieben.

Meine Mutter regte sich darüber auf, dass meine Oma ihren ausladenden Hintern nicht bis hinten in den Sessel wuchtete, sondern immer nur ganz vorne auf den ersten zehn Zentimetern Platz genommen hatte. «Die teuren Sessel, die kriegen doch vorne ne Delle! Ich würde mich nie so hinsetzen, so sitzen machte Möbel kaputt!», beschwerte sie sich ernsthaft verärgert und lauthals, während sie mit böser Miene auf das Kissen kloppte, um dessen ursprüngliche Form wieder hinzukriegen. Und wenn meine Oma in dem armen, knarrenden Sessel saß, eine Zigarette nach der anderen durchzog, erzählte sie mit geheimnisvoll gesenkter Stimmlage, wie sie neulich zufällig beim Spaziergang im Wald im Laub eine kleine Hand gefunden hatte. Eine Kinderhand. Und nicht weit davon entfernt auch einen Fuß. Einen kleinen Fuß. Sie saugte genüsslich an ihrer Kippe und beobachtete uns aus den Augenwinkeln. Ich baute weiter mit Lego, das Herz klopfte mir bis zum Halse, und ich wagte nicht, meinen Blick zu heben. Manchmal fand meine Oma auch kleine Nasen und Ohren. Es bereitete ihr großes Vergnügen, uns Kindern Angst einzujagen. Sie kannte tausende abnormale, gewalttätige, krankhafte, grauenhaft blutrünstige Geschichten von Kindermorden, die sie so spannend erzählte, so lebendig anschaulich, dass ich ihren eigenartigen Geruch nach Tabak, ungewaschenen Unterhosen, Schweiß, Kartoffeleintopf mit Zwiebeln und Mettwurstenden und 4711 Echt Kölnisch Wasser erst wieder wahrnahm, wenn sie schon lange gegangen war und ich wieder halbwegs normal atmen konnte.

Der Zahnarzt erlitt seinen vierten und letzten Schlaganfall, als ich zehn war. Anschließend brachte er es fertig, noch jahrelang weiterzuleben. Die Folge der letzten Implosion in seinem Kopf war eine Spaltung seiner Persönlichkeit und seines Bewusstseins. Tagsüber schlief er, oder er tat so, als ob er schliefe, und nachts gewöhnte er sich das Wandern an. Zunächst waren diese Gänge harmlos, auf das Wohnzimmer beschränkt, das ihm alsbald zu eng wurde. Er fand Gefallen daran, die Straße vorm Haus hoch- und runterzugehen, dann das schlafende Städtchen zu durchqueren, von einem Ende zum anderen, schließlich pirschte er in die Wälder, und im Endstadium zwang ihn sein übermächtiger Wandertrieb jede Nacht zur rituellen Stadtumrundung. Wenn er am Tage nicht so tat, als schliefe er, saß er unrasiert und hager in seinem abgeschabten Ohrensessel, geräuschvoll mit dem Unterkiefer mahlend wie ein Dromedar. Zwischendurch klagte er laut, es sei kein Geld da. Zwangsvorstellungen in Verbindung mit Verarmungsängsten nahmen überhand, und von Stund an verweigerte er das Essen, aus Gründen der Sparsamkeit. Ab und zu sah ich ihn an einem trockenen Zwieback mümmeln, oder er lutschte ihn langsam und sorgfältig aus, nachdem er das Gebäck kurz in dünnen Kinderkaffee aus Malz getaucht hatte. Wenn ihm irgendwas oder irgendwer nicht passte, konnte er ausgesprochen bösartig werden.

Mein Onkel Gerd hatte sich im Kloster einen Bart wachsen lassen und wollte seinem armen, alten, kranken Vater einen Besuch abstatten. «Ich kenne diesen Menschen nicht!», schrie mein Opa wild, zielsicher geöffnete Glücksklee-Büchsenmilchdosen schmeißend. Die ganze Familie staunte über seine Kraft und Rüstigkeit. Er war wieder ein Kind geworden, ein kleineres Kind, als ich es war, nur mit Bartstoppeln. Wenn er unwillig besonders hartnäckig schwieg, machte meine Oma Späßchen mit ihm, tat so, als sei er ein kleines Baby, eine Kuh, ein Auto, ein Regenwurm, ein Osterhase oder was ihr in ihrer unerschöpflichen Phantasie sonst noch so in den Sinn kam. Sogar «Die Versuchung des heiligen Antonius» spielte sie mit ihm, baute Schüsseln mit Essen vor ihm auf, kramte aus ihrer Handtasche berotzte Taschentücher hervor, schwang sie wie seidene Schleier mit erhobenen Armen hoch in der Luft und umtanzte hüftwackelnd mit lautem Phantasiegesang, der orientalisch sein sollte, den dekorierten Tisch, um ihn in Versuchung zu führen. Mit mürrischem Gesichtsausdruck und fest zusammengepressten Lippen hockte der heilige Antonius schmollend in dem riesigen Ohrensessel.

Als es mit dem Opa im Lauf der Jahre schlimmer wurde und niemand ihn mehr zu zähmen vermochte, verfrachtete man ihn unter Wehklagen nach Niedermarsberg in die Irrenanstalt. Kurz danach gelang dem Opa die Flucht aus der Anstalt, und er wurde nach Hause gebracht. Man hatte ihn ohne Fahrkarte im Zug aufgegriffen. Wenige Tage später war er tot. Ich sah ihn erst wieder, als er im Totenkeller des Krankenhauses im Sarg lag. Sie hatten ihn gründlich abgewaschen und in so ein weißes Nachthemd mit Spitzenkragen gesteckt, lebensecht die Hände gefaltet und über den eingesunkenen Brustkorb gelegt, um die Finger einen braunen Holzrosenkranz gewickelt. Sie sahen aus, als wären sie aus gelblichem Wachs, über feine Hühnerknöchelchen gegossen.

Meine Oma schrie laut seinen Namen, stürzte auf den offenen Sarg zu, küsste jammernd wieder und wieder das gelbe Leichengesicht mit erstaunlich fremd aussehenden Bartstoppeln und eingesunkenen Augen in violetten, tiefen Höhlen, kreischend an ihm rumgrapschend, bis jemand kam, um sie zurückzuhalten, damit sie das Schließen des Sarges nicht weiter behinderte. Ich stand da, in einer schwarzen Hose mit Schlag und roter Knautschlackjacke, und beobachtete die Szene fasziniert. Zwanzig Minuten zuvor hatte ich das zweite Mal in meinem Leben gehascht. Für mich begann das Leben. Einige Tage vorher hatte ich die süßschmerzlichen Umarmungen des Leids aus Liebe kennengelernt. Ich fühlte mich sehr erwachsen, belastbar, erfahren und gereift. Ich gebe zu, mich gründlich in mir selbst, in anderen, ja, im Leben überhaupt, verschätzt zu haben.

Im dritten Schuljahr baute ich rapide ab: In Rechnen hatte ich zum ersten Mal nur ein «befriedigend», das hatte es bis dahin nicht gegeben. Zu allem Überfluss war unter der schlechten Note eine Bemerkung der Lehrerin in schockierendem Rot hinzugefügt. Mein Vater starrte auf die vier bedrohlichen Worte unter der schlechten Note und blickte mit tödlichem Ernst von oben auf mich herab.

«Was ist das denn?!» Die Enttäuschung in seinem Gesicht und ein fremder Tonfall ließen mich immer kleiner werden. «... Muriel arbeitet sehr flüchtig». Wenn ich nur wüsste, was das heißt, «flüchtig». Bekümmert setzte er seinen Namen unter dieses Dokument der Schande. «Nie wieder will ich so was sehen! Nie wieder, hörst du!?», hallte es hinter mir her durch den Flur. Ich suchte Zuflucht in meinem Versteck. Niemand, wirklich keine Menschenseele wusste davon. Nur die tapfersten Vögel und einige unerschrockene Eichhörnchen kannten es. Hoch oben in einer alten Stieleiche hatte ich im dreigeteilten Stamm kurz unterm Wipfel eine Welt gebaut. Puppen mit aufgeschnittenen Bäuchen, die Gesichter wild bemalt, zwei mit dem Kopf nach unten, ein Stoffhund, jede Menge zerrissene Perlenketten meiner Mutter, ein Teddybär, den ich mal vollgekotzt hatte und der im Mülleimer gelandet war, baumelten wie Weihnachtskugeln im Geäst, rauschten mit dem Wind, wiegten sich mit der Eiche hin und her, träumten im Vollmond, wurden lebendig unter prächtigem Sommerhimmel, nachts, wenn sämtliche Sterne funkeln und leuchten wie sonst höchstens noch in der Eiseskälte der Jahreswende. Der Schock und die Demütigung durch die Begebenheit mit der schlechten Note und der Bemerkung, die ich immer noch nicht verstand, stürzten mich in hilflose Verzweiflung. Meine Mutter hatte im Wohnzimmer Besuch von einer älteren Schrulle, von der man mir sagte, sie sei eine Tante. An der Garderobe im Flur hing ihre Tasche. Ich weiß nicht, warum, aber die Tasche zog mich magisch an. Das Geld interessierte mich nicht, das Gebetbuch nicht, die schneeweißen, beinahe durchsichtigen Taschentücher aber umso mehr, ganz klein und fein bestickt mit Rosen- und Veilchenmotiven in leuchtenden lila und violetten Tönen, die fand ich richtig schön. Ich nahm mir eines. Zwei ließ ich ihr. Sie dufteten nach «Mouson Lavendel». Fotos ihrer Eltern; ich nahm auch davon eines. Auf dem Grunde der Tasche ein Beutelchen. Herzklopfend öffnete ich es. Das Gefühl beim Anfassen des darin befindlichen Gegenstandes glich einer kleinen Sensation. Ich ließ Taschentuch, Foto und Rosenkranz in meine Hosentasche gleiten und stahl mich leise aus dem Haus. Den halben Nachmittag verbrachte ich bequem oberhalb der Plattform aus Zweigen und Ästen, die ich mühselig hinaufgeschleppt und dilettantisch zusammengefügt hatte, schaukelte im Wind, hielt den erbeuteten Rosenkranz aus Türkis-Perlen vor mich, sodass ich in das kleine Behältnis in der Mitte sehen konnte, und weidete mich an dem Anblick. Die Abbildung zeigte den Rock Jesu, ich glaube, der Rosenkranz stammte aus Trier. Die Eltern der alten Tante wurden auf eine dornengleiche, abgebrochene Stelle neben einem knorrigen Zweig gespießt, neben den fleckigen, fast haarlosen Teddybär, der zu lächeln schien. Das lavendelgetränkte bestickte Taschentuch hatte ich in Streifen gerissen, um Ästchen geschlungen bewegten sie sich im Wind wie tibetische Gebetsfahnen. Immer heiliger, immer mächtiger wurde mein Geheimaltar. Der Türkisrosenkranz mit der Windel des Allmächtigen war ganz besonders mächtig, er hatte ein Sonderversteck in einem ausgedienten Spechtloch einige Äste unter dem eigentlichen Versteck. Mein Zufluchtsort wurde immer schöner, immer mysteriöser und immer tröstlicher. Oft brachte ich mir Bücher mit, von Enid Blyton, Karl May, Zeitschriften wie Stern oder Quick, die wegen der Abbildungen halbnackter Frauen vor den Kindern unter dem riesigen Wohnzimmerschrank versteckt wurden und damit erst recht mein Interesse weckten. Als ich *Götter, Gräber und Gelehrte* nach *Deutsche Heldensagen* und dem *Nibelungenlied* (viel zu schwierig für meine neun Jahre) las, packte mich fiebrige Abenteuerlust. Zur Kommunion bekam ich zahlreiche Bücher geschenkt, viele davon mit christlichem Thema. Am liebsten las ich mit Schauern und einem bis dahin noch nicht gekannten Gefühlsgemisch aus Abscheu und heftig drängender Faszination Schilderungen der Folterungen von Märtyrern. Einsiedler, Mönche, Betschwestern und auch Säulenheilige fand ich viel zu langweilig. Geschichten über fromme Gräfinnen, unterdrückt von eifersüchtigen, unbeherrscht schreienden und prügelnden, barbarischen Ehemännern gefielen mir schon besser. Richtig zu fesseln vermochten mich detailliert ausgeschmückte, blutrünstige Geschichten über den erstaunlich unerschöpflichen Einfallsreichtum römischer Folterknechte. Allein beim Anblick einer glühenden Zange wäre ich völlig aus der Fassung geraten, in lautes Geheul ausgebrochen. Was passierte, wenn während der Folterung ein Heiliger mal aufs Klo musste, vor allem, mit dem Kopf nach unten, fragte ich mich.

Außer für Märtyrer interessierte ich mich für Tiere, besonders für Hunde, Pferde, Seepferdchen und kleine Pandas, und für die Seeräuberei. Ein Leben als gefürchtete Piratin sämtlicher Weltmeere, oder doch wenigstens des südchinesischen Gebietes, Angst und Schrecken verbreitend, Gnade im letzten Moment walten zu lassen, selbst aber unerschrocken und furchtlos – dieser Gedanke reizte mich. In Wirklichkeit war ich nicht stark und mutig erst recht nicht. Beim Indianerspielen manövrierte ich mich selbst ins Fettnäpfchen, indem ich mich laut weinend losriss. Als die Nachbarsjungen mich an den Marterpfahl fesseln wollten, entriss ich mich ihrem Zugriff und rannte zur Gärtnersfrau, heulend schnappte ich nach Luft, nannte Namen, verriet Pläne. Fortan wollten sie mich nicht mehr mitmachen lassen. Puppen untersuchte ich seit frühester Kindheit, um mit eigenen Augen zu sehen, was sie in ihrem Bauch hatten. Wenn sie seziert waren, kam das Gesicht dran, es wurde mit Kugelschreiber, Nagellack und Filzstiften geschminkt. Zum Schluss schnitt ich ihnen das Haar ab. Nach meiner Behandlung taten die Mädchen, diese heuchlerischen kleinen Rabenmütter, so, als erkennten sie ihre Puppe nicht wieder, und nun, in ihren Augen hässlich geworden, schoben sie sie gnadenlos ab. Schon hatte ich wieder ein neues Stück für mein Windzimmer oben im Baum.

Die Lieblingspuppe meiner Schwester hieß Bärbelchen. Langweilte ich mich oder überkam mich die Lust, sie zu ärgern, nannte ich die Puppe Bärbel. Erbost sprang Henrike schrill kreischend auf der Stelle und stampfte mit den Füßen wie ein wahnsinnig gewordenes Rumpelstilzchen. Den eigenartigen Jähzorn meiner ansonsten sanften, ängstlichen Schwester fand ich erforschungswürdig. Und das Tollste: Immer klappte es wie am Schnürchen. «Bär-bel-chen! Bär-bel-chen! Meine schöne Puppe heißt Bärbelchen! Nicht Bär-bel!» Nach ein paar Bärbel-Attacken meinerseits war in meiner Schwester Augen die Puppe Bärbelchen entweiht, sodass sie das Interesse an ihrem Liebling verlor, zumal ihr das Christkind jährlich eine neue, mit noch längerem, noch blonderem Haar brachte. Den Namen wollte sie mir nicht verraten. «Damit du ihn wieder verhunzen kannst! Nur darum willst du den Namen wissen. Ich glaube nicht, dass ich ihn dir verrate!», verkündete Henrike misstrauisch, erhob den Kopf, drehte sich um, packte ihre neue Puppe und stolzierte davon. Eine Stunde später hing Bärbel als Trophäe an einem Bein, autopsiert, mit Zauberzeichen übersät, kahlköpfig, im Baum.

Von der jüngeren Schwester meiner Mutter, der dicken Tante Erika, bekam ich meinen sehnlichsten Wunsch erfüllt: eine Barbiepuppe. Genau genommen war es eine Verwandte von Barbie, auf der Verpackung stand: Francie. Die überlangen Beine, die überschmale Taille, der übergroße Busen der Puppe nahmen mich sofort gefangen, und ich verschwand im Keller. Hinter der Kartoffelkiste hatte ich eine Taschenlampe und meine Operationsinstrumente gelagert sowie die Zigarrenkiste mit den Glanzbildern und dem Schminkzeug. Diese Francie hatte nichts im Bauch, das sah ich als Spezialistin für Puppenautopsie recht bald. Er ließ sich auch nicht eindrücken, das Material war hart. Dafür ließ sie sich gut schminken. Um die Handgelenke streifte ich ihr bis zu den Schultern silberne Kugelschreiber-Mittelringe, die Hände erhielten Handschuhe aus feuerrotem Nagellack, um den Hals band ich ihr mehrfach die Kette vom Stöpsel unserer Badewanne, die Augen umrandete ich dick mit schwarzem Filzstift, auf die Stirn erhielt sie ein magisches Zeichen in Hakenkreuzform, die gerade stehenden Brüste versah ich auf jeder Spitze mit einem runden roten Kreis, und zu guter Letzt stach ich abgebrochene Stecknadelköpfe genau in die Mitte der roten Kreise. Sie glich nun einer Pharaonin aus dem Buch *Das Alte Ägypten* im abschließbaren Bücherschrank meines Vaters. Die sechs Bände über Kunst und Kultur, von Ägypten bis in die Gegenwart, fesselten meine Aufmerksamkeit. Tutanchamun, mein erster Schwarm. Ich drehte halb durch, wenn ich mir sein schönes, edles Gesicht, seine Goldmasken betrachtete, und nachts schluchzte ich vor Liebe heimlich ins Kopfkissen. Dabei störte mich weder, dass der Junge meiner Träume dreitausend Jahre älter war als ich, noch seine schlechte körperliche Verfassung.

Als ich zehn war, passierte der entscheidende Moment, der mich auf immer und ewig an die Kraft der Musik binden sollte: Ich sah im Fernsehen Esther und Abi Ofarim. Er: unscheinbar, Kartoffelnase, Neandertalerstirn, Wandergitarre, nölige Hintergrundstimme. Sie: von überwältigender Schönheit. Nie hatte ich zuvor die Magie in einer menschlichen Stimme so deutlich, so intensiv, erfahren. Das war etwas anderes als Wencke Myhre. Als das schwermütige Lied *Ya viene marzo con flores* zu Ende war, schlich ich ergriffen mit tränenverschleierten Augen nach oben ins Kinderzimmer. Zur nächsten Abiturfeier wurde mein Vater von seinen Schülern gefragt, was er sich zum Abschied wünsche. Die Schulabgänger schmissen zusammen, und er bekam ein phantastisches Geschenk: eine große Schachtel mit fünf Esther und Abi Ofarim-Schallplatten. Musik verschiedener Kontinente und in mehreren fremden Sprachen, Informationsmaterial und Fotos von den beiden. Esther Ofarim war mein erster richtiger Schwarm, von dem mumifizierten Pharao, Winnetou und dem Hengst Fury einmal abgesehen. Ich hatte die Macht der menschlichen Stimme kennengelernt. Zwar blieb ich für den Rest meines Lebens extrem anfällig für die unwiderstehliche Verführung der Musik, doch selten habe ich später vergleichbare, heilige Schauer erlebt. Außer bei Barry Ryan und Jimi Hendrix. Die allererste Schallplatte, die ich mir selbst kaufte und über die ich mich ganz schnell ärgerte, weil sie so doof war, war Wencke Myhre mit dem Schlager «Beiß nicht gleich in jeden Apfel», da war ich acht oder neun. Dann zogen wir nach Westafrika, und die zweite Platte kaufte ich erst, als wir wieder zurück im Sauerland waren. Barry Ryans *Eloise.*

Nach dem vierten Schuljahr wechselte ich von der Volksschule in die Sexta des Neusprachlichen Lyzeums der Armen Franziskanerinnen. Die Mädchenschule mit angeschlossenem Internat, von sämtlichen Schülern im Umkreis «Gänsefarm» genannt, lag am anderen Ende des Städtchens auf halber Höhe eines Hügels. Eines Mittags kam ich nach der Schule nach Hause und beobachtete bei meinem Vater eine Unruhe, eine seltsame Nervosität, die ich nicht an ihm kannte. Zwischen ein und drei Uhr war bei uns immer Mittagsruhe, wie jeden Tag hatte sich meine Mutter oben ins Schlafzimmer zurückgezogen. «Freight train, freight train …» Esthers Stimme klang leise, ich hatte mich dicht vor den Musikschrank gesetzt. Mein Vater kam angeschlichen. Spürbar geladen. «… had those long chains on, he had those long chains on …» Esthers Lied beklagte das Schicksal Gefangener … «another man done gone …»

Wie an schweren Ketten bewegte sich auch mein Vater durchs Haus. Ich wurde ein bisschen schön-traurig. Erneut betrat mein Vater schlurfend das Zimmer. «Sometimes I feel like a …» Ich sah seine Füße vor mir kurz innehalten, «… motherless child …», dann weitergehen, zögern, «… a long, a long way from home …» Mit leiser Stimme unterbrach er.

«Muriel!»

«Ja.»

«Sag ich dir gleich …» Er unterbrach seinen Gedankenstrom, setzte seine Schritte Richtung Flur, schloss die Tür hinter sich. Ich hielt den Plattenspieler an, sprang auf, betrat den Flur. Er stand in der Ecke, blickte mich offen an. Was war bloß los? Er holte tief Luft, flüsterte, mit Verschwörermiene: «Würdest du gerne mal … nach Afrika …?» Afrika. Ich nickte eifrig. «Pass auf. Niemand, niemand, hörst du, auch nicht deine Mutter, weiß davon bisher. Du bist die Erste.»

Ich fühlte einen mächtigen Drang, mich an der Verschwörung zu beteiligen. «Ich habe eine Stelle angeboten bekommen, entweder in Wagadugu, das ist die Hauptstadt von Obervolta, oder in Niamey, das ist die Hauptstadt von Niger. In einem Jahr geht's los, ich muss ein paar Lehrgänge machen und mich auf die Arbeit vorbereiten. Wohin sollen wir gehen?»

Ich verließ mich auf den Klang der Wörter und nahm mir vor, die Atlasseiten über Westafrika genauer zu betrachten. «Niamey. Hört sich besser an als Wagadugu.» Verständnislos sah er mich an. «Warum?»

«Wagadugu ist mir zu lustig.»

Ich war gerade zwölf, als die Familie für die nächsten zwei Jahre mit Sack und Pack nach Niamey, Westafrika, zog. Meine Schwester war zehn, mein Bruder acht Jahre alt. Ich war froh. Es kam mir vor wie ein Neubeginn, der Start in ein neues Leben in einem unbekannten Land; vielleicht ließ dieses Land nicht zu, dass ich weiterhin so gar nicht richtig war, dass ich fast immer das Gefühl hatte, nicht dazuzugehören.

Eine psychosomatische Klinik
irgendwo mitten in Deutschland
April 1998

Sieben Uhr dreißig. Müde und ziemlich fertig sitze ich beim gemeinsamen Frühstück. Jeder erhält nur ein Brötchen, wie meine Eltern beim Bulgarienurlaub. Mir gegenüber schmiert sich Uwe mit der ulkigen Rod-Stewart-Frisur seins mit einem Nutella-Plagiat, für Originalnutella reicht das Geld angeblich nicht. Frank rührt hektisch im dünnen Kaffee. Neben mir putzt sich der junge Stefan geräuschvoll die Nase. Mit neunzehn Jahren ist er der Jüngste. Er wird von allen mit «Jägermeister» angeredet, der Name passt zu ihm. Am Nachbartisch hat der Zweimeter-Mensch Dietrich, einer vom Team, Platz genommen, das bringt mich übel drauf, da er ständig beobachtet, spioniert und jede Kleinigkeit umgehend seinen Kollegen vom Personal weitererzählt. Weil er so lang ist, nennen wir ihn «Turm». Aus den Augenwinkeln betrachtet er misstrauisch, was wir tun, mit aufgespannten Segelohren hört er mit, was wir sagen. Ich stoße unterm Tisch Uwe an.

«Der Turm hat seine Antennen wieder voll ausgefahren, das fuckt mich echt ab, frühmorgens schon!»

Ich spreche leise. Uwe zischt ein «Fucker». Alle vier, die hier am Tisch sind, grinsen sich an. Augenblicklich reagiert der Turm.

«Herr Pomming, was haben Sie gerade gesagt?»

Uwe beeilt sich, das halbe Brötchen auf einmal in den Mund zu stopfen, und antwortet Unverständliches. Beschimpfungen gelten als verbale Gewalt, und Gewalt jeder Art führt zu sofortigem Rausschmiss. Stefan reibt sich die Augen, hat aber in seinem Tran nicht mitgekriegt, dass ihm Honig an den Fingern klebt, den er jetzt auf seinen Lidern verreibt.

«Kacke!», flucht er. Frank sieht einen Moment verständnislos zu

Stefan rüber, dann bricht er in solch unkontrolliertes Gelächter aus, dass er sich verschluckt. Uwe haut ihm mehrmals kräftig auf den Rücken.

«Wasis los, Alter!» Auch er beginnt zu lachen, da kann ich natürlich auch nicht mehr und pruste los.

«Gucke ma wie hausse sieht!», brüllt der Italiener Toni mit seiner lustigen Aussprache und zeigt vom hinteren Tisch auf den rotgeriebenen, bekleckerten Stefan. Dem ist das peinlich, sauer verlangt er nach einem feuchten Tuch.

«Kann ich eine Serviette mit Wasser tränken, Herr Dietrich?», frage ich den Turm. Er weist auf die große Uhr über der Tür.

«Sie sollen fünfzehn Minuten bei Tisch sitzen bleiben und nicht zwischendurch aufstehen. Sie wissen das, Frau Scheu, Sie sind jetzt vier Tage hier und vertraut mit den Regeln!»

«Hören Sie, der Mann hier hat verklebte Augen, das ist sehr unangenehm!»

«Noch zwei Minuten, so lange bleiben Sie auf Ihrem Platz. Und der Herr Jeger passt in Zukunft besser auf!»

«Wie!», schreit der temperamentvolle Toni, «darffe sisch nischte appewaschen, wenne so klebte inne Hauge?»

«Herr Brusi, Ruhe, bitte setzen Sie sich wieder hin, denken Sie daran, der nächste Regelverstoß hat Konsequenzen für Sie!»

«Isse das heine Scheise!», beschwert sich Toni aufgeregt und beißt wütend in den Rest seines Brötchens. Ich kann kaum glauben, was passiert. Wo bin ich hier gelandet? Ich will doch nur in Ruhe entgiften, von Erziehung habe ich die Nase voll, alle wollen mich ständig erziehen. Das ist doch wirklich nur «drauf» auszuhalten.

Uwe und Frank kichern immer noch albern. Mit einer Papierserviette bedecke ich demonstrativ Stefans Augen. Er steigt drauf ein, theatralisch stöhnend.

«In einer Minute dürfen Sie aufstehen, Frau Scheu!»

Aufgebracht schaue ich den Turm an.

«Herr Dietrich! Der hat völlig verklebte Augen, wie Sie selbst sehen. Ich stehe jetzt auf und kümmere mich darum!»

Alles starrt mich an.

«Richtig so!», meint Adam, der Pole, beifällig. In dem gleichen Moment, als ich auf der Toilette ankomme und nach dem Handtuch greife, klingelt es.

«Tischzeit aufgehoben!»

Deprimiert wische ich Stefan die Augen mit dem feuchten Handtuch ab. Er beklagt sich darüber, dass er nicht noch ein zweites oder drittes Brötchen bekommt.

Es klingelt nochmal. Auf zum Giftraum, Methadon abholen.

Niamey/Niger, Westafrika 1968–1969

Brütend heiße Luft schlug uns schwer entgegen. Wir waren gelandet im Nichts, in wuchtigem, tiefem Rotbraun, unterbrochen nur von hellgrauem Gestein und dornigem Gebüsch inmitten kleiner Inselchen verdorrten Grases.

So muss es sein, durch eine Mauer zu gehen, schoss mir durch den Kopf beim Verlassen des Jets. Ungewohnt dick stand die Luft vor mir. Das Atmen fiel schwer, Hitze erfüllte augenblicklich die aufgeblähten Lungen, erfasste mit einem Schlag den gesamten Organismus. Dann – dieser Geruch! Das Land, überzogen mit einer undurchdringlichen Schicht aus Geruch, eingepackt in mehrere Lagen glühender, stark riechender Stoffe aus flimmernder Luft lag vor mir – Niger. Das Schwarze Land am Südrand der größten Wüste dieser Erde.

Während wir die an die geöffnete Flugzeugtür angeschobene Treppe hinunterstapften, ich mit meiner kleinen Reisetasche, meine Schwester die Arme voll Puppen inklusive ihrem Stoffschimpansen Habakuk, mein kleiner Bruder mit seinem roten Kinderköfferchen voll Lego, entdeckte ich in der neugierigen Menge hinter dem Zaun meinen Vater. Er hatte einen Astronautenhaarschnitt, winkte und schrie voller Freude unsere Namen. Wir rannten auf unseren Vater zu, der überglücklich seine Arme weit ausgebreitet hatte und strahlte. Das Gepäck wurde von zwei braunhäutigen jungen Männern in europäischer Kleidung und einem rabenschwarzen Mann in einem hellblauen, bodenlangen, ärmellosen Gewand mit Stickereien am Halsausschnitt getragen. Er lachte mich an, ein kehliges Gurren aus seinem breiten, freundlichen Mund.

An der Decke des kleinen Gebäudes rotierten gemächlich riesige Ventilatoren, wie Windmühlen, um die Luft erträglicher zu machen. Doch sie erfrischten nicht, sie kühlten nicht, sie wendeten die Gluthitze nur ein bisschen um. Diese Apparate nannte meine Mutter vom ersten Moment an «Wedel».

Wir durchquerten die kleine Halle. Zwei uniformierte Putzfrauen und zwei ebenso uniformierte Männer wischten gemächlich den Boden.

«Nu guck dir das mal an, wie die den Dreck immer nur hin- und herschieben, anstattn aufzuwischen, und wie langsam die sich bewegen, ich hätte das wuppwupp färchtich!»

Ich hatte hinter dem Putzgeschwader zwei vermummte, in blaue, weiße und schwarze Tücher eingewickelte Gestalten entdeckt, hochgewachsen, die Gewänder über die dunklen Arme hochgeschoben bis zur Schulter. Beide trugen spiegelnde Sonnenbrillen unter turbanähnlichen, schwarzen Tüchern auf dem Haupt. Eine Seite des schwarzen Tuches verbarg die komplette untere Gesichtshälfte. Um den Hals, über dem langen Gewand, hatten beide lederne schwarze Riemen, an denen flache, silberne Kästchen hingen. Welchen geheimnisvollen Inhalt diese Behältnisse verbergen mochten? Mehrfach um den Oberarm herumgewickelt waren Lederstreifen, mit farbigen, verzierten kleinen Päckchen dran. Der eine trug ein großes, schmales Gewehr mit langem Lauf quer über dem Rücken, dessen breiter Trageriemen über dem Brustkorb mit einer quadratischen Metallschnalle befestigt war. Ehrfurcht erfüllte mich und Staunen. Was sind das für Leute? Ich starrte sie an, als wären sie Außerirdische, magisch angezogen von diesen unnahbaren, stolzen Erscheinungen.

«Muriel! Nicht träumen! Weitergehen, wir fahren doch jetzt zu unserem neuen Haus!»

Zögernd setzte ich mich in Bewegung. Mein Vater legte seine Hand auf meine Schulter.

«Ist irgendwas mit den beiden Tuareg dort, haben sie was gesagt?»

Ich wünschte, sie hätten. Dann hätte ich gewusst, wie ihre Stimmen sich anhörten, wie ihre Sprache klang. Viele schöne Menschen habe ich gesehen auf der Welt, aber die Tuareg sind mit die schönsten von allen.

Auf dem Parkplatz vor dem Flughafengebäude verfrachtete der schwitzende, aufgeregte Vater die schwitzende, mit den Nerven fertige Mutter zusammen mit den drei schwitzenden, aufgeregten Kindern in einen Peugeot 404. Der vom Deutschen Entwicklungsdienst angestellte Fahrer mit leidlichen Kenntnissen der Automechanik hieß Idi. Er war vom Stamm der Mossi aus Obervolta, trug tief eingeschnittene Stammeszeichen auf beiden Wangen und war glücklich über sein regelmäßiges, monatliches Gehalt. Ein Mann namens Djara hatte in unserem Haushalt die Stelle des «Mädchens für alles» inne; er war gebürtig aus Nord-Dahomey. Für deutsche Menschen, so sagte mein Vater auf der Fahrt vom Airport zu unserem Haus, sei das Wort «Dschára» unaussprechlich, und so wurde er frankophonisiert «Gérard» genannt. Ich fand, sie hätten besser gleich «Gerhard» zu ihm gesagt. Djara war am schönsten. Und schwierig auszusprechen war es nicht.

Idi steuerte den 404 über eine schmale Teerstraße, umfuhr geschickt zweitausend Schlaglöcher und wich gekonnt Ziegen, Schafen und Rindern aus, die zahlreich und scheinbar ziellos durch die Landschaft trotteten. Auf der kurzen Strecke erblickte ich mehr dieser Tiere als im ganzen Leben zuvor.

Dunstschleier über der Stadt wie eine Käseglocke: Rauch von unzähligen Kochfeuern. Runde Hütten mit kunstvollem Strohdach, wie in einem klassischen Buch über Afrika, wechselten sich ab mit rechteckigen Lehmbauten und Wellblechdach-Häusern. Dazwischen ab und zu ummauerte Grundstücke mit grünen Gärten und weißen Häusern. Wir bogen ab in eine Seitenstraße, hinter uns eine hoch aufgewirbelte Staubfahne. Vor einer hohen Mauer hielt Idi an. Ein riesiges rostiges Tor wurde von innen geöffnet. Verlegen reichte meine übermüdete Mutter dem Boy Gérard und dem Nachtwächter Garba die Hand. Ich freute mich schrecklich. Wir waren angekommen – wir waren in Afrika!

Unser Haus, von dem die Farbe abblätterte, war nicht besonders groß. Es verfügte über eine Küche mit dem Allernötigsten, ein Elternschlafzimmer, ein Wohnzimmer und zwei kleine Kinderzimmer, beide ausgestattet mit meinen Traumbetten: übereinander. Meine

Schwester und ich erhielten den einen, mein kleiner Bruder den anderen Raum. Steinböden überall, wegen des Klimas und wegen der Insekten, die sich über Teppiche hermachen würden. Die überdachte Terrasse ging direkt über in den vernachlässigten Garten, ein sandiges Grundstück mit einem halben Dutzend halb verdursteter Bäume, auf denen sich zahlreiche Chamäleons tummelten. Gelb, grün und braun, wie die vertrockneten Blätter, die in dichten Haufen auf dem rötlichen Sand lagen. Geckos und verschiedene Arten Eidechsen rannten vor uns davon, unter der Zimmerdecke Zuflucht suchend. Tisch, Stühle, Metallbettgestelle, Matratzen, das war die ganze Einrichtung. Meine Mutter ließ mit angehaltenem Atem den Blick schweifen und brach in Tränen aus. Meine Schwester klammerte sich an ihre Puppen, erblickte ein Rudel flüchtender Kakerlaken von beachtlicher Körpergröße, kreischte mit aller Kraft und war mit einem einzigen Satz auf dem Tisch. Mein kleiner Bruder blieb lieber draußen, versuchte sich selbst zu beruhigen und begann, auf der Terrasse eine Rechenmaschine aus Lego zu bauen, während ich auf die vergammelte Mauer kletterte, um mir einen Überblick zu verschaffen über meinen neuen Lebensraum. Geschrei, Geheul, Gekreisch drinnen, surrende Bruthitze draußen. Hinter einem schmalen Baum lugte ein anmutiges Gesicht mit einer feuchtglänzenden, geweiteten Nase hervor. Riesige, schwarze Augen panisch geweitet, überlange Wimpern zuckten nervös. Unsere Gazelle wurde im Busch neben dem verendeten Muttertier gefunden, ließ sich, halb verdurstet, einfangen und fand zusammen mit der schuhkartongroßen Schildkröte ein neues Zuhause in unserem Garten. Das graziöse Kerlchen war nicht gezähmt, sprang verängstigt in Riesensätzen davon, als ich mich ihm näherte.

Zunächst bekam mein Vater einen Tropenkoller. Die nervliche Anspannung, die Hochofenhitze, die fremdartige, neue Umgebung, seine schwierigen Aufgaben als Beauftragter des Deutschen Entwicklungsdienstes für die beiden Länder Niger und Obervolta kamen nun zum Tragen. Es begann mit unserer Ankunft und meiner weinenden Mutter. Bei der Suche nach einem Haus hatte er sich alle Mühe gegeben, einen Kompromiss zu finden zwischen westafrikanischem

Komfort, den Ansprüchen seiner auslandsunerfahrenen, sparsamen Frau und den finanziellen Voraussetzungen.

«Wir müssen sparen! Sparen! Sparen! Sparen! Ooooh! Ich kann das gut!», wiederholte meine Mutter ständig. «Ich kann unheimlich gut sparen!» Das erwähnte sie noch vierzig Jahre später mit derartigem Enthusiasmus, als ob sie diesen Satz noch niemals in ihrem Leben ausgesprochen hätte. Es werden ihre letzten Worte sein, dessen bin ich mir gewiss. Von Anfang an mit einer guten Portion Widerspruchsgeist ausgestattet, bewirkte diese Vorliebe fürs Sparen an allen Ecken und Kanten bei mir das Gegenteil. Ich entwickelte eine ausgeprägte Schwäche für Verschwendung. An allen Ecken und Kanten. Ich bin mir sicher, dass die Sparsucht es war, die meine Eltern veranlasste, nach Afrika zu gehen: Der Job war besser bezahlt als der eines Lehrers am neusprachlichen Gymnasium für Jungen im Sauerland. Meinen Vater verdächtige ich zusätzlich der Lust am sozialen Aufstieg aus purer Karrieregeilheit, die er aber nie zugegeben hat. Er wollte etwas darstellen vor anderen und schielte nach einem Platz oben auf der Leiter. Beide Eltern beteuerten stets, das alles nur für uns Kinder getan zu haben. Sie wollten nur unser Bestes, erhofften sich finanziellen und vor allem gesellschaftlichen Aufstieg. Dieser Aufstieg gelang ihnen auch. In Niger, immerhin fünfmal so groß wie Deutschland, hielten sich etwa zweitausend Europäer auf, fast alle aus Frankreich. Neunzig Prozent lebten in der Hauptstadt Niamey. Oben auf dem Hügel in der Nähe des Präsidentenpalastes bewohnten sie weiße Villen in künstlich bewässerten, gepflegten parkähnlichen Gärten. Das war nichts für sparsame Sauerländer. Darum war mein überforderter Vater tief enttäuscht, dass meine Mutter nicht in Freudenschreie, sondern in Tränen ausbrach beim Anblick des heruntergekommenen Häuschens mitten in einem Einheimischenviertel, in dem wir die einzige weiße Familie waren. Er wollte doch nur unser Bestes, nämlich: Geld sparen, anstatt es auszugeben – wie meine Mutter doch auch. Und nun so was. Djara, genannt Gérard, verschwand, verlegen lächelnd, in seiner gekachelten Küche, die aussah wie ein Badezimmer in Auschwitz, wie meine Mutter bemerkte. Afrika begann mich zu verwundern; hier wurde meine ungelenkige

Schwester zu sportlichen Hochleistungen und meine phantasielose Mutter zu Höhenflügen der Vorstellungskraft animiert – was würde dieses Land erst bei mir bewirken.

Ich kletterte auf die Mauer und erblickte von oben runde Hütten aus trockenem Reisig, mit Lehm abgedichtet, mit Strohdach und drei Feuerstellen, von denen zwei gerade in Betrieb waren. Zwei Dutzend Menschen wohnten dort. Verlegen wegen meiner Neugierde, tat ich so, als schaute ich in die Ferne, spürte genau die Blicke der schwarzhäutigen Menschen und lauschte angespannt ihren Stimmen. Gefolgt von einer Menschenmenge, betraten singend und tanzend trommelnde Troubadoure in weiten, kunstvoll bestickten fußknöchellangen Gewändern den Hof vor den Hütten. In Westafrika ist die Tradition der fahrenden Sänger, der «Griots», bis heute lebendig. Manchmal sind sie Gäste bei Politikern, bei Geschäftsleuten, Dorfchefs, Clanoberhäuptern, bei reichen Familien, die sie für eine wichtige Angelegenheit, eine Hochzeit etwa oder ein Begräbnis, engagiert haben und sie bezahlen. Fast immer haben sie eigene «Marabouts», das ist eine islamisch-animistische Mischung aus Schamane, Heiler, Priester und Wahrsager, bei sich, die unter anderem auch mit traditionellen Tätigkeiten wie Tätowieren, Skarifizieren oder der Beschneidung männlicher Kinder vertraut sind. Dass es in diesem Teil der Erde weibliche Beschneidung gibt und dass diese von erfahrenen alten Frauen durchgeführt wird, wusste ich damals nicht. Erst zwölf Jahre später erfuhr ich von solchen Dingen. Ich hatte nicht die geringste Ahnung, was man sich unter «Beschneidung», egal, ob männliche oder weibliche, überhaupt vorzustellen hat. Warum hatten mich meine allwissenden Eltern nicht besser vorbereitet auf diese Welt? Mir klopfte das Herz. Die singenden und tanzenden Menschen bedeuteten mir, von der Mauer herunterzukommen und mich zu ihnen zu gesellen. Ich sah mich kurz um. Mein kleiner Bruder spielte unbeirrt mit seinen Legosteinen auf der Terrasse. Aus dem Haus kamen immer noch die nervtötenden Stimmen. Ich wandte den Blick ab und sah Dutzende schwarzbrauner Gesichter zu mir emporstarren. Lauter wurden die Trommeln, eindringlicher der Gesang. Ich bekam vor Aufregung kaum Luft, dann fasste ich mir ein Herz – und ließ mich von der Mauer fallen. Aufgefangen von sehnigen Armen, erlebte ich die nächsten eineinhalb oder zwei Stunden wie im Traum. Trommeln, Gesang, stampfende Füße, im Takt bewegten sich Frauenarme innerhalb eines Kreises, in den Händen weiße Stofffetzen und Sträuße getrockneten Grases, wedelnd, entrückte Gesichter, wettergegerbt. Hitze, Sand, Trockenheit, Staub. Und ein durchdringender Geruch nach menschlichen Körpern. Westafrikaner strömen einen starken sauer-scharfen Geruch aus, hervorgerufen durch permanenten Wassermangel, tägliche körperliche Schwerstarbeit bei Temperaturen jenseits der vierzig Grad und mangelnde Ernährung. Es war der Gestank bitterster, unvorstellbarer Armut, der sich mir einbrannte, und der bewegende Rhythmus von Menschen, die heilfroh sind, unter diesen Umständen überhaupt ein Alter jenseits von fünfunddreißig Jahren zu erreichen.

Lauter wurde die Musik, schneller die Tänze, ekstatischer, aufgeladener die Atmosphäre. Mehr festlich gekleidete Menschen strömten in den Hof, tranken aus herumgereichten Kalebassen; ich wurde dazu angehalten, ebenfalls einige Schlucke einer milchigen Flüssigkeit zu nehmen. Ich wagte nicht abzulehnen. Scharf-bitter breitete sich der unbekannte Geschmack in meinem Mund aus. Fast wurde mir schlecht. Die beiden goldgeschmückten Mädchen, in festlich glitzernde Stoffbahnen gehüllt, etwa mein Alter, schauten mich aufmerksam an. Sie waren unglaublich schön. Neugierig betrachteten wir uns gegenseitig. Ich hatte noch niemals im Leben einen nackten Busen in echt gesehen.

Meine Eltern waren in ihrem neuen Haus so mit sich selbst beschäftigt, dass sie meine Abwesenheit zunächst nicht mitbekamen. Sie bemerkten meine Veränderung, als ich wieder auf meiner Seite der Mauer war. Verträumt hockte ich in einer Ecke unseres Gartens in der aufkommenden Dämmerung. Ich war immer noch wie hypnotisiert, sah immer noch schlauchartige, mit tief eingeschnittenen Längsnarben versehene Brüste, ausgelaugt von einem Dutzend Schwangerschaften, und die blendend schönen Gesichter der beiden Mädchen. Ich hatte Schönheit und Nacktheit gesehen. Das verwirrte mich. Das darf man doch nicht, dachte ich und entsann mich, wie ich das Buch über klassische griechische Kunst durchgeblättert hatte, vor ein, zwei Jahren während eines verregneten Nachmittags im Sauerland. Die Abbildung der Aphrodite schockte mich so tief, dass ich aufrichtig empört zu meinem Vater rannte und wütend mit überschnappender Stimme schrie:

«Das darf man doch nicht!»

Er korrigierte gerade Hefte seiner Schüler. Schwer atmend stand ich vor ihm, das aufgeschlagene Buch in den Händen. Er sah auf.

«Was darf man nicht?»

Auf das peinlichste berührt, schaute ich zur Seite, deutete mit dem kleinen Finger auf die Darstellung, in Höhe des Busens. Am liebsten wäre ich gestorben.

Mein Vater räusperte sich verlegen und versuchte, ganz normal zu klingen.

«Ach, äh … weißt du, das ist Kunst! Äh, ähem, äh … Klassische griechische Kunst … da … ähem … ist das erlaubt …»

Heimlich suchte ich, wie im Fieber, die verbotenen Zeitschriften, wenn meine Eltern einen Spaziergang machten. Ich fühlte mich von den Fotos aufgeputscht. Hier in Niamey gingen die alten Omas durch die Gegend, ohne sich obenrum zu bedecken. Die Frauen in den Zeitschriften hatten so ganz andere Formen. Können Menschen so unterschiedlich sein? Unterscheiden sich Männer in ihren Ausdehnungen und Maßen ebenso wie Frauen? Woher weiß man, dass man zusammenpasst?

Die Stimme meiner Mutter überschlug sich, als sie mich völlig abwesend, tief versunken in Gedanken, in einer Ecke im Garten fand.

«Was ist denn mit dir passiert? Karl! Komma! Komma sofocht her! Simma, was middem passiert is!»

Es war immens schnell dunkel geworden. Rauch stieg auf über dem Viertel, überall kochten sie, es roch danach.

Ich wurde ins Haus gebracht, wo Gérard dabei war, den Tisch zu decken. Ich erwiderte sein freundliches Lächeln. Meine Geschwister hatten sich oberflächlich beruhigt, und ich war ein willkommener Anlass für Ablenkung. Alle fragten, was ich erlebt hatte, doch vermochte ich nicht, das Erlebte zu schildern. Todmüde und überdreht saßen wir bei unserem ersten Abendessen in Afrika. Noch am Tisch schlief ich ein.

Die Nacht war furchtbar heiß, Insekten machten unglaublichen Lärm, meine aufgeregten Eltern redeten pausenlos, fielen sich gegenseitig ins Wort. Ich hörte bald nicht mehr hin.

Viel zu früh am nächsten Morgen wurden wir geweckt von lautem Gezeter. Blass stand meine Mutter im Türrahmen, den Arm ausgestreckt. Sie wirkte so hilflos, dass ich Mitleid bekam.

«Kinder! Euer Vater hat den … Tropenkoller!» In der Tat hörte man sein Gebrüll durchs ganze Haus. Um Himmels willen, Tropenkoller, das konnte nur etwas Grauenhaftes sein.

Mit einem Schlag hellwach, rasten wir zum Elternschlafzimmer und lugten zur Sicherheit erst mal vorsichtig um die Ecke. Ich hatte nie zuvor meinen Vater im Unterhemd gesehen. Sein Anblick beschämte mich. Er hüpfte wie ein Flummi hoch und nieder, hielt seine offene Hose fest, damit sie nicht herunterrutschte, und brüllte in Panik um Hilfe. Meine Schwester kreischte sofort mit und presste ihre doofe Puppe so fest an sich, dass ein Bein abfiel. Mit einem Klacken schlug es auf dem Steinfußboden auf; sie bemerkte das nicht mal. Zitternd legte meine Mutter den Arm um meinen erstarrten kleinen Bruder.

«Oh, mein Gott! Wir packen und fliegen soforcht zurück ins Sauerland! Aber ersma müssemwern Archzt rufen!»

Gérard hatte soeben seinen Dienst angetreten und die Situation mit einem Blick erfasst. Sein sehniger, schwarzer Arm wies auf den gekachelten Fußboden.

«Calmez-vous, Madame, il n'y a rien, c'est qu'un cafard!» Ruhig klang seine tiefe Stimme. Dann entdeckte ich den Auslöser für die Panik, zertreten am Boden, und brach in schallendes Gelächter aus. Ich streckte den Zeigefinger aus, alle sahen die tote Kakerlake. Mein Vater stimmte erleichtert ein in das Gelächter.

«Eine Kakerlake! Ich dachte, ein Skorpion krabbelt in meiner Hose rum!»

Beim Frühstück auf der Terrasse berieten sich zur Freude meiner Schwester meine übernächtigten Eltern, wie wir wieder zurück ins Sauerland kämen. Ich brach in Tränen aus. Es gefiel mir hier, ich fühlte mich wohl hier. Mein Bruder hielt sich schüchtern im Hintergrund, meine Schwester freute sich, in zwei Tagen ihre blöde Freundin Jutta wiederzusehen. Ich weinte. Die Vorstellung, wie hämisch ich von den Nonnen, Lehrerinnen und Mitschülerinnen meiner Schule angeschaut werden würde, nach ein, zwei Tagen in Afrika, war mir unerträglich. Wütend stand ich auf.

«Nein! Ich gehe nicht zurück! Hier ist es so schön!»

Begütigend versuchte mein ratloser Vater die Lage zu entspannen.

«Du bekommst auch … einen Hund, wenn wir zurück sind!»

Damit erregte er den Zorn meiner Mutter.

«Was? 'n Hund? Es bekommtn Hund, wemmwer widder zurück sind?»

«Ehrlich? Einen Hund? Ich kriege 'n Hund in Deutschland?» Wenn der Preis stimmte, war ich bestechlich.

Die strahlenden Augen meiner Schwester erloschen. Sie sank in sich zusammen, und die Tränen flossen. Fest stampfte sie mit ihrem Fuß auf.

«Ich will nich, dass es 'n Hund kricht! Ich fürchte mich vor Hunden! Ich will neue Puppen! Mit langen Haaren! Ich will wech hier! Hier sind ekelige Krabbelviecher!»

Sie kreischte.

«Hier stinktes so! Ich will zu Jutta! Zu Hause stinkts nich! Und es gibt keine ekeligen Tiere! Die krabbeln an der Decke rum und lassen sich auf einen drauffallen! Iiiiiihhh!»

Mein kleiner Bruder überlegte, ob er sich ein bisschen freuen sollte. Zaghaft meldete er sich zu Wort.

«Ein Hund! Wann fliegen wir wieder zurück?»

Niedergeschlagen verkündete mein Vater mit leiser Stimme, er würde den Vormittag nicht im Büro, sondern in der Stadt verbringen, um den Rückflug zu buchen und den Mietvertrag für das Haus zu kündigen. Anschließend sei noch einiges zu erledigen, den Job quittieren, mit Deutschland telefonieren, und so weiter. In der Zwischenzeit könnten wir im Grand Hotel schwimmen gehen. Verlegen lächelnd räumte Gérard den Frühstückstisch ab. Von nun an waren sie ruhig. Meine Schwester und meine Mutter, die noch nie eine Beziehung zu Tieren hatten, versuchten, sich im Garten Paulchen zu nähern, der natürlich davonhüpfte. Mein Bruder widmete sich seinen Legosteinen. Unglücklich sahen mein Vater und ich uns an. Er hob die Schultern und drückte meinen Arm. Ich konnte sehen, wie sich seine hellen Augen hinter den dicken Brillengläsern mit Tränen füllten und wie er sich auf die Unterlippe biss, bevor er den Kopf für zwei Sekunden senkte.

«Denk einfach an den Hund!», stieß er tonlos hervor und ging ins Haus, die Autoschlüssel holen.

Links und rechts unseres Hauses standen Lehmhäuser mit flachen Dächern, ab und zu ein kleiner Marktstand unter behelfsmäßigen Plastikplanen. Einzeln verkauften sie da Zigaretten und Bonbons, Kaugummis, die «Malabar» hießen und ein wasserlösliches Abziehbild enthielten, klebrige Dauerlutscher, lauwarme Kaltgetränke, in durchsichtige Folie verpacktes, labberiges Toastbrot in Scheiben, Feuerholz, Petroleum, Taschenlampen, Reis, Hirse, Mais, unverarbeitet oder zu Mehl gemahlen, und das Waschpulver «Pax», in dem sich in einer eingeschweißten Tüte ein Plastikspielzeug befand.

Alles roch, alles duftete, alles stank: kein Quadratzentimeter ohne typischen Geruch. Manchmal hier und da ein europäisch anmutendes, weißgekalktes Haus mit Garagen, in Umzäunungen, hinter Mauern. Manchmal eine Palme, eine Akazie, ein Hibiskusbusch, eine Bougainvillea, zwischen verdorrtem, dornigem Gebüsch und lohfarbenem hohen Gras. Blaugrauer, weißer Rauch quirlte träge, zögerlich, empor. Kochfeuer vor runden Reisighütten. Marktstände, zusammengebastelt aus rohen, fast weißen Holzstämmen, wie riesige, gebleichte Oberschenkelknochen vorsintflutlicher Ungeheuer. Unwegsame Gassen, staubige Seitenstraßen, dann und wann eine betonierte Hauptstraße, flirrende Bruthitze, kaum Schatten. Verrostete Autos, verrostete Reklameschilder am Straßenrand, verwilderte

Neubauten, die nie über den ersten Stock hinauswuchsen: das Paradies für Wüstenreptilien und bizarre Insekten. Tausend kratzende Quietschtöne aus veralteten Kofferradios, durchsetzt von penetranten französischen Moderatorenstimmen und Werbeslogans, zugeschnitten auf das verarmte Land, und immer wieder diese sanften Stimmen über sanften Klängen westafrikanischer Popmusik von Senegal bis Nigeria. Unwiderstehlich verlockend wirkten sie auf die nomadische Landbevölkerung, die ganze Gegenden verlässt, um in der einzigen Stadt des riesigen Landes der Armut, der Sinnlosigkeit, der Hoffnungslosigkeit, der seit Jahren anhaltenden verheerenden Trockenheit – und der Langeweile – zu entfliehen.

Der Vormittag war weit vorangeschritten, die einigermaßen erträglichen Temperaturen des frühen Morgens wichen einer sekündlich anwachsenden Hitze, die sich steigerte bis ins Unerträgliche. Der Peugeot 404 mit Laderaum war nicht klimatisiert. Bis zum Anschlag geöffnete Fenster vermittelten einem während der Fahrt die Illusion der Erfrischung, aber hinein wehte in der Tat Umluft von hundertprozentiger Bauknecht-Backofenqualität. Stickig heiße Winde provozieren bei Mitteleuropäern eine abartige Lust an aggressivem Verhalten. Vor jeder roten Ampel zankten wir mit ungeahnter Begeisterung sinnlos rum.

Das Grand Hotel wurde von einem Heer von schlitzohrigen Souvenirverkäufern belagert. Holzgeschnitzte Dämonen, Felle, Knochen unbekannter Tierarten, Lederbeutel mit Stickereien, mosaikartig zu Teppichen zusammengesetzte Quadrate aus Leder und Fell, Silberschmuck von Wüstenstämmen und Nomaden, garantiert antike Masken mit Hörnern, handgearbeitete unanständige Statuen mit spitzen Brüsten, vorgerecktem Bauch und herausgestrecktem Hinterteil, Flaschenöffner in Form des Kreuzes von Agadèz, Maradi, Zinder oder Tahoua und anderes Landestypisches mehr. Die Händler hatten sich vor Oleanderbüschen im Schatten der Akazien und Palmen häuslich niedergelassen. Ansonsten eher zur Trägheit neigende Westafrikaner stürzten sich mit ausgeprägter Geschäftstüchtigkeit auf jedes zufällig vorbeikommende zweibeinige Wesen, mit besonders freudigem Eifer auf hellhäutige. Zu der Zeit konnten wir mit Ausnahme meines Vaters noch kein Französisch, waren also so gut wie verhandlungsunfähig und damit erst recht interessant für tüchtige Händler aller Art, die, entzückt über unsere Wehrlosigkeit, ihre Chance witterten, uns einfach umzingelten und uns ihre zum größten Teil nicht vorhandenen Zähne zeigten. Nach einer Stunde erreichten wir völlig durchgeschwitzt das knapp fünfzig Meter vom Parkplatz entfernt liegende Grand Hotel. Wir waren standhaft geblieben. Bis auf drei Leder-Fell-Teppiche, die wir nicht brauchten, lederne Beutel für die drei weiblichen Familienmitglieder, ein paar billige Armbänder und Halsketten, eine Teufelsmaske für meinen kleinen Bruder, die ich eigentlich hatte haben wollen, aber als Mädchen nicht bekam, und ein halbes Dutzend Flaschenöffner aus zugegebenermaßen feingehämmertem Messing hatten wir nichts gekauft. Mein Bruder und ich zankten uns lautstark um die schaurige Ungeheuermaske. Er hatte sie sich aufgesetzt, und als wir die Hotelhalle durchquerten, haute ich ihm laut zeternd meinen neuen Lederbeutel für Mädchen so lange um die Ohren, bis meine genervte Mutter, schon im gemäßigten Klima des Sauerlandes nicht gerade gesegnet mit Geduld, uns am Wickel packte und ordentlich durchschüttelte. Dabei lächelte sie gequetscht die erstarrten Hotelangestellten an und winkte sogar einmal kurz mit ihrer freien Hand hinüber zu den verdutzten Rezeptionisten, in der Hoffnung, ihr Täuschungsmanöver möge ihr gelungen sein.

Wir flogen nicht zurück. Wir blieben zwar nicht die vollen zwei Jahre in Niamey, weil nach etwa eineinhalb Jahren eine heimtückische, schmutzige Molekülkette der primitiveren Art als getarnter Virus meinen Vater überfiel und es sich in seiner bis dahin gesunden Leber gemütlich machte. Vermutlich nahm er verseuchtes Wasser zu sich, in Eiswürfeln, im Obstsalat, schluckte versehentlich einen Tropfen in einem Swimmingpool, den er unerwartet und dadurch mit doppelter Freude in irgendeinem heruntergekommenen Hotel am Arsch der Welt in einem Kaff draußen in der unerträglichen Hitze der «Brust» («Brousse» heißt «Busch», «Wildnis», wir verstanden jedoch immer «Brust», wenn die Erwachsenen sich unterhielten) vorfand. Wer weiß das schon. Fast wäre mein Vater daran gestorben, und er musste sich komplette elf lange Monate in diversen Krankenhäusern bei ratlosen, experimentiergeilen Ärzten verschiedene pharmazeutische und chirurgische Versuche gefallen lassen. Drei Jahre nach Verlassen des Niger waren seine Leberwerte wieder erträglich, weitere sechs Monate dauerte es, bis sie im grünen Bereich lagen. Nach vier Jahren, als ich sechzehn war und bereits zwei Jahre engagiert mit verbotenen Drogen herummachte, nahm er einen Job an der Elfenbeinküste an. Wiederum zog die ganze Familie nach Westafrika, ans Meer, nach Abidjan.

Am Swimmingpool des Grand Hotels in Niamey machte meine Mutter ihre ersten Erfahrungen mit balzenden Männern. Junge, alte, große, kleine, dicke, dünne, französische, italienische, libanesische, afrikanische Kerle zogen sie mit ihren Blicken aus und taten in Gedanken ganz schlimme Dinge mit ihr, der verheirateten sauerländischen Mutter von drei Kindern mit ausgeprägtem Sinn fürs Sparen. Warum sie jede ihrer Bewegungen verfolgten, war mir ein großes, gleichwohl lästiges Rätsel. Ganz furchtbar wurde es, als sie sich unter dem Bademantel umkleidete und ihn dann fallen ließ, um die nächsten Stunden im Bikini umherzustolzieren. Am späten Nachmittag hatten wir alle von den fremden Männern ein paar Worte Französisch gelernt, wir hatten Coca-Cola bekommen (entsetzt über die Hotelpreise, freute sich meine Mutter, Geld zu sparen, und handelte im Sinne der Familie: Sie ließ sich einen nach dem anderen ausgeben), wir wussten von den fremden Männern, dass der einheimische Kellner Amadou hieß und dass wir nur «Amadou, quatre Coca, s'il-vous-plaît!», rufen mussten, um alles vor die Nase gestellt zu bekommen. Zu Hause im Sauerland gab es nie Coca-Cola, weil das wie Kaffee ist, und Kinder werden irre von Kaffee. Und teuer ist es auch. Ich weiß nicht, ob wir noch irrer werden konnten, auf jeden Fall wurden wir immer aufgedrehter, das Koffein in der Coca waren wir nicht gewöhnt.

Martell und ich bemerkten ein Riesenchamäleon, schlecht getarnt auf einem dornigen Baum. Schaukelnd versuchte es, sich nach oben zu hangeln, zog aber durch sein ungewöhnliches Gewicht den vielverzweigten Ast so auffällig nach unten, dass es einfach zu entdecken war. Allein seine gigantische Größe von gut der Unterarmlänge eines Erwachsenen machte jede erfolgreiche Tarnung zunichte. Hingerissen betrachteten wir das Reptil, beobachteten seine trägen, zitternden Hin- und Herbewegungen beim vorsichtigen Vorsetzen der geteilten Zangenhände und hofften auf einen Einsatz der ausfahrbaren Klebezunge.

«Hat es auch Zähne?»

Es war so seltsam, so wunderbar, wir vergaßen sogar die Horde fremder Männer, die unsere Mutter anstarrte, während sie im Bikini vor einem Tisch mit Dutzenden von Colaflaschen im Liegestuhl auf eine schöne Sonnenbräune hoffte. Ein fremder Mann hatte es geschafft, die Konkurrenz auszuschalten. Im richtigen Moment hatte er meine Schwester mit Eis und meine Mutter mit reichlich Coca-Cola auf seine Seite gebracht. Einträchtig saßen sie als vertraute, kleine Dreiergruppe eng zusammen, und wenn ich es nicht besser gewusst hätte, hätte man meinen können, sie seien seit Jahren eine harmonische Familie. Der fremde Mann war Franzose, ziemlich braun gebrannt, schwarzhaarig und Reitlehrer. Er hatte auch einen Namen. Daniel. Wir sollten ihn «Dan» nennen, wie alle seine Freunde. Er zeigte auf sich, als mein kleiner Bruder und ich nach zweieinhalb Stunden die Geduld mit dem Chamäleon verloren hatten, ließ sich nicht dabei unterbrechen, meine Mutter überall mit Sonnenöl einzuschmieren, und sagte lächelnd zu uns:

«Moi: c'est Dan. Je m'appelle Dan. Dan, ami.»

Das Chamäleon wollte uns weder zeigen, ob es Zähne besaß, noch hatte es Lust, uns seine Zungenfertigkeit vorzuführen, obwohl wir so manches leckere Insekt in seine Reichweite hielten. Das leckere Insekt in Dans Reichweite war meine Mutter. Er hatte im Gegensatz zu dem schuppengeschmückten Reptil bereits seine Zungenfertigkeit bewiesen. Äußerlich gefiel er mir sogar richtig gut, er erinnerte mich an den Schauspieler Pierre Brice, meinen Schwarm aus den Karl-May-Filmen.

Großzügig zeigte Dan uns seinen dicken Fotostapel, und mich packte der blanke Neid.

Er sagte etwas zu mir, was ich nicht verstand, zeigte dann auf meine Mutter, wieder auf die Pferdefotos, und machte mit den Fingern die Geste des Geldes, indem er sie aneinanderrieb. Ratlos sah ich meine Mutter an. Neben uns im Liegestuhl rief der dicke Österreicher, der die ganze Zeit aufmerksam die Ohren gespitzt hatte: «Däine Öllltern ssolln dir ahn Pfeard kauofn! Haha!»

Freudenschauer durchzuckten mich wie ein heftiges Sommergewitter. Dan wandte sich dem Dicken zu und straffte dabei seinen Körper, saß aufrecht, den Kopf erhoben, bewegte sich leicht in der Taille vor und zurück, während er begeistert redete. Gespannt verfolgten alle seine Vorführung. Unser dicker Dolmetscher klimperte geziert mit den Wimpern und machte sich wichtig.

«Er mäint, öss ssai gut füa die Holltunk, das Raitn. Ss wüade Ihnen olln guattuan! Niger ist eines der pfeaderäichsten Lländer der Wöllt, fia Gäuhlle auf äin Äinwohna, und ssie kohstn doch fahst niechts …»

Dan fügte noch einiges hinzu, ohne seine Reithaltung auf dem Gartenstuhl zu verändern. Ganz aufgeregt wollte ich wissen, was er noch gesagt hatte. Hochnäsig übersetzte der Österreicher, sah dabei nicht mich, sondern meine Mutter an.

«Ea möcht a sso gean mit Ihn ausreitn!»

Ihre Miene wechselte von verwirrt zu geschmeichelt.

«Äh … ich kann nicht so gut reiten … ich übe jeden –»

«Mama! Du hast noch nie im Leben – aua!»

Sie trat unterm Tisch alle ihre Kinder der Reihe nach ordentlich auf die Füße, eine lästige Angewohnheit von ihr, die sie zeit ihres Lebens beibehielt.

«… im Leben in diesem Land einen Ausritt gemacht. Wir sind neu hier, wissen Sie, wir kennen uns noch nicht so gut aus!»

«Auah!»

«Das tut weh, auah!»

Während sie unten weiter heftige Fußtritte austeilte, schenkte sie oben Dan ein strahlendes Lächeln. Und dem österreichischen Dicken ein gnädiges.

Am Abend fiel sie meinem überanstrengten Vater um den Hals,

küsste seine Wangen eine nach der anderen ab und erklärte, sie habe es sich anders überlegt. Entwaffnet von so viel Charme, stimmte er lippenstiftverschmiert zögernd zu und überlegte, in welcher Reihenfolge er den morgigen Tag organisieren sollte: jede Menge Telefonate nach Deutschland, die Flüge stornieren, die entlassenen Angestellten wieder einstellen und etliches mehr. Wir könnten ja so lange schön schwimmen gehen, im Grand Hotel. Außer Henrike hatte niemand was dagegen. Sie zitterte schon jetzt vor den ganzen scheußlichen Krabbelvölkern, die der Nacht entgegenfieberten, um sich von der Decke herab auf sie drauffallen zu lassen. Dennoch wurde es ein friedlicher, harmonischer zweiter Abend in Westafrika. Auf der Terrasse besprachen meine Eltern alles Mögliche. Sie waren wie ausgewechselt.

Unterdessen wagten wir drei Kinder uns im Dämmerlicht vors Haus, auf die staubige, unasphaltierte Straße. Unter den staunenden Blicken der Nachbarn ritzte ich mit einem Ästchen die Form in den Sand, und wir spielten im Schein der Straßenlaterne eines unserer sauerländischen Lieblingsspiele: Hüpfelkästchen. Als mein Vater uns ins Haus holten wollte, erblickte er eine riesige Menschenansammlung. Obwohl wir Deutsch mit ihnen sprachen und uns in Haussa und in Djerma geantwortet wurde, hatten die Einheimischen schnell kapiert, worum es beim Hüpfelkästchen geht, und die Form nachgezeichnet. Emsig waren Dutzende Menschen jeden Alters damit beschäftigt, das neue Spiel auszuprobieren.

Vor dem Einschlafen sagte ich: «Gaya, buyu, ucku!»

«Was soll das sein? Französisch ist es nicht!», zweifelte meine Schwester.

«Eins, zwei, drei. Haussa.»

Ich träumte von einem schwarzen Hengst, den ich geschenkt bekam. Und von Dan, der so aussah wie Winnetou. Mit wehendem Haar.

Es dauerte noch zwei Tage, bis ich endlich mein Pferd hatte.

In diesen vier Tagen von unserer Ankunft bis zum Kauf des Pferdes war schrecklich viel passiert.

Am dritten Tag wurden wir von der Händlerbande vor dem Hotel begrüßt wie gute alte Bekannte. Ich probierte an ihnen zum Spaß aus, ob ich verstanden werden würde.

«Gaya, buyu, ucku!»

Ein kurzer Moment des Schweigens. Dann richtige Begeisterungsstürme. Lachende Gesichter. Händeschütteln, Schulterklopfen. In der Zwischenzeit hatte meine Mutter unversehrt mit Henrike und Martell die Hotelhalle erreicht. Ich fühlte mich wie ihre Beschützerin.

«Huddu!»

Verständnislos blickte meine Mutter, die sich gerade den Bademantel umgehängt hatte, um sich in den Bikini zu zwängen, auf. Um uns herum lagerten wieder jede Menge fremde Männer in Badehosen.

«Das heißt ‹vier› auf Haussa.»

«Du solltest Französisch lernen anstatt Haussa, in der Schule sprechen sie kein Haussa. Der Unterricht findet in der Landessprache statt, dies ist ein frankophones Land.»

Henrike stand mit ihrer Puppe Jutta und dem Stoffschimpansen Habakuk neben uns. Verträumt blickte sie auf und sagte:

«Un. Deux. Trois. Quatre.»

Verwundert sah meine Mutter sie an.

«Toll. Wirklich klasse. Sie ist sehr sprachbegabt. Sag es nochmal, wie heißt das?»

Unter Zuhilfenahme ihrer Finger zählte sie laut, deutlich und akzentfrei bis vier.

«Ich weiß auch, wie fünf heißt. Cinq», fügte sie hinzu, drehte sich um, schritt mit Jutta und Habakuk hinüber zum kleinen Kinderplanschbecken und stelzte im kniehohen Wasser umher.

Nicht zu fassen. Henrike, meine sich vor allem fürchtende kleine Schwester, konnte als Erste von uns allen am dritten Tag auf Französisch bis fünf zählen.

«Amadou! Venez, s'il vous plaît!»

Eifrig kam Amadou mit Coca-Cola angelaufen. Vorsichtshalber hatte er vier, quatre, kleine Fläschchen auf sein Tablett gestellt. Ich hatte ihn nicht herumkommandieren wollen. Ich suchte eigentlich nur nach einer Gelegenheit, um meine neuerworbenen «Sprachkenntnisse» auszuprobieren. Den armen Amadou hatten sie als kleinen Jungen auf beiden Wangen mit tief eingeschnittenen Stammeszeichen versehen. Es muss sehr weh getan haben. Es sah aus, als wäre er mal von einem hungrigen Löwen angefallen worden. Amadou war ein furchtbar netter Kerl, und er liebte Kinder sehr. Strahlend stellte er vier Coca auf den Tisch.

«Voilà, Mademoiselle, votre Coca-Cola.»

Mit einer höflichen Verbeugung zog er sich zurück.

Ich folgte Amadou, mein kleiner Bruder rannte uns nach. Zusammen mit mehreren rabenschwarzen Küchenangestellten, alle mit eingeritzten Narben auf den Wangen, hatte Amadou großen Spaß daran, mit mir die Zahlen auf Französisch und Haussa zu üben. Alle nahmen Martell auf den Arm, jeder wollte seinen Namen wissen. Der Achtjährige war ganz begeistert über so viel Freundlichkeit, während ich mich abmühte. Zwei Sprachen auf einmal, das war viel. Französisch fiel mir deutlich schwerer als Haussa, die Aussprache war ungewohnter. Haussa ist eine wunderschöne, melodische Sprache. Djerma ist ebenso klangvoll, aber die Leute hier benutzen öfter das Erstere, deshalb brachten sie mir das bei.

Dan saß neben meiner Mutter, als wir zurückkamen. Meine Schwester lutschte selbstvergessen ein riesiges Eis, ab und zu hielt sie es ihrer Puppe und ihrem verknitterten Schimpansen vor den Mund.

Das Grand Hotel befand sich in einer wunderschönen Lage auf einer Anhöhe über dem Fluss. Der Niger, fast doppelt so breit wie der Rhein bei Köln, ruhte majestätisch in seinem ausladenden Bett. Die Nachmittagssonne ließ den Strom silbern und golden aufblitzen, ab und zu glitt eine schlanke Piroge, gefertigt aus einem einzigen Baumstamm, über die sanft gewellte Oberfläche. Ich hatte mich auf einen Gartenstuhl vor der niedrigen Mauer gesetzt, die zu heiß war, um darauf Platz zu nehmen. Umgeben von Bougainvillea-, Hibiskus- und Paradiesvogelbüschen, die ihre Blütenpracht teurer künstlicher Bewässerung verdankten, verträumte ich den heißen Nachmittag, umfächelt vom leichten Wind, der stets über dem Niger hier heraufwehte.

Abends waren zum ersten Mal Gäste auf unserer Terrasse, die wir Kinder neugierig beobachteten. Man hockte in unbequemen, mit Segeltuch bespannten Metallrohrgartenstühlen, die so niedrig waren, dass schwerere Personen nicht wieder so leicht aufstehen konnten, vor allem nach einigen Gin Tonics. Dieses Getränk war mir bisher nicht bekannt; im Sauerland servierte man Gästen Krombacher Pils, Kemper's Korn oder ein Glas Milch. Gin Tonic war hier eine Art Nationalgetränk. Ich glaube, es war nicht billig. Oft hörte ich meine Mutter klagen, schon wieder müsse neuer Gin herbeigeschafft werden, und dass sich die Leute hier alle um Leber und Verstand trinken würden. Was genau sie damit meinte, wusste ich nicht.

Unter den Gästen fiel mir eine Frau besonders auf. Eine ungewöhnlich große, sehr kräftige Frau saß weit vornübergebeugt in dem niedrigen Gartenstuhl und schluckte einen Gin Tonic nach dem anderen so gut wie unbeschadet weg. Ich sah sie eigentlich nie betrunken. Ihre ungewöhnlich dichten, pechschwarzen Locken fast bis zur Taille standen in krassem Gegensatz zu ihrer auffallend milchweißen Haut. Ihr Name war Heidelinde Michel, noch keine dreißig, doch sehr erfahren, Sekretärin der deutschen Botschaft in Niamey. Vorher hatte sie in Algerien, dann in Nigers Nachbarland Mali gearbeitet. Als Expertin beriet sie uns in Pferdeangelegenheiten. Heidelinde, nicht nur rein anatomisch betrachtet einem Pferd erstaunlich ähnlich, war vernarrt in Pferde: Ihr eigenes, ein bärenstarker Gewichtträger namens Mephisto, war ein hinterlistiges, bissiges Ungeheuer, wie sie selbst zugab. Ein anderes fand sich für ihr enormes Gewicht nicht so leicht, die Pferde waren im Allgemeinen zierlich, schmalbrüstig, feingliedrig und für schwere Deutsche nicht geeignet. Ich beobachtete sie, wie sie begeistert über ihr Lieblingsthema sprach, auch, wenn außer mir niemand wirklich zuhörte. Vermutlich gaben meine Eltern nach, weil sie müde waren: des Themas, des ungewohnten Alkohols – und überhaupt, es waren anstrengende Tage gewesen.

«Gaya, buyu, uku, huddu, birr, schidda! Morgen kriege ich ein eigenes Pferd!»

Henrike im Metallbett unter mir reagierte sofort. Sie lehnte sich heraus und schaute zu mir hoch.

«Un, deux, trois, quatre, cinq, six! Das werden wir noch sehen, und wenn sie sich fallen lassen, kriegst du sie ab!»

Lange schaute ich dem wunderlichen Reptilchen zu, das sich unter der Zimmerdecke lautlos auf Jagd begeben hatte. Niemals ist ein Insekt auf mich draufgefallen, auch kein Gecko. Dieser hier war sehr zierlich, zeigefingerlang und beinahe durchsichtig. Er klebte mit seinen Patschfüßchen richtig an der Decke. Ab und zu blickte er mit großen, pupillenlosen Augen ernst auf mich herab, als ob er über meinen unruhigen Schlaf wachte.

Am vierten Tag verbrachten wir Stunden am Swimmingpool des Grand Hotels mit einem Rudel fremder Männer. Dan ließ sich nicht blicken, das enttäuschte mich ein bisschen. Wo war Winnetou – heute sollte ich doch mein eigenes Pferd bekommen, daran würde er doch sicher Anteil nehmen wollen. Deutschland hieß: ein Hund. Niger hieß: ein Pferd. Ich war schrecklich aufgeregt den ganzen, heißen Tag über. Die Zeit bis zum späten Nachmittag zog sich wie ein Kaugummi. Amadou brachte mir das Zählen bis sieben bei. Die Acht lernte ich zur Sicherheit dazu. Dann könnte ich doch auch gleich noch neun und zehn dazulernen, lachte er. Die Sieben und die Acht fielen mir schwer, immer wieder fragte ich nach, wie hießen die beiden Zahlen nochmal? Schließlich ritzte ich sie mit einem Stöckchen auf ein frisches Blatt, rollte es ein und versteckte es bei meinen Schwimmsachen.

Es war das besondere Engagement der Botschaftssekretärin Fräulein Michel, genannt «Michelle», genannt «le cheval», die aus einem Dutzend wunderbarer Tiere das geeignete Pferdchen auswählte. Bei Sonnenuntergang besaß ich mein eigenes. Überwältigt von Freude und Stolz, brach ich in Tränen aus, umarmte ich mein goldenes Pferdchen immer wieder und küsste es auf seine weichen Nüstern. Unterdessen saßen meine Geschwister und Eltern mit Michelle auf der Terrasse, beglückwünschten sie zu ihrem sicheren Kennerhändchen und bedankten sich mit zwei Flaschen Gin und einer Flasche

Tonic. Wir suchten nach einem passenden Namen, und meine Mutter machte den besten Vorschlag: Hassan. Die kleine Gazelle Paulchen kam sofort aufgeregt herbeigehüpft, als ich Hassan in unseren Hof brachte, versteckte sich aber angespannt immer wieder hinter dem nächsten Baum, so sehr fürchtete sie sich vor Menschen. Es ist nie gelungen, ihr seine schreckliche Angst zu nehmen. Gutmütig ließ der Hengst die kleine Gazelle von Anfang an aus seinem Trog mitfuttern, und wenn es so etwas wie Freundschaft gibt zwischen Vertretern zwei verschiedener Arten, so war sie hier besiegelt worden, unter den vertrockneten Akazien in unserem staubigen Sandgarten. Wenn ich ausritt, blieb Paulchen todunglücklich zurück, und wenn wir zurückkamen, lauerte er bereits hinter dem dürren Oleanderbusch, um sich, sobald das Tor zu und ich abgestiegen war, seinem großen Freund entgegenzustürzen und sich anzuschmiegen. Es gab nichts, was man sonst für Paulchen hätte tun können.

Einmal erblickte ich bei einem Ausritt mit Michelle zwei kleingewachsene Menschen mit rabenschwarzer Haut und ganz anderen Gesichtszügen als die der hochgewachsenen Leute in Niger. Zu meinem maßlosen Entsetzen sah ich bei beiden Personen im schrecklich brandwundenvernarbten Unterarm ein riesiges Loch von drei, vier oder sogar noch mehr Zentimetern Durchmesser, durch das ein eiserner Ring festgeschmiedet war. Der Ring war an keiner Stelle zu lösen!

Ich habe keine Ahnung, wie man Menschenunterarme derart brutal durchlöchern und anschließend schmiedeeisern beringen kann. Der schaurige Anblick brannte sich mir ein, welch unvorstellbare Schmerzen nicht nur das Durchlöchern, sondern erst recht das Festschmieden mit Hilfe glühenden Eisens ... Es waren Sklaven, echte Leibeigene, die ich hier gesehen hatte. Menschen, die anderen gehören, die den Besitz anderer Menschen darstellen, so, wie man ein Auto oder eine Nähmaschine besitzt. Ausreichend ernährt waren sie auch nicht. Später erfuhr ich, dass von drei Menschen nur einer das Durchlöchern und Beringen lebend übersteht und dass sich reiche Familien traditionell Sklaven halten. Überall am Südrand der Sahara tut man das bis in unsere Tage. Das ist die von Gott geschaffene

Weltordnung, und Gottesfürchtigkeit stellt nicht in Frage, was von Gott selbst gewollt ist. Gott wird in diesen Kulturen weder als «lieber» noch als «böser» Gott betrachtet. Weil Gott Gott ist, weiß er im Gegensatz zum menschlichen Wesen, was er tut. Sonst wäre er nicht Gott. Die Religion der Sahelzone ist eine interessante Mischung aus einem Viertel Islam und drei Vierteln Animismus.

Wir hatten unseren ersten Schultag gehabt, in einer französischen Schule auf dem «Plateau», dem Reichen- und Diplomatenviertel. Die Schule besaß eine Klimaanlage, die oft ihren Geist aufgab, und verfügte über eine Reihe Lehrer aus Europa. Deswegen mussten die Eltern für ihre Kinder monatlich bezahlen. Mein Klassenlehrer Monsieur Meyer («Me-i-jääährr») stammte aus dem Elsass und nahm seine Tätigkeit ernst. Die französischen Kinder fanden mich doof, weil ich den Krieg angefangen hatte. Sie nannten mich wie eine Kühlschrankmarke «Bosch». Warum, wusste ich nicht. Ich wusste aber, dass ich die französischen Kinder auch doof fand. Das einzige afrikanische Kind war ein sehr interessant wirkendes Mädchen mit dem klangvollen Namen Begunu Hamssatu. Sie umarmte mich und sagte, ich sei der erste europäische Mensch, der ihr die Ehre erweise, sich die Mühe zu machen, ihren Namen korrekt auszusprechen. Im Nachhinein wünschte ich, ich hätte meiner Neigung nachgegeben und mich mehr um Begunu gekümmert. Bestimmt wurde sie mit vierzehn, fünfzehn Jahren verheiratet und hatte mit zwanzig einen Haufen kleine dunkelhonigbraune Kinder. Sie wäre es wert gewesen, sich für sie zu interessieren, anstatt sich anzupassen an die Übermacht der Franzosenbrut. Bedauerlicherweise besaß ich nicht die nötige innere Stärke und Selbstsicherheit, um mich gegen die französischen Kinder zu stellen.

Ich hatte es mir vom ersten Tag an zur Gewohnheit gemacht, vor dem Einschlafen die geschuppten und gepanzerten Krabbeltiere unter der Zimmerdecke zu beobachten und zu zählen.

«Gaya, buyu, ucku, huddu, birr, schidda, bockoi, … –»

Prompte Reaktion ein Stockwerk tiefer. Henrike machte gereizt auf Französisch weiter.

«… huit! neuf! –»

Ich schrie die Zehn, um ihr zuvorzukommen.

«Goma!»

Sie drehte sich beleidigt um.

«Du weißt nur die Zehn! Du weißt nicht, wie man ‹huit› und ‹neuf› auf Haussa sagt! Jeder Doofmann kann die Zehn behalten! Goma! Goma! Goma! Ha!»

Sie hatte mich am wundesten Punkt getroffen, ohne es zu wissen. Sie hatte gewonnen. Ich hatte vergessen, wie man acht und neun auf Haussa sagt. Einschlafen war jetzt unmöglich geworden. Verzweifelt suchte ich in meinem Gedächtnis nach den Worten. Stunden später, Henrike schlief, im Traum irgendwelche interessanten, scheußlichen Käfer abwehrend. Vorsichtig kletterte ich leise von meinem oberen Stockwerk herunter, suchte und fand schließlich das saftig grüne Blatt mit den eingeritzten Zeichen. Nie wieder würde ich vergessen, dass «tockos» «acht» und «tara» «neun» heißt, das schwor ich mir und beneidete meine jüngere Schwester um ihr Sprachtalent.

Meine Mutter wollte mit meiner Hilfe ein bisschen reiten lernen. In Deutschland hatte ich ein Jahr voltigiert, das war billiger als richtiger Reitunterricht, den ich viel lieber gehabt hätte. Ich konnte im Galopp aufs Pferd springen und ein paar leichtere Figuren wie die Schere im Stand, im Trab, im Galopp. Richtig reiten konnte ich nicht. Ich hatte kaum praktische Erfahrung, wie man korrekt im Sattel sitzt, wie man lenkt und wie man mit einem temperamentvollen, bewegungshungrigen Hengst klarkommt. Von Michelle hatte ich erfahren, dass man die männlichen Pferde hier nicht zu Eunuchen, zu Wallachen macht. Alle Welt schien zu wissen, was ein Eunuch-Wallach ist. Nur ich nicht.

Unterdessen übte ich, meine Unsicherheit verbergend, mit meiner Mutter in unserem Garten. Sie saß auf Hassans Rücken, der geduldig im Oval um drei Bäume herumtrabte, und ich tat mich dabei groß. In der Theorie kannte ich mich aus. Lautstark und unerbittlich kommandierte ich Pferd und Mutter herum und schrie erbost los, wenn ich auch nur den kleinsten Fehler entdeckte.

«Meine Güte! Ihre Beine baumeln herum wie Lämmerschwänze! Dicht anschließen ans Pferd! Kontakt! Kontakt! Wenn Sie wissen, was ich meine! Zehen nach oben, leicht Richtung Pferdeleib gedreht, Fersen nach unten! Fest im Steigbügel! Du – … äh … – Sie haben einen Sitz wie eine labberig gestopfte polnische Leberwurst! Schulterblätter straffen, Kopf hoch, Blick geradeaus! Handgelenke ausschließlich über dem Widerrist, wir sind doch keine Cowboys!»

Mit dieser Masche hoffte ich inständig, meine Unkenntnis zu verbergen. Ich hatte in Deutschland nach dem Voltigieren oft genug neiderfüllt den «richtigen» Reitunterricht beobachtet, den ein preußischer Ex-Offizier der Wehrmacht gegeben hatte, und mir alles genau gemerkt. Damals fand ich es wirklich blöd, dass er immer schrie. Nun aber fand ich sofort Gefallen am Brüllen. Es verlieh mir die notwendige Wichtigkeit, und es machte Spaß, ungestraft meine eigene Mutter anzuschreien. Wütend genug dafür war ich. Runde um Runde trabte meine Mutter, in Gedanken bei Winnetou, um die drei Bäume. Ich hatte es mir zum Ziel gesetzt, ihr das Leicht-Traben beizubringen, das ich selbst noch nie geübt hatte. Meine Schwester kam hinzu, beladen mit Jutta, Habakuk und noch anderem Krempel. Sie pflegte dieses unnütze Spielzeug «meine Kinderchen» zu nennen. Dieser Anblick erregte über Jahre stets meinen dreifachen Zorn. Laut kreischte ich:

«Eins, zwei! Eins, zwei! Eins, zwei!»

«Un, deux, un, deux, un, deux!»

Was? Henrike wagte, in meinen Reitunterricht einzugreifen? Auf Französisch? Ich nahm die Herausforderung an und schrie mit einem gewissen Maß an Verzweiflung: «Gaya, buyu, gaya, buyu, gaya, buyu! Ja, sind wir denn hier beim Mäusemelken!» in der Hoffnung, Hassan reagiere eher auf Haussa als auf Französisch. Leider war dem dummen Gaul völlig egal, in welcher Sprache ich ihn herumkommandierte, und meine Mutter war ein bisschen genervt.

«Was ist jetz, sitzich richtich? Ich hab doch den Takt raus, es ist wie beim Tanzen, eins, zwei, eins, zwei – guck mal, ich kann's!»

Mit den Nerven am Ende, gab ich zu, dass sie das Leicht-Traben einigermaßen beherrschte.

Am zehnten Tag erfolgte am späten Nachmittag der Ausritt mit Winne-Dan. Wir hatten uns in seiner Reitschule unten am Nigerufer verabredet. Hingebracht wurden meine Mutter und ich von meinem sonst so redefreudigen Vater, der aus irgendeinem Grund mit finsterer, starrer Miene verbissen schwieg. Noch nie hatte ich so einen Ausdruck an ihm gesehen, und ich zog es vor, ihn nicht darauf anzusprechen. Ab und zu warf ihm meine Mutter vorsichtig einen abschätzenden Blick zu. Einmal sagte sie unterwegs, ihn seltsam anschauend:

«Da ist gar nichts!»

Das stimmte. Die Landschaft war ziemlich leer, es standen nur vertrocknete Hirsehalme herum. In einer Staubwolke hielt mein Vater den Peugeot an, hustete vernehmlich und wünschte uns mit sehr lauter Stimme viel Spaß. Er wartete noch ein bisschen, ehe er den Motor wieder startete.

«Pass auf deine Mutter auf!», schrie er und gab Gas. Natürlich passte ich auf meine Mutter auf. Vor allem hoffte ich, diesen Ausritt selbst zu überstehen.

Mit einem umwerfenden Lächeln beschenkte uns Winne-Dan schon von weitem, hielt seinen Rappen genau vor den Füßen meiner Mutter an und beugte sich herab von oben, um sie mit Küssen auf beide Wangen zu bedecken. Im Geiste zählte ich mit. Gaya, buyu, ucku, huddu, birr, schidda, bockoi … tockos! Acht Küsse! Mir nickte er kurz zu, lächelte mich an. Ich schmolz dahin. Mit kundiger Hand teilte er uns Reitpferde zu; einen Dunkelbraunen meiner Mutter und mir einen Grauen.

Natürlich bemerkte er den Schwindel meiner Mutter augenblicklich, er beobachtete, wie skeptisch sie sich dem Pferd näherte, wie unbeholfen sie aufstieg, wie zaghaft sie die Zügel in die Hände nahm. Das Pferd machte mit meiner Mutter, was es wollte. Sie kannte ja nur die Runden in unserem Garten auf Hassan, noch nie war sie außerhalb des Hofes im offenen Gelände gewesen. Irgendwann verlor Dan die Geduld und galoppierte einfach los. Im Nachhinein fand ich sein Verhalten verantwortungslos.

Das Ergebnis des Ausritts: Die Blamage meiner Mutter, die sie sich selbst zuzuschreiben hatte, verursachte eine beleidigte Spannung zwischen Dan und ihr und ein Hochgefühl in mir. Mir war es ganz recht, dass Dan sie nicht mehr rückhaltlos umschwärmte, sondern vielmehr meine Leistung würdigte; ich hatte mich ja ganz gut gehalten. Fortan kam er im Grand Hotel immer erst zu mir, bevor er sie mit nur noch der halben Anzahl an Küssen begrüßte. Und weiter fiel mir auf: Er schloss nicht mehr die Augen dabei. Er kam auch nicht mehr täglich, und irgendwann tauchte er überhaupt nicht mehr auf. Ich fühlte eine merkwürdige, vage Befriedigung und gestand mir ein, dass ich heimlich für Dan geschwärmt hatte. Wenn Winnetou sich nicht für mich interessierte, sollte er auch keinen Gefallen an meiner Mutter finden.

Meine Mutter setzte sich niemals in ihrem Leben wieder auf einen Pferderücken.

Zu Hause herrschte oft eine komische, gestörte Stimmung, die wir Kinder als verwirrend empfanden, bis ich herausfand, um was es ging … und von da an meine Mutter auf Schritt und Tritt mit zornerfülltem Herzen eifersüchtig bewachte. Im Gegensatz zu ihr gefiel es meinem Vater gar nicht, dass sich in ihrer Nähe immer ein Rudel fremder Männer aufhielt. Mit der Zeit grüßten sie auch meinen Vater, er grüßte zurück und gab sich Mühe, seine Wut zu verbergen. Unterdessen tat meine Mutter unschuldig, erinnerte ihn an ihre Naivität («Ich denke mir doch nix dabei!»), von der sie sich nicht befreien könne, weil sie ihr angeboren sei, und zog sich weiterhin zur Freude der fremden Männer unter dem Bademantel am Rande des Swimmingpools um. Die Art und Weise, wie sie den Bademantel abwarf, um im Bikini strahlend dazustehen, war atemberaubend und hatte sich über die Grenzen von Niamey hinaus herumgesprochen. Die Hotelleitung war sehr erfreut über den Zuwachs an zahlenden Badegästen aus dem Umkreis von hundertfünfzig Kilometern, und wir Kinder wurden nicht mehr nur mit Coca-Cola, Eis und Eclairs ruhiggestellt, sondern gingen dazu über, Forderungen zu stellen. Wer unsere Mutter begucken wollte, kam nicht umhin, mir und meiner Schwester erst mal ein nettes Geschenk zu machen. Martell interessierte sich sowieso nur für Lego. An Chamäleons war er schon so gewöhnt, dass sie ihn nur noch ab einer bestimmten Körpergröße locken konnten. Ein Teil der fremden Männer war also immer im Gebüsch und auf den Bäumen mit der Suche nach enorm großen Chamäleons beschäftigt, während ein anderer Teil mit uns Mädchen draußen vor dem Hotel mit den Händlern, die uns richtig lieb gewonnen hatten, um hübsche Lederbeutel und Schmuck feilschte. Die Gewinner durften sich in die Liegestühle rund um meine Mutter und ihren Bikini legen. Die letzte Auswahl traf sie persönlich: Abitur, Akademiker, reich und «blendend aussehend». Wenn er dann noch im Lions Club war und viele Ärzte und Chefs und Fabrikanten und Botschafter kannte, besser noch selbst einer war, winkte sie ihn huldvoll neben sich. Penibel wurde seine Visitenkarte studiert und zu dem immer umfangreicher werdenden Stapel in ihrer Schlangenlederhandtasche verstaut. Mit meinem achten neuen Lederbeutel, Silberringen an sämtlichen Fingen und einer neuen Halskette passte ich mit zusammengekniffenen Augen hinter meiner rutschenden Brille genau auf, dass niemand meiner Mutter zu nahe kam.

Oft schickte sie mich mit einem kleinen Auftrag, der mir irgendwie sinnlos vorkam, in die Hotelhalle, in eines der weiter entfernt liegenden Hotelrestaurants oder einfach in den Garten.

Verwirrt von zahlreichen neuartigen, wie aus dem Nichts aufgetauchten unbekannten Gefühlsebenen, fand ich Entspannung und Vergessen bei meinem Pferd. Hassan beruhigte den wirbelnden Gefühlssturm und das unüberschaubare Chaos in mir. Zu allem Überfluss begann auch noch mein Körper verrücktzuspielen. Eines Morgens wachte ich auf und hatte so etwas Ähnliches wie – «Busen»! Die Spitzen waren größer als normal, hatten auf einmal eine krankhaft verdunkelte Färbung ins Dunkelrosabraune und standen auf beschämende Weise hervor. Bei den afrikanischen Nachbarsmädchen ragten die Brustspitzen himmelwärts (das fand ich schön), bei mir zeigten sie auf meine Füße (diese seltsame Wuchsrichtung betrachtete ich mit äußerstem Argwohn). Wie kam denn so was? Ich hatte doch nichts wirklich Schlimmes getan! Oder doch? Lieber Gott, Herr Jesus Christus, Heiland, Messias, wie auch immer Sie noch heißen, Majestät, Ihro Durchlaucht – helfen Sie mir! Ich werde auch nie wieder im Leben lügen oder meiner Mutter heimlich Geld aus dem Portemonnaie nehmen. Ich schwöre es, Herr Lieber Gott! Bitte! Machen Sie mich wieder gesund!

Hoffentlich merkte niemand was. Zu allem Überfluss würde heute auch noch der Schularzt kommen. Vielleicht gelang es mir ja, ihn zu täuschen. Am Rande der Verzweiflung, suchte ich während der Fahrt zur Schule fieberhaft nach einer Lösung, nach einer Möglichkeit, mich der ärztlichen Untersuchung zu entziehen. Nun wurde ich vom Himmel bestraft für meinen unchristlichen Lebenswandel und meine unkatholischen Gedanken, die ich nie gebeichtet hatte. Ich bereute ja, unschamhafte Gedanken gehabt zu haben. Man hatte es mir vorausgesagt bei den Armen Franziskanerinnen im Sauerland. Nun wurde ich bestraft mit einer schrecklichen Krankheit. Halb gelähmt vor Scham, stellte ich mich in die Mädchenreihe. Einen Meter daneben warteten hintereinander aufgestellt die Jungen. Alle schwätzten durcheinander, lachten, scherzten. Nur ich nicht. Ich war ganz still. Ich beobachtete genau, wie das erste Mädchen gemessen, gewogen und abgetastet wurde von unangenehmen großen Händen. Dann wurde etwas in ein Heft geschrieben, und die Nächste war an der Reihe. Zuvor mussten wir uns bis auf die Unterhose ausziehen. Eine Unterhose reichte vom mittleren Oberschenkel bis weit hoch über Bauchnabel und Taille. Zog man ein wenig, konnte man sich noch den halben Brust-«Korb» bedecken. Eine Unterhose bedeckte einen hässlichen Körperteil, so scheußlich, dass die Menschen bei der Benennung der einzelnen Teile ihres von Gott gegebenen Körpers keinen Namen dafür fanden und darum die unwürdige, schmutzigste Stelle des Körpers ohne Namen ließen.

Vor unserer Abreise hatten wir jedoch neue Kleider erhalten, und die neumodische Unterhose war so unanständig kurz gemacht, dass ich ziehen und zerren konnte, wie ich wollte. Hinter mir drängelten sich schwatzend die anderen Mädchen, neben mir lugten die Jungen immer mal wieder rüber, um einen Blick zu erhaschen auf das Unaussprechliche. Es verwunderte mich in höchstem Maße, dass die anderen Schüler und Schülerinnen ihre Gefühle bei weitem besser verbergen konnten als ich. Den Blick stur und starr geradeaus gerichtet, machte ich ganz langsam zwei zaghafte Schritte vorwärts, bis ich angebrüllt wurde. Ich machte den dritten. Weil ich nur geradeaus glotzte und die Augen voller Tränen hatte, verfehlten meine Füße die Waage.

Ich wünschte mir, niemals geboren worden zu sein. Eine Bosch-Fehlkonstruktion war ich.

Am frühen Abend, als ich ausritt, wagte ich meinen ersten gestreckten Galopp mit Hassan. Mir war egal, ob ich heil zurückkam. Hassan rannte, was er konnte, angestachelt von meinen Schreien. Ich schrie und schrie und schrie … und zum ersten und letzten Mal peitschte ich mein Pferd. Zurück blieben Striemen auf der Seele und ungezählte schlaflose Nächte. Noch heute fällt mir das Einschlafen oft schwer. Ich sehe mich ohne Oberteil in einer Reihe von albernen kleinen Mädchen, versuche vergeblich, mich mit meiner zu kurzen Unterhose zu bedecken, und wünsche mir den Tod.

Es gab noch zwei Vorkommnisse in der Richtung. Eines Nachmittags, meine Eltern und Geschwister waren noch nicht zu Hause, hatte Idi mich von der Schule auf dem Plateau abgeholt. Höflich hatte ich ihm ein Getränk angeboten. Er hatte zuvor noch nie auf unserer Terrasse gesessen. Er schlürfte langsam und schweigend den kalten Saft und ließ mit einem sehr merkwürdigen Ausdruck in den Augen seinen Blick in äußerst unangenehmer Weise an meinem … Körper auf- und ab-, hoch- und runterwandern. Mir wurde ganz komisch zumute, und ich wünschte mir sehr, meine Eltern würden kommen. Schließlich beugte er sich vor, streckte den Zeigefinger aus und deutete auf … auf … es fehlten nur fünf Zentimeter links. Rechts fühlte ich kurz seine Berührung und erstarrte. Heiß schoss mir das Blut in den Kopf. Mir schwindelte. Er lachte sich halb tot und meinte, ich sei reif für die Ehe. Ich wusste nicht, wie er das meinte. Ich wusste nur, dass ich nicht wusste, wohin ich schauen sollte. Idi schüttelte sich vor Lachen, klopfte sich sogar auf die Schenkel. Noch Wochen später fühlte ich erschreckend lebendig die Spitze seines Zeigefingers. Die zweite Begebenheit: Abgelöst wurde

Idis Zeigefinger von den beiden Händen eines alten, weißbärtigen Opas. Die ganze Familie hatte sich in einem der beiden Open-Air-Kinos der Stadt einen Film angesehen. Den Film habe ich vergessen, aber nicht, was nach dem Film geschah. Auf der Erde vor dem Kino hatte wie üblich eine Händlerhorde Platz genommen. Wir suchten in der spärlichen Beleuchtung unser Auto, als ich die sanfte Stimme eines Mannes vernahm. Die anderen waren wenige Meter vor mir. Ich drehte mich um. Ein lieb aussehender Opa mit weißem Bart saß freundlich lächelnd inmitten seiner lieb aussehenden weißbärtigen Opa-Freunde. Auf einem aufgeschnittenen Sack vor sich hatte er einzelne Zigaretten und geöffnete Kaugummipäckchen ausgebreitet. Was denn los sei, wollte ich wissen. Lächelnd winkte er mich zu sich und bedeutete mir, er habe etwas Schönes, was er mir zeigen wolle. Neugierig beugte ich mich unbefangen vor. Im günstigsten Moment streckte er beide Hände nach mir aus und umfasste links und rechts meinen Oberkörper. Schockiert richtete ich mich auf und rannte tränenblind, laut nach ihnen rufend, hinter den anderen her. Schallendes Gelächter verfolgte mich bis in meine schlimmsten Träume, über Jahre hinweg. Ich hatte doch gesehen, wie er seine Arme ausstreckte, WIE langsam er es tat. Warum war ich nicht vorher weggerannt? Warum war ich zu dumm, seine Absicht vorher zu bemerken? Ich hatte doch nicht wissen können, wo und wie diese Hände mich anfassen würden, oder? Oder? Wissen das denn die anderen Mädchen? Fragen konnte ich sie schlecht. Mit wem sollte ich schon über Unaussprechliches sprechen? Beißende Scham versiegelte meinen Mund. So, wie den Körperteil, dem man aus gutem Grund keinen Namen gegeben hatte. Meine Gedanken kreisten immer wieder um dieses und ähnliche Themen.

Gott hatte mich gedemütigt. Er hatte mich gestraft. Mit einem Oberkörper.

Wir hatten uns mit den beiden Söhnen des deutschen Botschafters angefreundet. Martin, in meinem Alter, und Christian, fast vierzehn, wollten unbedingt auch ein Pferd, nachdem sie Hassan kennengelernt hatten. Höchst ungern ließ ich sie nacheinander gnädig eine kleine Runde um die drei Akazien in unserem sandigen Garten drehen, krank vor Eifersucht. Hassan war noch nicht lange bei mir, so war er lieb und zutraulich und versuchte nicht, die fremden Jungen von seinem Rücken runterzuschmeißen. Ich ärgerte mich über ihn. Fury hätte keinen Fremden auf sich geduldet. Noch ahnte ich nicht, dass Hassan diese Lektion bald ganz von allein lernen und sich und uns erhebliche Scherereien durch seine neue Angewohnheit machen würde.

Ich brachte ihnen die Grundlage des Reitens bei, und dafür bekam meine Familie das von allen Deutschen heißbegehrte Schwarzbrot in Dosen. Nach einigen Tagen bekamen Martin und Christian mit Michelles Hilfe dann auch ein Pferd.

Eines schulfreien Nachmittags spielten wir im Garten der Botschafterresidenz. Bunte Lampen und Glühbirnenketten wurden überall in den Bäumen befestigt; für morgen war ein Staatsbesuch angesagt. Unser Bundespräsident Heinrich Lübke und seine Frau Wilhelmine waren angekündigt, und das Personal in Haus und Garten war eifrig mit Vorbereitungen beschäftigt. In der großen Spielzeugkiste der beiden Jungen waren nicht nur klasse Plastikwaffen aller Art, sondern auch ein echtes Luftgewehr, eingepackt in ein angeberisches Futteral. Schon bald hatten wir keine Lust mehr, im Flur auf gemalte Zielscheiben zu schießen, und verlagerten unser Spiel nach draußen. Wie lästig, dass nach jedem einzelnen Schuss neu geladen werden musste. Überrascht stellte ich fest, dass ich kurzsichtige Anfängerin besser traf als die anderen. Von drei Glühbirnen hatte ich auf Anhieb zwei zerschossen. Das wollten die Brüder nicht auf sich sitzen lassen und nahmen sich die Lämpchen im Nachbarbaum vor. Nicht jede Kugel saß. Die übrig gebliebenen Glühbirnen knallte ich nacheinander mit wachsender Begeisterung und Selbstsicherheit ab. Martin und Christian applaudierten. Unbedingt wollten sie wissen, wie ich das machte. Eine Lampenkette war noch heil.

«Seht her, so!»

Sie beobachteten mich. Ich knickte den Lauf nach hinten, legte die Patrone ein, zielte und wollte soeben abdrücken, als laut rufend drei Gärtner mit fuchtelnden Armen angerannt kamen und mich entwaffneten. Martin und Christian hatten sich vorsichtshalber sofort beim Anblick der herbeieilenden Männer in Sicherheit gebracht. Einer hatte am Goethe-Institut ein bisschen Deutsch gelernt und herrschte mich mit schrecklichem Akzent an:

«Le Patron ist en ragé! Nieschte Lieschte für die excellence Herr le Président Lübk!»

Ich ließ die Worte wirken, dann verstand ich. Es bedeutete nicht, ihr Chef sei an Tollwut erkrankt, sondern:

«Der Patron (= der Botschafter) ist wütend! Seine Exzellenz Herr Präsident Lübke hat kein Licht!»

Hoher Staatsbesuch hieß schulfrei. Die ganze Stadt bereitete sich auf das Ereignis vor. Es wurde in den Straßen gefegt, durch die der Besuch fahren sollte, und der Brunnen in der Mitte einer begrünten Verkehrsinsel wurde gerade mit so viel Wasser gefüllt, um die Fontäne hervorzurufen.

Schon Tage vor dem Ereignis kamen immer mehr Reiter in die Stadt und lagerten im Freien unten am Nigerufer. Phantastisch gekleidete Dorfhäuptlinge und Clan-Chefs auf herrlichen hochgewachsenen Pferden und schlanken Dromedaren waren mitsamt märchenhaftem Gefolge aus allen Teilen des riesigen Landes zur Ehre des Staatsgastes nach Niamey gekommen. Der Tradition entsprechend, säumten sie als Zeichen respektvoller Gastfreundschaft bei der Ankunft eines Staatsgastes beide Seiten der acht Kilometer langen Straße von Niameys bebautem Rand bis zum Flughafen. Alle fünfzehn Meter ein Pferd mit bizarrem Kopfputz – manche hatten irritierend riesige Augen aufgemalt – und komplett bedeckt mit einem wattierten Panzer, aus dem nur die Füße des Pferdes unten herausschauten. Auf seinem Rücken ein abenteuerlich gewandeter Häuptling mit zwei Schwertern an der Seite; ein beeindruckender Anblick. Besonders angetan hatte es mir die Tuareg-Abteilung. Bis auf Augenschlitze, oft noch verdeckt von einer verspiegelten Sonnenbrille, verschleiert mit dunkelblauen, schwarzen, weißen und dunkelvioletten Tüchern, thronten die Herren der Wüste waffenstarrend auf hochbeinigen, schlanken, weißen Renndromedaren.

Hatte der Besuch Verspätung, harrten Mensch und Tier stundenlang aus in der glühenden Hitze, ohne ein Quäntchen ihrer würdigen Haltung zu verlieren.

Diesmal wunderten sie sich. Noch nie war es vorgekommen, dass sich ein kleines, weißes Mädchen auf einem Fuchshengst unter ihre geschlossene Gesellschaft gemischt hatte. Sauerländer halten zusammen. Heinrich Lübke war einer von uns, war mir von meinen Eltern versichert worden. Deutsche Staatsgäste waren wegen ihrer Pünktlichkeit die beliebtesten, dann mussten die teilweise recht betagten, weißbärtigen Chefs nicht so lange in der Hitze aushalten. Neugierig musterten sie mich, und manch einer konnte sich ein Lächeln nicht verkneifen.

«... und dann kam die Wagenkolonne näher. Er hat mir extra zugewinkt, hat sich sogar nach mir umgedreht und mich angelacht!»

Atemlos lauschte die Familie meinem Bericht, während ich verschwitzt etwas Kaltes schlürfte und dankbar für ein bisschen Schatten war. Meine Mutter wollte aufgeregt wissen, was Wilhelmine Lübke anhatte. Ich versuchte, mich zu erinnern.

«Einen Hut. Sie hatte einen Hut an!»

Am Abend gab der deutsche Botschafter für den deutschen Bundespräsidenten einen Empfang. Dazu waren wichtige nigerische und deutsche Staatsbürger eingeladen. Mein Vater erzählte am nächsten Morgen, Lübke habe sich von Wilhelmine ein Blümchentaschentuch reichen lassen. Heiß fände er es hier, habe der Bundespräsident mehrmals hintereinander stöhnend gesagt, sich mit dem Taschentuch den Schweiß von der Stirn gewischt. Und heute Morgen in der Autokolonne, so habe er hinzugefügt, habe er sich doch sehr gewundert, unter all den Häuptlingen und Tuaregkriegern ein kleines blondes Mädchen auf einem Pferd zu sehen. Mein Vater schmunzelte:

«Meine Tochter!»

Heinrich Lübke wischte sich den Schweiß vom Hals.

«Ach cha! Was will die denn mal werden?», erkundigte er sich interessiert.

Wilhelmine, die die ganze Zeit auf die Uhr geschaut hatte, rupfte ihn am Arm und unterbrach an dieser Stelle das Gespräch. Eine

Warteschlange hatte sich gebildet, jeder sollte Lübke vorgestellt werden. Immer noch sprach er sauerländisch.

«Cha, dassis cha wicklich heiß hier, woll, Herr … äh … das wa cha ne schöne Untehaltunk, näch! Und schöne Chrühße an das Frollein Tochter mit dem Fehrt, woll!»

Mein Vater wandte sich um.

«Nääã, nääã, nääã – wassne Hitze!», stöhnte der Bundespräsident. Der Nächste trat vor ihn hin.

Die trockene Hitze wurde für wenige Tage milder. Vorher jedoch steigerten sich die Temperaturen erneut für achtundvierzig Stunden ins Unerträgliche. Dunkel war der Himmel, tief hingen die Wolken, und die stehende Luft war rötlich gelb von Staub. Es war, als wäre das Land unter einer Glocke eingeschlossen. Die Tiere spielten verrückt. Paulchen, Hassan und sogar die behäbige Schildkröte Ottilie hoben immer wieder die Nase. Die Huftiere schnupperten mit erhobenem Kopf in die Luft, um gleich darauf hinten und vorn auszuschlagen, senkrecht hochzuspringen und erneut minutenlang bewegungslos schnüffelnd dazustehen. Die Nachbarn in den beiden runden Hütten jenseits der Mauer waren staubbedeckt. Die Menschen rochen nicht mehr nur, jetzt musste ich zugeben, dass sie wirklich stanken. Wasser war Mangelware, und die ärmeren Leute hatten nicht mal ausreichend Wasser zum Kochen und zum Trinken. Jeder Tropfen wurde gespart, fast eingetrocknete Wasserstellen aggressiv bewacht, und wir hörten Gerüchte über grausame «Brunnenkriege» draußen in der «Brust».

Wir kamen am späten Nachmittag zurück von einem Besuch bei Schulzes, einem dicklichen Ehepaar aus Schwaben mit seinem sechsjährigem Sohn Frank, und Martell und ich kletterten auf die Mauer, um uns die Nachbarn anzusehen. Goschi und Gami schauten immer wieder hoch zu den dunklen Wolken und stampften in schnellem Rhythmus mit dem Holzstamm die Hirsekörner fürs Abendessen. Von einer Sekunde auf die andere heulte ein mächtiger Windstoß und fegte uns beinahe von der Mauer. Wir rannten ins Haus, wo Gérard mit seinem Zeigefinger nach oben deutete und in seiner ruhigen Art sagte, es würde gleich regnen, und bei Regen halten sich die Menschen draußen auf. Wir hatten gerade noch Zeit, unsere Badesachen anzuziehen, als ein sensationelles Spektakel losging. Dramatische Beleuchtung, ohrenbetäubendes Donnerkrachen und zuckende vielfarbige Blitze begleiteten einen Wolkenbruch, wie ich ihn mir in solcher plötzlichen Urkraft nie hätte vorstellen können und auch später nie wieder erlebte. In wenigen Minuten verwandelte sich die staubtrockene Straße in ein schlammiges Flussbett. Die Abwasser- und Unratgräben füllten sich, kräuselnd lief eine blasige Wasserschicht über den sandigen Boden. Das Pferd und die Gazelle galoppierten aufgeregt kreuz und quer durch den Garten, warfen schüttelnd den Kopf hoch, sprangen aus dem Stand hoch wie ein Gummiball, tänzelten buckelnd, schlugen schnaubend und wiehernd hinten und vorne aus; sie benahmen sich wie verrückt. Auf den Straßen tanzten die Kinder herum, warfen die Arme hoch in die Luft und kreischten laut vor Entzücken. Zum ersten Mal wurde mir richtig bewusst, was es bedeutet, in ständiger Gluthitze mit einem Minimum an Wasser zu leben – dass das für uns selbstverständliche Gefühl «Erfrischung» für Einheimische eine unerreichbare Sehnsucht darstellt. Dieser Regenguss kam einer solchen relativ nahe, wenngleich die Temperaturen immer noch zweiunddreißig Grad betrugen. Wir waren ebenso wild und ausgelassen wie die Einheimischen, hüpften übermütig, schrien, brüllten, kreischten, lachten mit, und für einige Minuten fühlte ich mich als Teil des Ganzen. Ich beobachtete die Menschen um mich herum, um mir alles einzuprägen, gestreift von der leisen Vorahnung um die Vergänglichkeit alles Lebendigen und meiner selbst. Viel Zeit verbrachte ich auf der Mauer. Goschi und Gami lachten mich immer an, winkten und halfen mir auch oft herunter, damit ich mich zu ihnen gesellen konnte. Schüchtern hockte ich mitten unter ihnen, atmete den Geruch der offenen Kochfeuer, spielte mit süßen braunen nackten Babys, die höchstens krabbeln konnten, und staunte über die Tüchtigkeit, mit der Taschima und Nayaba geschickt wie erwachsene Frauen häusliche Tätigkeiten verrichteten. Besonders fiel mir auf, dass Nigerer nie das empfinden, was wir als «Ekel» bezeichnen. Alles wurde mit den Fingern angefasst, wie schmierig, klebrig, stinkig oder widerwärtig es mir auch vorkam, von Schafsmägeninhalten über Hammelhoden, von fermentiertem, vergammeltem Fisch bis zu Menschen- oder Tierexkrementen. Auch schienen sie sich keineswegs an strengen Gerüchen oder widerlichsten Faulgestänken zu stören. Es stank bestialisch, wenn die Latrinengruben in den Behausungen neben uns ausgehoben werden mussten. Nebenan wurde gekocht. Weder krabbelnde Insekten von Handtellergröße noch schleimig faulendes, verrottetes Zeugs hielten sie vom Anfassen ab. Woran lag das bloß, warum empfanden sie so anders als ich? Möglicherweise wurde ihnen Ekel nicht beigebracht. Mich hat meine Mutter von Anfang an gelehrt, wie fürchterlich krabbelnde Insekten ohne Unterschied sind. Sobald sie eins sah, brüllte sie los: «Iiiih! Ein Viech! Bäbbäh!», zog ihren Schuh aus und schlug es tot unter lautem Geschrei: «E-kel-haft! Iiih, wie widerlich! Furch-bar! Iiiih! Baah! Iiiih! Bäbbäh! Huaaa! Sofocht draufhaun, wuppwupp!», und machte Geräusche, als würde sie kotzen. Im Alter von vier Jahren stellten sich bei mir Zweifel ein, ob ich ihre Lehre vom Ekel für mich akzeptieren könnte. Sie brachte uns auch bei, dass der zivilisierte mitteleuropäische Mensch täglich mindestens einmal badet und mindestens einmal täglich die Unterhose wechselt.

«Stell dir vor, du hassn Umpfall. Se bringen dichins Krankenhaus, und dann müssense dich ausziehen. Und dann riechste nach deinem eigenen Körper! Oder duhassne dreckije Unterhose! Dann sagen die: bäbbäh! Was is denn das für eine Doofe!»

Ich kann mich sehr genau erinnern, wie ich meine ersten Ekelgefühle durchlebte: in unserer Küche, die sich seit den fünfziger Jahren niemals verändert hat und mit umzog ins neue Eigenheim. Der gepflegte, blitzsaubere Gasherd Marke «Osterflüs» ist bis auf den heutigen Tag, seit mehr als fünfzig Jahren, in Betrieb. Ich hatte meine Mutter beim Hähnchenausnehmen gesehen, als ich noch sehr klein war. Blutgeruch, ausgerupfte, kackebeschmierte Federn und ein herabbaumelnder Hahnenhals an schleimigen Gewebefetzen. Ohne Zögern packte sie dem Toten ins Arschloch, erweiterte es mit beherztem Griff und zog heraus, was sie in ihre dunkelroten, schmierig glänzenden Finger bekam. Platschend fiel ein quellender Klumpen in den Eimer. Den nahm sie sich auch noch vor: in rosagelblichem, blaurotem, blutigem, grauem Glibber suchte sie sorgsam nach Herz und Leber. Da empfand ich ihn, den Ekel. Im Laufe der Jahre merkte ich, dass nicht das Krabbeltier meinen Ekel verursachte, sondern die Art, wie meine Mutter, wuppwupp!, ein kreischender Automat, ein Wunderwerk der Natur totschlug. Gedankenloser Mangel an Respekt rief bei mir mit zunehmendem Alter Empfindungen äußerster Widerwärtigkeit hervor, ich begann mit missionarischem Eifer endlose, komplizierte Gespräche über solche Themen anzuzetteln.

Seltsamerweise blieben die Ekelgefühle in Gegenwart der Nigerer aus. Es war kein Problem mehr zuzusehen, wie sie ihr Essen zubereiteten, auch machten mir umherliegende Scheißhaufen nicht mehr viel aus. Ich musste mich ja nicht reinsetzen.

Stammeszeichen interessierten mich brennend. Hatte ich anhand der eingeritzten Narben gedeutet, ob jemand ein Haussa oder ein Djerma war, erfüllte mich das mit Befriedigung. Gelang mir die Identifizierung des einen oder anderen Stammes des über mehrere Landesgrenzen hinweg verstreuten phantastischen Volkes der Peul, kam ich mir ganz schlau vor. Zu meinem Bedauern hielten sich die Tuaregstämme viel weiter nördlich auf, lediglich vereinzelte Grüppchen tauchten dann und wann in Niamey auf. Bei ihrem Anblick empfand ich Ehrfurcht und konnte sie deswegen nie so betrachten, wie ich es gerne gewollt hätte. Niemand sonst hatte auf mich eine vergleichbare magische Wirkung. Sie waren einzigartig, etwas ganz Besonderes.

So faszinierend die Einheimischen waren, so langweilig fand ich die dummen Franzosen. Vom ersten Tag an waren wir dazu angehalten, in der Schule konzentriert mitzumachen, Ohren und Augen aufzusperren und sofort mitzuschreiben, egal, wie falsch es war. Diese Methode erwies sich als ein effektiver Weg, schnell ins Französische einzutauchen. Meine Schwester war eindeutig die Nummer eins. Ich brauchte wesentlich länger als sie. Meine Eltern bedauerten meine ablehnende Haltung, sie waren beide frankophil. Ich versuchte, ihnen zu erklären, dass die französischen Kinder nicht mit einer

Kühlschrankmarke spielen wollten. Sie nannten mich immer noch «Bosch». Die Erwachsenen taten meine Bedenken als Kinderkram ab. Ich hätte doch bald dreizehnten Geburtstag, ob ich nicht die netten, hübschen kleinen Franzosenkinder in ihren schönen Bügelfalten-Bermudashorts und den schönen Rüschenkleidchen einladen wolle?

Dostojewski hat die Franzosen in seinem Buch *Der Spieler* treffend beschrieben: Der Franzose ist nicht der charmante, geistreiche Mensch, für den er gemeinhin gehalten wird. Er nutzt nur seine angeborene Begabung zu blenden. Geistreich und charmant gibt er sich, wenn er etwas haben oder erreichen will. Kommt er seinem Ziel nicht näher, zeigt er sein wahres Gesicht: langweilig, ungebildet und so charmant wie ein totgetretener Putzlappen.

Genauso verhielt es sich in Bezug auf meinen Geburtstag. Sie hatten erfahren, dass mein Geburtstag näher rückte. Plötzlich waren alle nett und umgänglich, sie fragten mich, ob ich mitspielen wolle, erkundigten sich lächelnd nach meinem Befinden.

Eigentlich alles, was man mir in Deutschland hatte beibringen wollen, stellte ich hier in Westafrika in Frage. In meinem Kopf wurde es genauso chaotisch wie in meinem Körper, der sich, hormonell gesteuert, genau in die Richtung veränderte, die mir nicht geheuer vorkam. Ich spürte eine große Verwirrung und litt im Geheimen unter … ja, unter was eigentlich? Unter mir selbst, meinen unkontrollierbaren Gedanken, unter sittlich-moralisch geprägten Vorstellungen. Am meisten litt ich, dass ich nicht wusste, warum und woran ich litt. Ich war nicht mal in der Lage, meine eigenen Tränen zu beherrschen! Ein Gedanke, ein Gefühl löste in rasender Geschwindigkeit das nächste ab, übermächtig, unangenehm und nicht abzustellen. Ich fühlte große Scham. Ich war mir selbst peinlich. Die allabendlichen Ausritte mit Hassan verschafften kurzzeitig Ablenkung, und während ich mein Pferd sattelte, klangen mir die Worte meines Vaters im Kopf:

«Pah! … immer um die eigene Person kreisen! Energisch zupacken muss man im Leben!»

Wenn ich aber einen Bettler, der mir schrecklich leidtat, anschleppte, war es nicht in Ordnung. Irgendwas Wichtiges hatte ich nicht verstanden. Was war falsch mit mir? Wen hätte ich fragen können? Und, am allerwichtigsten: Wie bewältigten andere solche Dinge? Die Welt und die anderen waren richtig, der Fehler lag bei mir selbst. Die bedrückende Antwort lautete demnach: Ich war falsch. Diese Haltung versuchte ich durch lautes Auftreten zu überspielen in der Hoffnung, niemand möge merken, dass ich falsch war. Übertriebenen Geltungsdrang, übermäßiges Reden und Lachen erklärte ich mit meinem Temperament, denn Leute mit viel Temperament sind laut und wild. Außerdem hatte ich so oft gehört, wie Erwachsene bewundernd vom südländischen Temperament einer Frau oder vom stürmischen Gemüt eines Pferdes sprachen. Das Temperament ist mit ihr/ihm durchgegangen, erklärten sie sich gegenseitig mit nachsichtigem Lächeln. Hitziges Temperament akzeptierten, ja, bewunderten sie. Die Lüge vom Temperament sollte meiner chaotisch verzweifelten Grundstimmung in Zukunft als Versteck dienen.

Trotz allem war ich heilfroh, in Niger zu sein. In der Tat fühlte ich mich hier mehr zu Hause als im Sauerland, und ich verdrängte den Gedanken an die Rückkehr. Meine Eltern hatten sich eingelebt, aber des Öfteren schlechte Laune. Vermutlich waren die fremden Männer der Grund für diese Disharmonie. Mein Vater konnte es nicht leiden, dass sich meine Mutter gerne beglotzen und einladen ließ. Jedes Mal verteidigte sie sich, sie würde ja nur Geld sparen, sei das denn nicht ganz in seinem Sinn, wenn sie mit uns Kindern am Poolrand nichts von seinem sauer verdienten Geld ausgäbe und wir Getränke und sogar noch Eis erhielten? Wieso sollte denn sparen plötzlich falsch sein? Ihre Argumentation brachte meinen Vater vollends auf die Palme. Was stimmte an der Sache mit dem Sparen eigentlich nicht? Ich ahnte, es musste etwas anderes dahinterstecken, etwas, von dem ich mal wieder keine Ahnung hatte. Fluchen war verpönt bei uns, und wenn er zornesrot angelaufen war, stieß mein Vater ein wütendes «Das ist ja zum Piepen!» hervor. Dann wusste jeder, er ist über die Maßen sauer. Ich hütete mich, in Gegenwart meiner Eltern zu fluchen. Meine jähzornige Schwester hatte als Achtjährige mal «Mist!» gesagt. Drei Wochen Hausarrest. Ich hasste Hausarrest.

Offenen Streit zwischen meinen Eltern gab es nicht. Sie achteten darauf, niemals ihr Gesicht zu verlieren, aber ich spürte Disharmonie genau. Im Sauerland hatten sich die Leute nach meiner Mutter umgedreht, weil sie dort auffiel. Sie war nie einfach nur angezogen – sie war gekleidet, wie sie selbst sagte. Das war mir als Zehnjährige manchmal zu viel, und wenn die anderen Kinder mich mit meiner angemalten, geschmückten Mutter aufzogen, besaß ich nicht die Selbstsicherheit, die kleinen Heuchler ordentlich vors Schienbein zu treten. Im Gegenteil. Ich lief in die Kirche und betete flehentlich zum Allmächtigen, er möge meiner Mutter das Schminkzeug wegzaubern und ihr heimlich einen hochgeschlossenen einteiligen Badeanzug in den Schrank legen, damit mich niemand mehr mit ihrem Bikini ärgern könnte. Das tut mir heute unendlich leid, eigentlich hätte ich jeden verhauen müssen, der doof über meine Mutter redete. Sie achtete peinlich auf ihr Gewicht und nahm auf den vielen Empfängen und Festlichkeiten mit all den Ministern, Botschaftern, Wissenschaftlern, Direktoren und Industriellen nur einige Gäbelchen Salat zu sich. Oft wurde sie um ihre Disziplin beneidet, und sie wurde zum andauernden Gesprächsthema in der deutschen Kolonie. Hatte meine Mutter wegen ihrer Untätigkeit im Haushalt, der ja von Gérard geführt wurde, ein Kilo zugenommen, zeterte sie jammernd herum. Es gab dann kein anderes Thema, und alle freuten sich erleichtert mit ihr, wenn sie das unerwünschte Fett wieder los war. Natürlich wollte sie auch keinen dicken Mann. Langte mein Vater für ihren Geschmack zu sehr zu, zog sie ihm den Teller weg. Dafür war er ihr dankbar, denn er bekam auch im Alter keinen dicken Bauch.

Unsere Zeit in Afrika näherte sich ihrem Ende, doch davon ahnten wir noch nichts. In den besonders heißen Wochen im Frühjahr hatten wir ein paar Tage Ferien. Meine Eltern beschlossen, mit allen drei Kindern eine dreitägige Fahrt in den W-Park zu unternehmen, ein Naturschutzgebiet im unwegsamen, wilden Süden Nigers, knapp vierhundert Kilometer entfernt von Niamey. Der Park erstreckt sich über ein riesiges Felsplateau mit zerklüfteten Tälern und Savannenhochebenen, durchsetzt mit sehr hohen, grünen Bäumen in den feuchten Niederungen. Es gibt auf nigerischer Seite ein einziges Camp zum Übernachten, malerisch gelegen auf einem Felsvorsprung in schwindelnder Höhe über einem kleinen, von Krokodilen bevölkerten See.

Die Sonne war bereits zur Hälfte hinter den westlichen Felsen versunken, als wir, am Ende mit Kraft und Nerven, das «Camp du W» erreichten. Ohne Idi hätten wir es nicht geschafft. So gut, so erfahren und so unersetzlich er für meinen Vater auch war – ich vermied jede Gelegenheit, Idi allein anzutreffen, und ich brauchte viele Wochen, um ihn wenigstens wieder anblicken zu können, wenn er es nicht merkte. Richtete er seine Augen auf mich, zum Beispiel in einem unvermeidbaren Gespräch in Gegenwart meines Vaters, schaute ich zur Seite. Ich war nie wieder in der Lage, unserem Fahrer direkt ins Gesicht zu sehen und seinem Blick standzuhalten. Meine Eltern hatten nichts bemerkt.

Idi würde die kommende Nacht zur Sicherheit im Auto verbringen. Es beruhigte mich, ihn draußen vor dem Camp bei dem Landrover zu wissen. Viel sehen von dem großartig gelegenen Camp konnten wir nicht, die Dunkelheit hüllte uns innerhalb von zehn Minuten komplett wie eine Bettdecke ein.

Nach dem Abendessen auf der spärlich mit Kerzen und Petroleumlampen beleuchteten Terrasse war es stockdunkel geworden, leider war kein Mond da. Den phantastischen Ausblick würden wir morgen früh genießen können. Dann fielen wir in einem runden, aus Natursteinen konstruierten Häuschen in unsere schmalen Feldbetten. Trotz der vielfältigen fremden Nachtgeräusche und der Hitze übermannte der Schlaf jeden von uns. Ich konnte gerade noch beten: «… und mach, dass ich morgen ein Krokodil sehe.»

Der nächste Morgen sollte weder Krokodile noch Flusspferde bescheren, obwohl ich mir sicher war, Grunzen und Plätschern vernommen zu haben. Die tierischen Geräusche kamen nicht aus dem Talkessel. Sie kamen aus dem WC. Mein Vater hatte noch niemals zuvor in seinem Leben irgendwelche wie auch immer gearteten

Töne von sich gegeben auf der Toilette. Beunruhigt schauten wir uns an. Schließlich verschaffte sich meine Mutter Zugang. Auch das war neu. Nach einer Dreiviertelstunde anhaltender unterschiedlicher seltsamer Geräusche kamen sie beide heraus. Er sah leichenblass aus und, ich muss es leider sagen, stank nach Ausscheidungen, die der menschliche Körper oben und unten abzustoßen in der Lage ist. Tapfer lächelte er uns aufmunternd zu, aber sein Mundverziehen brachte nicht die erwünschte Wirkung. Ganz im Gegenteil. Ich ließ den Kopf hängen. Es erfüllte mich nicht nur eine schwer zu beschreibende Hoffnungslosigkeit, sondern darüber hinaus auch noch eine diffuse Ahnung von anstehenden Belastungen, unerwünschten Veränderungen und schmerzlichen Trennungen.

Im französischen Hospital «Gamkalè» am Nigerufer stellten sie eine Malaria fest. Ob er denn auch immer sonntags und mittwochs Resochin eingenommen hätte?

Wir nickten. Er wurde mit den üblichen, den gesamten Organismus belastenden Mitteln behandelt. Zwei Tage später – er hatte zusätzliche Aufbauarzneien und Spritzen erhalten – sei er wieder ansprechbar, versicherten uns die Ärzte. Zusammen mit dem sehr traurigen Gérard betraten wir das Krankenzimmer mit Blumen und aus Europa eingeflogenen Äpfeln.

«Er sieht so … gelblich aus», dachte ich gerade, als er anfing laut zu schreien.

Unseren lieben Gérard, den er so gern hatte, erkannte er nicht. «Mach den bösen Geist da weg!», schrie er immer wieder und regte sich so auf, dass mehrere Ärzte und Krankenschwestern angerannt kamen und nicht wussten, was sie tun sollten. «Ich kauf dir einen Hund», heulte er, «ich bin ein schlechter Vater, du wolltest immer einen Hund haben, ich kauf dir einen!» Und dann fing er an zu weinen wie ein kleines Kind.

Am nächsten Tag waren sich die Ärzte einig. Mein Vater habe zu der Malaria noch eine Rippenfellentzündung, versuchten sie zu erklären. Warum wird man eigentlich bei Malaria mit Rippenfellentzündung gelblich? Von nun an überschlugen sich die Ereignisse. Auf eigenes Risiko, hatten die Ärzte meiner Mutter gesagt, hier unterschreiben, und sie, die Sparsame, buchte sieben Plätze im Flugzeug, eine Viererreihe für meinen Vater, zwei Sitze für den begleitenden Arzt und die Krankenschwester und einen für sich selber.

Wir wurden beim deutschen Botschafter Neubert untergebracht, während meine Mutter meinen schwerkranken Vater nach Paris zu einem allwissenden französischen Professor für Tropenkrankheiten begleitete. Heidelinde, «Das Pferd», kümmerte sich zusammen mit den Neuberts um uns drei Kinder und behielt die Übersicht in dem ganzen Chaos.

Es war entsetzlich, mich von Hassan zu trennen.

Heidelinde nahm mein geliebtes Pferd bei sich auf und versprach mir fest, einen guten Platz für es zu finden. Um Paulchen und Ottilie würden sich die Nachmieter unseres Hauses kümmern. Paulchen würde bestimmt vergehen vor Sehnsucht nach seinem Freund. Ich gab mir Mühe, mir einzureden, ich sei beruhigt, und bestieg mit Henrike und Martell das Flugzeug, krampfhaft bemüht, nicht zu weinen.

Die deutsche Botschaft kümmerte sich mit Hilfe von Gérard um die Auflösung unseres Haushaltes und sorgte für die Verschickung unserer Sachen nach Deutschland. Ich war jetzt «die Große». Ohne unsere Eltern hockten wir ein wenig verloren im Flugzeug und sahen von oben aus dem Fenster, wie die Stadt immer kleiner und kleiner wurde. Rotorange leuchteten die Wellblechpisten am Rande der Wüste. Die riesigen Herden halb verdursteter Rinder inmitten grenzenloser Staubwolken wirkten noch unübersichtlicher aus dieser Höhe. Als würde er es extra nur für mich tun, drehte der Pilot das Flugzeug in einem weiten Bogen über die Stadt, ich schaute über den uralten Fluss, wo die Tierfutterverkäufer wie jeden Tag frisch geschnittenes, saftiges grünes Flussgras für Hassan anboten und die Frauen wie jeden Tag ihre Wäsche gegen die Steine ausschlugen, vernahm die aufgeregte Stimme meiner Mutter: «Davon geht doch alles kaputt! Guckt euch das an! Die hauen ihre Wäsche einfach kaputt! Man muss ihnen mal zeigen, wie man richtig wäscht! Schreck-lich! Und soo laaang-saam, bei mir geht das wuppwupp!», und konnte soeben noch das Grand Hotel mit seinem blauen Swimmingpool erkennen, um den nur zwei, drei Leute herumlagen. Meine Mutter war ja auch nicht mehr da.

Als wir unsere Reiseflughöhe erreicht hatten, holten uniformierte Flugbegleiterinnen mit Hochsteckfrisuren meine Geschwister nach vorn zum Spielen. Sie begannen, Essen aufzutragen, doch ich reagierte nicht, und sie ließen mich in Ruhe.

Durch einen Tränenschleier sah ich unter mir das Land im Dunst, das Land, das mich so vieles gelehrt hatte und in dem ich mich «zu Hause» gefühlt hatte.

Über der Zentralsahara, ich schätze, unter uns lag Iférouane in Nordniger, passierte es doch noch. Im algerischen Luftraum konnte ich die Tränen nicht mehr zurückhalten. Über Tamanrasset verlor ich die Kontrolle und heulte richtig los. Über In-Salah versuchte ich, mich auszutricksen, und sagte mir, ich weine ja nur, weil ich wütend darüber sei, dass ich weine. Über El-Golea bekam ich Hunger und fragte eine Flugbegleiterin nach Essen.

Eine psychosomatische Klinik
irgendwo mitten in Deutschland
April 1998

Entfernte Assoziationen mit *Waco – die letzten Tage der Davidianer-Sekte* oder Teile der Irrenanstaltsequenz in *Clockwork Orange* sollen der Ohnmacht Ausdruck verleihen, einem Bilder- und Soundprogramm unentrinnbar ausgeliefert zu sein.

Tag und Nacht läuft ein Nonstop-Film, den man sich nicht ausgesucht hat, nachts mit unerträglicher Lautstärke. Von seinem Sitz kann man sich nicht erheben, und wenn, würde es nichts nützen. Der Ort hat keinen Ausgang. Dieses pausenlose Vorspielen von angenehmen wie scheußlichen Erinnerungen kreuz und quer durch mein Leben nenne ich Kopfkino. Kopfkino unterscheidet sich vom normalen «Sich-wieder-ins-Gedächtnis-rufen» durch seine unnormale Wucht. Die Heftigkeit, mit der ich unvermittelt in früher Erlebtes geschleudert werde, erstaunt mich immer wieder aufs Neue. Beim Aufstehen, beim Duschen, während des Einzelgesprächs, beim Tagesrückblick mit der ganzen Gruppe und einem Therapeuten, beim Sport, beim Abendessen, beim Spaziergang, beim Küche- oder Zimmerputzen, bei was auch immer, das Kopfkino überwältigt mich. Skurrile, weit hergeholte Assoziationen kommen mir pausenlos in den Sinn, ich denke um die Ecke, komme von Hölzchen auf Stöckchen, verbeiße mich in Einzelheiten. Die Flashbacks sind so realistisch, dass ich nicht selten Gerüche, Temperaturen, Farbabstufungen, Geräusche, Töne, Melodien, Wetterlage, Stimmungen, die Art, wie ein Mensch lacht, spricht, atmet, isst und so weiter derart intensiv empfinde, dass ich mich nicht mehr im Hier und Jetzt befinde. Interessanterweise scheint sich mein Filmprogramm auf meine Frühzeit zu konzentrieren, dabei habe ich Kinderjahre und Jugend in keiner angenehmen Erinnerung. Die schönste Zeit meines Lebens hatte ich in Niger. Auf dem Rücken meines Hengstes sehe ich mich in einer wilden Wüstenlandschaft am Ufer eines stillen kleinen Sees, beleuchtet vom magischen Licht des Vollmonds.

«Ey, hömma, Alte, kannzassier ma orntlisch machn? Kumma hier, ey, so musse dat machn! Voll konkret falsch, ey, wie de dat machs!»

Jupp stößt mich an und zeigt mir, wie ich den Boden des Aufenthaltraumes fegen soll. Ich reite weiter durch die zauberhafte Szenerie und fege den Boden. Nach dem Frühstück, noch vor der ersten Gruppensitzung, müssen fünf Leute im Wechsel den Aufenthaltsraum säubern. Der Rest wartet im Gang vor dem Arztzimmer ungeduldig auf die Methadonausgabe. Immer ist die Klinik voll, Wartezeiten von zwei Monaten sind keine Seltenheit. Es gibt drei abgeschlossene Stationen mit einer Aufnahmekapazität von jeweils 15 Patienten. Jede wird von einem eigenen Arzt angeführt, danach kommen in der Hierarchie ein Sport-Therapeut, eine Kunst-Therapeutin. Jede Station hat zwei Sozialarbeiter mit einem Praktikanten sowie eine Krankenschwester und zwei Zivis. Sozialarbeiter und Krankenschwester haben je vier, fünf Patienten für Einzelgespräche zugeteilt bekommen. Um zwanzig Uhr kommt die Nachtwache bis sechs Uhr früh am nächsten Tag. Von den zu entgiftenden Patienten geht etwa zwei Drittel zurück in die freie Wildbahn, das restliche Drittel tritt sofort im Anschluss an die mühsame Entgiftung eine Langzeittherapie an. Manche haben bereits vor der Entgiftung die schriftliche Zusage auf einen Platz. Diejenigen, die das nicht haben, setzen auf «Therapie sofort». Das bedeutet, die Entgiftungsklinik findet einen Platz. Das ist bei mir der Fall. Ich war am Ende, musste sofort in die Entgiftung mit dem Ziel, danach eine Therapie antreten zu können. Sie müssen für mich einen Platz finden, wohin ich meinen Sohn mitnehmen kann. Außer per Brief sind keine Außenkontakte erlaubt. Mein Mann und ich schreiben uns. Ohne seine Unterstützung und die der beiden Omas könnte ich das hier nicht durchziehen. Gott sei Dank verschont mich mein Kopfkino mit Erinnerungen an Mann und Kind. Dafür kommen Sachen hoch, auf die ich gar keine Lust habe. Etwa, wie ich 1997 gegen Ende der

Methadonbehandlung, schon so gut wie clean, wie von der Tarantel gestochen schaumbedeckt aus der Badewanne in meine Kleider hastete und in die Stadt raste, um mir was zum Drücken zu besorgen. Oder als ich mir vor sechs Wochen in meinem Versteck im Botanischen Garten aus einer Suppenkelle aufgelöste Shore in eine Riesenpumpe aufzog, in der Hoffnung, sie in irgendeine Leitung reinzukriegen. Von Tod durch Überdosis beim Blechziehen habe ich noch nie gehört. Oder als mein zu der Zeit noch ahnungsloser Mann mit dem fast zweijährigen Kleinen zum Spielplatz gegangen war, ich duschte, mir einen Druck fertig machte und gerade den Arm abbinden wollte, als es klingelte. Ich war nicht angezogen. Ach, sie haben ein Spielzeug vergessen, dachte ich und band mir nur ein kleines Handtuch um. Drei Bullen drängten mich sofort zurück. Sie hatten eine Bekannte festgenommen, die behauptete, das Falschgeld, das man bei ihr gefunden hatte, hätte sie von mir. Bevor sie mich aufs Präsidium mitnahmen, durchsuchten sie die Wohnung. Ob ich mich zu Ende duschen und anziehen dürfe. Erst müssten sie das Badezimmer durchsuchen. Meine Angewohnheit, sofort alles wegzuräumen und erst dann zu drücken, hat mich gerettet. Die Fixer-Utensilien hätte keiner übersehen. Als es klingelte, hatte ich die aufgezogene Pumpe aufs Waschbecken gelegt. Der aufgeregte junge Bulle sah den Wald vor lauter Bäumen nicht. Mir drehte sich alles, ich konnte nicht fassen, dass er die gefüllte Spritze direkt vor seinen Augen nicht wahrnahm. Alles klar, meldete er nach drei Minuten Badezimmer-Begucken den Kollegen. Während sie in Schubladen und Schränke schauten, machte ich mir meinen Druck im Badezimmer. Oder die Situation in Thailand, in Pattaya, wo mir nach der Sache mit der Visakarte und den gefälschten Unterschriften jahrelanger Knastaufenthalt angedroht wurde und ich Todesangst bekam, als der Kommissar mir genüsslich ankündigte: «Du wirst für alles bezahlen, mit deinem Geld, mit deinen Wertsachen, mit deinem Körper!»

Sauerland 1969–1970

Veränderung, Veränderung. Was war bloß mit mir los? Drei Wochen nach unserer Rückkehr verspürte ich während einer Mathearbeit krampfartige Schmerzen im Unterleib, es floss was aus mir heraus und an mir herunter. Mit zusammengequetschten Oberschenkeln stakste ich den einen Berg herunter, durch die «Innenstadt» und zentimeterweise den anderen Berg zu unserem Haus hoch. Schulkinder hinter mir lachten und spotteten über mich: Guck ma, wie das da mit dem Hintern wackelt. («Es» oder «das da» ist üblich für weibliche Menschen.) Dabei hatte ich mir solche Mühe gegeben, mein Hinterteil starr zu halten und beim Gehen die Hüftgelenke möglichst wenig zu bewegen. Spott hatte mich immer schon getroffen, mich so verletzt, dass mir tagelang die Situation in jeder Einzelheit filmartig wieder und wieder und wieder durch den Kopf ging, aber auch, wie ich mich schützen könnte und warum andere Kinder solchen Hänseleien im Gegensatz zu mir gewachsen waren. Ich glaubte mich befallen von einer ekelhaften Krankheit. Es war aber nicht nur Blut. Obendrein sonderte ich auch fadenziehenden Schleim ab, eine breiige, übel stinkende Mischung. Am allerschlimmsten: aus einer furchtbaren Stelle, die ich unter schrecklichen Gefühlen, versagt zu haben, verzweifelt versuchte, mit Watte abzudichten. Nachts fand ich keinen Schlaf, wälzte mich hin und her, wechselte die Unterhose und schlich mich in unserem hellhörigen Haus mehrmals auf die Toilette, um Watte vor meine undichte Stelle zu stopfen. Das Zimmer teilte ich mit meiner Schwester. Hoffentlich bekam sie nichts mit. Am folgenden Morgen ging ich völlig geschafft und übermüdet zur Schule. Als meine Eltern das Haus bauten, wurde das billigste Material genommen, mehr konnten sie sich damals nicht leisten, und wir waren froh, endlich nicht mehr bei meiner Oma zur Miete wohnen zu müssen. Das Eigenheim war meiner Eltern ganzer Traum, ihr Stolz. Das günstig gekaufte Baumaterial hatte zur Folge, dass wir oben in der ersten Etage beinahe hörten, wenn unten im Erdgeschoss in der Küche eine Gabel auf den Tisch gelegt wurde, während unten im Keller, unbemerkt vom Rest der Welt, in stiller Heimlichkeit sich die Feuchtigkeit gemütlich ausbreitete.

Im Bad passte ich genau auf, wie viel Watte ich verbrauchte, denn meine Mutter war die Einzige, die Watte benutzte. Nach fünf ekelhaften Tagen endlich war die entsetzliche Krankheit zu Ende, und ich war wieder gesund. Unendlich erleichtert und beinahe fröhlich machte ich mich auf den Schulweg zu den Armen Franziskanerinnen auf dem gegenüberliegenden Hügel am anderen Ende des Städtchens.

Von Gott persönlich angegriffen fühlte ich mich, als der gleiche Dreck nach weiteren drei oder dreieinhalb Wochen erneut passierte. Verstört fasste ich mir in meiner Erniedrigung ein Herz, und weil ich nicht wusste, wen ich sonst fragen konnte, blieb mir nichts anderes übrig: Mit gesenktem Kopf wandte ich mich bedrückt an meine Mutter. Viel lieber hätte ich jemand anderes gehabt, mit dem ich «darüber» reden konnte, doch es gab niemanden. Unterdrückt atmend vergewisserte ich mich sorgfältig, dass auch wirklich niemand uns belauschte, bekam stotternd mit hochrotem Kopf so was wie «Äh, Blut, oder so … vermutlich, äh – vielleicht» heraus und zwang meinen Arm und meine Hand, auf die betroffene Gegend zu deuten, «… da … in etwa … irgendwo da.» Meine Mutter vermied es, mich anzusehen, holte tief Luft nach angespanntem Schweigen und versuchte, ihrer Stimme einen fröhlichen Unterton der Unbefangenheit zu verleihen. Sie holte mit einer Geste ihrer rechten Hand aus. «Ach – das! Dasis völlich normal! Ich leech dir was aufs Bett, damit de Unterhose nicht schmutzich wird. Ichab sowieso schon genuch zu waschen!»

Wenn so was normal war, wieso redete dann keiner darüber? Um Gottes willen, aufs Bett, was würde meine Schwester denken? Vor Scham versank ich tiefer und tiefer im Boden. Das feuchtdunkle, glitschige Erdreich hatte ich durchdrungen.

«Kannst du … das … unter die Bettdecke tun?»

Sie sah nicht hoch von der *Hör zu*, nickte aber kurz: «Mmh.» Später fand ich unter dem Kopfkissen ein Päckchen. *Camelia* stand darauf. Diese Windeln waren schrecklich unbequem, verrutschten ständig und verstopften das Klo beim Runterspülen. Auf welcher Seite werden denn diese Verbände benutzt? Der weißen Seite? Oder doch rosa? Damit nicht genug: An den blödesten Stellen wuchsen bei mir langsam, aber sicher immer mehr Haare. Es verstärkte sich das Gefühl, nicht richtig zu sein. Außen, innen, überall. Wachsende Zweifel an meiner Vorstellung vom Erwachsenwerden plagten mich. Ist es nicht so, dass ich in ein paar Jahren oder so eines Tages aufwache und mich automatisch drüben im anderen Lager befinde? Über Nacht hinüberkatapultiert in die Welt zufriedener, allwissender, unfehlbarer Erwachsener? Mit einem immerwährenden Lächeln auf dem selbstsicheren Mund? Erwachsene hatten so was Geheimnisvolles an sich. Sie schienen Bescheid zu wissen über unglaubliche Dinge, die sich in der Verborgenheit ihrer Welt ereigneten, hinter dem Rücken ihrer Kinder, die für derlei verzwickte Mysterien zu klein und zu unverständig waren. Wie mochte es sein, das Erwachsensein, wie würde es sich anfühlen, sich von der Kindheit für immer zu verabschieden? Eine Erlösung musste es sein. Als Erwachsener durfte man nicht mehr spielen. Und weiter: Man musste auf jeden Fall arbeiten. Der erwachsene Mensch war nicht nur größer und breiter und runder als das Kind, er hatte obendrein noch einen Beruf. Bei der Auswahl desselben gab es drei wichtige Kriterien. Erstens: gesellschaftliche Anerkennung. Zweitens: viel, viel Geld. Drittens: Spaß. Meine Eltern hatten schon eine Vorstellung, was ich mal werden könnte. Genau genommen hatten sie ein ganzes Angebot diverser Berufe unter Berücksichtigung der drei Punkte parat, die sie mir während der letzten Monate in Niamey immer wieder erläutert hatten.

Rasend schnell hatte sich mein Körper verändert, in wenigen Monaten, die ihrerseits vergangen waren wie Stunden, wie Augenblicke. Es hatte ja in Afrika schon angefangen, ohne dass es sich aufhalten ließ. Ich besaß nun – es war nicht zu leugnen – einen noch größeren Busen. Den wollte ich nie haben. Meine praktische Mutter hatte so was in der Richtung geahnt, obwohl sie es nie erwähnt hatte. Zwischen meiner Unterwäsche befand sich seit einem Jahr schon diskret versteckt ein kleiner Büstenhalter. Meine Schwester hatte mich saublöderweise dabei erwischt, wie ich ihn unbeholfen umgebunden hatte und mich vorm Spiegel von allen Seiten betrachtete. Sie streckte die Hand aus und drückte die leere, unausgefüllte Spitze mit Zeigefinger und Daumen zusammen. Ich hatte keine Zeit gehabt, ihren Grapschfingern zu entkommen. Außerdem war ich auf eine solche Frechheit nicht gefasst. Ich habe sie selten so übel verhauen wie nach diesem dreisten Trick. Ich fühlte mich ertappt, durchschaut, doch vor allem demütigte mich, dass ich mich von ihr so hatte reinlegen lassen.

Das erste Mal sah ich ihn in der Kirche. Der einzige Messdiener mit «langen» Haaren. Einen ganzen Kopf größer als ich und ein Jahr älter. Die ganzen letzten Wochen hatte ich ihn mit rotem Kopf und heißen Wangen beobachtet. Ich hatte ihn regelrecht verfolgt, hatte ihn ausspioniert, ihm in Gedanken Stürme und Blitze aus explodierenden violetten Herzen gesandt. Sobald er in meine Richtung schaute, wandte ich mich ab. Ich sehnte mich nach seinem Blick und konnte ihn dennoch nicht ertragen. Schrecklicher Aufruhr plagte mich, ließ mir keine Ruhe. Ich wusste nicht, wie man das nennt, was ich empfand. Johannes! Ich schrie innerlich seinen Namen in einen brodelnden Kessel voll kochend heißer, dampfender Gefühle. Wie zufällig ging ich mehrmals am Tag an dem Haus vorbei, in dem seine Familie wohnte, um einen kurzen Blick zu erhaschen. Der bloße Anblick des Hauses reichte, um meine Aufregung ins Unermessliche zu steigern. Am Sonntag war ich früh in der Kirche, um mir einen guten Platz ganz vorne zu sichern. Wenn er dann Kirchenlieder singend und Weihrauch schwenkend inmitten der Schar seiner Kollegen angeführt vom Priester den heiligen Altarbezirk betrat, war es um mich geschehen. Da kniete er, nur wenige Meter von mir entfernt, inbrünstig zum Herrgott betend und auf Latein Lobeshymnen singend. Wie schön er aussah. Verstohlen sah ich ab und zu in seine Richtung.

Ich musste ihn kriegen, koste es, was es wolle. Als ich erfuhr, dass er im Turnverein war, meldete ich mich an. Jede Woche traf ich Johannes, der von allen Johnny genannt wurde, ich warf den Ball stets in seine Richtung und wünschte, er möge ihn auffangen und – möge erkennen – mich erkennen. Ich hatte mir zwei Mark fünfzig aus dem Portemonnaie meiner Mutter geklaut und eine Schachtel Camel Filter im Automat gezogen, die ich nach dem Sport, als wir beim Getränkehändler um die Ecke Afri-Cola tranken, anbot. Der breitschultrige *Bonanza*-Fan Hoss mit dem unübersehbaren Schnurrbart- und Kotelettenflaum galt als der gewandteste unter den beinahe Vierzehnjährigen; er holte ein Feuerzeug aus der Tasche seiner braunen Cordhose. Johnny rümpfte verächtlich die Nase und schüttelte abfällig den blonden Kopf. Ich merkte, wie ich rot anlief, beeilte mich, die schrecklichen Zigaretten in den Müll zu werfen mit den gemurmelten Worten. «Du hast vollkommen recht … wir sind ja auch noch viel zu jung zum Rauchen.» Hoss blies selbstsicher eine qualmende Wolke in Johnnys Richtung und meinte mit Kennermiene: «Nach dem Turnen ist eine Camel besonders dufte!» Johnny machte ein Gesicht, als ob er ihm am liebsten ein paar gescheuert hätte.

Hoss war ein netter, witziger Kerl. Ich hatte ihn nicht bloßstellen wollen. Verzweifelt schlich ich mich nach Hause und weinte ein paar Nächte lang durch. Und ich hole ihn mir doch. Ihr werdet schon sehen. Ich will ihn, und ich kriege ihn!

Nach einem halben Jahr schüchterner Hartnäckigkeit hatte ich Erfolg. Der einzige «langhaarige» Messdiener holte mich mehrmals die Woche nach der Schule ab, aus gehöriger Entfernung, damit niemand sah, wie er auf mich wartete. Eines Tages hatte es geregnet, und wir spiegelten uns in den Pfützen in frischer Vorfrühlingsluft. Wir trauten uns nicht, einander anzublicken. «Was meinst du», sagte ich, all meinen Mut zusammennehmend, «wollen wir mal drüberspringen?» Er verstand und reichte mir seine Hand. Wir wagten nicht, uns anzusehen, hielten uns aber bei den Händen gepackt und sprangen über die Pfützen. Es war ein unbeschreibliches Gefühl. Wir trafen uns von nun an, so oft es ging. Es wurde Frühsommer. Wir gingen in den Wald. Spazierengehen konnte man das nicht nennen – es lag eine Spannung in der Luft. Wir wechselten kein Wort. Wie sehr wünschte ich mir, er würde mich küssen! Und plötzlich hielt er an, nahm mich zaghaft in beide Arme, nicht so fest, wie ich gehofft hatte, und gab mir den ersten Kuss. Mit geschlossenen Augen presste er seine geschlossenen Lippen so fest er konnte auf meine. Es tat wirklich weh. Aber es gefiel mir trotzdem. Versuchsweise drehten wir unsere Köpfe ein paar Mal in diese und in jene Richtung. Das kannte ich aus dem Fernsehen. Es schien, als sei das Kopfdrehen das eigentliche Geheimnis, die «Würze» eines Kusses. Wir drückten die Lippen fest aufeinander und spürten unsere vorderen Zähne aneinanderreiben. Egal, Küssen war eine irre Sache, von der ich augenblicklich begeistert war. Und dann sagte Johnny mit ganz fremd veränderter Stimme, rauem Räuspern und zwei zögerlichen Anläufen: «Du bist … du bist … die Liebste, die ich kenne!» Ich hatte erreicht, was ich wollte. Ich hatte ihn mir geholt! Ohne uns anzusehen, drehten wir uns gleichzeitig um und gingen im Höllentempo den Waldweg zurück. Eng umschlungen, die Arme umeinandergelegt, klatschten wir mit den Hüften unangenehm aneinander. Es fehlte nicht viel, und wir wären gestolpert auf dem unebenen, steinigen Waldweg voller Löcher. Im Film sah es immer so gut aus, wenn sie so gingen.

Meine erste Liebe endete abrupt, als ich Johnny voll Vertrauen und Abenteuerlust erzählte, dass ich am Tag zuvor zum ersten Mal gehascht hatte.

Es donnerte. Es blitzte. Ich kam mir schrecklich verlassen vor und verbrachte Stunden vor dem Musikschrank, den Kopf eng an den stoffbezogenen Lautsprecher gepresst. «Lady Jane», immer wieder und wieder. Ich durchlebte meinen ersten Liebeskummer völlig unvorbereitet, komplett umgehauen von dessen gewaltiger Kraft. Schlecht: Ich war verlassen worden. Nie wieder im Leben würde ich mich verlassen lassen. Ich würde es sein, die verlässt.

Gut: Ich nehme mir, wen und was ich will. Mir half nur radikale Umprogrammierung. Nach der Rückkehr aus Afrika hatte ich gemerkt, dass Gefühle nur behindern.

Lange schon fand ich meinen Körper abstoßend und versuchte, dem lästigen Ding aus dem Wege zu gehen. Alles in mir war von einer Sekunde auf die andere so nachdenklich, so kompliziert, so unüberschaubar geworden; zweifelnd an allem, was man mir beigebracht hatte – durchsetzt von tiefer Traurigkeit und ausgeprägtem Ekel vor Heuchelei, bei wachsendem Geltungsbedürfnis und dem Wunsch nach Bestätigung.

Übung eins: die Kunst des Ignorierens. Wie, wo und von wem kann man es sich beibringen lassen?

Die Clique. Unbedingt zu ihnen gehören, das wollte ich. Sie waren neugierig, kritisch, hinterfragend, analysierend, rebellisch und: Sie wirkten unverwundbar. Sie trugen lange Haare, durchsichtige Indienhemden im Sommer, bestickte afghanische Mäntel im Winter, bis zum Knie knallenge Schlaghosen das ganze Jahr über, runde Sonnenbrillen bei Nacht und hellbraune Wildlederstiefel oder Jesuslatschen bei Tag. Sie rauchten Haschisch, ließen angeblich bunte Zuckerstückchen im Mund zergehen nach dem Genuss von Pilzen und Kakteen, lasen Karl Marx, Hermann Hesse, Erich Fromm und Ludwig Wittgenstein, hörten Musik von *The Yardbirds*, *Jimi Hendrix*, *The Cream*, *The Doors*, *Pink Floyd* und *Canned Heat*. Aus kleinen braunen Fläschchen betupften sie sich mit einem Öl, das herrlich duftete. Leider wusste ich nicht, wie es hieß. Ihr Äußeres verlieh ihnen die Gelassenheit derjenigen, die weit herumgekommen waren und alles gesehen, alles erlebt hatten. Kein Zweifel, sie gaben sich mit höheren Dingen ab. Missverständnisse, Krach mit Eltern, sinnlose Auseinandersetzungen mit einfältigen Lehrern, Zweifel an sich selbst – solche überflüssigen Anstrengungen kannten die nicht. Sogar mit ihren Körpern schienen sie klarzukommen. Obendrein waren sie wetterunempfindlich. Egal, welche Temperatur, es hielten sich immer ein paar Leute auf dem Brunnenplatz unterhalb der Kirche auf. Im Sommer waren es besonders viele.

Mit einem Gefühl der Beklommenheit hatte ich ein paar Meter von ihnen entfernt auf einem Mäuerchen Platz genommen. Jemand schlug mir von hinten auf die Schulter. Starr vor Schreck wandte ich mich um und erblickte den ersten leibhaftigen Hippie, den ich aus dieser Nähe zu Gesicht bekam. Von hinten hatte er mich mit einem anderen Mädchen verwechselt, stellte sich zu meiner Erleichterung, aber auch zu meinem Bedauern heraus. Eine gute Gelegenheit, ihn zu betrachten und den angenehmen Duft einzuatmen. Vom Hörensagen kannte ich seinen Nachnamen. Raschke. Dunkelblonde, strähnige Haare hatte er im Nacken zusammengebunden. Ein Mozartzopf – ein Junge mit einer Mädchenfrisur! Er grinste mich offen an, als würde er mich seit langem kennen. Verwirrt schaute ich auf die Messingknöpfe seiner glattgewetzten dunkelvioletten Lederjacke und wusste nicht, wie ich reagieren sollte. In dem Moment kam die zweite lebende Legende hinzu. Seinen Vornamen kannte ich vom Hörensagen. Bernd. Er sah aus, wie Robert Plant von Led Zeppelin gerne ausgesehen hätte: noch viel wilder, viel rothaariger, gelbäugiger und im Ganzen viel schöner. Außerdem besaß er herrliche volle Lippen und eine bemerkenswert seidige Haut, wie ich zwei Jahre später feststellte. Kaum zu glauben, ich saß zwischen Raschke und Bernd Engel. Natürlich kannten sie sich. Sie erwarteten ihre Freundinnen. In einer Stadt, in der jeder jeden kennt, waren mir auch diese beneidenswert schönen Mädchen ein Begriff. Annette trug die kürzesten Röcke der Stadt (kariert, mit Schlitz an der Seite und übergroßer Zier-Sicherheitsnadel über langen, dünnen, weißen Beinchen und Füßchen in bis unters Knie gebundenen, ganz flachen Jesuslatschen) und die längsten offenen, vollkommen glatten braunen Haare. Bis an die Taille. Obwohl sie schon fünfzehn war, war sie sehr schlank, ja, flach … beinahe unterentwickelt. So wie sie wäre ich gerne gewesen. Annette und Raschke gingen schon seit sechs Monaten zusammen. Engel zog seit ein paar Wochen immer die hochgewachsene Gisela hinter sich her. Sie war schon sechzehn. Wie würde ich mit sechzehn sein? Bestimmt nicht so groß und so schlank wie sie. Was taten diese Mädchen nur, um so zu sein? So dünn, und mit so duften Freunden?

«Bernd, sollen wir dem Mädchen hier mal was zeigen?»

Grinsend machte Raschke eine aus zwei Händen geformte hohle Hand und hielt sie andeutungsweise an seinen Mund. «Wartma, Dietmar, ich guckma nach!»

Bernd wühlte in seiner fransigen Umhängetasche, wobei seine rotgoldene Lockenmähne bis weit über die Brust fiel und sein Gesicht völlig verdeckte. Er nickte kurz und wies mit einer kurzen Kopfbewegung in Richtung Turm unterhalb des kümmerlichen Restes einer alten Stadtmauer. Der Raschke heißt also mit Vornamen Dietmar. Ein bisschen enttäuschte mich, dass so einer nicht einen klangvolleren Namen trug. Ich konnte noch nie leiden, dass sie sich fast alle mit Nachnamen anredeten. Spitznamen gefielen mir weitaus besser. Schrecklich gerne hätte ich auch einen gehabt. Wie kam man eigentlich an einen Spitznamen? «Flip» etwa, fand ich, passte zu mir.

Von Dietmar Raschke und Bernd Engel lernte ich das korrekte Haschischrauchen. Im Erdgeschoss des gemauerten Engelsturms befand sich ein heruntergekommener Raum, verborgen hinter dichtem Gebüsch. Ich platzte fast vor Stolz, dass sich die beiden duftesten Typen der Stadt überhaupt mit mir abgaben, und hoffte, von möglichst vielen Leuten mit ihnen zusammen gesehen zu werden.

«Ach nee! Auch hier!» Grinsend begrüßten Raschke und Engel einen langen, dünnen Jungen mit beinah schlohweißen, ganz glatten Haaren bis zum Brustbein. Er wurde Albi genannt, vom lateinischen «albus», also «weiß». Man spottete auf lustige Art, sein Vater, Mathe- und Physiklehrer und ein Kollege meines Vaters, habe bei seiner Herstellung zu wenig Farbstoff beigemischt. Ich ließ mir nicht anmerken, dass ich den Witz nicht richtig verstanden hatte. Der andere hieß Peter. Er hatte in der Mitte gescheiteltes, glattes blondes Haar bis auf die Schultern und einen dichten Vollbart, der ihn etwas älter machte. Die vier begrüßten sich wie alte Bekannte. Ich kam mir ziemlich klein vor und blieb verlegen an der Tür stehen. Raschke winkte mich herbei, wies auf den Platz neben ihm und stellte mich den anderen vor. Dankbar setzte ich mich. Geschickt klebte Bernd sechs Zigarettenblättchen zusammen, tat aus einem ledernen

Beutelchen etwas hellen Tabak darauf und bröselte von einer fast schokoladentafelgroßen dünnen Platte kleine Krümel ab, die er sorgfältig mit dem Tabak mischte. Ich beobachtete den Vorgang genau und merkte mir alles. Aufgeregt schoss mir durch den Kopf, dass ich nun zum ersten Mal Hasch rauchen würde. Die Zeitungen waren voll spektakulärer Berichte, wie es wirkte, wie man sich fühlte und zu was einen dieses Haschisch befähigte. Ich würde mich jetzt davon überzeugen, was stimmte. Bei uns zu Hause waren Hasch und LSD niemals ein Thema gewesen, wohl aber das Aussehen der Leute, von denen man annahm, dass sie derlei verbotene Substanzen zu sich nahmen. Lange Haare («Ungeflecht sieht das aus! Und Läuse haben die bestimmt auch alle! Hiih-bah»), bunte Kleidung («Um Himmels willen! Blau und grün beißt sich, das weiß doch jeder! Und dann dise schreck-lichen Fransen!»), unkonventionelles Verhalten und Arbeitsscheu seien typisch für Gammler, wie meine Eltern sie bezeichneten. Und noch etwas stand in den Zeitungen im Zusammenhang mit den Gammlern, davon wurde bei uns ebenfalls nicht gesprochen: «Freie Liebe». Was das nun wieder sein sollte, wagte ich nicht, mir vorzustellen, geschweige denn nachzufragen. Ich jedenfalls hatte mich für Gammler augenblicklich begeistert, behielt das aber lieber für mich. Geübt drehte Bernd eine schöne, konische Zigarette mit einem Zipfelchen oben, welches er langsam abbrannte. Zwei Hände zu einem Hohlraum geformt, das Tütchen zwischen Ring- und kleinen Finger gesteckt, sog er gemächlich, doch kräftig den Rauch in seine Lungen, behielt ihn so lange drin, wie er es aushalten konnte, und gab die Haschzigarette an Raschke weiter, während er prustend in Wolken stoßweise den Rauch ausstieß. Auch Raschke rauchte in dieser seltsamen Handhaltung. Nachdem Albi und Peter einen Zug genommen hatten, wandte sich Raschke an mich. «Hier!» Darauf hatte ich gebrannt. Ich nickte eifrig. Mit der hohlen Hand war das nicht so leicht, wie es aussah. Wie kommt man denn da mit den Lippen an die hinten beim kleinen Finger eingeklemmte Zigarette? Albi fragte: «Sag mal, du bist doch die Tochter von –!»

«– von meinem Deutschlehrer!», fiel ihm Bernd ins Wort. Sie brachen erneut in Gelächter aus und fanden das so witzig, dass sie sich auf die Schenkel schlugen. «Wir dümmeln einen mit der Tochter meines Deutschlehrers!»

Beleidigt erwiderte ich: «Ich wüsste nicht, was es da zu lachen gibt!» Nun lachten sie erst recht.

«Ich wüsste nicht, was es da zu lachen gibt!», ahmte mich Albi mit verstellter, hoher Stimme nach. «Du bist doch auch ein Lehrerkind!», gab ich getroffen zurück. «Er ist doch auch ein Lehrerkind!», kreischten die anderen im Chor. Raschke wies auf das brennende Ding in meiner Faust. «Zieh!», ermahnte er mich, «sonst geht er aus. Dein erster Joint, was?» Ich tat so, als sei ich mit Ziehen sehr beschäftigt. «Ich hab die ersten zwei Male gar nichts gemerkt», meinte Peter. «Ich hab das erste Mal nichts gemerkt, beim zweiten Mal war ich schon ziemlich stoned!» Stoned. Sto-und. So heißt das Gefühl. Raschke erzählte, er habe sofort beim ersten Mal was gespürt. Bernd haute ihm auf die Schulter. «Klar! Raschke ist wie geschaffen für Rauschgift!»

«Genau andersrum! Rauschgift ist wie geschaffen für Raschke!» Raschke schlug Engels Hand weg und blickte mich interessiert an. «Sag mal, wart ihr nicht in Asien? Wart ihr in Indien?» Ich fühlte alle Blicke auf mir. Mit einer Mischung aus verlegenem Stolz und noch einem anderen, seltsamen Gefühl, das mir neu war, erwiderte ich: «Wir waren in Niger!»

«Du meinst Nigeria!»

«Nein, ich meine Niger, das ist ein Nachbarland von Nigeria!»

Eine Sekunde lang atemlose Stille. «Ach so! Ihr wart bloß in Afrika.» Bernd Engel kringelte sich vor Lachen. «Stellt euch das vor, mein Deutschlehrer in einer runden Hütte, mit Baströckchen und 'nem Knochen durch die Nase!»

Am liebsten wäre ich im Boden versunken. Wir waren bloß in Afrika gewesen. Indien liegt nicht in Afrika. Raschke versuchte zu vermitteln und meinte gutmütig, Afrika sei auch nicht schlecht. Peter erwähnte, Thomas und Walter würden demnächst nach Indien fahren, das sei sehr dufte dort, viel dufter als Afrika. Vor mir begann sich der Raum langsam zu drehen. Raschke sah mich aufmerksam an. «Sie merkt was beim ersten Mal, seht sie euch an!»

«Das ist aber schön! Es dreht sich alles ein bisschen!», murmelte ich. «Nein, es dreht sich nichts. Dein Kopf dreht sich. Geht's dir gut?» Er lächelte mich offen an und legte freundschaftlich den Arm um mich. Es war wunderbar, seinen Arm und seine Brust zu fühlen. «Ich finde haschen wirklich toll!», brachte ich hervor. Ich schloss die Augen und lehnte mich ganz an ihn. Nah an meinem Ohr flüsterte er: «Nigeria ist bestimmt dufte! Ich find's klasse, dass du in Afrika warst! Ist bestimmt ganz dufte dort. Ehrlich!» Seine heraushängenden Haarsträhnen kitzelten meine Schläfe. Er drückte fest meine Schulter. Mein Gott. Was für ein Gefühl. Zwei Minuten Zärtlichkeit. Zwei Minuten Aufmunterung. Zwei Minuten Ansporn. Zwei Minuten Trost, zwei Minuten Vergessen, zwei Minuten Angenommensein. Einhundertundzwanzig Sekunden lang fühlte ich mich beinahe richtig. Die anderen unterhielten sich, lachten und scherzten. Ich war nicht in der Lage, der Unterhaltung zu folgen, so schön fand ich es in Dietmar Raschkes Arm. Würde doch jetzt die Zeit stehenbleiben! Plötzlich fiel mir was ein. Wie viel Uhr war es? Mit einem Ruck setzte ich mich aufrecht, ich hatte meinen Eltern versprochen, im Garten zu arbeiten. So schwer es mir fiel, mich aus seinen Armen zu lösen – es musste sein. Ich hatte Verpflichtungen. Man kann nicht einfach seinen Launen nachgeben.

Verwirrt krabbelte ich den Weg hoch auf den kleinen Berg, auf dem unser Haus stand, beschäftigt mit seltsamen Gedanken. Stoned. Ich hatte gehascht. Mit duften Typen mit langen Haaren. Mit Gammlern. Wenn das meine Eltern wüssten. Zu Hause angekommen, war ich wieder ruhiger und verrichtete wie versprochen meine Gartenarbeit. Als ich damit fertig war, ging ich ins Haus, schaltete das Radio ein und lauschte einem Lied, dessen Magie mich in Verzückung versetzte. Nie wieder aus meinem Kopf ging *All along the watchtower*. Jimi Hendrix! Ich hatte vor, mich später mit Johnny zu treffen und ihm von meiner neuen Erfahrung zu erzählen. In der Ferne zog ein Gewitter heran. Ich nahm Nagellack und beschrieb den durchsichtigen Regenschirm, den ich zu meiner Verabredung mitnehmen wollte, mit Namen von Bands, von denen ich vermutete, dass sie bei den Leuten, die ich heimlich so sehr bewunderte, ankamen. Da stand in runder Kinderschrift in riesigen Lettern *Blind Faith*, *Deep Purple*, *The Who*, *Black Sabbath*, *Led Zeppelin*, *Pink Floyd*, *The Rolling Stones* und seit gestern auf dem letzten Feld *Jimi Hendrix*. Er wich einen Schritt zurück, sodass er nass wurde, als ich ihm von meinem Hasch-Erlebnis erzählte. Ich beeilte mich, den Schirm über ihn zu halten. Er starrte mich entgeistert an. «Was?»

«Es ist ganz, ganz dufte! Du musst das auch mal ausprobieren, ich kann uns was besorgen, du brauchst mir auch kein Geld zu geben, es ist wirklich dufte, ganz anders, als ich es mir vorgestellt –!»

Er sah mich an, als wäre ich ein Gespenst.

«– Was!??»

«Ehrlich! Es ist phantastisch! Und wirklich lustig. Ich sollte bei meinen Eltern im Garten Unkraut jäten und hab stattdessen alles ausgerupft, was so Grünes auf dem Beet stand, und ich hab die ganze Zeit gekichert, ohne dass ich es gemerkt hab!»

Er sah starr durch mich hindurch.

«Mit 'ner Rauschgiftsüchtigen will ich nichts zu tun haben!» Ich musste für den Bruchteil einer Sekunde die Augen schließen. Als ich die Augen wieder öffnete, stand ich allein im prasselnden Regen.

Drei Tage später – ich hockte auf dem Mäuerchen und starrte trübsinnig vor mich hin – umarmte mich jemand sehr zart und auch nur ganz kurz von hinten. Umzudrehen wagte ich mich nicht, ich wollte nicht den Zauber des Moments zerstören. Es war mir egal, wer es war. «Ist Annette schon hier gewesen?», raunte eine Stimme dicht an meinem Ohr. Ich ließ den Kopf hängen und machte eine angedeutete Bewegung. «Na, vielleicht kommt sie ja noch. Sie kommt oft zu spät.» Ich ließ den Kopf noch tiefer sinken. «Ich würde nicht zu spät kommen», murmelte ich. «Was hast du gesagt? Ich kann dich nicht verstehen!» Raschke dachte gar nicht daran, seine Lippen von meinem Ohr zu nehmen. Er biss ganz leicht in mein Ohrläppchen. Ein Schauer durchfuhr mich bis in die Zehenspitzen, und ich merkte, wie mein Gesicht zu glühen begann. Er fuhr kurz, aber heftig mit seiner Zungenspitze meine Ohrmuschel ab und nahm, ohne mich anzusehen, neben mir Platz. «Hat's dir gefallen?» Verwirrt schwieg ich und wagte nicht, ihn anzusehen. Es hatte mir sehr gefallen. Er kicherte leise vor sich hin. «Hat dir das Haschen gefallen?» Ach so! Ich nickte. Was sollte ich nur sagen … schüchtern suchte ich nach einem Satz. «Hascht ihr öfter, du und Annette? Ich meine, du und der Engel?» Noch während ich sprach, bereute ich die Frage. «Wir nehmen auch andere Sachen.» Versonnen blickte er den tieffliegenden Schwalben nach, warf einen kurzen Blick auf mich und versenkte sich wieder in den Anblick der geschickten Vögel. Noch andere Sachen. Ich kam mir so klein, so unerfahren vor. Dietmar Raschke schien keine Angst zu haben vor Sachen, die ich bereits beim bloßen Gedanken fürchtete. Seufzend starrte ich einer jungen Rauchschwalbe nach, die in waghalsigen Manövern hinter ihrer Beute her war. Am Rande meines Blickfelds tauchte die langbeinige Annette mit ihrem kurzen Röckchen auf, mysteriös umglänzt vom wehenden Schleier ihrer herrlichen hüftlangen glatten braunen Haare. Wie grazil sie ist, durchfuhr es mich. Mit einer schnellen Bewegung war er ganz nah an meinem Ohr. «Samstag um drei, hier. Ich werde mit dir LSD nehmen.» Ein Hauch noch, nein, ein verstörender Laut, eine Art kurzes Aufstöhnen – und er ließ sich mit einer nachlässigen Bewegung von der Mauer fallen. Ohne sich noch einmal umzudrehen, schlenderte er gemächlich seiner schönen Freundin entgegen. Sie umarmten sich. Und dann küssten sie sich auf eine Art, die mir erneut das Blut ins Gesicht schießen ließ. Als ich wieder hinsehen konnte, war ihr Kuss noch nicht beendet. Dietmar sah mir geradewegs in die Augen, hielt Annette eng umschlungen und machte mir hinter ihrem Rücken ein Zeichen mit der Hand. Schwindel erfasste mich. Ich wandte meinen Blick ab und spürte, wie mir Tränen der Verwirrung, der Eifersucht, des Kummers über den Verlust von Johnny hochstiegen. Bloß nicht öffentlich in Tränen ausbrechen – und dann auch noch vor Kummer über meine vor drei Tagen verlorene Liebe. Gehetzt sprang ich von der Mauer. Den ganzen Weg nach Hause musste ich weinen. Tausend Stimmungsschwankungen. Übrig blieb eine unbestimmte Aufgewühltheit und ungeheure Wut auf mich selbst. Zuletzt heulte ich vor Zorn darüber, dass ich mal wieder zu blöd war, meine Tränen im Zaum zu halten. Ich war nicht fähig, mich zu kontrollieren. Grauen überkam mich, Grauen vor mir selbst. Und Ekel und Hass. Ich hasste Heulsusen. Zweifelsohne war ich deren Königin. Noch eine andere Empfindung ergriff Besitz von mir. Pure Aufregung. In achtundvierzig Stunden würde ich LSD nehmen. Mit Raschke. Das heftige Herzklopfen beim Gedanken daran hielt in den folgenden zwei Tagen an, sogar die Nacht über. Wilde Träume gestatten keinen Tiefschlaf.

Es war meine letzte Woche auf der Nonnenschule. Nach den großen Ferien würde ich wechseln und fortan als Fahrschülerin das dreißig Kilometer entfernte Aufbaugymnasium in Talaltdorf besuchen, wo auch Jungen hingingen. Meine früheren Lehrer und auch meine Eltern meinten, nach der Rückkehr aus Niger sei ich so merkwürdig und aufsässig geworden, dass mich das angesehene Mädchenlyzeum der Armen Franziskanerinnen für «nicht mehr tragbar» hielt. Ein Schulwechsel sei dringend anzuraten.

Sogar die achtzehn- oder neunzehnjährigen Abiturientinnen mussten sich vor dem Betreten des Schulgeländes der Franziskanerinnen die langen Haare zu Zöpfen flechten, die Röcke hatten knielang zu sein, und Hosen wurden, wenngleich auch nicht ausdrücklich verboten, ungern gesehen. Nur Ute Dunkel traute sich das, wie bewundernswert mutig. Meine Eltern hätten niemals zugelassen, dass ich in einer Hose zur Schule ging, und äußerten sich geringschätzig über Utes Eltern. Ein Minirock war ein Entlassungsgrund. Beten vor dem Unterricht, beten nach dem Unterricht, dienstags und freitags Gottesdienst. Niemand schien Schwierigkeiten mit den Methoden und den Ansichten der katholischen Nonnen zu haben. In der ganzen Stadt und noch weit über unseren Ort hinaus hatten die «Armen Franziskanerinnen» den Ruf, ein besonders glückliches Händchen für die Erziehung junger Mädchen zu haben. Was stimmte mit mir nicht, warum war ich, mal wieder, die Einzige, die nicht klarkam? Warum konnte ich mich nicht zufriedengeben mit Beten, Singen, dem Religionsunterricht und dem durchaus spannenden, aber sehr peinlichen Aufklärungsfilm *Das Liebesleben der Laubfrösche*? (Warum trug die Froschfrau ihren Mann auf dem Rücken?) So in etwa, sollten wir uns vorstellen, verhielte es sich auch bei Menschen mit der Fortpflanzung.

Im Unterricht schaute ich mit verstohlenem Interesse meine Mitschülerinnen an, alle konzentriert über Hefte gebeugt, eifrig den Füller in der Hand. Welche von ihnen erlitt, wie ich, auch diese ekelhafte Drecksbluterei alle dreieinhalb Wochen? Welche von ihnen hatte gehascht? Welche kannte sich mit LSD und sonst was aus? Welche hatte schon mal einen Freund gehabt? Welche wusste, wie man küsst? Alle haben die ungeheuerlichsten Geheimnisse, niemand redet darüber – nur ein Mensch mit unnormalem Geltungsbedürfnis. Drei Dinge beherrschten mich. Erstens: Lerne von anderen, lass dir, wie sie, nichts anmerken. Zweitens: Lass dich nicht von Verwirrung und Aufgeregtheit fertigmachen. Drittens: Überwinde Kummer und Demütigung wegen Johnny.

Erleichtert machte ich mich zum letzten Mal auf den Weg zum Mädchenlyzeum der Armen Franziskanerinnen. Der Freitagmorgen verrann schleppend. Abwesend nahm ich mein letztes Zeugnis aus der ermahnenden, gelblichen Knochenhand der Mutter Oberin Schwester Ruth entgegen und wurde mit allen guten Segenswünschen im Schlussgottesdienst entlassen. Schwester Ruth begleitete stets das Gefühl, nicht korrekt gekleidet zu sein. Alle paar Minuten schlug sie sich aus Gewohnheit mit der flachen Hand auf ihren Oberkopf, um diesen seltsamen, steifen schwarzen Hauben-Hut in die richtige Position zu bringen. Als ich diese merkwürdige Bewegung zum ersten Mal sah, traute ich meinen Augen nicht. Innerhalb von fünf Minuten haute sie sich selbst wuchtig drei-, viermal auf den Oberkopf, ohne dass dies ihren Redefluss im Mindesten beeinträchtigt hätte, ja, sie schien nicht einmal zu bemerken, dass ihre eigene Hand sie schlug.

Auf dem Nachhauseweg von der Schule begegnete ich dem langen Albi, seiner neuen Freundin Sigrid, Klaus, dem Zwillingsbruder von Peter, Hännes, Kalle und Johannes Stricker. Zusammen mit zehn, zwölf anderen bildeten sie den harten Kern der Sauerländer Typen.

Der ehemalige Jesuitenschüler Stricker war allseits bekannt für seine Liebe zum Haschisch. Ihm war völlig egal, dass ich erst vierzehn war und eigentlich nicht zu der Clique gehörte. Schon von weitem winkte er und schrie über den ganzen Platz, ich solle mal herkommen. Geschmeichelt beschleunigte ich meine Schritte. Abschätzende Blicke des langen Albi und dieser Sigrid schüchterten mich ein, ich glaubte zu spüren, dass sie nichts mit mir zu tun haben wollten. Leider musste ich seine Frage nach Hasch verneinen, konnte aber einen Geldschein vorweisen.

Häsi, ein schmaler, bleicher Junge, dunkle, glatte Haare, dunkle Augen, in denen der Schalk blitzte, begrüßte alle grinsend, auch mich, und bemerkte, endlich würde er mal die Tochter seines Französischlehrers kennenlernen. Kichernd kamen wir eine halbe Stunde später stoned aus dem Gebüsch am Fuße des Engelsturms hervor. Soeben waren zwei andere im Begriff, den Turm aufzusuchen. Hännes haute einem pickligen Jungen mit einem auffallend langen Hals und weit hervorstehendem Adamsapfel auf die Schulter. «Nervi! Wen hast du denn da bei dir?» Nervi wies auf das hübsche Mädchen neben sich. Sie trug ein silbernes, ovales Brillengestell und besaß genau die schönen Haare, die ich immer hatte haben wollen: überbrustlang, vollkommen glatt, schimmernder Glanz wie dunkler Honig. «Das ist Angelika!» Sie lächelte Nervi an. Überraschend kraft- und tonlos war ihre leise Stimme. «Habt ihr den Christof gesehen? Auf den habe ich nämlich gewartet, wahrscheinlich ist er wieder mal im Buchladen hängengeblieben.» Stricker schüttelte den Kopf. «Eben ging hier Hubert der Schlamper vorbei, der ist doch meistens mit dem Christof zusammen, aber er war allein.»

Albi warf ein: «Nicht ganz. Er hatte Maria bei sich.» Stricker war erstaunt. «Stimmt, er hatte ein Mädchen mit langen blonden Haaren bei sich. Ich finde, sie hat ein neurotisches Kinn. Und das ist Annettes Schwester, die mit dem Dietmar Raschke …»

Häsi nickte. Mich beschäftigte das neurotische Kinn, und ich beschloss, bei der nächsten Gelegenheit Maria und ihr Kinn genau zu betrachten. Sigrid antwortete mürrisch, mit einem unfreundlichen Blick auf mich, Maria sei jünger als Annette, und stellte bei der Gelegenheit in der Runde die Frage, ob sie Lust auf Vierzehnjährige hätten. Damit zielte sie auf mich. Albi zog es vor, auf seine Uhr zu sehen, Hännes schaute erwartungsvoll den Stricker an, und der meinte, ohne zu zögern, es sei doch völlig egal, wie alt jemand sei, Hauptsache, es sei ein dufter Typ. Nervi gab zu bedenken, wegen so junger Leute müsste man immer früher von Hamm nach Hause fahren, und darauf habe er keine Lust, außerdem hätten sie nie genug Geld und man müsste ihnen ständig was leihen, ansonsten sei es ihm aber auch wurscht. Ich war noch nie in einer Disco gewesen, hatte aber bereits einiges über den Laden in Hamm gehört. Hier in unserem Städtchen gab es lediglich den Bourbon Club, der häufig von der Clique aufgesucht wurde, vor allem sonntags morgens zum Frühschoppen und dienstags zur Hitparade. Der Türsteher hatte mich vor ein paar Wochen nicht reingelassen. Ich wusste genau, was Nervi meinte, aber konnte er denn nicht verstehen, dass ich unmöglich noch ein, zwei Jahre Zeit hatte? Nicht mal ein «Typ» konnte mich verstehen? «Typ» war nicht die Bezeichnung für einen männlichen Menschen, sondern wir selbst bezeichneten uns so. Gammler oder Hippies sagten die Ottos, die Normalen, zu uns. Später nannten wir uns «Freaks», und man traf sich auf der «Scene», die es in fast jeder Ortschaft gab. Die Typen müssen doch zusammenhalten, oder? Dennoch, ich fühlte mich geehrt. Sie hatten mit mir gehascht und mit mir geredet, und ich hatte noch andere von ihnen kennengelernt. Mehr denn je wünschte ich mir, so richtig dazuzugehören.

Aufgewühlt trat ich den Nachhauseweg an. Zwischen 13 Uhr und 14 Uhr 30 war bei uns immer Mittagsruhe, ich schlich ins Esszimmer. Das Zeugnis legte ich auf den Esszimmertisch und flüchtete.

Den Nachmittag verbrachte ich im nahegelegenen Wald. Mir graute vor den vorwurfsvollen Blicken meiner Eltern, den lästigen Diskussionen, wer von den Kindern der Kollegen meines Vaters («Das Barbara Tirbach haddn tolles Zeuchnis, und das Huberta, das ja eigentlich gar nich so intelligent is, das haddes durch Fleiß, Fleiß und nochmals Fleiß geschafft, weil seine Mutters keinen Schritt ausm Haus lässt, bevors nich ordentlich de Schulaufgaben gemacht hat!»), den Tennisvereinkindern («Dem seine Mutter passt auf wien

Luchs, du solltess ma sehn, wie se de Tochter im Griff hat, das wird harcht bestraft, wennes nich jeden Tach mindestens drei Stunden lernt, eines Tages wirdes seiner Mutter danken, – hör auf meine Worte!») und sonstigem Nachwuchs beispielhafter Vorzeigefamilien ein besseres Zeugnis hatte als ich. Zwischen mir und meinen Eltern war eine unüberbrückbare Kluft entstanden, sie waren mir so fremd, täglich stellten sie mehrmals fest, wie sehr und wie nachteilig ich mich verändert hätte, seit wir aus Afrika zurück waren.

Mein Vater war nach einem fast neunmonatigen Aufenthalt zu Beginn des Frühjahrs aus dem Krankenhaus entlassen worden und nun, kurz vor den Sommerferien, einigermaßen wiederhergestellt. Mühevoll hatte er wieder gehen lernen müssen, seine Körperproportionen hatten sich verändert durch das lange Liegen. Als er so krank war, hatte er mir einen Hund versprochen, ich fühlte mich verschaukelt, dass dieses Versprechen nie eingelöst wurde.

Nicht nur wegen morgen war ich aufgeregt, sondern auch wegen der Arbeit. Durch Beziehungen hatten meine Eltern es geschafft, mir meinen ersten Ferienjob zu vermittelt, denn als Vierzehnjährige war ich offiziell für Arbeit noch zu jung. Im Krankenhaus galt es als Sozialdienst. Zwei Wochen lang würde ich Essen austeilen, Betten machen, Krankenzimmer, Flure und Bäder putzen.

Vor mir lag in blinkendem Sonnenlicht, eingebettet zwischen gleißendem Hell und beruhigendem Halbdunkel, die kleine Lichtung, umgeben von hohen Laubbäumen. Es dämmerte, als ich mich endlich aufraffte, die Lichtung zu verlassen. «Wo bist du gewesen? Warum kommst du erst jetzt? Du solltes heute doch den Rasen mähen! Und de Küche hasse auch nich gemacht! Ein wunderbares Zeugnis hast du! Ich hätte dich zwingen sollen zum Lernen, wie die Mutter vom Barbara und vom Huberta. Glaubste, du kanns hier machen, was de willz? Solange du die Füße unter meinen Tisch strecks, hast du zu gehorchen! Und zwar ohne Widerrede! Ich hätte meim Vater mal Widerworte geben sollen! Ich hätte das nich gewaacht! Schafft euch niemals Blagen an …!» und so weiter. Wie ich es hasste, angeschrien zu werden. Immer derselbe bedrückende Ablauf. Zuerst versuchte ich, die Ruhe, die ich nicht hatte, zu bewahren und mich zu verteidigen. Dann wurde ich wütend, weil ich nicht zwischen diese Schimpf- und Vorwurftiraden kam und ich das altbekannte Gefühl der Ohnmacht hatte. Einem halben Menschen braucht man nicht zuhören. Es folgte gewöhnlich ein lautstarker Wutausbruch auf beiden Seiten, Tränen und Selbstvorwürfe, gefolgt von beleidigtem Schweigen. Dieses unerträgliche Schweigen konnte in schlimmen Fällen zwei Tage dauern. Zwei Tage, in denen ich mich grauenhaft fühlte, hilflos und ratlos. Zwei Tage, in denen ich verzweifelt nach einem Anker suchte, wie ich meine Selbstachtung aufrechterhalten konnte, da meine Mutter wegen mir missratenem Kind so litt, dass es ihr nicht mal möglich war, das Wort an mich zu richten. Sie hatte es auch gar nicht gerne, wenn mein Vater nach einiger Zeit wieder mit mir sprach. Oftmals wies sie ihn deshalb zurecht, sodass er meistens mit mir redete, wenn sie nicht dabei war. In ruhigem Ton versuchte er mir klarzumachen, was ich verkehrt gemacht hatte. Für diese in Ruhe vorgetragenen Friedensangebote war ich ihm tief dankbar, und ich wartete nach Streitereien sehnsüchtig auf sein Zeichen der Versöhnung.

Einmal hörte ich ein erregtes Gespräch zwischen meinen Eltern mit, es ging um irgendeinen Zank wegen mir. Mein Vater versuchte, beruhigend auf meine laut heulende Mutter einzuwirken, die jeden Versuch in der Richtung abschmetterte. Schluchzend betonte meine Mutter immer wieder, es sei mir völlig egal, wie sehr sie wegen mir leide, im Gegenteil, ich würde sogar noch frech grinsen, während ich ihr Widerworte gäbe. Und dann nannte sie mich ihren «Sargnagel». Verblüfft wandte ich mich ab. Ich? Frech grinsen? Ach, wäre es doch so. Ich wünschte mir sehnlichst, unangreifbarer zu sein.

Bedrückende, beklemmende Stille im ganzen Haus. Niemand wagte, laut zu sprechen, wenn meine Mutter sich nach einem Streit mit mir in diesem bockigen Schweigezustand befand. Schließlich fasste ich mir ein Herz. Ob ich am Nachmittag das Haus verlassen dürfe. Ich traute mich kaum, sie anzusehen. Es tat mir schrecklich leid, dass sie wegen mir so litt. Meine Mutter überlegte einen Moment. Schließlich nickte sie kurz. Mein Vater klopfte mir auf die Schulter und lächelte mich aufmunternd an, bevor wir in die Küche zum Mittagessen gingen. Während des Essens stand in riesigen Lettern über meinem Kopf: Dieses Mädchen wird noch heute LSD nehmen. Alle lobten, wie eifrig ich heute beim Aufräumen war.

Die Geschäfte hatten geschlossen, und die Stadt war so gut wie ausgestorben in der Sonne des trägen, frühsommerlichen Nachmittages. Ich fand mich viel zu früh am Brunnenplatz ein. Dietmar Raschke war nicht da. Auf der Mauer saß, in ein Buch versunken, ein Junge von kleiner Statur, mit halblangen, dunkelbraunen, zerzausten Haaren. Ich hatte ihn schon öfter gesehen, diesen Bücherfan. Was las er da bloß – ich hätte es für mein Leben gerne gewusst. Abwesend drehte er mit einer Hand eine Haarsträhne um die Finger, schaute mal in die Luft, las dann wieder einige Zeilen.

Ein heulendes Motorengeräusch ließ mich zusammenschrecken. Bedrohlich schräg kurvte eine Ente mit heruntergerolltem Dach auf den Brunnenplatz. «I'm free! I'm free! And I'm waiting for you to follow me …!»

Musik, die ich noch nie gehört hatte, die mir aber sofort gefiel, drang aus dem vollgeladenen kleinen Auto. Ich erkannte die weißen Haare am Steuer. Hellrot leuchtete die wilde Matte auf dem Beifahrersitz. «Love me …» Hinten saßen zwei Mädchen «I'm free … and I'm waiting for you to follow me …» und – Raschke. «Love me …»

Er beugte sich nach vorne, redete mit Albi und Engel. Plötzlich drehten sie alle die Köpfe in meine Richtung und starrten mich an. Ich blickte sofort auf meine Schuhe. Clogs aus braunem Wildleder. Die einzig vernünftige Schuhform, dachte ich. «I'm free! I'm free! … and I'm waiting for you to …» Die hintere Tür schwang auf, Raschke stieg aus und kam zu mir. Der Buchleser hatte nicht einen Moment hingeschaut. Er bekam nicht mit, wie Raschke auf mich zukam, wie Albi der Ente wieder die Sporen gab, wie Raschke mir ein lila gefärbtes Stückchen von einem Löschpapier auf die Zunge legte. Und er schaute auch nicht von seinem Buch auf, als Raschke mir behutsam einen Kuss auf den Mund gab.

An der neuentstandenen Talsperre gab es eine Uferzone mit Gebüsch, Gestrüpp und hohem Gras aller Art. In der Nachmittagssonne war alles in goldenes Licht getaucht. Angenehm warm war die Luft, nicht zu heiß und friedlich. Leuchtend rotlila Maria-Bettstroh-Blüten, duftender gelber Ginster und am Ufer ausgesäte intensiv blaue Lupinen boten brummenden Käfern, grazilen, langbeinigen Spinnen und geschäftigen Bienen Nahrung und Schutz. Raschke hatte meine Hand fest in der seinen und führte mich dicht zum dunkelgrün schimmernden Wasser. Wir fanden große graue Steine zum bequemen Sitzen und genossen wortlos die frühsommerliche Schönheit um uns herum. Ab und zu sah ich ihn heimlich von der Seite an in dem Versuch, mir sein Profil mit der scharf geschnittenen Nase einzuprägen. Er lächelte einen Moment, dann wandte er mir sein Gesicht zu. «Geht's dir gut?» Schon lange war mir die Frage nach meinem Befinden nicht nur einfach so gestellt worden, und die ehrliche Absicht seiner Worte brachte mich in Verlegenheit. Ich wusste nur, ich wollte in diesem Augenblick mit nichts und niemandem auf der Welt tauschen. Es war ein schönes Gefühl, nicht bedrängt zu werden. Beinahe dankbar strichen meine Augen entlang der runden Windungen und gelbbraunen Linien eines winzigen Schneckenhauses, perfekt getarnt.

Ungefähr eine Stunde später veränderte sich die Welt für immer.

Über der Uferstraße in einem geräumigen, dreistöckigen Haus mit alten grauen Steinschindeln wohnte meine Freundin Püppi. Püppi war trotz ihres dämlichen Spitznamens eine wagemutige Abenteuernatur. Raschke und ich pirschten uns von der Gartenseite in Richtung Kellereingang. Musik drang uns entgegen, und ich meinte, im Kies des Weges gesehen zu haben, wie sich einzelne Steine bewegten; ich versuchte mir zu sagen, dass dies normal sei. In Zimmerlautstärke klang bei Kerzenbeleuchtung im metallischen Sound eines Mono-Plattenspielers «In-A-Gadda-Da-Vida» von Iron Butterfly durch den Raum. Püppi lag bequem ausgestreckt neben dem pickligen, fünfzehnjährigen Futzi auf einer der am Boden ausgelegten Matratzen, eine Flasche Apfelsaft gemischt mit Kemper's Korn neben sich. Unter der feuchten Decke des muffigen Kellerraums waren unbeholfen einige Streifen Alufolie befestigt. Zwei alte Sofas, als niedrige Tischchen dienten Apfelsinenkisten mit Aschenbechern, Erdnüssen, Salzstangen und Getränken in Originalverpackung und Flaschen. Raschke begrüßte Hoss, der bei solchen Gelegenheiten den Plattenspieler bediente. Hoss ließ eine mit durchlöchertem Silberpapier präparierte Maiskolbenpfeife mit schwarzem Afghan rumgehen. Als Nächstes legte er Pink Floyd auf. *Set the controls for the heart of the sun.* Noch niemals zuvor hatte Musik auf mich so greifbar, so plastisch gewirkt, wie im Kino, nur dass das Kino in meinem Kopf war und ich die Eintrittskarte verschluckt hatte. Püppi lachte komisch und winkte mir zu. Klänge und Rhythmen umnebelten in kleinen Schwaden meine Beine bis zum Knie. Lachte sie deshalb so? Dietmar Raschke nahm meine Hand und zog mich neben sich auf eine der Matratzen in einer Ecke. Brennend heiß kam mir die Berührung vor, und ich hatte das Gefühl, meine Handinnenflächen würden schmelzen wie glühender Stahl, tropfend und spritzend in alle Richtungen. Er legte einen Arm um mich. Der gleißende Stahl war weg. «Es ist alles gut.» Sofort beruhigte ich mich. Er strich mit seiner anderen Hand leicht über meinen Kopf. Ich schmiegte mich an ihn und fühlte mich sehr wohl. «Soll ich dich mal küssen?» Ich erschrak ein wenig, nahm mich jedoch zusammen und nickte zaghaft. Verlegen legte ich meine Brille auf die nächste Apfelsinenkiste. Heftige Neugier packte mich. Wie es wohl sein würde, wie würde sich Küssen mit Raschke anfühlen – anders als das Lippenaufeinanderreiben und schmerzende Zähneknirschen mit Johnny? Was erwartete er von mir? Er erfühlte meine Taille an der Stelle, wo sie in die Hüften übergeht. Mitten in der Kurve presste er seine ganze Handfläche und die Fingerspitzen in meinen Körper und drängte gleichzeitig seine ganze rechte Körperhälfte der Länge nach an mich. Vom Zeh entlang der Unterschenkel. Die Knie hoch, Druck an den Oberschenkeln bis hoch über die Hüftknochen bis in die Taille und mit Erschauern runter in den Hintern. Hart … und – mächtig. Er zog sich augenblicklich zurück, und der Moment war vorüber. Ein Sturm durchfuhr mich. Seltsam sah er mich an. Seltsam war seine gemurmelte Stimme. Sein Atmen. «Also, ich küsse dich jetzt.» Wie von selbst schlossen sich meine Augen. Ich fühlte, wie mich seine Augen im Gesicht abtasteten, auf meinen Lippen kurz verweilten und die seinen darauflegte. Er drückte nicht, er presste sich nicht gegen meinen geschlossenen Kiefer, er fühlte nur aufmerksam mit seinem Mund den meinigen ab. Ich wurde weich. Ganz lehnte ich mich in ihn hinein, hielt meine Arme fest um seine Schultern geschlungen. Ich verspürte nicht die geringste Lust, die Augen zu öffnen und den Augenblick zu unterbrechen. Leise klang seine Stimme. «Man merkt, dass Annette schon fünfzehn ist.» Ich erstarrte. Freundlich grinste er mich an, strich mir übers Haar und tat lachend so, als gebe er mir eine Ohrfeige. «Verhauen müsste man dich! Du bist ein sehr böses nettes Mädchen! Zu neugierig!» Er sah, dass ich verletzt war, beugte sich wieder nah zu mir und sagte kaum hörbar: «Ich werde dich jetzt richtig küssen.»

War das eben denn nicht richtig?

Fünf Minuten später lagen wir schwer atmend und sehr aufgewühlt eng umarmt auf unserem weichen Lager. Richtig küssen war gottverdammt gut. Wir tranken ein paar Schluck Cola und machten mit dem Küssen weiter, so lange, bis ich zwischendurch mal die Augen kurz öffnete und im Hintergrund wahrnahm, dass die Kellertür ruckartig aufgestoßen wurde und ich undeutlich eine unerwünschte Silhouette erblickte. Die Gestalt näherte sich. Das Küssen war wirklich gut. So gut, dass ich auch jetzt nur schlecht aufhören konnte. Erst als Püppis Vater, Oberarzt des Krankenhauses und autoritär veranlagt, ungläubig die Augen aufriss und einige Momente lang auf uns niederstarrte, bevor er uns alle rausschmiss, hörten wir mit dem Küssen und Im-Arm-Halten auf. Im letzten Augenblick fiel mir ein, meine blöde Brille einzustecken. Draußen war es mittlerweile nahezu dunkel, der steinige Weg über die beiden unbebauten Grundstücke in der Nähe des Hauses meiner Eltern war für meine kurzsichtigen Augen kaum zu erkennen. Insekten schwirrten durch die milde Sommerluft, und Vögel zwitscherten. Ich hatte jedes Zeitgefühl verloren und fragte mich, in welcher Zeit, in welcher Epoche wir uns befänden.

Die Wiese war recht hoch mit blühenden Margeriten und duftenden wilden Heckenrosensträuchern bewachsen. Raschke schien mit aufgesperrten Ohren und schnüffelnder Nase in die Betrachtung des Himmels versunken, ließ sich im Gras nieder und starrte in den Weltraum. Merkwürdig sah er aus. Er war nett zu mir, freundlich, geduldig. Warum kam er mir dennoch wagemutig, kühn und sogar ein bisschen gefährlich vor? Was war es, das ihn unberechenbar machte? «Komm mal her zu mir.»

Viel sprach er ja nie. Freudig lehnte ich mich mit Herzklopfen an ihn. Wir küssten uns, und ich glaubte, mehrere Himmelsebenen zu durchfliegen, festgeklammert an einen Drachen. Raschke sah mir in die Augen, nickte und meinte, er würde darin den Trip sehen. Einen Moment fühlte ich mich unwohl, ich mochte es noch nie, wenn man mir derart prüfend in die Augen sah. Ich fühlte mich wirklich ver-rückt. Raschke schien nicht so verrückt zu sein. Irgendwie schaffte er es die ganze Zeit, den Überblick zu behalten und mich genau im richtigen Moment zu beruhigen. Er passte auf mich auf. Es war gut, einen erfahrenen Führer durch den Wahnsinn bei sich zu haben.

Durch die Dunkelheit bahnten wir uns, mal Hand in Hand, mal eng umschlungen alle paar Meter in fester Umarmung ein Jahrhundert verharrend, wortlos den Weg zum Haus meiner Eltern. Lediglich das Licht an der Haustür war an. Undeutlich erkannte ich die Stufen aus grauen Natursteinen zur Terrasse hinter dem Haus. Raschke führte mich zielstrebig, als ob er das Grundstück genau kenne, an der Eingangstür vorbei auf die Terrasse und lehnte mich mit dem Rücken an die Hauswand. Hier war es stockdunkel. Mit geschlossenen Augen hielt ich mich an ihm fest. Mir schwindelte. «Halt mich fest! Ich falle!»

«Nein, du fällst nicht!»

«Hilfe! Ich falle!»

Er schlang seine Arme beschützend um mich, kicherte leise, küsste mich auf die Stirn. Ich konnte seinen Körper und seinen Atem überall spüren. Verlegen begann auch ich leise zu lachen, glaubte aber immer noch, von einem Sog nach unten gezogen zu werden. Er leckte an meinem Hals und erklärte zwischendurch flüsternd: «Du fällst nicht!» Ich kicherte. Dann fiel ich eben, na und? «Doch!

Ich falle!» Lachte er jetzt spöttisch? «Ich fange dich auf! Hiermit!» Sein Mund war mein rettendes Sprungtuch. Wieder kicherte er. «Gut machst du das!»

«Ehrlich?» Brav schluckte ich die weiße Pille, die mir in den Mund gesteckt wurde, und spürte wenig später Schläfrigkeit. Wie gerne wäre ich fünfzehn, dachte ich als Letztes. Wie mein erster Trip endete, weiß ich nicht mehr. Ebenso wenig kann ich mich daran erinnern, wie ich in dieser Nacht ins Haus und in mein Bett kam. Ich weiß nur noch, dass es mich mit Stolz und Selbstvertrauen erfüllte, mit Dietmar Raschke meinen ersten LSD-Trip genommen und von ihm das «richtige» Küssen gelernt zu haben.

Den Sonntag verbrachte ich hauptsächlich mit Zeichnen und verabschiedete mich endgültig von den musikalischen Helden aus der Zeit vor meinem ersten Trip. Immer wieder legte ich meine drei Neuerwerbungen auf, die ich aus der Plattenabteilung des einzigen Kaufhauses am Ort geklaut hatte. *Jimi Hendrix' All along the watchtower*, *Whole lotta love* von *Led Zeppelin* und *American Woman* von *Guess Who*.

Am Montagmorgen stand ich zeitig auf, um im Krankenhaus meinen ersten Ferienjob anzutreten, Station «Innere Männer». Pfleger und Krankenschwester standen tuschelnd zusammen und verstummten, als ich mich näherte. Eine Oberschwester teilte mir meine Aufgaben mit, und ich gesellte mich zu einer erfahrenen Kollegin, die mir alles zeigen sollte. Kranken-, Badezimmer und Korridore putzen, schmutzige Bettwäsche auf metallene Wagen laden, Mahlzeiten verteilen, anschließend wieder abräumen und den Etagenwagen mit dem benutzten Geschirr ins Nebengebäude in die Großküche zurückbringen.

«… größten Schwierigkeiten aus dem Wasser gezogen …»

Sofortiges Schweigen, als ich die vier Krankenschwestern auf dem Flur sah. Die Oberschwester bemerkte mich.

«Dir wurde heute Morgen gezeigt, wohin man den Essenswagen anschließend hinbringt. Zusammen mit Fräulein Larrella kannst du ihn wegbringen, danach hast du eine Dreiviertelstunde Mittagspause, bitte pünktlich wieder hier sein!»

Walla Larrella mit dem kugelrunden Gesicht kam aus dem Ausland und war schon ganze sechzehn. Ihren Namen fand ich so affig wie sie selbst; angeblich war sie aus Finnland. Im Aufzug musste ich ihr versprechen, sie nicht zu verraten, sie sei in einer halben Stunde wieder zurück, ich solle den Wagen allein in die Großküche bringen. Sie versuchte, ihrem Blick etwas Verschwörerisches zu verleihen, bevor sie hinaushuschte.

Der Aufzug glitt nach unten. Die Türen öffneten sich mit einem leichten Ruckeln. Vor mir lag ein langer, leerer Kellerflur, Neonlicht; ich gab mir alle Mühe, das schwerbeladene Ungetüm einigermaßen zielgenau durch den endlosen Korridor zu schieben, ohne alle paar Meter an die Wand zu stoßen. Leider verlor ich ein bisschen die Kontrolle, es ging leicht bergab, nicht schlimm, aber doch so, dass ich das Gerät nicht richtig stoppen konnte. Der Gang gabelte sich, und der Wagen rollte da hin, wo es nicht zur Großküche ging. Irgendwann kam er zum Stehen, und ich ging drum herum in der Absicht, ihn zurückzuschieben. Da erblickte ich eine Tür am Ende des Flurs. Eine Stahltür. Neugier überkam mich. Ich lauschte angestrengt durch das leise surrende Neonröhrenrauschen. Langsam ging ich auf die Türe zu, holte tief Luft und drückte mit zwei Händen gepresst und mit gleichmäßiger Langsamkeit die Klinke herunter. Ein seltsamer Geruch drang augenblicklich in meine Nase, eine Mischung aus Weihrauch wie in der Kirche, Blumen und noch etwas anderem, was ich nicht identifizieren konnte. Erst recht neugierig gemacht, schlüpfte ich mit argem Herzklopfen rasch in den Raum. An der weißen Wand standen vier Bahren mit Rollen ordentlich in einer Reihe. Meine Oma liebte es sehr, regelmäßig den Totenkeller unter dem Krankenhaus zu besuchen. Einmal hatte sie mich mitgenommen und eine verstorbene Freundin von ihr beguckt, bevor der Sarg geschlossen wurde. Damals war ich von der Leiche auf dem steifen weißen Bettzeug in dem Holzkasten nicht annähernd so begeistert gewesen wie meine Oma («Wie schönses zurechtjemacht ham! Sogar schöner Lippenstiff! Un dise tolle Frisur! Unnim janzen Leben hattes nicht so vill Blumen jekricht wie jetz!»). Lieber hätte ich draußen in der Spätnachmittagssonne mit den anderen Kindern Verstecken gespielt, als tote Leute zu begucken. Tote sind langweilig. Oder doch nicht?

Vorsichtig näherte ich mich beinahe auf Zehenspitzen der ersten Bahre. Ein großes weißes Tuch deckte den Körper ab, nur die Fußsohlen ragten unten raus. Die Zehen waren wächsern gelblich und oben ein bisschen lila, wie das aufgedunsene Gesicht der toten Nonne, die ich bei einer anderen Gelegenheit inmitten eines Nelken- und Lilienmeeres in einer Kapelle aufgebahrt gesehen hatte. Eine Heilige sei sie gewesen, sagten die Leute einander, nickten sich zu, wie um sich die Heiligkeit der vertrockneten Alten zu bestätigen, und falteten vorsichtshalber lieber mal die Hände. Die heiligen Augenwimpern fielen mir sofort auf. Sie waren wie zusammengeklebt.

Etwas beunruhigend fand ich, wie klein die Füße waren. Der große Zeh rechts war violett angelaufen. Jemand hatte einen Bindfaden mit einem Zettel dran am anderen Fuß befestigt. Ich fasste mir ein Herz und ließ den Blick schweifen. Neben der ersten Bahre: noch kleinere Füßchen. Die auf der dritten waren noch kleiner, und auf der letzten sah ich fürchterlich unappetitliche, rissige, mit Fußpilz und dicker Hornhaut bedeckte Männerfüße – schätzungsweise Schuhgröße 55, wenn es so was überhaupt gibt. Alle vier hatten die Zettel mit dem metalleingefassten Loch für den Faden am Zeh. Darauf stand in krakeliger Schrift etwas. Mit angehaltenem Atem pirschte ich Schritt für Schritt vor zum Kopfende. Ob bei dieser Leiche die Augenwimpern auch so komisch zusammenklebten? Tief durch den Mund durchatmen, die Nase aus dem Spiel lassen. Entschlossen streckte ich die Hand nach dem Tuch aus und merkte, dass ich unwillkürlich den Atem angehalten hatte. Gerade, als ich das Tuch zwischen Zeigefinger- und Daumenspitze fühlte und beiseiteziehen wollte, vernahm ich ein Geräusch. Im Bruchteil einer Sekunde war ich draußen auf dem Gang, wuchtete mit ungeahnten Kräften den vollbeladenen Wagen in null Komma nix den Flur hoch, ohne auch nur ein einziges

Mal anzustoßen, bog rechts ab und erreichte im Laufschritt den Aufzug nach oben zur Großküche. Oben erwartete mich mit vorwurfsvollem Blick und verschmiertem Make-up diese finnische Schwedin. Walla Larella, ein bisschen zerzaust, ließ mich ihren Ärger spüren. Ich wusste gar nicht, dass wir verabredet waren. Artig gaben wir mit unschuldiger Miene (streng und prüfend schaute uns die zuständige Küchenschwester mit zusammengekniffenem Mund an, dann sah sie wieder auf ihre Armbanduhr) zusammen den Wagen in der Spülküche ab. «Innere Männer» steht auf einem frisch beladenen Wagen für den Nachmittagskaffee, den sie hier um halb zwei austeilen. Zum fünften Mal an diesem Tag schob ich so ein Ding durch den Keller. Fräulein Larella ließ mich alles alleine machen. Gekonnt reparierte sie ihre Schminke im Gehen mit Hilfe eines kleinen Taschenspiegels. Was für ein blödsinniger Name, dachte ich zum tausendsten Mal und spürte echte Erleichterung, nicht Walla Larella zu heißen.

Es war gegen fünf Uhr, meine Arbeit auf «Innere Männer» war für heute beendet. Ich war zwar ein bisschen müde, aber an Unternehmungslust fehlte es mir nicht.

Gerade wollte ich mich auf die andere Seite der Mauer am Brunnenplatz niederlassen, weil ich mich immer noch nicht traute, mich mitten unter meine Idole zu setzen, da spürte ich auch schon Raschkes kurze Berührung an meiner Schulter. Er grinste mich an. Ob ich einen Trip mit ihm teilen möchte, er habe noch einen, die Annette habe erst gestern LSD genommen, heute habe sie keine Lust.

«Allein möchte ich nicht so gerne. Weißt du, es war ganz dufte mit dir am Samstag.» Es hatte ihm gefallen mit mir! Seine blaugrauen Augen sahen mich fast bittend an. In der Hand hielt er ein lila Löschpapier und zerriss es in zwei Teile. «Ist das etwa – ein Trip?»

«Vorgestern hatten wir das auch! Du lernst. Wie in der Schule.»

«In welcher Schule gibt's diese Sorte?» Er zeigte auf sich selbst. «Dann möchte ich, dass du mein Lehrer bist!» Prüfend sah er mich an. «Bin ich das nicht schon?» Ich hätte meine Verlegenheit am liebsten überspielt mit einer Umarmung – doch dazu fehlte mir der Mut.

Am Rande meines Blickfelds nahm ich Johnny wahr. Johnny, in den ich so verliebt gewesen war, Johnny, den ich monatelang verfolgt hatte. Erst vor wenigen Tagen hatte er mich einfach in Blitz und Donner stehen lassen. Mit Einkaufstüten bepackt, verschwand er um die Ecke. Raschke drückte meine Hand. Ich unterdrückte eine kurze Gefühlsaufwallung, schluckte die aufsteigenden Tränen hinunter und wandte mich meinem Lehrer zu.

An diesem Abend fand ich heraus: Ein halber Acid ist nicht so stark wie ein kompletter und dauert auch nicht acht bis zehn, sondern nur fünf, sechs Stunden. Trotzdem kann er einen völlig aus der Bahn werfen. Ich war heilfroh, nur eine Hälfte davon erhalten zu haben. Am schlimmsten waren die Begegnungen mit Erwachsenen, mit meinen Eltern. Ich brauchte viel Übung und ein Dutzend LSD-Erfahrungen, um solche Situationen einigermaßen zu meistern. «Niemand sieht es, wenn man es nicht weiß», erklärte mir Raschke, «ich sehe es, weil ich es kenne, weil ich weiß, wie Tripaugen aussehen. Vielleicht der eine oder andere von der Clique auch – aber auch nur die paar, die selbst auf Trip gegangen sind. Niemand kann in deinen Kopf reinsehen – das musst du dir gut merken!»

Meine Eltern hielten sich bei unseren Nachbarn auf, und meine Schwester war mit ihren Barbiepuppen bei der doofen Jutta. Im Esszimmer hockte mein zehnjähriger Bruder vor seinem Lego. Erfreut, nun nicht mehr allein im Haus zu sein, überredete er uns lebhaft zu einer Partie «Mensch-ärgere-dich-nicht». Überrascht von der Heftigkeit des halben Löschpapiers, konnte ich mich zunächst nicht entscheiden, welche Farbe ich nehmen sollte. Es dauerte Jahre, bis ich schließlich, unter dem erwartungsvollen Blick meines Bruders und dem kontrollierenden meines Lehrers, rot nahm. Raschke spielte mit Schwarz, Martell mit Grün. Die Partie begann gesittet, doch im weiteren Verlauf wurden wir immer kreativer im Umgang mit den Regeln. Phantasievoll spielten wir unter dem LSD-Einfluss mit einer Mischung aus konzentrierter Ernsthaftigkeit und wildem Gelächter, bis uns die Tränen kamen. Martell wurde immer konsternierter, vor allem, als er zweimal von dem schwarzen Raschke kurz vorm Stall rausgeworfen wurde. Beleidigt rief er: «Mit euch kann man gar nicht richtig spielen!» «Sieh mal hier! Tschüssi!» Ich küsste meinen kleinen Roten und warf den letzten Grünen im letzten Viertel raus. Martell ärgerte sich dermaßen, dass er beinahe das Tischtuch runtergezogen hätte. «Ich bin doch noch ein Kind! Hättet ihr mich denn nicht gewinnen lassen können», heulte er jammernd, «immer wollen die Großen alles für sich, das ist gar nicht nett!» Er warf die Arme in die Luft, während er aufgeregt schreiend im Zimmer hin- und herlief. Abrupt endete unser Lachanfall, und meine Tränen verwandelten sich in Tränen der Spannung und der Angst. Martell kam mir in seinem kindlichen, aufrichtig empfundenen Ärger auf einmal unberechenbar vor. «Ich bin noch ein Kind, ein kleiner Junge!», schrie er, nun zornesrot im Gesicht. Wer wusste schon, zu was er in diesem Zustand der Hysterie fähig war, womöglich würde er uns noch alle umbringen. Wie ein Blitz durchzuckte mich eine Vision von Blut und Wahnsinn, abgetrennten Körperteilen, ausgerissenen Haaren und hingemetzelten Geschwistern, Eltern, Nachbarn, alle dramatisch zurechtgelegt auf einem riesigen «Mensch-ärgere-dich-nicht»-Spielbrett, wie in einem Kunstwerk. Raschke, ebenfalls ein bisschen bestürzt, nahm meine zitternde Hand und riss mich aus meiner Erstarrung. «Los, komm, weg hier!» Wir machten, dass wir schnellstens durch die Terrassentür wegkamen. «Ein ganz kleiner Junge bin ich noch, ja, das bin ich!», hallte es tränenerstickt hinter uns her, und: «Warte nur, ich sag alles der Mutti, wenn sie gleich wieder da ist!»

Unseren Trip ließen wir im fast dunklen Sommerwald auslaufen. Wortlos betrachteten wir Blätter, Äste, Erde, Steine und unsere Hände, so lange, bis wir meinten, die Handinnenflächen seien einst gefertigt worden von einem mittelalterlichen Meister, aus einem feinen, unbekannten Metall, das sich jeder Bewegung anpasste. Den letzten «richtigen» Kuss empfand ich irgendwie als befremdlich; als kaute ich auf einem nassen Gewebestück herum, das ich noch nie zuvor gefühlt und geschmeckt hätte, und ich war nicht in der Lage, ihn wie sonst zu genießen. Dann setzte ein sachter, erfrischender Regen ein. Raschke hob langsam, zögernd eine Hand, und ich glaubte bereits, er würde meine Brust umfassen, als er den Arm nachdenklich wieder sinken ließ. Ich muss ihn verdattert angeschaut haben, denn er sagte plötzlich mit beinahe trotzigem Nachdruck in der Stimme: «Ich bin zwanzig!», lachte kurz und hell auf und richtete seinen Blick nach oben zu den säuselnden Wipfeln der Bäume, aus denen der feine Regen auf uns herunterflog. Er sah sehr schön aus mit den kleinen, schimmernden Tropfen in den braunen Wimpern und den glänzend überzogenen Wangenknochen. Wie auf eine fremde Art geschmückt.

Am folgenden Tag kam völlig unerwartet auf dem Brunnenplatz nach der Arbeit einer der begehrtesten Typen der Gegend auf mich zu. Oft hatte ich ihn zusammen mit Raschke gesehen. Zotti hatte überschulterlange, fast schwarze Locken und olivgrüne Augen. Er ging mit Dagmar. Viele Mädchen beneideten sie um den hübschen, geheimnisvollen Zotti. Mit Dagmar zu reden hätte ich nie den Mut aufgebracht. Sie war schon fast achtzehn. Zotti war neunzehn und hatte einen schlechten Ruf bei Lehrern, Eltern und anderen Erwachsenen. Auch anderen Jugendlichen war er nicht geheuer, sie mieden ihn wie die Pest. Das alles machte ihn interessant, und ich fühlte mich geschmeichelt, dass er vor allen anderen mit mir redete. Er lachte und meinte, er müsse dringend was mit mir besprechen. Er hatte von mir gehört!

«Von wem?»

Zotti duftete nach diesem Parfüm, das sie fast alle benutzten. Wenn ich doch nur wüsste, wie es hieß. «Von wem wohl, vom Raschke natürlich!» Sein Grinsen erstarb, und mit gesenkter Stimme forderte er mich auf, mitzukommen in den nahegelegenen, kleinen Park vor der Kirche. Ausgerechnet dahin, wo sich meine Oma des Öfteren aufhielt, wenn sie mal wieder aus dem Totenkeller kam. Ein kleines Pfeifchen und eine halbe Stunde später besaß auch ich so ein Fläschchen mit diesem tollen Duft. Auf dem Etikett stand «Patschuli». Und darunter, etwas kleiner, «Duftöl», und darunter, noch kleiner, «Made in India». Erwartungsvoll sah Zotti mich an: «Ich warte hier! Lass dich bloß nicht erwischen, und wenn, sag niemandem meinen Namen!» Fest hatte ich das kleine, braune Ölfläschchen in meiner

Umhängetasche umklammert. «Und wenn es nicht klappt, muss ich dir dann dieses Öl zurückgeben?» Leicht verwirrt blickte er auf mich herab. «Quatsch! Behalt das mal!» Beglückt drehte ich mich um und wollte gerade gehen, als er leise hinter mir herrief, ob ich mir auch die Namen gemerkt hätte. Ich nickte im Weitergehen und machte ein zustimmendes Handzeichen.

Im Krankenhaus war man erstaunt, mich wieder zu sehen. «Du hast doch jetzt Schluss, oder?»

«Hab was vergessen.»

Püppi hatte mich ein paar Mal mitgenommen zu ihrem Vater, wenn sie ihn ab und zu in seinem Zimmer im Krankenhaus besuchte. Da man mich zusammen mit ihr gesehen hatte, fiel ich nicht auf. Wie immer war es nicht abgeschlossen. In einem günstigen Moment huschte ich in das Oberarzt-Zimmer.

«Du hast die Namen vergessen, stimmt's?»

Zotti hatte plötzlich ein Fahrrad, und mit mir hintendrauf radelte er in ein Waldstück. Voll Spannung durchwühlte er die Beute in meiner Umhängetasche. Besonders zufrieden war Zotti nicht. Ich gab zu, mich in der Aufregung wohl vertan zu haben. Prüfend hielt er einen Riegel mit durchsichtigen Ampullen hoch, besah genau die Aufkleber mit den Inhaltsstoffen, schüttelte ein anderes Fläschchen gründlich, suchte die Tabletten und Pillen ab nach Brauchbarem. Seine Miene erhellte sich. Er hielt die braune Flasche unter meine Nase. Po-la-mi-don, las ich. Zotti griff nach dem Packen Spritzen und Kanülen. Kopfschüttelnd löste er sein indisches, besticktes Halstuch, das so wunderbar roch, und wand es geübt um seinen Oberarm, etwas oberhalb des Ellenbogens. «Schade. Fast nur Unbrauchbares für den Müll, diese Dokters sind heutzutage nicht mehr so ausgerüstet wie früher …»

«Wie früher …?»

«So wie in den zwanziger Jahren zum Beispiel, da hatten sie sogar Kokain für Notfälle dabei, jede Menge Opiate und Morphium, flüssig, als Tabletten, Pulver … paradiesische Zeiten waren das …»

Mit großen Augen sah ich ihm interessiert zu.

«So'n Mist, alle viel zu dick, diese Pferdenadel muss ich jetzt nehmen, weil du nur Zehner und Zwölfer erwischt hast! Ich werde bluten wie ein abgestochenes Schwein!»

Er zog eine riesige Spritze mit diesem Polamidonzeugs auf. Die Nadel wurde bei dem Ding nicht in der Mitte, sondern oben seitlich aufgesteckt. So groß war sie, dass ich die Flüssigkeit kaum erkennen konnte. «Egal, irgendwie krieg ich die schon rein!» Er hielt sie kurz ins Gegenlicht, drückte den Kolben gegen die dicke Kanüle, bis oben ein kleiner Tropfen heraustrat, und sprach mit sich selbst. «Zwei Strich voll, sonst kipp ich um ... die Stricknadel meiner Oma, die ist dünner als das hier ...» Er stach sich beherzt mit der dicken Nadel in die abgebundene Vene seiner Armbeuge, auf der sich eine kleine Reihe von roten Punkten befand, wie kleine Korallen auf einem Faden. Er zog den Kolben einmal kurz an. Ein roter Blutwurm schien sich in der durchsichtigen Flüssigkeit zu winden. Dann drückte er schnell ab, löste geschwind das umgebunde Halstuch, lehnte sich zurück auf den Waldboden und stöhnte vernehmlich. Seine Augenlider flatterten leicht, bis sie fast geschlossen waren und zur Ruhe kamen. Mit veränderter Stimme sagte er sehr langsam: «Aaaahh! Sehr ... guuuut ... Polamidon. Das ist fast reiner als das Heroin, was man heute bekommt!»

«Ich will das auch.» Keine Antwort. Etwas verdreht lag er still atmend da, die vollen Lippen nun schmal und hart zusammengepresst. Dann seine Stimme. Von ganz weit weg. «Wahnsinn. Da sind ... Adler ... Ich sehe Adler ... Felsen ... und ... kreisende ... Aad-ler.»

«Hörst du, ich will auch!» Er nahm meine Gegenwart wieder wahr, öffnete die olivfarbenen Augen, warf kurz einen Blick in meine Richtung und machte wieder dicht. Er flüsterte fast.

«Vergiss es.»

Gekränkt packte ich ihn an der Schulter. «Das ist richtig gemein, ich hab schließlich alles geholt!»

Mühevoll richtete er sich halb auf und machte mit seiner Hand eine ablehnende Geste. «Erstens ... fixe ich keine ... kleinen ... Mädchen an, zweitens erst ... recht nicht, wenn sie die Tochter meines … Französischlehrers … ist, … drittens nicht mit … solch einem Gerät!» Er wies auf seinen blutenden Arm und die riesige Spritze mit der übergroßen Kanüle drauf, die neben ihm im Gras lag. Erneut seufzte er tief. Die Lider fielen ihm zu … «O … Mann, da sind sie … wieder … –»

«Wer?», wollte ich wissen und wurde zornig.

«… Adler …»

Am Freitag handelte ich mir manche missbilligende Bemerkung ein. Zweimal ließ ich beinahe ein vollbeladenes Tablett fallen, und in der Teeküche zerdepperte ich einen Stapel mit sieben Tassen. Eine halbe Stunde vor Schluss besah die Oberschwester prüfend aus nächster Nähe mein Gesicht. Ich zwang mich, ihrem strengen Blick standzuhalten, es gelang mir aber nicht. «Nervöse rote Flecken im Gesicht können eine Krankheit im Anmarsch bedeuten … oder aber ein schlechtes Gewissen …»

Bei der Begutachtung würde jeder ein schlechtes Gewissen kriegen, dachte ich. «Oder man ist verknallt!», rief Walla Larella aus der hinteren Ecke zwischen zwei Bissen in den unaromatischen Krankenhausapfelkuchen. Die beiden anderen Schwestern kicherten kindisch und verlegen. Ich fühlte mich wirklich nicht besonders gut, jetzt, wo die Oberschwester es sagte. Außer Atem war Walla Larella auch heute, wie in den letzten beiden Tagen, zu spät und etwas zu zerzaust auf «Innere Männer» erschienen. «Du kannst nach Hause gehen, erhol dich am Wochenende, wir brauchen dich am Montag in alter Frische.»

«Eben hat jemand für dich angerufen. Ich habe gesagt, dass du in zwei Stunden zu sprechen bist, denn als Teil der Gemeinschaft erledigst du erst deine Aufgaben hier im Haushalt.» Die Stimme meines Vaters verlor den freundlichen Unterton. «Ich weiß nicht, mit wem du so zu tun hast, aber Leute, die ihren Namen nicht sagen … na, ich halte davon nicht viel.» Er war bereits im Begriff zu verschwinden, als er die Tür nochmal aufmachte. Jetzt klang er wirklich unfreundlich. «Ich verbiete dir, mit solchen Leuten umzugehen! Wir fahren alle zusammen heute Nachmittag zur Sperre, wie sich das für eine normale Familie am Wochenende gehört … –»

«… un es fährt mit! Obwohl ich ja gar keine Lust hab, mir sein Gesicht mit diser schlechten Laune anzugucken …», brüllte meine Mutter dazwischen. Schwer atmend drehte mein Vater das Gesicht Richtung Badezimmer. Wahrscheinlich hatte er sich im Laufe der Ehejahre daran gewöhnt, ständig unterbrochen zu werden. Nun war einer der seltenen Fälle, in denen er ihr ins Wort fiel. Sein Oberkörper straffte sich, und er versuchte, autoritär zu wirken.

«Mäuschen, ich spreche ja gerade mit ihr! Lass mich mal!» Doch so schnell ließ sich sein Mäuschen nicht beruhigen. Stampfend trampelte es durch das Badezimmer, betätigte die Dusche, drehte plötzlich das Wasser ab und schrie: «… und das Badezimmer muss es machen! Ich bin schon fast färchtich damit, wuppwupp geht das bei mir!» Ich tat so, als wäre ich seelenruhig, und nahm die Zahnbürste wieder auf. Mein Vater starrte mich an. Man hätte meinen können, er hätte mich noch nie zuvor gesehen.

«Haben wir uns verstanden?»

«Wuppwupp!»

«Es gibt Dinge, die getan werden müssen, dazu gehört, das Haus in Ordnung zu halten! Also mach voran!»

Gereizt saßen wir später alle beim Mittagessen zusammen in der Küche. Das artige Kind Martell maulte über das Essen, und Henrike, das andere artige Kind, erzählte laut, dass ich den Flurteppich im ersten Stock so gut wie gar nicht gesaugt hätte. Und die Badewanne hätte ich sehr oberflächlich geputzt. Meine Mutter fing wieder laut an, das Tirbachs Barbara zu loben. Zwischendurch weinte sie ein bisschen, was wiederum meinen Vater auf die Palme brachte. Bald war ein lautstarker Streit im Gange. Henrike zeigte mit dem Finger auf mich. Rot vor Zorn war ihr Gesicht. «Das da hat Schuld! Immer muss es so komisch sein! Und es hat gesagt, Jutta ist doof! Meine beste, allerbeste Freundin! Und meine Puppen findet es auch doof!»

«Hast du das wirklich gesagt?», wollte mein Vater wissen und sah mich scharf an.

«Wenn sie nun aber wirklich doof ist?», verteidigte ich mich. Angriffslust stieg hoch in mir. «Sie ist das dööfste Mädchen, das ich kenne!»

Wuppwupp schmiss ihr Besteck auf den Tisch und kreischte: «Selbst wenn es so wäre, sagt man es nicht! Du hast überhaupt kein Benehmen! Und jetzt machst du die Küche! Henrike trocknet ab!»

«Und Martell? Der muss nie helfen, das ist …», schrie ich wütend.

«Ruhe jetzt! Martell ist ein Junge! Und er ist erst zehn! Keine Widerworte mehr!» Sie stampfte aus der Küche. Mein Vater sprach leise vor sich hin: «Das ist alles sehr unerfreulich. Sehr unerfreulich …» Er stand auf und ging meiner Mutter nach. Im Türrahmen bekräftigte er noch einmal: «Das ist nicht schön, das alles, das habe ich mir nicht so vorgestellt …», und, an mich gewandt: «Du warst früher ganz anders.» Laut hörte ich Wuppwupp nebenan weinen und schimpfen. «Ich hätte meinem Vater mal Widerworte geben sollen, ich wäre hart bestraft worden! Bei den Tirbachs gibtes so was nicht! Die können sich garnich vorstellen, dass ein Kind so sein kann, bei denen gehorchen alle aufs Wort! Wozu hat man überhaupt Blagen?» Dann stand sie wieder in der Küche, schnappte sich die Zigaretten vom Küchenschrank und brüllte in unsere Richtung: «Und eins sage ich euch, schafft euch niemals Blagen an, niemals, womöglich werden sie falsch, so wie du! Hausarrest heute und morgen!» Und mit ihren typischen, ruckartigen Bewegungen trampelte sie endlich raus. Wenn mich irgendetwas wirklich traf, dann war es diese Bezeichnung der Erwachsenen: Wir waren Blagen. Keine Kinder. Und: Man bekam keine Kinder, sondern man schaffte sie sich an. So wie man sich ein Auto anschafft.

Nach dem Mittagsschlaf meiner Eltern setzten sich alle ins Auto und fuhren an die Talsperre. Ich war eingesperrt im Haus, die Schlüssel hatte meine Mutter mitgenommen. Also kroch ich durchs Kellerfenster nach draußen. Im Wäldchen lagerten an der bekannten Stelle, von außen praktisch nicht zu erkennen, drei Typen. Raschke, Zotti und jemand, vor dem ich unheimlichen Respekt hatte, ein Dunkelblonder mit kräftigem Schnurrbart und einer mehrfach gebrochenen, schlecht verheilten, schiefen Nase. Walter Brüser. Dass kein anderes Mädchen da war, erleichterte mich sehr, denn sie waren alle viel älter und viel schöner als ich. Ich kannte Walter nur vom Sehen, er hatte mich natürlich nie beachtet; im Gegenteil, ich konnte seine Ablehnung spüren, selbst von weitem. Das leise Gespräch erstarb augenblicklich. Walters Miene verfinsterte sich. «Neeneenee – mit dem da, kommt gar nicht in Frage, auf keinen Fall!» Raschke meinte, ich sei in Ordnung, er habe mich geführt. Das missfiel Walter erst recht. Er starrte Raschke ungläubig an. «Was, ich hör wohl nicht recht, du hast mit dem einen Trip genommen? Hast du sie noch alle?» Seufzend schüttelte Raschke den Kopf, ließ sich zurück ins Gras sinken und winkte mich zu sich. Schnell nahm ich dankbar neben ihm Platz. Er legte sogar vor den beiden anderen den Arm um mich. Zotti meinte, Walter solle sich nicht so aufregen, schließlich sei ich es gewesen, die aus dem Ärztezimmer im Krankenhaus so einiges rausgeholt habe. «Blödsinn! Das kann doch die Klappe nicht halten!»

Walter Brüser war sehr schlecht gelaunt. Er warf mir aus stechenden, wasserhellen Augen einen Blick zu, sodass ich wirklich Angst bekommen hätte, wenn Raschke nicht gewesen wäre. Schließlich wurde Zotti ungeduldig. Er stand mit einem Ruck auf, verschwand im Dickicht und kam nach zwei Minuten mit einem Plastikbeutel zurück. Er öffnete ihn, packte ein paar Sachen zusammen, steckte sie in einen kleineren Beutel und warf ihn Walter Brüser vor die Füße. «Hier, das ist deins. Keine Sorge, wird alles durch vier geteilt, du kannst gerne nachschauen.» Vier? Was meinte Zotti damit? Mürrisch strich sich Walter die langen Haare hinter die abstehenden Ohren, beugte sich vor und sah wirklich genau nach. Sein Gesicht erhellte sich merklich. Dennoch wollte er auch den größeren Sack inspizieren. Zotti warf ihn rüber. Schließlich schien Walter zufrieden. Gelassen hatte Raschke einen Marienkäfer auf meinem Arm betrachtet, als ginge ihn das alles gar nichts an. Vorsichtig klaubte er das Käferchen ab, setzte es auf einen Grashalm und sagte: «Jetzt habe ich richtig Lust drauf. Schmeiß mal alles rüber, Zottel!» Walter stand auf. «Ich verzieh mich mal. Manche Dinge mache ich lieber alleine. Bis dann!»

Zotti wollte wissen, ob er seiner Freundin was gesagt habe, wofür er einen vernichtenden Blick und eisiges Schweigen erntete. «Alles klar!», lachte Zotti gutmütig. Sein Plastikbeutelchen verstaute Walter im Gehen in seiner dünnen, hellbraunen Lederjacke, dann war er endlich weg. Und mit ihm verschwand der Stress, den er durch seine bloße Anwesenheit auslöste. Gutgelaunt witzelnd wühlten Raschke und Zotti in dem Säckchen.

«Das ist gut ... und das hier ... das ist auch nicht schlecht ... dies hier könnte man mal probieren ... dufte, das da wollte ich immer schon mal haben ... und das taugt auch was ...»

«Hast du heute Zeitung gelesen?», fragte mich Zotti. Ich dachte daran, wie ich die letzten vierundzwanzig Stunden verbracht hatte, und schüttelte den Kopf. «Wir stehen nämlich drin. Ziemlich groß sogar, Apothekeneinbr...–» Raschke fiel ihm ins Wort und machte ihm ein Zeichen mit der Hand.

«... ist ja auch egal. Hier, schenke ich dir!» Zotti reichte mir ein Dutzend Zahnbürsten in Originalverpackung, zusammengehalten mit einem Gummiring. «... und das hier auch!» Jede Menge Zahnpastatuben. «... und das hier!» Kleine, quadratische, flache Verpackungen, in der Mitte eine ringförmige Erhebung. Er lachte sich kaputt. «Erst die Zähne putzen, danach das hier. Garantiert gefühlsecht! Manche putzen sich die Zähne auch anschließend!» Raschke knuffte ihn in die Seite und meinte, er solle den Mist sein lassen. Ich grinste und tat so, als hätte ich Zottis Witz verstanden. Es war ein blödes, erniedrigendes Gefühl, mal wieder zu spüren zu bekommen, wie wenig ich doch von der Welt außerhalb meiner Familie wusste – von der richtigen Welt, mit welcher jeder außer mir vertraut war. Ob meine Eltern die richtige Welt auch nicht kannten oder ob sie sie vor mir verbargen, darüber dachte ich Jahre später noch nach, und ich habe nie eine befriedigende Antwort auf diese Frage erhalten.

Raschke kramte ein kleines Papierchen aus seiner Tasche, machte ein geheimnisvolles Gesicht, lächelte und sagte: «Ich muss dir was beichten, Zottel. Ich hab mit jemandem aus Köln was getauscht heute Morgen, es wird dir gefallen. Sieh dir das an! Wirklich duftes Zeug!» Zotti riss es ihm aus der Hand, öffnete es sehr vorsichtig, schnupperte daran, zerrieb eine winzige Menge des hellbraunen Pulvers zwischen den Fingerspitzen und leckte einige Körnchen mit der Zungenspitze auf. Mit freudig überraschter Miene starrte er Raschke einen Moment wortlos an. Langsam nickte er. «Macht einen duften Eindruck, mal sehen, ob es wirklich so ist!» Raschke gab mir einen flüchtigen Kuss auf den Oberarm. «Maître Zotti kocht heute für drei!» Mit einer Spritze zog Zotti etwas Wasser auf aus einem Fläschchen, schüttete sorgsam ein wenig Pulver auf einen umgebogenen Suppenlöffel mit geschwärzter Unterseite, mengte ein schneeweißes Pulver dazu und verrührte das Ganze, bevor er sein Feuerzeug unter den Löffel hielt. Nach kurzer Zeit begann der Brei sich aufzulösen, wurde klarer und klarer und warf Blasen. Der Koch rührte mit der Spritze darin herum. Ich sah, wie auch die letzten Schlieren sich in der relativ klaren Flüssigkeit auflösten. Nicht so klar wie Wasser, aber ohne sichtbare Rückstände. Schließlich legte Zotti den großen Löffel auf dem kleinen Erdhäufchen vor ihm so ab, dass er völlig gerade war. Raschke hatte seine Camel Filter aus der Brusttasche gezogen, klemmte sich eine mit dem Filter voraus zwischen die Zähne und zog mit einem Ruck den Tabak vom Filter. Das braune Papier machte er ab und reichte den Filter Zotti, der ihn seinerseits mit den Zähnen längs teilte und in den Löffel legte. Augenblicklich saugte der Streifen sich voll. «Hast du schon mal was von Heroin gehört?», wollte Zotti wissen, während er zwei Spritzen aufzog. Das Wort hatte ich irgendwo gelesen, und im Fernsehen hatte ich es auch mal gehört, doch ich konnte mir nichts Genaues darunter vorstellen. Jetzt fing mein Herz gewaltig an zu pochen. «Keine Sorge», beruhigte mich Raschke, «Achtzehner! Die merkt man gar nicht!» Er wies auf die sehr dünnen, feinen Nadeln, die Zotti auf die Spritzen aufsteckte und den Kolben der Spritzen vorsichtig nach oben drückte, sodass aus den Kanülenspitzen ein feines Tröpfchen schoss. Also wusste er Bescheid, was ich für Folterinstrumente angeschleppt hatte, und mir wurde klar, dass sich diese Nummern auf die Nadeldicke bezogen. Raschke öffnete die Gürtelschnalle, zog den Gürtel geschickt aus den Schlaufen seiner Jeans, wickelte das Leder um seinen Oberarm, zog zu und klemmte sich das Ende ohne Schnalle zwischen die Zähne. Zotti nahm zum Abbinden sein Halstuch. Sie setzten an, zogen hoch, bis ein Faden Blut in der Spritze zu sehen war, zählten kichernd bis drei und drückten beide gleichzeitig ab. «Ein Tick von uns …», war Raschke gerade noch zu erklären in der Lage, und dann setzte die Wirkung voll ein. Schnell lösten sie die Abbindung des Oberarms, schnappten nach Luft und fielen zurück ins Gras. Zotti ächzte und kratzte sich in Zeitlupe an der Nase. Raschke verhielt sich ganz still. Sein Atem ging unregelmäßig, und sein Gesicht war stark gerötet. Verdreht lag er im frischen, jungen Gras. Ich fand, Heroin und frisches Gras standen ihm gut. «Muss doch unbequem sein, so zu liegen», rutschte es aus mir heraus. Mit kraftloser, verfremdeter Stimme erwiderte Raschke stockend, gleich würde ich selbst feststellen, dass es Dinge wie Unbequemlichkeit unter Heroin nicht gab. «Im Gegenteil …», krächzte Zotti undeutlich flüsternd, ohne aufzuhören, sich im Gesicht und am Hals zu kratzen. «Alles … ist … be … quem, … sogar Käl … te, Win …», er stockte, «… ter gibt's gar … nicht mehr …», fuhr er mühsam fort. «Raschke, du … hattest … recht …» Geduldig wartete ich, ließ ihnen die Zeit, die sie brauchten. «Raschke.»

«Uuh … Dasssis … wie'n … Orgas … mus … im Kopf …»

«Mmmh …» Es bereitete Raschke sichtlich Mühe, ein-, zweimal zu nicken … Mit geschlossenen Augenlidern blickte er mich an. «Warte, du bist … gleich … dran –»

Dieses Wort, Orgasmus, kam öfter in den verbotenen Zeitschriften meiner Eltern vor. Was es bedeuten sollte, wusste wahrscheinlich alle Welt außer mir. Schweigend lagen die Jungen auf dem weichen Waldboden, inmitten von Plastiktüten, eingepackten Spritzen, Kanülen, Tablettenröhrchen, Ampullenschachteln, Vitamintabletten, Zahnpasta und Hustenbonbons. Wenige Meter neben unserem Versteck spazierte lärmend und lachend eine Familie den Wanderweg entlang. Gedankenversunken starrte ich in Raschkes Gesicht, ohne ihn wirklich zu betrachten. Zotti kicherte ab und zu und kratzte sich das Gesicht. Ich erschrak, als Raschke unvermittelt die Augen öffnete. Er sah mir mit einem merkwürdigen Ausdruck geradewegs in die Augen.

«Na, dann wollen wir mal.»

Erleichtert stellte ich fest, dass seine Stimme etwas klangvoller war als vor einer Stunde. Zotti beobachtete gähnend, wie er mit der Messerspitze etwas von dem Pulver auf den Löffel tat, ein anderes, weißes Pulver dazugab. «Wir lieben's als Pulver, das Vitamin C, noch ein Tick von uns.» Zustimmend grinsend nickte Zotti. Wieso kratzte er sich dauernd im Gesicht?

«Vitamin C? Warum?»

«Ohne Ascorbinsäure, eben Vitamin C, oder Zitrone löst sich das Zeug nicht richtig auf, man braucht es unbedingt zum Aufkochen.»

«Wenn gar nichts anderes da ist, kannst du auch ein paar Tropfen Essig nehmen, das ist aber nicht so gut, und beim Flash hast du einen fiesen Essiggeschmack im Mund«, warf Zotti ein.

«Und du merkst auch, wie der Essig durch deine Venen schießt, das ist vielleicht ein komisches Gefühl», ergänzte Raschke, der nun ein Stückchen Zigarettenfilter in die heiße Flüssigkeit auf dem Suppenlöffel getan hatte, die Spritze da durch aufzog und die dünne Achtzehner aufsteckte. Mein Herz hämmerte, als ich mir den Ärmel hochschob. Behutsam band mir Raschke den Arm oberhalb der Beuge mit Zottis Halstuch ab, prüfte, inwieweit die Vene fertig geschwollen war, und wollte ansetzen, als ich ihn unterbrach. «Gib her.» Einen kurzen Augenblick blickte er mich zögernd an, dann gab er mir die Spritze. «Drück ruhig schnell ab, das gibt einen besseren Flash!» Unter der Haut pulsierte leicht bläulich die Vene. Ich atmete tief durch, setzte an, stach zu, zog an, sah dunkles Blut und drückte den Kolben herunter. Ich spürte, wie mir behände die Abbinde gelöst wurde, und sank seitlich in Raschkes Arme, überschwemmt von der Wucht des Heroins.

Das Gefühl lässt sich nicht beschreiben. Es ist mit nichts auf der Welt vergleichbar, und für die nächsten dreiunddreißig Jahre würde ich den größten Teil meiner Energie einsetzen, um es mir wieder zu holen. Wie jeder Junkie unterlag ich anfangs dem fatalen Irrtum, das überwältigende Gefühl der ersten Schüsse erneut und immer wieder erleben zu können. Man weiß noch nicht, was Sucht bedeutet, dass sie aus verschiedenen Stadien besteht und dass sich nur die erste

Zeit als Anfänger wirklich lohnt. Wenn sich nach einigen Wochen oder Monaten, je nach Qualität und Quantität des Heroins, die Zellkerne irreversibel auf Opiate eingestellt haben, durchleidet man die schreckliche Pein des ersten Entzugs, sobald der Nachschub unterbrochen wird.

Haschisch fand ich nett, LSD interessant, Heroin aber war schlicht die Krönung. Es gibt nur einen Stoff, der ähnliche Faszination besitzt, dessen Wirkung sich aber von der des Heroins grundlegend unterscheidet: Kokain. Es war Anfang der siebziger Jahre schwer und nicht überall erhältlich; das wird der Grund gewesen sein, warum ich es erst so spät kennenlernte. Wirklich interessant ist Kokain nur intravenös, und auch nur die ersten zwei Minuten. Kokain sniffen und rauchen kommt in den Müll werfen gleich. Koks muss man schießen. Der eigenartige Zustand mit Heroin von Topqualität hält auch bei Langzeitjunkies mitunter drei Stunden an, bevor die Wirkung verfliegt. Bis die Entzugserscheinungen beginnen, braucht es vier, fünf Stunden. Fünf Stunden Zeit, sich den nächsten Druck zu organisieren. Fünf gute Schüsse bringen einen entzugfrei über vierundzwanzig Stunden, während ein richtiger Kokainjunkie durchaus deren fünfzig und mehr im selben Zeitraum wegmacht. Und das, obwohl Kokain keine körperlichen Ausfallserscheinungen mit sich bringt. Dann beschert es jahrzehntelang Albträume schlimmster Sorte, hyperaktive Nervosität, grundlose Misstrauensattacken aus heiterem Himmel und lästigen Verfolgungswahn. Niemand kann vorhersagen, wann man wieder einigermaßen klar in der Birne ist. Die tiefen Spuren im Kopf eines richtigen Kokainjunkies sind so lang anhaltend und unberechenbar, dass ich einem achtwöchigen Heroinentzug, so ekelhaft er auch sein mag, den Vorzug gebe, denn ich weiß: einmal ausgestanden, ist es vorbei. Keine körperlichen oder geistigen Schäden durch Heroin, die nicht innerhalb weniger Monate reparabel wären, in krassem Gegensatz zu Kokain. Vorausgesetzt, man hat eine einwandfreie Leber, ein vollständiges Gebiss mit festem Zahnfleisch, einen heroinfreien Bekanntenkreis und noch andere Interessengebiete als Drogen.

«Sieh mich mal an!» Mühsam gehorchte ich. Prüfend sah mir

Raschke in die Augen. Von ganz nah. Starre Pupillen, klein wie Stecknadelköpfe. Obwohl sie nicht so lebendig wirkten wie sonst, fand ich diese Augen wunderschön. So stelle ich mir einen Vampir vor. «Ich kann deine Steckis von hier sehen», vernahm ich Zottis Stimme. Raschke schlug vor, wir sollten noch ein, zwei Stunden an diesem Ort verweilen, da wir bestimmt Schwierigkeiten hätten, uns normal zu bewegen und zu sprechen. Es sei außergewöhnlich gutes Heroin, fügte er hinzu, sehr selten zu kriegen. Es war mir ganz recht, hier herumzuliegen und mich meinem Zustand hinzugeben. Ich schloss die Augen wieder. «Zotti, da sind wirklich Adler», brachte ich stockend heraus. Sie schwebten zwischen bizarren Felsentürmen. Auch wenn ich noch viele seltsame und entrückte Sachen zu sehen bekommen sollte: Das Majestätische dieses inneren Bildes ließ sich niemals wiederholen. Als ich drei Stunden später zu Hause war, legte ich *Jefferson Airplane* auf, streckte mich auf meinem Bett aus und hörte meinen Lieblingssong *White rabbit*. Dieses Lied in Verbindung mit meinem ersten Heroinschuss brannte sich unauslöschlich in mein Gehirn ein.

Ich verspürte Erleichterung, weil die letzte Woche Arbeit im Krankenhaus anbrach, und gleichzeitig große Ungeduld, sie möge rasch vorübergehen. Nervös und fahrig versah ich, so gut es in meiner verträumten Verfassung ging, meinen Dienst und blieb nie auch nur eine Sekunde länger als erforderlich. Eine neue Ernsthaftigkeit hatte sich meiner bemächtigt, die mich etwas unangreifbarer sein ließ gegenüber dem ständigen Krach zu Hause und den anderen Krankenhausmitarbeitern, deren oberflächliche, gespielte Heiterkeit mir nicht nur bloß auf die Nerven ging, sondern mich teilweise richtig kränkte. Ich konnte es nicht ertragen, wenn die Krankenschwestern hinter dem Rücken der Patienten über sie und über Arbeitskollegen herzogen und in einem fort lästerten. Es erschien mir nicht recht, nicht würdig, Kranke lächerlich zu machen. Dass dies vielleicht ihre Art war, mit den vielfältigen Belastungen des Krankenhausalltags fertig zu werden, kam mir nicht in den Sinn. Wenn es wieder mal unerträglich für mich wurde, dachte ich daran, wie viel Lebenserfahrung ich im Gegensatz zu diesen Ignoranten hatte, die nur über

Mode, Schlagersänger und Frisuren sprachen. Niemals redeten sie über Themen, die mich beschäftigten, stellten niemals die Welt um sie herum in Frage oder forschten nach dem Sinn des Ganzen.

Das Wort «Sex» prangte in jeder Zeitung, auf Werbeflächen und stand sogar in krakeligen Buchstaben auf der rückseitigen Wand der Kirche. Allmählich begann die Neugier die Abscheu zu verdrängen, und ich fragte mich den größten Teil des Tages, wie sich so ein «Sex» wohl anfühlen mochte. Beim heimlichen Lesen der Dr. Sommer-Kolumne in der *Bravo*, die ich mir von Walla Larella in der Mittagspause auslieh, erfuhr ich unvorstellbare Dinge, die so schlüpfrig waren, dass ich verstand, warum die Erwachsenen so ein Geheimnis daraus machten. Was ich da las, war bei weitem erregender, als sich die Männer und Frauen in Unterwäsche im Neckermann-Katalog anzuschauen. Als mein kürzlich verstorbener Opa vor zwei, drei Jahren mitbekam, dass ich mir diese Katalogseiten besonders interessiert ansah, riss er sie wutentbrannt heraus, und als ich auswich auf seine Völkerkundebücher und Kunstbände, musste ich enttäuscht feststellen, dass er mir zuvorgekommen war. An sämtlichen prägnanten Stellen hatte er kurzerhand Löcher eingerissen, sodass die ohnehin schon armlose Venus von Milo nun auch noch ihrer Brüste beraubt war. Ihre göttlichen Kolleginnen in den dicken Lederbänden waren von meinem Opa genauso schonungslos verstümmelt worden.

Jedenfalls hatte ich in der Zeit im Krankenhaus einiges Interessante über den Gebrauch von Rauschgift, die Bestimmung der primären und sekundären menschlichen Geschlechtsteile und über den Tod gelernt.

An einem frühen Mittsommerabend hielt ich mich bei den Typen am Brunnenplatz auf. Eine Ente mit aufgerolltem Verdeck, dem Lieblingsauto aller sauerländischen «Typen», und ein Renault Vier, vollgestopft mit bekifften Langhaarigen in bester Feierlaune, kamen angefahren. Aus der Ente quoll *The Kettle* von *Collosseum*. Alle Köpfe drehten sich den Neuankömmlingen zu. Die Ente öffnete sich, und heraus fiel mehr, als dass er sprang, Johannes Stricker mit wirrem

Haar und stacheligem Bart auf seinem hervorstehenden Kinn. «Tu mal *Ginger Baker's Airforce* drauf, *Early in the morning*, das ist so dufte.» Bei den ersten Tönen hüpfte er auf und ab und von links nach rechts und zappelte dazu mit Armen und Beinen. «Was tut er da?», wunderte sich der behäbige Diethelm. «Er tanzt», schmunzelte Hiltrud.

Ich beobachtete, wie noch mehr Leute aus den beiden Autos quollen. Es befanden sich zwei Typen und ein Mädchen darunter, die ich hier noch nie gesehen hatte. Die Jungen sahen sich recht ähnlich, beide hatten kinnlange, dunkelbraune Locken und einen Vollbart, wobei der des jüngeren, hübscheren, ganz kurz war und heller als sein Kopfhaar. Das Mädchen schien zu dem älteren zu gehören, ihre langen Haare glänzten im Sonnenschein des späten Nachmittagslichts. Sie legte oft ihren Arm um seine Schulter und drückte sich an ihn. Die anderen kannte ich bereits. Plötzlich erblickte Johannes von weitem Häsi und begann augenblicklich, seinen Namen zu schreien. Bestimmt wollte er nach Shit fragen. Ich verspürte ebenfalls Lust, was zu rauchen, und da der Stricker immer nett und freundlich zu mir war, fasste ich mir ein Herz und gesellte mich zu ihnen. Außer Doris waren alle schon um die zwanzig, und die beiden unbekannten Brüder waren sicher noch älter. Sie wirkten so frei, so abgeklärt, schienen über den Dingen zu stehen und hatten bestimmt keine Schwierigkeiten mit ihren Eltern. Johannes Stricker stellte mich vor und wies auf den einen, der «Großer Tom» genannt wurde, und danach auf den anderen, den «Kleinen Tom». Das Mädchen hieß Gudrun. Sie waren aus derselben Stadt im Ruhrgebiet, in der meine Verwandten Onkel Emil und Tante Lotti wohnten. Der «Kleine Tom» nickte mir kurz zu und wandte sich wieder seinem Buch zu. Die Abbildungen der Gemälde darin schienen ihn sehr zu fesseln. Ich lugte über seine Schulter und sah ein altertümlich gemaltes Bild mit augenlosen, in graue Fetzen gehüllten Männern, die eine Reihe bildeten. Die erste Gestalt fiel gerade in eine Grube, der Zweite sah so aus, als habe er gemerkt, dass da was nicht stimmt, während die beiden anderen noch nichts von dem bevorstehenden Unglück ahnen. Das Bild wirkte sehr beunruhigend auf mich. Gerne hätte ich gewusst, was für ein Gemälde es war, das der hübsche «Kleine Tom» so anstarrte, traute mich aber nicht zu fragen. Vom Bild schweiften meine Augen auf die dichten, braunen Locken, die sich leicht korkenzieherartig ringelten – meine Lieblingslocken. Afrolook, wie der nette Zwiebel ihn trug, und Krusellocken wie die von Thomas Müller gefielen mir nicht, aber die sachte in sich gedrehten Strähnen des Kleinen Tom, manche davon goldblond gebleicht durch die Sonne, fand ich wunderschön.

Häsi hatte keinen Shit zu verkaufen, meinte aber, man sollte mal Nervi fragen. Stricker sammelte von allen Geld. «Kleiner Tom, haste noch nicht genug von Brueghel? Gib mir mal zwei Mark, ja?» Der Kleine Tom kramte in seiner Umhängetasche und reichte Johannes ein Geldstück. «Oh, das sind fünf, dufte!»

Ich konnte schlecht einschlafen in dieser Nacht. Ich war mitgefahren zu Nervi, und wir hatten alle bei Sonnenuntergang im Wald einen gedümmelt. Aufgeregt hatte ich es so eingerichtet, dass ich neben dem Kleinen Tom saß und seinen Körper dicht spürte. Manchmal streiften mich seine Locken, das Auto war eng. Der Maler, der ihn so faszinierte, war aus Holland und hatte im ausgehenden Mittelalter gelebt, erfuhr ich. Johannes Stricker liebte diesen geheimnisvollen Künstler ebenso innig wie der Kleine Tom. Es gäbe zwei Maler mit dem Namen Pieter Brueghel, sagte er, er liebe den «Bauern-Brueghel», den «Brueghel, den Jüngeren». Das sei ja fast so wie «Großer Tom» und «Kleiner Tom», warf ich ein, und es stellte sich heraus, dass beide Brüder in der Tat Maler waren. Zwei Dinge gingen mir durch den Kopf. Das eine war, ob ich selbst auch Malerin werden könnte, und das andere war … der Kleine Tom. Ich versuchte, mir die Einzelheiten seines Gesichts in Erinnerung zu rufen, doch es wollte mir nicht gelingen. Nur seine ausdrucksvollen grauen Augen sah ich. Und der Verabredung am Samstag fieberte ich entgegen. Monika hatte vorgeschlagen, einen LSD-Trip zu nehmen. Ein Trip mit dem Kleinen Tom? Begeistert hatte ich zugesagt … ich gebe zu, ich hatte mich aufgedrängt, dass den anderen nichts anderes übrig blieb, als mich mitzuschleifen. Egal. Ich wollte den Kleinen Tom.

Ich hatte mittlerweile so oft Shit geraucht, dass ich es nicht mehr zählen konnte, ich hatte entsetzlichen Kummer wegen Johnny gehabt, hatte drei tote Kinder, ihren toten Onkel und kurz darauf meinen toten Großvater gesehen, ich war in ein Arztzimmer im Krankenhaus eingedrungen und hatte Ampullen, Pillen und Spritzen gestohlen. Ich hatte LSD probiert, mir von Dietmar Raschke das richtige Küssen beibringen lassen. Ich hatte Heroin in meine Adern gespritzt und die Heimtücke hinter der unbeschreiblich guten und vermeintlich tröstlichen Wirkung noch nicht durchschaut. Ich kostete zum ersten Mal den erregenden Vorgeschmack des Begehrens und konnte mir überhaupt nicht vorstellen, dass andere Mädchen meines Alters von Drogen, Tod und Sexualität nicht ebenso fasziniert waren wie ich. Die Ereignisse hatten eine Erwartungshaltung in mir ausgelöst, alles schien auf einen Höhepunkt hinauszulaufen. Und jetzt noch das überwältigende Verlangen, den Kleinen Tom so nahe wie möglich zu spüren. Zu fühlen. Meinen Eltern wich ich aus, wo immer es ging, sie behinderten mich in der Entfaltung meiner Phantasien. Kein Tag ohne anstrengende Zankereien, lästigen Streit und zornige Tränen auf beiden Seiten. Ich fühlte mich gegängelt, kontrolliert, kleingemacht und hatte in ihrer Gegenwart stets das Gefühl, versagt zu haben. Die halbe Stadt sprach über die legendären pädagogischen Fähigkeiten meines Vaters. Zweifellos stand er mir ungleich näher als meine Mutter, doch unternahm er zu meiner Enttäuschung nie den Versuch, mich in meiner Verwirrung aufzufangen. Zaghafte Versuche meinerseits, auf seltenen Spaziergängen mit ihm allein über das zu reden, was mich bewegte und beschäftigte, blockte er schnell ab, sodass wir beide eine Minute verlegen schwiegen und hastig nach einem unverfänglichen Thema wie Wetterkunde, Sternbilder, dem verlorenen Schatz der Inka oder deutsche Grammatik suchten. Meine permanent Hektik verbreitende Mutter vermochte noch nie richtig zuzuhören, ständig unterbrach sie oder wechselte abrupt über zu einem ganz anderen Thema, wuppwupp. Zwischen ihr und mir gab es keine Vertraulichkeiten. Die Gespräche drehten sich ausschließlich um meine berufliche Laufbahn im diplomatischen Dienst, als Archäologin in Peru oder Ägypten oder wenigstens als Lufthansa-Stewardess. Mein Vater sah mich in seinen Träumen verheiratet mit einem Botschafter oder Wissenschaftler, den ich in Ausübung meiner beruflichen Tätigkeit kennengelernt hatte, und er malte sich aus, wie eines Tages eine teure Limousine vorfuhr, der das Traumpaar entstieg. «Das ist meine Tochter!», würde er dann stolz verkünden, «sie war an der Botschaft in Brasilien tätig. Nun, Seine Exzellenz hat sie geheiratet.»

Zahllose Beispiele von ehrgeizigen Kindern diverser Lions-Club-Mitglieder, befreundeter Chefärzte, Fabrikanten oder Diplomaten und immer wieder und wieder die Großtaten meiner langweiligen Mitschülerin Barbara Tirbach zielten darauf hin, meinen Leistungswillen zu einer beruflichen und privaten Karriere anzustacheln. Verbunden waren solche Ausführungen immer mit dem Bedauern, rückblickend auf meine Kindheit, dass ich nie etwas aus meinen vermeintlich begnadeten Talenten gemacht hätte. Was hätte ich für eine Eiskunstläuferin werden können. Ich hätte Turniere reiten können. Mit solch einer Gelenkigkeit hätte ich doch leicht Kunstturnerin … mit solch einem ungewöhnlichen Gedächtnis müsste ich längst die Klassenbeste in Fremdsprachen … weißt du noch, als Zweijährige, was war es da noch süß und hübsch, und alle Pilze des Waldes kannte es auf Latein! Und mit Tieren kann es so gut umgehen, vielleicht sollte es doch lieber Veterinärmedizin studieren! Während sie so redeten, dachte ich an ganz was anderes. Der Kleine Tom ging mir nicht aus dem Kopf.

«Ich werde Malerin!» Erschrocken hielten sie inne und starrten mich unsicher an. «Nun ja … äh …», mein Vater fasste sich als Erster, räusperte sich und meinte schließlich: «… das ist eigentlich nichts Richtiges. Aber wie wäre es denn, wenn du …»

Über die Miene meiner Mutter glitt der Sonnenstrahl einer guten Idee. «… Kulturattachée wirst!», unterbrach sie ihn eifrig, «das hat auch was mit Kunst zu tun, is abber nich brotlos!» Dankbar nickte mein Vater ihr zu, ließ sich von ihrem Eifer anstecken und strahlte mich mit hochgezogenen Augenbrauen an. «Richtig. Brotlose Kunst. So heißt es immer. Maler gibt's wie Sand am Meer, da muss man nicht nur richtig gut sein, sondern auch Verkaufstalent haben.» Ich hatte nie Verkaufstalent: Als echtes Kind meiner Zeit kam es mir unmoralisch vor, Menschen das Geld aus der Tasche zu ziehen, um mich selbst zu bereichern.

Vorerst würde ich mir den für Samstag geplanten LSD-Trip leisten. Zwölf Mark kostete ein Löschpapierviereck, und ich hatte mein schwererarbeitetes Geld für zwei Wochen im Krankenhaus erhalten: einhundertzwanzig Mark! Noch nie hatte ich über so einen hohen Betrag verfügt, mir war ganz schwindelig bei dem Gedanken, was ich mir alles dafür kaufen konnte. Gerne hätte ich meinen Vater gefragt, traute mich aber nicht. Und ich hätte gerne noch viel mehr gefragt, etwa, warum ich solch eine Verwirrung spürte, warum ich mich von Rauschgift und von unaussprechlichen Phantasien angezogen fühlte, warum ich mir selbst so fremd vorkam und warum mich oft völlig unvermittelt aus heiterem Himmel unsägliche Traurigkeit überschwemmte, deren Ursprung mir absolut unbekannt war. Hatte ich nicht alles, was sich ein Mädchen nur wünschen konnte? Warum die Dankbarkeit, die ich ehrlich von ganzem Herzen empfand, mich von Kopf bis Fuß erfüllte, nicht zu beruhigen vermochte – ein weiterer Grund, mich selbst mit unruhigem Misstrauen zu beobachten. Ich versuchte, nicht an diese Dinge zu denken. Alles würde sich von selbst regeln: Eines Morgens würde ich aufwachen und wäre erwachsen. Es konnte nur besser werden! Wenigstens ein Problem hatte sich gelöst. Mein Entschluss stand fest. Ich würde Malerin werden.

Trotz der sommerlichen Wärme trug ich am Samstagmittag einen nagelneuen, elfenbeinfarbenen Mantel mit Kapuze in der neuen Länge «Midi» sowie eine farblich dazu passende, neue Handtasche mit mehreren silbernen Schnallen. Genau dreizehn Mark hatte ich übrig behalten, dafür würde ich mir von Monika für zwölf Mark den Trip besorgen lassen und hätte noch eine Mark für eine Coca-Cola. Am Brunnenplatz hätten sich alle Typen der näheren und weiteren Gegend versammelt. Aus Pittchen's VW-Bus erklangen die mir bis dahin nicht bekannten Hardin&York, wofür sich Musikliebhaber Johannes Stricker momentan besonders begeisterte. Sofort wackelte er in seiner typischen Weise mit dem Kopf, indem er virtuos den Hals schüttelte, das struppige Kinn hochgereckt von links nach rechts schleuderte und zusätzlich noch im Takt mit dem Unterkiefer mahlte. Damit man mich überhaupt wahrnahm, versuchte ich, mich an Gesprächen zu beteiligen, und gab mir schreckliche Mühe, nicht wie eine unreife, dumme Vierzehnjährige zu wirken. Eine halbe Stunde zuvor hatte Monika das LSD verteilt. Bevor mir jemand anders zuvorkam, hatte ich schnell meinen Trip geteilt und dem Kleinen Tom die eine Hälfte einfach in die Hand gedrückt. Ohne ein Wort zu sagen, hatte er mir offen ins Gesicht geblickt, die grauen Augen einen Moment lang schmal gemacht, sich langsam, doch ohne zu zögern, das Papierchen in den Mund gesteckt, ohne seinen Blick von mir zu wenden. Dann hatte er die Augen geschlossen, den Trip runtergeschluckt, den Kopf in einer kurzen Bewegung, die einer Verbeugung glich, geneigt und die Augen wieder geöffnet. Die Grazie dieser poetischen Geste ließ ihn noch anziehender auf mich wirken, und ich hatte gespürt, wie mein Gesicht heiß geworden war. Erwartungsvoll klopfte mein Herz, als wir nebeneinander auf dem schmalen Waldweg durchs Gras stapften. Die letzten Fingerhüte blühten leuchtend purpur zwischen den Nadelbaumstämmen, durch den Wald schien helles, goldenes Sonnenlicht und ließ in breiten Strahlen summende Insekten und sirrende Samen tanzen. Zufrieden schauend und schweigend wanderten wir sechs Tripper am Waldrand entlang. Über weiches Gras schlenderten wir lächelnd die spät blühende Wiese hinunter ins Tal zu einem sprudelnden Bachlauf. Unter einer knorrigen Kopfweide machten wir Rast. Die Optik hatte sich inzwischen komplett verschoben, und die Geräusche der Pflanzen und der Tiere waren so nah, dass ich glaubte, sie anfassen zu können. Der Kleine Tom legte bäuchlings sich vor das quirlende Wasser und starrte hinein. Johannes und Monika lagen eng umschlungen im Gras. Gudrun saß im Schneidersitz auf einem Maulwurfshügel, den sie als Kissen benutzte. Der Große Tom hatte es sich bequem gemacht und seinen Kopf in Gudruns Schoß gebettet. Träumerisch sah er den Wolken nach und ließ sich von seiner Freundin das Haar kraulen. Wie gerne hätte ich das Gleiche mit seinem Bruder gemacht. Noch nie hatte mir ein Junge seinen Kopf in den Schoß gelegt, damit ich sein Haar streicheln konnte. Wie sich das wohl anfühlen mochte? «Sieh dir das an!», rief erstaunt der Kleine Tom. Dicht neben ihm schaute ich ins Wasser, dessen bewegte Oberfläche kreisende Blasen und gluckernde Muster warf, die sich in jeder Sekunde veränderten und zu einem neuen Ganzen wieder zusammensetzten. «Wie ein merkwürdiger Teppich», meinte ich bezaubert und schluckte. Ein Kloß saß mir in der Kehle, von Raschke wusste ich, dass das ein normaler Begleitumstand von LSD war, je nachdem, wie viel Speed hinzugemischt war, war dieser Druck stärker oder weniger stark. «Ein fliegender Teppich vielleicht ...», erwiderte der Kleine Tom. Er wirkte ziemlich entrückt. Der halbe Trip war recht stark, ein ganzer wäre zu viel gewesen, ich hatte so ja schon Mühe, mich zu kontrollieren. Immer hatte ich das Gefühl, jeder könnte mit LSD viel kontrollierter umgehen als ich. Ich wurde immer so – wahnsinnig. Manchmal regelrecht ... außer mir. Nicht drinnen in mir selbst.

Ich wandte meinen Blick vom Wasser ab hin zu Toms Haar. Seine haselnussbraunen und von der Sonne gebleichten welligen Strähnen gefielen mir sehr, und ich ertappte mich, wie meine Hand plötzlich über seinen Kopf fuhr. Er erwiderte augenblicklich die Berührung, indem er den Hals bog, seinen Kopf gegen meine Handfläche drückte und den streichelnden Bewegungen entgegenkam. Besonders niedlich war, dass er dazu brummende Geräusche ausstieß, so, wie ein Kater schnurrt. Wir verbrachten Monate, so schien es, diese Zärtlichkeit genießend, in der warmen Nachmittagssonne, bis es mir in dem neuen Mantel zu heiß wurde. Während ich ihn auszog, bewunderte der Kleine Tom die Grasflecken, mit denen die Vorderseite mittlerweile übersät war, und meinte, es sähe aus wie psychedelische Kunst oder surrealistisch. Diese Begriffe kannte ich nicht, traute mich aber mal wieder nicht zu fragen, sondern tat so, als stimmte ich seinem Urteil zu. Gott sei Dank wurden wir unterbrochen. Monika und Johannes forderten uns alle auf, zu ihnen zu kommen, sie betrachteten schon seit geraumer Zeit etwas völlig Irres. Rötliche kleine, mehrfach geteilte Insekten mit winzigen Fühlern wuselten zu Tausenden umher, manche trugen weißliche Eier, manche zerrten unter größten Anstrengungen einen Käfer oder Grashüpfer ihren Hügel hinauf, wieder andere leisteten als Kundschafter Pionierarbeit. Alle wussten genau, wohin sie wollten und welche Aufgabe sie in ihrer Gesellschaft zu erfüllen hatten. Johannes sagte, es seien kommunistische Ameisen, organisiert in Arbeitsgemeinschaften und Kolchosen mit allgemeinem Besitztum, woraufhin Monika wissen wollte, wie er darauf käme. «Das sieht man an ihrer roten Farbe», erklärte Johannes. Wir brachen in Gelächter aus. Monika sprang auf wie von der Biene gestochen, rieb sich den runden Hintern und klopfte sich die stämmigen Oberschenkel ab, während sie unaufhörlich schrie. Johannes versuchte, ihr die enge Hose runterzureißen, was ihm aber nur mit großer Mühe gelang; eher schälte er sie Zentimeter für Zentimeter runter, um die kommunistischen Ameisen einzeln abzupicken. «Ja, könnt ihr mal helfen!», herrschte er uns an, worauf wir eiligst alle an Monikas Speckfaltenhüften rumgrapschten, um die Quälgeister abzupflücken. Jetzt wiederum lachte Monika hysterisch. «Ich bin schrecklich kitzelig!», kreischte sie. Gerade hatte sie sich etwas beruhigt, da fing Johannes an zu wackeln und zu tänzeln und zu hüpfen. «Scheiße, ich muss ganz plötzlich dringend aufs Klo, hat einer Klopapier mit?» Hoffnungsvoll sah er einen nach dem anderen an, doch alle schüttelten den Kopf. «Nimm doch Blätter!», riet der Große Tom. «Nein, bloß nicht, ich habe eine sehr empfindliche Haut am Po!» Energisch winkte Johannes ab. Er sah ein bisschen panisch aus. Während er auf und ab hüpfte, erhellte sich sein Gesicht: «Monika! Zieh dein Unterhemd aus!» Ohne zu zögern, knöpfte sie sofort ihre blaubestickte weiße rumänische Bauernbluse mit den weiten Ärmeln auf. Sie war sehr stolz auf diese Bluse. Erleichtert fiel er ihr dankbar um den Hals. «Ach, Monika, das finde ich wirklich ganz, ganz dufte von dir, dass du das für mich tust! Das ist doch wirklich Liebe!»

«Es ist dein Unterhemd», sagte sie ungerührt und wollte sich gerade das Hemd über den Kopf streifen. Augenblicklich kehrte die Panik auf Johannes' Gesicht zurück, und er trat einen Schritt zurück. Abwehrend fuchtelte er mit den Armen. «Nee, dann will ich es nicht mehr!» Als wir jetzt erst recht lachten, zog sich Johannes hüpfend und springend zum nächsten Gebüsch zurück. «Erniedrigt und beleidigt fühle ich mich!», schrie er wütend aus dem Busch. «Iih! Wie eklig! Wie ich es hasse, meinen Po mit Gras und harten Blättern abzuputzen! Na wartet, wenn euch das mal passiert, wird euch schon das Lachen vergehen! Kacken auf Trip ist echt Scheiße! Denkt an meine Worte!»

Ich gab ihm recht. Auch ich hatte meine Schwierigkeiten damit, und auf Trip erst recht. Hinzu kommt das verschobene Zeit- und Raumgefühl. Es dauerte manchmal ein Jahr, bis ich mit dem lästigen Entsorgen meines Stoffwechsel-Endproduktes fertig war. Die Geräusche und der Gestank bedeuteten eine zusätzliche Quälerei, und oft überwältigten mich schlimme Klaustrophobie-Attacken. Ich bemühte mich, möglichst mit leerem Darm LSD zu nehmen, was natürlich selten gelang.

Der unglückliche Johannes versuchte im Gebüsch laut jammernd mit strohigem Gras und piksendem Laub, die Sauberkeit seines zarten Popos wiederherzustellen. «Eine Allergie werde ich kriegen, ich spüre das jetzt schon, alles kratzt und juckt, Monika, du hast es leicht mit den paar Piksern!» «Leicht? Es pikt leicht? Haben schon mal Tausende von Ameisen ihre Eier durch deine Unterhose getragen, oder woher weißt du das so genau?», meckerte Monika, während sie sich in ihre Hose zwängte. Gudrun riss einen Grashalm aus und streichelte damit zart über die Stirn vom Großen Tom, der sich wieder in ihren Schoß gerollt hatte und den Himmel beguckte, nachdem er das Interesse an dem Ameisenhaufen verloren hatte. Plötzlich setzte er sich auf. «Ob die Wolken auf uns runterfallen können? Mir scheint, sie kommen immer näher, seht euch das mal an!» Augenblicklich starrten wir alle nach oben. «Los, lass uns besser abhauen!», brüllte Johannes und kam mit einem gewaltigen Satz aus dem Busch gesprungen. Während wir den Hang hochhasteten zum Waldrand, meinte der Kleine Tom keuchend, dass es bestimmt schmerzhafter sei, von herabfallenden Wolken getroffen zu werden, als ein paar tausend Ameisen in der Unterhose zu haben oder sich den Arsch mit hartem Laub abzuwischen, besonders, wenn man direkt oben am Kopf getroffen würde. Ich wusste nicht so recht, was ich von seiner Bemerkung halten sollte, denn er kicherte die ganze Zeit. Vorsichtig schielte ich erneut himmelwärts. Tatsächlich! Die Wolken schienen sich farblich verändert zu haben, sie wirkten nun bedrohlich, aufgetürmt, rasend und dunkel, auch vernahm ich aus der Ferne eine Art Grollen. «Gleich wird es windig, ich spüre es genau …», fügte der Kleine Tom hinzu. Er hatte den Satz soeben zu Ende gesprochen, als ein heftiger Luftzug die Tannen am Waldrand erbeben ließ. Eine Welle der Bewunderung für ihn durchfuhr mich. Wieder verspürte ich den Wunsch, ihn zu berühren. Am Waldrand angekommen, suchten wir Schutz unter alten Tannen und Kiefern. Geheimnisvolles Rauschen und Wispern durchwehte den Wald, es war mir, als könnten wir uns unter einer schützenden Decke aus kunstvoll zusammengewebten Geräuschen vor allem Bedrohlichen verstecken – sogar vor wütenden Wolken. Außer Atem machten wir halt unter einer besonders mächtigen Kiefer mit weitausladenden, unzähligen Ästen und Zweigen, die auf Augenhöhe aus dem dicken Stamm herausstachen. Harziger Duft stieg in unsere Nasen. «So kann man seinen eigenen Bernstein machen, seht her.» Gudrun kratzte ein wenig Harz hier und dort ab, rollte eine dicke Kugel und hielt sie hoch. Monika stieß Johannes an. «Wenn das stimmt, sind wir alle bald reich.»

«Ich finde, es ist eher unangenehm klebrig», meinte ich zögernd. Die beiden Tom-Brüder hatten unterdessen entdeckt, wie man auf einem Nadelbaum Musik macht. Rhythmisch bearbeiteten sie Äste und Stämme mit aufgehobenen Stöcken. «Klasse», schrie Johannes begeistert, «hört sich fast an wie Ginger Baker!», und schon tanzte er hüpfend herum, dass wir befürchteten, er würde sich auf dem schrägen Abhang alle Knochen brechen. Es war eine Vorform von Pogo – nur gab es diesen Begriff noch nicht, es war der Sommer im Jahr 1970. Wir tanzten ziemlich exotisch, ohne viel Beinbewegung, mehr aus dem Oberkörper, mit wedelnden Armbewegungen und einem sanften Hin und Her des Halses. Als überragendste Tänzerin galt Hiltrud. Sie wiegte und wand sich auf der Stelle, die Arme meistens dicht an die Taille und an die Hüften gepresst, die Hände gewagt an den Innenseiten der leicht gespreizten Oberschenkel, kreisender Unterleib. Ihre Augen waren geschlossen, und der Hals bog sich grazil im Rhythmus von einer Seite zur anderen. Manchmal sah es aus, als würde sie gleich in die Knie gehen. Ihr Tanzen hatte etwas schlangenhaft Gewundenes, Schraubendes. Sie war mehr als einfach nur «sexy». Die laszive, konzentrierte Langsamkeit, ihr völlig weggetretener Gesichtsausdruck und ihre hemmungslos zur Schau getragene Erotik lockten sämtliche Jungen an. Glotzend standen sie um sie herum, um einen Teil ihrer Ekstase zu erhaschen, doch sie schien gar nicht wahrzunehmen, dass ihr überhaupt jemand zuschaute. Selbstvergessen und hingegeben an die Musik, war sie erst wieder ansprechbar, nachdem ihr rücksichtsvoll fünf Minuten, zur Rückkehr gewissermaßen, gelassen wurden. Wie konnte sie es aushalten, von Jungen so beglotzt zu werden? Und wie kam es, dass niemals jemand über Hiltrud herzog? Warum aber wurde über Mädchen schlecht geredet, die nicht im Entferntesten so schamlos in der Öffentlichkeit auftraten? Was war ihr Geheimnis? Ich hatte ungeheuren Respekt vor ihr. So viel, dass wir in all den Jahren kaum miteinander redeten – ich traute mich nicht an sie ran. Erst vier Jahre später, als ich von der Elfenbeinküste zurück war, hatten wir ein paarmal zusammen zu tun, weil ich auf dieselbe Substanz scharf war wie sie. Sie war kaum wiederzuerkennen, schrecklich abgemagert. Heroin. Beide, sie und ihr Freund Diethelm, waren auf der Nadel und äußerlich nur noch Schatten ihrer selbst, obwohl die Auswirkungen bei ihr weit schrecklicher waren als bei ihm. Nicht bei jedem wirken Opiate so schnell so verheerend. Als Hiltrud ein Vollzeitjunkie wurde, tanzte sie nur noch selten, aber wenn, war sie noch besser als vorher. Der Stricker tanzte ohne Grazie, dafür aber mit demselben hingebungsvollen Enthusiasmus wie Hiltrud. Wie sie sich aus dieser Welt hinaus«schraubte», so «schüttelte» er sich in den Orbit.

Irgendwann verloren wir die Lust an Musik und Tanz. Ich hatte sowieso nicht getanzt, das hätte ich mich nie getraut, vielleicht hätte ich ja lächerlich ausgesehen. Aber es machte Spaß, auf den Ästen herumzukloppen. Bald bemerkte ich, dass mein neuer Mantel nun außer dem psychedelischen Muster an der Vorderseite auch noch Tupfer von klebrigem Harz auf Schultern und Ärmeln hatte, und wurde unsicher, ob ich mich nun darüber ärgern sollte oder nicht. Nach und nach zerstreuten wir uns im Wald. Wo waren die andern? Neben mir ging der Kleine Tom in der unmerklich hereinbrechenden Lichtveränderung des späten Nachmittags kurz vor dem frühen Abend.

«Sieh mal da oben, was ist das?» Ich hatte oben auf dem Hügel, wo der Nadel- in Laubwald überging, ein schwaches Licht wahrgenommen. Er reagierte nicht, sondern nahm schweigend meine Hand. Damit hatte ich nicht gerechnet, gleichwohl ich mich gefragt hatte, wie sich seine Hand anfühlen würde in meiner. Fest fühlte sie sich an, und groß. Eine Männerhand. Ich spürte eine Welle der Begeisterung für diese Hand und den Mann, dem sie gehörte, und jetzt, wo ich die Hand hatte, war es mir nicht genug. Ich wollte mehr von ihm. Und ich wusste, ich würde mehr bekommen. Es geht mir sehr gut, sagte ich mir zufrieden. Ich werde bekommen, was ich will. Ich werde bekommen, was ich verdiene.

Schweigend lauschten wir dem Gesang der Vögel und den Insekten. Was er wohl dachte? Er ging neben mir, schaute mich aber nicht an. Er blickte in eine ganz andere Richtung. Was er wohl von mir dachte? Warum interessierte es mich zu wissen, was er von mir dachte? Ich verscheuchte diesen kurzen Anflug des Zweifels und versuchte, den Augenblick zu genießen. Soll er doch hingucken, wohin er will! Er würde mich noch sehr genau ansehen, das wusste ich. Zweige knackten dann und wann unter unseren Füßen und im niedrigen, vereinzelt stehenden Buschwerk unter hohen Stieleichen und Buchen. Was ist, wenn dies der letzte Tag meines Lebens ist? Besinn dich, sagte ich mir streng, besinn dich auf diesen Moment! Erste Abendfalter und Spanner mit breiten, fächerartigen Fühlern waren bereits unterwegs, taumelten mit sirrenden Flügeln unregelmäßig zwischen den glatten Buchenstämmen und der zerfurchten Rinde der Eichen hin und her, beschienen von golden tanzendem Licht. Autogeräusche kamen von weit her, kaum wahrzunehmen. Die nächste Straße war etwa einen Kilometer von unserem Standort entfernt und führte mitten durch den Wald auf der Höhe des langgestreckten Hügels. «Wenn sie nass werden, sehen sie aus wie Walhaut.» Der Kleine Tom wies auf die Buchenstämme. Ich versuchte, mich zu erinnern, ob mir nasse Buchenrinde je aufgefallen war, als wir uns dem Licht, das wir unten durch die Bäume hatten aufschimmern sehen, näherten. Es war eine Gebetsstation, typisch für das ländliche Sauerland. Vor einem Kreuz mit einem sehr leidend aussehenden hölzernen Jesus dran standen drei weiße Kerzen. Unter dem Kreuz eine trauernde Marienfigur und ein Johannes. In zwei Einmachgläsern befanden sich wirr durcheinander gesteckte, halb verdorrte Wiesenblumensträuße. Das Häuschen war weiß gestrichen und hatte ein spitz zulaufendes Dach, abgedichtet mit einem Streifen zerfledderter, grauer Dachpappe. Wir fanden kaum Platz, uns völlig unterzustellen, ein Drittel des Körpers war im Freien, selbst, als wir uns fest gegen das Gitter drückten. Wir hielten uns an beiden Händen und blickten uns an. Eine Handlänge war zwischen unseren Gesichtern.

«Weißt du, was der Stricker gesagt hat, wie du aussiehst? Wie ein Elf, der mit durchsichtigen Libellenflügelchen von Fliegenpilz zu Fliegenpilz fliegt und ihn mit einem silbernen Zauberstab antippt, und bei der Berührung gibt es einen Sternenstrahl zu einer Glöckchenmelodie!», brach es aus mir heraus. Der Kleine Tom senkte mit einem Kichern seinen Kopf, verstummte plötzlich, drückte sich an mich und packte mich am Hinterkopf. Er zog meinen Kopf zu sich rüber und küsste mich unvermittelt so intensiv, dass es mir buchstäblich den Atem raubte. Heilfroh, dass mich Raschke das «richtige Küssen» gut gelehrt hatte; so war ich in der Lage, seine Ungestümheit nicht bloß zu erwidern, sondern auf ihn einzugehen. Ich spürte seinen Mund an meiner Oberlippe, dann an meiner Unterlippe. Er küsst meine Lippen einzeln, dachte ich fasziniert, so kann man es also auch machen! Und schon hatte er mit seinen Zähnen meine Zunge erfasst und drängte mich zurück. Atemlos lutschte und saugte er ganz langsam in meinem Mund rum, dass mir Hören und Sehen verging. Gerade die Langsamkeit war es, was ihn unterschied von dem, was ich bisher erlebt hatte; ich wurde ganz schwach in den

Knien. Sosehr sich Raschke auch Mühe gegeben hatte: Ich fühlte etwas, was ich vorher so stark noch nicht gespürt hatte. Erst viel später ging mir auf, dass man diesen Zustand als «Verlangen» oder «Begehren» bezeichnet: Ich war scharf, wusste es aber nicht. Mit zittrigen Oberschenkeln und nach Luft schnappend wie ein Fisch auf dem Trockenen, löste ich mich kurz von ihm, um gleich darauf erneut in enger Umarmung meinen Mund auf seinen zu pressen. Es dauerte eine Ewigkeit, bis wir uns voneinander lösten, Atem holten und sofort wieder ineinander versanken. Mittlerweile war die Sonne untergegangen. Wir hatten gar nicht gemerkt, dass es dunkel geworden war. «Mir ist schwindlig …», murmelte ich. «Es ist immer …», er küsste mich auf den Hals, «… wieder …», er küsste mich auf die Stirn, «… schön … es ist immer wieder …», er knabberte an meinem Ohr rum, «… schön …» Ich fand es herrlich, diese Lebendigkeit, diese Kraft, diese … Macht zu fühlen, dieses Atemlose, diese Aufgewühltheit, das alles gefiel mir ungemein. Und er, zehn Jahre älter als ich, der Erfahrene, sagt so was Ermutigendes. Es ist immer wieder schön! Ich glaubte ihm aufs Wort.

Ganz allmählich lief der Trip aus, fast unmerklich, so weich. Die Sterne leuchteten über uns, und der halbe Mond stand als klare Sichel über sich sanft biegenden, rauschenden Baumwipfeln, als wir endlich eng umschlungen durch den duftenden, von Wärme erfüllten Wald den ganzen langen Weg zurückgingen bis zu der kleinen Stadt. Was für Musik er jetzt hören würde?, fragte ich ihn. Er musste nicht lange überlegen. «Die *Harvest*-LP von Neil Young, und du?» «Kenn ich leider nicht», entgegnete ich bedauernd, brauchte selbst aber nicht nachzudenken, was ich jetzt gerne gehört hätte. «Ich würde gerne *Hush* von Esther Ofarim hören.»

Ich hatte die Worte noch nicht zu Ende gesprochen, da bereute ich sie auch schon. Er lächelte mich an und drückte mich an sich. «Kenn ich auch nicht, ist aber bestimmt süß, oder?» Er hatte recht. Es war ein süßes Lied.

Noch nie hatte ich mich so gut gefühlt in Gesellschaft eines Menschen.

«Wo kommst du jetzt her? Um Gottes willen, wie sieht dein neuer Mantel aus! Gehört sich das für 'ne Vierzehnjährige? Flichten und Verantwortunck willst du nicht übernehmen, aber tun und lassen, was dir gefällt, ja? Das sollte das Barbara Tierbach mal wagen, ach was, das käme gar nicht auf so eine Idee, und das würde seinen Eltern auch nie widersprechen! Das hätte ich mal machen sollen, mein Vater hätte mich grün und blau geschlagen! Nie hätte ich Widerworte gegeben!» Ich kannte den Text meiner Mutter genau. Selten wich sie vom Original ab. Wäre ich doch nur volljährig oder wenigstens achtzehn. Es würde noch Jahrhunderte dauern, bis ich dieses Alter erreichte, Jahrhunderte der Tränen und des Zorns und der Ohnmacht! Um mich zu kontrollieren, hatten sie die Haustüre abgeschlossen, sodass ich gezwungen war zu klingeln. Meine Eltern gingen gegen zehn ins Bett, und um halb sieben morgens standen sie auf, ohne Ausnahme, nicht mal an Silvester. Sie sorgten sich sehr um ihren guten Ruf. Dreißig Jahre später, als mein Vater längst nicht mehr lebte, konnte meine Mutter immer noch nicht damit aufhören, permanent ihre Lebensvorstellung als die einzig wahre, die beste der Welt anzupreisen.

«Du hältst dich für makellos, stimmt's?», sagte ich einmal scherzhaft. Erstaunt sah sie mich an. «Natürlich! Wenn alle wie ich wären, gäbs keine Probleme auf der Welt. Jetz sach mir mal, wo ich Probleme mache, sarres mir! Ich werde doch färchtich im Leben! Probleme machen die anderen, ich doch nicht! Natürlich bin ich makellos!»

Erst mit Mitte vierzig war ich in der Lage, mir ihre Vorwürfe, Beschuldigungen und Pläne für MEIN Leben nicht mehr so zu Herzen zu nehmen. Vor anderen spielte ich die Selbständige, die Unangreifbare, später die Unnahbare. In Wahrheit verging kein Tag, keine Nacht ohne heftige Gewissensbisse und quälende Schuldgefühle. Das muss auch so sein, denn ich bin es, die falsch ist. Hätte ich keine Schuldgefühle, wäre ich ja ein gefühlloser, eiskalter Mensch ohne Gewissen. Verdorben, verkommen, böse und schlecht.

Je heftiger die Schuldattacken, desto mehr Drogen. Doch ich hatte mich gewaltig getäuscht. Meinen Gewissenskonflikten konnte ich nicht entkommen, egal, wie viel Heroin ich nahm, egal, in welchen Winkel der Erde ich auch flüchtete.

Mit einigen Leuten aus unserem Städtchen verbrachte ich das letzte Ferienwochenende bei den Tom-Brüdern. Am späten Samstagvormittag hielten zwei Autos mit heruntergerolltem Dach, vollgestopft mit Langhaarigen und Trommelrhythmen, vor unserem Haus. Normalerweise benötigte man mit einer Ente für die einhundertdreißig Kilometer knapp drei Stunden. Wir brauchten mehr als sieben. Alle paar Kilometer wurde angehalten und eine Pfeife rumgereicht. Als wir am frühen Abend endlich vor dem Haus der Tom-Brüder anhielten, waren wir alle in einem abgehobenen Zustand. Ich fühlte mich zerschlagen. Nicht vom übermäßigen Genuss des schwarzen Afghanen, sondern weil ich vor Sehnsucht nach dem Kleinen Tom verging.

Überall lagen Matratzen, Decken, Kissen und Schlafsäcke herum, auf niedrigen Holztischen standen überquellende Aschenbecher, gebrauchte Gläser, schmutzige Tassen, Zigarettenpapierchen, leere Van-Nelle-Beutel und zerfledderte Rothändlepackungen, vertrocknete Blumen in Flaschen. An den Wänden hingen Zeichnungen. Der Kleine Tom war wirklich sehr gut. Zeichnen konnte er!

Eineinhalb Stunden später waren wir alle in einer stillgelegten Kiesgrube auf dem Trip. Die Szenerie war wunderschön beleuchtet vom nicht mehr ganz vollen Mond, und die Kieshaufen glänzten in dem dämmrigen Licht und ließen Zwiebels riesige Afrofrisur geheimnisvoll leuchten. Er sah aus wie eine gigantische wandelnde Pusteblume. Nach zwei, drei Stunden, als es langweilig wurde, auf den Gipfelgraten der Kiesberge herumzuspazieren und uns hinunterzustürzen (auf Kies kann man herrlich auf seinem eigenen Hintern Schlitten fahren), bekamen wir Lust zu singen. Auf verschiedene Kiesberge verteilt, heulten, brüllten, bellten, seufzten und schrien wir den Mond an. Der Kleine Tom und ich hatten uns den ganzen Abend nicht berührt. Sehnsüchtig sah ich ihn des Öfteren an, doch wandte ich meinen Blick sofort zur Seite, wenn seine Augen meine trafen. Mit Herzklopfen betrachtete ich ihn sehr genau, wenn ich mich unbeobachtet wähnte. Seine Finger, kräftig und doch fein. Die sonnengebleichten Strähnen im honigbraunen Haar. Seine schlanke, geschmeidige Statur, sein leichter Gang, seine fließenden Bewegungen. Seine Mimik, eine expressive Mischung aus Skepsis und Spott. Sein bewegliches Elfennäschen, wie der Stricker es nannte. Seine grauen Augen. Seine braunen Wimpern, an den Spitzen etwas heller als der Rest. Sein rätselhaftes Lächeln, sein klingendes Lachen, sein gehaltvolles Schweigen. Gedankenverloren ging ich direkt hinter ihm, nur ihn wahrnehmend. Er trug einen cremeweißen, knielangen Mantel aus dünnem, gewelltem Fell, der linke Ärmel war halb abgerissen und mit einer großen schwarzen Sicherheitsnadel notdürftig befestigt, sämtliche Knöpfe fehlten, weshalb der Kleine Tom sich bei Kälte den Mantel fest um den schmalen Körper wickelte und ihn mit einer Hand vorne zuhielt. «Neu muss der Mantel mal sehr dufte ausgesehen haben!», entfuhr es mir. Er kicherte, ohne sich nach mir umzudrehen. «Der hat mal der Gila von Weitershausen gehört, sie hat ihn im Film getragen!», sagte der Große Tom, «Filmdrehen in München, Schwabing, Haschwiese im Englischen Garten … irgendwie ist er bei meinem Bruder gelandet.» Alle lachten, als sich der Kleine Tom jetzt umwandte. Im Gehen gab er mir vor allen einen schnellen Kuss auf den Mund, nahm mich bei der Hand und lächelte mich an. Stolz erwiderte ich diese überraschende Geste der Vertraulichkeit, die plötzlich wieder zwischen uns herrschte. Ich fand ihn absolut bewundernswert, hinreißend, hätte ihn am liebsten ohne Unterbrechung im Arm gehabt, gestreichelt und geküsst, wie ein kleines, kuscheliges Tierchen.

Zurück im Haus, verteilten sich die Leute in die Zimmer, ließen den Trip mit ein paar Joints auslaufen, indem sie sich auf Matratzen oder in Schlafsäcke legten, um jeder für sich nachzudenken oder bei leiser Musik zu entspannen. Ich war in einem Zimmer beinahe allein mit dem Kleinen Tom. Er hatte eine Langspielplatte aufgelegt, legte sich komplett angezogen auf die Matratze, hob mit einer Hand die Decke hoch und bedeutete mir, mich neben ihn zu legen. Glücklich beeilte ich mich, unter die Decke zu schlüpfen, als ob er es sich im letzten Augenblick noch anders überlegen würde. «Neil Young, ich hab dir von der Platte erzählt.» Ich nickte und küsste ihn auf den weichen Mund. Fest an den Kleinen Tom geschmiegt, empfand ich nur den Augenblick. Ich fühlte Toms Hände auf meinem Busen, doch unter meinen Pullover fasste er leider nicht. Ich versuchte, mir einzubilden, wir wären völlig allein, dass alles andere um uns herum versinken würde, als ob die Welt nur uns gehörte.

Was er fühlte, kann ich nicht sagen, da er mir nie Einblick gewährte in seine Empfindungen. Nicht das Geringste wusste ich über seine vorigen Freundinnen oder Beziehungen, nichts über seine Vorlieben und Abneigungen, welche er auch nicht in den wenigen, kostbaren, vertraulichen Momenten offenbarte. Es ist durchaus möglich, dass ich eine von vielen gewesen war, denn die Mädchen fühlten sich zu ihm hingezogen. Damals hätte es mich gekränkt, mich als ein am Weg liegendes Abenteuer anzusehen. Es dauerte Jahre, bis ich in der Lage war, trotz meiner eigenen unzähligen erotischen Erlebnisse und Testphasen vor allem zwischen vierzehn und siebzehn, zuzugeben, dass die Empfindung heftiger Verliebtheit mich jedes Mal überkam, egal, wie viele Jungen ich auch in besonders aktiven Zeiten innerhalb weniger Tage vernaschte. Ich glaube, ich bin für die Liebe geboren, für die Liebe in all ihren Ausprägungen. Jahrzehntelange Übung brauchte ich, um hinter dem undurchdringlichen Wirrwarr von wahren, eingebildeten und herbeigewünschten Gefühlen das Echte in mir ebenso wie in anderen zu erkennen.

Da mein Deflorator und ich nicht allein waren, verhielten wir uns still. Es gelang mir nicht, mich richtig zu entspannen, obwohl ich ziemlich erregt war und erfüllt von starkem Verlangen nach seiner Nähe. Mich irritierte, dass ich so nass war zwischen meinen Beinen, und ich fragte mich besorgt, ob ich krank sei. Wir öffneten unsere Hosen. Entschlossen zog ich meine ganz aus. Leise Stöhner und Seufzer erstickten wir in Kopfkissen und Decken, die wir uns gegenseitig auf den Mund drückten, und als er sich auf mich rollte, hörte ich Doris husten. Dieses Geräusch hemmte mich eine Sekunde derart, dass ich meinte, vor Ratlosigkeit heulen zu müssen, weil ich überhaupt nicht wusste, was ich tun sollte. Ich war herausgerissen aus der Verzauberung, in der ich mich soeben noch befunden hatte. Fest presste ich die Augen zusammen, noch fester presste ich seinen Oberkörper an meinen. Ich wünschte, er würde merken, wie sehr ich ihn wollte. Er zog die Decke komplett über uns und zögerte kurz, doch als ich die Beine öffnete, so weit es ging, und mit beiden Händen entschlossen seinen kleinen Hintern feste packte und auffordernd gegen mich drückte, fanden wir zurück zu uns. Seine Härte erstaunte mich. Ich hatte seinen Penis die ganze Zeit nur an meinem Unterleib und an den Oberschenkeln gespürt. Ihn dort mit der Hand zu berühren, traute ich mich nicht, und er machte keinerlei Anstalten, mir zu helfen. Endlich, kurz bevor mich wieder die Hilflosigkeit überkam, reagierte er. Langsam, bemüht, leise zu atmen, ließ er sich mit der Spitze seines Penis in mich gleiten, bis es nicht mehr weiterging. Er stöhnte auf und drückte sich mit aller Kraft stetig tiefer, immer noch langsam, nicht ruckartig, sondern gleichbleibend zart und hart. Ich hob den Kopf und legte mein Gesicht an seine Schulter, so eng es ging, und biss die Zähne zusammen. Ein heftiger Schmerz, hell und zerrend, herauslaufende, klebrige Nässe, dann war er fast bis zum Anschlag in mir drinnen und verharrte einige Augenblicke in Ruhe. Wenn das meine Eltern wüssten, wenn das mein erster Schwarm, der Messdiener Johnny, wüsste – nun war ich keine Jungfrau mehr, schoss es mir durch den Kopf, nun hatte ich es getan, mit dem Kleinen Tom, so, wie ich es mir gewünscht hatte, und ich fühlte große Erleichterung, ohne den Grund dafür zu kennen. Beide rangen wir nach Atem, ich unten, er oben. Dann begann er, sich vorsichtig zu bewegen. Drei, vier Minuten später war es vorüber. Er sackte zur Seite, ich blieb liegen in dieser ungewohnten Stellung, verklebt, mit pochendem Schmerz im ganzen Unterleib, die Beine weit auseinandergestreckt. Ein unbekannter Geruch stieg in meine Nase. «Ich war noch Jungfrau», flüsterte ich ein bisschen weinerlich in sein Ohr. Keine Reaktion. Er schien zu schlafen. Später war ich fest davon überzeugt, dass ihm meine Unberührtheit überhaupt nicht aufgefallen war. Ich hatte mir ein klein bisschen mehr Ritterlichkeit gewünscht. Als er drei Wochen später ein Wochenende im Sauerland verbrachte, erklärte mir der Kleine Tom, es sei besser, wenn wir uns nicht mehr sähen, er wolle frei sein. Dabei hatte ich mir solche Mühe gegeben, nicht zu klammern! Es war, als habe man mir das Herz herausgerissen. Für mich brach eine Welt zusammen.

Täglich am frühen Nachmittag stattete ich Häsi einen Besuch ab. Er gab mir zehn Gramm akzeptablen Grünen Türken für dreißig Mark. Ich verkaufte in der Schule und sonst wo die komplette Menge und verdiente zwei Mark pro Gramm. Dienstags fand die wöchentliche Hitparade im Bourbon-Club statt, wo ich sofort zusätzliche Abnehmer für das Haschisch gewann. In einer stürmischen Nacht fuhr ich mit einem Kunden in den Wald. Er redete eine Menge Blödsinn, fragte mich aus, staunte, wie alt ich war, und wollte wissen, ob ich keine Angst hätte, mit einem Wildfremden allein in den Wald zu fahren und ihm Drogen zu verkaufen. Mir wurde ganz mulmig, doch ich verbarg meine Furcht hinter einer Maske von Arroganz. «Eher müsstest du Angst vor mir haben», erklärte ich mit fester Stimme und erhobenem Kinn. Nach ein paar Sekunden Schweigen, während er mich ansah und ich seinem Blick, ohne mit der Wimper zu zucken, standhielt, reichte er mir einen Zehnmarkschein. Ich gab ihm zwei Gramm, dann ließ er den Motor an und fuhr mich brav zurück. So was wie ich sei ihm noch nie begegnet, meinte er und hielt vor der Tür des Bourbon. Ich nickte ihm zu, wie es Männer untereinander machen, sagte mit bedeutungsvoller Miene: «Selbe Zeit, selber Ort!», und schlug die Autotür zu. Innerlich jubelte ich. Ich hatte fertiggebracht, eine unangenehme Situation zu entschärfen, bevor sie ausartete. Warum? Weil ich die Nerven behalten und meine wirklichen Gefühle nicht preisgegeben hatte. Ich war ein Mäuschen, das sich kurzzeitig ein viel zu großes Tigerfell übergestreift hatte; und es hatte funktioniert. Stolz und selbstsicher klingelte ich an der Tür des Bourbon. Die Fensterluke wurde beiseitegeschoben. Musik quoll heraus, sie spielten *Alright now* von Free. Die Silhouette des Türstehers hob sich im Gegenlicht ab, er schloss die Luke wieder und öffnete die Tür für mich.

In meiner Klasse gab es noch drei Leute, die meine Interessen teilten. Die sex-experimentierfreudige kleine Anne mit der dicken Brille auf ihrer himmelwärts gerichteten Nase, der freche blonde Jürgen mit der schulterlangen Matte und der introvertierte Arztsohn Rüdiger, den ich am liebsten hatte. Er schien ähnliche Verwirrungszustände wegen seines neuen Körpers durchzumachen wie ich. Schon mit dreizehn guckten dunkle Brusthaare oben am Halsansatz aus dem Hemd. Er trug ständig einen Schal. Ich spürte, wie sehr er darunter litt. Dunkle Koteletten und dichte, fast zusammengewachsene schwarze Augenbrauen bildeten einen starken Kontrast zu seiner hellen Hautfarbe, ließen ihn um einiges düsterer aussehen, als er in Wirklichkeit war. Im Gegenteil, er war zart und fragil, feinfühliger als die meisten Mädchen. Ich fühlte mich immer hingezogen zu den Sensiblen. Rüdiger hatte eine Idee. Ein Schuljahr lang testeten wir die Auswirkungen von Haschisch, LSD, Captagon auf unsere Leistungen. Dass Rüdiger und ich uns auch fast jedes Wochenende zusammen Opiate in die Vene jagten, behielten wir strikt für uns. Es war das Geheimnis zweier Außenseiter unter Außenseitern. Das Experiment führten wir wie folgt durch: Wie schätzten wir unsere Leistung vorher ein, und was kam wirklich dabei raus. Am Ende des Schuljahrs verglichen wir unsere sorgfältig geführten Listen. Es stellte sich heraus, dass keine nennenswerten Abweichungen von der Selbsteinschätzung und den tatsächlichen Bewertungen der Lehrer waren. Interessant bei dem Experiment war allerdings: Je geringer die Erfahrung mit Drogen, desto mehr klafften die Noten von der eigenen Einschätzung auseinander, je mehr Erfahrung, desto eher war die Voraussage, wie die Noten ausfallen würden, korrekt. Was wäre herausgekommen, wenn dieser Test über vier, fünf Jahre und mit hundert Testpersonen anstatt mit vier gedauert hätte – ich bin sicher, dass sich das Endergebnis radikal verändert hätte, aber wir glaubten, bewiesen zu haben, dass der Gebrauch sehr unterschiedlicher Drogen keine schädliche Auswirkung hatte.

Ein anderer Junge erregte seit langem schon meine Aufmerksamkeit: Dagmars Cousin Christof, drei Jahre jünger als sie, grundsätzlich vertieft in ein Buch. Eines Vormittags, als ich die Schule schwänzte, entdeckte ich ihn am Brunnenplatz. Natürlich las er, während er mit einer Hand eine widerspenstige braune Haarsträhne um seinen Zeigefinger wickelte. Er war so vertieft in das Buch, dass ich meine Frage wiederholen musste. «Ach … äh –», stockend, als habe er Schwierigkeiten, sich in der Gegenwart zurechtzufinden, «– Karl Jaspers … und was liest du so?» Heilfroh zog ich den *Steppenwolf* aus der Manteltasche.

Zu Hause suchte ich den Bücherschrank meines Vaters ab nach Namen, die ich von Christof gehört hatte. Einige fand ich, darunter gelbe Reclam-Heftchen: Aristoteles, Platon, Sophokles, dann Shakespeare, Dostojewski und Erich Fromms *Haben oder Sein*. Überraschend stand mein Vater im Türrahmen. «Ich suche was, was mir gefallen könnte …» Er lächelte erfreut und gab mir *Das Gold von Caxamalca* von Jakob Wassermann. Diesen Namen hatte Christof nicht genannt, sodass ich nicht sonderlich interessiert war. Um meinem Vater zu gefallen, nahm ich es an. Es dauerte fünfundzwanzig Jahre, bis ich es las, da ich damals aus reiner Opposition nichts anrührte, was er mir zu lesen gab. Bis heute zählt es zu meinen Favoriten. Von Hermann Hesse, dessen Bücher ich verschlang, hielt mein Vater nichts. «Der glaubt, er hat die Weisheit gepachtet, völlig überschätzt, außerdem neigt er zu groben Verallgemeinerungen. Der Hesse glaubt immer zu wissen, was in den Köpfen der anderen Menschen vor sich geht, tut dies als kleinlich und unwichtig ab, indem er sich selbst über den ‹Normalbürger› erhebt und sich als klüger und erkenntnisfähiger darstellt. Und seine Gedichte sind einfach nur schlecht!» Seine Selbstsicherheit verunsicherte mich. Ich kam mir klein und ungebildet vor. Gab es irgendwas, was mein Vater nicht wusste? «Aber *Der Steppenwolf* … – der ist doch nicht so – oder?» Viel Mut kostete mich der zaghafte Verteidigungsversuch meines Lieblingsbuches. Unvorstellbar, dass mein Vater sich für Sex, Drogen und Tod interessierte, und wieder schämte ich mich für mich. Warum konnte ich bloß nie den Mund halten! Mit einer verächtlichen Handbewegung gab er keine richtige Antwort auf meine fragende Bemerkung: «Jaja, ich weiß, die Jugendlichen lesen Hesse im Moment sehr gerne, und es sind immer dieselben Typen, die für ihn schwärmen!» Laut rief meine Mutter von unten: «Kaaaarl! Es soll soforcht de Küche machen! Das glaubt widder, es kann machen, wases will! Solanges de Füße unter meinen Tisch streckt, haddes hier mitzuhelfen! Sachem das auch mal, Karl! Und anschließend werden soforchte Hausaufgaben gemacht! Und zwar wuppwupp und picobello!»

Kein Tag ohne Krach. Ich ließ mich möglichst selten zu Hause blicken, und mein Vater versuchte mehr oder weniger hilflos zu vermitteln, wenn meine Mutter sich manchmal zwei Tage lang in beleidigtes Schweigen hüllte, unterbrochen von gelegentlichen Schluchzern. Betrat ich das Zimmer, in dem sie sich gerade aufhielt, stand sie augenblicklich mit einer zackigen Bewegung auf und verließ demonstrativ trampelnd das Zimmer, ohne mich eines Blickes zu würdigen. «Ins Grab bringst du mich noch, ooh! Du hast was in dir! Schafft euch niemals Blagen an, nur Ärger und Kummer machen die! Und ne Geburcht ist sowieso das Schlimmste, wases gibt! Und wofür die ganze Quälerei? Sarres mir! Wofür? Was hat man denn von Kindern! Nur Ärger und Sorgen! Schafft euch bloß keine Blagen an!» Ich fühlte mich schrecklich. Durch meine Schuld hatte meine Mutter ihre Lebensfreude verloren, durch meine Schuld konnte sie nachts nicht schlafen.

Ich fand am nächsten Samstag niemanden, der um 23 Uhr von der Disco aus Hamm zurückfahren wollte. Unruhig und nervös schüttelte ich alle zehn Minuten an einem Arm: «Ey, ich muss nach Hause! Meine Eltern … es gibt furchtbaren Ärger … bitte, wann fährst du zurück?»

«Ey, hassese noch alle, wir sind doch ers vor zwei Stunden gekommen!» Unmöglich, den Abend zu genießen. Voller Angst vor dem bevorstehenden Streit, nahm ich alles an Drogen, was ich in die Finger bekam. Meine Eltern öffneten nicht auf mein zweimaliges Klingeln. Blind vor Tränen, rannte ich die stille Straße hinunter ins Städtchen. Zwei Nächte und eineinhalb Tage traute ich mich nicht nach Hause. Monika redete mir gut zu, versuchte, mich aufzuheitern, und nahm es völlig selbstverständlich hin, dass ich die ganze

Zeit bei ihr war. Ihre Eltern stellten keine Fragen. Sie behandelten mich mit Freundlichkeit, für sie schien es absolut normal zu sein, dass jemand bei ihrer Tochter im Zimmer war. Endlich fasste ich mir ein Herz und trottete den Berg hoch zum Haus meiner Eltern. Verzweifelt bekämpfte ich meine Tränen, das schlechte Gewissen und diese bodenlose Traurigkeit in mir. Automatisch verlangsamten sich meine Schritte, je näher ich dem Haus meiner Eltern kam. Niemand war auf der Straße zu sehen, tot und ausgestorben lag sie im spärlichen Nachmittagslicht des trüben nasskalten Novembertages. Beklommen stapfte ich die Treppenstufen zur Haustüre hoch, atmete tief durch, streckte den Arm aus und klingelte. Nach einer Weile, die mir vorkam wie eine kleine Ewigkeit und während der mein Herz furchtbar raste, so schlimm, dass sich mir alles drehte, wurde mit einem Ruck die Tür aufgerissen. Von oben bis unten musterte mich meine Mutter, bis sie sich irgendwo neben meinem Ohr festblickte. Ich glaubte, jeden Moment zusammenzubrechen. «Was willst du denn hier, du kannz gleich widder gehn», sagte meine Mutter in überraschend ruhigem Tonfall. Ich gehorchte. Ich drehte mich auf dem Absatz um, beachtete meine Tränen nicht und schritt mit hocherhobenem Kopf die Treppe wieder hinunter. Wuchtig wurde hinter mir die Haustür mit einem Knall zugeschlagen.

Amsterdam Januar 1971

An einem eisig kalten Januarmontag wurde ich fünfzehn. Rumpelnd durchkreischte der Bummelzug die verschneite, kahle Winterlandschaft. In Afrika krähten die ganze Nacht über die Hähne, Hunde heulten und bellten, Insekten und Nachtvögel ließen ihre unheimlichen Laute hören. Doch hier war nicht Afrika, hier war das Sauerland. In eineinhalb Stunden erst würde es langsam heller werden. Keine Anzeichen von Leben. Ein neuer trister Wintermorgen. Ein neuer trister Schultag. Wenn es in diesem kalten Land wenigstens Tiere geben würde, die ich hören könnte.

Ohrenbetäubendes Quietschen. Mit einem Ruck hielt der Bummelzug in einer kleinen, leeren Bahnstation. Zwei Schüler meiner Schule stiegen zu, Abiturienten wie die drei in meinem Abteil. Sie hatten sehr lange Haare und trugen diese schönen, bestickten Afghanenmäntel. Der eine hatte einen kurzen Musketierbart und eine runde John-Lennon-Brille, die, als er das Abteil betrat, beschlug. Die Brille war das einzig Gute an John Lennon. Die wilden *Rolling Stones* waren sowieso viel besser als die spießigen *Beatles*, deren Lied *All you need is love* mein Vater gut fand – weil es mit der französischen Nationalhymne beginnt. In der Spiegelung der Scheibe beobachtete ich, wie sie sich kurz zunickten. Wie gerne säße ich bei diesen «Typen». Ob sie es klasse finden würden, dass ich schon des Öfteren LSD genommen hatte? Oder würde ihnen besser gefallen, wenn sie wüssten, dass ich viel gelernt hatte über verschiedene Sorten Opiate, die ich mir in die Vene drückte, was für Musik ich hörte? Dass ich seit vier Monaten Hasch an unserer Schule verkaufte? Was würden sie denken, wenn sie wüssten, dass ich schon mal gebumst hatte? Sogar mit verschiedenen Typen: mit Peter, mit Heinz aus einem Nachbardorf, mit Erich, einem Abiturienten aus meiner Schule, und eines Samstagsnachts auf dem Parkplatz der Disco in Hamm mit noch einem, dessen Namen ich nicht kannte, ohne mich zu verlieben? Na gut, ich gebe zu, ich hatte mich immer verliebt, in jeden Einzelnen, ich konnte an nichts anderes denken als an sein Gesicht, an seine Art, wie er mich ansah, mich berührte, mich küsste, sich anfühlte. Den Unterricht verträumte ich mit Rückblenden an erregende Situationen, und dieselbe heftige Erregung überkam mich erneut beim bloßen Gedanken daran. Aber hatte ich es nicht auf reife und erwachsene Art fertiggebracht, meine Gefühle zu unterdrücken? Keiner hatte etwas gemerkt. Was sind Jungs doch manchmal für doofe Kreaturen. Sie hatten nicht gemerkt, dass ich halb krank vor Sehnsucht und vor Liebe durch die Gegend lief. Die Jungs hatten mir deutlich zu verstehen gegeben, dass sie nichts grauenhafter finden als ein blödes kleines Mädchen, das klammert, nur weil man mal miteinander gebumst hatte. So eine war ich nicht. Ich wurde nicht lästig. Ich wusste, was Typen wollen. Mit mir konnte man, ohne sich anzustrengen, bumsen, ohne großes Theater, ohne langes Gefackel – so, wie es sein sollte. Ich war nicht so eine, die ihnen nachrannte. Würde ich in ihrer Achtung steigen? Würden sie mich ernst nehmen? Patschuliduft durchzog das Abteil. Ich war verrückt danach. Albi scherzte mal, Patschuli rieche wie eine Oma, die seit zwei Wochen in ihrem Plüschsessel verschimmele. Meine Eltern konnten Patschuli nicht leiden, meine Mutter verzog gequält das Gesicht, und mein Vater ließ es sich nicht nehmen zu erwähnen, dass unter seinen Schülern nur langhaarige Taugenichtse und welche «vom anderen Ufer» sich damit beschmierten. Menschen vom anderen Ufer schien mein Vater besonders zu verachten. Wen meinte er eigentlich? Vielleicht Amerikaner, auf der anderen Ozeanseite?

«Also, ich komme in Diethelms Zimmer, da sitzt er mittendrin auf einem drehbaren Clubsessel! Da ist nur seine Anlage, dieser Sessel und seine riesige Plattensammlung! Er dreht sich langsam rum, in der Mitte zwischen vier Riesenboxen, während auf seiner Quadro-Anlage voll aufgedreht *Child in time* läuft!»

«Boah! *Deep Purple*!»

«Wir haben erst mal gemütlich einen gedümmelt!»

«Letzten Sommer gab's in jedem Schweinekaff schwarzen Shit, aber jetzt, Scheißpolitik! Nur noch grüngrüngrün, egal, wo du hinguckst.»

«Wie ich mir neulich 'ne Platte holen wollte, ey – da hatten sie die *Emerson, Lake & Palmer*, die mit der gemalten Taube vorne drauf, hab vergessen, wie die heißt, und dann die *Pink Floyd, Atom Heart Mother*, ich wusste gar nicht, welche ich nehmen sollte.»

«Diethelm in seinem fetten Sessel, ich aufm Boden. Und dann *Jethro Tull*, Mann, ey, dieser Verrückte mit seiner Querflöte, wie so'n mittelalterlicher Zauberer hüpft der über die Bühne.»

Was für dufte Typen. Wenigstens war ich seit wenigen Stunden fünfzehn, das hörte sich schon besser an als vierzehn. Unbändige Wut auf meine Eltern und auch auf mich selbst glühte in mir so heftig, dass mir warm wurde. Ich war sechs Jahre zu spät geboren. Die Älteren bekamen diese aufregende Zeit voll mit. «… 'ne irre Stadt, da müsst ihr hin! Es gibt noch 'ne andere Welt da draußen. Musik in jeder Kneipe, an jeder Ecke. Und überall dümmeln die Freaks sich einen, öffentlich, stellt euch das vor.»

«Wie, keine Bullen?»

«Das interessiert die einen Scheiß, ob sich da ein paar Typen einen dümmeln.»

Noch zwei Stationen, dann musste ich raus. Ich heftete meinen Blick ans Fenster und beobachtete die Freaks (das neue Wort für «Typen») leicht verzerrt im herunterrinnenden Schmelzwasser der Scheibe. Es war immer noch stockdunkel draußen.

«… ich mir noch 'ne neue Platte gekauft, also, da gibt's Plattenläden, groß wie'n Supermarkt, das hab ich vorher gar nicht gewusst.»

«Klamotten?», unterbrach ihn jemand, «hast du dir nur Platten besorgt, keine Klamotten? Hast einen Klassemantel an, wollte ich dir schon die ganze Zeit sagen.»

«Was meinst du denn, wo ich den herhabe?» Er wies voller Stolz auf seinen langen bestickten Afghanenmantel, aus dem an Saum, Kragen, Ärmeln und vorne schneeweißes Zottelfell herausquoll.

«… ausm ‹Salty Dog›!»

«Stinkt auch wie'n versalzener Hund!»

«… sogar deutsche Musik, Amon Düül, mit 'nem Titel, der heißt ‹Phallus Dei›, ‹Gottes Pimmel›, ey, stellt euch das mal vor, alles gibt's in Amsterdam!»

«Gottes Pimmel, ey, wenn das meine Omma wüsste!»

«Schenk ihr doch die Platte!» Sie kreischten vor Vergnügen. Wie schrecklich hinterm Mond das Sauerland doch war, während draußen in der Welt bedeutsame Dinge vor sich gingen.

«Guten Morgen! Fahren Sie nach Amsterdam?»

Nicht ganz, meinte er leicht amüsiert, aber doch in die Richtung. Der gutmütige italienische LKW-Fahrer Giovanni teilte seine Salamibrote mit mir und fuhr mich, so weit er konnte. Er ahnte bestimmt, dass ich von zu Hause abgehauen war, quälte mich aber nicht mit Fragen, sondern versuchte, mir zu helfen. Es war früher Nachmittag, als er mich bei Sauwetter rausließ an dem riesigen, unübersichtlichen Ungeheuer von Autobahnkreuz bei Utrecht. Autos und LKWs fuhren dicht an dicht vorbei. Einige hupten. Im Nu war ich vom Schneematsch fast bis zu den Knien durchnässt. Unschlüssig überlegte ich, in welche Richtung ich mich wenden sollte. Ein älterer Mann von mindestens zwanzig, dreißig Jahren verlangsamte sein Tempo und machte im Vorbeifahren so ein komisches Zeichen. Er ließ sogar kurz das Steuer los, um den Zeigefinger der einen Hand in die geballte Faust der anderen zu stecken und ihn rein- und rauszuziehen, dabei streckte der Mann weit seine Zunge raus und tat so, als leckte er ein imaginäres Eis. Was diese holländische Geste bedeutete, wusste ich nicht, auf jeden Fall bewirkte sie, dass ich mich hilflos fühlte. Weiter fuhren die Autos an mir vorüber. Alle Männer glotzten mich an, als hätten sie noch nie im Leben ein Mädchen gesehen, während ich am Rande der Autobahn durch den Matsch taperte. Verängstigt lief ich auf eine Abzweigung zu, meine Schultasche fest an mich gedrückt. Ich hatte zwei Mark fünfundsiebzig in meinem kleinen Portemonnaie. Und keine Kleider zum Wechseln. Meine Hände waren vollkommen durchgefroren und violettblau an den Knöcheln. Neben mir hielt ein Auto. Ein sehr dicker Unsympath mit Glatze starrte mich an und sagte dann etwas auf Holländisch. Ich verstand kein Wort. Weil es so ungemütlich war, nahm ich all meinen Mut zusammen. «Amsterdam, fahren Sie nach Amsterdam?» Der Fettwanst grinste anzüglich, während er schmatzend seinen Zeigefinger in der linken Faust hin- und hergleiten ließ. Dass es etwas Vulgäres war, daran zweifelte ich nicht. Zornig knallte ich die Beifahrertür so fest zu, wie ich konnte, dann trat ich wütend nochmal ordentlich dagegen. Sobald ich die Abzweigung erreichte, hielt ein buntbemalter VW-Bus voll langhaariger Freaks.

«Yeah, Amsterdam, come in quickly, it's fuckin' freezin' out there!» Heilfroh krabbelte ich nach hinten. Jemand hielt mich sanft fest, und man reichte mir ein Tuch. Dankbar zog ich die nassen Stiefel und Kniestrümpfe aus und rubbelte mich trocken, so gut es ging. Im Laufe der vierzigminütigen Fahrt erfuhr ich, dass der Fahrer Bretzel hieß und dass seine Freunde aus England kamen, das zierliche, dunkelhaarige Mädchen namens Rifka war Israelin. Eine kleine Wasserpfeife wurde rumgereicht. Die ersten Häuser und Gebäude Amsterdams tauchten ein wenig gespenstisch im Nebel und im wieder stärker gewordenen Schneeregen auf. Ich konnte den leuchtenden Schriftzug erkennen: Wir umfuhren die Heineken Brauerei in Amsterdams Süden. Einen winzigen Moment erzeugte der Biername eine Assoziation, ich musste an meinen Vater denken; er liebte Heineken Bier an sehr heißen Abenden in Afrika, wenn er auf der mit Weinlaub überwachsenen Terrasse entspannte. Ein Gefühl der Bedrückung kam auf. Bloß nicht an die Eltern denken. Ich bin in Amsterdam. Ruhe da oben, Kopf!

Auf den ersten Blick hatte die Stadt etwas Puppiges an sich, ein durchaus angenehmer Hang zu Kitsch schien hier dazuzugehören. Trödel aller Art, Antiquitäten, Porzellanfigürchen in allen denkbaren Variationen zierten ganze Fenster, viele Fassaden wiesen Verschnörkeltes, Überflüssiges und Dekoratives auf.

Rifka hatte mir in ihrem mageren Englisch klargemacht, dass sie eine Kneipe kannte in der Nähe des Amsterdamer Central-Bahnhofs, dort hielten sich bestimmt Leute auf, bei denen wir unterkommen könnten. Bretzel ließ uns an einer roten Ampel raus. Rifkas dunkelbraune schulterlange Locken waren mit glitzerndem Schnee bedeckt. Überall glänzten Lichter, Neonreklamen und die Beleuchtung der Geschäfte. Auf den fast zugefrorenen Grachten lagen flache Schiffe im Eis. Wir überquerten noch eine Brücke und bogen ein in eine schmale Straße. Warmoestraat. So schmal die Straße auch war, verlassen war sie nicht. Autos schoben sich im Schritttempo über den Schnee der Einbahnstraße. Vor mir kämpfte Rifka gegen das Unwetter an, ich musste achtgeben, sie nicht zu verlieren. Wenig später bog sie in eine enge, dunkle Seitengasse ein. Bedrohlich schiefe Häuser standen dicht an dicht, sich gegenseitig stützend, es war nicht möglich zu unterscheiden, wo ein Haus aufhörte und das nächste anfing. Außer mir und Rifka nahm ich nur einen betrunkenen älteren Mann wahr, der sich an einem Hauseingang festgekrallt hatte. Meine Beklemmung wuchs. Rifka öffnete die Tür, aus der uns *Kings and Queens* von *Renaissance* entgegenquoll. Keine Reklame, kein Schild, kein Hinweis, nichts, was von außen darauf schließen ließ, dass sich hinter der Tür eine Pinte befand. Rustikale Holztische und Bänke standen ungeordnet herum, langhaarige Leute aller Hautfarben tranken aus riesigen, durchsichtigen Kunststoffbechern, Joints wurden von einem zum nächsten weitergegeben, man saß auf Tischen und Bänken gleichermaßen, drehte Zigaretten und holte an der roh zusammengezimmerten Bar Getränke. Rifka schüttelte nach Hundeart ihre Lockenpracht frei vom Schnee. Nun konnte ich wieder durch meine Brille, für die ich mich in diesem Augenblick besonders schämte, sehen, als jemand mir einen fetten Joint unter die Nase hielt. Allein der Qualm nebelte mich schon ein. Ich wollte nicht unhöflich sein und nahm einen Zug. Rifka stellte zwei Becher Orangensaft so heftig auf dem Stuhl vor mir ab, dass sie überschwappten, und riss mir ungeduldig den Joint aus der Faust. Sie sog daran, als ginge es um ihr Leben – so könnte ich niemals ziehen, bis in die kleinsten Spitzen der Lungen.

Der Ort war keine richtige Discothek, sondern eine gewöhnliche Freakkneipe, wie es sie in Amsterdam in den frühen Siebzigern überall gab. Wer tanzen wollte, tat das, wo er gerade stand oder saß. Erst als ich ein Zupfen am Ärmel spürte und mir ein Getränk hingehalten wurde, kam ich einigermaßen zu mir. Ein freundliches Gesicht, recht braun für diese Jahreszeit, kinnlange, schwarze Locken ohne Stufen auf gleicher Länge, korkenzieherartig in sich gedreht, freundliche Augen von nicht bestimmbarer Farbe, eine Lücke oben rechts in einer ansonsten makellosen Reihe auffallend schöner, regelmäßiger Zähne. Der Mund mit diesen Zähnen näherte sich meinem Ohr, und ich vernahm irgendetwas holländisch Klingendes – oder was ich für holländisch hielt. Aus den Augenwinkeln sah ich Rifka knutschend mit einem fremden Typ auf dem Tisch sitzen. «My name is John. What's your name?» Englisch verstand ich besser. Ich schrie in die Stelle, hinter der ich sein Ohr vermutete; die Korkenzieherlocken kitzelten mich an Mund und Nase. John strahlte mich an, holte tief Luft und schrie etwas Englisches. Die Musik war gut, aber laut. Er sei Engländer; ob ich einen Platz zum Schlafen bräuchte. Erstaunt und dankbar brüllte ich nickend zurück: «Yes!»

«I have a place for both of you!» Er bewegte den Kopf in Richtung Rifka, die mittlerweile mit dem Typ auf dem Tisch lag. Ohne sich von mir stören zu lassen, knutschte sie weiter, als ich ihr die gute Nachricht ins Ohr schrie. Sie hob eine Hand und machte mit Zeige- und Mittelfinger das «V». Ich war sehr erleichtert. Bei der tollen und lauten Musik blieb John und mir nichts anderes übrig, als die ganze Zeit zu schreien, wenn wir uns unterhalten wollten, und wir wollten uns unterhalten. Er wusste alles über Musik und Bands, egal, ob berühmt wie die *Who*, bei denen er bis letztes Jahr als Roadie gearbeitet hatte, oder noch unbekannte Gruppen. Sein Wissen beeindruckte mich. Irgendwann nach vielen Stunden wurde ich müde. Er merkte, dass ich kaum noch konnte, und machte sich bereit, mit mir zu dem Schlafplatz zu gehen, doch zunächst erklärte er mit lebhaften Gesten Rifka und ihrem Typ den Weg dahin; so waren sie unabhängig von uns, da sie noch nicht schlafen gehen wollten. John war ein richtiger Gentleman, er trug meine Schultasche. Die Pinte hatte sich gefüllt, wesentlich mehr Jungen als Mädchen, und nicht alle sahen so nett aus wie John mit der bedauerlichen Zahnlücke oben rechts. Eiskalte, klare Luft schlug uns draußen in der engen Gasse entgegen. Es hatte aufgehört zu schneien. Der Schnee bewirkte, dass die Gasse nicht mehr so dunkel wirkte. John nahm mich bei der Hand. Von Zeit zu Zeit wandte er sich mir zu und lächelte so freundlich, so zuversichtlich, dass mich ein Gefühl der Sicherheit überkam. Nicht einen einzigen Moment dachte ich an meine Eltern und an meine jüngeren Geschwister. Müde, leicht überfordert durch vielfältige neue Eindrücke und ein bisschen konfus, ließ ich mich einfach führen. Wir schlenderten unter dem dunklen Himmel über die nächste Brücke, bogen dann rechts ab, dann wieder links, dann geradeaus, dann wieder über eine Brücke. Durch Gassen mit kleinen Geschäften für Lebensmittel, Unterwäsche, Jugendherbergen, nach Bratfett stinkenden Schnellimbissen, Musik-Kneipen. John packte meine Hand noch fester und beschleunigte unser Tempo, überall Lichtreklamen, auf denen «Sex» prangte oder «Sex Shop» (was war denn das – ein Sexgeschäft?) oder «Real fucky-fucky Show» (vor manchen waren sogar Angestellte, die einen am Arm packten und versuchten, in solche Häuser reinzuziehen. Na, da wurde John aber sauer!), und rot und rosa und lila beleuchtete Schaufenster, in denen leicht bekleidete Frauen aller Farben, Größen und Formen saßen, die sich von den zahlreichen vorbeigehenden Männern beglotzen ließen und ihnen sogar zuwinkten. Der Anblick ließ mich schaudern, ich fühlte mich gleichzeitig abgestoßen und angezogen. Was ging denn hier vor sich? Dies alles regte mich furchtbar auf. Aus Rastlosigkeit, Zweifel, Erregung, Verlangen, Sehnsucht, Traurigkeit, Einsamkeit und einer Prise Wut wird dann eine Mischung, die sich nach Explosion und dem Frieden danach sehnt. Und der Typ an meiner Seite? Ich wünschte mir sehr, dass er gut sei.

Wenig später, auf dem zersplitternden Holzfußboden eines leerstehenden Abrisshauses, inmitten von zerfetzten schwarzen Pelzmänteln vom Flohmarkt, welche notdürftig als Lager dienten, tat John mit den grünlichen Augen, den schulterlangen, dunklen Locken und der Zahnlücke oben rechts etwas ganz Tolles mir. Zuerst zog er mich aus mit einer Selbstverständlichkeit, so, wie ein fürsorglicher Papa sein Baby auszieht, legte mich mit bedächtiger Behutsamkeit in ein zuvor aus den Pelzmänteln zurechtgebautes Nest, zog sanft meine Oberschenkel auseinander und brachte sich dann selbst in eine für ihn bequeme Position. Er kniete mit entrücktem Gesichtsausdruck vor mir. Näher kam er. Noch näher. Ich spürte seinen Atem an … verdammt, diese Stelle muss doch einen Namen haben, dachte ich, erstaunt über meinen eigenen Gedanken, als John ein Wort sagte, das mir aus meiner Kindheit bekannt war. Zwar hatte er leise gesprochen, doch ich hatte ganz deutlich gehört, wie er «Pussi» sagte. Als ich klein war, hießen alle Katzen im Sauerland entweder «Pussi» oder «Muschi», genauso, wie Wellensittiche grundsätzlich «Peter», Papageien «Coco» und männliche Schäferhunde «Rex» und weibliche «Asta» hießen. Mit diesem einen Wort, diesem vertrauten Katzennamen, brachte er mich dazu, mich endlich mal zu entspannen. Einen kurzen Moment versuchte ich, mir vorzustellen, was er jetzt sehen mochte, so nah vor seinen Augen. Da ich diese Stelle nie im Spiegel betrachtet hatte – dazu war ich viel zu feige –, gelang es mir nicht, mich in Johns Blickwinkel hineinzuversetzen. John beugte sich vor. Ich sah nur noch seinen Wuschelkopf. Jetzt begann ich, vor Aufregung zu zittern. Was hatte er vor – um Himmels willen! Er begann, mit seiner Zunge beruhigend und zart an meinen Oberschenkelinnenseiten hochzufahren. Er selbst war vollständig angezogen, das beruhigte mich – etwas Furchtbares, womöglich Unanständiges würde er mir wohl nicht antun. Wegen der beträchtlichen Kälte zog ich die Pelze noch enger um mich und kuschelte mich hinein. John machte mit seinen Beruhigungsversuchen weiter. Sehr zart kroch seine Zunge höher und höher. Ein angenehmes Kribbeln machte sich in der unteren Hälfte meines Körpers bemerkbar. Sogar warm wurde mir. Nun ließ ich mich vollkommen in die nach Menschen und Patschuli riechenden, verschieden gelockten Felle zurücksinken. Ohne Vertrauen im Leben kommt man nicht weit, sagte ich mir.

John sorgte dafür, dass ich die halb abgerissenen Tapeten in dem abgewrackten Raum, die unangenehme Temperatur und meinen knurrenden Magen vergaß. Er sorgte dafür, dass ich lernte, was der hübsche Katzenname sonst noch bedeutet. John war gut zu mir. Er war es mehrere eiskalte Tage hintereinander, ebenso wie in klirrenden Frostnächten. Er hat mir nicht ein einziges Mal wehgetan. Er hat mich nicht ausgenutzt. Er ist nie über mich hergefallen. Er hat täglich für mich gesorgt, dass es mir gutging, dass ich zu essen und zu trinken hatte, einen einigermaßen warmen Platz zum Schlafen. Er ging jeden Nachmittag bis tief in die Nacht mit mir durch das unüberschaubare Gassengewirr zu dieser Musikkneipe. John war mein Beschützer in dieser wilden Stadt, wo jederzeit alles passieren kann. Keiner durfte mir was tun. Keiner durfte es wagen, mich einzuladen, auf einen Drink zum Beispiel, weiß Gott, der hätte ja präpariert sein können. Niemand durfte mir Drogen verabreichen, die John nicht kannte, ja, er probierte sie sogar vorher selbst aus, wie ein Vorkoster. Erst, wenn er sie für ordentlich befand, bekam ich auch was ab.

Das erste und letzte Wochenende meines ersten Amsterdamaufenthaltes wurde wunderbar und zugleich schrecklich, weil in den Morgenstunden des folgenden Montags eine Horde Bullen mit einem Schlag alles zerstörte. In der vorangegangenen Nacht war John, wie in allen Nächten vorher, gut zu mir gewesen. Er benahm sich wie eine feinfühlige Frau. Träumend lag ich in dem Fellnest. John zwischen meinen Schenkeln tat die herrlichsten Dinge mit seiner Zunge, benutzte seine Hände niemals sehr weit oberhalb meiner Knie. Ich brauchte nichts zu tun, als still zu genießen. Stets war ich nackt in die Pelze gehüllt und John vollständig angezogen. Er tat es nur für mich. Es war ihm egal, was mit ihm passierte … und eigentlich war es mir auch egal. Er wollte nur, dass ich stillhielt. Diesen Gefallen tat ich ihm gern. Er kniete halb liegend zwischen meinen Beinen mit äußerster Konzentration und bemerkenswerter Hingabe, schmeckte, roch, knutschte, knabberte, lutschte, kaute, biss und leckte mich kunstvoll so lange, wie es sein musste. Unter Umständen stundenlang, da ich ihn immer wieder, auch richtig feste, packte und runterdrückte. Zeit spielte keine Rolle. Gott sei Dank war er ein leiser Mensch, denn ich hegte zutiefst Abscheu und Widerwillen gegen Laute der Lust. Überhaupt sollte es viele Jahre dauern, bis ich endlich in der Lage war, dergleichen Geräusche schätzen zu lernen; noch viel, viel länger würde es dauern, bis ich verbale Äußerungen der Begierde nicht nur akzeptieren, sondern als zusätzliches Stimulans genießen lernte. Bis zum Alter von 13 hatte ich keine Ahnung von Zeugung, Schwangerschaft und Geburt. Oft erinnere ich mich daran, dass mein Vater sehr herablassend sechsundzwanzig Jahre später bemerkte: «Mir hat doch keiner was sagen müssen – so was weiß man doch von selbst!» So klug wie er war ich nie. Mit vierzig Jahren fühlte ich immer noch den bitteren Nachgeschmack der Minderwertigkeit in meiner ganzen Seele brennen.

Am Samstag gingen wir zum Flohmarkt. Der Weg war nicht so weit, zehn Minuten durch das Gassengewirr. In erleuchteten Schaufenstern saßen Frauen. Dicke, dünne, hässliche, schöne, abstoßende, attraktive, helle, dunkle, kleine, große, langhaarige, kurzhaarige, nett aussehende und unfreundlich dreinblickende Frauen aus allen Winkeln dieser Erde. Davor schlenderten zu jeder Tages- und Nachtzeit glotzende Kerle, viele sahen schreckenerregend, ja, abstoßend aus, mit fetten Bäuchen und einem ekelhaften, sabbernden Ausdruck von Gier, aber auch von leichenhafter, unbeteiligter Gleichgültigkeit im Gesicht. Ich hatte große Angst vor diesen abscheulichen Männern. Was ich hier gesehen hatte, war eines der ganz wenigen Dinge gewesen, die mir niemand erklären brauchte: Ich hatte die Wahrheit widerwillig geahnt und bestätigt gefunden. Was ich nicht ahnte: Sechzehn Jahre später, in Bangkok, würde ich auf dieselbe Art Geld machen – und sogar großen Gefallen daran finden. Was sich bedauerlicherweise niemals in meinem Leben ändern sollte: Dicke Bäuche konnte ich nicht aushalten. Fettleibigkeit törnte mich immer ab, und es gingen Freundschaften mit wunderbaren Seelen in die Brüche, wenn ein dicker Mann sich sexuell zu sehr für mich interessierte.

Nach längeren Verhandlungen mit dem Verkäufer erstand John für zwanzig Gulden einen schwarzen Persianermantel für mich, damit mir nicht mehr so kalt war. Wer sich keinen Afghanenmantel leisten konnte, trug einen alten Persianer, der nach allgemeiner Freak-Kleider-Regel schwarz sein musste. Immerhin hielten diese felligen

Fetzen die gröbste Kälte ab. Es war das erste und auch letzte Mal in meinem Leben, dass mir ein Mann einen Pelzmantel kaufte.

An einem Stand mit verlockenden heißen Getränken traf John einige Bekannte und zeigte ihnen unser Haus am Nieuwmarket. Zu meiner großen Freude war Rifka unter den Leuten. Auch sie freute sich, mich wiederzusehen, sie nahm mich herzlich in den Arm. Leider konnte ich von der Unterhaltung zwischen ihr, John und den sechs anderen Typen nichts verstehen. Sie grinste mich an und reichte mir ihren Becher mit dampfendem Tee, den ich nach einem wohltuenden Schluck an den nächsten weitergab.

Einmal am Tag führte mich John zum Pfannkuchenessen aus. Wir saßen hinter dem riesigen, erleuchteten Fenster, schauten hinaus auf die zugefrorene Gracht und die vorübereilenden Menschen aller Hautfarben und Kleidungsstile und mümmelten im Warmen zufrieden unsere pizzagroßen Pfannkuchen. Ich musste niemals bezahlen und machte mir auch keine Gedanken darum. Was Geld kostete, kam nicht in Frage, so einfach war das. Wer gerade Geld hatte, kaufte Getränke und stellte sie vor seine nächsten Nachbarn. Wer mehr geben konnte, gab mehr, wer weniger hatte, gab, was er zu geben vermochte. Alle halfen sich gegenseitig in dem Bewusstsein, dass dieses System nur funktionierte, wenn möglichst viele mitmachten. Über Parasiten wurde nicht mal geredet – Ausnutzer gibt's überall; sie wurden stillschweigend in Kauf genommen. Kein Geld zu haben, war kein Grund, ausgeschlossen zu werden. Zumindest nicht an den Orten, wo kein Eintritt verlangt wurde. Nur manche Discotheken oder die noch nicht so lange existierenden Multimediahäuser verlangten Eintritt. Mein absoluter Favorit: das *Melkweg*, hinter dem American Hotel; der erste Multimediaveranstaltungsort, den ich kennenlernte – da musste man fünf Gulden Eintritt bezahlen.

Auf dem Weg zu unserem Abrisshaus erzählte ich Rifka vom *Melkweg*. Ich war so voller Eindrücke, dass ich unbedingt davon berichten musste. Ich beschrieb, wie ich noch im Gang des mehrstöckigen Gebäudes einen Joint in die Hand gedrückt bekam, wie die Marktstände in der unteren Ebene aussahen und was man alles für dufte Kleider kaufen konnte, ich erzählte von meiner aufkommenden Panik, als ich glaubte, mich in den endlos scheinenden Stockwerken, Fluren, Veranstaltungsräumen aller Art, Gängen und Treppenhäusern verlaufen zu haben, als ich Johns Hand nicht mehr in meiner spürte, von den psychedelischen Mustern an der Wand des Cafés in der obersten Etage, wo sie Plätzchen mit Hasch verkauften, vom Tanzsaal, in dem Menschen Bewegungen vollführten, die ich nie für möglich gehalten hätte, und von der großen Erleichterung, als ich John zufällig im Theatersaal wiederfand. An vielen Stellen umarmten, knutschten, küssten und betatschten sich Paare scheinbar wahllos durcheinander, Mädchen mit Jungen, Mädchen mit Mädchen und Jungen mit Jungen, zu zweit, zu dritt, zu viert … es war so anders als alles, was ich bisher erlebt hatte. Wie und wovon lebten all diese Leute? Sie sahen so toll aus, wirkten sorglos, so selbstsicher, und jeder konnte gut Englisch. Ich fühlte mich fremd und unsicher. Meine Eltern wären entsetzt gewesen! Zum ersten Mal kamen sie mir in diesen Tagen wieder in den Sinn. Rifka lachte sich schief über meinen Bericht. Einer der Jungen vor uns drehte sich zu uns um: «There's no place in the world like the *Melkweg*, believe it or not! Exept in India!» John schaltete sich ein: «Or in San Francisco, man! Ev'rything you want, ev'rything you need … even more … you'll find it in San Francisco!» Woher wusste John, wie es in San Francisco war?

Wir waren vor dem verrammelten Eingang unseres Hauses angekommen. Geduldig machte John vor, welche Bretter in welcher Reihenfolge zu lösen waren, wie man über das tückische Loch im Fußboden zur Treppe gelangte und sich an einer aus der Wand ragenden, eisenharten Holzstange festhielt und rüberhangelte, um wieder alles möglichst dicht zu verschließen. Unser Zimmer im ersten Stock war ziemlich duster. Beide Fenster waren mit Brettern vernagelt. Auf dem Boden wild durcheinander die alten, zerrissenen Pelzmäntel, ein schmuddeliger Schlafsack, zwei Petroleumlampen, ein kleiner Kanister mit derselben Flüssigkeit, Flaschen mit draufgesteckten Kerzen, die Gitarre, der Monoradiorecorder mit dem blechernen

Klang und zwei Kassetten: eine mit Bob Dylan, eine mit den Liedern von Donovan und Melanie. John mochte Folkmusik sehr gern und spielte gar nicht schlecht die Bob-Dylan-Lieder auf der alten Wandergitarre nach. Elektrizität und funktionierende sanitäre Anlagen gab es nicht. Wer musste, packte sich einen Stapel Zeitungen unter den Arm, suchte einen Raum in den oberen Stockwerken auf und schmiss anschließend ein zusammengeknülltes Päckchen mit seinen Stoffwechselendprodukten aus irgendeinem Fenster mit einer undichten Stelle. John und ich bezogen den winzigen Raum neben dem großen Zimmer. Die anderen würden die eiskalte Nacht dicht zusammengedrängt verbringen, wie die Wölfe, um sich gegenseitig zu wärmen. Wir waren also jetzt zu neunt. Am Sonntagmittag, beim ersten Joint des Tages, meldete sich mein Magen. «John», ich beugte mich zu ihm rüber, während ich ihm den Joint hinhielt, «John, ich habe wirklich Hunger …» Mit zur Höhle gefalteten Händen und geschlossenen Augen zog er bedächtig an der Rakete. Ein Lächeln überzog sein Gesicht. Dann gab er den Joint weiter und besprach sich mit den anderen in diesem ulkigen holländischen Englisch, das ich nicht verstand.

»Hare Krishna.» Dieser Begriff war erst seit kurzem modern und hatte was mit Seelenwanderung zu tun, glaubte ich verstanden zu haben. In der letzten Zeit hatte ich in Berichten über nach Indien reisende Hippies in *Stern, twen* und TV-Berichten eine Menge neue Ausdrücke gelernt. «Antiautoritäre Erziehung», «Subversion», «Kommunismus», «Kommune», «Guru», «Buddhismus», «Mao-Bibel», «Establishment», «Hinduismus» und einiges mehr: So viel Neues stürzte auf mich ein, wer konnte das alles bewältigen? Jahrelang verwechselte ich «Establishment» mit «Etablissement». Nachdem John dieses magische «Hare Krishna» ausgesprochen hatte, herrschte allgemeine Aufbruchstimmung. Dick anziehen, den zerfledderten Mantel sorgfältig um den frierenden Körper wickeln, Kragen hoch, Schal umgelegt, blöderweise keine Handschuhe. Draußen herrschte Dämmerlicht mitten am Tag, bleierne, schneebeladene, tiefhängende Wolken hüllten die Abrisshäuser rund um den Nieuwmarket in dichten Dunst. Es fror wieder, Tropfen klebten an rotgefrorenen

Nasenspitzen. Nach einem strammen, fünfzehnminütigen Marsch kreuz und quer durchs Viertel hielten wir vor einer unscheinbaren Haustür mit einem lachsrosa Schild, auf das kringelige Buchstaben gemalt waren, die aussahen wie aufgehängte Wäsche.

Nicht nur warme, wohlige Wärme schlug uns entgegen, sondern auch ein Höllenkrach. Mäntel, Mützen, Decken und Schals schmissen wir neben der Eingangstür auf einen Haufen und folgten milde lächelnden, in lachsrosafarbene Stoffbahnen gewickelten Menschen. Sie alle hatten ihre Stirn bemalt, zwei weiße Senkrechtstreifen vom Haaransatz bis zur Nasenwurzel, wo das Symbol etwas v-förmig zusammenlief; wie ein langgezogenes «U». Sie tänzelten vor uns her, schauten sich immer wieder nach uns um, nickten ermutigend und unterbrachen zu keinem Zeitpunkt den gemurmelten Fluss der Worte «Hare Krishna, Hare Rama, Hare Krishna». Eine irre Menschenmenge tanzte hüpfend und springend, inbrünstig singend, mit Rasseln, Schellen, Tamburinen, Flöten, Pfeifen und Trommeln um uns herum; es waren ungefähr zwei Dutzend weibliche und männliche Krishnajünger jeden Alters, auch vier, fünf Kinder zwischen drei und sieben. Die Köpfe der Männer waren kahl rasiert bis auf eine fingerdicke Locke am Oberkopf auf der Höhe des natürlichen Wirbels. Die Mädchen sahen toll aus in lachsrosa, um den Körper gewundenen, kompliziert gefalteten Stoffen. Ich erfuhr, dass man diese Frauenkleidung «Sari» nennt und dass dies das älteste bekannte weibliche Kleidungsstück der Welt ist. Lediglich die dicken, holländischen Stricksocken und Wolljacken dazu fand ich nicht so fein. Nach stundenlang anmutendem Singsang und Krishna-Anrufungen wurden sie nicht heiser, aber wenigstens leiser. Graziös stellten die Frommen immer mehr kleine Schälchen mit Essen vor uns hin. Mir war ganz schwummerig vor Hunger. John grinste mich an, dann griff er mit der rechten Hand hinein und beförderte das Essen in seinen Mund. Er schien darauf zu bestehen, ausschließlich die rechte Hand zu benutzen. Wegen dem immer noch beträchtlichen Lärm konnte ich seine Erklärungen nicht verstehen, folgte aber seinem Beispiel. Leider war das Essen kalt, und die verschiedenen Gemüse, die Linsen und der Reis waren zerkocht zu einem Brei, der praktisch nach nichts schmeckte. Wenigstens brauchten wir nicht zu bezahlen. Wir mussten uns noch beinahe eine Stunde lang Geschichten über Krishna anhören. Dann forderte man uns auf, den Hare-Krishna-Tanz mitzuhüpfen, aber dazu hatte keiner von uns Lust. Die Hare-Krishna-Kinder fand ich recht unartig. Niemand regte sich darüber auf, dass der freche Siebenjährige, den sie Bhakti riefen, mehr oder weniger über unseren «Esstisch» am Boden rannte und dabei diverse Linsenbreischälchen umstieß. Nach Beendigung des Mittagsmahls gab's eine Art Milchtee mit eigenartigen Gewürzen und furchtbar viel Zucker; ich konnte das Getränk nicht runterschlucken, so eklig fand ich es. Rifka kramte in ihrem Samtbeutel und reichte etwas herum. John nahm den Nachtisch aus ihrer Hand: ein kleines, fleckiges Löschpapier, das er in der Mitte durchriss und sich die eine Hälfte unter die Zunge legte. Die andere Hälfte legte er mir in den Mund und küsste mich dann. Alle in unserer Gruppe taten dasselbe; neun Leute würden in vierzig Minuten ganz schön hoch fliegen. Ich kann mich nur in Teilen an den ersten Trip in Amsterdam erinnern.

Für mich wurde es höchste Zeit, ins Freie zu gelangen; der dissonante Dauerlärm, das Dauergrinsen der Erwachsenen, die dauerhyperaktiven Kinder gingen mir auf den Geist. Auf Acid hatte ich immer das Bedürfnis nach Weite, nach Draußen, nach Ein- oder Zweisamkeit. Trips unter vielen Menschen brachten mich schräg drauf und enge Räumlichkeiten schnürten mir die Kehle zu. Johns Augen glichen riesigen schwarzen Tellerminen. Gleichzeitig standen wir auf, packten unsere Mäntel und hechteten nach draußen, die Tür hinter uns fiel mit einem Höllenkrach ins Schloss. Luft! Wir genossen die Frische. Johns Hand ergriff sanft die Meine. Ich fühlte mich beruhigt. Es würde gut werden. Es würde nichts passieren, was ich nicht mochte. Es würde nur geschehen, was ich zuließ. Es wurde gut. Langsam spazierten wir durch die Grachten. Ständig schauten wir uns an; es ist irre, in LSD-Gesichter hineinzutauchen wie in einen stillen Teich an einem drückenden Sommerabend. Dankbar, dass ich nicht zu verbaler Kommunikation gezwungen wurde, sendete ich Gedanken wie flutende Signale in diesen Teich. Als hätte ich einen

Stein hineingeworfen, kam die Antwort in konzentrischen Ringen. Auf einer gebogenen Brücke hielten wir inne, lehnten uns über das eiskalte Geländer und wurden eins mit dem zart schwingenden Klingeln, das die Wettergöttinnen von oben auf uns rieseln ließen. Ein geheimnisvolles Zwielicht, so, wie es der Maler Brueghel auf seinen Winterbildern hingekriegt hatte. Es war friedlich, wohltuend geräuscharm, angenehm frisch und nicht allzu kalt. Der Himmel über Amsterdams zugefrorenen Grachten packte uns in ein Polster aus Cumulus, Stratocumulus und Cirruswolken.

«John!»

Irgendwie bewegte sich alles. «John! Ev'rything is moving!»

«Nothing moves … stand still …», murmelte er. Ich wiederholte: «Standstill.» Er nickte mit seinen Augen. Stillstand! Nichts würde sich jemals wieder verändern. Eng aneinandergepresst hielten wir uns im Arm, mitten auf dieser Brücke über eine der unzähligen Grachten, im frühen Abendlicht des winterlichen Amsterdam.

Zurück im Abrisshaus, versuchten wir, es uns in dem engen Raum neben dem großen Zimmer der anderen gemütlich zu machen. Mit einem Ruck riss er zwei Bretter von dem vernagelten Fenster, hart schoss das Mondlicht einen hellen Strahl herein. Als ob er ahnte, dass nicht viel Zeit blieb, versorgte er mich für den Rest der Nacht mit seinem ganzen Können, seinen ganzen Tricks und Geheimnissen. Er war ein Meister mit seiner Zunge. Er sorgte dafür, dass ich abhob, flog – und in der Luft blieb. Anfangs schaute ich ihm noch zu, wie er zwischen meinen nackten Beinen lag, und noch spürte ich die Kälte. Allmählich ließ mich von dem Anblick wie von den leisen Geräuschen erregen, packte ihn fest in den Haaren, drückte und drehte seinen Kopf, hörte mich selber stöhnen und sogar quieken, riss an seinen Locken, doch irgendwann kriegte ich nicht mehr mit, wie ich den Kopf nach hinten verdrehte, dass ich mich komplett durchbog wie die Rialtobrücke in Venedig, und als mir das Lecken und Lutschen und Knabbern nicht mehr reichte, nahm ich mit beiden Händen einfach seinen Schädel und knallte seine obere Stirn in dem Rhythmus, den mir meine Natur vorgab, gegen alles, was sich zwischen meinen nassen Schenkeln befand – gegen meine

Pussi! «Beiß mich! Hörst du? Pussi beißen! Aber richtig!» Er verstand und biss zu.

Es war in den dämmerigen Morgenstunden, als ich durch einen furchtbaren Krach, begleitet von rauen, männlichen Stimmen, auf unangenehme Art geweckt wurde. Jemand schien mit Wucht die verbarrikadierten Fenster einzutreten, gleich darauf Lärm im Treppenhaus, und schon standen schwere Stiefel wenige Zentimeter vor meinem Kopf. Die sind aber blankgewienert und gepflegt, dachte ich noch, als ich unsanft von kräftigen Armen hochgerissen wurde. Ein Zweiter, in militärisch aussehender Uniform, nahm sich John vor, setzte heftig einen Stiefel so fest auf Johns Schulter, dass ich schon glaubte, brechende Knochen zu hören. Gelassen öffnete John seine vom Schlaf verquollenen Augen, wandte sich dem Stiefel auf seinem Oberarm zu, betrachtete ihn eine Sekunde genau, verengte die Augen zu schmalen Schlitzen und sagte mit heiserer, fremd klingender Stimme sehr langsam, leise und ruhig: «Pretty nice boots, Sir!» Es schwang etwas unterschwellig Gefährliches, Unberechenbares mit in der Art, wie er beinahe flüsternd sprach, etwas, was mich erschreckte. Und dann: «Sir». Der sanfte John. Ich wusste nichts über ihn. Und dann holte er aus: Johns Spucke landete als schleimiger Schaumfleck vorne auf der schimmernden Stiefelspitze. Der schöne schwarze Stiefel drückte kräftig einmal, zweimal bis unten durch, dann nahm der Bulle ohne jede Eile den Fuß, fast bedauernd, von Johns Schulter. Ich sah, dass es wirklich sehr schmerzhaft gewesen sein musste, doch John lag ganz ruhig am Boden und grinste dem Bullen ins Gesicht: «I'm sorry, Sir, but I am a very sick man …» Er erhielt noch einen anständigen Tritt in die Nierengegend, der einen schrecklichen Hustenanfall hervorrief, und dann wurden wir einfach gepackt und die Treppe heruntergeschleift, die Arme schmerzhaft auf den Rücken gedreht. Noch nie hatte ich so was erlebt und war dementsprechend eingeschüchtert.

Der Raum war vorher schon reichlich unordentlich gewesen, nun aber war hier ein einziges chaotisches Durcheinander. Sie hatten die

Bretter vor den Fenstern zu Kleinholz verarbeitet, Holz- und Glassplitter lagen verstreut über dem Gepäck der anderen. John wurde aufgefordert, sich mit den anderen Jungs mit dem Gesicht zur Wand und mit erhobenen Armen in einer Reihe aufzustellen. Sie stützten sich mit den Handflächen an der zerkratzten Tapete ab und mussten es sich gefallen lassen, dass ihnen brutal die Beine auseinandergetreten wurden, sodass sie breitbeinig in einer Reihe dastanden. Es folgte eine eilige, routinierte Durchsuchung. Was danach passierte in diesem Haus, weiß ich nicht. Rifka und ich wurden getrennt in ein vergittertes Auto gesteckt, es war nicht mal Zeit, noch was zu den anderen zu sagen, geschweige denn, mich von John zu verabschieden. Ich sah nicht mehr, wie sie zusammengetreten wurden, hörte aber im Treppenhaus beunruhigende Geräusche und laute Schreie, Stimmen geladen mit Wut und Schmerz. Verängstigt saß ich ganz allein, getrennt von Rifka, in diesem unheimlichen Transporter. Überall in Amsterdam öffneten die Läden. Laut klingelte die Straßenbahn, Motoren heulten auf. Meine Augen füllten sich mit Tränen. Ruckartig hielt der Wagen, Stimmen riefen. Der Motor wurde abgestellt, die Tür geöffnet und ich am Arm herausgezerrt. Ich befand mich im rechteckigen Innenhof eines soliden, alten Gemäuers. Jemand führte mich zu einer Stahltür, und es begann ein mir endlos vorkommender Gang durch Korridore, Treppen hoch, Treppen runter, neue Korridore. Irgendwann standen wir vor einer zweiten Stahltür. Da sollte ich hineingehen? «Nein! Ich will das nicht!», brachte ich schluchzend hervor. Panik stieg hoch in mir, ich begann laut zu weinen. Schließlich verloren sie die Geduld, packten mich und beförderten mich unsanft in die Zelle. Quietschender Krach, die schwere Tür schlug hinter mir zu, Schritte entfernten sich. Völlig fassungslos stand ich in der winzigen Zelle und schaute starren Blicks mit weitaufgerissenen Augen, um zu vermeiden, dass weitere Tränen herausfielen, auf die karge Einrichtung. Eine schmale, harte Liege, hochgeklappt an der eitergelben Wand befestigt, eine Kloschüssel ohne Sitz und Deckel. Kein Papier, keine Seife, kein Handtuch, keine Decke. Neonlicht hoch oben, weit über mir. Kein Fenster. Kein Lichtschalter. Die ekelgelben Wände blätterten an vielen Stellen ab. Der

Boden hatte die Farbe von ausgekotzter Erbsensuppe mit Blutsturz. Ich hatte schreckliche Angst. Schieben und Knirschen draußen auf dem Gang. Die Klappe der Zellentür wurde geöffnet, dann schoben abgearbeitete Hände mit abblätterndem, rotem Nagellack auf verbogenen Fingern ein kleines Tablett durch die Luke. Zögernd nahm ich es entgegen. Kaffeeduft durchzog diesen deprimierenden Ort so tröstlich, dass ich nicht anders konnte: Ich ließ mich verführen von dem noch fast heißen Getränk und stellte das Tablett auf dem Fußboden ab. Da war ein Teller mit einem Stapel Sandwiches, weiches Weißbrot mit mehreren Lagen hauchdünn geschnittenem Gouda und Erdbeermarmelade. Wie in Afrika hockte ich mich vor das Tablett mit dem köstlichen Essen und schnupperte an allem. Allmählich kam die Angst zurück, und überwältigt von dem Gefühl, von aller Welt verlassen zu sein, kamen mir wieder die Tränen hoch. Gleichzeitig stopfte ich mir die herrlichen Käse-Marmelade-Sandwiches in den Mund, kaute laut heulend, zog die Nase geräuschvoll hoch, schluchzte hemmungslos vor wütender Angst. Zornig zerkaute ich, zermatschte ich, zerstörte ich mit tierischer Energie, mit planloser Wildheit und wüsten Tischmanieren alles, was ich mir reinstopfte – ich aß das Essen nicht, ich machte es fertig. Ich konnte mich nicht entschließen, das bis zur Flüssigkeit bearbeitete Essen in meinem Mund runterzuschlucken. Ich ärgerte mich, dass ich mich weder von dem Brei auf meiner Zunge noch von den Tränen in meinen Augen, noch von der Angst in meinem Herzen trennen konnte. Ich war ein hoffnungsloser Fall, zu blöd, mich selbst zu beherrschen. Hass gegen mich selbst stieg hoch. Heftige Ohrfeigen versetzte ich mir ins Gesicht, um mit dem blöden Weinen aufzuhören, tat mir dabei aber richtig weh, sodass ich nun zusätzlich aus Schmerz heulte. Langsam verrannen so die Stunden.

Ich verspürte mittlerweile auch Harndrang, doch konnte ich mich nicht überwinden, dieses eklige, fleckige Klo zu benutzen. Durch das Loch in der Tür konnte mich ja jeder sehen. Schließlich hielt ich es kaum noch aus, ich hüpfte in der Zelle auf und ab, und wenn ich mit dem Rücken zur Tür war, packte ich mir sogar mit Zeige- und

Mittelfinger fest in den «Schritt», um die widerlichen, stinkenden Äußerungen meines Körpers in den Griff zu kriegen. Das Guckloch konnte ich nicht zumachen, ich probierte sämtliche Möglichkeiten durch. Mit gesenktem Kopf und im Bewusstsein absoluter Erniedrigung hockte ich mich schließlich über das Klo, peinlich darauf bedacht, jeden Hautkontakt zu vermeiden. Ich konnte es nicht verhindern: Lautlos quollen die Tränen hervor, tropften zwischen meine Schenkel und vermischten sich mit der trüben Flüssigkeit in der Kloschüssel. Um Gottes willen, fiel mir auf einmal ein, wie sollte das erst sein, wenn ich nicht nur pinkeln, sondern … müsste. Lieber wollte ich tot sein. Was würde mir jetzt helfen?

Vielleicht träumte ich das alles ja bloß, vielleicht war es ja ein schlimmer Trip, und wenn ich erwachte aus diesem Albtraum, wäre alles gut, und ich hätte eine Nadel im Arm oder John zwischen meinen Beinen. Sperrten sie normalerweise nicht Schwerverbrecher ein, Menschen, die getötet und geraubt hatten, Menschen, die eine Gefahr für die Allgemeinheit darstellten? Wussten sie, dass ich Hosen, Schallplatten, Schmuck und Kerzen geklaut hatte? Warum nur war ich hier? Die Neonröhre surrte. Ich bekam kaum mit, wie ich auf die Beine gestellt und abgeführt wurde durch diese furchterregenden Korridore, steile Treppen hoch und runter. Eiseskälte schlug mir ins Gesicht, es schneite heftig, und kräftige Böen trieben ganze Schneewolken durch einen Innenhof, groß wie ein halbes Fußballfeld. Jemand wies mich an, hinten in einem altmodischen, vergitterten Transporter auf der rechten Seite Platz zu nehmen. Mein linker Arm wurde routiniert und schnell am Sitz festgebunden, direkt am Oberschenkel, sodass ich nur unbequem schräg sitzen konnte. Verblüfft fragte ich mich, warum sie das getan hatten – wurden nicht Leute festgebunden, die als gefährlich galten? Ich war froh, gefährlich zu sein, es brachte mich dem Leben wieder näher. Ein Ruck an der Tür; sie zerrten einen Jungen in den Transporter und banden ihn am anderen Ende auf der Sitzbank schräg gegenüber von mir fest. Er wirkte apathisch, hielt den Kopf gesenkt. Lange braune Haarsträhnen verdeckten sein Gesicht wie ein schützender Vorhang. Die

Schiebetür wurde zugeknallt. Über dem Kopf des Jungen und über meinem ging ein Licht an. Es sah aus, als hätte der Junge einen Heiligenschein. Wie schön seine Haare sind, dachte ich, bestimmt fühlen sie sich gut an. Ich hoffte sehr, der Junge möge helle Augen besitzen. Die Stimmung war geladen. Plötzlich war ich hellwach: Ich lebte. Der Transporter rollte aus dem Hof, hinaus auf eine Straße, durch die Stadt mit ihren vielfältigen Verführungen. Allmählich wurde ich mir gewahr, dass mich der Junge gegenüber die ganze Zeit angesehen hatte. Durch seine Haarsträhnen. Ich musste grinsen und streckte ihm die Zunge raus. Sofort schämte ich mich für diesen kindischen Impuls, umso erstaunter und erfreuter war ich, als er das Gleiche tat. Ich vernahm leises Lachen und sah seine Zungenspitze zwischen seinen Haaren herausschauen. Der Typ gefiel mir ungemein gut. «Erwischt!», sagte ich auf Deutsch. «Ärrwiescht!», wiederholte er mit einem rollenden «R» in dem hübschen holländischen Akzent. Seine Stimme klang erstaunlich voll und tief. Hoffentlich hast du helle Augen … «Warum bist du hier?», wollte ich wissen.

«Ik bin niet nett chewäise zu die Polizei.» Er hob den Kopf, schüttelte mit einem Ruck die Haare aus seinem Gesicht. Aufmerksam sah mich der Junge an. Seine Augenfarbe konnte ich bei dem schlechten Licht und dem Geruckel nicht erkennen. «Wass iesst dein Name?»

«Muriel.»

«Mein Name ist Tony. Nice to meet you, Muriel. Leider kann ik niet ssein ein Gentleman un dierr gäiben den Hand …» Er wies mit einer Kopfbewegung auf seine Handschelle. «Komisch», sagte ich, «dass sie einen nicht an zwei Händen fesseln.»

«Ssie habe kein Geölld und nütze für die chute Leute wie unsse beide die alte Autouss. Die neue-moudiesche ssind für die slechte Leute …ssou wie Killerss, Gangsters.»

Tony wollte wissen, warum ich hier war. Ich erzählte kurz, was in den vergangenen Tagen geschehen war. Gespannt hörte er zu. «Wass iesst dein Altrr?»

«Ich bin schon fünfzehn!»

«Ssou ik weiß, wou ssie dich brringen … nach Duitsland!»

«Zurück nach Deutschland …–» Schockiert starrte ich Tony an.

Ich hätte es mir denken können. «Wass du habe chedacht …» Sein Kichern hörte sich ein wenig spöttisch an. Ich schob den lästigen Gedanken an Eltern, Schule, Vorwürfe, Standpauken, Schuldgefühle, Tränen und Streit beiseite. «Wohin wirst du gebracht, Tony?» Er zögerte einen Augenblick. «Amersfoort.»

«Amers… – was?»

«Jail, Knasst. Amersfoort. Noordholland.»

«Das können sie einfach so tun?»

Bedächtig nickte er mit ernster Miene. «Nextes Mounat ich werrde neunzäihn, und dass iesst hollandiesch Rrecht, dass man habe genouch Jahrre für dass Knasst.» Schweigend lehnten wir uns zurück. Sein Gesicht lag nun fast ganz im Dunkel. Nach einer Weile fragte ich, wie lange er dort bleiben müsste. «Zwei Jahrre und ein halbess.» Er tat mir furchtbar leid. Dürfen sie Leute unter einundzwanzig überhaupt einsperren? Während er redete, wuchs in mir der Wunsch, Tony zu berühren und mich von ihm berühren zu lassen. Die Form seiner Lippen und wie sich seine Lippen und Augen beim Sprechen bewegten, lenkte mich ab. Wie küsst er wohl?, ging es mir durch den Kopf.

«… miett diese Kondizies du bekomm ein Uhrrteil miet das Juchendrrecht, du verrstäisst?» Er sah mir geradewegs in die Augen. Er hatte versucht, mir komplizierte Zusammenhänge über das holländische Strafrecht zu erklären. «Du muusst ssein sseehrr, sseehrr clever … un sseehrr chout aufpasse, iemmrr, muusstu ssein ein choute Schauspielrr, die beste von alle, un iemmerr ssehrr nett!» Er lächelte ein wenig traurig. Was war Tony doch für ein starker und erfahrener Typ! Was könnte ich alles von ihm lernen. Gleich darauf besann er sich und grinste mich strahlend übers ganze Gesicht an, so, als führe er mit seinem Mädchen in den langersehnten Urlaub. Draußen war ein Sauwetter, ab und zu wackelte der Transporter. Eine schöne lange Autofahrt mit Tony wünschte ich mir. Wieder schüttelte er mit dieser aufreizenden Bewegung eine dichte Strähne vom Gesicht, unterstützt durch Pusten, und sagte, ganz unvermittelt mit einem Ruck innehaltend, während er in meine Richtung blickte, aber an mir vorbeischaute: «Ich würrde dich gerrn fassen.» Schwallweise schoss mir das Blut ins Gesicht. Ich konnte kaum atmen. Ich sagte: «Anfassen sagt man.» Kleine Pause. Jetzt sah ich an ihm vorbei. Ich sprach leise, ein bisschen stockend. «Was würdest du mit mir machen?» Er schloss die Augen, lehnte seinen Kopf nach hinten. «Sex?» Seine Stimme hatte einen fast schläfrigen Beiklang. Ich blinzelte zu ihm rüber. Noch immer hatte ich seine Augenfarbe nicht gesehen. Er öffnete die Lider und sah mir auf den Mund, ich fühlte, wie sich sein Blick an meiner Unterlippe festsaugte. Nun schloss ich die Augen. Genauso schwallweise, wie es mir zuvor in den Kopf geschossen war, stürzte mein Blut in den Unterleib. Ich presste die Lider fester zusammen, atmete flacher, unregelmäßiger. «Präziser», forderte ich ihn heraus und sah ihn dabei geradewegs an. Er blieb da mit seinen Augen, ging nicht weg. Für lange Zeit fiel kein Wort. Ohne dass ich angefasst wurde, fühlte ich mich berührt, fühlte mich begehrt, gewollt, gehalten. Wir betasteten uns mit Blicken, küssten uns schmerzlich schön, versorgten uns gegenseitig mit Hochspannungsstrom, taten uns Gutes und ein bisschen weh. Unmerklich glitten wir tiefer und tiefer von unseren Sitzbänken, bis auf den harten Boden, streckten ein Bein nacheinander aus, jeder ein Handgelenk festgemacht in diesem Verschluss am Sitzplatz – eine unmögliche Körperhaltung, wir reckten uns und machten uns so lang, wie wir nur konnten. Unsere Fußspitzen waren nur zwei Finger breit voneinander entfernt. Sehr unbequem. Sehr spannend. Brennendes Verlangen nach Tony hatte mich gepackt, und ihm ging es genauso. Jeder hatte seine freie Hand für Signale benutzt, unterbrochen nur durch kurzes Ruckeln, wenn der Transporter gegen Sturmböen ankämpfte und man sich abstützen musste. Zuerst hatte Tony längere Zeit seinen Zeigefinger betrachtet, nun leckte und lutschte er genüsslich daran herum und sah mich dabei mit verschleiertem Blick an. Eine glatte Herausforderung. Auch ich habe einen Zeigefinger. Und einen Daumen, und noch mehr. Ich lutschte leicht schmatzend, wie kostend, meinen ausgestreckten Mittelfinger konzentriert ab. Bei einer früheren Gelegenheit hatte ich rausgefunden, dass ich höchst empfindlich in meinen Handflächen bin. Irgendwann endete ich damit, meine ganze Handfläche der Länge und der Breite nach mit ausgestreckter, flacher Zunge in einer Art und Weise so abzulecken, die Tony so anmachte, dass er heiser flüsterte: «Oh, nee, niet ...»

Die freie Hand öffnete ein Stück weit den Reißverschluss, die Hand glitt langsam hinein, umfasste mehrmals, um die richtige Position zu ertasten, verharrte kurz. «Sstooopp ...», murmelte er mit fast geschlossenen Augen mit verträumtem, dennoch sehr direktem Blick auf mich. Ich fuhr fort, meine Zunge spielte mit meiner Handfläche, von der ich mir vorstellte, es sei die seine. Aus den Augenwinkeln heraus nahm ich wahr, wie sich sein Handgelenk auf und nieder bewegte, wie sich seine Stellung in den nächsten Minuten änderte, starrer, gekrümmter wurde, wie er mit verzerrtem Gesicht im Halbdunkel abwechselnd auf mich, dann wieder auf seine Hand starrte. Um es sich bequemer und effektiver zu machen, zog er seinen Reißverschluss bis ganz nach unten, und wie eine Schleuder, so wuchtig und schnell, stand seine volle Erektion einen kleinen Moment lang im Licht. Die pralle, oben eingekerbte Spitze war einen Lidschlag lang so beleuchtet, dass ich zum ersten Mal die Ästhetik dieser perfekten Form zu sehen kriegte. So hatte ich einen Jungen noch nie zuvor wahrgenommen. Das alles ging mir sehr nah. Er würde in Kürze im Gefängnis sein für die nächsten Jahre. In mir tauchte der Wunsch auf, er möge mich nie vergessen, niemals. Gleichzeitig erstaunte mich die rauschartige Erregung in mir, ein Zustand, von dem ich geahnt hatte, dass er existierte. Die Intensität wurde gesteigert durch die absurde Situation, gefesselt in einem Gefängnistransporter, dem verführerischsten Typ zu begegnen, der mir je über den Weg gelaufen war. Weiter rutschte meine Hand jetzt nach unten, tastend. Hörst du, Tony, du sollst mich nie vergessen, und wenn du hundert Jahre alt wirst. Ohne jede Hemmung hielt er seine Eichel zwischen Daumen, Zeige- und Mittelfinger, rieb mit schneller, kürzer und härter werdenden Bewegungen auf und ab, zeigte ohne jede Zurückhaltung seine heftige Erregung, er wand sich, er stöhnte, er seufzte, quiekte sogar ab und zu, er benahm sich, als sei er außer sich. Nie zuvor hatte ich so etwas gesehen. Ich war sehr aufgeregt, mein ganzer Körper pulsierte, und ich bemerkte, dass ich mich automatisch genauso wand wie er. Ich fand ihn unwiderstehlich und wurde fast zerrissen vor Verlangen nach ihm. Meine Hand strich über das Höschen, das ich seit fünf Tagen anhatte (meine Mutter kam mir kurz in den Sinn: «Guck ma, dise Doofe da, mit der ungewaschenen Unterhose!»), was mich von meiner Haut und den Haaren trennte, und ich empfand die eigene Berührung ungeheuer intensiv. So hatte ich mich noch nie selbst berührt. Tony atmete stoßweise, starrte mir zwischen die Beine und murmelte ab und zu Unverständliches. «Ik will ssäihen … mehrr … ssäihen …», stöhnte er. Ich brachte es umständlich fertig, dass er zwischen meinem geöffneten Reißverschluss den Ansatz meiner Schamhaare sehen konnte.

«Du muuss nütze das Hand …»

Ich gehorchte und steckte die Hand unter das Höschen direkt an meine Pussy. Alles war nass und glitschig. Tony schaute und stöhnte und rieb sich schüttelnd. Er war der lauteste Junge, den ich bisher erlebt hatte. Der Schönste, und der Unverschämteste. Ich konnte ihn fühlen, ich konnte ihn wirklich fühlen. Ich merkte, wie er zu zittern begann, wie seine Bewegungen noch energischer wurden, wie sein Blick verschwamm, und ich merkte, dass ich nicht mehr weiterwusste bei mir selbst, es war furchtbar, ich wusste nicht, was ich tun sollte, um mir zu holen, was mir zustand. Ich hatte keine Ahnung, wie man das bei sich selbst macht. Möglicherweise funktioniert das ja auch gar nicht bei uns Mädchen. Ich sah Tonys gekrümmten Körper erschauern. Zuerst blickte er schnell auf seine Finger, starrte mich wie ungläubig an und wurde dann laut: Mehrere hohe Kaskaden schossen blitzartig hoch, begleitet von vier, fünf leisen Schreien. Mir stockte der Atem. Ich war außer mir. So hatte ich das noch nie gesehen. Völlig verdreht waren wir beide, und alle beide waren wir durchnässt; jeder an seiner Stelle. Nur, dass es bei mir nicht beendet wurde. Meine Erregung wollte sich einfach nicht legen. Schwer atmend bemühte ich mich um Haltung. Ich wusste nicht, wie es mir ging. Minutenlang stand ich kurz davor … wenn er mich nur richtig berühren, richtig küssen könnte … nur ein einziges Mal … dann wäre auch für mich alles in Ordnung. Ich beobachtete Tony, wie er regelmäßiger zu atmen begann, wie er sich seiner unbequemen Lage bewusst wurde, wie er sich aufrichtete, zurück auf die

Sitzbank hievte, wie er sich den Reißverschluss zu schließen versuchte mit der einen Hand. Er schaute mich an, kicherte leise. «Left hand sided ben ik, nuurr linke Sseite, links Hand.» Er sah mich an, voll Sanftheit, voll Frieden. «Are you, äh … biesst du chout?» Ich nickte. Nur eine Berührung. Nur einmal mit der Zunge drüber, von mir aus über meine Unterlippe … es würde reichen. Tony sagte: «Bedankt!» Er sagte es mit fester Stimme. Ich schloss meine Cordhose und krabbelte auf die Sitzbank, atemlos, noch immer oben in der Kurve. Ich wusste nicht, was ich tun sollte, fand die Situation aber trotz meiner Verwirrung in Ordnung so, wie sie war. Danke, Tony, ich schäme mich nicht. Mir geht es gut. Ich könnte so über dich herfallen. Ich würde dir meinen Geruch und meinen Geschmack in jede Zelle drücken.

Tony wusste, was in mir vorging. Er schaute mich ernsthaft an. «Du weißt niecht, was du tun ssolltest.» Er sagte es leise. Rücksichtsvoll. Ich brauchte mich nicht dafür zu schämen, dass es so nass war zwischen meinen Beinen. Tony lachte leise auf. «Wann ich hätte mehrr Zeit für dich, ich würrde dir lerrnen, was du machen ssolltesst …» Schelmisch blickte er mich an. Ich fand ihn schrecklich süß. Dieser reizende holländische Akzent, der sprach das «S» besonders scharf aus, und das «O» klang wie «Ou», leicht englisch gefärbt. «Tony», brachte ich hervor, «… du bist … so süß … ich würde alles tun für dich.» Es hatte mich all meine Kraft gekostet, meine Gedanken so offen auszusprechen, so was dachte man vielleicht, aber man sprach es niemals aus. Im Hinblick auf seine vergitterten Aussichten hatte ich das Bedürfnis gehabt, ihm Trost und Mut zu geben. Ein bisschen verlegen war er, er versuchte das zu überspielen mit besonders tiefem, männlichem Lachen, was ihn nur noch reizender machte. Mit einer Kopfbewegung, ohne mich dabei aus den Augen zu lassen, deutete er auf seine gefesselte Hand. «Du kannsst starte hier.» Ich lächelte zur Antwort mit tränengefüllten Augen. Erschrocken kamen streichelnde Worte, er setzte sich etwas aufrechter hin. «Oh no, don't cry.» Eine Träne rollte, ohne dass ich es verhindern konnte, aus meinem Auge. Ich riss mich zusammen, schniefte mit der Nase und setzte mich ebenfalls so aufrecht wie möglich. «Are you o. k.?» Ich nickte, versuchte, tapfer zu sein. Tony war tapfer. Er würde gleich in eine Zelle gesperrt werden, für viele, viele Monate, während draußen das Leben ohne ihn weiterging. Wie konnte er nur so gelassen sein, in so einer Situation.

«I am o. k., alles in Ordnung …», murmelte ich, «… ich weine nicht …», und weiß der Teufel, warum, plötzlich musste ich laut lachen.

Erleichtert stimmte Tony in das unvermittelte Gelächter ein, und so fuhr der Gefängnistransporter ein in den Hof des Knastes in Amersfoort. Als sie die Tür aufschoben, fanden sie zwei ausgelassen kichernde Gefangene vor und wunderten sich. Wir verabschiedeten uns wortlos, mit hungrigen Augen, während unsere Gesichter weiterlachten, bemüht, die Situation zu meistern, so gut es ging. Der letzte kurze Blick. Die Tür schloss sich, der Wagen fuhr an, rollte wieder hinaus in die Nacht unter dem niederländischen Winterhimmel. Ich war allein. Einsam fühlte ich mich nicht. Erfüllt von den starken Eindrücken der letzten Stunden, war ich ganz ruhig. Es war mir völlig egal, wohin wir fuhren.

Ein Zimmer, warm, ein Bett mit sauberen Decken, weichen Kissen, ein Tablett mit belegten Broten, ein tiefer Teller mit Suppe, ein Glas Apfelsaft. Ich war irgendwie abgehoben. Gefühlsmäßig begriff ich nicht, wo ich war, die letzten achtundvierzig Stunden waren noch in mir. Niemals werde ich den hilflosen, traurigen Gesichtsausdruck meines Vaters vergessen (wie schrecklich weh tat es mir, ihn so zu sehen), als die Tür aufging und er mich, seine mit «vielerlei Talenten ausgestattete» erstgeborene Tochter, auf die er so gerne stolz wäre, in Empfang nahm wie einen verloren gegangenen Koffer. Ich kannte ihn ausschließlich als den höflichen, förmlichen, unfehlbaren, sicheren, allwissenden Vater, mit allen Benimmregeln dieser Erde vertraut, immer heiter, immer zu einem Witzchen aufgelegt, fröhlich, charmant, hilfsbereit, überall angepasst, immer dezent und korrekt unauffällig gekleidet. Niemals zeigte er sich schlecht gelaunt, schwermütig, angreifbar, gereizt, unhöflich oder aggressiv. Entweder war er wirklich so, oder aber er beherrschte die Kunst der Verstellung wie kein Zweiter. Ich habe ihn nie durchschaut, er zeigte grundsätzlich nur positive Seiten. Der einzige Mensch, von dem er sich jemals provozieren und zu gewalttätigen Ausbrüchen hatte hinreißen lassen, war ich. Er hatte die schönste, abwechslungsreichste und abenteuerlichste Kindheit und Jugendzeit und die besten Eltern der Welt gehabt, er wurde nicht müde, dies stets von neuem zu betonen, und er war seinen Eltern die alles für ihn und seine drei Geschwister in unsicheren Kriegszeiten getan hatten, sehr dankbar. Mit siebzehn war er Vollwaise. Von da an nahm er seine Zukunft zielstrebig selbst in die Hand. Ich liebte es, wenn er mir von sich erzählte, gleichzeitig bekam ich aber auch immer ein schlechtes Gewissen, weil ich meine eigenen Kinderjahre nicht als ähnlich wunderbar zu empfinden fähig war. Mit großen Augen hörte ich fasziniert zu, wie er lebhaft schilderte, was er und seine vielen Freunde alles für phantasievolle, aufregende Spiele erfanden. Was er im Krieg gemacht hatte, hörte sich ziemlich gewieft an. Ich war sehr bemüht, mir meinen ehrlichen, gesetzestreuen Vater vorzustellen, wie er aus Not, wie er ausdrücklich betonte, log: Zweimal geriet er in die Hände der Russen. Es gelang ihm jedes Mal zu entkommen, weil sich als Franzose ausgab. Für mich war und blieb mein Vater für mindestens vier Dekaden der Held. Ich schaffte es nie, mich von dieser herausragenden Vaterfigur zu lösen. Für meinen Vater empfand ich unendliche Bewunderung, ich liebte ihn abgöttisch. Beim Gedanken an meine arme Mutter, die sich so schreckliche Sorgen um mich gemacht, die wegen mir gelitten hatte und nicht schlafen konnte, fühlte ich mich furchtbar schlecht.

Sauerland 1971

Eines frühen Nachmittags, als ich aus der Schule nach Hause kam, lag auf meinem Bett ein Päckchen Antibaby-Pillen der Marke Neogynon 29. Ich las die Gebrauchsanweisung durch und nahm von da an die Pille.

«… komm mir ja nicht mit einem Kind an …!», drohte meine Mutter. In dieser Hinsicht war sie sehr vernünftig. Mittlerweile kannte ich beinahe sämtliche Freaks aus meiner Stadt und aus einem Umkreis von fünfzig Kilometern.

Zu dieser Zeit hörte ich gern Cat Stevens, *Sad Lisa* drückte meine Gefühle genau aus. Wenn der tolle, sensible Cat Stevens über traurige Mädchen sogar Lieder macht, dachte ich mir, ist das vielleicht der Weg, den ich gehen sollte. Fortan war ich sehr traurig. Ich war traurig im Frühling und war traurig im Frühsommer. Ich redete nicht mehr, nahm Drogen, wo immer ich die Gelegenheit dazu hatte, und machte ein trauriges Gesicht. Niemand kam und fragte, warum ich so traurig sei. Womöglich war ich noch nicht traurig genug. An einem schönen Sommerabend verbrachten viele Leute die Nacht draußen am Fischteich im Wald. Ein Zelt war aufgebaut, das Lagerfeuer brannte, zwei Jungen hatten ihre Gitarre mitgebracht, es wurden Pfeifen rumgereicht, manche hatten LSD geschluckt, manche tranken Bier. Ich sonderte mich ab, stand ein paar Meter neben dem Geschehen und starrte trübsinnig in die Dunkelheit. Hinter mir unterhielten sich die Leute und lachten. Mein Gott, wie traurig sollte ich denn noch werden, bevor sich einer um mich kümmerte. Cat Stevens musste sich vertan haben, niemand schenkte einem traurigen Mädchen auch nur die geringste Beachtung, im Gegenteil, alle schienen mich mehr denn je zu meiden.

Mittlerweile waren so viel Haschisch, LSD und Opiate in unserem kleinen Städtchen, dass Leute von weit her anreisten, um sich bei uns mit Drogen zu versorgen. Schlagartig hörte das auf, denn Bernd musste vor Gericht. Eine lächerliche Sache wurde ein Riesending. Sämtliche Freaks der Gegend waren erschienen und grölten aufmüpfig vor dem Gericht. Jemand hatte eine Vietkong-Fahne mitgebracht, die unter stürmischem Beifall im Korridor vor dem Gerichtssaal entrollt wurde. Ja, das waren die Typen, die ich so dufte fand, die ließen sich nicht alles so gefallen, mit denen konnte man nicht einfach machen, was man wollte. Uniformierte Bullen sorgten energisch für die Wiederherstellung der Ruhe, indem sie uns des Gebäudes verwiesen. Die größten Krawallmacher wurden daraufhin monatelang zum Stadtgespräch. Vor Bullen hatte ich schreckliche Angst und leistete augenblicklich gehorsam der Aufforderung Folge, das Gelände zu verlassen, sodass ich das Beste an der Geschichte später nur vom Hörensagen erfuhr. Wie mutig und rebellisch die anderen doch waren. Ich war klein und schrecklich feige. Wie kam es bloß, dass so viel über diejenigen geredet wurde, die sich die meisten Drogen reinschütteten, wie kam es, dass die Aufmüpfigsten und Frechsten mit so viel Respekt behandelt wurden? Wie glücklich war ich, als ich kurze Zeit später von der Kriminalpolizei eine Vorladung zum Verhör erhielt. Endlich war ich mal an der Reihe. Mein Amsterdam-Ausflug im Januar hatte keinen interessiert; was war schon Besonderes an ein paar Tagen in Amsterdam. Meine Eltern reagierten völlig hysterisch. Polizei, oh-Gott-oh-Gott, Kriminalpolizei gar! Es gab die üblichen Vorwürfe, das schlechte Gewissen, lästige Schuldgefühle mit schlaflosen Nächten, scheußlichen Streit, Tränen, das volle Grusel-Programm. Die Tochter des beliebtesten und bekanntesten Lehrers der Stadt hatte eine Vorladung zum Verhör bei der Kriminalpolizei. Was sollen denn die Leute denken! Dass das bloß keiner erfährt! Mit verhaltenem Stolz, den ich hoffte, gut zu verbergen, erzählte ich beim nächsten Samstag-Treffen im Café beiläufig sämtlichen Freaks davon.

Den Bullen war zu Ohren gekommen, dass ich mit Drogen zu tun hätte. Leugnen sei zwecklos, die Beweislast erdrückend. Ich könne die Aussage verweigern, wenn ich mich selbst belastete mit meinen Aussagen. Nun, dachte ich, wenn ich nichts sage, denken sie erst recht, dass ich schuldig bin, weil sich ja jemand nicht selbst belasten würde. Das Verhör wurde durchgeführt vom zuständigen Inspektor, ausgerechnet Jürgens Bruder, des aller-allerersten Fixers der Stadt. Der Typ hatte allein Apotheken-Brüche gemacht, hieß es hinter vorgehaltener Hand. Wie gerne hätte ich ganz lässig erzählt, dass ich einmal Schmiere gestanden und ein anderes Mal die komplette Beute eines Bruchs zwei Tage in meiner Schulbank gehortet hatte. Es war zum Verrücktwerden, da war endlich mal was richtig Spannendes, etwas, was mir mehr Achtung und Beliebtheit verschaffen könnte, und warum war diese seltene Gelegenheit nichts wert? Weil ich das Versprechen zum Stillschweigen gegeben hatte, das ich nun bereute. Dafür erzählte ich dem Inspektor und seinem Kollegen alles Mögliche, Sachen, die weiterzusagen ich niemandem versprochen hatte. Es wäre doch clever, ein paar falsche Spuren zu legen, also dachte ich mir schnell noch alles Mögliche aus. Die sauerländischen Bullen waren plötzlich richtig nett, ganz anders als die unfreundlichen Holländer. Sie freuten sich, als ich das sagte, und hörten mir einen ganzen Nachmittag zu, staunten manchmal und stellten dann und wann ein paar Fragen. Alles wurde mitgeschrieben. Der Inspektor war zufrieden mit mir, und als ich fertig war mit Erzählen, wurde ich gelobt. Man reichte mir einen ganzen Packen Protokollunterlagen zum Unterschreiben rüber. Bald bekam ich zu meiner Freude und zum Entsetzen meiner Eltern einen Termin für eine Gerichtsverhandlung. Überall erzählte ich, an welchem Tag und zu welcher Uhrzeit das Ereignis stattfinden würde. Die Nacht kriegte ich kein Auge zu. In Wachträumen sah ich belustigt, wie mein Vater vor den ganzen versammelten Freaks immer kleiner wurde, er tat mir sogar ein bisschen leid, denn ich liebte ihn doch. Aufgeregt stand ich gegen sechs Uhr morgens stand ich auf, zog mich sorgfältig im Rebellenlook an, schminkte meine Augen mit leuchtend blauem Lidschatten, tuschte meine Wimpern extra dreimal, zog die Augeninnenränder oben und unten mit pechschwarzem Kajal nach, lackierte links die Finger grün, rechts violett, nahm den blutroten Lippenstift, den ich mir extra am Tage vorher geklaut hatte, und stolzierte in meinen neuen, dunkelbraunen Wildlederclogs hinunter in den Flur unseres Hauses, wo mein Vater, nervös, ein bisschen blass, noch korrekter, noch unauffälliger gekleidet als sonst, bei meinem Anblick die Zähne zusammenbiss. Meine Mutter kreischte laut auf und zeigte wild gestikulierend auf meine brandneu gefärbten feuerroten Hennahaare, doch er bedeutete ihr mit flehenden Blicken, sie möge einfach nur mal den Mund halten. Wir waren, der Angewohnheit meiner Eltern entsprechend, eine Dreiviertelstunde zu früh da. Jedes Mal, wenn eine Tür sich öffnete, klopfte mir das Herz in Erwartung der johlenden, bunten Menschenmenge, die jeden Moment eintreffen würde. Würden sie die Vietkong-Fahne entrollen – oder dieses Mal eine andere? Hibbelig rutschte ich auf meinem Stuhl hin und her, sah andauernd auf die Wanduhr. Schließlich wurden mein Vater und ich aufgerufen. «Moment noch», sagte ich schwach, «ich muss mal …» Ich hockte so lange auf dem Klo, bis mein Vater mich holen kam. Ich holte tief Luft und verließ die enge, gekachelte Damentoilette. Alles ruhig. Kein Gejohle. Ich war allein mit meinem Vater im Gerichtssaal, der gar kein Saal war, sondern ein ganz normales Zimmer mit ein paar Bänken, Stühlen und einem Tisch, an dem ein strenger Richter saß, den meine Eltern vom Tennisclub her kannten. Er verpflichtete mich eindringlich mit lauter Stimme, die Wahrheit zu sagen, sonst würde es mit mir ein schreckliches Ende nehmen, da ich ja schon lange auf der schiefen Bahn sei. Kleinlaut beantwortete ich abwesend seine Fragen, manches musste ich wiederholen, weil ich so viele Tränen in den Augen hatte, dass ich nur sehr leise sprechen konnte. Es war einfach schrecklich für mich, dass sich wirklich niemand für mich interessierte.

Ich wurde zu sechs Wochenenden Küchenarbeit im Behindertenheim verurteilt. Am liebsten hätte mich der Richter ja in den Knast gesteckt, sagte er, aber mit Rücksicht auf meine netten, armen, anständigen Eltern, denen ich furchtbare Sorgen bereite, und im Hinblick auf meine Jugend wäre er ausnahmsweise bereit, Gnade vor Recht walten zu lassen. Feierlich bedankte sich mein Vater bei dem Richter. Beide machten ein todernstes Gesicht, als ob jemand gestorben wäre.

Der Nachhauseweg gestaltete sich als eine einzige Vorwurfstirade, zu der ich schwieg; was hätte ich auch sagen sollen. Mein Vater versuchte mir klarzumachen, wie schlimm es um mich bestellt war und dass die Leute bestimmt über ihn redeten und dass er sich so was nicht leisten könne in Anbetracht seiner Stellung am Jungengymnasium, im Lions Club, im Casino, im Tennisverein, bei den Nachbarn und so weiter. Geduckt schleppte ich mich neben ihm her. Alle paar Meter grüßte jemand, und wieder staunte ich, wie perfekt mein Vater von einer Stimmung zur anderen im Sekundenbruchteil umschalten konnte. Immerhin gab er sich Mühe, mein Äußeres nicht zu kritisieren, obwohl es ihm peinlich war. Mir graute vor meiner Mutter; ich wusste genau, was mich erwartete. Wie gerne hätte ich gesagt: «Tja, das war's dann ja wohl, bis irgendwann mal …!», hätte mich an die Straße gestellt und wäre nach Amsterdam getrampt. Nach einer halben Stunde schon war die Konfrontation mit ihr, die ich schweigend über mich ergehen ließ, beendet, sie hatte die Lust verloren, noch länger zu schimpfen. In meinem Zimmer legte ich *All along the watchtower* und *White rabbit* auf, hörte ein paar Mal die *Doors* mit *The End*, anschließend dreißigmal *Sad Lisa* und heulte.

In den nächsten Tagen endlich klappte was, ich kaufte etwas «H» von einer Frau aus dem Bergischen, die ich des Öfteren samstags in Hamm gesehen hatte. Bei einem Rockkonzert der *Mushrooms* und der *Outlaws*, Bands aus der Umgebung, in der Stadthalle, dem ersten, bei dem ich dabei war, suchte ich alle paar Minuten die Damentoilette auf. Die Halle war recht voll, jeder schien jeden zu kennen, da ich aber nicht in der Stimmung war, mich einem Grüppchen anzuschließen, und niemand auf die Idee kam, mich herbeizuwinken oder anzusprechen, fühlte ich mich einsam. Frustriert stand ich verloren und unschlüssig in der Vorhalle rum, bis mir was einfiel: Ich würde dafür sorgen, dass auch wirklich jeder mitkriegte, wie viel Zeugs ich mir reinzog. Nachdem ich mir innerhalb von zwei Stunden sieben Schüsse verpasst hatte und fast nicht mehr geradeaus gehen konnte, war ich fest davon überzeugt, jetzt würden sie darüber reden, wie viel ich mir reinzog und dass ich viel vertragen konnte. Bernd stand mit seinen Freunden im Gang. Schwankend schlich ich an ihnen vorbei und tat so, als könne ich die Augen kaum aufhalten. Beim Kauf hatte ich mich mal wieder kräftig übers Ohr hauen lassen, das H, wenn es denn überhaupt welches war, war von himmelschreiend schlechter Qualität, sonst wäre ich längst im Wartezimmer vom Dr. Lieber Gott. Außer den vielen Löchern in meinen zerstochenen Armbeugen merkte ich nicht viel. Gerade als ich neben Bernd war, tat ich so, als müsste ich mich unbedingt irgendwo festhalten, und krallte mich schwankend an seiner Schulter fest. Er starrte mir ins Gesicht, so durchdringend, dass ich wahrnahm, wie Ungläubigkeit und Verwirrung in ihm hochstiegen. «Sieh an, die Tochter meines Deutschlehrers muss sich an mir festhalten, damit sie nicht umkippt …» Er schüttelte seine brustlangen Locken und legte den Kopf in den Nacken. Bernds Freunde sahen mich verständnislos an. In dem Moment kam Raschke mit diesem Ekel Walter und der blonden Margit vorüber. Raschke machte mir ein freundliches Handzeichen und wollte sich mir gerade zuwenden, als Walter ihn an der Schulter festhielt: «Gib dich nicht mit der ab, die spinnt und labert nur Scheiße!» Raschke hielt inne und blickte den Walter ohne jede Regung an. «Überlass das mir mal, mit wem ich mich abgebe!», sagte er und wandte sich mir zu. «Wegen der blöden Ziege haben wir alle eine Vorladung gekriegt!» Ruhig erwiderte Raschke: «Du nicht!» Raschke ließ den Walter einfach stehen und zog mich in eine dunklere Ecke. «Was ist los, hast du zu viel genommen?» Seine Augen glänzten trotz der ungünstigen Beleuchtung. In dem von oben kommenden Licht wirkte sein Gesicht wächsern, dünn spannte sich die Haut über die Jochbeine und auf der Stirn. Ich schwieg beklommen. Er zog an seiner Zigarette und meinte, er habe mich zu einem Schuss wirklich guten Hs einladen wollen, aber ich sei ja bereits abgefüllt, oder? Ich war schrecklich wütend auf mich, mit meinem blöden Getue hatte ich nicht nur Bernd und Raschke vor den Kopf gestoßen, sondern mir auch die Gelegenheit zu richtigem Heroin versaut. Wie immer konnte ich nicht verhindern, dass mir die Tränen hochstiegen. «Mist», fluchte Raschke, sah sich suchend um, wusste aber nicht, was er mit mir tun sollte. «Du solltest besser von hier verschwinden! Ah, da ist der Josef! Josef!» Josef, der sich vor einem halben Jahr schon mal um mich gekümmert hatte, als ich nicht wusste, wohin, kam herbeigetrottet. Er war mit Drogen vorsichtig, nicht, dass er keine nahm, aber er verschmähte grundsätzlich Nasen und Nadeln. «Oje», sagte er freundlich und nahm mich bei der Hand. «Alles klar, ich passe auf sie auf!», beruhigte er Raschke, bevor er mich rausbrachte.

Johannes Stricker war kürzlich Vater einer Tochter geworden, ohne mit Monika verheiratet zu sein. Die ganze Stadt zerriss sich das Maul über eine solche Schande, sie waren monatelang Stadtgespräch gewesen, es war ein handfester Skandal. In meiner Erinnerung sehe ich Monika am Brunnenplatz stehen, wie sich ihr dunkelblauer Dufflecoat über ihrem dicken Bauch spannt und die meisten Knöpfe offen sind. Wenn mir irgendetwas Panik einjagte, war es der Gedanke an eine Schwangerschaft.

In diesem Herbst haute ich noch dreimal ab nach Amsterdam. Ich hatte versucht, meinen Ausweis zu manipulieren, doch das Ergebnis sah so dürftig aus, dass ich frustriert die korrekte Zahl meines Geburtsjahres wieder hinschrieb. Mit einer Rasierklinge hatte ich die letzte Ziffer rauszukratzen und mit schwarzer Tusche aus einer Sechs eine Drei zu machen versucht. Dann fehlte mir immer noch ein Jahr bis achtzehn, aber aus einer sechs eine zwei hinzukriegen, erschien mir ungleich schwerer. Jeder Blödmann sah, dass in diesem Ausweis rumgemurkst worden war, und so zog ich erst recht die Aufmerksamkeit auf mich. Per Anhalter schaffte ich es einmal bis Amsterdam, sah John und einige andere Leute wieder, übernachtete drei, vier Nächte bei ihnen und trampte dann wieder zurück ins Sauerland. Grenzbeamte hatten mich zweimal in Emmerich rausgeholt und in die nächste Bahn zurück gesetzt, nachdem sie zuvor mit meinen

Eltern telefoniert hatten. Für alles Interessante war ich zu jung, für alles Langweilige alt genug.

Über die Liebe zum geschriebenen Wort lernte ich Christof allmählich besser kennen. Er war ein Jahr älter als ich. Niemals war er ohne Lesestoff. Seine dichten dunklen Brauen über den braunen, leicht hervorstehenden Augen («Der hat ja Basedowsche Augen», stellte meine Mutter mit gerunzelter Stirn fest, «so wird der nie was im Leben mit so Glubschaugen, Segelohrn un dise schiewe Vorderzahn!») mit schmalen, länglich geschnittenen Lidern neigten dazu, in der Mitte zusammenzuwachsen. Winzige Stoppeln verrieten, dass er damit nicht zufrieden war und den Zentimeter über der Nasenwurzel frei rasierte. Im Gegensatz zu dem wirklich schönen, recht vollen roten Mund mit leicht hochgezogener Oberlippe war seine Nase ein kleines bisschen grob, was ihm jedoch einen interessanten Ausdruck verlieh. Christof sah aus wie Serge Gainsbourg in jung und hübsch. Oft saß er inmitten der lärmenden Clique in ein Buch vertieft, bis er von seinen Freunden unterbrochen wurde.

Mein Ruf eilte mir voraus, vielleicht war das der Grund, warum sein Kreis bis auf wenige Ausnahmen mich von Anfang an ablehnte. Ausschließlich ungeschminkte, unparfümierte, langhaarige Mädchen mit manchmal proportional übermächtigen Hintern waren die Freundinnen seiner Freunde. Es waren die «Natürlichen», mit Haaren sonst wo, Körpergeruch und unauffälligen Schlabberklamotten, und ihre Männer passten nicht nur optisch zu ihnen. Christof brauchte also niemals befürchten, dass ich mit einem von seinen Bekannten was anfinge. Der verträumte Christof übte aber auf mich eine Anziehungskraft aus, die ich nicht erklären konnte. Heimlich beobachtete ich ihn, wenn er irgendeinen fernen Punkt anstarrte und sich dabei eine Haarsträhne um den Finger wickelte. Was mochte in ihm vorgehen?

Leider waren die Filme, die mich interessierten, fast immer ab achtzehn. Wenn ich morgens zum Bahnhof ging, kam ich am Kino vorbei. Fasziniert las ich die Titel, doch keinen, außer *Easy Rider,* sah ich. *If*, *Monster Movie*, *Die Traumstadt*, *Supermarkt*, *Zabriskie Point*, *Es*, *Ekel*, und sogar die Andy-Warhol-Streifen *Flesh* und *Trash*. Gisela hatte sich *Flesh* angesehen und mir den Inhalt in Grundzügen erzählt, von Fixern und von einem Strichjungen. Was zum Teufel war ein Strichjunge? Bestimmt ein ganz langer dünner, so einer wie der lange Albi. Weiter berichtete sie, eine Frau habe «es sich mit einer Colaflasche selbst gemacht». Ich ließ mir meine Verstörung nicht anmerken, sondern tat im Gegenteil, als sei es völlig normal, «sich mit einer Colaflasche etwas selbst zu machen». Nun war Gisela verstört. Sie starrte mich schockiert eine Sekunde lang wortlos an und meinte, sie müsse sich jetzt aber beeilen, und weg war sie.

Durch Zufall sah ich im Fernsehen zwei sehr dufte Filme. Einer hieß *Mein schönes kurzes Leben* von einem gewissen Klaus Lemke. Der zweite Film, dessen Titel mir entfallen ist, beschrieb halb dokumentarisch die Busreise von Amsterdam über Istanbul, wo Freaks bei einem dicken Joint im *Pudding Shop* die Weiterreise nach Indien oder nach Nepal besprachen. Über den Khyber-Pass ging die Reise durch Pakistan nach Kaschmir in Indien, wo manche den Bus wechselten, um in den Himalaya zu gelangen, während andere runter an die Strände des Arabischen Meeres, nach Goa, fuhren. Sehnsüchtig verträumte ich Schultage und schlaflose Nächte, malte mir aus, wie ich durch von Affenhorden bewohnte Tempelruinen wandelte.

Mit Christof traf ich mich immer öfter. Sein unkonventioneller Witz, seine Kreativität, seine außerordentliche Belesenheit und nicht zuletzt seine anarchische Lebenseinstellung machten ihn im Lauf der Zeit zu einem meiner besten Freunde. Oft wünschte ich mir, mich richtig in Christof zu verlieben, doch die nötige Leidenschaft wollte sich partout nicht einstellen. Dass dies der Beginn einer viele lange Jahre währenden, äußerst strapazierfähigen Freundschaft war, ahnte ich nicht an dem Ostersonntag, als wir zum ersten Mal miteinander schliefen.

Seit einigen Wochen plante mein Vater ganz konkret, erneut einen Posten als Beauftragter des Deutschen Entwicklungsdienstes in Westafrika anzunehmen. Durch drei Jahre strenge Diät und enorme Willenskraft hatte er seine Hepatitis in den Griff bekommen, und nun packte ihn wieder die Lust auf Afrika. Bald würden wir alle für zwei Jahre nach Abidjan an die Elfenbeinküste ziehen.

Im Sommer fühlte mich allmählich etwas sicherer als noch vor einem halben Jahr, geschweige denn vor einem oder vor zwei Jahren. Heimlich folgte ich dem Rat meiner Mutter, die überzeugt schwor, nur Verdrängung helfe bei der Bewältigung einer unangenehmen Vergangenheit. Am besten, ich dachte gar nicht darüber nach, deshalb beschloss ich, die Zeit zwischen dreizehn und sechzehn aus meinem Leben zu streichen. Ich war nun sechzehneinhalb, eine erfahrene, hemmungslose Frau, gewieft und abgebrüht, vertraut mit allen Tricks, die einem in diesem Leben nützlich sind, gefeit gegen Leid und Verzweiflung. Na gut – ein paar kleine Schwermutsanfälle zwischendurch, wer hat die nicht. Überraschend heftig hochschießende Tränen bei der bloßen Erinnerung an bestimmte Melodien, oder auch einfach so, ohne erkennbaren Anlass, aus heiterem Himmel – sie waren immer noch eine Macht, gegen die ich weder mit Verstand noch mit Logik, noch mit Willenskraft anzugehen imstande war. Nun, der Tag würde kommen, an dem ich auch das schaffen würde.

Eine psychosomatische Klinik
irgendwo mitten in Deutschland
April 1998

Meine Lieblingsaktivität KT, Malen und Musik hören, findet in einem hohen Raum mit guten Lichtverhältnissen statt. Die kleine Therapeutin Tilly, ein Meter sechzig groß, ist wie Sporttherapeut Andreas eine der wenigen brauchbaren Chefs hier. Sie dreht sich bedächtig vor der KT-Stunde eine Zigarette im Aufenthaltsraum, spricht langsam mit dunkler Stimme, sagt zu jedem «du» und kommt sogar mit den größten Kretins der Gruppe klar, ohne sich anzubiedern. Im Kunstraum steht ein CD-Player/Kassettenrecorder; der darf laufen, während die Patienten malen, zeichnen, modellieren oder Seide verhunzen. Lautstarkes Gemecker wegen meiner Soundwahl, niemand teilt meinen Musikgeschmack. Tilly auch nicht, doch sie findet, auch Minderheiten sollten auf ihre Kosten kommen, ich nicke eifrig und lege triumphierend *Fetisch Park* mit *Instinktverlust* ein, dann male ich ein Bild, das ich nenne: «Mein Hepatitis-C-Virus hat sich ausgehfein gemacht». Tilly meint, das sei makaber. Eine der wenigen sinnvollen Regeln fordert, leise zu sein während der KT-Stunde, am besten gar nicht zu reden, um uns auf unsere Tätigkeit zu konzentrieren. Recht gutes Material wird uns zur Verfügung gestellt, wir dürfen uns auch was davon mitnehmen, um abends im völlig verrauchten Aufenthaltsraum oder in unserem Zimmer zu malen. Von 19 Uhr bis 22 Uhr sind fast alle im Aufenthaltsraum. Wenn ich abends nicht zeichnen oder malen könnte, würde ich das alles hier nicht aushalten. Thermoskannen mit Pfefferminz- und Hagebuttentee stehen auf der Anrichte. Wir dürfen ab 19 Uhr das Radio anmachen. Wenn ich überhaupt einen Sender ertrage, ist es Eins Live. Tagsüber läuft da Mist, aber ab 20 Uhr spielen sie Brauchbares. Je später, desto besser das Programm.

Oft gibt es Streit wegen dem Radio. Mit meinen deutschen Mitstudierenden ist es schon schwer auszuhalten. Unsere Gruppe besteht im Moment zur Hälfte aus Türken, Iranern, Irakern, Sinti, Roma und was weiß ich alles. Sie haben sich unheimlich viel zu erzählen. Vom Aufstehen bis zum Ins-Bett-Gehen, dann weiter auf dem Dreibettzimmer, brüllen sie sich pausenlos in einer nervtötenden Lautstärke an. Worüber quatschen sie eigentlich die ganze Zeit, frage ich mich. Ihren amerikanischen Hip-Hop finde ich unerträglich. Ich kriege sofort Depressionen, wenn ich gezwungenermaßen solchen Klängen ausgesetzt bin. Die Männer sind genauso unemanzipiert wie die Frauen. Von einer Sekunde auf die andere empfinde ich nur noch Wut. Toni nimmt mich bei der Hand, macht beschwichtigende Gesten in Richtung der Muslime und zieht mich in eine andere Ecke. «Musse tu haufpasse, Muriel, weißetu, die mache Härger unte issete nischte gutte, wann du appebresche wegen diese Leute, mussete ruisch seine, issete allesse gute, ja.» Toni hat mich oft gerettet in den letzten vier Wochen. Ich bin froh, dass er da ist. Frank und Uwe sind auch brauchbar, Toni ist mein Favorit. Er hat mir von sich und seiner großen Liebe in Italien erzählt. In wenigen Tagen jährt sich ihr Todestag. Toni ist aufgeregt deswegen. Hoffentlich macht er keinen Blödsinn.

Elfenbeinküste 1972–1973

Das Gefühl des Heimkehrens, des Nach-Hause-Kommens, wollte sich nicht einstellen, trotz des glühenden Heimwehs nach Afrika, das ich so oft in der nassen Kälte des dunklen Sauerlandes empfunden hatte. Irgendwie fand ich die Elfenbeinküste abweisend, eng, niedrig und zusammengedrängt, so, als ob ich immer gebückt gehen müsste. Mein Vater hatte uns alle ins Auto gepackt, um uns ein bisschen was von der Stadt und der Umgebung zu zeigen. Bei der ersten Fahrt zum Banko Nationalpark, dessen Grenzen unmittelbar an das überfüllte Stadtrandviertel Adjamé prallten, fühlte ich mich sehr beklommen. Die dichten, dunkelgrünen, bedrohlichen Urwaldstreifen an den Straßenrändern, die wäschewaschenden, tiefschwarzhäutigen, kleinwüchsigen, kurzhalsigen Einheimischen an schäumenden Wasserstellen, die wellblechgedeckten, niedrigen Behausungen aus rohen Steinen ohne Verputz, die hinkenden, von Hautkrankheiten übersäten Hunde, der niedrige, bewölkte Himmel, jeden Moment bereit, prasselnde Regenschauer auszuschütten – all das fand ich nur furchtbar. Schmerzlich fehlte mir die weite Unendlichkeit von Wüste und Horizont, die Gelassenheit ruhiger Erdfarben. Es sei Regenzeit, versicherte mein Vater, wenn sie vorüber sei, klare der Himmel sich auch etwas auf, außerdem sei es nie so schrecklich heiß wie in Niger, höchstens fünfunddreißig Grad in der heißesten Zeit. Den Park konnten wir an dem Tag nicht mehr besichtigen. Es kam ein Wolkenbruch vom Himmel, wie ich ihn nicht mal in Niamey erlebt hatte. Wir verbrachten eine Stunde im Auto auf dem Parkplatz und beobachteten, wie die Wassermassen Blattwerk, Äste, Erdreich und ganze Wurzelstränge von mächtigen Urwaldriesen wegschwemmten. Der krachende Lärm auf dem Autodach machte jede Unterhaltung unmöglich. Schweigend sahen wir aus den beschlagenen Fenstern, jeder versunken in seine Gedanken.

Unser kleiner Bungalow befand sich in der Rue des Lauriers Roses in Cocody, einem großzügig angelegten Villenviertel, wo reiche Ivorer der Oberschicht und viele Europäer residierten, nicht weit vom riesigen Hotel Ivoire mit Supermarkt, Kino, Swimmingpool, Wohntürmen, teuren Geschäften französischer Modedesigner, Parfümerien, Autovermietungen, Restaurants, Cafés, Bowling- und Eisbahn. Am meisten interessierte mich das hervorragend sortierte Schallplattengeschäft, wo auch die in Frankreich so beliebten Comics zu haben waren. Das Hotel, eine Welt für sich inmitten eines weitläufigen Parks mit tropischen Gewächsen, war Anlaufpunkt für international arbeitende Geschäftsleute, Politiker, Journalisten und Kriminelle aller Couleur, besonders Hochstapler und Angeber.

In der ersten Woche richteten wir uns im Haus ein; ich hatte mit meiner Schwester zusammen ein Zimmer mit Klimaanlage, die wir aus Gründen der Sparsamkeit nur selten anschalten durften. Ich brachte meine Eltern dazu, nach Vridi zum Strand rauszufahren, wo die Pferde vermietet wurden. Links von mir schäumte der Atlantische Ozean, rechts befanden sich unter Palmen kleine, stroh- und wellblechgedeckte Hütten. Geschäftig Getreide zerstampfende, schweißüberströmte Frauen mit tief eingekerbten Stammesnarben auf weiß beschmierten Gesichtern und einem Wirrwarr kleiner Zöpfchen auf dem Kopf sahen demonstrativ in eine andere Richtung, wenn ich sie schüchtern anlächelte. Manche von ihnen fühlten sich nur in der unmittelbaren Umgebung ihrer Hütte sicher und trugen lediglich ein buntes Tuch um die Hüften. Ein kleines Kind fing an zu schreien, als es mich erblickte. Misstrauisch sahen mir die Einheimischen nach. Kein Grüßen, kein Lächeln. Ich sehnte mich nach den freundlichen Menschen im Niger, und als mir eine Bande finster dreinblickender Jugendlicher den Weg verstellte, zog ich es vor, mein Pferd zu wenden. Abed erzählte, die Pferde kämen alle aus den nördlichen, trockeneren Ländern, wo man sie in Eisenbahnwaggons verfrachtete, zum Schlachten nach Abidjan. Die armen Tiere kamen verletzt, halb verdurstet und verhungert nach tagelanger Tortur hier an. Die kräftigeren unter ihnen wurden von Stallbesitzern ausgesucht. Man päppelte sie etwas hoch mit Futter und Ruhe, dann vermietete man sie stundenweise für Ausritte. Das feuchtheiße Klima vertrugen sie auf die Dauer nicht und hatten nicht lange zu leben. Schließlich endeten sie doch im Schlachthof von Port Bouet. Während mir der algerische Pferdepfleger Abed vom traurigen Schicksal der Pferde erzählte, bemerkte ich den großen, schlanken Jungen mit den ausdrucksvollen Augen am Rande der Reitmanege. Auf dem Zaun saß die Luxusausgabe von Jimi Hendrix, mit kürzerem Haar. Was für ein Typ! Abed war ein aufmerksamer und feinfühliger Mensch, zu dem ich schnell Vertrauen gefasst hatte. Es war ihm nicht entgangen, dass ich von dem Jungen beeindruckt war. «Übrigens», sagte er mit seiner leisen, hohen Stimme, «der Junge da drüben, das ist Scheck. Ich werde ihn mal herholen, er ist ein guter Freund von mir, o. k.?» Verlegen, aber neugierig stimmte ich zu. Abed entfernte sich und redete ein paar Worte mit ihm. Mit Spannung stellte ich überrascht fest, dass mein Herz klopfte, als die beiden zu mir kamen, und wie mein Herz zu rasen begann, als er vor mir stand. Ich musste den Kopf ein bisschen in den Nacken legen, so groß war er. Der Junge erinnerte mich an die Menschen im Niger, hochbeinig, von schöner, dunkelbrauner Hautfarbe mit einem deutlichen Bronzeschimmer, muskulös, doch mit schmalen, sehr feinen, beinahe zierlichen Gelenken und langen Fingern. Er war mindestens genauso unsicher wie ich und versuchte, dies zu verbergen, indem er eine gleichgültige, höfliche Miene machte. Seine Halsschlagader wummerte, ein todsicheres Zeichen für innere Aufregung, wie Dagmar mir einmal verriet. «Ich heiße Scheck», sagte er. Seine wohlklingende, fast tiefe Stimme zitterte ein ganz klein wenig. «Wie schreibt man das?», wollte ich wissen. Er sah sich auf dem Boden um, griff nach einem Ästchen und schrieb in den Sand: Cheick. «Je suis Peul de Mali – ich bin ein Peul aus Mali!», sagte er mit deutlichem Stolz. Ohne Akzent, seine Aussprache war klar und korrekt wie seine Sprachmelodie. Offen blickte er mich an. Dieses längliche, schmale Gesicht, dieser forschende, skeptische Blick. «Möchtest du etwas trinken?» Cheick wusste, was sich gehört, schob den geflochtenen Rattanstuhl unter mich, wartete ab, bis ich Platz genommen hatte, um sich erst dann selbst hinzusetzen, und rief selbstsicher nach der Bedienung, ohne mich dabei aus den Augen zu lassen. Mir wurde gleichzeitig heiß und kalt, als wir in der kleinen, palmblättergedeckten Bar des Reitclubs eine Cola tranken. Höflich saß er mir gegenüber, der Tisch mit den Getränken war zwischen uns. Nun war es an mir, mich vorzustellen. Cheick wollte wissen, was mein Vater hier an der Elfenbeinküste machte, wie lange wir hierzubleiben gedachten, wo wir wohnten, wie alt ich sei, wie viele Geschwister ich hätte und was ich in Abidjan eigentlich machte. «Ich studiere seit einer Woche am INA.»

Ich war stolz, dass man mich, eine unter rund achtzig Bewerbern, nach einer Aufnahmeprüfung am in ganz Westafrika renommierten «Institut Nationale Superièure des Beaux Arts», wie sich die Schule in vollem Umfang nannte, aufgenommen hatte. Beeindruckt lehnte Cheick sich zurück. Welche Schwerpunkte? «Malerei, Zeichnen, Graphik und Bildhauerei als Nebenfächer.»

Meine Eltern betraten die Bar. Abwesend nahm ich wahr, wie Cheick sich ihnen vorstellte. Auf der Rückfahrt starrte ich gedankenversunken aus dem Fenster. Wohin ich auch sah, ich sah sein Gesicht. Meine Schwester stieß mich an. «Wie das Reiten gewesen war, wurdest du gefragt. Spricht Mademoiselle la Comtesse jetzt nicht mehr mit uns?»

Ich wachte auf aus meiner Welt, nahm mich zusammen und brachte es fertig, mein Strahlen in ein simples Alltagslächeln abzuwandeln. «Och, ja, klasse, wirklich, ganz ganz dufte! Das war sehr nett von euch, vielen Dank auch.»

«Bedank dich bei dem netten Jungen, bei diesem Cheick. Er hatte schon alles bezahlt ...»

«Was hat er?»

«Er hat die Reitstunde und deine beiden Colas bezahlt, hörst du denn gar nicht zu?» Henrike schaute mich von der Seite an. «Während du mit Abed das Pferd versorgt hast, hat Cheick sich mit uns unterhalten ...»

«Sein Französisch ist so ausgezeichnet, impeccable, weil er eine halb französisch-halb ivorische Mutter hat, sein Vater ist aus Mali, ein Peul, die sind ja überall bekannt für ihre Intelligenz. Der Junge war in den letzten Jahren im Internat in Frankreich und in Belgien, hat er dir das denn nicht erzählt?», unterbrach mein Vater. «Doch, doch», beeilte ich mich zu sagen. Überall sah ich sein Gesicht.

«… und: Sein Vater ist der Chef der Blutbank. Darum ist Cheick so wohlerzogen, der weiß, was sich gehört. Dabei wirder ers in zwei Wochen, im September, sippzehn. So gute Manieren. Na ja, was die Kleidung angeht, da passt er ja zu unserem Muriel!», übernahm meine Mutter wie üblich das Wort, wandte sich zu mir um, aber eher fröhlich als vorwurfsvoll plapperte sie weiter: «Kein eimpfacher Arzt also! Das muss man sichma vorstellen», begeisterte sie sich, «da studiert son eimpfacher Peul so was Kompliziertes! Ich könnte das nicht! Ooooh! Was fürn doller Mann! Und wenn der Sohn schon so groß ist, wie muss der Vater dann erst sein!»

Ich erinnerte mich an die Peulnomaden, die ich in Niger gesehen hatte. Nicht nur die Frauen waren ausgesprochen schön und ebenmäßig von Gestalt und Gesicht. Hals über Kopf hatte ich mich heftig verliebt … in einen hübschen Abkömmling eines afrikanischen Hirtenstammes. So ganz stimmte das mit dem Peul ja nicht. Cheicks Mutter war trotz oder vielleicht gerade wegen ihrer halb französischen Herkunft afrikanischer als manche Afrikaner. Mit eifriger Frömmigkeit und tiefer Verbundenheit zum einheimischem Glauben stand sie im krassen Gegensatz zum aufgeklärten wissenschaftlichen Ansatz ihres Ehemannes Sy Baba, dem angesehenen Direktor der Blutbank von Abidjan. Hier an der Elfenbeinküste, in Liberia, Ghana, Togo, Benin und Nigeria nennt man die einheimische Religion «Jou Jou». Oftmals muten die undurchschaubaren Praktiken nicht nur Europäer schmerzhaft, grausam, blutig oder schlicht völlig unverständlich an. Jou-Jou-Priester nutzen raffiniert die Urängste, setzen Menschen gezielt mit Ankündigungen und Drohungen unter Druck. Meine persönliche Meinung: Jou-Jou ist der Daumen, der Afrika unten hält. Zweimal geriet ich mit Cheick, dem Derartiges zum großen Kummer seiner Mutter stets fremd geblieben war, unbeabsichtigt in solche magischen Rituale. Das erste Mal, als wir in Treichville bei Constance, bei der wir seit einiger Zeit unser

Gras kauften, unsere übliche Ration holen wollten. Cheicks Freund René, Sohn des Innenministers, hatte sie uns vorgestellt. Inmitten der afrikanischen Lust an Geschwätzigkeit waren wir heilfroh, eine zuverlässige, verschwiegene Person gefunden zu haben. Constance bewohnte mit den beiden Mit-Ehefrauen ihres Gatten sowie einer unübersichtlichen Kinderschar aller Größen und Formen ein um einen Innenhof herumgebautes viereckiges, flaches Lehmhaus. Wie alle anderen Hausbedeckungen im von Menschen überquellenden Viertel bestand das Dach aus dem unsagbar hässlichen, billigen Wellblech. Der Innenhof verfügte über den Luxus einer eigenen Wasserstelle und Ausgänge zu den angrenzenden Gassen. Treichville, das älteste Einheimischenviertel, war ausschließlich bewohnt von Afrikanern, von denen manche aus den Nachbarländern der Elfenbeinküste stammten, um am ivorischen «Wirtschaftswunder» teilzuhaben. Cheick ließ wie immer das Taxi hundert Meter vor Constances Haus an der geschäftigen, lauten Hauptstraße anhalten, aus Sicherheitsgründen. Wir bahnten uns einen Weg durch lebhaftes Gedränge. Um uns herum balancierten scharf nach Schweiß riechende Leute Waren und Wäsche in buntbemalten metallenen Schüsseln, Jutesäcken und geflochtenen Körben auf dem Kopf, unterhielten sich lautstark gestikulierend, sangen temperamentvoll mit oder tanzten zu Schlagern aus blechern klingenden Transistorradios und leiernden Kassettenrecordern. Manche bewegten sich trotz ihrer schweren Last rhythmisch schwingend mit trippelnden Tanzschritten. Heute war alles anders als sonst. Vor Constances Haus befand sich eine in weiße Tücher gehüllte Menschengruppe, manche hatten weißgepuderte Gesichter. Ein großes Zeltdach überspannte die Gasse, darunter aufgereihte Stühle und Tische voll mit rohen und zubereiteten Lebensmitteln. Aus dem Innern des Hauses drangen klagende Gesänge und dumpfes Trommeln. Cheick besprach sich mit einem misstrauischen jungen Mann. Mein Freund beherrschte kein einziges Wort einer afrikanischen Sprache, ein Umstand, der bei Verhandlungen mit Einheimischen oft ein lästiges Hindernis war. Der Mann erklärte uns, in der vergangenen Nacht sei der älteste Bruder von Constances Ehemann gestorben, und da das Haus sehr eng sei, sollten wir uns nichts daraus machen, dass wir durch den Raum mit dem aufgebahrten Toten geführt werden würden. Ich fand es bemerkenswert, dass wir trotz des feierlichen Anlasses unser Gras kaufen konnten. Als wir durch den Vorraum gingen, sah ich überall Masken, Statuen, rostigen Eisenschrott, Nägel, Parfümfläschchen, Nahrungsmittel wie Reis, Maniok, Hirse, Bananen, Fleisch und zerrissene Schwarzweißfotos auf dem Boden verstreut, es roch scharf nach billigem Schnaps. Unter einem abgedeckten Haufen sickerte Blut über schmutzige Vogelkrallen. Später erfuhr ich, dass man so den Haus- und Totengeistern huldigte, die sich, wie immer beim Ableben eines Familienmitgliedes, zuhauf einfinden, um sich die Seele des Verstorbenen zu holen. Damit diese nicht in die Fänge schwarzer Mächte gerät, muss der Jou-Jou-Priester verschiedene Opferrituale durchführen. Im nächsten Raum lag der Tote in seinem schönsten europäischen Anzug im Bett. Das einzige Fenster zum Innenhof, durch das laut die Gesänge, das Händeklatschen und die Trommelrhythmen drangen, war nur durch eine dünne, weiße Gardine abgedeckt, sodass Licht einfiel und ich alles gut erkennen konnte. Niemand hielt sich hier im Zimmer auf, darüber war ich sehr verwundert. Im Vorübergehen nahm ich wahr, wie unnatürlich blass der Mann war, und sein Kinn bartstoppelig. Auf dem Kopf hatte er eine Krone aus Goldpapier, seine Arme waren lang ausgestreckt eng am Körper. Am auffälligsten aber fand ich seine Augenwimpern, zusammengeklebt, als sei er soeben aus dem Wasser gestiegen. Genau wie bei den Toten, die ich im Sauerland gesehen hatte.

Wir betraten den Innenhof, normal nach oben hin offen, nun fast vollständig mit langen weißen Stoffbahnen abgedeckt. Scharfer, übler Gestank schoss mir in die Nase. Junge Mädchen und Frauen, allesamt nur mit einem weißen Hüfttuch und einem riesigen, turbanähnlichen, hochaufgetürmten Stoffbündel auf dem Kopf, tanzten beckenschwingend, weiße Tücher schwingend, den Hintern weit rausgestreckt, um einen am Boden liegenden sehr großen, schwarzweiß gefleckten Ziegenbock, dessen Beine man fest zusammengeschnürt hatte. Vor Angst quoll dem nach Atem ringenden Tier der Kot hinten heraus, gleichzeitig urinierte es. Daneben standen in einer Schnapspfütze, die sich langsam vergrößerte, weil mehrere umgekippte Flaschen am Boden lagen, zwei halbnackte, mit Gürteln aus frischen Grasbüscheln, Palmwedeln und Federn geschmückte Männer, ein älterer und ein recht junger. Der Jou-Jou-Priester und ein Gehilfe oder Schüler. Beiden lief der Schweiß in nassen Bahnen übers Gesicht und über den weißgepuderten Oberkörper. Der Alte hielt eine Art rostige Mistgabel mit abgebrochenen, verschieden langen Zinken, in der anderen Hand einen Wedel aus Rosshaar, mit dem er Fliegen vertrieb. Der Junge schwenkte einen mehr tot als lebendig wirkenden weißen Hahn an den gelbschuppigen Füßen mit langen Krallen dran, sodass das Tier mit dem Kopf nach unten hing, und machte ununterbrochen einen Höllenlärm mit einer Trillerpfeife. Schmutzige weißliche Federchen wirbelten umher. Die dichtgedrängte Menschenmenge hatte Cheick und mich registriert, und nicht mal die Kinder, die, wenn auch nicht zutraulich, sonst immer neugierig waren, schenkten uns Beachtung. Verstört tastete ich nach Cheicks Hand, niemals zuvor war mir so unheimlich zumute gewesen; ich fühlte mich wie im Film – hineinversetzt mitten in eine magischen Zeremonie, auf die ich nicht vorbereitet war und die mir Schauer der Angst über den Rücken jagte. Cheick zog mich beiseite. Penetranter Geruch nach Exkrementen, saurem, zwiebeligem Schweiß und zuckersüßem Billigduftwasser, das an diese chemischen Anti-Toilettengeruch-Steine erinnerte, strapazierte nahe der Schmerzgrenze meine Nasenschleimhäute. Constance stand vor uns. Fast hätte ich sie nicht wiedererkannt unter dem zu Brei zerlaufenen weißen Puder im Gesicht. Ihre normalerweise straff geflochtenen, unzähligen schwarz glänzenden Zöpfchen waren gelöst, standen wild vom Schädel ab und umrahmten sie wie ein ungesponnener Haufen aschefarbener Wolle. Sie war einen halben Kopf kleiner als ich und trug das landestypische Oberteil mit dem Porträt des Präsidenten Félix Houphouët-Boigny in den Nationalfarben, eine großzügig geschnittene Art Bluse mit riesigen, bis zu den Ellbogen reichenden, hoch aufgeplusterten Puffärmeln. Anfangs hatte ich schüchtern versucht, ihr durch ehrlich gemeinte Freundlichkeit entgegenzukommen, doch nie war ihr auch nur der Anflug eines

Lächelns abzuringen. Sie machte keinen Hehl aus ihrer Abneigung gegen weiße Menschen. Nur wegen Cheick, den sie sehr misstrauisch behandelte, weil er nur Französisch sprechen konnte, und wegen unserer regelmäßigen Einkäufe, wurde ich hier kurz geduldet. Constance würdigte mich keines Blickes. Mein Freund hielt der tiefschwarzen Frau einige CFA-Scheine hin, die sie ihm reflexartig aus der Hand riss, um gewohnheitsmäßig sorgfältig nachzuzählen. Dann nestelte sie umständlich unter ihrer verwirrenden Bluse herum und zog aus einem Zipfel ihres umgewickelten, fußknöchellangen schreiend bunten Batikstoffes einen kleinen grünen Plastikbeutel, prall gefüllt mit bonbonähnlichen Päckchen aus Zeitungspapier. Ihr unfreundlicher Ton reichte aus, ihn seinerseits am Nachzählen zu hindern, zumal sie uns unmissverständlich bedeutete, diesen Ort schnellstens zu verlassen. Das war nicht so einfach, überall befanden sich mehr oder weniger unzurechnungsfähige, kreischende, schluchzende, singende, trommelnde, tanzende, verzweifelt weinende und auch schrill lachende Leute, alkoholisiert, unter Drogen, im Gebet, im Gesang, in Trance. Gut, dass Cheick so hoch gewachsen war. Fest hielt er mein Handgelenk gepackt und bahnte uns einen Weg durch das lärmende Chaos.

Ein paar Minuten später nahmen wir in einem Taxi Platz. «Hotel Ivoire, Chef!» Größer hätte der Gegensatz zwischen dem Ort eben und unserem Ziel kaum sein können. Cheick blickte geistesabwesend während der Fahrt aus dem Fenster. Es waren vor allem die Zusammenstöße mit urafrikanischen Traditionen und Sitten, mit Glaubens- und Wertvorstellungen, die er, als Afrikaner, schon im Kindesalter nicht verstand und zutiefst ablehnte, ja, verabscheute. Ganz anders als andere Siebzehnjährige, war er von schweigsamem, ernsthaftem Wesen, besaß aber gleichzeitig einen überraschenden heimlichen Hang zum Idealisieren, zum Schwärmerischen. Außerdem neigte er dazu, banale wie problematische Sachverhalte gleichermaßen penibel zu analysieren, und gab sich erst einigermaßen zufrieden, wenn er glaubte, eine Lösung gefunden zu haben. Skepsis, stete Infragestellung, die Angewohnheit zu psychologisieren prägte sein Mienenspiel, welches er hinter einer Maske des Gleichmuts verbarg, doch behielt in diesem Ringen um Fassung zu seinem Leidwesen allzu oft ein versteckter Ausdruck von Verzweiflung und von Zorn die Oberhand. Was uns außer dem Hang zu Drogen aller Art in heftiger Liebe und temperamentvoller Leidenschaft verband, war die Wissbegier auf Psychologie und Philosophie, ohne sich um Dogmen, Regeln oder Grenzen zu kümmern, sodass wir weit in die «Phantastosophie» vordrangen. Während wir uns in Ekstase redeten, rauchten, schluckten, schnupften und spritzten wir alles, was wir in die Finger bekamen. Zwischendurch hörten wir *Jefferson Airplanes* LP *Easter*, einen verrückten polnisch-amerikanischen Kerl namens Frank Zappa oder *The Soft Machine*, und, natürlich! Cheicks Idol Jimi Hendrix, dessen Platten er alle besaß, oft sogar ein und dieselbe in mehreren verschiedenen Versionen. Er verstand sie als allererster Mensch – diese Sekunde für Sekunde, Stunde um Stunde, Tag für Tag pausenlos alles dominierende, unbestimmte, unstillbare Sehnsucht nach … nach was eigentlich? … in mir, nicht, weil er besonders klug gewesen wäre, sondern schlicht und einfach, weil er ebenfalls von dieser gefährlichen Krankheit befallen war, uns das Leiden an ihr zusammengebracht hatte und uns für fast zwei Jahre zusammenhielt, bis meine Familie zurückkehrte nach Deutschland. Heute glaube ich, einen der vielen Namen dieses unheilbaren Leidens zu kennen: Romantik.

Fast jeden Monat erhielt ich Post aus dem Sauerland mit einem flachen Acid-Löschpapier. Kam sehr selten «Brown Sugar», war das ein Festtag. Cheick war alles rund um die Nadel längst vertraut. Acid nahmen wir meistens im weitläufigen Garten des Hotel Ivoire. Der riesige, fast immer menschenleere tropische Hotelpark, umzäunt und bewacht, bot zahlreiche Verstecke, intime Plätze, schattige, bizarr bewachsene Orte, frei von gefährlichen Insekten und Schlangen. Wenigstens sahen wir niemals welche.

Seit vier Monaten verliebt mit der ganzen schwärmerischen Kraft einer Sechzehnjährigen, saß ich aufgeregt neben meinem Freund auf dem Weg zum Urwald von Man, einer von Hügeln und Bergen umringten, recht hübschen Stadt im Nordwesten der Elfenbeinküste. Wir nutzten ein paar Tage Ferien, um mit Entwicklungshelfern, die mit meinem Vater zusammenarbeiteten, in Man stationiert waren und in Abidjan ein paar Dinge erledigt hatten, zu ihrem Ort zu fahren. Noch vor Morgengrauen starteten wir im pistenbewährten Peugeot 404 von der Hauptstadt aus. Trotz einer verspäteten Mittagspause bei drei bayerischen Krankenschwestern in Bouaflé kamen wir so gut voran, dass wir Man vor Mitternacht erreichten. Die Stadt Man ist im ganzen Land bekannt für die Wahrung uralter Sitten und Gebräuche, der religiösen Vorstellungen mit mystischen Zeremonien. Traditionen, weitergegeben von Generationen und Generationen von Mündern, hastig heulenden Orakelstimmen, zuckenden Körpern, vom Vater zum Sohn zum Sohn und von der Mutter zur Tochter zur Tochter. Eingebettet in sanfte Berglandschaft, lag die Stadt Man im Zwielicht der tropischen Nacht. Auf Hügeln verstreut, ein bisschen träumerisch im dichten, tiefgrünen Regenwald, beherbergte sie die Präfektur, die Krankenstation, die Autowerkstatt und das einzige französische Hotel mit dem einzigen französischen Restaurant weit und breit in der gesamten verschwiegenen, zutiefst schwarzafrikanischen Region, deren höchster Gipfel oberhalb des Dschungels aufragt im Licht des Sonnenuntergangs, weithin majestätisch orangerot leuchtet, der «Zahn von Man», der «Dent du Man», fünf, sechs Kilometer in nordöstlicher Richtung, erreichbar zu Fuß auf verschlungen bewachsenen Dschungelpfaden.

Es war dunkel, als wir am Kino und an den wenigen Geschäften vorbei durch die kaum beleuchtete Innenstadt von Man fuhren. Das Haus des Deutschen Entwicklungsdienstes lag auf einem niedrig bewaldeten Hügel etwas oberhalb des Ortszentrums. Ein zerrupfter Hund kam uns freudig bellend entgegengerannt, der Boy machte Licht auf der Terrasse und öffnete das Tor.

Die Nacht wurde zu einer der fürchterlichsten in meinem Leben. Nach dem Abendessen in bedrückter, wortkarger Stimmung (ich hatte mehrmals verkündet, wir seien von der langen Fahrt todmüde) zeigte uns Reinhard unser Zimmer und grinste mich an. Instinktiv schaute ich rüber zu Cheick, dessen Miene völlig versteinert war; schließlich wünschte Reinhard uns eine gute Nacht, schloss die Tür hinter sich. Man hörte, wie er sich entfernte. Cheick öffnete die Tür, sah sich auf dem Flur um, schloss sie wieder und brüllte: «Ich hab euch gesehen! Er hat dich angelächelt, du hast zurückgelächelt!» Also das war es. Reinhard interessierte mich nicht im Geringsten, und ich konnte mich nicht daran erinnern, ihm mehr als ein höfliches Lächeln geschenkt zu haben.

«Na und? Er hat mich angegrinst. Was ist los?» Cheick hörte gar nicht zu, er schrie in einem fort, ich hätte immer wieder mit Reinhard geflirtet und vom Flirt zum Sex sei es nur ein winziger Unterschied, und Mädchen, die mit anderen Männern flirten, obwohl sie einen festen Freund haben, seien das Allerletzte, er könne mir nicht mehr vertrauen, und wenn ich mich in seiner Gegenwart derart schamlos benehme, wie sei es dann erst, wenn er nicht zugegen war, er hätte sich das bei mir auch gleich denken können, immerhin sei ich nicht jungfräulich gewesen, ich sei beim Sex viel zu raffiniert und hemmungslos, als dass ich erst kürzlich damit angefangen haben könnte, die Lüsternheit stehe mir ins Gesicht geschrieben, das sehe jeder Mann sofort, auch Reinhard hätte mich durchschaut, und so weiter und so weiter. Fast fünf Stunden später, nach einer recht schmerzhaften Ohrfeige, die mir Cheick, außer sich vor Wut, auf die linke Wange verpasste hatte, nach unbeherrschtem Geschrei, ungerechtfertigten Vorwürfen, fünf Stunden, in denen ich dagegenhielt mit Beweisführungen meiner Unschuld, mit zermürbenden Rekonstruktionen der Ereignisse aus meiner Sicht, nach Zehntausenden von flehenden Liebesbeteuerungen und Millionen heißer Tränen meinerseits, waren wir so heiser, dass wir nur noch krächzen und flüstern konnten. Ausgelaugt und entkräftet schliefen wir von einer Sekunde auf die andere ein auf dem nackten Fußboden, jeder in seiner Ecke. Mit schmerzenden Knochen und dem bedrückenden Gefühl, dass sich die fürchterliche Situation nicht gelöst hatte, erwachte ich im Morgengrauen als Erste. Ich setzte mich aufrecht und rieb mir die Glieder, während ich voll Liebe den unruhig schlafenden Cheick betrachtete. Warum war er nur so verstockt, warum sah er nicht, dass er bisher nicht den geringsten Grund zur Eifersucht gehabt hatte? Warum konnten wir uns nicht einfach in die Arme nehmen und vergessen, was passiert war? Ängstlich betrachtete ich durch tränenverschleierte, zugeschwollene Augen sein angespanntes Gesicht. Ich hatte bei vorherigen Gelegenheiten schon festgestellt, wie schrecklich eifersüchtig er war, doch erstens hatte ich die krankhaften, übersteigerten Züge daran nicht erkannt, und zweitens war nie zuvor eine Situation derart außer Kontrolle geraten. Mich beschlich das Gefühl, je länger wir zusammen waren, je besser wir uns kannten, desto ungehemmter wurden seine ungerechten Anfälle. Ich wurde mir darüber klar, dass mein Freund einen giftigen Stachel in seinem Herzen stecken hatte, der ihm furchtbare Pein verursachte. Er litt aufrichtig, egal, ob der Grund dafür eingebildet war oder nicht. Er durchlitt schreckliche Schmerzen des Herzens und der Seele. Wenn dies nicht wäre, wäre unsere Liebe die grandioseste, die vollkommenste, die jemals auf Erden existierte. Es musste doch möglich sein, so etwas Niedriges, Zerstörerisches wie ungerechtfertigte Eifersucht durch leidenschaftliche Äußerungen, durch ewiges, andauerndes Bekennen und Beweisen dieser unendlichen Liebe zu überwinden. Ich nahm es als ein Zeichen von oben, als ein Zeichen der Hoffnung, dass mir dies durch den Kopf ging, als sich ein erster Lichtstrahl durch das vergitterte Fenster auf Cheicks edles, längliches, schmales Gesicht ergoss und seine feine, seidige Haut verzauberte, überzogen mit einem hellen, honigähnlichen Kupferton. Überwältigt von zärtlichen Gefühlen, sprach ich leidenschaftlich seinen Namen aus und dachte: «Ich will nur bei dir sein, will nur mit dir zusammen sein, ich liebe nur dich, ich habe nur dich geliebt, und ich werde immer nur dich lieben. Die Welt ist leer, nur wir beide existieren. Bitte verzeih mir, was immer auch ich getan habe. Ich will nur, dass du mich liebst!»

Übermüdet saßen wir eine Stunde später still auf der überdachten Terrasse beim Frühstück. Ich war überrascht, wie ausgehungert ich war, obwohl ich keinerlei Appetit verspürte. Gut, dass Reinhard, Wolfgang, Hans und Georg schon weg waren zum Dienst in den

Autowerkstätten. Sie hatten uns freundlicherweise eine Karte der Stadt und der näheren Umgebung bereitgelegt und Punkte markiert, die sich anzusehen lohnten, außerdem stand eine Hundertfünfundsiebziger vollgetankt für uns im Vorgarten, daran hing ein Zettel: «Helme sind keine da, langsam fahren, Vorsicht, überall Menschen und Tiere! Viel Spaß!»

Misstrauisch beobachtete Cheick mich beim Lesen der Nachricht, die ich ihm Wort für Wort, mit dem Zeigefinger darauf deutend, übersetzte, in der Hoffnung, nicht wieder falsch verstanden zu werden. Wortlos nickte er kurz. Ich war so müde, dass ich ab und zu vorne überzukippen drohte. «Komm ein bisschen schlafen, es ist nicht gut, übermüdet Motorrad zu fahren ...», sagte er leise. Nach dem Essen wankten wir zurück zu unserem Zimmer, fielen angezogen jeder auf ein Bett und schliefen beinahe augenblicklich ein. Kurz zuvor hatte jeder dem anderen aus sicherer Entfernung noch einen Blick geschenkt. So kurz er auch war, dieser scheue Blick wirkte auf uns beide so tröstend, dass er uns Schlaf ermöglichte.

«Halt dich gut fest», rief Cheick. Sicher startete er mit gezieltem Kick die kleine Maschine, vergewisserte sich, dass ich gut hinter ihm saß, zog den Kupplungshebel, drückte mit dem linken Fuß nach unten in den ersten Gang, dass es laut knackte, und gab mit Gefühl Gas. Ich war noch nie auf einem Motorrad gefahren. «Mach nur die Bewegungen, die ich auch mache, du musst dich ganz eng an meinen Rücken anschmiegen und harmonisch mitgehen!»

Wir fuhren ein bisschen in Man umher, um uns zu orientieren. Am späten Nachmittag erreichten wir im Südosten am Rande der Stadt zahlreiche Teiche der örtlichen Fischzucht. Am schönsten fand ich die violett und blau blühenden Seerosen, deren Anblick mich in helles Entzücken versetzte. Kreischende Insekten wetteiferten mit Vögeln um die höchste Lautstärke, rotgolden schien die Sonne auf den Teich vor uns, schüttete unwirkliche Farbspiele über der Landschaft aus und tauchte auch uns ein in eine dichte, schwüle, fast erotisch anmutende Atmosphäre exotischer Romantik. In diesem Licht – bald würde die frühe Dämmerung hereinbrechen – wirkte

Cheicks Haut wie mit einem goldenen Schimmer überzogen. Auf der Rückfahrt presste ich mich so eng es ging an seinen Rücken, meine Arme um seine Taille geschlungen. Von der Stadt bekam ich fast nichts mit, da ich meine Augen die meiste Zeit nicht öffnete. Wieder strich ich ihm über die harte, muskulöse Region kurz unterm Bauchnabel und über beide Hüftknochen, eine Stelle, die ich besonders liebte. Als ich die Hände tiefer führte, fühlte ich seine Erektion. So traurig und unglücklich die vorige Nacht gewesen war, so herrlich wurde nun diese. Kaum waren wir zu Hause angekommen, stürzten wir in unser Zimmer. Reinhard – oder war es Hans? – kam irgendwann, klopfte an die Tür und rief irgendwas, doch öffneten wir nicht. Cheick war besonders biegsam, und seine Haut überspannte harte, lange Muskeln von besonderer, seidiger Glätte. Außer seinem kleinen, festen Hintern war nichts Rundes an ihm. In seiner Liebe war er genauso leidenschaftlich wie in seiner Wut; jedes Maß schien ihm fremd zu sein. Er war ein von Grund auf gieriger Mensch, und immer hatte ich das Gefühl, dass er sich verausgabte, als wäre das, was er gerade tat, das Letzte, was er im Leben vollbringen würde. Wir konnten uns beide nicht vorstellen, das zwanzigste Lebensjahr zu erreichen, und es kam uns vor, als würde es bis dahin noch Jahrzehnte dauern. Wir lebten für den Augenblick, jede Form von Zukunftsplanung, auch im beruflichen Bereich, war uns fremd. Auch Gleichaltrige mit genauen Vorstellungen ihres weiteren Lebens waren uns fremd, genauso wie wir ihnen. Völlig unverständlich schien mir, dass sich jemand nicht brennend für Drogen interessierte; wollte denn nicht jeder sein Bewusstsein erweitern? Wollten sie denn ewig klein und unwissend bleiben? Es dämmerte schon, als wir erschöpft vor lauter Glück einschliefen. Bevor mich der Schlaf endgültig einholte, hörte ich Cheicks Stimme ganz nah an meinem Ohr, und ich spürte noch, wie ich erschauerte bei seinen Worten: «Du gehörst mir, ich habe dir meinen Stempel aufgedrückt. Egal, ob wir uns jemals trennen, egal, ob du jemals mit einem anderen Mann verheiratet sein solltest: Wenn wir uns wiedersehen, wirst du augenblicklich zu mir zurückkehren!»

Am Morgen schaffte ich es, Cheick zu wecken. Er war nicht oft locker und unbeschwert, meistens wachte er bereits grüblerisch auf. Nachdem wir geduscht hatten, nahmen wir auf der Terrasse am Tisch Platz. Die Entwicklungshelfer gaben sich Mühe, ihre Befremdung zu überspielen, waren aber sehr freundlich. Gegen halb neun verabschiedeten sie sich, und wir hatten unsere Ruhe. Eine Stunde später, am Rande des Urwaldes, suchten wir einen geschützten Platz, wo wir das Motorrad unterstellen konnten, und fanden eine Familie, die sich bereit erklärte, es für einen kleinen Betrag zu bewachen. Bei unserer gestrigen Erkundungstour war uns der Berggipfel aufgefallen, der aus dem dichten Meer der Bäume herausragte, und es erschien uns verlockend, diesen Berg auf LSD zu besteigen. Außer dem Allernötigsten wie ein bisschen Essen, zwei Wasserflaschen, Cheicks Zigaretten, Streichhölzer und einem kleinen Taschenmesser hatten wir nichts mitgenommen, weil wir keine Lust hatten, uns in der Tropenhitze mit Gepäck abzuplagen. Wir schluckten beide ein kleines Löschpapierchen, spülten mit Coca-Cola nach, dann holten wir tief Luft, fassten uns ein Herz und betraten den Regenwald. Die grüne Wand aus Vegetation ist dermaßen dicht, dass man wirklich das Gefühl hat, den Wald zu betreten, so, wie man ein Zimmer betritt. Die erste halbe Stunde kamen wir vor Staunen höchstens zweihundert Meter voran, alle paar Schritte auf dem schmalen Pfad durch das Dickicht erblickten wir Neues, Unbekanntes; riesige runde Blätter, groß wie ein deutscher Regenschirm, lanzenförmige, grasähnliche Schachtelhalme in allen möglichen Entwicklungsstadien, Urwaldriesen mit abstützenden Brettwurzeln mit krabbelnden Insekten, Gestrüpp in grellem Grüngelb und immer wieder Orchideen, Epiphyten und scharfrandige Schöpfe von Bromelien, in deren Mitte sich das Wasser sammelte und die Miniaturausgaben von Fröschchen und Würmchen beherbergten. Der Tag war ungewöhnlich hell, normalerweise zeigte sich der Himmel über Westafrika bedeckt, doch heute schien die Sonne vom blauen Postkartenhimmel. Je heller es war, desto mehr niedrige wuchernde Pflanzen, je weniger Licht die Bäume durchließen, desto dürftiger wuchs das Unterholz. Langsam verließen wir die reale Welt, glitten wir ein in den beginnenden

Trip. Wir folgten dem Pfad und gelangten an ein lebhaftes Flüsschen. Von einem Ufer zum andern mochten es zehn, zwölf Meter sein. Elastische Bambusstangen bogen sich mit ihren hellgrünen, spitzen Blättern wie lichte Vorhänge über klares Wasser, das in der Mitte zahlreiche, hingestreut in der Sonne oder im Halbschatten liegende glatte Felsen umschäumte. Verzaubert ließen wir uns auf einen kleiderschrankgroßen, flachen Stein am Ufer nieder. Ein dichter Schwarm riesiger türkisblauer Schmetterlinge flatterte taumelnd über der Wasseroberfläche, mosaikäugige, blitzende Libellen mit neonblauen Flügeln von mehr als zwanzig Zentimetern Spannweite hinterließen eine akustische Spur. Bunte Vögelchen mit Speerschnäbeln tauchten geschickt nach kleinen Fischen, in Sträuchern und Bäumen versteckten sich zahllose Vögel, die alle ihre eigenen, spezifischen Rufe ausstießen und zusammen mit verborgenen Insekten eine faszinierende Lautkulisse von kraftvoller Vitalität bildeten. So muss das Paradies sein, fuhr es mir durch den Kopf und ich fühlte, dass Cheick Ähnliches dachte. Außer uns befand sich weit und breit kein Mensch, zumindest hatten wir niemanden bemerkt, und auf Trip ist sowieso alles anders. Meine Hemmungen waren wie weggeblasen, als ob ich nie welche gehabt hätte. Ohne uns abzusprechen, zogen wir uns aus. Hier war es normal, nackt herumzulaufen. Mit geschlossenen Augen fühlte ich die Sensation, nackt in klarem, warmem Wasser zu schwimmen. Es war, abgesehen von dem ersten Schuss und den intensiven, seltenen Momenten bei Ausnahmesex, das Beste, was ich je gefühlt hatte. Endlich schafften wir es, uns aufzuraffen. Kaum hatten wir uns albern kichernd pitschnass in unsere Kleider gezwängt, was auf Trip nicht einfach ist und einem durch das verschobene Zeitempfinden durchaus vorkommen kann, als würde man wochenlang mit nichts anderem als mit Anziehen beschäftigt sein, tauchte plötzlich auf dem Pfad ein Mann mit Gepäck auf dem Kopf auf. Er hielt inne, ließ das hohe «A!», gefolgt von dem afrikanischen Zischlaut, als Ausdruck seines Erstaunens hören, näherte sich zögernd und sagte etwas zu meinem Freund. Cheick grüßte höflich in Französisch, damit der Mann merkte, dass wir uns nur in dieser Sprache verständlich machen konnten. In ungeübtem Französisch mit starkem Akzent fragte der Mann, wohin wir wollten. Cheick antwortete. Der sehr kräftige Mann musterte uns von Kopf bis Fuß, lächelte zaghaft, dann erklärte er uns umständlich den Weg. Wir dankten und wünschten ihm einen guten Tag. Sobald er außer Sichtweite war, fragte ich Cheick, ob er auch das riesige Buschmesser am Gürtel des Mannes gesehen habe. Es sei ja nicht zu übersehen gewesen, erwiderte er, mit zusammengekniffenen Augen in die Richtung schauend, in der der Messerträger verschwunden war. Nachdem wir eine Weile dem Pfad gefolgt waren, gelangten wir an eine provisorische Brücke. Ein langer, schmaler Baumstamm überspannte das gluckernde Wasser, dahinter ging der Weg weiter. Etwa in der Mitte erregte etwas Cheicks Aufmerksamkeit, er hatte viel bessere Augen als ich. Aufgeregt hieß er mich umkehren, wollte aber nicht sagen, was er entdeckt hatte. Zurück am Ufer, verließ er den Trampelpfad und bahnte sich einen Weg entlang des Wassers. Gespannt folgte ich ihm durch das Gestrüpp. «Da! Siehst du?» Ich brauchte ein bisschen, um mich im schattigen Grün zurechtzufinden. Über den Fluss war eine traditionelle Hängebrücke gespannt. Wie hatte er sie nur erkennen können – er war ein Stadtkind, er kannte sich doch nicht aus im Urwald. Schweißgebadet standen wir endlich zerkratzt und außer Atem vor der kunstvoll aus Lianen geflochtenen Brücke. Sie war so raffiniert angelegt, dass es für Menschen jeder Körpergröße ein Leichtes war, sich festzuhalten, auch für kleine Kinder. Das hier überall wachsende Lianenmaterial war makellos geflochten, da breiter und dicker, dort schmaler und länglicher, wo es nötig war. Wenn wir zu dem Zeitpunkt gewusst hätten, welche magischen Vorstellungen die Einheimischen mit diesen seit Jahrhunderten überlieferten Gebrauchskunstwerken bis heute verbinden, hätten wir die Brücke vielleicht nicht so leichtfertig und auf Trip überquert. Mit einem seltsamen Gefühl, als beträten wir ein Territorium, welches nicht das unsere war, setzten wir langsam Fuß um Fuß voran, blieben immer wieder stehen, um zu staunen. Mit jedem Meter wuchs unsere Bewunderung. Schließlich gelangten wir am Ende der Hängebrücke vor ein hölzernes, zweiflügeliges Tor. Links und rechts davon verlief ein mannshoher Zaun und verlor sich im dichten Gebüsch. Schweigend blickten zurück ins Grün des Waldes und schauten uns an. «Cheick, hast du vor der Brücke einen Weg gesehen?» Er verneinte. Das Tor stand halb offen, dahinter begann ein Weg, breiter als ein normaler Dschungelpfad. Die Torflügel waren mittels kräftiger Seilzüge beweglich, jemand konnte damit öffnen oder schließen. «Warum macht man das Tor nicht einfach von Hand auf, warum die Seile?», wollte ich wissen. Cheick überlegte, verfolgte mit den Augen die Taue, die sich irgendwo hinter dem Zaun spannten, dann zuckte er mit den Achseln und grinste abenteuerlustig. «Lass uns sehen, wohin der Weg führt.» Er setzte sich in Bewegung und marschierte voraus. Seitdem ich die Hängebrücke betreten hatte, empfand ich nicht nur Abenteuerlust, sondern auch eine leichte Beklemmung. Cheick wandte sich um und streckte mir seine Hand entgegen. Dankbar ergriff ich sie, mein mulmiges Gefühl verlor sich. Die Neugier war stärker. Der Weg durch den Urwald war bequem, er bot genug Platz, um ungehindert nebeneinander gehen zu können, und offensichtlich wurde er viel benutzt. Im Vorbeigehen sah ich einen zerrissenen orangenen Plastiklatschen und Stücke einer blauen Plastikplane. Bald standen wir vor einem weiteren Tor in einem langen Zaun, der gerodetes Gebiet zu umgeben schien. Unter dem Tor, halb offen wie das erste, lagen Knochen und schmuddelige Federbündel. Die Tiere des Dschungels hinter uns machten einen Heidenlärm, der sich nervend in meine Ohren bohrte. Cheick blickte sich aufmerksam nach allen Seiten um, sogar hoch zu den Baumwipfeln, die man allerdings nicht sehen konnte, da sie sich irgendwo hoch oben zu einem dichten Dach zusammenballten. «Na komm», sagte er und drückte zuversichtlich meine Hand, «gehen wir weiter …vielleicht können wir ja irgendwo nach dem Weg zum Berg fragen.» Wir wollten doch auf den Berg, das hatte ich ganz vergessen. Das gerodete Gebiet erstreckte sich an einem Hang um einen recht steilen Hügel herum. Die mächtigsten Baumriesen, die an der Elfenbeinküste «Fromager» («Käser», ein blöder Name) heißen, hatte man stehen lassen. Wir erreichten eine frisch angelegte, noch niedrige kleine Bananenpflanzung, gingen durch Parzellen mit Ananas, Erdnusssträuchern, Süßkartoffeln, Yamswurzeln und anderem, was ich nicht kannte. Hoffentlich waren die Menschen, die diese Felder bearbeiteten, nicht unfreundlich. Ich hatte mich an Cheicks Hand sicher gefühlt, es genossen, nur zu schauen und zu staunen, wie in einem Film, ohne selbst beteiligt zu sein. Nach der nächsten Wegbiegung fanden wir uns ganz plötzlich vor runden, strohgedeckten Lehmhütten, unmittelbar vor unseren Füßen brannte ein Feuer, ein irdener Topf mit leise köchelndem Brei darin stand auf drei Herdsteinen, zwischen denen drei dicke Äste glommen. Schüchtern schritten wir vorüber an weiteren Hütten und brennenden Feuern mit brodelndem Brei in dickbauchigen Tontöpfen. Der charakteristische, durchaus appetitliche Geruch der offenen Feuer umwehte uns. Das kleine Dorf mit den zwei Dutzend Hütten war wesentlich sauberer als die Orte entlang der Piste, wo Holzlaster, Warentransporter und Buschtaxis die ärmlichen Siedlungen vermüllten. Hier wurde gefegt, die typischen zusammengebundenen Halmbündel ohne langen Stiel dran, die als ziemlich unbequeme Besen dienten, lehnten an Stroh- wie Lehmwänden. Niedrige Sitzhölzer und behauene Felsbrocken standen vor den Hütten. Jemand hatte eine Trommel umgeworfen. Sie lag recht nah am Feuer, Cheick rollte sie mit einem sachten Fußtritt aus der Gefahrenzone. Unter Getreidespeichern, zum Schutz vor Ratten und anderen Tieren auf hohen, glatten Holzstelzen, verwahrte man hübsch bemalte Kalebassen verschiedener Größen. Außer den unvermeidlichen Plastiktüten und bunten Putzeimern, von einheimischen Frauen wie eine Chanel-Handtasche elegant in der Armbeuge getragen, als ginge es zur Modenschau, und achtlos herumliegenden einzelnen Kunststoffschlappen sah ich nichts Europäisches. Gackernde Hühner pickten nach Körnern, Hähne plusterten sich auf und krähten lauthals. Scheue, magere Hunde trauten sich erst zu bellen, als wir mindestens zehn Meter entfernt waren; sie hätten es nicht gewagt, sich uns zu nähern. Kein Mensch war zu sehen oder zu hören. Das malerische Dorf endete auf einer steilen Felswand, die schroff nach unten abfiel, in der Tiefe wogte das undurchdringliche Blätterdach des Regenwaldes. Am dunstigen, blauen Horizont lagen Bergkuppen im hellen Licht des Nachmittags. Befremdet sahen wir uns an. Mein Herz klopfte kräftig, und ich sah an

Cheicks pulsierender Halsschlagader, dass es ihm ebenso ging. Was ging hier vor, warum ließ sich kein Mensch blicken? Sie beobachteten uns, zeigten sich aber nicht. Unsere Neugier verwandelte sich mit einem Schlag in blankes Entsetzen, als wir irgendwo eine Art durchdringendes, verzweifeltes Babygeschrei vernahmen, das sich wandelte in durch Mark und Bein gehendes grollendes Knurren, gefolgt von kurzem schrillen Lachen, und überging in unheimliches Fauchen. Auf der Stelle nahmen wir unsere Beine in die Hand und rannten schreiend zurück durch das Dorf, durchliefen keuchend das weite, gerodete Gebiet, erreichten das Tor – jetzt war es geschlossen –, Cheick trat kräftig davor, angsterfüllt rissen wir es auf, weiter stolperten wir durch den Wald bis zum Tor vor der Hängebrücke und fluchten laut, weil es ebenfalls zu war. Nach mehreren vergeblichen Versuchen gaben wir auf und kletterten drüber. Hastig hangelten wir uns über die Brücke. Erst am jenseitigen Ufer kamen wir wieder etwas zur Ruhe. Mit der Unbefangenheit war es vorbei; was sich in der letzten Stunde abgespielt hatte, war zu unheimlich, zu erschreckend, als dass wir weiterhin wie kleine Kinder herumalbern konnten. Da bemerkten wir einen fast zugewachsenen Trampelpfad, der von der Lianenbrücke hügelanwärts zu verlaufen schien. Entschlossen, unser ursprüngliches Ziel wieder in Angriff zu nehmen, folgten wir dem Weg. Nur auf den ersten Metern war der Weg dicht bewachsen. Je höher es ging, desto ruhiger wurden wir. Länger und länger wurden die Schatten, sanfter die Sonne. Ohne Zwischenfälle gelangten wir keuchend im weichen Goldlicht des späten Nachmittags zum höchsten Punkt. Von hier aus konnten wir die Landschaft weit überblicken. Über undurchdringliches Grün in teilweise schattigen, bereits dunklen Tälern, über Hügelkuppen, die von den Sonnenstrahlen noch erreicht wurden, sahen wir in der Ferne einen schön geformten Berg, dessen unbewaldete abgerundete Spitze weithin sichtbar kupferrot leuchtete, direkt angestrahlt von der Sonne, die sich in scheinbar rasendem Tempo anschickte, unter die Horizontlinie zu sinken. Ohrenbetäubend drangen die Geräusche der versteckten Tiere zu uns herauf. Mit hochgezogenen Augenbrauen sahen wir uns belustigt an. Der herrliche Berg, der weit dahinten sich über alle anderen erhob, eindrucksvoll beleuchtet, war der Berg, den zu besteigen wir vorgehabt hatten.

In weniger als einer Dreiviertelstunde würde es stockdunkel sein. Mit jedem Schritt abwärts wurde es dunkler und lauter. Sirrende Mücken schwirrten in Wolken umher, die ersten nachtaktiven Vögel und Insekten kreischten, piepten, brüllten, riefen, lachten, zwitscherten, hämmerten und sägten um die Wette, jedes Wesen schien nur ein Ziel zu haben: seinen Nachbarn zu übertönen. Zerschunden, blutend und zerkratzt erreichten wir erschöpft den gurgelnden Fluss, bahnten uns einen Weg durch die Uferpflanzen, durchwateten das frische Wasser mit dem Gepäck auf dem Kopf und fanden einen geeigneten Felsen inmitten der Strömung.

Meine erste Nacht im Urwald werde ich nie vergessen. Der Eindruck des unheimlichen, ausgestorbenen Dorfes hatte bewirkt, dass wir kaum ein Auge schließen konnten. Angespannt spitzten wir die Ohren, folgten jedem Knacken, Knirschen oder sonst einem seltsamen Laut. Zur Ruhe kamen wir nicht. Wild klopfenden Herzens starrten wir mit weitaufgerissenen Augen, jeder einen dicken Knüppel fest in der Hand, ein paar Steine zum Werfen neben uns, ins dunkle, raschelnde Blätterdickicht. Wie unser Trip auslief, bekamen wir gar nicht mit, irgendwann waren wir wieder klar im Kopf. Zischend umspülte schäumendes Wasser unsere winzige Insel. Cheick musste sich zusammenrollen, wenn er sich lang ausstreckte, lag er fast bis zur Wadenmitte im Flüsschen. Erst jetzt spürten wir nagenden Hunger. Heilfroh, den Vorrat mitgeschleppt zu haben, machten wir uns über die Bananen, die kleingeschnittenen Ananasstücke, das zerbrochene, ausgetrocknete Stangenweißbrot und die Dose Thunfisch her, ohne in unserer Wachsamkeit nachzulassen.

Rücken an Rücken beobachtete jeder das vor ihm liegende Ufer und das finstere Gebiet dahinter. Da! Bewegte sich dahinten hinter dem Baum nicht etwas? Und da oben im Geäst! Immerhin, Cheick vermittelte mir das Gefühl, nicht hilflos ausgeliefert zu sein; er würde tapfer kämpfen, bis zum letzten Atemzug. Es fühlte sich sehr gut an, wie sein Rücken fest an meinem lehnte. Vor Anstrengung und Müdigkeit fielen wir nach stundenlangem Wachen in einen oberflächlichen Schlaf, immer wieder hochschreckend wegen einem nahen Rascheln. Erst in der Morgendämmerung, als die Gewächse am anderen Ufer besser zu erkennen waren, beruhigten wir uns etwas. Zwei Stunden später, nachdem wir ein bisschen geschlafen hatten, machten wir uns nach einem erfrischenden Bad auf den Rückweg.

Das Wechselbad der Gefühle von Eiseskälte bis zu vulkanischer Hitze in Nächten mit leidenschaftlichem, innigem Sex wurde immer anstrengender und hatte fast nur noch krankhafte, wahnsinnige Züge. Cheick schien oberflächlich ruhig, hatte sich jedoch angewöhnt, mich auszufragen wie ein Geheimagent bei einem Verhör. Ab und zu verwickelte ich mich in Widersprüche, weil ich mich unter seinem drohenden Blick nicht mehr korrekt an Zeitabläufe und aufeinander folgende Ereignisse erinneren konnte. Jedes Mal arteten solche Situationen aus, ähnlich wie die schrecklichen Nächte in Man, und Cheick war egal, wo wir uns gerade befanden. So kam es, dass wir ein paar Mal bei unseren fürchterlichen Streitszenen von unseren Eltern überrascht wurden. Da ich ihm bisher wirklich keinen Grund geliefert hatte, eifersüchtig zu sein, stellten sich langsam in meinem Herzen Trotz und Zorn ein, als Antwort auf das ständige schlechte Gewissen. Schließlich begann ich aus reinem Trotz zu denken, dass ich mir ruhig mal den einen oder anderen Liebhaber nehmen könnte. Es war hauptsächlich die Ungerechtigkeit, die mich fertigmachte: so treu, wie ich ihm war, war ich vorher nicht gewesen. So kam es, dass Cheick unbeabsichtigt meinen Widerspruchsgeist anstachelte. Ich fühlte mich regelrecht in fremde Arme getrieben. Zwei Tage vor meinem siebzehnten Geburtstag begann ich ein spannendes heimliches Verhältnis mit meinem Malereiprofessor.

Bei unserem letzten Trip, Anfang März 1973, beachtete ich die sechs Grundregeln nicht. Was hatte mir der Dietmar Raschke beigebracht? Erstens: Befindlichkeit. Du nimmst einen Trip nur, wenn es dir richtig gutgeht, du darfst keine Sorgen haben. Zweitens: Mit-Tripper. Du nimmst ihn mit einer, allerhöchstens zwei Personen, die dir sehr vertraut sind und denen es ebenfalls gutgeht. Drittens: Ort. Nie an einem Platz, der dir schon ohne Trip nicht zusagt und an dem du dich nicht absolut wohl fühlst. Viertens: Vorsorge. Habe für den Fall eines Horrortrips grundsätzlich ein paar Valium bei dir, um den Trip zu beenden. Fünftens: Ehrlichkeit. Prüfe, ob du allen Punkten entsprichst, mach dir nicht selbst was vor. Sechstens: Warnung. Nimm niemals – niemals! – einen Trip, wenn diese Voraussetzungen nicht alle erfüllt sind.

Im Nachhinein weiß ich nicht mehr, welcher Teufel mich ritt, genau an diesem Tag Cheicks Drängen nachzugeben. Ich hatte zum Geburtstag einen Brief aus Deutschland mit drei Acids erhalten. Cheick meinte, wir hätten damit eine Gelegenheit, unsere Probleme zu lösen, indem wir das Acid dazu benutzten, uns selber realistischer zu sehen. Wir könnten unsere komplizierte Beziehung besser durchschauen und den Verlauf der Disharmonien zurückverfolgen bis zu dem Punkt, an dem wir sie packen könnten. Ich wünschte mir nichts sehnlicher als Harmonie, also ließ ich mir die Sache durch den Kopf gehen. Damit das alles nicht so ausartete, wäre es vielleicht gut, noch Leute mitzunehmen, als Kontrollinstanz sozusagen. Wie wäre es mit Abed, Jean-Paul und noch zwei Freunden von Cheick? Und Natur gäbe es hier en masse, warum sollten wir nicht in den nahen Banco-Park fahren? Es war viel zu spät am Nachmittag, als wir uns die drei Trips durch sechs Leute teilten. Normalerweise bedachte ich vorher immer den Zeitpunkt der Einnahme, um nicht in die Nacht zu geraten, ich fürchtete mich in der Dunkelheit. Dieses Mal ließ ich mich zu sehr treiben, weil ich mich in einer apathischen Stimmung befand. Cheicks Stimmungsschwankungen zerrten an meinen Nerven. Hinzu kamen die Ausbrüche meiner schnell beleidigten Mutter, die erst laut weinte, um sich anschließend in störrisches Schweigen zu hüllen; ich hatte wie vor zwei Jahren das Gefühl, der schrecklichste und falscheste Mensch der Welt zu sein.

Es wurde ein Horrortrip. Der Banco-Park hatte mir immer Angst eingejagt, dieses undurchschaubare Labyrinth schlammiger Wege inmitten eines unheimlichen Pflanzendickichts ohne Lichtungen dazwischen empfand ich als sehr beklemmend. Abed hatte mir ein

Zettelchen zugesteckt, auf dem er mir seine heimliche Liebe gestand und das mich wegen Cheick sogleich in Angst versetzte, Jean-Paul war unruhig wegen seiner Frau, mit der er sich nicht mehr verstand, hatte Sorgen wegen seinem übergewichtigen dreijährigen Sohn. Die beiden anderen waren der Spanier Luis und ein Halb Franzose-halb Marokkaner, dessen laute Art mir auf Anhieb so unsympathisch war, dass ich seinen Namen nicht behielt. Eng zusammengequetscht hockten wir zu sechst in einem Auto, das Abed fuhr. Ich saß hinten eingeklemmt zwischen Cheick und dem lauten Grobian, auf dem Vordersitz litten Jean-Paul und der kleine Luis unter dem Platzmangel. Zunächst bemühten wir uns, die Enge lustig zu finden, doch schon bald gingen wir uns auf die Nerven, und schließlich begannen der Mischling und Jean-Paul, sich zu beschimpfen. Cheick klammerte sich an mich, ich klammerte mich an Cheick. Er starrte aus dem Fenster, ich weinte lautlos vor mich hin. Abed verlor nach wenigen Kilometern die Orientierung. Wir fuhren und fuhren und fanden weder einen Rastplatz noch den Weg heraus aus diesem fürchterlichen Urwald. Links und rechts vom Weg standen die Pflanzen so dicht an dicht, dass sie das Auto streiften. Es war unmöglich, die Türen zu öffnen. Zu allem Überfluss musste ich dringend aufs Klo. Da wir nicht aussteigen konnten, blieb uns nichts anderes übrig, als umherzuirren, bis wir entweder einen Ausweg oder einen Platz gefunden hätten, der das Aussteigen gestattete. Es war dunkel geworden und das Benzin knapp. Ich bekam schlimme Bauchschmerzen, dann einen Klaustrophobieanfall und schrie, was ich konnte. Abed stoppte den Wagen, und Cheick versuchte mit aller Kraft, die Autotür aufzukriegen. Er stemmte sich verzweifelt dagegen, schlug mit seiner ganzen Körperseite und aller Kraft so lange, bis endlich zu meiner großen Erleichterung die Tür einen Spalt weit auf war. Wegen seiner Größe schaffte er es jedoch nicht gleich hinaus. Panik hatte mich erfasst. Ich musste raus, sofort. Ich warf mich über Cheick, krabbelte und zwängte mich beinahe kopfüber, hemmungslos schluchzend in glitschige, stinkende Schlingpflanzen. Es war entsetzlich. Schließlich schaffte ich es, mich bis auf den schlammigen Weg hinter das Auto vorzuarbeiten, inmitten unerträglicher Hitze und einer dichten Wand schriller, unsäglich kreischender, nervenzerreißender Tiergeräusche. Ich glaubte, vor Angst und Ekel zu sterben, während ich mir verschwitzt, keuchend und schluchzend mühsam die Hose herunterzog. Überall raschelte es, alles bewegte sich, unter mir, neben mir, vor mir, hinter mir, über mir, einfach überall, der ganze schleimige, stinkige Urwald starrte mich hämisch kichernd an, fand Spaß daran, mich zu demütigen: Hier ist ein weißes Mädchen, das wir beim Pinkeln und Kacken beglotzen können. Bis ich mich wieder angezogen hatte, waren einsame, verzweifelte Jahrhunderte vergangen, so schien mir. Ich erinnerte mich an die Tabletten, doch hatte ich sie vergessen einzustecken. Ich wühlte hektisch in meinen Hosentaschen, kratzte, grub mit meinen Fingern in der Hoffnung, irgendwo eine Valium zu finden, mit der ich diesen schrecklichen Trip beenden konnte. Ich hörte Brüllen, Grunzen und Kreischen, während mir die Tränen aus den Augen stürzten. Die Pflanzen lachten und wollten mich fressen, überall lauerten niedrige Buschgeister, um mich zu quälen. Dann drehte ich durch.

Am Tag darauf musste ich nicht zur Schule gehen. Cheick, der den Unterricht schwänzte, saß an meinem Bett, mein Vater war im Büro und meine Mutter einkaufen. Ich erfuhr, dass ich gestern erst einen Panikanfall und dann einen Nervenzusammenbruch gehabt hatte. Wie ich vom Banco-Park nach Hause gekommen war, daran konnte ich mich kaum erinnern. Meinen Eltern hatte er fast die Wahrheit erzählt: Wir hätten uns im Park verfahren, das Benzin sei uns ausgegangen, und mir sei schlecht geworden, wahrscheinlich eine Magen-Darm-Grippe, nichts Ungewöhnliches. Zwei Valium 10 hatte mir Cheick verabreicht, nachdem er sich fast eine Stunde abgemüht hatte, aus mir rauszukriegen, wo sie versteckt waren, dann war ich eingeschlafen. Früh am Morgen war er schon wieder bei mir, er selbst hatte kaum ein Auge zugemacht. Nach zwei Stunden und zwei Captagon fühlte ich mich deutlich besser. Ich? Einen Nervenzusammenbruch? Ich glaubte, mein Freund wollte mir was einreden, war ungerecht, meckerte und nörgelte rum, bis er schließlich genervt das Haus verließ. Endlich war ich allein, doch das passte mir auch nicht. Was ist das überhaupt, ein Nervenzusammenbruch? Laut weinend stapfte ich, krank vor Unzufriedenheit, in dem kleinen Zimmer mit dem zu unserem Schutz vergitterten Fenster auf und ab. Wilden Herzens sehnte ich mich nach einem Schuss. Vielleicht hätte eine simple Umarmung genügt. Ich hasste mich, weil ich meine Mutter zu hassen glaubte; eine Tochter sollte ihre Mutter lieben. Ich hasste mich, weil ich bei jeder Kleinigkeit weinen musste. Ich hasste mich für mein ewig schlechtes Gewissen, ich hasste mich für meine Unfähigkeit, trotz Jahre währender enormer Anstrengungen die tausend lästigen Stimmen in meinem Kopf nicht zum Schweigen gebracht zu haben. Ich hasste diese Welt voll Ungerechtigkeit, Ignoranz, Heuchelei, Dummheit und Habgier, ich hasste den lieben Gott, weil er so unverschämt gewesen war, uns Menschen auf niedrige, hinterlistige Weise mit unseren eigenen Körpern und unserem eigenen unzureichenden Verstand zu demütigen, dieser Sadist, dieser Gott der Heuchler. Ich hatte alles so satt.

Beim Mittagessen sollte niemand merken, wie elend mir zumute war. Hin und wieder warf mir meine Mutter prüfende Blicke zu. «Ich war doch eben im Supermarkt im Ivoire», begann sie, während sie mit offenem Mund kaute und gleichzeitig redete, «stell dir vor, Muriel, wemich begeechnet bin, du wirses nich für möchlich halten, ich stand vorm Joghurt, ich suchte disen leckeren Vanillejoghurt, wisster, den er doch auch so gern habt, als mich von hinten zwei Frauen anschreien – also irgendwie ist diser Vanillejoghurt viel zu teuer –, der passt gerade mal in nen Eierbecher, viel, viel zu teuer, eine Unverschämtheit, so viel Geld zu nehmen für son Schisschen Joghurt! – ich hap ers gar nich verstanden, was die von mir wollten, jedenfalls, die eine war die Frau von deim Malereidozenten, und die andere war seine Schwiegermutter! Se ham nach dir gefraacht, was die bloß gewollt ham, sachma.»

«Er hat das Muriel schon ein paar Mal nach Hause gebracht», platzte Henrike heraus, «was sagt Cheick eigentlich dazu, dass du mit deinem Lehrer im Auto rumfährst?»

«Wirklich? Wie nett von ihm!», meinte meine Mutter und überlegte laut weiter, ob sie noch was essen solle, schließlich fragte sie meinen Vater, ob sie sich nun, mit ihrem Höchstgewicht, noch einen Bissen leisten könne. «Sachma, is das der dolle große Mann mit dem schönen Gesicht, oooh! Der könnte mir abba auch gefallen! So groß! Der leistet sicher was im Leben! Das sieht man dem schon von weitem an! Ein doller Mann! Genau, Monsieur Tissot, so heißt der! Karl, du musst aufpassen!» Sie wölbte pantomimisch mit den Armen einen dicken Bauch.

«... nich so viel essen! Ich will keinen dicken Mann!»

In den kommenden Tagen verschlechterte sich mein Zustand weiter. Meine seltsame Sehnsucht nach Schmutz und Dramatik, mein Wunsch, irgendetwas zu zertreten, zu zerstören oder zu erniedrigen, mein heftiger Zorn, mein Verlangen nach Heroin waren verraucht, hatten Platz gemacht für eine unerklärliche, tiefe Traurigkeit, gepaart mit einer «Alles-egal-Haltung», die sich ihrerseits langsam verwandelte in lähmende Hoffnungslosigkeit. Meine Umgebung nahm ich durch einen Schleier wahr, abgesondert, neben dem Geschehen. Alle Dinge hatten an Bedeutung verloren. Die eigene Person, der eigene Schmerz, genauso unwichtig wie das Leben, das sich außerhalb abspielte. Apathisch stand ich morgens auf, zog mich mechanisch schön an, schminkte mich sorgfältig, parfümierte mich mit *Caline* von Jean Patou, dem ersten echten französischen Parfüm, das ich von meinem Vater geschenkt bekommen hatte und auf das ich so stolz war, steckte mein Haar hoch, denn Monsieur Tissot liebte es, während des Unterrichts zwischen den Staffeleien der malenden Studenten umherzuwandern und sich hinter mich zu stellen, um sich an meinem Nacken zu erfreuen. Ich hörte ihn dann immer leise für mich atmen, und obgleich mein Lehrer nichts anderes tat, als hinter mir zu stehen und mich zu betrachten, war mir, als könnte ich nicht nur seine Augen und seinen Atem, sondern auch seine Hände auf mir spüren. Normalerweise hatte ich großen Gefallen an diesen Spielereien. Monsieur Tissot war ein erfahrener Liebhaber. Am Institut galt er als ein guter Lehrer mit erheblichem Fachwissen und pädagogischem Geschick. Am Unterricht nahm ich, nach außen hin interessiert, im Innern vollkommen gleichgültig, teil. Monsieur Tissot strengte sich an wie immer, er stand hinter mir und atmete für mich. Ich verspürte nicht die geringste Regung. Nach dem Unterricht passten wir auf, dass niemand mitbekam, wie ich zu Monsieur Tissot ins Auto stieg. Es wäre mir heute fast egal gewesen, wenn uns jemand gesehen hätte, doch ich verhielt mich wie immer. Ich wirke ein bisschen abwesend, meinte mein freundlicher Liebhaber und warf mir von der Seite einen besorgten Blick zu. Heute sei es besonders heiß, erwiderte ich, wischte mir den Schweiß von der Stirn und lächelte mechanisch. Nicht heißer als sonst auch, bemerkte er, ließ mich aber in Ruhe. Am Ende der mäßig belebten Straße glaubte ich, vor einem Zigarettenstand Cheick gesehen zu haben, und bat Monsieur Tissot anzuhalten. Ob ich nächste Woche Mittwoch Zeit hätte, mit ihm in sein Wochenendhaus am Strand von Grand Bassam zu fahren, er habe seiner Frau bereits angekündigt, er habe nachmittags ein Tennismatch mit einem Kollegen. Dabei grinste Monsieur Tissot anzüglich und platzte mit einem unglaublich doofen Wortspiel heraus: «… au lieu de jouer au tennis, je vais jouer au pénis …!», also, anstatt Tennis zu spielen, Penis zu spielen. Dieser saudumme «Witz» brachte das Fass zum Überlaufen: Augenblicklich brach ich in Tränen aus, stürzte aus Monsieur Tissots Auto und stolperte laut schluchzend die Straße hinunter. Der erschrockene Monsieur Tissot fuhr neben mir, versuchte, mich durch das geöffnete Fenster zu beruhigen. Ohne ihn anzusehen, trat ich gegen die Autotür. Laut schrie ich: «Lasst mich doch endlich in Ruhe!», ohne zu wissen, wen ich damit meinte. Schließlich stoppte mein Lehrer sein Auto und machte Anstalten zu wenden. Da sah ich Cheick am Ende der Straße, er kam wild gestikulierend auf mich zugerannt, links und rechts von ihm brachten sich ein paar Hühner und Truthähne in Sicherheit. Monsieur Tissot gab Gas und konnte gerade noch meinem wütenden Freund entkommen. Der Stein, den Cheick geschleudert hatte, prallte mit einem krachenden Geräusch gegen den Kofferraum. Bebend vor Zorn, kickte Cheick fluchend eine herumliegende Dose weg. Sämtliche Hunde auf allen Grundstücken bellten wie verrückt, Leute kamen aus den Häusern, um nachzusehen, was los war. «Was hat der Kerl von dir gewollt?», brüllte Cheick mich an. Schluchzend versuchte ich mich zu rechtfertigen. «Alles in Ordnung, das war mein Malereiprof…», wehrte ich ab.

«Was will der von dir?», schrie Cheick. «Warum fährt er dir nach?» Immer mehr schwarze und weiße Leute kamen herbei und beobachteten uns interessiert. Die vorüberfahrenden Autos verlangsamten ihr Tempo wegen uns. Schließlich hielt er ein Taxi an. «Hotel Ivoire!», herrschte Cheick den Fahrer an. Aufgelöst durchquerten wir die kühle Hotelhalle, Leute drehten sich nach uns um. Unter unserem riesigen Lieblingsbrettwurzelbaum im Garten versuchte mein Freund rauszukriegen, seit wann ich Monsieur Tissot kenne und wie oft ich mit ihm geschlafen habe. Wahrheitsgemäß antwortete ich, allerdings gab ich nicht zu, dass ich mit meinem Lehrer ein Verhältnis hatte. Nach drei kräftezehrenden Stunden waren wir nur noch in der Lage zu flüstern und befanden uns beide völlig verstört am Rande des Zusammenbruchs. Mein Make-up war längst ruiniert, Tränenspuren liefen kreuz und quer durch mein Gesicht, meine Augenlider waren dick angeschwollen. Wir hatten genug geredet. Wir hatten viel zu viel geredet. Schweigend und tief verzweifelt fielen wir in der Abenddämmerung im Schatten der mächtigen Brettwurzeln übereinander her. Wir gaben uns alles, was wir konnten … als wäre es das letzte Mal. Irgendwann brach Cheick, während wir uns heftig hin und her wanden und er fast schon schmerzhaft in mich stieß, in Tränen aus. Bestürzt hielt ich ihn fest in meinen Armen. Mein Gott, wie ist es möglich, jemanden so zu lieben? Wie konnte es sein, dass man sich rasend liebt und einander so schrecklich wehtut?

Am nächsten Morgen ging ich völlig erschöpft zum Unterricht. Professor Monsieur Diouf hatte in Frankreich studiert, war von graziler Gestalt mit schmalen Gelenken. Im krassen Gegensatz zu seiner sehr dunklen Hautfarbe stand sein europäisch geformtes Gesicht, ohne negroide Züge, von seinen leicht verbreiterten Nasenflügeln einmal abgesehen. Oft und gern monologisierte der Schnell- und Vielredner über die Problematik der Perspektive, während der Rest der Klasse irgendwann abschaltete und sich auf das Zeichnen konzentrierte. Den Vormittag verbrachten wir mit dem realistischen Abzeichnen eines halben Dutzends lebendiger Hühner, die zwei Kommilitonen in Körben mitgebracht hatten. Mechanisch versuchte ich, mich auf die Aufgabe zu konzentrieren, verlor jedoch immer wieder den Faden. Eine Stunde vor dem regulären Ende des Unterrichts durfte ich nach Hause gehen. Monsieur Diouf riet mir, mich ein bisschen hinzulegen, um am Nachmittag ausgeruht am Skulpturunterricht teilzunehmen. In den folgenden drei, vier Stunden spielten sich die Ereignisse im Großen und Ganzen wirklich so ab, wie ich sie nun schildere. Ich kam zu Hause an, als meine Mutter, milde gestimmt, mir vorschlug, aufs Plateau zu fahren, um mir neue Schuhe zu kaufen. Auf die Gesellschaft meiner anstrengenden Mutter hatte ich eigentlich keine Lust, doch rührte mich ihr Friedensangebot. Während der Autofahrt von Cocody entlang der Corniche plapperte sie wie gewöhnlich vor sich hin, über ihr Gewicht, über einen ihrer zahlreichen französischen und libanesischen Verehrer, die immer am Pool des Ivoire rumlungerten, über ihr Gewicht, über diese oder jene Einladung zum Dinner beim Innenminister oder bei der Botschaft von Österreich oder Ägypten und über ihr Gewicht. Im Schuhgeschäft brachte sie mir Modelle an, die ihr gefielen und die ich grässlich fand. «Simma da, das issn Schühchen, was?!» Sie pflegte immer ein «-chen» anzuhängen, wenn sie was besonders schön fand. Abwesend blickte ich aus dem Schaufenster, als ich einen ärmlich gekleideten Mann mit gehetztem Gesichtsausdruck zwischen den Autos die Straße entlangrennen sah. Er schien panische Angst zu haben. Zwei Dutzend erregte Leute verfolgten ihn laut schreiend, manche schwangen Holzknüppel. Meine Mutter wühlte weiter hinten im Laden. «Oooh, die sind abba auch schön! Kuckma hier!» Ich drehte mich kurz zu ihr um, sie hielt einen türkisfarbenen Schuh mit dicken Plateausohlen in die Höhe.

«Nein, nein, bitte nicht …!», rief ich und schaute weiter nach draußen. Die schwarze Verkäuferin hinter mir sagte vollkommen ruhig: «Voila, un voleur!» Ich fragte sie, woher sie wisse, dass es sich um einen Dieb handele. Gleichgültig stellte sie fest, dass er so schnell renne, weil er etwas gestohlen habe. Trotz der rauschenden Klimaanlage drang das Wutgebrüll an mein Ohr, als der Flüchtige wenige Meter weiter von der wütenden Menge, der sich andere zufällige Passanten angeschlossen hatten, gestellt wurde. «Ooh, oooh, oooh! Die sind abba schööön! Kuck dir die ma an, die wärn doch was …»

Das Geschrei wurde schriller, immer mehr Menschen rannten auf die Gruppe zu.

«… und herabgesetzt sind die auch noch, ich sach ja immer, niemals, hörste, NIEMALS! was regulär kaufen …»

Der Lärm wurde hysterischer, Autos hupten, ein dichtes Menschenknäuel verdeckte den eingekreisten Mann, wütendes Gekreisch, Knüppel sausten auf und nieder.

«Er hat keine Chance», sagte die Verkäuferin ungerührt. Entsetzt wagte ich kaum, die Frage zu stellen: «Werden sie ihn töten?»

«… nääh, so doof wärich nich, was regulär zu kaufen, es muss mindestens sippzich Prozent herabgesetzt sein …», hörte ich meine Mutter von hinten. Mit einem angedeuteten Nicken stieß die Verkäuferin den hohen afrikanischen Zischlaut aus. «Ääh! Warum hat er auch gestohlen! Manchmal werden Diebe auch zerrissen!» Meine Mutter stöhnte auf: «… – also, nääh, leicht ist das nich, mit dir Schuhe kaufen gehen! Hier sind sooo viele schöne Schühchen, nur dir kammans widder nich recht machen! Eins sachich dir, wir nehmen nur reduzierte oder gar keine! Ich bin doch nicht so doof und kauf reguläre!»

Wie im Traum kam mir alles vor, wie im Traum folgte ich meiner genervten Mutter zum Auto, wie im Traum hörte ich sie klagen während der Rückfahrt: «… also, jedes andere Kind wäre dankbar, jeder würde hier schöne Schühchen finden, abba dir kammans ja widda nich recht machen, und mir würde es im Traum nicht einfallen …» Ich wagte nicht, mir vorzustellen, wie Menschen einen anderen Menschen zerreißen. Totschlagen war übel, aber zerreißen?

«… regulär zu kaufen, ich kaufe nur, wennes mindestens sippzich, dassachichimma, sippzich Prozent herabgesetzt ist, heute Abend sindwer eingeladen beim Botschafter von Marokko, und ich hab mein Höchstgewicht, ich passe kaum noch in das schöne rote Abendkleid ...»

Ob sie den Mann tatsächlich totgeschlagen hatten?

«... schrecklich, wie furchtbar ich zugenommen hab, das nächste Mal kannste alleine Schuhe kaufen gehen.»

Kann man auf offener Straße totgeschlagen werden?

«... abba nur wenn se herabgesetzt sind! Hoffentlich kriegich den Reißverschluss von dem schönen roten Kleidchen noch zu ...»

Meine heftige Sehnsucht nach Ruhe steigerte sich bis in den Bereich, in dem es wehtat. Nach dem Mittagessen zogen sich meine Eltern wie jeden Tag zum Mittagsschlaf in ihr Schlafzimmer zurück. Um Punkt halb drei standen sie wieder auf, mein Vater fuhr ins Büro, und meine Mutter machte sich im Badezimmer «färchtich», wie sie es nannte: Nagellack an Finger- und Zehennägeln abmachen und neu auftragen, Frisur und Make-up auf den neuesten Stand bringen, die Nachmittagskleider anziehen.

Gegen zwanzig nach zwei – meine Eltern würden gleich aufwachen, mein Vater würde mich zum Institut fahren und anschließend in sein Büro – stand ich im Badezimmer, betrachtete mich unruhig und unschlüssig im Spiegel. Ich war nicht imstande, mich zu erkennen. Eine fremde Person sah mich da an. Träumerisch ließ ich den Blick schweifen. Plötzlich bekam ich eine Eingebung. Vor ein paar Wochen hatte ich halb irre vor Verlangen nach einem Schuss das ganze Haus in Abwesenheit meiner Eltern durchsucht. Ich öffnete den Hochschrank, in dem Medikamente aller Art gelagert waren. Leider fand ich nichts Brauchbares. Aber es ging ja noch anders. Ich brachte meine Hochsteckfrisur in Ordnung, mein Make-up, parfümierte mich mit *Chamade* von Guerlain, dem Lieblingsparfüm meiner Mutter, staunte, wie leicht es war, sechzig, siebzig Tabletten mit streng verbotenem Leitungswasser runterzukriegen, räumte schnell auf und verließ das Badezimmer, ohne eine Spur zu hinterlassen. Mein Vater wartete bereits im Auto. Kurz vor drei nahm ich im Skulpturraum auf meinem Hocker Platz. Monsieur Diouf lächelte mich aufmunternd an, jetzt sähe ich viel besser aus als heute Vormittag. Wir standen uns abwechselnd gegenseitig Modell. Seit drei Wochen diente ich der Klasse als Vor-Bild für die Übungen in realistischer Plastik und fand, so manch einer modellierte mein Gesicht schöner, als es in Wirklichkeit war. Jemand bemerkte, ohne Brille und mit hochgestecktem Haar sähe ich aus wie Brigitte Bardot. Der wollte mich wohl verspotten. Ein bisschen geschmeichelt winkte ich ab, so schön bin ich nicht, und wunderte mich, wie weit entfernt ich meine eigene Stimme wahrnahm, und seltsam war auch, dass es so früh dunkel wurde. Im Bruchteil einer Sekunde wurde mir sehr schwindelig. Dann stürzte ich vom Hocker. Als ich halbwegs wieder zu mir kam, fühlte ich mich total benommen. Menschen, die ich nicht erkennen konnte, fummelten an mir herum, drückten auf meinen Brustkorb, zerrten an meinen Armen, jemand sagte: «... weitermachen ... dritter Tag ...–» Den Rest verstand ich nicht, weil ich zurück in dieses Schwarz stürzte. Später hörte ich immer wieder von dem Licht am Ende des Tunnels, von dem sich Menschen zwischen Leben und Tod angeblich angezogen fühlen. Noch nicht mal das Ende habe ich mit anderen Menschen gemeinsam. Ich hatte einen Filmriss im Bruchteil einer Sekunde, dann fühlte ich nichts mehr, zack, aus. Keine Lichtvision oder so was. Drei Tage hatte ich Ruhe, drei Tage existierte für mich nichts, auch ich selbst existierte nicht. Am vierten Tag war Schluss mit Nirwana. Grell biss Licht in meinen Kopf, sofort machte ich wieder dicht. Auf Schmerzen hatte ich überhaupt keine Lust. Aufgeregtes Stimmengewirr stach mir in die Ohren, reflexartig wollte ich sie mir zuhalten, doch war ich nicht Herrin über meine Glieder. Wieso konnte ich meine Arme nicht bewegen? Verwirrt öffnete ich mühsam wieder die Augen. Mir schwindelte. Flackernde Unschärfe. Ich hörte lautes, tierisches Grunzen und Stöhnen. Das Bedürfnis nach Orientierung meldete sich, doch schnell sehnte ich mich zurück nach dem unvergleichlichen Trost der Empfindungslosigkeit. Bevor ich einschlief, schwebten Eindrücke in meinem Kopf rum wie spukende Gespenster. Ich war auf eine Liege gefesselt, Schläuche und Gummis ragten aus mir heraus, verliefen um das Bett herum und darüber und endeten irgendwo im Dunst.

Ein piependes Geräusch, größere und kleinere gluckernde Apparate glaubte ich wahrgenommen zu haben. Verkleidete Menschen mit Gesichtsmasken, die lediglich die Augen freiließen, taten Sachen mit mir. Etwas lag in meinem Mund, fühlte sich dick, rissig, trocken und doch klebrig und absolut fremd an. In meiner Nase schien ebenfalls ein Fremdkörper zu stecken. Alles fühlte sich fremd an. Bis auf das verhallende Echo der Schmerzen, die ich nicht lokalisieren konnte oder wollte. Ich sehnte mich nach Ruhe.

Eine Woche später konnte mein Vater wegen seiner Arbeit das großzügige Angebot der niederländischen Fluglinie KLM nicht annehmen, Ehrengast des ersten offiziellen Fluges Amsterdam–Nicosia auf der Insel Zypern zu sein. So kam er auf die Idee, dass ich an seiner Stelle mit meiner Mutter fliegen könnte. Zu keinem Zeitpunkt, weder damals noch später, wurde in unserer Familie jemals über mein «Missgeschick» gesprochen, und ich selber tat so, als wäre es völlig normal, sich mit siebzehn den Tod zu wünschen. Erleichtert stiegen meine Eltern und meine Geschwister auf dieses Verhalten ein. Wir waren froh, nicht darüber reden zu müssen. Alles blieb beim Alten: mein Lebensgefühl als unberechenbare Mischung unersättlicher Lebensgier und aufrichtiger Sehnsucht nach dem Tod.

Cheick musste ich Treue schwören. Auch versprach ich, ihm täglich zu schreiben. Alles in allem würde ich mit meiner Mutter neun Tage wegbleiben. Zunächst würden wir zwei Tage in Amsterdam verbringen, dann drei Tage im Sauerland bei meiner Oma, dann wieder nach Amsterdam, von da nach Nicosia, von Nicosia zurück nach Amsterdam und einen Tag später nach Abidjan.

Amsterdam März 1973

Bibbernd vor Kälte, stampfte ich mit den Füßen, während meine Mutter das Taxi bezahlte. In einem blitzsauberen, gutbürgerlichen Hotel am Waterlooplein würden wir zwei Nächte verbringen. Noch nie zuvor war ich im Hotel gewesen, wenn ich in dieser Stadt war. Unruhe und Abenteuerlust hatten mich sofort gepackt. Sie gab mir etwas Geld und ermahnte mich, nicht so lange fortzubleiben. Warm angezogen, sprang ich aufgeregt die Treppen runter – Amsterdam, hier bin ich – und ließ ich mich treiben, durchwanderte das Rotlichtviertel, genoss den vertrauten Anblick der schönen alten Häuser, der Grachten mit den Hausbooten, der gemütlichen Cafés und der bunten Geschäfte. Am Nieuwmarket, wo unser Haus gestanden hatte, befand sich ein hoher Bauzaun mit Baumaschinen und Kränen dahinter für den neuen U-Bahn-Schacht. Wehmütig betrachtete ich versonnen die Plakate auf dem Zaun. Was passierte nicht alles in dieser Stadt, Theater, Konzerte, Demo-Aufrufe, Ausstellungen, Lesungen und etliches mehr. Neben mir tauchte ein langhaariger, schlanker Typ auf, vielleicht achtzehn Jahre alt. In gutem Deutsch wiederholte er seine Frage, was es denn da zu sehen gäbe, es sei doch nur ein Bauzaun. Der Junge gefiel mir auf Anhieb. Da habe ich mal gewohnt, erwiderte ich und blickte ihm lächelnd geradewegs ins Gesicht. Ein bisschen erinnerte er mich an Tony, mit dem ich Unvergessliches erlebt hatte. Die gleiche Entschlossenheit. Er würde mir geben, was ich in den nächsten vier, fünf Stunden brauchte. Eng umschlungen gingen wir zum Hausboot seines Freundes. Die Berührung eines völlig fremden Körpers erregte uns beide, noch während wir unterwegs waren. Einmal blieben wir, wie auf ein geheimes Kommando, gleichzeitig stehen und küssten uns bis zur Atemlosigkeit. Danach musste ich gestützt werden, ich war nicht mehr imstande, richtig zu laufen, doch genau das gefiel dem Jungen richtig gut. Der Hausbootbesitzer schien nicht im mindesten erstaunt, dass jemand mit einem Mädchen im Arm ankam, um seine Drogen aufzubrauchen und seine Matratzen zu verwüsten. Irgendwann mitten in der Nacht erschien ich ziemlich stoned, mit verwirrter Kleidung und zerlaufenem Make-up im Hotel. Ohne auf meine Mutter zu achten, ließ ich mich todmüde, aber sehr zufrieden ins Bett fallen.

Am nächsten Tag musste ich mit ihr durch die prächtigen Geschäftsstraßen hinter dem Dam spazieren; sie beklagte sich die ganze Zeit, Amsterdam sei nicht elegant.

«… nichts Schickes hier, nichts Elegantes, nur Primitives, wohin de kucks, also ob dise schlecht gekleideten Leute hier nicht färchtich werden im Leben, ungefleechtt sind se auch, kuckma, der dahinten, wie der aussieht, und dann dise Häuser, als obse gleich einstürzen …» Die Männer gefielen ihr nicht, und ihr war kalt. Alle paar Meter blieb sie stehen und schnüffelte vernehmlich. «Irgendwie stinkt es hier! Riechste das nich? Als ob es hier überall nach Rauschgift …»

Nach dem kargen Mittagessen in einem Restaurant («Ich will nich dicker werden!») begaben wir uns zurück ins Hotel. Misstrauisch hatte sie sich andauernd umgesehen, ihre Handtasche fest an sich gedrückt. «…also, ich finde dises Amsterdam schreck-lich … ich begreif eimpfach nich, was dir hier so gut gefällt! Es stinkt, und die Leute sind schlecht gekleidet!»

Sauerland 1973

Am dritten Tag kamen wir nachmittags im Sauerland an. Meiner Oma ging es nicht gut, sie hatte erheblich zugenommen, wirkte ungepflegter denn je, hatte Probleme mit den Nieren, ihrem Körpergeruch, den Knien und den dritten Zähnen. Nach wie vor las sie hingebungsvoll ihre geliebte BILD, erfreute sich an perversen Mordmeldungen und wartete gutmütig vor dem einzigen Kino auf Kinder oder Jugendliche, die nicht genug Eintrittsgeld hatten, um den Rest draufzulegen. Ich freute mich ehrlich über das Wiedersehen. Da ich wusste, dass meine Mutter allein mit ihr sein wollte, ergriff ich die Gelegenheit, in die griechische Kneipe zu gehen, in dem sich neuerdings die Sauerländer Freaks trafen. Niemand wusste, dass ich hier war. Unterwegs prallte ich an einer Straßenecke im Regen unerwartet mit Nervi zusammen. Jubelnd umarmten wir uns, er hakte sich bei mir ein, und ich erfuhr, dass Dietmar Raschke Probleme mit den Bullen bekommen hatte. Der obere Stock des *Rhodos* wurde von den Freaks benutzt, die Griechen blieben unter sich im Erdgeschoss. Das war mir recht, denn kleine, griechische und türkische Männer mit Schnäuzer waren mir unheimlich, sie sahen einen so komisch an, dass es mir oft kalt den Rücken runterlief. Mit klopfendem Herzen stieg ich die paar Treppenstufen hoch, was würden die jetzt sagen, wie würden sie reagieren, wenn ich so plötzlich auftauchte … und dann sah ich sie da sitzen. Fast alle waren versammelt. Sie starrten mich kurz an, dann wandten sich die meisten wieder ihren Gesprächspartnern zu, doch immerhin winkte mir der eine oder andere freundlich zu. Gut, dass Nervi bei mir war, den hatte ich immer gut leiden können. Wie sollte ich mich verhalten? Sollte ich auf Einzelne zugehen und sie begrüßen? Plötzlich stockten die Gespräche, die Köpfe drehten sich Richtung Treppe. Da stand verlegen grinsend, mit aufgedunsenem, narbigem Gesicht, Dietmar Raschke. «Na, ihr Gammler, wie geht's euch denn so?»

Er war sichtlich um Fassung bemüht. Was hatte er da für seltsame struppige Haare auf dem Kopf?

«Hier ist euer Raschke, frisch aus dem Bau, hat zufällig jemand einen kleinen Trost für einen armen Knacki», hörte ich ihn laut lachend durch mein Gespräch mit Nervi hindurch und sah, wie er pantomimisch andeutete, wie er sich eine Nadel in die Armbeuge verpasst. Er wirkte nicht selbstsicher wie gewohnt, und sein «Witz» war nur peinlich. Das war nicht der Raschke, den ich kannte. Das hier war ein gebrochener, verbitterter eingeschüchterter Fremder. Da entdeckte er mich. «Ist das denn die Möglichkeit?», rief er laut und kam auf mich zu. «Ein Jahr lang habe ich kein Mädchen geküsst!» Er schlang einen Arm um meine Schultern, packte mich mit der anderen Hand am Hinterkopf, raunte mir zischend zu, ihn meinerseits bloß nicht in die Haare zu fassen, zog mich mit einem kräftigen Ruck an sich und steckte mir augenblicklich seine Zunge in den Mund. Überrumpelt ließ ich es geschehen. Vor Scham wäre ich am liebsten im Boden versunken. Alle sahen, dass ausgerechnet ich, gerade angekommen, herhalten musste für seine angestauten Bedürfnisse, und während Raschkes Zunge und Zähne mir wehtaten, stellte ich mir vor, was sie denken mochten: Klar, das Scheu, das macht ja alles mit, egal, ob da so ein Knacki kommt oder irgendein anderer Penner. Endlich gelang es mir, diesen furchtbaren Kuss zu beenden. Grinsend beobachtete er mit gekünstelter Frechheit, wie ich versuchte, mir den verwischten Lippenstift abzuwischen, meine Brille von Abdrücken zu reinigen. Wenig später war mir peinlich, dass es mir peinlich gewesen war: Raschke war am Ende. Dies hier war nicht mein Tripführer und Kusslehrer, dies hier war nicht der, dem ich meine ersten, durchweg positiven Erfahrungen mit dem Unbekannten, dem Abenteuer, dem Risiko, mit der Auseinandersetzung mit den eigenen Ängsten verdankte. Die seltsamen Haare auf seinem Kopf waren eine Perücke, sie hatten ihm im Bau die Mähne abrasiert. Angeblich wegen Läusen. Sein Gesicht war feist und rund, das kalorienreiche Gefängnisessen bekam ihm genauso wenig wie das Eingesperrtsein in Gesellschaft von Verbrechern.

«... am meisten sehnte ich mich nach Mädchen ... kein Schloss mehr, das ich nicht aufbekäme ... außer Donald Duck, ab und zu BILD und Pornoheften gibt's nichts zu lesen ... immerzu dachte ich an Mädchen ... Drogen gab es, zu völlig überhöhten Preisen oder gegen eklige Dienstleistungen, man gewöhnt sich an alles ...», er machte eine obszöne Geste, die ich nicht genau verstand, die mir aber die Schamröte ins Gesicht trieb, sodass ich mich abwenden musste. Wie traurig seine früher lebhaft strahlenden, neugierigen Augen blickten, wie zusammengesunken seine einst stolze Haltung war. Jeglicher Glanz, jenes einzigartige Charisma war orientierungsloser, verzweifelter Bitterkeit gewichen, die mich an der Rand dessen brachte, was ich zu ertragen vermochte. Er war der erste Mensch, an dem ich erlebte, wie der Knast wirkt, und er war auch derjenige, der bei weitem am kaputtesten gemacht worden war. In seiner Gegenwart spürte ich nur Erniedrigung und Schmerz, ich unterdrückte einen aufkommenden Reflex zu flüchten, im krassen Gegensatz zu früher, als ich mich durch seine Gesellschaft, einen bloßen Blick von ihm geehrt und erhoben gefühlt hatte, vor allem, wenn andere uns zusammen sahen. Schließlich wurde es mir egal, ob die anderen uns beobachteten und über uns redeten; ich war ganz durchdrungen von Mitleid, und es wurde mir ein dringendes Bedürfnis, ihn zu trösten. Ich nahm Raschke in den Arm, und wir küssten uns noch mehrmals an diesem Abend. Als wir Abschied nahmen voneinander, war es schon eine halbe Stunde vor Mitternacht und fast leer im *Rhodos*. Überfordert machte ich mich, tief in Gedanken, auf den Nachhauseweg. Wenn ich selbst schon nicht getröstet wurde, hieß das noch lange nicht, dass ich meinerseits nicht in der Lage wäre, anderen Trost zu spenden. Langsam hatte ich ein Helfersyndrom entwickelt, welches sich in den kommenden Jahren – zu meinem erheblichen Nachteil – voll entfalten und mich in die unmöglichsten Situationen bringen würde. Das ging so weit, dass ich Mitleid entwickelte mit einsamen, missverstandenen, stinkfaulen, seelisch kranken Verlierertypen, Obdachlosen, Hoch- und Niedrigstaplern, Kleinkriminellen und Drückebergern, denen ich mein letztes Hemd gab, und solange ich sie auch nur annähernd hübsch fand, schlief ich auch gegen meinen eigenen Willen mit ihnen. Oft dachte ich dabei an Jesus: «Was du dem geringsten meiner Brüder getan hast, das hast du mir getan», aber auch an die Ermahnungen meines Vaters: «… immer nur um die eigene Person kreisen … wie primitiv …»

Elfenbeinküste 1973

Im Flugzeug zurück nach Abidjan war ich so voll mit Heroin und Haschisch, dass ich den Flug über Frankreich, das Mittelmeer, die nordafrikanische Küste und die Sahara nicht mitbekam; erst südlich der Wüste hatte ich mich einigermaßen erholt.

«Und du bist mir auch wirklich treu gewesen?» Cheick hielt mich zärtlich im Arm. Ich ließ meine Hände über Cheicks muskulösen kleinen Hintern gleiten, während ich ihm Treueschwüre ins Ohr flüsterte. Auf diese Weise musste ich ihn bei meinen Lügen wenigstens nicht ansehen. Er war überall so hart, dass es unmöglich war, eine Hautfalte zu fassen, und diese Straffheit war es, die mich an dem Körper des jungen Afrikaners so begeisterte. Seine Hautfarbe habe ich nie beachtet; er war ein interessanter Eigenbrötler, es war mir gleichgültig, ob er weiß, rot, grün oder gestreift war. Wenn nur diese Eifersucht nicht wäre … unter deren Einfluss ich, ohne es selbst recht zu merken, misstrauische, zänkische Züge entwickelte. Ab und zu erzählte Cheick von seiner Internatszeit, von einer Spanierin. Ich sah rot bei der bloßen Erwähnung des Namens Emilia, hinter meiner Stirn liefen zweifelhafte Filme eindeutigen Inhalts ab. Kamen in der Stadt oder im Hotel Mädchen auf Cheick zu, um ihn zu begrüßen, wandte ich mich beleidigt schmollend ab oder machte eine Szene, wenn mir gerade danach war. Wir trösteten uns gegenseitig damit, dass dies ja aus reiner Liebe und nicht enden wollender Leidenschaft zueinander geschah, und dass Liebende dem Wahnsinn nahe sind, war ja in der bildenden Kunst genauso wie in der Literatur seit Jahrhunderten hinreichend belegt. Am liebsten hätten wir uns gegenseitig in einen gläsernen Turm gesperrt, zu dem niemand Zugang hatte. Nach und nach hatten wir uns so gegen äußere Einflüsse abgekapselt, dass es mir schwerer und schwerer gemacht wurde, meinen Liebhaber Monsieur Tissot zu treffen. Je schwieriger diese heimlichen Zusammenkünfte wurden, desto spannender und erregender empfand ich die Situation. Es kamen nur noch sporadisch Briefe mit LSD oder Heroin, wir mussten uns mit einheimischem Gras begnügen. Weil der Nachschub an harten Drogen praktisch unterbrochen war, verlagerte sich mein Interesse noch mehr in den Bereich Sexualität. Obwohl ich nicht zögerte, wenige Minuten nach dem Kennenlernen mit jemandem zu bumsen, war ich trotz meines großen Enthemmungsprogramms immer noch ein schrecklich verklemmtes Mädchen. Jede noch so zaghafte Form von Verbalerotik, das Thema Prostitution, Sex mit mehr als einem Partner gleichzeitig oder eine andere Stellung als die beiden üblichen machten mir Angst oder provozierten echte Abneigung bis zum Ekel. War es nicht dunkel, schloss ich die Augen und versuchte mir einzubilden, es sei Nacht. Ich brauchte ein langes Vorspiel mit reichlich Zärtlichkeiten, um mich fallenzulassen. Demgegenüber standen unausgelebte Tagträume, in denen es direkt zur Sache kam ohne Küsschen hier, Küsschen da, sowie die Treffen mit Monsieur Tissot in dessen Wochenendhäuschen.

Ungefähr einen Monat nach dem Amsterdam/Zypern-Aufenthalt hörte ich eines Mittags nach der Schule meine Mutter im Wohnzimmer entsetzt aufschreien. Außer mir war noch niemand zu Hause, in der Küche bereitete Néné das Mittagessen zu. Sie wies mit der Hand auf ein Telegramm auf dem Tisch: «Die Oma …» Dann tat meine Mutter etwas sehr Merkwürdiges. Sie lief in mein Zimmer, machte die Türe zu und hörte lauter als gewohnt Musik. Musik, die sie sonst nie hörte, *Ball and chain* von Janis Joplin, das einzige Lied, das ich jemals von dieser anstrengenden Sängerin mochte.

Zum hundertsten Mal begann ich eine Diät, um endlich so auszusehen wie die dünnen Mädchen auf den David-Hamilton-Fotos. Ich hatte geglaubt, die große, Jahre währende Krise überwunden zu haben, hatte geglaubt, endlich mit meinem Körper zurechtzukommen. Robert Crumb und David Hamilton hatten es in Sekunden geschafft, meine alten Komplexe wieder aufleben zu lassen.

Endlich erreichte mich wieder ein Brief aus Deutschland, von Dietmar Raschke. Er schrieb, er habe eine neue Freundin namens Alice, die er sehr liebe und die Verständnis für seine Heroinsucht habe. Irgendwie klang der Brief zwischen den fröhlichen Zeilen deprimiert. Ich konnte mich über das bisschen Brown Sugar, zwischen dem Papier versteckt, zunächst gar nicht richtig freuen. Weil es für zwei zu wenig war, beschloss ich, Cheick nichts davon zu sagen, und setzte mir allein mit zitternden Händen den ersten Schuss seit einem halben Jahr. Wie gut der Flash kam, kann ich kaum beschreiben. Ich sank auf meinem Bett zusammen und genoss das Feeling für den Rest der Nacht. Noch am nächsten Morgen fühlte ich getröstet den Nachhall meiner geliebten Droge. Bald würden wir wieder zurückgehen ins kalte Deutschland, bald würde ich die Kunsthochschule in Abidjan verlassen müssen. Bald würde ich Cheick verlassen müssen.

Cheick und ich verbrachten die letzten Tage, die uns noch zusammen blieben, in wehmütiger Leidenschaft, schworen uns ewige Liebe und dass wir uns so schnell wie möglich, wo auch immer in der Welt, wiedersehen würden.

Eine psychosomatische Klinik irgendwo mitten in Deutschland April 1998

In meinem Zimmer sind noch zwei Mädchen. Daniela ist zwanzig Jahre alt, in ihrer Familie sind drei Generationen Junkies, ihre Brüder dealen, ihre Eltern sind beide drauf und ihr Opa. Sie hat eine vierjährige Tochter, die von ihrer Mutter betreut wird, bis sie wieder zurück ist. Diana ist dreißig und war in der Dominikanischen Republik von einem Wichser entführt worden, der sie täglich vergewaltigte. Nach fünf Wochen gefesselt in einer Dschungelhütte mit Spinnen und Skorpionen konnte sie fliehen. Sie habe irgendwann nicht mehr nur auf Essen und Trinken gewartet, sie habe sich nach den regelmäßigen Vergewaltigungen gesehnt, vertraut sie mir an. Ich finde das spannend, vielleicht kann sie mir ihre Empfindungen eines Tages erklären. Schade, dass es dazu nicht kommt. Diana ist nicht dumm, umso weniger verstehe ich ihre Beziehung zu dem kaputten Typen namens Witti, der seit drei Tagen hier ist. Es ist nicht sein Gesicht, voll mit schlecht platzierten Piercings, das mich abstößt. Laute, plumpe, aufdringliche Dauerlaberer mag ich nicht. Außerdem stinkt er. Er hat den typischen üblen Mundgeruch von «Distras», Tabletten gegen Alkoholaffen. Witti nennt Diana plötzlich «Misery» und brüllt diesen widerlichen Namen, so oft er Gelegenheit dazu hat. Also andauernd. Und sie bemuttert ihn auf eine befremdliche Weise. Die beiden möchten, dass die ganze Gruppe ihre Vertraulichkeit mitkriegt. Ob ihr sein Gestank nichts ausmachte, frage ich sie. Sie habe sich ihren Geruchssinn durch jahrelanges Koksziehen ruiniert. Selbst, wenn er nicht stänke, er ist die Sorte Kerl, die mich völlig runterzieht mit ihrer Offenheit, er ist die Sorte, die dir nach einer halben Minute Bekanntschaft ihre ganze Lebensgeschichte in die Fresse schleudert. Witti hat Aids. Weiß ich längst, erwidere ich.

Woher, will Diana wissen. Er erwähnt das mehrmals am Tag, antworte ich. Ach, sagt sie, da war ich wohl gerade aufm Klo. Ich verliere das Interesse an Diana.

Gedanken an meinen Mann schiebe ich beiseite. Er war nie ein Junkie, konnte sich nie auch nur ansatzweise in mich reinversetzen. Er sagt, eine Frau mit Krebs sei ihm lieber als eine mit einer Heroinsucht. Heroinsucht mache aus jedem einen gefühllosen Vampir: erst aussaugen, dann wegschmeißen. Das Geld, das ich ohne sein Wissen von seinem Konto genommen habe, das verlangt er bis auf den letzten Pfennig zurück. Die Sozialarbeiterin Frau Schmitz-Föhring zeigt mir einen Vogel, als ich ihr das sage. Hätte ich anders handeln können? Nein, natürlich nicht, denn wenn ich hätte anders handeln können, hätte ich anders gehandelt. Grob gesagt hat ein Junkie normalerweise nur diese Möglichkeiten, schnell an Geld zu kommen: erstens Diebstahl und Betrug (Geld leihen und nicht wiedergeben gehört auch dazu), zweitens anschaffen gehen, drittens dealen, viertens ein Konto einer vertrauten Person abzuräumen. Oft war ich gezwungen, mich einer dieser vier Möglichkeiten zu bedienen, doch änderte sich das durch das Kind. Für mich als Mutter kam nur der vierte Punkt in Betracht, und ich fühlte mich dabei noch beschissener als sonst. Ich finde, mein Mann hat recht, ich muss ihm das Geld zurückgeben. Der hat rein gar nichts kapiert, sagt sie, wie soll das denn funktionieren? Ich habe ihn um mindestens zehntausend Mark betrogen. Das war alles, was er hatte. Das muss ich zurückzahlen, und büßen muss ich für alles, was ich ihm, meiner Familie und so vielen anderen angetan habe. Ich hätte ebenso wenig kapiert wie er, erwidert Frau Schmitz-Föhring und kann sich ein leichtes Stirnrunzeln nicht verkneifen, fügt an, sie hoffe, dass ich in der Langzeittherapie meine Schuldgefühle in den Griff bekäme. Ich solle erst den ersten Schritt tun, in Ruhe entgiften, mir dafür die Zeit nehmen, die ich brauche. Um den zweiten Schritt, die Therapie, solle ich mich jetzt noch nicht kümmern. Und ich solle nicht mein komplettes Leben überdenken. Das Beste sei es, sich zu beschränken auf die Kinder- und Jugendjahre, ich solle, aus einer gewissen Distanz heraus, die Problematiken einkreisen. Eins nach dem andern, wiederholt sie freundlich, nehmen Sie sich Zeit, Frau Scheu, setzen Sie Prioritäten, Sie verheddern sich sonst. Sie hat mit meinem Mann telefoniert. Ich bin froh, dass mein Mann auf mich wartet und unseren Jungen versorgt, bis ich hier fertig bin. Die Omas, also seine und meine Mutter, helfen mit. Meine Betreuerin sieht nochmal alles durch. Der Antrag auf Therapie ist so weit fertig, die Papiere fast komplett, was noch fehlt, ist ein detaillierter, handgeschriebener Lebenslauf. An den habe ich mich bisher noch nicht rangetraut. Wie detailliert? Beschreiben Sie Ihre Familie, soziales Umfeld, Kindheit, Jugend, welche Droge Sie wann kennengelernt haben, Schule wann wo mit welchem Abschluss, eventuelle Ausbildung, Ihre aktuelle Situation, und vergessen Sie nicht, bei allem Ihre Gefühle zu beschreiben. Bis wann? So schnell wie möglich. Die Aufgabe ängstigt mich. Aufgewühlt kann ich dem Tagesablauf kaum folgen, bin in Gedanken, versuche, einen Anfang zu finden, kriege aber nichts zustande. Am nächsten Tag dasselbe. Ich sitze den ganzen Abend vor einem leeren Blatt. Nachts kann ich nicht schlafen vor lauter Kopfkino. Einige Tage später gebe ich einen Packen eng beschriebener Seiten ab. Frau Schmitz-Föhring (warum haben solche Frauen immer Doppelnamen?) reißt ihre Augen auf. Sie sollten kein Buch schreiben, Frau Scheu, nur Ihren Lebenslauf. Ich erwidere, sechzig Seiten seien ein aufs Wesentliche beschränkter «Stichwort»-Bericht, winzige Bruchteile meiner Lebensgeschichte. Am Tag darauf sagt sie, sie habe meinen Lebenslauf dreimal gelesen, ich solle die restliche Zeit der Entgiftung dafür nutzen, ein Buch zu schreiben, und in der Therapie weitermachen. Ich lasse mir die Idee durch den Kopf gehen. Ich erinnere mich, wie ich im März 1986 zusammen mit meinem Vater, der mich in Bangkok eine Woche lang gesucht hatte, nach einem neunmonatigen Thailand-Aufenthalt auf dem Rückflug nach Deutschland war. Schreib dein Leben auf, sagte mein Vater, während mich die Bullen bei der Ankunft in Frankfurt gründlich filzten. Schreib auf, wie du jetzt hier durchsucht wirst, und erzähle in Rückblenden deine Erlebnisse. Schreib ein Buch.

Dreizehn kriminelle Drogenabhängige verschiedener Nationalitäten, fast alle seit vielen Jahren harte Junkies mit zerrissenen Venen an sämtlichen zugänglichen Stellen des Körpers, im viel zu engen Speiseraum, gleichzeitig Aufenthaltsraum, reden mehrsprachig durcheinander. Blechern tönende Musik aus dem mickrigen Kofferradio auf der Fensterbank. Rauchen ist ausschließlich in diesem Raum gestattet, wer woanders mit einer Zigarette erwischt wird, bekommt einen Verweis, beim zweiten Mal kann er sich nichts mehr erlauben, mit dem dritten Regelverstoß endet der Aufenthalt in der geschlossenen Entgiftungsstation. Es gibt ein einziges Feuerzeug; wenn es verschwunden ist, gibt es einen Höllenaufruhr unter den zu Entgiftenden und im Pflegeteam, jeder glaubt, es sei für einen verschleierten Rückfall benutzt worden. Die Nachtwache ist verpflichtet, dieses Feuerzeug an sich zu nehmen und es erst wieder am nächsten Morgen um sechs Uhr rauszugeben, wenn der Aufenthaltsraum wieder geöffnet wird und es offiziell erlaubt ist, aus seinem «Schlafzimmer» herauszukommen. Wer wegen Kopfkino oder Turkey nicht richtig schlafen kann, hebt die Hand, wenn die Nachtwache auf ihrem zweistündigen Turnus in jedes Schlafzimmer kommt und einen mit der Taschenlampe anleuchtet. Nach drei schlaflosen Nächten hintereinander, dokumentiert von der Nachtwache, erhält man ein nicht Benzo-haltiges Schlafmittel namens «Stangyl», übles Zeug, von dem ich zwei Tage hintereinander einen widerlichen Dickschädel hatte. Es ist nicht gestattet, außer zum Toilettengang nachts das Schlafzimmer zu verlassen. Die komplette Schlafzimmeretage ist abgeschlossen bis sechs Uhr morgens. Es ist erlaubt, sich im Bett herumzuwälzen. Licht anmachen und lesen stört meistens die beiden, mit denen ich das Zimmer teile, und sie schreien:

«Eeeeyyy! Hassese nochalle! Sofocht Licht aus, Kehr, Mann, ey!»

«Kehr» ist der westfälische Ausdruck für «Kerl». Es ist sehr mühsam, nicht versehentlich gegen eine der hunderttausend Regeln zu verstoßen, und das findet das «Pflegeteam» gut so, denn wir müssen erzogen werden: erzogen zu bewusstem Leben in Eigenverantwortung. Der Speise-, Raucher- und Aufenthaltsraum ist keine dreißig Quadratmeter groß, überall Stühle, Tische, Regale und dieser längliche, flache Tisch mit den Aschenbechern drauf und den Stühlen, die als Sessel verkleidet sind, drum herum. Ausweichen ist nicht möglich. Privatleben ist Junkies mit Millionen von Defiziten und Störungen nicht gestattet. Die Gruppendynamik funktioniert so gut, dass die Klinikleitung keinen Pfennig in Abhör- und Kameraanlagen investieren muss. Es wird den ganzen Tag lang über andere geredet und getuschelt, jeder überwacht jeden. Wer nicht mitmacht, ist sofort der Außenseiter, und in so einer großen Gruppe auf so engem Raum der Außenseiter zu sein, ist schwer ertragbar. Ich bin der Außenseiter. Die ganze Gruppe hat sich gegen mich verschworen. Ich hasse es, wenn über andere hinter deren Rücken gelästert wird. Ich hasse die Angebereien, wer wie viel Kilo geschmuggelt oder vertickt hat. Ich hasse es, wenn in der Glotze ausschließlich RTL läuft, und ich hasse die scheißdummen Mackertypen, die jedes Mal gleich platzen, wenn sie im Film oder in der Zeitung Titten sehen, ich hasse die verächtlichen, frauenfeindlichen Bemerkungen, die lautstark ausgerufen werden:

«Jawollo! Nagelse ans Kreuz, die Sau!»

«Knallse zum Teufel, bisse schreit, ey!»

«Los, Alter, machse klar, Kehr, Mann-ey, – Schei-ße!»

In der Glotze läuft *Eine verhängnisvolle Affäre*, Douglas und Close machen's im Aufzug, angefeuert von beinahe allen männlichen Mitzuentgiftenden. Im anderen Programm läuft ein wissenschaftlicher Bericht mit neuesten Erkenntnissen über die verschiedenen Arten von giftigen Fröschen im Dschungel von Südamerika. Wie gerne hätte ich das gesehen, aber ich bin die Minderheit, und in einer Demokratie entscheidet die Mehrheit. Toni hat die Behandlung abgebrochen, kurz vor seiner regulären Entlassung. Überwältigt von der Sehnsucht nach einem anständigen Schuss, brauchte er drei Minuten, um seine Tasche zu packen, und machte noch Krawall, weil der Pfleger erst den Arzt rufen wollte, bevor er die Tür aufschloss. Toni unterschrieb den Wisch, der ihm vorgelegt wurde, hatte kein Bock auf das Arztgespräch. Wir tauschten noch schnell die Adressen aus. Der Kontakt zu Abbrechern ist strikt untersagt. Man darf sich nicht mal verabschieden.

«Tu kannze mische himmer schraiben oder annerufen, ische schicke dir wasse, bissetu gute Mädschen, wirklische, mainische dasse, hohne Schaise!»

Uwe ging eine halbe Stunde später, und am frühen Nachmittag hielten Stefan «Jägermeister» und der langhaarige Frank es auch nicht mehr aus. Gerne wäre ich mitgegangen, und ich musste mich total zusammennehmen, um nicht mit ihnen zu kommen. Aufruhr auf der Station. Massenabbruch. Fast jede Woche erlebe ich das hier. Das kann man alles viel besser, viel effektiver machen, finde ich, doch auf Vorschläge oder konstruktive Kritik wird keinen Wert gelegt: «… stört erfahrungsgemäß den reibungslosen Ablauf der Entgiftung». Genauso wie Sex. Paarbeziehungen «stören erfahrungsgemäß den reibungslosen Ablauf der Behandlung». In dieser Klinik mit ihren vielen Erfahrungen trennen sie auch Paare, die draußen schon zusammen waren, jeder entgiftet auf einer anderen Station. Striktes Verbot der persönlichen Kontaktaufnahme, man kann sich ja Briefe schreiben, dafür haben sie extra eine «extraschnelle Hauspost» eingerichtet, dein Freund erhält bestimmt am nächsten Tag schon deinen Brief von der Station nebenan. Getrennt sind die Stationen durch eine abgeschlossene Tür.

«Wir würden das ja gerne anders handhaben, aber, wissen Sie, die Erfahrungswerte zeigen, dass ein reibungsloser Ablauf der Behandlung dann nicht mehr gewährleistet ist …» Der reibungslose Ablauf.

Drei durch eine Tür voneinander getrennte Stationen voller wütender, deprimierter, unter Druck stehender, unberechenbarer Junkies mit Nadelgier, die nichts mehr zu verlieren haben, die zu allem bereit sind … und die vor allem mal wieder ordentlichen Sex brauchen, wenn Heroin und Kokain schon nicht verfügbar sind. Da fürchtet sich so manche Krankenschwester – huah! Sieht ein Pfleger nicht ganz potthässlich aus, muss er mit massiver Anmache der weiblichen Drogenabhängigen rechnen. Je weiter runter es geht mit dem Methadon oder dem Polamidon, desto schärfer werden die Leute plötzlich, das ist normal. Den Ärzten ist diese Tatsache bekannt, doch niemand macht auch nur den geringsten Ansatz, sich diesem Problem zu stellen. Es ist nicht gestattet, darüber zu reden, das könnte ja noch weiter anregen. Lautstark brachte Toni es eines Samstagabends, kurz vor Einschluss, im Aufenthaltsraum in seiner italienischen Art unbefangen auf den Punkt.

«Halle siennte so scharfe, hunte scheperietze die Jungen hunter Dusche himmer sooo hoche, hunnte so waite, wann mache so! Kanne manne nixe handeres denke hinne Kopfe …!»

Mit einer Hand macht er die Auf-und-Ab-Bewegung vor seinem Hosenstall, mit der anderen zeigt er die Höhe an der Wand. Alles lacht schallend. Toni sprach aus, was alle tun, was alle denken. Man darf so was nicht aussprechen. Und wenn man es denkt, ist es besser, es für sich zu behalten.

Der entsetzliche Mangel an körperlicher Zuwendung ist nicht für jeden auszuhalten, wenn Sinne, Seele und Gefühle wieder aufwachen. Die Ärzte sind zu blöd, sich diese Tatsache zunutze zu machen in einem konstruktiven Sinn, der zum Ergebnis das drogenfreie Leben hat. Lasst die Leute doch ficken, verdammt. Was ist so schlimm daran, wo leben wir denn – ich verzweifle mal wieder an den uneinsichtigen Sturköpfen da draußen. Wenn Menschen ihre eigenen Sinne, ihre eigene Empfindungsfähigkeit wiedererlangen, kann das doch nur von Vorteil sein. Es könnte einem cleanen Leben förderlich sein, es muss doch möglich sein, «verantwortungsvoll» und erfüllt von Freude seine Empfindungen wiederzuentdecken … Doch wir sind böse, böse, böse Junkies, wir haben anderen viel Leid zugefügt, und jetzt sind wir dran mit Schmerzen, herein mit ihnen, her damit, so viel wie möglich, wir sind schuldig, und wir müssen das jeden Moment unserer verdorbenen Existenz fühlen. Demut müssen wir lernen und uns bewusst machen, jeden Augenblick, was wir angerichtet haben. Beruhige dich, du hast nur einen kleinen Entzug, sooo schlimm kann das doch gar nicht sein, was!

Einverstanden. Ich mache ja alles mit. Ich sehe es ein, ich muss erzogen werden. Ich kann mich nicht selbst erziehen. Meine Eltern hatten alles, wirklich alles versucht, sie erziehen mich von der Wiege bis zum Grab. Ich bin ein Versager auf der ganzen Linie. Ich bin ein skrupelloser, böser Junkie ohne Gewissensregung, und darum gefährlich. Entschuldigung. Ich bitte auf Knien alle um Vergebung, denen ich Leid zugefügt habe. Ich wollte es nicht. Hätte ich anders handeln können, hätte ich es anders gemacht. Leider ging es nicht anders. Es musste sein. Entschuldigung. Vorsorglich entschuldige ich mich, wo ich gerade dabei bin, auch schon mal bei denen, denen ich zu einem späteren Zeitpunkt was tun werde. Tut mir wirklich leid, ich werde euch bedauerlicherweise euer Geld abnehmen, eure Wertgegenstände mitnehmen, euch bedrohen und ausrauben müssen. Am besten, ihr gebt mir alles freiwillig, das macht die Sache für alle Beteiligten wesentlich leichter, und es tut nicht so weh. Bitte. Ich bitte euch sehr. Entschuldigung. Ich bin heroinsüchtig. Ich kann nicht anders.

Möglicherweise fehlt mir was. Ich würde verdammt gerne richtig fein ficken. Dann wäre der Entzug nicht ganz so ekelhaft. Toni liegt jetzt gemütlich vor der Glotze, voll mit einem fetten Cocktail bis unter die Haarspitzen, und hat noch einen Vorrat Heroin, um sanft vom Kokain zu gleiten. Keine Ahnung, ob er sich vorher noch gepflegt einen runtergeholt hat, denn wenn er erst mal was drinhat, funktioniert es nicht mehr richtig bei Leuten, die so viele lange Jahre Junkie sind wie er. Jederzeit würde er mir was schicken, versicherte er, kurz bevor er abhaute. Zu gegebener Zeit werde ich auf dein freundliches Angebot zurückkommen, danke, Toni, das ist sehr kollegial. Ich kann beruhigt in Therapie gehen.

Vorher muss ich noch durch diese kleine Hölle hier, mit diesen dummen Türken, die nur Bleche ziehen aus Angst vor Spritzen, ich muss diese ungebildeten Strichweiber, die es für dreißig Mark ohne Gummi machen, noch ertragen, ich muss nur noch wenige Tage den bekloppten Russen, der den ganzen Tag von Jesus quasselt, aushalten, ich muss nur noch die bescheuerten labernden Testosteronopfer, diese hässlichen Sackgesichter, aushalten, ich muss nur noch die paar Gespräche von stümperhaften Kleinkriminellen, die so gerne Schwerverbrecher wären, ertragen. Ich verlasse fluchtartig den verrauchten, lauten Aufenthaltsraum und lasse sogar mein Malzeug liegen, so nötig habe ich es. So dringend nötig. Mit Tränen in den Augen stürze ich zum Arztzimmer, ich bin so fertig, dass ich mich freiwillig an den Doc wende. Unterm Arm habe ich die *Hymne an die Nacht* und den *Willen zur Macht*. Ich atme tief durch, um mich selbst zu beruhigen, und klopfe an die Tür. Es dauert einige Zeit, dann wird geöffnet. Erstaunt sieht mich der Arzt an.

«Herr Doktor, ich bitte höflich um ein Gespräch!»

Er mustert mich kurz, sieht die beiden Bücher unter meinem Arm.

«Äh … nun … in Ordnung, kommen Sie herein!»

Er setzt sich hinter seinen Schreibtisch, deutet auf den Stuhl davor.

«Bitte sehr, nehmen Sie Platz. Eigentlich habe ich keine Zeit, äh, … Frau, äh, Scheu … mmh, ist es wichtig?»

Ich nicke, weiß nicht, wie ich anfangen soll. Ich nehme mich zusammen. Eben wusste ich doch noch genau, wie ich was sagen wollte. Zögernd beginne ich:

«Herr Doktor, ich bitte um ein Gespräch –»

«Ja, das sagten Sie schon. Worum geht es denn?»

Er beugt sich etwas vor und schaut mich erwartungsvoll an.

«Ganz wenig. Fünf Minuten Poesie, fünf Minuten Philosophie.»

Ich blättere in der *Hymne*, suche verwirrt die Stelle, habe vergessen, dass es die faszinierenden Sätze ganz am Anfang sind, die ich suche. Der Arzt lehnt sich zurück, räuspert sich.

«Frau Scheu, das ist nicht meine Aufgabe. Ich bin Ihr behandelnder Arzt. Sie sollen sich mit sich selbst beschäftigen, über sich selbst nachdenken, nicht …»

«Ich brauche ein anständiges Gespräch über Poes–!»

«Frau Scheu!», unterbricht er mich streng, lehnt sich weiter vor, sieht mich beinahe böse an. «Wissen Sie, wir können uns gerne über Sie, über Ihre Problematik unterhalten, aber doch bitte nicht über Poesie! Und zum Philosophieren sind wir nicht hier! Besinnen Sie sich, warum Sie hier sind! Sie sind doch intelligent!»

Ich schlucke, lasse meine kostbaren Bücher sinken.

«Herr Doktor, ich bitte Sie um ein Gespräch auf einer gleichberechtigten Ebene, da draußen, ich meine, hier drinnen, nein, natürlich nicht hier drinnen, sondern meine Mitpatienten, im Aufenthaltsraum die Leute, die interessieren sich für ganz andere Dinge, als ich, ich kann diese Gespräche über –»

Jetzt ist der Arzt sauer. Scharf unterbricht er mich wieder, hebt das Kinn, sieht mich von oben herab an, als wäre ich nicht ganz richtig im Schädel, und schüttelt seinen Kopf, während er sagt:

«Wie könnten wir gleichberechtigt sein –»

Ich rufe dazwischen:

«Auf einer intellektuellen Ebene doch bloß, Sie wollen mir ja nicht mal zuhören!»

«Arzt und Patient sind niemals gleichberechtigt!»

Ich erhebe mich halb im Stuhl, wütend, enttäuscht, lasse ihn nicht zu Wort kommen:

«Mann, vergessen Sie doch … einen Moment, bitte! Ich bitte um ein Gespräch, nein, präzise ausgedrückt, um zehn Minuten ernsthafte Unterhaltung in gegenseitigem Austausch!»

Er zischt die folgenden Worte.

«Gleichberechtigt? Wer ist hier krank? Wer ist hier der Arzt? SIE sind hier, weil SIE krank sind – nicht ICH! Und: Ich wüsste nicht, was es zwischen uns auszutauschen gäbe! Wenn Sie über sich selbst und Ihr Krankheitsbild sprechen wollen, gerne! Aber einen Austausch oder womöglich gar …», und das nächste Wort spricht er aus, als ekle er sich davor, «Gleichberechtigung zwischen Ihnen», er weist mit einer angedeuteten Handbewegung auf mich, anschließend auf sich selbst, «und mir – das haben Sie doch wohl nicht ernst gemeint, liebe Frau Scheu!»

Mitleidig lächelt er hinter mir her, als ich aufstehe.

«Liebe Frau Scheu, wir können gerne –»

Ich hoffe, mich noch einen Augenblick beherrschen zu können. Langsam, leise, aber deutlich für ihn zu vernehmen, flüstere ich, mich vorbeugend, ihm genau in die kleinen, rotgeränderten Augen hinter der dicken, randlosen Brille blickend:

«WIR können nichts gerne, lieber Herr Doktor, aber Sie können sich gerne … ins Knie ficken!»

Ich schlage weinend die Tür hinter mir zu. Wie kam mir nur in den Sinn, diesen «Arzt» anzusprechen, wie konnte ich nur jemanden so falsch einschätzen. Es ist mir im Nachhinein vor mir selbst peinlich. Ich rede in den nächsten Tagen nur, wenn ich direkt angesprochen werde. Innerlich schreie und brülle und heule ich, so laut ich kann, um Hilfe. Ich weiß genau, was mir helfen würde. Aber ich darf ja nicht. Weder das eine noch das andere. Ich muss erzogen werden …

Düsseldorf 1974/75

Nachdem ich zum Entsetzen meiner Eltern nach zwei Semestern das lustlose, unbefriedigende Graphik/Design-Studium in Trier abgebrochen hatte, zog ich orientierungslos erst nach Köln, drei Wochen darauf weiter ins glamourösere Düsseldorf, wo ich kurzzeitig in einer WG in der Concordiastraße, nicht weit vom Polizeipräsidium, unterkam. Nachts trieb ich mich in der Altstadt rum. Ich begann meine nächtliche Runde in der Kneipe neben dem *Hühner Hugo* an der Bolker Straße, wo es abgepacktes H zu günstigen Preisen gab, ging danach in den *Ratinger Hof*, dann in die Disco in der Mata Hari Passage; dann ins *Cream Cheese*, in die *Zaubermaus*, in die *Sheila*, in die *Mora*. Nach acht Wochen bei *Isadora*, einer wichtigen In-Boutique mit Ibiza-Look, ging ich zu Chefin Monika Busch und kündigte, nachdem ich bei *Cassidy* in der Mata Hari Passage meine Chance witterte. Der verwöhnten Eigentümerin der winzig kleinen Boutique hatte es anscheinend niemand recht machen können, die Verkäuferinnen hatten meist schon nach wenigen Tagen die Nase voll von Jennifers Launen und verschwanden genauso schnell, wie sie gekommen waren. Keine schien es mit der Chefin länger auszuhalten. Sie stammte aus Ghana und war in ihrer Heimat als Fotomodell, Schauspielerin und «Miss Ghana» recht berühmt. Hässlich war sie nicht, doch nach meinem persönlichen Empfinden weit entfernt von einer Fotoschönheit. Ihre steife zugekleisterte, hoch aufgetürmte leuchtend kupferfarbene Kunsthaarperücke à la Liz Taylor befremdete mich immer wieder von neuem. Stets wird es mir ein Rätsel bleiben, warum die schwarzen Frauen so perückenverrückt sind, obwohl sie in Afrika traditionell herrliche, raffiniert geflochtene Frisuren machen. Miss Ghana war immer «overdressed», fand sich selbst aber wirklich elegant. Dass sie in Deutschland niemand kannte, ärgerte Jennifer. Gerne ließ sie sich von mir bedienen, ich holte ihr Getränke gegenüber bei Ulla vom *Mata Hari Café*. Nach wenigen Tagen war ich die inoffizielle Geschäftsführerin. Bereits beim Vorstellungsgespräch wies mich Jennifer darauf hin, dass ich die meiste Zeit allein sein würde, da sie des Öfteren auf «Geschäftsreise» nach Karlsruhe müsse. In Wirklichkeit besuchte sie dort ihren Geliebten, einen ungezogenen Macho und wie sie aus Ghana. Am dritten Tag war ich zum ersten Mal ganz allein, denn Jennifer war schon am Abend vorher nach Karlsruhe gefahren und würde dort die nächsten Tage verbringen. Als wäre es abgesprochen gewesen: Gerade hatte ich um halb elf den Laden geöffnet, als eine kleine Frau mit langen glatten dunkelbraunen Haaren Anfang oder Mitte zwanzig die Boutique betrat und um ein Glas Wasser bat. Ihr Anblick erschreckte mich. Drei Dinge waren nicht zu übersehen; erstens, sie war hochschwanger, zweitens, sie litt an einer schrecklichen Hautkrankheit, welche trotz der dicken Schicht Make-up im Gesicht auffiel, drittens, sie war ein Junkie. Sie zitterte vor Kälte. Mitleidig gab ich ihr einen schönen warmen Mantel. Noch nie hatte ich so drastisch gesehen, was Sucht aus einem Menschen machen kann, und ich war aufgewühlt und ratlos, ganz abgesehen davon, dass ich ihre Schwangerschaft ganz entsetzlich bedrückend fand. Wie kann man sich nur in einer ohnehin schon schrecklichen Situation noch mit einem Kind belasten, das konnte ich überhaupt nicht verstehen. Mitleid und mein Helfersyndrom gewannen wieder Überhand über meine inneren Kämpfe, was Annika weidlich auszunutzen verstand. Trotz ihrer fortgeschrittenen Schwangerschaft fuhr sie fast täglich per Anhalter nach Venlo über die Grenze, um Heroin zu besorgen, für das sie sich das Geld nicht nur durch kleine Abzockereien und Dealen besorgte, sondern auch auf dem Straßenstrich, wie sie gleichmütig erzählte. Durch Annika erfuhr ich, was ich noch nicht gewusst hatte. Ihre Arme und Beine, sogar ihre Finger, waren voller eitriger Pusteln und Einstiche. Zunächst konnte sie sich nicht vorstellen, dass ich auch ein Junkie war, erst als ich ihr meine Einstiche zeigte, nahm sie mich ernst. Neidisch blickte sie auf meine Armbeugen mit den Worten, sie wünsche sich nichts sehnlicher, als noch einmal solche guten Venen zu haben wie ich. Ungläubig hörte ich sie klagen, es dauere manchmal bis zu zwei

Stunden, ehe sie eine Stelle gefunden habe, durch die sie sich einen Schuss verpassen konnte. Wo sie die Nächte verbrachte, wagte ich nicht zu fragen. Eine Wohnung hatte sie nicht, und ich konnte sie unmöglich mitnehmen zu Gabi, der lesbischen Rechtsanwaltsgehilfin, bei der ich seit zwei Wochen wohnte. Niemand durfte mir meine Sucht anmerken. Penibel achtete ich auf mein Äußeres, benahm mich den Kunden gegenüber höflich, liebenswürdig und hilfsbereit, all das gehörte zu meinem Doppelleben, das ich von Tag zu Tag perfektionierte. Für Annika war es bald selbstverständlich, täglich zwei-, dreimal vorbeizukommen. Ich gab ihr Geld, damit sie mir Heroin mitbrachte, Essen und warme Kleidung. Einen günstigeren Preis für das H gewährte sie mir nicht, aber ich erhielt gute Qualität und wurde höchstens in Bezug auf die Menge gelinkt. Sie nahm sich von meiner Ration was weg, obwohl ich ihr was abgab. Es reichte nie. «Schließlich trage ich das größere Risiko!», erklärte sie mit einem gierigen Blick. «Kannst du mir noch ein paar kleine Krümel abgeben, nur ganz ganz wenig?» Annika löste einen widersinnigen Gefühlsstreit aus in mir: auf der einen Seite Ekel, Abscheu, Ratlosigkeit und Panik, andererseits zerfloss ich vor Mitleid mit einer drogenabhängigen werdenden Mutter auf eine Art und Weise, die mich selbst immer weiter in den Kreislauf von Flucht und Sucht trieb. Es war mir nicht möglich, mich abzugrenzen. Überfordert und in die Enge getrieben, war die extreme emotionale Beanspruchung, aus der ich mich nicht zu befreien vermochte, im Begriff, mich zu zerfressen. An manchen Tagen, wenn Kundinnen aus unterschiedlichsten sozialen Schichten, auch aus dem Ausland, gleichzeitig im Geschäft nach extravaganter Kleidung suchten, fiel es mir nicht leicht, die charmante höfliche Beraterin, top angezogen und top geschminkt, zu spielen. Betrat Annika den Laden und stellte sich abwartend neben die Theke mit der Kasse, fuhren viele Kundinnen regelrecht zusammen. Manch feine Dame verzog das Gesicht in unverhohlener Abscheu, starrte einen Moment auf den vorgewölbten Bauch unter dem schmutzigen Mantel und verließ demonstrativ die Boutique. Ich wusste nicht, was unerträglicher war: der Anblick und der Körpergeruch Annikas, der Fluchtreflex der Reichen vor Armut und Elend oder meine eigene Wankelmütigkeit. Unglücklich wandte ich mich einer reichen belgischen Stammkundin zu, deren lange, perfekt lackierte feuerrote Fingernägel plötzlich bedrohlich wirkten. Wo war ich innerhalb des Ganzen … wo war mein Platz, was war meine Aufgabe?

Ich weiß nicht, warum, aber ich nahm Annika mit auf eine Geburtstagsparty zu harmlosen Studenten, die gelegentlich kifften und ab und zu tranken. In dieser Nacht wurde mein Wunsch, sie niemals wiederzusehen, erfüllt.

Es versprach, kalt, stürmisch zu werden, als ich die Boutique zuschloss und Annika auf mich zugewankt kam. Ihr flehender Blick traf mich sofort mitten ins Herz. Weil sie nicht wusste, wohin, nahm ich sie kurzerhand mit. Den niedlichen Sportstudenten, der am Nachmittag im *Cassidy* nach einem Geburtstagsgeschenk für die Freundin seines besten Freundes gesucht hatte, hatte ich vorher noch nie gesehen. Äußerlich gefiel er mir sehr, und als er mich für den Abend einlud, war ich aufgeregt und voll Vorfreude. Allein an der ärgerlichen Musik hätte ich erkennen müssen, was für eine Fete das war. «Ah-Bah!», so sprach ich den Namen der erfolgreichen Schweden aus. Annika war seit einer halben Stunde im Badezimmer. Ein Mädchen maulte, wie lange die da drinnen denn noch bräuchte, zog aber wieder ab, als ich ihr sagte, erst sei ich noch an der Reihe. Nach einer Dreiviertelstunde kamen die ersten Beschwerden. Krampfhaft hielt ich Ausschau nach dem süßen Typ, der mich eingeladen hatte, doch ich konnte meinen Platz als Klobewacherin nicht verlassen. Wie lange brauchte Annika denn für einen Schuss, bei mir ging das wuppwupp, zwei Minuten inklusive Aufkochen und Wegräumen. Ärgerlich klopften zwei Mädchen gegen die Tür. «Wir wollen auch mal rein, Mensch, glaubst du, du kannst das Bad stundenlang besetzen? Wer ist überhaupt da drinnen?» Keine Antwort. Aus meiner Unruhe wurde Angst. «Annika? Geht's dir gut?» Keine Antwort. Stattdessen wurde seit Minuten die Klospülung immer wieder betätigt. Ein dicker Student gesellte sich zu den beiden Mädchen. «Was iss'n los?», wollte er neugierig wissen und biss in das Würstchen. «Da drin ist eine Hochschwangere», erklärte ich schnell, bevor die

Mädchen was sagen konnten. Die Mädchen schraken zusammen. «… eine Hochschwangere?» Ein vorübergehender Typ schnappte die Information auf. «Keine Sorge», versuchte er zu beruhigen, «gleich kommt mein Freund, der ist Arzt im dritten Semester.» Kopfschüttelnd meinte eine andere: «Ich würde doch nicht auf so eine wilde Fete gehen, wenn ich ein Kind bekäme!» Wo diese lahme Studentenfete wild war, fragte ich mich. «Wer hat denn eine Hochschwangere eingeladen?»

«Stimmt das, da drinnen ist eine Geburt im Gange?», mischte sich aufgeregt ein anderes Mädchen ein. «Halt den Mund», fuhr ich sie ärgerlich an, «da drinnen ist gar keine Geburt im Gange, da drinnen ist jemandem nur ein bisschen schlecht! Annika!», rief ich und hoffte, dass niemand die Panik in meiner Stimme bemerkte, «Annika, kann ich dir helfen?» Gespannt schwiegen alle und lauschten. Endlich vernahm man Annikas belegte Stimme, schwach zwar, doch schien sie so weit in Ordnung. Durch neuerliches Rauschen der Spülung hindurch: «… keine Sorge?», und nach einigen Augenblicken öffnete sich endlich die Tür. Atemlos starrten sie alle an. Verlegen lächelnd stand Annika schwankend im Türrahmen, sie kratzte sich mit dem Handrücken an Nase und Kinn. Mit halb geschlossenen Augen flüsterte sie: «…mmhwa …wassis …nn'eigentlich …ä'los …ä'Leute …?»

Sie hatte mir den Abend gründlich versaut. Sauer und genervt schleppte ich sie aus der Altbauwohnung die Treppe hinunter. Mein Flirt und potenzieller Lover war nicht aufgetaucht; sollte ich mich deshalb freuen oder ärgern? Die Musik war unsäglich gewesen. Hitparadenmusik schleuderte mich grundsätzlich in eine üble Depression. «Wieso hat das so lange gedauert? Ich verpass mir einen Schuss, so schnell kannst du gar nicht gucken!» Annika wies mit einer fast obszön anmutenden Geste auf Hals und Armbeugen und zuckte andeutungsweise mit den Achseln. Ich verstand, doch irgendwas war anders als sonst. Sie war niemals so daneben gewesen. Angewidert packte ich sie an den Schultern und schüttelte sie. Es war ihr kaum möglich, die Augen aufzuhalten. Unentwegt kratzte sie sich im Gesicht rum. Schwer war sie, ihr vorgewölbter Bauch stieß am

Treppengeländer an. Das Baby in ihr schien ihr vollkommen egal zu sein. «Mmmö …–mmn …–drx …» Ihre Stimme war kaum hörbar, sie bekam dieses einzige Wort nicht sauber gesprochen. Mit einer dick angeschwollenen Hand kratzte sie sich am Kinn. Entgeistert starrte ich sie an. «Mandrax? Zum H? In deinem Zustand? Ich fass es nicht, Mensch! Und Schnaps getrunken hast du auch, ich rieche deine Fahne meilenweit!» Ohne Punkt und Komma jammerte ich frustriert vor mich hin, während ich die schwere Annika weiter die Stufen runterbugsierte. Vor den letzten beiden Stufen hielt Annika inne. Schwach lächelnd blickte sie mir ins Gesicht. Trotz des Gegenlichts entging mir nicht, dass aus mehreren Stellen an ihrer Nase und am Kinn Blut austrat. Feine rote Linien rannen über ihre dicke Make-up-Schicht. Ihr langes dunkles Haar umrahmte weich ihren Kopf. Wie hübsch sie eigentlich hätte sein können, ging mir erst in diesem Moment auf.

Der Kontakt zu Annika riss abrupt ab. Nie hätte ich gedacht, dass ihr Fortbleiben mich noch mehr mitnehmen würde als ihre Gegenwart. Wie oft hatte ich insgeheim den Tag verflucht, an dem sie erstmals aufgetaucht war, mit ihrem dicken Bauch, ihrem starken Geruch, der unreinen Haut.

Nach zwei Wochen schnappte ich ganz zufällig, während ich ungeduldig auf meinen Dealer wartete, in der Altstadtkneipe das Gespräch zweier ziemlich heruntergekommener Junkies am Tisch hinter mir auf. Zwei Typen, die ich vom Sehen kannte, die ich immer gemieden hatte.

«… na, die kleine Dunkle, die mit den komischen Klamotten, hamwer uns doch immer so drübber jewundert, ey, mal voll wie Penner, mal echt wie frisch von der Kö– …»

«… boah, etwa die mit dem Streuselkuchen inner Fresse und dem fast garen Braten inner Röhre?»

«… jeschnallt, Alter! Wirft die doch ihre Brut ausjereschnet auf Hollandfacht, irjendwo mitten inner Pampa, Kehr, Mann, ey, un scheißkalt waret auch noch, ey, alssese jefunden ham warse schonn am Abkratzen, Alter, wa! …»

Abrupt stand ich auf und wechselte den Platz. Fast zwei Stunden verbrachte ich wie gelähmt auf dem Barhocker und starrte durch einen dichten Tränenschleier hindurch in den übervollen Aschenbecher. Als endlich der Mann auftauchte, fiel ich ihm um den Hals. Verwirrt löste er sich aus meinen Armen, steckte mir eine Streichholzschachtel zu, nahm das Geld und verschwand. Immerhin, es waren nicht ganz zwei Stunden gewesen. Der Mann galt als zuverlässig und pünktlich. Noch ahnte ich nicht, dass ich in ein paar Jahren Stunde um Stunde um Stunde warten würde. Stunde um Stunde um Stunde.

«Er hat dich gesehen, als er hier war, und findet dich ganz toll, ist aber sehr zurückhaltend, deshalb bat er mich, dich in seinem Auftrag zu fragen, ob du …» Schneewittchen, die hübsche, gepflegte Chefin der Boutique neben *Cassidy*, versuchte, mir den Herrn Direktor Urbach schmackhaft zu machen: reich, großzügig, lieb, nett, umgänglich, bis auf seine «Obsession» anspruchslos. Was überhaupt eine «Obsession» war und speziell die des Herrn Direktor, wollte ich genauer wissen, also ließ ich mich auf ein Treffen ein. Der Herr Direktor Urbach wollte nicht bumsen, das hätte er höchstwahrscheinlich aufgrund seiner körperlichen Verfassung auch gar nicht gekonnt. Was wollte er dann? Ich platzte vor Neugier. Der Direktor empfand Vergnügen, Mädchen irgendwelche Körperteile zu durchbohren, um die frischen Löcher mit einem goldenen Ring oder sonstigem Schmuck zu versehen. Ich setzte mich auf den Klodeckel und beobachtete misstrauisch, wie der schmächtige Mittsechziger mit dem spärlichen weißen Haupthaar in einer ledernen Arzttasche wühlte und dabei voller Vorfreude wonnig seufzte. «Fühl mal», ermunterte er mich mit brüchiger Stimme, packte meine Hand und legte sie sich vorne an die Hose, «… fühl ruhig mal … na, was sagst du dazu?» Er kicherte, gleichzeitig verlegen und unverhohlen stolz. Sein proportional in sein zierliches körperliches Gesamtbild eingefügter Penis ließ sich irgendwo zwischen mehreren Lagen Stoff – gestärktes Oberhemd, geripptes Unterhemd, schurwollene Anzughose, gerippte Unterhose – mehr erahnen denn erfühlen. Lammfromm antwortete ich brav und legte Bewunderung in meinen Ausdruck: «Oijoijoi … tststststs … Herr Direktor …!» Eine halbe Stunde später hatte ich in jedem Ohr zwei neue Stecker. Damit der Schmuck auch zueinanderpasste, schenkte er mir für die beiden bereits vorhandenen Löcher ebenfalls Goldkugeln. «Du gefällst mir wirklich sehr, hier, meine kleine süße Biene, kauf dir mal was Schönes», er legte zwei Hunderter auf den Klodeckel, «das nächste Mal mache ich dir hier Löcher!» Triumphierend lächelnd wies er mit altersfleckenübersäten Händen auf meine Brüste. Ich brachte ein albernes Kichern zustande. Das war doch wohl ein Witz. «Neee … auf was der Direktor so alles kommt!» Er packte die dicke Kanüle, Tupfer und Alkohol ein, schloss seinen Arztkoffer und ergänzte beiläufig, beim dritten Treffen sei nur noch diese Stelle übrig: Mit ausgestrecktem Arm deutete er zwischen meine Beine. Es war das erste und das letzte Mal, dass ich ihn traf.

Gestresst von dem andauernden Geldmangel, ließ ich mich in meiner Verzweiflung auf einen kleinen, pummeligen, gehemmt wirkenden Mittdreißiger ein, der mir einen blauen Hunderter hinhielt, der mir gehören würde … wenn ich zehn Minuten nett zu ihm wäre. Ich zögerte nur kurz. Den Hunderter, den mir der untersetzte Pummel gezeigt hatte, brauchte ich dringend, ich konnte nicht andauernd in die Kasse der Boutique greifen. Kann sein, dass das Captagon bewirkte, dass ich glaubte, es gut wegstecken zu können, wenn ich «ein bisschen nett» zu dem Mann war, Cappys versetzten mich zeitweise in Hochstimmung; ich fühlte mich weniger angreifbar.

Die Sache ging gründlich in die Hose. Ich folgte meinem ersten Kunden, einem widerlichen Kerl, den ich normal nie angeguckt hätte, in ein Haus ein paar Straßen weiter. Es ging alles ganz schnell, das war ich nicht gewöhnt. In einem dunklen Keller drängte er mich gegen die Wand und wollte, dass ich meine Hose bis zu den Knöcheln runterließ. Was würde Schwester Ruth jetzt von mir denken, schoss es mir durch den Kopf, und ich sah sie kurz vor mir, wie sie sich, ihrer seltsamen Angewohnheit entsprechend, mit der flachen Hand auf den Oberkopf schlug, um ihre steife, schwarze Haube zurechtzurücken.

Die Dunkelheit war wohltuend. Er öffnete lediglich seinen Reißverschluss, presste sich eng an mich, drückte mit einer Hand meine Brüste, mit der anderen steckte er seine Latte zwischen meine Oberschenkel und rieb ein bisschen rum, ohne in mich einzudringen. Seltsam, irgendwie fand ich die absurde Situation erregend, ich wurde sogar schnell ziemlich nass, schämte mich aber sofort für diese unvorhergesehene Reaktion. Er wurde mutiger und packte mit beiden Händen meine Hinterbacken. Ich hatte es immer gerne, feste am Hinterteil angefasst zu werden. «Duasabba Feffer m'Arsch …», flüsterte er verwundert. Ich fand es ungeheuer peinlich, dass ich seine hervorgestoßene Bemerkung als Kompliment auffasste. Wenn der das bisschen schon als echten «Feffer» empfand, was würde der erst sagen, wenn ich mich wirklich richtig gehenließ – was natürlich überhaupt nicht in Frage kam, denn er war zu dumm, zu dick und insgesamt zu unästhetisch. Aber, bei Gott: Verwöhnt war er nicht. «Nimm enn dochma'n bissken innen Mund», bat er mit einem flehenden Unterton, dass ich seine freundliche Bitte unschwer abschlagen konnte und mich hinkniete. Ich sperrte den Mund weit auf. Sein etwas kurzer Schwanz war sehr dick, einfach und glatt, ohne deutliche Abgrenzung der Eichel. Er schmeckte leicht säuerlich, war aber keineswegs schmutzig oder gar widerlich. Ich schloss die Augen, wegen der Konzentration. Dann entspannte ich die Wangenmuskulatur und legte die Zunge weit hinten an den Oberkiefer, sonst hätte es nicht geklappt; außerdem muss man immer darauf achten, genügend Luft zu kriegen. Wieder so ein Thema, über das keiner spricht: Erstickungstod beim Blasen. Ich vermute eine Dunkelziffer, die uns alle in ehrliches Erstaunen versetzen würde.

Verwöhnen wollte ich diesen hergelaufenen Dickwanst keineswegs, und bestimmt nicht für so einen Spottpreis. «… ah, toll, wirklich klasse …», ächzte er, packte mich an den Haaren, hielt meinen Kopf fest in beiden Händen und führte mich, dirigierte mich, je nachdem, wie es ihm gefiel. Bedauerlicherweise gefiel mir, was er tat, gegen meinen Willen war ich erregt. Während ich saugend und schmatzend ziemlich verwirrt darüber nachdachte, wie so was möglich sein kann, stockte er plötzlich: «Pscht!» Ich hielt inne, seinen

Schwanz immer noch über die Hälfte im Mund. Beide horchten wir. Mein Herz pochte viel zu laut. Angestrengt lauschte ich, doch hörte ich nichts. «Sei ruich, da is was!» Ich war sowieso ganz still gewesen, wenn hier einer Laute von sich gab, war er es. Ich verhielt mich völlig starr, kniete auf dem kalten Kellerboden, den Slip und die schöne, teure Kenzo-Hose runtergezogen bis zu den Knöcheln. Was, wenn mich jemand in dieser Lage erwischte ...

«Da! Hörste? Da is was», beharrte er, «ich gehma gucken, bleib hier und sei bloß stille!»

Schon hatte er seine Hose zugemacht und schlich die Treppe hoch. Ich verharrte noch eine Ewigkeit in dieser unbequemen Stellung, wagte kaum zu atmen und war still. Nichts passierte. Ich kam mir schrecklich doof vor, schämte mich vor mir selbst und sehnte mich nach einem anständigen Schuss. Endlich begriff ich. Mit steifen Gliedern zog ich mich an und hastete die Kellertreppe hoch. Eine halbe Stunde später, nachdem ich mehrmals wütend um den Block gerannt war und vergeblich nach dem Wichser Ausschau gehalten hatte, musste ich mich ganz schnell bücken, um in den Rinnstein und nicht mitten auf die Straße zu kotzen. Mein erster Versuch, auf diese Art Geld zu machen, war derart kläglich gescheitert, dass ich den bleibenden, zutiefst demütigenden Eindruck niemals wieder erleben wollte. Wie hätte ich ahnen können, elf Jahre später in Thailand als sogenannte Edelnutte richtigen Spaß an dieser Arbeit zu kriegen. Vielleicht werde ich davon erzählen – wenn die Zeit dafür gekommen ist.

Ich fand das Leben ungerecht und schwer, ich musste mich noch viel mehr bemühen, um mir wenigstens ein bisschen von der Unberührbarkeit und Schläue der Erfolgreichen anzueignen. Ich war nicht klug, ich war nicht hübsch, ich konnte nicht viel aushalten, ich wurde ganz schnell traurig, und andauernd fing ich an zu weinen. Wurde ich mir bewusst über mich selbst, tat ich mir leid, doch auch mit diesem Selbstmitleid kam ich nicht zurecht.

An einem verregneten, trostlosen Abend hatte ich mich bescheißen lassen und den letzten Dreck erwischt. Sauer, gekränkt und nicht gesellschaftsfähig ging ich allein ins Kino. Ich sah einen der übelsten Filme aller Zeiten, der in meinem Unterbewusstsein einen Punkt traf, über den ich keine Kontrolle hatte; dabei glaubte ich doch im Großen und Ganzen zu wissen, wie Filme hergestellt werden. Ohne dass ich es wollte oder merkte, war ich von einem Kinofilm beeinflusst worden. Die menschliche Urangst vor Fremdbestimmung, vor Manipulation, vor Kontrollverlust, vor totaler Selbstentfremdung hatte mich ergriffen, hinzu kam meine katholische Erziehung, die stärker nachwirkte, als ich für möglich gehalten hätte. Ich beging den Fehler, in meinem angeschlagenen Zustand ohne Begleitung in *Der Exorzist* zu gehen – der schlimmste Film, den ich mir denken kann. Wie würden Menschen fremder Kulturkreise darüber denken, wie würde ein australischer Ureinwohner, ein Tibeter, ein Papua, ein Tuareg, ein Yanomani, ein Inuit den Film empfinden?

Und meine Eltern? Ich empfand ein grauenhaft schlechtes Gewissen und unsägliche Dankbarkeit. Ich schämte mich meinen Eltern gegenüber. Mein Leben lang. Sie waren so groß, so weise, so klug – sie waren alles, was ich niemals sein würde.

Eine psychosomatische Klinik irgendwo mitten in Deutschland April 1998

Moritz wird heute sechs Jahre alt. Ich muss mich sehr zusammennehmen, bin untröstlich, dass ich heute nicht bei ihm sein kann. Nicht nur für mich ist heute ein besonderer Tag. Tonis Freundin ist heute vor einem Jahr mit dem Auto vor einen Brückenpfeiler gefahren. Bei ihrer Arbeit als Krankenschwester wurde sie versehentlich mit HIV infiziert und verlor ihren Lebensmut. Jeden Augenblick werden Menschen geboren, und jeden Augenblick verlassen Menschen ihren Körper. Mit der Geburt gibt die Mutter Leben – und gleichzeitig den Tod. An Frau Schmitz-Föhring habe ich mich gewöhnt. Sie setzt mich nicht unter Druck, ist entspannt, vorurteilsfrei und abwartend. Sie lächelt mir ermutigend zu, wählt für mich, stellt sich mit Namen vor und übergibt mir den Hörer. Wie verständig Moritz ist, ich bin immer wieder aufs Neue erstaunt. Er freut sich, in ungefähr drei Wochen fahren wir zusammen in die Therapie. Was genau das ist, weiß er nicht. Ich aber auch nicht. Wir haben ihm erklärt, die Mama sei krank, aber keine Sorge, man könne diese Krankheit heilen. Wie soll ich meinem kleinen Kind klarmachen, was ich selbst nicht weiß. Hoffentlich ist es ein guter Ort für mich und ihn. Ich bin verrückt nach meinem Sohn, kümmerte mich um ihn, so gut ich es konnte, von ganzem Herzen, mit Liebe, Neugier, Stolz und Freude. Meine Betreuerin möchte wissen, wie ich die Schwangerschaft und die Jahre mit dem Sohn bis jetzt erlebt habe. Weil sie mir weiterhilft und weil sie verschwiegen ist, erzähle ich fast eine Stunde, aufmerksam hört sie, ohne zu unterbrechen, zu. Sie findet toll, dass ich von 1989 bis 1992 kaum Opiate genommen habe und dass ich die Schwangerschaft sauber hinter mich gebracht habe. Ein halbes Jahr nach der Geburt meines Wunschkindes wurde ich wieder rückfällig. Ihrer Meinung nach habe ich mich trotz meiner schwierigen Situation besser um das Kind gekümmert als manche Mutter, die kein Junkie ist. Ich finde das reichlich übertrieben. Frau Schmitz-Föhring labert Scheiße, die Alte hat doch einen Knall. Jeder sagt doch, dass es Horror ist, einen Junkie zur Mutter zu haben. An das Pseudonym meines Mannes hat sich Frau Schmitz-Föhring schnell gewöhnt. Sie weiß inzwischen, dass er und ich das Künstler-Duo *Fetisch Park* sind, dass er als Hommage an die Frauen den Vornamen Carla angenommen hat und, weil er ein Langsamer ist, der für alles Zeit braucht, sich italienisch «Subito» (Sofort) mit Nachnamen nennt. Ihr ist nun bekannt, dass wir CDs und Foto-Bücher rausgebracht haben.

Ob ich mit dem Schreiben begonnen hätte? Was? Wie? Ich bin in Gedanken und Gefühlen fest bei meinem Jungen, der heute vor sechs Jahren ins Leben kam. Das Umschalten fällt mir schwer. Sie legt mir eine Hand auf die Schulter. Ihr Blick ist intensiv. Nach dem Abendessen und dem nervtötenden Tagesrückblick mit der Gruppe setze ich mich an den hintersten Tisch neben dem Fenster. Noch ist es nicht dunkel draußen. Die Klinik befindet sich am Rande eines Wasser- und Vogelschutzgebietes, auf einem Gelände, dessen Westgrenze von einem munter fließenden Bach begrenzt wird. Während ich versuche, meine durcheinanderflitzenden Gedanken zu ordnen, meine aufgewühlten Gefühle zu sammeln und Lärm und Leute um mich herum zu ignorieren, sehe ich aus dem Fenster. Ein Schatten unter einem Busch bewegt sich. Ich kann kaum glauben, was ich da erblicke. Ein Fuchs schleicht vorsichtig zum strömenden Wasser. Der Anblick versetzt mich in helle Freude. In meinem zweiundvierzigjährigen Leben habe ich noch nie einen lebendigen Fuchs gesehen. Während das wunderschöne, anmutige Tier, die Ohren aufmerksam in alle Richtungen bewegend, das klare Wasser trinkt, vernehme ich den verlockenden melancholischen Gesang einer Amsel. Meine Gedanken verlieren sich im erinnernden Rückblick. Auf einmal werde ich gestört. «So, Leute, Nachtruhe, alle nach oben!» Verwirrt blicke ich hoch, den Stift in den verkrampften Fingern. Ich habe wie ein Automat begonnen zu schreiben, habe die erste, die zweite, dritte, fünfte, sechste Seite vollgeschrieben und weder gemerkt, dass es draußen stockdunkel geworden ist, noch hat mich die Geräuschkulisse gestört. Im Bett kann ich keine Ruhe finden. Lebhaft und lebendig sehe ich mich wie in einem Film, mitten drin in den Erlebnissen auf Penang, damals im Februar 1981. Ich denke darüber nach, aus der Entgiftungssituation heraus zurückzublicken und Teile meiner Kindheit und Jugend zu Papier zu bringen. Ich schlafe erst ein, nachdem mir eine Idee in den Sinn gekommen ist.

Sauerland 1975–1977

An einem kühlen, etwas dunstigen, vogelbezwitscherten Vormittag im Spätfrühling bewegte sich der kleine Zug hinter den Sargziehern her. Leute, die sich selbst ins Jenseits befördert hatten beerdigten die katholischen Menschen meines Geburtsortes zu der Zeit nicht auf demselben Friedhof, in dem sie ihresgleichen vergruben. Für unnormale Fälle gab es eine abgelegene Ecke auf dem heidnischen evangelischen Friedhof. Vorneweg in Schwarz, neben dem rollenden Gestell mit der Holzkiste drauf mit Raschke drin, Alice. Seine letzte Freundin. Hatten sie ihm diese gruselige Perücke aufgesetzt und ihn in einen Anzug gezwängt? Alice trug ihren Kopf hoch, leider verdeckten die schulterlangen dunklen Haare ihr Gesicht. Ich hätte gerne gewusst, ob sie weinte. Viele Sauerländer Freaks waren gekommen, aber bei weitem nicht so viele wie damals zu Bernds Gerichtsverhandlung. Von Raschkes Familie kannte ich niemanden, doch vermutete ich seine Angehörigen unter den wenigen schwarzgekleideten Kleinen, Dicken, Alten, die Alice als Frontfigur vorgeschickt hatten und ihr mit zusammengedrückter Haltung nachtrotteten. Dietmar Raschke war der erste tote Junkie in meinem unmittelbaren Freundeskreis. Raschke ... mein bewunderter Lehrer für Drogen und Küssen – nie würde ich ihn vergessen. Er hatte mich nicht draufgebracht, ich habe Opiate lediglich durch ihn kennengelernt ... Wenn nicht er, wäre es ein anderer gewesen. Ich bin zum Junkie geboren. Es ist meine Bestimmung.

Ich warf die Goldkügelchen der Herrn Direktor Urbach in Dietmars Grab. Alle sahen mich an. Mir kamen einfach keine Tränen, dabei musste ich doch sonst andauernd heulen, am meisten, wenn ich es gar nicht wollte. Ich war vollkommen durcheinander. Nach Düsseldorf kehrte ich nicht zurück.

Christof und Dagmar versuchten, mir zu helfen. Dagmar hatte

es geschafft, dem H den Rücken zu kehren, und sie ermutigte ihren Cousin, mir beizustehen. In Siegen verbrachte ich eine Woche bei Christof. Er sorgte dafür, dass ich in seinem Zimmer blieb und mich von den Drogen erholte. Am dritten Tag war ich so unruhig, dass ich rauswollte. Er verbot es mir und erinnerte mich an mein Versprechen. Wütend schrie ich rum, keifte und zeterte, war ungerecht, beschimpfte ihn. Er ließ sich nicht beeindrucken. Aggressiv trat ich gegen alles Mögliche und schmiss seinen Plattenspieler aus dem Fenster. Verunsichert durch sein Schweigen, schleuderte ich halbherzig noch ein paar Schallplatten hinterher. Aufatmend stellte ich fest, dass Christof mir endlich nicht mehr mit Georg Danzer, André Heller, Elton John, *Toto*, *Barclay James Harvest* und dem unsäglichen *Electric Light Orchestra* auf die Nerven gehen konnte. Nach einer Woche beruhigte ich mich, langsam begann das Leben wieder ein bisschen Spaß zu machen.

Fast täglich traf ich mich nach dem Unterricht mit Christof. Mein Vater hatte mir einen Platz an der Sprachenschule besorgt, wo ich in einem Jahr einen Abschluss erreichen könnte, weil ich in Französisch ja einigermaßen fit war. Meine erleichterten Eltern sahen mich schon als Dolmetscherin in Brüssel und fanden, dass der Führerschein ein selbstverständlicher Teil der Allgemeinbildung war. Nach sechs Fahrstunden hatte ich meinen Lappen fürs Auto. Nie wieder verlief mein Leben so reibungslos und normal wie in dieser Zeit. Seltsam, die harten Drogen fehlten mir gar nicht. Es fehlte mir etwas anderes, etwas, das ich nicht benennen konnte.

Das Jahr neigte sich seinem Ende zu. Manni Heider, ein Rock'n'Roller mit echter Tolle und einem Saxophon im Kofferraum seines Käfers, war scharf auf mich und versuchte, mich zu beeindrucken, indem er mich mitnahm zur Silvesterparty in eine Villa. Der Manni beeindruckte mich nicht, dafür die Leute, bei denen die Fete stattfand. Zufällig war darunter dieser Trini Trimpop, den ich vom Hörensagen kannte, der Sobranie rauchende Typ, der mit den schwarzen Slips seiner Freundin überm Bett. Diese Freundin Heike war süß, schwarzhaarig, superdünn; ich schloss sie augenblicklich ins Herz. Der Heißeste von allen war ein ziemlich großer, toll angezogener, breitschultriger, glatt rasierter Typ mit einem wahnsinnig schönen Gesicht. Hohe Wangenknochen, volle, rote Lippen, schmale, schwarz geschminkte blaugraue Augen, überschulterlanges, dunkelbraunes Haar. Muscha hatte zwei, drei Geliebte und eine feste Freundin. Als er mich ansah, war sofort klar, dass ich ein Teil seines Harems werden würde, doch noch war es nicht der richtige Zeitpunkt. Seine sehr kurz geratene Freundin Nanni trug die höchsten Absätze, die ich je gesehen hatte.

Die weiße Altbauvilla stand in einem Garten mit altem Baumbestand. Um Mitternacht schossen wir Raketen ab und machten eine Schneeballschlacht. Nanni war drinnen geblieben, aber Muscha machte lautstark beim Böllern mit. Ich traf ihn aus Versehen mit einem ordentlichen Schneeball. Er schrie theatralisch und jagte mich quer durch den Garten. Hinter dem Haus lauerte ich ihm auf, er kam, ohne zu zögern, auf mich zu und küsste mich, dass mir der Atem wegblieb. Er konnte unglaublich verführerisch lächeln, dabei wirkte er so geheimnisvoll und vielversprechend, dass er mich völlig verrückt machte. «Woher hast du die Narbe da oben?», wollte ich wissen und wies auf die blasse Linie an seiner Stirn. «Autounfall in Südfrankreich, der Volker war auch dabei.»

Quer über der Stelle auf der Stirn klebte ein Pflaster. Das Foto des achtzehn- oder neunzehnjährigen Muscha trug ich immer bei mir. Ich besitze es noch heute, und nach all den Jahren bin ich immer noch stolz darauf, dass er es mir schenkte. Vom allerersten Moment an war ich verrückt nach ihm, eine Verliebtheit, die viele Jahre währte und sich nicht verlor.

Das neue Jahr fing gut an. Wieder im Haus, sah ich, wie Nanni sich das Gesicht kratzte, schniefte und ab und zu zur Seite sackte. Es waren nicht die hohen Absätze gewesen, wegen denen sie drinnen geblieben war.

In der zweiten Januarwoche wurde ich zwanzig und wünschte mir zusätzlich zum Autoführerschein den Lappen für Motorrad. Immer öfter träumte ich von einem eigenen Motorrad und überlegte schon seit Wochen, wie ich neben der Sprachenschule her jobben könnte. Im *Red Horse*, einer Kneipe, die von Freaks und Motorradrockern besucht wurde, begann ich, als Thekenhilfe Geld für mein neues Motorrad zu verdienen. Zunächst sonntags vormittags zum Frühschoppen, dann auch nachmittags, schließlich freitags und samstags nachts. Wann immer es ging fuhr ich nach Köln. Der Abend begann im *La Strada* auf dem Ring, dann rüber ins *Coconut*, dann zu den schwulen Jungs ins *Pimpernell* am Rudolfplatz, und endete frühmorgens in der *Mooni Bar* in einem Keller in der Ehrenstraße. Nach wie vor kifften wir, so oft es ging, oder schmissen dann und wann Captagon oder Mandrax. Harte Drogen nahm ich seit dem letzten Frühsommer nicht mehr. Nun waren die Wochenenden reserviert für das Geldverdienen. Ungeduldig sah ich das Geld nur langsam anwachsen, wenn ich so weitermachte (das Sparen fiel mir von jeher schwer), würde es Jahre dauern, bis ich zu meinem Motorrad käme. Glücklicherweise fand sich eine Lösung: Ein italienischer Kellner war scharf auf mich. Ich ließ mich von ihm flachlegen und schleppte ihn mit zur Bank, um für mich zu bürgen. Eine Woche vor meiner Führerscheinprüfung erfuhr ich von einem zum Verkauf stehenden neuwertigen, kaum gefahrenen Motorrad, einer 500er Honda, die CB 500 Four, mit vier Zylindern und vier Auspuffen. Die Rocker versicherten, es sei eine feine, gepflegte Maschine, doch für ein Mädchen ein bisschen groß, wollte ich nicht lieber mit einer kleineren Maschine anfangen? Nee, wollte ich nicht.

Die Osterferien. Nach vier Fahrstunden auf einer 175er Herkules bestand ich am Mittwoch meinen Motorradführerschein. Am Donnerstag kaufte ich dem Bauernjungen Schuhmacher sein Motorrad ab. Meine Mutter kreischte laut, als sie mich am frühen Abend mit dem Motorrad vorm Haus sah. «O Herre, tu das schreckliche Dingen da widder wech!»

«Nix da, das ist mein Eigentum! Das Dingen heißt Honda und schläft ab heute in unserer Garage!», brüllte ich zurück, vor Stolz platzend, und drehte noch ein paar Angeberrunden auf unserer Straße, extra langsam, damit es auch jeder Blödmann in unserer Straße mitbekam, und zur Übung. Außer mir gab es kein Mädchen mit eigenem Ofen. Ich hatte solchen Spaß am Motorrad, dass ich sogar anfing, mich für die Technik zu interessieren. Regelmäßig las ich die Motorrad-Zeitschrift und lernte von den Rockern, wie ich normale Wartungsarbeiten wie Kette spannen, Kerzen reinigen und auch kleine Reparaturen selbst ausführen konnte. Heroin war scheinbar aus meinem Kopf. Nicht nur das: Ich begann, Heroin und alles, was damit zusammenhing, zu hassen, sodass ich mich im *Red Horse* – päpstlicher als der Papst – weigerte, Junkies zu bedienen, und sie lautstark öffentlich denunzierte. Daraufhin wurde mir von manchen Fixern ernsthaft gedroht, doch seit ich mit den Rockern in der Kolonne zum Nürburgring gebraust war, hatte ich die Motorradclique auf meiner Seite, aggressive, versoffene Jungs mit Kutte, die so gerne zu *Jethro Tulls Locomotive Breath* ihren Rockertanz tanzten: die Finger auf Bauchnabelhöhe in die Hose gesteckt, Daumen überkreuzt, breitbeinig stehend, Schultern und Kopf wild schüttelnd. Sie mochten mich nun, ihre Bräute wünschten mir die Pest an den Hals.

Ich fuhr mit meiner Maschine nach Düsseldorf zu Muscha und Trini. Sie wohnten mit noch anderen Leuten im Souterrain eines großen alten Hauses in Lohausen. Die berüchtigtsten Feten gab es bei meiner Schwester und bei mir, wenn unsere Alten weg waren, doch Muscha und Trini hatten grundsätzlich sturmfreie Bude. Trinis First Lady Heike war eine recht gute Freundin von mir geworden, wir sahen uns öfter auch im Sauerland, während ich Monate brauchte, um mit der niedlichen kleinen Nanni, Muschas Mädchen, einigermaßen warm zu werden. Sie betrachtete nicht nur mich, sondern jedes andere Mädchen misstrauisch, Jungen gegenüber war sie viel aufgeschlossener. Kaum hatten wir es geschafft, uns ein bisschen anzunähern, da war auch schon wieder Schluss mit Muscha und ihr. Sie verschwand einfach. Zwei, drei Jahre darauf erfuhr ich, dass sie angeblich wegen Heroin in ihrer Heimatstadt in der Nähe einer Tankstelle auf den Straßenstrich gehe und völlig heruntergekommen sei. Bevor sie völlig aus unserem Blickfeld verschwand, waren wir uns nähergekommen bei einer ganz duften Fete bei Muscha und ihr in Lohausen. Die ganze Nacht war ich scharf auf Muscha gewesen, es wurde später und später, und außer ein paar heißen Küssen zwischen Tür und Angel hatten wir noch nichts hingekriegt an diesem Abend. Überall waren Leute, nie waren wir allein, wir machten es so, dass wir uns jedes Mal befingerten, wenn wir aneinander vorbeigingen. Nach ein paar Stunden solcher verstohlenen Berührungen waren wir beide ziemlich aufgeladen. Ich hatte Christof mitgebracht. Muscha traute sich nicht wegen Nanni, und ich war meinerseits gehemmt wegen Christofs Gegenwart. Schließlich waren wir fast die Einzigen, die noch nicht schlafend in irgendeiner Ecke lagen. Längst waren die Kerzen heruntergebrannt. Der Morgen dämmerte zaghaft durch die wenigen Fenster der Souterrainwohnung der Villa. Muscha hatte seine Hand zwischen meinen Beinen, als Nanni in ihren hohen Stiefeln auf der Suche nach Zigaretten durch die Tür kam, an deren Rahmen wir gerade lehnten, sodass für sie kein Platz zum Durchkommen war. Muscha fackelte nicht lange. Er löste sich von mir und drängte kurzerhand seine Freundin in meine Arme, die er seinerseits von hinten umarmte. Seltsam … Nanni, von der ich immer gedacht hatte, dass sie mich nicht leiden könne, streckte sich in die Höhe, um sich größer zu machen, zögerte nicht, presste sich gegen mich und leckte mir wie ein gieriges Hündchen über die Unterlippe. Ihre Gefühlsfülle überwältigte mich. Ganz schwach wurde ich in den Knien. Zimperlich war sie nicht, die kleine Nanni. Erstaunt und ziemlich erregt ließ ich mich auf das Spiel ihrer fordernden Lippen ein. Christof blickte rüber zu uns und sah, wie wir Mädchen uns in Muschas Armen küssten. Nie hätte ich gedacht, dass es so leicht ging. Wie wohl tat mir ihre Unverschämtheit. Aus verschleierten, halb geschlossenen Augen warf mir Christof einen Blick zu, der mir durch und durch ging, während ich an Nannis Hals rumknabberte. Sie wurde ganz weich in meinen Armen. Ich löste eine Hand und winkte meinen Freund mit meinem Zeigefinger her. Eine Sekunde später vernahm ich ein Aufstöhnen an meinem Ohr. Wir landeten alle vier auf den Matratzen am Boden, Muscha und ich vögelten, und neben uns tat Christof es mit Nanni.

Für die kommenden Jahre waren Heike und Trini und noch weit mehr mein Dauergeliebter Muscha maßgeblich beteiligt an der weiteren Entwicklung meines Geschmacks in puncto Musik, Mode, Kunst und Kultur.

«Komisch, das spannt so … hier …», sagte ich beiläufig, deutete auf meine Brüste, während ich in der Küche am Herd stand und Kakao rührte. «Um Gottes willen!», rief meine Mutter. «Um Gottes willen! Du wirst doch wohl nicht schwanger sein!»

«Ach nee, ach neeneeneee, auf keinen Fall!», kreischte ich.

Christof und ich waren in der neunten Woche. Ein ausgeprägter Mutterinstinkt überkam mich; jedes kleine Kind, jedes Baby, jedes kleine Hündchen oder Kätzchen veranlasste mich begeistert zu Fürsorge- und Kuschelanfällen. Obgleich uns klar war, dass unser Kind niemals geboren werden würde, verhielten wir uns so bescheuert wie viele werdende Eltern. Andauernd erkundigte sich Christof, wie es mir ginge, er fuhr ganz vorsichtig Auto und rauchte nicht mehr. Margit kriegte für uns raus, wohin man in Utrecht gehen müsse in so einem Fall. Zu der Zeit fixte Margit noch, wurde im Jahr darauf clean, und wie ich hörte, blieb sie es. «Na … äh … gut», murmelte sie stockend mit belegter Stimme und halb geschlossenen Augen, «… die … äh … Telefon …nummer … Klinik in Utrecht, ruf da an und … mach alles klar … wenn sie's … niii…cht machn, aus iergendeim Grund, … keine Sorge –, … ichä … äh – würde assistieren!»

Christof beruhigte mich, ich solle mir keine Sorgen machen, wir würden das schon schaffen, und anschließend könnten wir ja schnell nach Amsterdam fahren und in mein Lieblingscafé gehen. Er wollte nett sein. Dennoch, ich konnte mich nicht entspannen. Dass Margit bei einer Keller-und/oder-Dachboden-Abtreibung die Nerven hätte zu assistieren, versetzte mich in Angst und Schrecken.

Ich bekam einen Termin in zehn Tagen in der Utrechter Klinik, Christofs neuer R4 würde uns hinbringen. Am Telefon verlangten sie dreihundertfünfzig Mark in holländischem oder in deutschem Geld. Wenn ich das Geld nicht aufbringen könne, solle ich mitbringen, was immer ich in der Lage zu bezahlen sei. Wir mussten die

Fahrt unterbrechen, damit Margit einen Dealer in Dortmund treffen konnte. Enttäuscht benahm ich mich zickig und unfreundlich. Wozu brauchten wir sie eigentlich? Genervt hockte ich neben Christof im Auto. Am Telefon hatte Margits Dealer versprochen, pünktlich zu sein. Zweieinhalb Stunden warteten wir auf das Arschloch. Endlich öffnete Margit die Autotür und ließ sich schwer auf den Sitz fallen. Wir starrten sie an. Sie kratzte sich das gerötete Gesicht und krächzte: «...ellloos, Mann ... jetz fahr doch ...»

Im Wartezimmer der Utrechter Klinik saßen fast nur deutsche Frauen. Unsicher winkte mir Christof zu, bevor sich die OP-Tür hinter mir schloss. Auf einem schmalen Tisch mit diesem üblen Beingestell davor wurde ich festgeschnallt, dann jagte man mir Valium in die Vene. Ich spürte alles, vermochte aber nicht mehr, mich zu regen. Es war mir nicht möglich, ein verständliches Wort herauszubringen, so konnte ich auch nicht fragen, ob ich was gegen Schmerzen bekäme. Umso größer wurde nun meine Angst. Ich erwartete, dass ich noch einen Schuss erhielte, doch sie fingen schon an, sich mit meinem Unterleib zu beschäftigen. Alles drehte sich mir, ich lallte, stammelte und versuchte, mich gegen die Schnallen an meinen Gelenken zu wehren. Drei Minuten würden schnell vorübergehen, hatten sie gesagt, und ich solle an was Schönes denken. Ich spürte jede Kleinigkeit, den kalten Stahl, den man in mich reinschob, durch seinen umgebundenen Mundschutz nahm ich den Tabakgeruch des Arztes wahr, der sich über mich beugte und irgendwas Holländisches sagte, mein linkes Bein begann zu pulsieren, es war viel zu fest geschnürt, und der dicke Schlauch tat mir beim Einführen weh. Auf den folgenden Schmerz war ich nicht im mindesten gefasst gewesen und auch nicht auf den schmatzenden, gurgelnden Lärm beim Absaugen des ganzen Schlabbers, so laut, dass sich Arzt und Schwestern nur mit Handzeichen verständigen konnten. Aus beiden Augen stürzten die Tränen, liefen an den Schläfen herab, wie ein Wasserfall in den Alpen, mein Mund war weit aufgerissen zum Schrei, der sich lediglich als ein ersticktes Wimmern entrang. Entsetzt und verstört rang ich mit dem Schmerz, ich hatte das Gefühl, der komplette Inhalt meines Unterleibes würde Stück für Stück, Zentimeter für Zentimeter herausgerissen. Eine Minute sei gleich um, signalisierte mir eine mechanisch lächelnde Assistentin und wandte sich wieder ab.

Man schob mich im Rollstuhl in den Erholungsraum. Nach zwei Stunden war ich immer noch so schwach, dass ich zusammenklappte, als sie mich aufrichteten. Nach vier Stunden endlich saß ich mit Christof und Margit im Auto nach Amsterdam, von Utrecht bis dahin dauert es nur eine gute halbe Stunde.

Am frühen Abend gingen wir durch die Kalverstraat. Lustlos watschelte ich schweigend etwas breitbeinig neben Christof her, er hatte seinen Arm um meine Taille gelegt und stützte mich, so gut es ging. Margit suchte dringend einen Dealer, ich schickte sie in die Gegend hinter der Warmoestraat. Normalerweise wurde ich in dieser Stadt nie müde und war die ganze Nacht unterwegs, doch heute wollte ich nur meine Ruhe. Viel redeten wir nicht an diesem Abend, Appetit hatten wir auch nicht. Christof hätte Trost benötigt, er schien gleichermaßen in Gedanken versunken. Er tat mir leid, und ich versuchte, nicht noch eine zusätzliche Belastung für ihn zu sein. Im Hotelzimmer schluckte ich zwei von den Tabletten, die mir der Arzt mitgegeben hatte. Großzügig bot mir Margit von ihrem Heroin an. Ich lehnte ab. Christof starrte mit offenen Augen an die Decke, drehte sich aber um, als ich mich ihm zuwandte. Unruhig wälzte ich mich mit schmerzendem Unterleib hin und her. Es war gerade hell geworden, als ich erschöpft und verstört in einen oberflächlichen Schlaf fiel.

Wieder und wieder und wieder in den folgenden Jahren fragte ich mich, wie mein Leben verlaufen wäre, hätte ich unser Baby zur Welt gebracht. Ich hätte es nicht verkraftet, unser Kind leiden zu sehen. Besser, dass ich litt als das Kind. Tausende Gebete sandte ich in die schwebende Welt, in der die kleine Seele nach mir, seiner Mutter, rief; immer von neuem bat ich mein kleines Kind um Verzeihung, erklärte ihm, warum ich so gehandelt hatte, und versicherte ihm, ich sei da, ich dachte an es, ich sprach mit ihm. Hörst du, mein nicht geborenes Kind, hier bin ich, deine Mutter, und ich liebe dich, ich wünsche mir so sehr, dass du das weißt. Schafft euch niemals Blagen an! Es hallte in meinem Herzen nach, dieses Echo aus vergangenen Tagen. Schließlich zog diesbezüglich Friede ein in meinem Herzen, sechzehn Jahre später, als ich mein Wunschkind in mir wachsen fühlte.

Zum Bob-Marley-Konzert in der Düsseldorfer Philipshalle fuhr ich mit meiner Honda. Nie zuvor, außer bei *Genesis*, war ich so gepackt von einem Live-Konzert. Alle jubelten, wenn Bob vor dem Mikrophon, die Gitarre umgehängt, bei bestimmten Stellen eines Liedes mit hochgezogenen Knien in die Höhe hüpfte, und wenn er dann noch seine irren Zöpfe schüttelte, kreischten und pfiffen die Leute wie die Gecken. Pummelige, bieder wirkende, ältliche Backgroundsängerinnen mit abweisenden, versteinerten Mienen machten alle dieselben Bewegungen; das konnte ich noch nie leiden, höchstens bei den Tänzen in Afrika. Ob jemals eine von denen so lange in Afrika gelebt hatte wie ich? Aber Bob – was für ein Typ. Vor lauter Begeisterung und Dankbarkeit ließ ich mich nicht abwimmeln von den Ordnern, und schließlich gelangte ich bis in den Backstagebereich. Zum ersten Mal befand ich mich hinter einer Bühne in der Nähe eines weltberühmten Stars. Aufgeregt nahm ich am Rande wahr, wie viele Menschen sich hier aufhielten. Manche richtig geschäftig, wichtige Reporter, Fotografen, Roadies, Betreuer, Caterer, Assistenten, eine ganze Reihe schwarzer Leute aus Afrika und Amerika und einige ganz gewöhnliche Fans wie ich, die es auch geschafft hatten, bis hierher vorzudringen. Die Band *The Wailers* fand ich ganz gut, doch Bob Marley (Bobo Mareli, wie meine Mutter sagte) war meine Nummer eins. Alles wartete auf die Musiker, die sich erholten nach der Anstrengung dieses Konzerts. Dann ging ein Raunen durch die Menge. Bob Marley war da.

Eine gute halbe Stunde später fuhr ich mit meiner Honda durch Düsseldorf. Bob Marley war magerer, als man so denkt, dafür aber erstaunlich hart … trotz spärlicher Muskulatur. Er klammerte sich hinter mir fest. Vielleicht war er nicht entspannt mit mir als Fahrerin, obwohl ich ruhig fuhr und mir Mühe gab, dass er es bequem hatte. Während der ganzen Fahrt sprach er kein Wort, ein Umstand, der mich befangen machte, und so wusste ich nicht richtig, wie ich mich verhalten sollte. Immerhin, er hatte keine Sekunde gezögert und augenblicklich eingewilligt. Ich hatte nur so zum Spaß angeboten, ihn hintendrauf mitzunehmen. Seine Leute redeten gestikulierend auf ihn ein, ich verstand kein Wort. Es schien ihnen nicht zu passen, dass Bob Marley sich absonderte, um bei einem Sauerländer Mädchen auf dem Motorrad ohne Schutzhelm mitzufahren. Hätte der überhaupt über seine Zöpfe gepasst? Ich glaube, er hat es aus Trotz getan, weil er sich nicht bevormunden lassen wollte. Den Weg zum Hotel kannte ich nicht, doch brauchte ich nur dem großen Tourbus zu folgen. Ich parkte meine Honda einige Meter abseits unter einem regensicheren Dachvorsprung. Bob stieg ab. Während ich meine Maschine abschloss, bedeutete er mir mit einer angedeuteten Kopfbewegung, ihm zu folgen. Dabei verzog er keine Miene. Wenige Meter weiter, vor dem Eingang, brach Hektik aus, Betreuer und Fotografen rannten herum, ein paar Fans staunten die schwarzen Musiker an, deren Mienen derart finster wirkten, dass niemand Lust hatte, sie anzusprechen. Überfallartig wurde Bob von einer der gewichtigen Backgroundsängerinnen ohne Hemmung lautstark gestenreich in vorwurfsvollem Ton angemacht. Die Frau stritt und schrie, Bob schrie nicht, er schien einfach nur genervt. Er packte mich bei der Hand, und wenn ich nicht reagiert hätte und freiwillig mitgegangen wäre, um ihn nicht zu kompromittieren, hätte es so ausgesehen, als schleifte er mich quer durch die Hotelhalle hinter sich her unter den konsternierten Blicken sämtlicher Anwesenden. Die dicke Frau hatte sich hartnäckig an unsere Fersen geheftet. Während wir im Aufzug nach ganz oben fuhren, meckerte sie unverdrossen weiter. Mir dröhnten die Ohren. Bob hatte abgeschaltet und zog es vor zu schweigen. Pausenlos nörgelte die schwarze Frau mit dem gewaltigen Turban, ohne auch nur einmal Luft zu holen.

«Relax, Rita, cool …», er sagte noch ein paar Worte in einer fremdartigen Sprache, die ein bisschen wie englisch klang, doch mir völlig unverständlich war.

Es war das erste Mal, dass ich ein Penthouse betrat, aber es war nicht das erste Mal, dass ich mich in einem riesigen Raum mit Menschen in aufgeregter Partylaune befand, von denen ich als Einzige nicht schwarz war. Bob Marley ließ mich einfach stehen. Bobs Bassist war nett zu mir: «I'm from Chicago, hi, nice to meet you, so, you're a biker-girl, great!» Endlich mal einer, den ich verstehen konnte. Er erklärte mir, dass die anderen alle jamaikanisch sprachen, das hatte ich bis vorhin im Aufzug noch nie gehört. Dieser Bassist wurde mir jedoch allzu schnell allzu zudringlich, und ich hatte Mühe, ihm zu entkommen. Gigantisches Büfett, Musik, endlos viele Joints, Bier, frische Fruchtsäfte, Reis, Gemüse, Süßkartoffeln, Obst. Das Essen sei nach makrobiotischen Gesichtspunkten hergerichtet, versicherte mir der Bassist, der unerwartet wieder hinter mir stand. Ich glaube, sein Name war William, aber ganz sicher bin ich mir nicht. Was ist makrobiotisch? Und warum die ganzen Fahnen an der Wand, mit dem schrecklichen Haile Selassie von Äthiopien drauf? Einem, der seine eigenen Leute folterte und unterdrückte, einem, der seinen scharfen Dobermännern frische Menschenleber zum Fraß vorwarf? Einem der übelsten Menschenverächter des zwanzigsten Jahrhunderts? Wo war Bob Marley – den wollte ich dazu befragen, ich war verwirrt. Um mich herum schienen alle völlig stoned – pausenlos gingen Joints rum, und alle, die Männer auf die eine, die Frauen auf die andere Art, schienen mich anzustarren. In Afrika hatten mich die Leute nicht so beglotzt. Ich begann, mich immer unbehaglicher zu fühlen. Bob Marley konnte ich nicht mehr sehen, dafür verfolgte mich der Chicagoer Bassist, der seinerseits verfolgt wurde von einer ziemlich großen, starken schwarzen Frau mit sehr weißen Zähnen. Diese Frau hatte mich vom ersten Moment an hasserfüllt angestarrt. Völlig fehl am Platz, verwirrt, frustriert und mit einem Gefühl tiefer Enttäuschung bahnte ich mir zwischen all diesen unfreundlichen schwarzen Menschen einen Weg zum Aufzug.

Am frühen Nachmittag wachte ich verwirrt auf, mein Auge war fast zugeschwollen, und meine Wange pulsierte vor Schmerz. «Um Gottes willen, was ist denn mit dir passiert?», wollte Muscha erschrocken wissen. «Bin verprügelt worden. Von einer großen schwarzen Frau mit vielen großen weißen Zähnen.»

«Was war das für eine Frau?»

«Ich nehme an, sie heißt Rita. Achnee, diese Rita war vorher im Aufzug, sie gehörte wohl zu Bob. Es war nicht die Rita von dem Bob, die mich gehauen hat.»

Ungläubig ließ er sich berichten, was mir widerfahren war. Ich erzählte, wie ich mit Bob Marley hinter mir auf dem Motorrad quer durch das nächtliche Düsseldorf gefahren war, von der merkwürdigen Party und davon, dass ich jetzt wüsste, dass Jamaica sich als erstes Land der Welt selbständig von der Sklaverei befreit habe. «... und darauf sind sie zu Recht stolz», schloss ich und lehnte mich in die Kissen. Nanni betrat das Zimmer. «Wirklich, Bob Marley saß hinter dir auf dem Motorrad?» Sie konnte es kaum glauben. «Erzähl, was passiert ist.»

«... und dann war ich schon im Aufzug nach unten, als die Frau von diesem William oder weiß der Geier, wie der Bassist hieß, hinterherkam, sie schlüpfte noch schnell mit rein, zog einen Schuh aus und haute mir damit einfach so ein paar runter, aber richtig, sodass ich in die Knie ging, die war fast einen Kopf größer als ich ...»

«Sie ist von Rita mit einem Holzschuh gehauen worden ...»

Ungläubig sahen die beiden mich an. Jetzt musste ich was klarstellen, obwohl sich mir alles drehte.

«... nein, nicht Rita! Es war nicht die Alte, die hinter dem Marley herrannte, es war die von dem Bassisten, keine Ahnung, wie die hieß ...!» «Was war denn mit der los?» Ich zuckte mit den Achseln. «Keine Ahnung. Sie schrie herum, dass ich auf ihren Typ scharf wäre und dass der die ganze Zeit schon nur noch mich angucken würde und so'n Blödsinn ... ich weiß wirklich nicht, wie ich überhaupt noch aufm Ofen fahren konnte bis hierher.» Nanni, die immer schon auf Kleinigkeiten geachtet hatte, fragte: «Wo ist dein Elfenbeinarmreifen?» Sie hatte bemerkt, dass ich das afrikanische Schmuckstück sonst immer trug. Meine Wange klopfte schmerzhaft. «Hab ich Bob geschenkt ...», murmelte ich, bevor mir schlecht wurde. Gott, fühlte ich mich elend. Bob Marley war nicht der, für den ich ihn gehalten hatte.

Im Dezember 76 verkaufte ich mein Motorrad. Im kommenden April würde es zunächst zum Reiseleiterlehrgang nach Palma Nova ins Hotel Son Caliu auf Mallorca gehen. Den ganzen Winter lang nutzte ich, um mich von allen Menschen, die ich mochte, ausgiebig zu verabschieden, in Düsseldorf, in Köln, im Sauerland. Von April bis Ende Oktober 1977 würde ich in Montenegro, Jugoslawien, als Reiseleiterin für die TUI arbeiten, im Winter und im Frühjahr 77/78 zum ersten Mal in Asien sein.

Bei einer dieser Abschiedszeremonien fragte ich Ronny vom *Coconut* in Köln, wo er denn die letzte Zeit gewesen sei, ich hatte ihn schon länger vermisst. Wortlos sah er mich mit einem eigentümlichen Lächeln an. David Bowie sang gerade *Young Americans*, die von Geländern umgebene, tiefergelegte Tanzfläche war voll. Es war laut, man musste sich anschreien, um sich zu verständigen. Er wühlte in seiner Tasche, es fielen ein paar Fotos heraus, die er hastig wieder an sich nahm, doch ich hatte genug gesehen, um das Gerücht bezüglich seiner Vergangenheit bestätigt zu finden. Ronny hatte ein Foto bei sich, das einen Schwarzen zeigte, der mit verzerrtem Grinsen einen abgeschnittenen Vietnamesenkopf hochhielt, ein beflecktes Buschmesser in der anderen Hand. Beide schwiegen wir, er hatte gemerkt, dass ich das Bild nicht übersehen hatte. Endlich fand Ronny ein postkartengroßes Dokument. Es war ein Führerschein, ein Motorradführerschein von der Insel Bali, original, mit Unterschrift, Foto, Stempel und Daumenabdruck. Beeindruckt vom Understatement dieser Geste, fasste ich einen Entschluss.

Silvester verbrachte ich, wie früher, mit Christof in Düsseldorf bei Muscha. Trini und Heike waren da und alle anderen Leute einschließlich Klaus Weniger. Christof erzählte, wie wir letztes Jahr im Mai auf der Rückfahrt von Düsseldorf mit Klaus an einem Gelände für Motocrossmaschinen vorbeigefahren waren, auf dem ein riesiges Schild stand: «Am 5. 5. Rennen, Beginn 15:00 Uhr». «Oh! Ey, Mann, ey!», meinte Klaus empört, «ey, Mann, ey, fümmenfümzich Mack Eintritt, ey, wa!» Irgendwann begann Klaus, sich zu langweilen, holte einen schwarzen Filzstift aus seiner Jackentasche und fing an, die Decke von Christofs Renault 4 mit merkwürdigen Zeichen, die entfernt einem zittrigen X ähnelten, zu bemalen. «Was machst du da, Klaus?», argwöhnte ich. Klaus ließ sich nicht stören und zeichnete eifrig weiter. «Oooch, ey, Mann, ey, chmachem paa Hagenkreuze, ey, wa!» Christof bekam einen Lachanfall, lenkte das Auto an die Seite und zeigte Klaus geduldig, wie man ein korrektes Hakenkreuz zeichnet. Christofs Mutter fiel beinahe in Ohnmacht, als sie einen Tag später die komplette Autodecke und die inneren Seiten übersät fand mit Hakenkreuzen; verunglückten, schrägen, verkehrt herum gemalten zwar, doch in ihrer Absicht erkennbar.

*Eine psychosomatische Klinik
irgendwo mitten in Deutschland
April 1998*

Wir dürfen zwei Stunden länger aufbleiben, doch ab 23 Uhr muss die Glotze aus sein, sehr gut. Jana und ich tanzen bis Nachtruhe um 24 Uhr im dunklen Fernsehraum. Heute ist die Nacht zum 1. Mai, Eins Live überträgt die *Mayday* aus der Dortmunder Westfalenhalle. Ich fühle mich, als flöge ich, nur durch das Tanzen.

Meine Idee ist zu einem Konzept gereift. Aus der Entgiftungssituation heraus erzähle ich rückblickend Teile meiner Kindheit und Jugend. Für mein ganzes Leben ist nicht genug Platz in einem Buch. Ich habe so viel zu berichten, dass ich bestimmt sechs Tausend-Seiten-Schinken schreiben könnte, vielleicht noch mehr. Allein die Geschichten, die ich von anderen gehört habe, von allen möglichen Leuten in allen möglichen Teilen der Welt. Dafür brauche ich Platz. Zum Beispiel Tonis Geschichte. Was er erlebt hat in Milano mit seiner Krankenschwester-Geliebten, das ist so mitreißend, dass ich das Bedürfnis habe zu erzählen, was passiert ist. Solche ungewöhnlichen Filme kenne ich en masse. Konzentriert schreibe ich Zigaretten rauchend, ein Glas Pfefferminztee vor mir, im Aufenthaltsraum jeden Abend, träume mich hinein in meine Erinnerungen und erzähle, was ich gesehen und gefühlt habe. Oftmals sehe ich jede Einzelheit vor mir, Menschen, Charaktere, Kleidung, Geruch, Musik, Zimmer, Möbel, Landschaften, Tageszeiten, Lichtstimmungen, Pflanzen, Tiere. Ich flüchte mich in mich selbst. Frau Schmitz-Föhring ermutigt mich fortwährend, obwohl ich sie nichts lesen lassen möchte. Das ist ihr egal, sie sagt, es sei gut für mich, das sei die Hauptsache. Was ich denn da die ganze Zeit schriebe, warum ich die Gruppe links liegen ließe, werde ich abends im Aufenthaltsraum immer wieder gefragt. Ich hasse Unterbrechungen, muss aber damit zurechtkommen, und nuschele ausweichend, ich schriebe Briefe, an Freunde, meinen Mann und so. Diana und Witti haben vor zehn Tagen abgebrochen. Daniela wird nächste Woche in eine Mutter-Kind-Therapie im Rheinland gehen. Jana hat Dianas Platz übernommen. Sie ist zum vierzehnten Mal hier zum Entgiften und war in einem üblen Zustand, als sie ankam. Die ersten vier Tage war sie nicht fähig, aufrecht zu sitzen, geschweige denn zu gehen. Neben ihrem Bett standen immer zwei Eimer. Sie kotzte sich halb tot, Tag und Nacht, obwohl sie keine feste Nahrung zu sich nahm. Das kommt von Alk mit Benzos mit Shore mit Coca. Jede Stunde sah eine Krankenschwester nach ihr, und dreimal am Tag bemühte sich sogar der glatzköpfige Arzt hoch in die erste Etage. Am fünften Tag ist Jana wie ausgewechselt, am sechsten duftet sie, hat ihre langen dunkelbraunen Locken frisiert und kommt geschminkt runter in den Aufenthaltsraum, als wolle sie zu einem wichtigen Termin. Mir imponiert, dass sie immer wieder von neuem entgiftet, sich immer wieder besinnt und sich zu retten versucht. Für eine typische Polytoxikomanin, die alles reinzieht, was ihr in die Finger fällt, finde ich sie überraschend klug und mutig. Eines Tages schaffe ich es, sagt sie, eines Tages, du wirst sehen. Ihre Zuversicht beeindruckt mich, steckt mich an. Sie möchte mehr über mich wissen. Ich erzähle, dass ich gerne schreibe, und ein bisschen von meinem Mann und meinem Sohn, werde ganz klein und beschämt, während ich spreche. Jana meint, was mir Frau Schmitz-Föhring rät, sei richtig. Bei dem Gedanken an die letzten Jahre wirke ich ganz klein, ich solle die Zeit mit Mann und Kind später angehen. Fang beim Anfang an. Ich habe aber zwischendrin angefangen, erwidere ich. Das mache nichts, was hindere mich daran, zum Anfang zurückzukehren. Sie hat weder Mann noch Kind, darüber ist sie sehr froh, sagt Jana, und dass Mann und Kind für einen Junkie eine zusätzliche Belastung darstellten. Wem sagt sie das. Dennoch, ich liebe und werde geliebt, Jana ist allein. Ihre ordnende Art tut dem Chaos in meinem Kopf gut und auch, dass sie dasselbe sagt wie Frau Schmitz-Föhring.

München 1979–1981

Jugoslawien, Thailand, Malaysia, Indonesien, Singapur, Tunesien, Kalifornien; in den letzten zwei Jahren war ich ein wenig herumgekommen. Heroin und Opium hatte ich in den drei Monaten Asien in kleinen Dosierungen, mit mehrtägigen Pausen genommen, sodass ich haarscharf am Entzug vorbeischlitterte. Ich bin sicher, dass die Gier auf Neues, auf die Welt, mein Antrieb, letztlich meine Rettung war. Wild war ich auf alles, was mir als Intensivierung beinahe jeden Gefühls vorkam. Die unterschiedlichsten Menschen forderten meine Anpassungsfähigkeit. Auch der stressige Reiseleiter-Job trug dazu bei, mein späteres Doppelleben bis in feinste Nuancen zu perfektionieren; von High Society über Gutbürgerlichkeit bis «Unterwelt» – und allem, was dazwischen liegt. «Weltengleiten», so nenne ich das.

Auf Bali waren in den späten Siebzigern Opiate nicht leicht zu bekommen, dort hatten sie höchstens Gras und die berühmt-berüchtigten Psychopilze – in bestimmten Restaurants in Kuta und Legian angeboten als «Special Omelette» –, so erholte ich mich in den vier Wochen auf der indonesischen Insel von dem Monat vorher in Thailand und Malaysia. In Los Angeles bei Peter Bogdanovich war Gras ein Teil unseres täglichen Lebens; andere Drogen nahmen wir nie. Ich fühlte mich clean, was bei mir bedeutet, dass ich kein Heroin nehme. Unverwundbar kam ich mir vor, als ich den Bericht von Christiane F. verfolgte, im Fernsehen oder auf der Straße die anderen Junkies sah. Noch trennten mich Lichtjahre von diesen Leuten, auf die ich hochmütig und nicht ohne ein ordentliches Quäntchen Häme herabsah. Unvorstellbar, dass ich mal einen Affen kriegen würde. Unvorstellbar, dass ich, derart runtergekommen wie sie, jedes Mittel einsetzen würde, um an H zu kommen. Ich irrte mich.

Niemand ist schuld, meine Eltern, die immer nur das Allerbeste für mich wollten, erst recht nicht. Sperrt eure Ohren auf: Ich habe es mir ausgesucht, dieses Leben. Ich wollte ein Junkie sein. Solche Leute soll es geben. Und es sind nicht die schlechtesten.

Christof war mein allerbester Freund. Ich verfluchte meine Unfähigkeit, seine Gefühle auf einer tieferen Ebene zu erwidern. Wir schrieben uns und telefonierten wöchentlich. Hier einer meiner Lieblingsbriefe, den er mir von Köln nach München schickte, wie immer fast alles in Kleinbuchstaben, anarchische Zeichensetzung und Rechtschreibung, mit vielen Leerzeilen:

weltschmerz ödeöde schnöde
honey puh

Wehe prinzesschen, wenn ich komme, ich küsse dich ganz rot und füttere dich dick und wenn du unartig bist, wirst du sehen, wer stärker ist, ein kleines sanftes mädchen, das nicht isst, oder ein großer wilder mann, der kokain im leib hat.

XXXXXXXXXXXX S. freud an seine verlobte

freud hat übrigens sein ganzes leben lang gekokst, bei göthe gabs zeiten in denen er weniger trank inder regel jedoch 3 flaschen wein am tag. voltaire war so opiumsüchtig das er täglich 30 gramm genommen hat (glaub ich nicht). Um die grässliche last der zeit nicht zu spüren die euch die schultern bricht müsst ihr euch unaufhörlich berauschen (baudelaire). georg trakl wurde apotheker und nahm alles in mengen starb mit 26 an einer überdosis kokain (herzlähmung) maupassant nahm auch alles was man damals so bekommen konnte hasch, opium, kokain morphium und chlorophorm ebenso wie theophile gautier ein freund von baudelaire sowie verlaine der mit 18 alkoholiker war eta hoffmann soff täglich am liebsten bis zum zustand des delieriens und empfand dabei eine übereinstimmung von farben tönen und düften. toulouse lautrec edgar allen poe, jack london, fitzgerald starben alle

keine 40 jahre alt am alkohol.mmmmmmmm

nimm was dann wirst du was (fazit)

hab heute weltschmerz, läge lieber mit dir im schmusebett und wäre melancholisch.

sta tt dessen als sei es nicht genug blöde irre um mich. hab gewissensbis se, meine einstellung ist wohl faschistoid, aber manchmal sind die iren mir wie parasiten mücken ich könnte d4raufschlagen nur scheiße scheiße im kopf ideenloser abschaum dazu sind sie alle hässlich sie sind einfach hässlich. heute krieg ich schon wieder eine heidenwut wenn die mich an quatschenund könnte sie würgen. Ich kann auch kein mitleid mit denen haben nichts alles weg ich find das schon ein bischen schlimm das ich so fühle, es irritiert mich.

es kann mich heute wieder nichts erheitern. ich sollte mich mal wieder krank schreiben lassen solange das wetter schön ist, ich binb viel zu abhängig von äußeren einflüssen keine inspiration mehr jammer jammer. werde mir gleich einen durchziehen und klavierspielen.MMMMMMMMMMMMMMM

jammmertoto

Robby Müller meinte am Telefon: «… wann du willst in Doitzschland was machen mit Fiöllm, dann muss tu nach München kommen.» Seine holländische Aussprache fand ich sehr charmant.

Anfang Februar 1979 bezog ich ein 27-Quadratmeter-Apartment in der Barer Straße 60 in Schwabing, nahe der Alten Pinakothek, wenige Schritte entfernt vom Schellingsalon, einer Gaststätte, die, so hieß es, einst Adolf Hitler besucht hatte. Mit wenigen Mitteln hatte ich mich, bis auf den Flokati und etwas Geschirr, neu eingerichtet.

«Holz riecht nach Tod und Verwesung!» Verächtlich verzog der kreative Christof bei seiner Feststellung Nase und Oberlippe. Hellrosa Plastikbahnen löcherte er an einer Seite, zog eine Stange durch – tolle Gardinen. Clever waren seine Ideen, einfach und genial. Vom Bau nahm er eine gelbe gefältelte Kunststoffröhre, die sich auseinanderziehen ließ, schob drei Neonröhren hinein, und schon besaß ich eine drei Meter lange avantgardistische Lampe. Von allen möglichen Kunststoff-Firmen aus ganz Deutschland ließ er sich kostenlose Proben schicken und hatte innerhalb kürzester Zeit ein ansehnliches Acryl- und Plexiglaslager. Zum Entsetzen seiner Mama stank es in seiner werkstattähnlichen Studentenbude giftig, die gute Kochplatte wurde missbraucht zum Erhitzen sperrigen Materials und zum Schneiden sein Käsemesser. Ohrringe, Broschen und Armreifen in schrillen Neonfarben verzierten als zeitgemäßer Avantgarde-Schmuck seine zahlreichen Freundinnen. In München war ich die Erste mit Acryljuwelen.

Café Capri, Leopoldstraße. Die kleine Theke war ab halb sechs umstellt mit allen möglichen Leuten, die in München irgendwie wichtig waren oder sich so vorkamen. Ich lernte Richard L. Wagner, einen jungen Nachwuchsschriftsteller mit Regieambitionen, kennen, der soeben seine erste Veröffentlichung herausgebracht hatte und vor Stolz darüber platzte. Er rollte stark das «R» beim Sprechen und stammte aus dem Allgäu.

Sein Buch *Neonschatten* beschrieb seine Erlebnisse mit Mädchen in der Großstadt München. Vor allem der Filmkritiker Eckhard

Schmidt, der seinerseits zwei Jahre später zu gewissem Ruhm kommen sollte durch seine Regiearbeit *Der Fan* mit der jungen Désirée Nosbusch als fanatisiertem Teenager mit kannibalischen Bedürfnissen, pries ihn als talentierten Geheimtipp mit leuchtender Zukunft. Schmidt lobte den R.L. Wagner über die Maßen. Ich war mächtig beeindruckt. Bis ich sein Büchlein las und den Text nicht nur dürftig, sondern richtig enttäuschend fand. Was fanden die alle bloß an dem Typen, an dem dünnen Heftchen? Wie hatte er es geschafft, sich damit derart interessant zu machen?

Schnell wurde ich vertraut mit Eckhard Schmidt, seiner wirklich netten Frau Isi und mit Richard L. Wagner. Unter all den Leuten, die am frühen Abend im Capri rumlungerten, befanden sich einige, die was mit Film zu tun hatten. Michael Fengler von der Albatros Produktion, die er zusammen mit dem Rainer Werner Fassbinder hatte, kam fast täglich vorbei, im Schlepptau den Filmemacher Klaus Lemke («Bis fünfzig ist man Jungfilmer!»). Nach wie vor bewunderte ich Lemke für seinen Kiffer-Film *Mein schönes kurzes Leben*, der seine derzeitigen Jungstars Ingeborg Maria Kretschmer, selbst ernannte «Cleo», und Wolfgang Fierek in seinem letzten Werk *Ein komischer Heiliger* zusammengebracht hatte. Fenglers derzeitige Freundin hatte eine eigene Produktion, Sita Film. Sie gab mir meinen allerersten, miserabel bezahlten Job «beim Film»: ordnen und Flohmarkt-Verkauf der miefigen Originalkostüme des Fassbinder-Films *Die Ehe der Maria Braun*. Zwischendurch rief ich immer mal wieder Robby Müller an, der mich weiterverwies an eine gewisse Jeanine Meerapfel, die jedoch nicht das geringste Interesse daran hatte, mich kennenzulernen oder weiterzuvermitteln. Am Telefon berichtete ich Peter Bogdanovich von meinen Schwierigkeiten. Er riet mir, möglicherweise hätte ich es einfacher, wenn ich erwähnte, dass ich mit ihm zusammengearbeitet hatte. Viel half mir das nicht; im Gegenteil, irgendwie guckten mich die Leute ein bisschen seltsam an – oder bildete ich mir das nur ein? Fast ein Dreivierteljahr später nahm ich mal einen Lover mit, der zufällig ein paar rumliegende Fotos von Singapur und Los Angeles entdeckte, und in den frühen Morgenstunden rief Peter an. Ungläubig starrte mich Hub an und meinte, nachdem ich aufgelegt hatte: «Na, das stimmt ja wirklich mit dem Bogdanovich! Halb München lacht sich seit Monaten hinter deinem Rücken kaputt – keiner hat dich ernst genommen, von wegen, die hat mit dem Bogdanovich gearbeitet und so … –» Betroffen wandte mich ab. Er bekam nicht mit, wie verletzt ich mich fühlte. Eigentlich hätte ich es wissen müssen, das passierte mir doch mein Leben lang, dass ich für eine Angeberin gehalten wurde. Wütend biss ich mir auf die Unterlippe. Was kann ich dafür, dass mein Leben bisher so und nicht anders verlaufen ist? Warum hatte ich immer das Gefühl, ich müsste mich rechtfertigen? Wut und Zorn schüttelten mich. Na, die würden sich alle noch wundern.

Dann ergab sich mein zweiter Job als Aufnahmeleitung – nach dem ersten in Singapur. Aufnahmeleitung ist wirklich ein sehr aufreibender Job. Ohne einen tüchtigen Aufnahmeleiter kann man keinen Film drehen.

Schräg gegenüber vom Café war das silberne Wohn-Bus-Ungetüm von Uschi Obermaier und ihrem angeberischen Macker mit dem scheußlichen Schnurrbart geparkt. Das Café Capri auf der Leopoldstraße hatte Stühle und Tische rausgestellt und quoll über vor Leuten. Ganz weiß angezogen standen da Bernd Brummbär, Experte für Donald-Duckismus, Helmut Dietl, dunkel gekleidet ein Schreiber namens Wolf Wondratschek, Schauspielernachwuchs Michael Lesch, eine bemerkenswert schöne Barbara Rudnik, ferner der wie R. L. Wagner aus Kaufbeuren stammende angehende Film- und Klatschexperte Georg Seitz mit hellblondem, zeigefingerlangem Deckhaar und Veranlagung zum Doppelkinn. Marianne Sägebrecht bestellte großzügig Eis für ihre *Laterna Magica*-Mitarbeiter. An einem Tisch hockte Regisseur Wolfgang Büld mit seiner Flamme April de Luca und seiner langweilig aussehenden Mitbewohnerin Gisela Weilemann. Horatius Häberle, selbst an die zwei Meter groß, machte man sofort Platz, denn sein riesenhafter, tapsiger Wolfshund flößte Respekt ein. Michael Farin fiel ebenfalls auf durch ungewöhnliche Proportionen: insgesamt zu lang und dünn, zu niedliches Näschen, zu kleiner, zierlicher Schädel. Durch Farin lernte ich einiges über

Sadomasochismus in der Literatur. In Gesellschaft von Richard L. Wagner, Bobby Roth, Michi Heinkel, Werner, Anna Schröder, Pietro Giardini, Fufi, Roswitha, Ian Moorse, Alexandra Beau, Coco Houwer, Martin Moskowitz, Antoinette, Niki Müllerschön, seiner Schwester Nana mit ihrem norditalienischen Freund Hugo, Nanas bester Freundin Anne mit raspelkurzem, glatt nach hinten gekämmtem Haar, und vielen anderen saß ich bei Cappuccino und Campari in der frühlingshaft warmen Luft, als mir am Nachbartisch ausgerechnet bei Fengler und Lemke ein bärtiger, braunhaariger Mann von beträchtlicher Leibesfülle auffiel. Der Dicke trug ein schreiend orangenes Oberhemd mit ausladenden Kragenspitzen wie Flügel, die oberen Knöpfe geöffnet, und eine bis auf die Brust hängende grobgliedrige Silberkette mit einem arabischen Amulett, dessen Größe zu seinem massigen Körper passte. Die «Hand der Fatima». Warum trug er dieses auffällige Schmuckstück? Und wo hatte ich den Mann schon mal gesehen? Lemke und Fengler erzählten, sie seien vorgestern aus Tunesien zurückgekommen, ohne eine Drehgenehmigung. Aufmerksam spitzte ich meine Ohren. Schweigend besah sich der Mann die Schaumkrone seines Getränks, während Lemke wiederholt beteuerte, alles versucht zu haben. «Ihr braucht 'ne Drehgenehmigung in Tunesien?» Fengler und Lemke starrten mich an. Der Dicke guckte immer noch auf seine Tasse, Michael Fengler machte eine abfällige Handbewegung in meine Richtung. «Da, die Bekloppte, die überall erzählt, sie hätte beim Bogdanovich in Los Angeles gearbeitet.» Diese Bogdanovich-Geschichte hing mir derart zum Hals raus, dass ich mittlerweile verbreitete, ich sei Sekretärin bei Siemens. Langsam ließ der Dicke seinen Blick von seinem Getränk hochwandern, bis er mir fest in die Augen sah. «Falsch. Nicht überall», setzte ich ruhig dagegen. Der Dicke betrachtete mich gelassen, nahm einen Schluck aus seiner Tasse. «Du hast bei Peter Bogdanovich gearbeitet?» Seine Stimme passte zu ihm. «Warum eine Fatima-Hand?» Ich wies auf sein schweres, silbernes Amulett. Gemütlich trank er weiter. «Lass uns doch zusammen essen, halb neun bei Romano.»

Ein Stammgast im *Romagna Antica.* Skeptisch lächelnd schaute mich Klaus Lemke an. Ich spürte, ich war ihm irgendwie nicht geheuer, irgendwas an mir störte ihn. Fengler grinste dämlich in die Runde. «Ich heiße Peter», sagte der Dicke freundlich.

Beim Abendessen (er trug nun ein violettes Hemd) stellte sich heraus, woher er mir bekannt vorkam. In Werner Herzogs *Aguirre, der Zorn Gottes* wurde er am Arsch der Welt irgendwo in der Wildnis des Amazonas von Klaus Kinski zum Kaiser gekrönt.

«Außerdem war ich der Bronski in Fassbinders *Die Ehe der Maria Braun*, hast du den gesehen?» Angeregt unterhielten wir uns bei Weißwein und leckerem Essen, bis Romano schließen wollte. Hin und wieder kam jemand zu unserem Tisch, um mit meinem neuen Bekannten ein paar Worte zu wechseln; er schien Gott und die Welt zu kennen. Jedes Mal stellte mich Peter Berling vor. Außer Alexander Kluge, der sehr nett, höflich und neugierig war, war mir niemand ein Begriff. Berling sorgte dafür, dass mir Michael Fengler den Job gab. «Wenn du fertig bist in Tunesien, kommst du zu mir nach Rom?»

Fengler sorgte dafür, dass mir meine Aufgabe fast unlösbar gemacht wurde, doch ich war zäher, als er dachte. Ob Peter Berling eigentlich wusste, was der Fengler für ein Arschloch war? Ich fragte ihn nicht. Schließlich ging es mich nichts an. Von oben herab schob Fengler mir meinen Arbeitsvertrag zu. «Wie viel?» Ich hatte nicht die geringste Ahnung, wie so ein Job normalerweise bezahlt wurde, und das merkte mir der abgebrühte Fengler auf der Stelle an. «Äh, dreihundertfünfzig–»

«Gut, unterschreib hier!», unterbrach er mich. Was jetzt, dreihundertfünfzig für zwei Wochen? Ich unterschrieb meinen ersten Arbeitsvertrag im deutschen Filmgeschäft. «Also», meinte Fengler und lehnte sich befriedigt in seinen Sessel zurück, «dreihundertfünfzig Mark die Woche mal zwei macht siebenhundert Mark!» Siebenhundert Mark für zwei Wochen? Ich versuchte, meine Freude zu verbergen. Was ich nicht wusste: Fengler hatte meine Unkenntnis schamlos ausgenutzt. Ich hätte mehr als das Doppelte, nämlich siebenhundert, wenn nicht achthundert Mark Honorar für eine Woche

Auslandsarbeit bekommen müssen. Verrechnungsgeld für Unterkunft, Verpflegung, Transporte und so weiter natürlich extra. Fengler, der Ausbeuter, war ganz in seinem Element. Er konnte mich so wenig leiden, dass er es sich sogar was kosten ließ, mich in München unmöglich zu machen. Mit viel zu wenig Produktionsgeld schickte er mich nach Tunesien, um innerhalb von zwei Wochen Genehmigungen für verschiedene Drehorte zu besorgen, für Klaus Lemkes Projekt *Arabische Nächte* mit Cleo Kretschmer, Wolfgang Fierek, Mischa Lampert und einer völlig Unbekannten namens Christina Giannakopoulos. Diesen griechischen Namen fanden sie zu anstrengend. Cleo kam auf die glorreiche Idee, das blonde Mädchen «Dolly Dollar» zu nennen. Dolly Dollar – wie sieht jemand aus mit so einem blödsinnigen Namen? «Sie hat die größte Oberweite, die ich je gesehen habe», erklärte der Produktionsassistent irritiert, «und so ganz weiß und rosa, lila und blau durchzogen von Adern, ich war richtig erschrocken, als ich sie zum ersten Mal sah, und darüber ist so ein völlig unpassendes junges Unschuldsengelgesicht. Im Gesicht sieht sie aus wie ein kleines Kind.»

Diese reduzierte Beschreibung schockierte mich. Ob sie wohl über mich ähnlich redeten?

Ohne meinen tunesischen Freund Foued hätte ich es nicht geschafft. Was ich in den folgenden zwei Wochen in Tunesien erlebte, um die Drehgenehmigung zu kriegen, spottete jeder Beschreibung. Irgendwann war der Horror zu Ende: Sonntagnachmittag Landung auf dem Münchener Flughafen. Zwei Stunden später konnte ich in meiner Wohnung in der Barer Straße endlich wieder Platten von *The Cure* und *Suicide* auflegen. Am späten Montagvormittag nahm Michael Fengler, ohne eine Miene zu verziehen, die Drehgenehmigungen für Tunis und Umgebung entgegen. Wie ich sie erkämpft hatte, interessierte nicht. Fengler bezog auch keine Stellung zu meinem Vorwurf, er habe mich nicht nur unter falschen Voraussetzungen (bei der deutschen Botschaft in Tunis hatten sie die *Albatros Filmproduktion* in so schlechter Erinnerung, dass mir die Zusammenarbeit verweigert wurde, weil Fengler und Lemke alles versaut hatten. Natürlich hatten die zwei mir das verschwiegen), sondern auch ohne genügend Verrechnungsgeld nach Tunesien fliegen lassen.

«... Fernschreiben, Geld ist unterwegs, stimmte doch nicht. Ich war gezwungen, mir Geld zu leihen. Weißt du eigentlich, dass ich ein neues Drehbuch schreiben musste, komplett mit Dialogen, Einstellungen und allem, was dazugehört. Auf Französisch, Mann. Weil die eures araberfeindlich fanden, sonst wäre keine Drehgenehmigung ...–!»

Fengler servierte mich so kalt ab, dass ich auf der Straße in wütende Tränen ausbrach. Nur unter dem Einfluss Peter Berlings war Fengler nach einigen Tagen dazu zu bewegen, dem hilfreichen Bankdirektor Monsieur Moncef seine Kohle nach Tunis zu überweisen.

«Iggy Pop! Wer interessiert sich denn für so'n fertigen Gitarren-Opa von vorgestern, die Vorband, die ist interessant!» Wie sagte Ralf Hütter im Interview in der Glotze: Jeder, der heutzutage noch eine Gitarre in die Hand nimmt, begeht einen nostalgischen Akt. Wie recht der Mann hat.

Eines lauen Frühsommerabends stand ich mit Heidegger, Ian Moorse, Richard L. Wagner und meinem heimlichen Schwarm, dem blonden, blauäugigen Michi Heinkel mit dem herrlichen Profil, und anderen in der Schlange vor dem Eingang zum Circus Krone Bau. Ian lästerte in seiner typischen tiefen Stimme, extra langsam, monoton, um seine Langeweile zu unterstreichen. Eifrig nickend pflichtete der lange Heidegger ihm bei. «Jo, die sind super. Das muss man sich mal auf der Zunge zergehen lassen: *The Human League*, Vorgruppe beim Pop, dem ollen Junkiewrack, wer will den jetzt noch sehen!»

Iggy Pop – Junkie? Viele tausend Menschen wollten diesen Pop, das Wrack, sehen. In dem Gedränge verlor ich meine Leute. Sorgfältig geschminkt, eingehüllt in *Cinnabar* von Estée Lauder, arbeitete ich mich weiter vor. Ungefähr zehn Meter vor der Bühne stellte ich mich neben eine Meute langhaariger Motorradrocker. Die Lichter gingen aus, ein riesiger Monitor auf der Bühne flimmerte blitzend auf. Drei schemenhafte Gestalten warfen harte Schlagschatten, standen regungslos vor der Leinwand. Zugleich mit dem ersten Foto hallte volltönend eine tiefe Männerstimme durch den Kuppelbau des Circus Krone: «Listen to the voice of Buddha!» Augenblicklich hagelte es nie gehörte, völlig neue elektronische Klänge zu zischendem Hammer-Rhythmus. Diapositive zeigten in rascher Folge Autobahnen, Fabriken, Hochhäuser, Aufzüge, Ampeln an Kreuzungen, Einkaufszentren, Verkehrschaos, Menschenmengen in engen Straßenschluchten, dazwischen Nummern, Zahlen und Ziffern, verfremdet, verzerrt, in Schwarz-Weiß und Grüntönen, zur Unterstützung der elektronischen Musik der Ur-Human-League-Formation. Iggy Pop war mir, so seltsam es klingt, bisher nicht bekannt. Heideggers und Ians abfällige Ansichten über ihn teilte ich nur bedingt, hinsichtlich seines fortgeschrittenen Alters bestimmt jenseits der dreißig gab ich den beiden allerdings recht. Seine Stimme und die rohe Musik gefielen mir sofort, doch entsprach seine Show nicht dem Zeitgeist (er zog ab und zu die Hose runter und streckte dem eher irritierten als erfreuten Publikum seinen nackten Arsch hin). Er war ja schon sehr alt, und vielleicht wusste er nichts von «New Wave». Nach dem Konzert drängten die Menschenmassen zu den Ausgängen. Ich zog es vor abzuwarten, bis sich der Krone-Bau möglichst geleert hatte. Während ich die Menschen beobachtete und mir auffiel, wie viele verschiedene «Stämme» mit ihren eigentümlichen Looks, Frisuren und Kennzeichen es in einer großen Stadt gab, zupfte mich jemand am Arm. Eine kleine, zierliche Asiatin: «Would you like to have a drink with Iggy?» Erwartungsvoll blickte mich die Frau aus ihren geschlitzten Augen an. «Alright, let's go.» Sie packte mich einfach am Arm und zog mich sanft drängend mit sich. Lange Flure, Treppen, Türen, Leute von der Presse und andere Menschen. Wenn er doof ist, haue ich einfach ab. Zielstrebig öffnete meine Führerin eine Stahltüre. Es passte mir nicht, dass sie mich im Rücken packte und hineinschob. Entsprechend unfreundlich blickte ich in einen kargen, fensterlosen Kellerraum, wo Iggy Pop mit übereinandergeschlagenen Beinen nackt auf einem rostigen Hocker saß. Schweißüberströmt, schmalhüftig, unbehaart und glatt wie ein Ostzonen-Resopaltisch. Ein Badetuch war um seinen Hals geschlungen, mit einem Ende rubbelte er sich durch die nassen Haare. Er sah mich aus schmalen Augen kurz an, ohne seine Tätigkeit zu unterbrechen.

Im selben Moment wurde die Türe geöffnet, ein anderes blondes Mädchen stolperte herein. Im Bruchteil einer Sekunde: «I take you!» Die drei Worte waren noch nicht zu Ende gesprochen, da hatte die eifrige Asiatin das andere Mädchen auch schon wieder hinausbugsiert. «Have a seat. My name is Jimmy. How are you? What's your name?» Auf Anhieb fand ich Jimmys unkomplizierte, direkte Art sympathisch. Sein Geburtsname James Osterberg sei fürs Showgeschäft ungeeignet, er habe es gerne, wenn ihn Freunde Jimmy nennten. Völlig selbstverständlich stand er nackt auf, ging rüber zu den Betreuern, um was zu besprechen, wandte sich freundlich lächelnd um zu mir, gleich sei er nur noch für mich da. Wann hatte ich so was zuletzt gehört? Hatte das überhaupt schon mal jemand zu mir gesagt? «Gleich bin ich nur noch für dich da, Muriel.» Es war dieser Satz, nicht nur das Aussprechen meines Namens, diese besondere Einfühlsamkeit, die mich dahinschmelzen ließ. Zweifellos, der Typ hatte Charme, auch wenn er schon so alt war. Dass mich jemand so beachtete, obwohl er mich doch gar nicht kannte – das tat mir gut. So kam es, dass ich Jimmy in mein Herz schloss. Kurze Zeit später, im Fond eines Taxis, schlang Jimmy den Arm um mich und ließ mich bis zum Morgen nicht mehr los. Wie alte Freunde, die sich lange nicht gesehen hatten, plauderten wir lebhaft drauflos. Das Taxi folgte drei anderen. Die Kolonne hielt in der Maximilianstraße vor einem Lokal wenige Häuser neben dem «Hotel Vier Jahreszeiten». Wir stiegen eng umschlungen die Treppe runter, sein angenehmer Geruch stieg mir in die Nase. Während des Essens widmete sich Jimmy geduldig seinen Betreuern von der Plattenfirma und seiner Crew und hielt bei all dem die ganze Zeit meine Hand. Er kümmerte sich sehr um mich, war besorgt, ob mir das Essen schmeckte, ob ich genug zu trinken hätte, ob ich noch etwas brauchte, ob ich mich wohl fühlte. Weder er noch ich tranken außer einem halben Glas Weißwein weiteren Alkohol. Zwischendurch küsste er plötzlich und unvermittelt meine Finger und sah mich währenddessen unverwandt an. Darauf war ich nicht vorbereitet, weil ich den vielfältigen, interessanten Wahrnehmungen meines Geruchssinns nachgehangen war. Ich bebte, ohne dass ich es verhindern konnte, ebenso wenig schaffte ich es, seinem Blick standzuhalten, also schloss ich die Augen und lehnte mich zurück. Ich ließ machen und genoss. Von dem Drumherum und den ganzen aufgeregten Leuten bekam ich nicht so viel mit. Nach ungefähr eineinhalb Stunden flüsterte er mir ins Ohr, er habe keine Lust, ins Hotel zu gehen. «Brauchst du ja auch nicht.» Ich konnte nur noch unregelmäßig atmen und hauchte in sein Ohr. Seine Finger umspielten meine Oberschenkelinnenseiten, nicht sichtbar für andere, unterm Tisch. Ich öffnete die Schenkel und schloss sie gleich darauf wieder, klemmte seine Hand ein, spannte die Muskeln kräftig an und ließ wieder los. Ich fühlte mich seltsam entspannt und erregt. Schwindelig war mir auch. Es wurde Zeit, das Restaurant zu verlassen. Im Auto auf dem Rücksitz steckten wir jeweils eine Hand in die Hose des anderen. An den roten Ampeln, wenn das Taxi stand, hörte ich uns laut stöhnen. Der Fahrer meinte schließlich, jetzt würde er uns rausschmeißen, doch da waren wir schon vor meiner Wohnung. Kaum hatten wir die Türe zu meiner Wohnung hinter uns geschlossen, grunzten und schnurrten und quiekten, griffen, packten, fassten, bissen, schleckten, schmatzen, lutschten wir uns hoch und wieder runter. Wir rissen uns die Kleider runter und rollten, robbten, schoben und stießen uns auf dem Boden durch den Flur, vorbei an der unaufgeräumten Küche und dem Römertopf mit dem halb abgenagten Hähnchen von vorgestern, durch die offene Tür in das große Zimmer. Wir schafften es nicht mehr bis zum Bett, nur bis zu dem Teppich davor. Scheiße, Scheiße, durchzuckte es mich blitzartig, ist der blöde Flokati haarig, und versuchte, Iggy Pop zum bequemeren Ficken runter vom Flokati auf den braun-beige-grauen Teppichboden draufzurollen, was aber im Eifer des Gefechts gar nicht so leicht war, und so rollte ich mit ihm hin und her und schließlich zurück, unaufhaltsam auf den unzeitgemäßen, zotteligen, nicht mehr wirklich weißen griechischen Hirtenteppich zu. Er interpretierte meinen schrillen Aufschrei offensichtlich nicht als ernst gemeinte Äußerung der Scham wegen dem blöden Ding. Und kam dermaßen in Fahrt, dass er mich ansteckte mit seinem barbarischen, rauschhaften Sexualverhalten, dass mir das unmoderne zottelige Relikt aus vergangenen Hippiezeiten herzlich egal wurde und ich nur noch zusah, einen feinen Multi-Flash zu kriegen. Jimmy machte mir viel Freude, man kann sagen, dass wir großartig miteinander harmonierten. Allerdings wunderte ich mich über seine schwer vernarbte Brust, mehr noch, warum ein so schlanker, drahtig und muskulös aussehender Kerl derart weiche Schlabberpäckchen hat. Es mochte mit seinem Alter zu tun haben. Hoffentlich merkte er mir meine Irritation nicht so an. Bald sollte ich das Geheimnis seiner muskulösen Statur herausfinden. Langsam dämmerte der Morgen. Die Tauben machten ab vier Uhr dreißig einen Heidenlärm, und als die erste Straßenbahn vorbeiratterte, wackelten die Fensterscheiben. Wir hörten leise *Telex*. Er kannte die belgische Band nicht. Zufrieden lagen wir eng umschlungen auf meinem Bett. Jimmy küsste meinen Arm. Er hielt inne und wies auf die Narben an meinen Armbeugen. Zögernd nickte ich und versuchte, ihn nicht merken zu lassen, wie ich gerade mit der anderen Hand einen nervenden Flokatifaden aus meinem klebrigen Getriebe zu ziehen versuchte. Er fuhr fort: «Aber jetzt nicht mehr, das sehe ich. Keine Sorge, ich hab keine Lust, dich auszufragen. Ich hab's hinter mir, nach vielen Jahren bin ich endlich ein Ex-Junkie. Weißt du, wie froh ich darüber bin, dass ich mich jetzt viel freier fühle. Und wenn das nichts wird mit der Musik, ich meine, wenn ich nicht Nummer eins werde, dann mache ich in Berlin eine Kneipe auf. I'll run a Kneipe in Berlin.»

«Wieso in Berlin?», wollte ich wissen.

«Ich wohne da, Berlin ist eine feine Stadt, wenn du nach Berlin kommst, besuchst du mich und David in der Hauptstraße 1.»

«Was für ein David?»

«Ich wohne dort mit David Bowie zusammen, wusstest du das nicht?»

Ich knuffte Jimmy in die Seite. «Woher soll ich das wissen, du Hallodri?» Er verzog die Augenbrauen, wollte mit unbeholfener Aussprache wissen: «What is Hallo-die?» Ich kicherte: «... Hallodri, das sagt man so in Deutsch, ein Hallodri das ist so ähnlich wie, na, wie Popanz oder wie Tausendsassa, glaube ich!» Er setzte sich auf: «Was? Po-pännz? Thousandsassa?» «Na, so was wie ein Hansdampf in allen Gassen, ein Springinsfeld, ein Spitzbube, außerdem gibt's noch die abartige Bezeichnung Hagestolz …»

Ich bekam einen Lachanfall und wälzte mich auf dem Bett. Übermüdet und aufgekratzt fügte ich meiner Liste für merkwürdige Worte noch schnell den Begriff «Mummenschanz» hinzu, dann rief ich bei strahlendem Sonnenschein gegen neun Uhr früh bei der Taxizentrale an. «Einen Wagen», Jimmy leckte unterdessen meinen Nacken ab, «von der Barer Straße 60 zum Hilton.»

Es war nicht möglich, normal zu duschen, weil wir die Hände nicht voneinander lassen konnten. Beinahe wären wir ausgerutscht, als wir versuchten, unterm Wasserstrahl zu poppen. Mit abgestelltem Wasser klappte es, doch mussten wir anschließend sofort wieder duschen. Das taten wir dann einzeln. Die ganze Taxifahrt über streichelte Jimmy meine Hand. Im Hilton kam jemand zielstrebig auf ihn zu. Die beiden redeten kurz miteinander, dann legte Jimmy seinen Arm um meine Taille und lotste mich zu den Aufzügen. Einer der Lifte sprang mit diesem Klingelgeräusch auf. In einem der oberen Stockwerke betraten wir ein luxuriöses Zimmer, wo ein langweilig aussehender Mann – schütteres Haar, dicker Bauch, Lodenjacke – sichtlich erleichtert aufatmete, gleichwohl er Jimmy auf plump-verschwörerische Art ein-, zweimal ein Auge kniff und wie eine tadelnde Mutti spielerisch mit erhobenem Zeigefinger drohte.

«Muriel, this is Doctor Legal from Munich», stellte Jimmy mir den Herrn vor, der umständlich in einem großen schwarzen Arztkoffer wühlte. Ich versuchte, meine Belustigung über den Namen zu verbergen. Der Doktor Legal lächelte mich höflich an, während er die Ampulle köpfte und deren Inhalt in die Spritze aufzog. Erstaunlich freimütig erhielt ich Antwort auf meine Nachfrage. Iggy Pops Muskeln stellten keine wirklichen Muskeln im medizinisch-biologischen Sinne dar, sondern waren durch Anabolikaspritzen sorgfältig gezüchtete Kunstwerke. «Ist das legal?»

«Ich brauch die Muskeln beruflich, wen interessiert's, woher ich sie kriege.» Ungerührt zog Jimmy auf eine Kopfbewegung des Doktors hin seine Hose runter, stützte sich mit durchgestreckten Armen auf dem Nachttisch ab und streckte dem Arzt sein Hinterteil entgegen.

«Manchmal könnte ich mich totlachen; wenn ich mir auf der Bühne mit Rasierklingen die Brust aufritze, geht das Publikum vor Andacht fast in die Knie, um Gottes willen, der Iggy Pop, was macht der da bloß, ooh, der blutet ja richtig, der ist ja ein ganz Harter, oder, ooh, was fürn sensibler Kerl. So kriegt jeder, was er erwartet, die Leute bezahlen dafür, stimmt's, Doc?» Jimmy kicherte amüsiert. Zaghaft stimmte der Dr. Legal in das Gelächter mit ein und zog noch eine Spritze auf. Nun war mir klar, warum Jimmys Muskeln so dehnbar wie Kaugummi schienen, obwohl ich natürlich zugeben muss, dass sie rein optisch gelungen waren. Wie clever: Mit einem Minimum an Aufwand wurde ein Maximum an Gewinn erzielt. Doktor Legal packte seine illegalen Sachen nach ein paar Schüssen wieder ein und freute sich über ein extra für ihn signiertes Album. Auf der Nahaufnahme von Jimmys Gesicht vorne auf dem Plattencover hat sich ein Make-up-Künstler gehörige Mühe gegeben. Herausgekommen ist das Gegenteil. Viel zu viel Foundation, Puder, Lippenstift und Mascara. Von nahem betrachtet, sah sein Gesicht noch älter aus. Das Geheimnis der ewigen Jugend seiner Muskeln in Form von Anabolikaspritzen hatte er vor mir zu keinem Zeitpunkt verborgen. In der kurzen Zeit, in der ich mit James Osterberg zusammen war, erwies er sich als hingebungsvoller Liebhaber von geradezu rührender Fürsorglichkeit. Dafür werde ich ihm immer dankbar sein.

Von München nahm ich den Zug nach Rom. In Trastevere bewohnte Peter Berling eine Dachwohnung mit einer herrlichen Aussicht auf die umliegenden Gassen und pittoresken Häuser. Ich war von Anfang an beeindruckt von seiner Persönlichkeit, doch wirkte sein enormer Leibesumfang auf mich so abtörnend, dass ich mich in einer zwiespältigen Lage befand, obwohl er sonst alles hatte, was ich mir von einem Mann wünschte. Er war abenteuerlustig, risikobereit, besaß einen scharfen Verstand, menschliche Größe, Großzügigkeit, Herzensgüte, intellektuelle Bildung, Charme und eine gehörige Portion schwarzen Humor. Nachsinnend über die quälende Frage, was ich nun anregender fand, scharfen Verstand oder körperliche Vollkommenheit, und ob ich nicht nur ungerecht, sondern auch selten dumm sei, saß ich auf seiner Terrasse. «Warum wohnst du hier in Rom?», fragte ich Peter und starrte auf seinen silbernen Anhänger, der schimmernd das Licht reflektierte. Die Hand der Fatima, die er niemals ablegte. «Steuer», lautete die offene Antwort, «ich halte mich immer da auf, wo es gerade am günstigsten ist, Schweiz, Deutschland, Italien.» Das Telefon klingelte mal wieder. Hin und wieder sollte ich den Telefonhörer abnehmen. Manchmal kannte ich die Anrufer dem Namen nach, die meisten waren mir unbekannt. Da meldeten sich auf Italienisch, Deutsch, Schweizerisch, Österreichisch, Französisch und Englisch, manche mit grässlichem Akzent, Leute von der Presse, von der Steuer, von der Cinecittà, von diversen Filmproduktionen, vom Filmverlag der Autoren aus München, Mario Adorf, Klaus Kinski und ein gewisser Raimund Harmstorf – und dessen deutsche Freundin auf der Suche nach ihm –, mit dem er eine ganz spezielle Freundschaft pflegte.

Weil der Berling viel lieber in Restaurants als in Discos ging, ich aber für mein Leben gerne tanze, gab er mir Raimund Harmsdorf als Begleiter mit. Ich donnerte mich auf, packte was von dem starken Gras und Blättchen ein und parfümierte mich großzügig mit Yves Saint Laurents *Opium*. Es klingelte. «Bis später, Peter!» Ein Taxi stand mit laufendem Motor in der engen Gasse. Raimund, hinten in den Fond, hielt die Tür auf: Lächelnd starrte er mich mit aufgerissenen Augen erwartungsvoll an. Ein kurzer Blick auf dieses Extremgrinsen, und ich nahm vorne neben dem Fahrer Platz. Raimund machte sich nicht das Geringste daraus, er schloss die Tür, lehnte sich von hinten ganz weit nach vorn, schön nahe an mein Ohr. Unterwegs laberte er mich voll, wie er heute Nachmittag nichtsahnend über eine römische Straße ging und ihn ein ganzer Bus voller deutscher Touristen erspähte. Durch die Fenster hätten sie ihm mittels der bekannten Geste (Harmsdorf zerquetscht in *Der Seewolf* eine angeblich rohe Kartoffel mit bloßer Hand – ein Umstand, der ihn über Nacht in der gesamten BRD berühmt machte) zu verstehen gegeben, wie sehr sie ihn lieben und bewundern. Außerdem sei trotz der zentimeterdicken Fensterscheiben des Reisebusses – Raimund zeigte mir mehrmals mit Daumen und Zeigefinger, wie dick – das Bewunderungskreischen seiner Fans nicht zu überhören gewesen: «Der Seewolf! Da ist der Seewolf! Der Seewolf! Huhu, Seewolf!» Ein ums andere Mal versicherte er, das mit der Kartoffel sei absolut echt, wenn jetzt eine Kartoffel hier wäre, würde er sie in null Komma nix vor meinen Augen zerquetschen. Als wir endlich unser Ziel erreichten, war ich verwirrt und schon ein bisschen erschöpft, dabei hatte die Nacht doch gerade erst angefangen. Laute Musik wummerte bis in den Vorraum. An der Kasse hing ein Schild in englischer Sprache: No narcotics. Mitten in der gut frequentierten römischen In-Discothek brüllte er mir ins Ohr, er sei nicht so spießig, wie er aussähe, worauf ich das Gras aus meiner Tasche kramte und die Blättchen drinließ. «Leider keine Blättchen!», schrie ich ihm ins Ohr. Sofort haute Raimund dem nächstbesten Römer auf die Schulter, ohne sich im Geringsten darum zu kümmern, dass dieser, ein Mädchen im Arm, die Augen bereits geschlossen hatte, ansetzte, es auf den Mund zu küssen. Der junge Römer unterbrach völlig selbstverständlich sein Vorhaben und wühlte in seiner Hosentasche. Unglaublich, aber er zog einen Packen Blättchen hervor. Amüsiert sah ich zu, wie Raimund versuchte, inmitten der wimmelnden Menge stehend einen Joint zu drehen, wobei er mir die ganze Zeit ins Ohr brüllte, denn er liebte es, sich pausenlos zu unterhalten. Das meiste konnte ich nicht verstehen, es war einfach zu laut. Mit einer Mischung aus Besorgnis, weil er so viel auf den Boden fallen ließ, und befremdlichem Staunen wegen seiner Art, Joints zu bauen, fragte ich mich, wie lange er dafür brauchen würde.

Nach zwanzig Minuten war das Werk endlich vollbracht, und er zündete den schiefen, buckeligen Joint an. Eine ordentliche Rauchwolke umgab uns. Die hübschen jungen Römer und Römerinnen schienen nicht im Geringsten konsterniert, obwohl wir, soweit ich das einschätzen konnte, die Einzigen waren, die so unbefangen einen dümmelten. Spießig war Raimund vielleicht gar nicht, aber unvorsichtig. Um keinen Preis wollte ich auffallen, ich hatte eine Heidenangst vor Bullen und Knast. Ziemlich stoned wackelten wir beide im Rhythmus der lauten Musik, wie man es macht, wenn man zugedröhnt ist. Raimund begann, übermütig um mich herumzutanzen, zog die Knie bei jedem Hüpfer so hoch er konnte, hielt die Ellbogen an seine Rippen gepresst, um ab und zu die Arme voll durchgestreckt kraftvoll in die Luft zu werfen, wobei er gleichzeitig hochsprang, die Fäuste geballt, beide Zeigefinger steil ausgestreckt und mit weit aufgerissenen Augen, jedes Mal, wenn er an einem meiner beiden Ohren vorübergesprungen kam, möglichst dicht an mir dran heulte: «Wow! WowWow! Wow! Wow! WowWow!» Da ich von seinem Verhalten völlig überrascht war und überhaupt nicht wusste, was ich tun sollte, blieb ich erstarrt stehen und hoffte, dass er nach ein paar Runden von selbst aufhören würde. Die Leute um uns herum guckten schon. Ich versuchte, Raimund zu beruhigen, doch er riss seinen Arm sofort wieder los. Ungerührt fuhr er fort mit seinem irren Hüpftanz, immer um mich herum: «Wow! WowWow! Komm schon, nicht so langweilig! Wow! WowWow! Wow!» Nach einer gefühlten halben Stunde war ich nervlich am Ende. Um uns herum hatten sich Menschentrauben gebildet, und es gab bereits die ersten Nachahmer. Das feuerte ihn erst recht an. Er sprang noch höher, schneller, weiter und schrie noch lauter, als sei er es, der den Punk erfunden habe. Dann fiel ihm auf, dass er seit geraumer Zeit das Gleiche schrie, also veränderte er den Text: «Wow! Ich find dich gut! Wow! Ich find dich gut! Wow! Ich find dich gut!» Am liebsten wäre ich im Boden versunken. Ich überlegte, ob dies hier nun lustig oder traurig war. Je mehr Leute sich um uns scharten, desto wilder wurde Raimund Harmsdorf. Vor Publikum lief er zu Höchstleistungen auf. Während ich verzweifelt nach einem Fluchtweg Ausschau hielt, versuchte er es mit einer neuen Variante: «Wow! Ich find dich gut! Ich möchte mit dir Kaffee trinken! Wow! Ich find dich gut! Ich möchte mit dir Kaffee trinken! Wow! Ich find –»

«Mein Gott, Raimund! Aus!!» Jetzt reichte es mir endgültig. Ich packte ihn am Arm, krallte mich fest, schüttelte ihn, so gut ich konnte, und brüllte ihm ins Gesicht, so laut ich konnte. Verdutzt hielt er inne. Die umstehenden Römerinnen und Römer sahen sich um ihr Vergnügen gebracht, fuchtelten mit den Armen und begannen, sich nach Landessitte lautstark einzumischen. Raimund brüllte, ebenfalls mit den Armen fuchtelnd, zurück, ich verstand nicht, worum es ging. Da merkte ich endlich, wie wahnsinnig stoned ich nach dem Gras war, und mir wurde schwindelig. Jemand half mir aus der Disco raus und rein in ein Taxi.

Am folgenden Tag tranken Peter Berling und ich mittags auf seiner Dachterrasse italienischen Kaffee aus riesigen Schalen. Frisch und mild war die Luft hier oben. Der Dunst ließ nicht zu, dass ich weiter als über die nächstgelegenen Dächer blicken konnte. Fast auf jedem befanden sich Unmengen von kleinen und großen Blumentöpfen mit Bougainvillea, Oleander, Jacaranda, Sukkulenten, Palmen und Olivenbäumen. Halbzahme Spatzen hüpften piepsend vom Boden auf den Tisch und zankten sich possierlich um Brotkrümel. Motorengeräusche, Hupen und Menschenstimmen aus den Gassen klangen herauf. Tauben gurrten auf einer defekten Dachrinne. Kindergeschrei, Schlager aus dem Radio, jemand übte sich in Operngesang, und anderswo begannen ein Mann und eine Frau sich hemmungslos zu streiten. Abends führte Peter mich zum Essen aus, in eines seiner Lieblingsrestaurants des Viertels, nicht weit weg von seiner Wohnung. Wir speisten grandios, ich wurde mit römischen Spezialitäten und erstklassigem Wein verwöhnt.

In der Nacht passierte dann, wovon ich so sehr gewünscht und gehofft hatte, dass es nie geschehen würde. Ich war gerade im Begriff einzuschlafen, als Peter, bekleidet lediglich mit einem oberschenkellangen Hemd, vor meinem Bett stand und sanft versuchte, mich zur Seite zu schieben. Wie kam er nur auf die Idee, es sei Platz für ihn auf der schmalen Liege? Ganz abgesehen davon: Was hatte ihn dazu gebracht, diesen Schritt zu wagen? Ich hatte ihm keine Veranlassung dazu gegeben. Starr spannte ich alle Glieder an, zog irritiert die Decke hoch bis über meinen Mund. Das sanfte Schieben an meiner Seite wurde drängender. «Nein, Peter, bitte», stieß ich unter der Decke unglücklich hervor. Seine Hand hielt inne, blieb jedoch schwer auf meiner Taille liegen. Er atmete laut und unregelmäßig. Dann hörte ich ihn aufstöhnen, als würde er schluchzen. Mein Herz drohte zu zerspringen, so furchtbar fühlte ich mich. Endlich zog er seine Hand zurück. Er verweilte noch einen endlosen Augenblick, dann entfernte er sich, mit langsamen Schritten, als ob er darauf wartete, dass ich ihn doch noch zu mir riefe. Das schreckliche Aufstöhnen, von dem ich glaubte, ich hätte nie zuvor derart Verzweifeltes gehört, brannte sich durch meine Ohren bis in mein Herz. Niemals wieder unternahm er einen weiteren Versuch.

Bedauerlicherweise stand seit jener Nacht etwas zwischen Peter und mir, etwas Unausgesprochenes, Hemmendes. Warum diese Eitelkeit, warum siegte dieses übermächtige Gefühl des Ekels vor dicken, älteren oder äußerlich nicht so schönen Männern sogar bei einem Ausnahmecharakter? Warum besaß ich nicht den Tiefgang, den ich doch überall forderte? Was war ich doch für eine beschissen oberflächliche Person, wie sehr ließ ich mich beeinflussen von vergänglichen Äußerlichkeiten wie Jugend, Schlankheit, Geschmeidigkeit, Schönheit. Konnte es sein, dass ich schlicht und ergreifend ein ganz dummes Huhn war? Ich hatte mir eine saftige Bindehautentzündung zugezogen, aber sobald meine Augen nicht mehr schmerzten, fuhr ich zurück nach München.

Das *Charly M.* betrieb ein gewisser Karl Meier. Der Türsteher Salvatore stammte von der Insel Ischia, besaß ein unnatürlich langes, pockennarbiges Gesicht, zeigefingerlanges schwarzes Haar, sorgfältig frisiert zu einer merkwürdigen Haube, und das gewisse Gespür. Mit sicherem Instinkt sortierte der Italiener mit dem leichten Sprachfehler die Leute aus. Als D.J. arbeitete ein Zwei-Mann-Team, ein Blonder namens Raimund und sein dunkelhaariges Faktotum George, mit auffallend gebückter Körperhaltung und lückenhaftem Gebiss, laut Eigenaussage mal Roadie bei den *Rolling Stones*. Meistens war die Musik, wie auch das stinkreiche Publikum, zum Kotzen langweilig, doch ab zwei Uhr spielten Raimund und George auch mal Deborah Harrys *Rapture* oder *Nightboat to Cairo* von *Madness*. Sachen, die mir zusagten. Nur, wenn ich die Musik wirklich mochte, betrat ich einen Laden dauerhaft. Nicht, weil Adriano Celentano mit seinen Leuten vor mir reingelassen worden war, sondern weil gerade Grace Jones' *Private Life* lief, als ich zum ersten Mal die Treppe runterging, setzte ich mir in den Kopf, dort eine Zeitlang hinter der Bar zu arbeiten.

Mit Ronny Williams' Hilfe klappte das auch; er stellte mich dem Chef vor, während *Rapper's delight* von der *Sugarhill Gang* gespielt wurde. Mir wurde die dem Eingang nächstgelegene Bar als mein Arbeitsplatz zugewiesen. Die unteren Bars neben der Tanzfläche waren immer umlagert, auch an ruhigeren Nächten unter der Woche, und wo was los war, war auch Geld. Zehn Prozent meines Umsatzes erhielt ich als monatlichen Lohn ausgezahlt, das meistens großzüge Trinkgeld durften wir täglich mitnehmen. Meine, die «obere Bar», wurde angesteuert von Gästen, die über das bloße Bedürfnis nach Entertainment hinaus Anspruchsvolleres wünschten. An der «unteren Bar» fanden sie außer überlauter Discomusik noch ein halbes Dutzend nicht nur wegen der dort herrschenden hohen Temperaturen wesentlich leichter bekleidete Kolleginnen vor. Angelika, fünf Jahre jünger als ich, schloss ich auf Anhieb ins Herz wegen ihrer direkten, unverfälschten Art. Aus dem gegenteiligen Grund stand ich innerhalb kürzester Zeit mit allen anderen Kolleginnen auf Kriegsfuß. Pure Geldgier stand manch einer mitten aufs dümmliche, scheinheilige Gesicht geschrieben, und ich staunte nicht schlecht, als ich kapierte, dass manche Männer genau solche Luder suchten. Angelikas Herz saß auf dem rechten Fleck. Nach eigener Aussage hatte sie als Halbzigeunerin einen Teil ihrer Kindheit im Heim verbracht und mit niemandem von ihrer Familie Kontakt. Fatalerweise fühlte sie sich zu Männern hingezogen, die ich nicht angeguckt hätte. An meine Bar, die ich unter der Woche allein, an Wochenenden zusammen mit einer Kollegin betrieb, kamen die Intellektuellen, die Schwafler und Laberer, die Klugscheißer, die Traurigen, die Muttersöhnchen, die Verlassenen, die Enttäuschten, die Rat- ebenso wie die Rastlosen, die Aggressiven, die von der Welt Vergessenen, die Überdrüssigen, die Gehemmten, die Verkannten und Verzweifelten. Tagsüber, im richtigen Leben, übten sie ehrbare, wichtige Berufe aus: Bankdirektor, Waffenhändler, Astrophysiker, Fürst, Choreograph, Steuerberater, Finanz- oder Immobilienmakler, Staatsanwalt, Psychiater, Richter, Schuldirektor, Edelfeinkostgeschäftsmann, Diplom-Landschaftsgartenbau-Ingenieur, Steuerrechtfachanwalt, Konzern-Erbe. Sie alle kamen mir vor wie Romanfiguren.

Schlecht gelaunt, weil ich noch immer keine Heroin-Connection hatte, und traurig wegen eines Missverständnisses mit meinem allerbesten Freund Christof kam ich nach einer versauten Pony-Schneide-Aktion mit der Nagelschere in der Hand vom Damenklo zurück hinter meine fast leere Bar. Außer drei mir unbekannten Männern mittleren Alter hatte niemand bei mir Platz genommen, alle anderen Gäste waren durchgerauscht nach unten, wo zu später Stunde der Bär tobte. Die fremden Männer sprachen nur Französisch, und der mit dem schönen braunen Teint, dem schmalen Gesicht und den hellgrauen, kinnlangen, gewellten, dichten Haaren fiel mir sofort auf, weil er fremd, unnahbar und verträumt wirkte. Pierre Illouz war ein sogenannter franco-polynesischer Mischling. Drei Wochen später rief ich meine Mutter in einer wichtigen Angelegenheit an. «Hier deine Erstgeborene, ich hoffe, dir geht's gut, ich habe da jemanden kennengelernt, weißt du, da, wo ich arbeite, in der teuren Bar, die wirklich ganz anders ist als das, was ihr so im Fernsehen seht oder worüber ihr lest –» Selbstverständlich unterbrach sie mich spitz: «Bestimmt widder son Treffpunkt für Primmitiewe oder für Rocker.»

Ich versuchte, sie zu beschwichtigen, spürte, wie Unlust mich erfasste: «Neenee, ich könnte gar nicht arbeiten in einem Laden, wo …»

Sie: «Also, du weißt ja, ich könnte das niemals …»

Ich: «Mama, ich habe einen Heiratsantrag gekriegt.»

Sie: «Heiratsantrag …»

Ich: «Der Typ ist wirklich ganz ganz prima, seine Mutter ist Tahitianerin, sein Vater Franzose –»

Sie: «Ich hatte mal einen Heiratsantrag von einem echten Baron von –»

Ich: «Der spricht kein Deutsch, nur Französisch …»

Sie: «Na, das kannste doch, also, ich bin wirklich froh, dass ich den Papa …»

Ich: «Mama, er ist ein –»

Sie, unverständlich: «Französisch sprichst. Was macht der denn beruflich?»

Ich holte tief Atem und gab mir Mühe, in möglichst kurzer Zeit möglichst viel unterzubringen, in der festen Absicht, mich nicht unterbrechen zu lassen. «Geschäftsmann, ziemlich reich, lebt auf Bora-Bora, der Nachbarinsel von Tahiti, ich hab Fotos gesehen von seiner Villa, von seinen Motocrossmaschinen und von seinem Bootssteg, weißt du, der füttert vom Bötchen aus die Haie, heißt Pierre Illouz und ist Milliardär, ihm gehören in aller Welt Ananasplantagen, sogar an der Elfenbeinküste, und Öl, Immobilien, Firmen und so weiter –»

Sie unterbrach mich natürlich: «Ist er nett?»

Ich: «Also, wirklich, Mama, er ist sehr, sehr nett –»

Sie: «An der Elfenbeinküste? Wie alt?»

Ich: «Vierzig, wirklich, an der Elfenbeinküste –»

Sie: «– wirst in drei Monaten fünfundzwanzig, liebst du ihn? Ananasplantagen an der Elfenbeinküste? Also, ich hab deinen Vater ja –»

Ich holte tief Luft: «Ich finde ihn sehr nett –»

Sie: «– also, ich habe den Baron ganz gern gemocht, aber nicht richtig geliebt, aber ich war ja auch schon verheiratet, aber selbst wenn – wirklich, Ananasplantagen?»

Ich: «Ja, ja, an der Elfenbeinküste –»

Sie: «– den Baron nicht richtig geliebt, liebst du den Mann?»

Ich hielt verwundert inne. Damit hatte ich nicht gerechnet. «Äh, nein, öh, ich weiß nicht, Mama, aber –»

Sie ließ mich nicht ausreden: «Wenn du ihn nicht liebst, solltest du es nicht tun.» Ich schwieg. So hatte ich meine Mutter nicht eingeschätzt. Ich hatte sie angerufen, um meine Bedenken mit ihrer Hilfe vom Tisch zu wischen. Ich wollte von ihr nicht hören, dass ich es nicht tun sollte. Sie hielt tatsächlich vier Sekunden den Mund, dann: «Wenn man einen Mann nicht liebt, sollte man ihn nicht heiraten.» Ich ließ sie nicht aussprechen: «Mama, Milliardär!, mehr als Millionär, noch mehr als Multi-Millionär, das ist –»

Sie quatschte dazwischen: «Du liebst ihn nicht, dann tues nicht. Putz dein Zimmer, hörste? Bei mir issja immer alles tipptopp, ich bin gut organisiert, nich wie andere Frauen, die erst mittachs anfangen und niemals färchtichtwern, ich mach das alles wuppwupp, und nammittachs spielich Tennis. Und sparen kannich, ooooh! Dasis ja sooo wichtich, das ne Frau auch richtich sparen kann …!» Verwundert, gerührt und nachdenklich senkte ich langsam den Telefonhörer. Mama, du hast mich bewahrt vorm Ersticken im goldenen Käfig. Dafür danke ich dir.

Mehrmals im Monat rief mich Peter Bogadanovich an. Er habe sich in ein sehr junges blondes Mädchen verliebt, berichtete er ganz aufgeregt, ich erfuhr, dass er sie bei oder durch Hefner kennengelernt habe, dass sich sein Leben seither völlig verändert habe und seine Schwermut wie weggeblasen sei. Peter Bogdanovich ohne Depressionen – undenkbar. Wer immer es auch fertiggebracht hatte, ihn aus seinen stets wiederkehrenden Anfällen lähmender Traurigkeit herauszuholen, verdiente ganzen Respekt.

Mein Verhängnis kam vorgefahren in einem weißen Benz, war Ende zwanzig, groß und breitschultrig und von derart schlechter Haltung, dass er buckelig schien, irgendwie nach vorne eingeknickt, schlaksig, nicht dick oder so, doch disproportioniert, von gräulicher Gesichtsfarbe, fliehendes Kinn, die Wangen gingen ohne sichtbare Kieferknochengrenze über in einen frühzeitig erschlafften Hals. Er besaß schläfrige hellbraune Augen unter in der Mitte, am höchsten Punkt nicht weiter wachsenden, schütteren Brauen, aschefarbenes, welliges, mittelfingerlanges feines Haar bis über die Ohren und trug scheußliche Kleidung. Zu enge rote Jeans zu einem mit ausladenden Schulterpolstern versehenen Jeans-Blazer im bayerischen Trachtenstil mit roten Eichblatt-Motiv-Applikationen, dazu eine kornblumenblaue Kunstlederkrawatte. Er hielt sich für einen gutangezogenen Mann. Langweilig, wie seine immer gleichbleibende, sich niemals erhebende Stimme, mit der er bayerische Sätze von sich gab, die ich zunächst nicht verstehen konnte, wirkte rein äußerlich gesehen der ganze Typ. Was genau so ein Mensch ausgerechnet beim Jugendamt tat, blieb mir ewig ein Rätsel, und ich fragte niemals nach. Hätte er nichts mit Heroin zu tun gehabt, hätte ich ihn längst vergessen. Hans versorgte zunächst und vor allem Angelika. Nicht mit irgendeiner braunen Scheiße, nein, er hatte ausschließlich feinstes weißes thailändisches Nummer Vier. Seit längerem schon waren Angelika und Hans befreundet. Es begann damit, dass Angelika mich eines Abends kurz nach 21 Uhr aufs Damenklo lockte. Der einzige und erste Gast im gesamten *Charly M.* war Hans. Er saß in ihrem Bereich der Bar vor seiner frischen Whisky-Cola und starrte unter halb geschlossenen Lidern auf die Videoleinwand, auf welcher der erste Beamer der kürzlich erfundenen Videotechnologie das Schickimicki-Publikum mit grobkörnigen Bildern von *Liberace* oder *Elvis in Las Vegas* verblüffte. Natürlich war kurz nach Öffnen der Türe noch kein Betrieb. Die Kolleginnen betraten um diese frühe Stunde nur in seltenen Ausnahmefällen die Toiletten. Wir kamen fix und fertig angezogen, aufgedonnert, frisiert, in eine Parfümwolke gehüllt zu unserem Arbeitsplatz. Neugierig folgte ich Angelika und glaubte meinen Augen nicht zu trauen, als sie aus ihrer Handtasche ein recht ansehnliches Briefchen zog: Noch während sie es auf dem Klodeckel glatt strich, schlug mein Herz aufs kräftigste bis zum Hals. Mir wurde schwindelig. Wie vom Blitz getroffen, geradezu überwältigt von plötzlicher Gier, begann ich zu zittern beim bloßen Anblick des gefalteten Papierchens.

«Soich's aufmochn?», fragte sie mit scheinheiligem Augenaufschlag und lächelte lieb. Ich nickte knirschend mit den Zähnen, hoffend, dass sie es nicht hören konnte, ebenso scheinheilig und mindestens ebenso lieb.

«Wuist z'erst?» Sie hielt mir höflich das abgeschnittene Drittel eines dicken Barstrohhalmes entgegen. Ich nahm eine ordentliche Nase voll und reichte ihr den Strohhalm, während ich mir das eine Nasenloch zuhielt und tief runterzog. «Oh, oh, na, na, tstststs, Vorsicht!», sagte sie mit gerunzelter Stirn, schüttelte einmal skeptisch den Kopf, kniete sich hin und legte sich mit einer Nagelfeile zwei wohl abgemessene, kleine gerade Linien hin und zog sie geübt in gleichbleibendem Tempo einmal links, einmal rechts. Inzwischen stieg mir die Wirkung hoch vom Unterleib durch den Brustkorb in den Kopf und wieder nach unten, in den Magen. Es ging mir saugut, und ich rang nach Atem. Gut, dass ich mich bereits auf einer Toilette befand, denn jetzt musste ich erst mal anständig kotzen. Während dieses Vorgangs fühlte ich mich immer besser und besser, begeistert kotzte ich noch ein bisschen weiter, bis wirklich gar nichts mehr aus mir rauskam, und wurde mir darüber klar, was ich da Feines zu mir genommen hatte.

Angelika wurde für die nächsten zwei Jahre meine allerbeste Kollegin und Freundin, und ich sah zu, dass Hans mich ebenfalls möglichst gerne hatte. Ohne sein Doppelleben wäre Hans wahrscheinlich vor Langeweile gestorben. Er war so ganz anders als ich, ich war so ganz anders als er, und doch fühlte ich, ohne Heroin würden wir beide nicht existieren. Was hätte er mit sich anzufangen gewusst? Am liebsten zog er sich nach Feierabend ein paar ordentliche Hits in die Nase, entspannte eine halbe Stunde auf seiner Couch, das linke Auge beinahe, das rechte halb geschlossen, um danach beim Mercedes-Benz-Fahren mit bis zum Anschlag aufgedrehter Stereoanlage Nina Hagen zu hören. Angelika und auch Hans waren verrückt nach Nina Hagen. Ihre Stimmakrobatik versetzte mich beim ersten Ton in Stress. Immer schon bevorzugte ich unaufgeregte, coole Stimmen. Nach und nach lernte ich Hans schätzen, obgleich er mir immer auf eine merkwürdige Art fremd blieb. Angelika war sein heimlicher Schwarm, er sorgte sich um sie, setzte sich für sie ein, half ihr weiter, wo er nur konnte, und ich bin mir sicher, dass er sie von Woche zu Woche mehr liebte. Mir selbst war Hans vom ersten Moment an ein Rätsel, voller Widersprüchlichkeiten und Kontraste – trotzdem langweilig. Seinem Äußeren hätte ich solche spannenden Gegensätze weder angesehen noch zugetraut. Er funktionierte als Rädchen im Apparat, von Rebellenblut keine Spur. So blieb er im Grunde immer nur der Hans, von dem ich mein H bekam. Allerdings nötigte mir eines ganzen Respekt ab: seine Art, das Doppelleben perfekt zu führen.

Inzwischen war er dazu übergegangen, uns täglich im *Charly M.* aufzusuchen. Schweigsam hockte er in seinen schrecklichen Klamotten in Gelis Service, paffte langsam eine Zigarette nach der anderen, hielt seine Whisky-Cola fest umfangen und starrte auf die Videoscreen. Wenn Angelika und ich frei hatten, wurden wir am frühen

Abend von Hans in seiner Wohnung versorgt. Auf einen beinahe tellergroßen, glatt geschliffenen Halbedelstein, der aussah wie ein durchgeschnittener Baumstamm, legte er in seiner typischen, bedächtigen Art großzügige Linien und reichte jeder einen eigenen abgeschnittenen Strohhalm. Dann verließen wir seine Wohnung, meistens ohne uns von seiner jungen, graumäusigen Ehefrau, bei deren Anblick ich mich immer schrecklich fühlte, zu verabschieden und zogen los in die Nacht. Ich nahm in dieser Zeit etwa drei- bis viermal in der Woche zwei, drei Straßen pro Nase.

Zur Bambi-Verleihung, die aus dem *Charly M.* im Fernsehen übertragen wurde, erschien ich in einem leuchtend grünen Satin-Abendkleid, trägerlos, mit Balkon-Dekolleté, bis zur Taille knalleng, ab Hüfte weit gerafft und in großzügigen, faltigen, raschelnden Bahnen bis zu den Fußknöcheln. Ich bekam kaum Luft. Angelika hatte diese traumhafte Robe seit langem bei sich im Schrank rumliegen. Ich rechnete es ihr hoch an, dass sie so viel Geschmack besaß, zu wissen, dass dieses Kleid danach schrie, prall gefüllt zu werden. Ein schmales, graziles Mädchen wäre in dem grünen Haufen Satin und Tüll untergegangen. Für mich war es der ganz große Auftritt, und ich merkte meiner Freundin an, wie ihr der Atem stockte, als ich mit hochgestecktem Haar, nach *Chamade* duftend, top geschminkt ankam. Sie war bewundernde Blicke gewohnt, und nun ärgerte sie sich fast, dass sie mir das Kleid geliehen hatte.

Geschäftig eilten Servicekräfte umher, Techniker und Fernsehleute checkten Kameras, Beleuchtung, Ton und die Beamer-Anlage. Geli machte eine Kopfbewegung. Drei Minuten später trafen wir uns auf der Damentoilette, verschwanden in unsere gewohnte Kabine hinten links, ermahnten uns aufgeregt flüsternd gegenseitig zu unauffälligem Verhalten, zogen zwei Straßen, vernahmen Geräusche, packten eilig alles zusammen und öffneten die Tür. Da stand die Tagesschausprecherin, diese Blonde mit der festgeklebten Kampffrisur. Dagmar Berghoff? Misstrauisch verfolgte sie mit Blicken, wie Geli und ich aus der Kabine kamen. Ich nickte höflich und grüßte, sie aber starrte auf mein Dekolleté, kniff missmutig die Augen zusammen, hob das Kinn, schüttelte arrogant den Kopf und erwiderte nichts. Warum suchte sie ausgerechnet die letzte von so vielen freien Kabinen auf, wollte sie etwa auch …? Vielleicht hatte sie Verstopfung und wollte nur mal in Ruhe einen anständigen Haufen machen.

An unserer Bar lungerte Jürgen Drews rum und grüßte den geschäftig vorübereilenden Thomas Gottschalk. Otto hatte sich ausgerechnet in meinen Service gesetzt. Ich konnte nicht anders, ich musste lachen, obwohl er nicht das Geringste getan hatte. Jürgen Drews und Thomas Gottschalk lachten auch. Nur Otto nicht. Er saß vom ersten Moment mit einem muffigen Gesichtsausdruck da. «Nanu», kicherte ich, «sind Sie nicht der berühmte Sportreporter Harry Hirsch?»

«Nee, Harry Valerien», erwiderte Otto gelangweilt.

Angelika bediente gerade ihren heimlichen Schwarm Walter Staudinger. Im Hintergrund hatte Fürst Johannes von Thurn und Taxis mit seinen Jungs Platz genommen, und auf der Bühne wurde gerade Peter Scholl-Latour mit einem Bambi geehrt. Es war furchtbar heiß, stickig und voll. Später suchte manch einer etwas Ruhe in dem ganzen Trubel, und so landete Peter Scholl-Latour an meiner Bar. «Hier ist es kühler und ein bisschen ruhiger», meinte er, guckte ungeniert in mein Balkon-Dekolleté, hob kurz den Kopf und fuhr charmant lächelnd fort: «Das ist sehr schön hier bei Ihnen!» Erfreut baute ich mich vor ihm auf. «Wissen Sie, ich liebe Ihre Berichte, ich finde die Art, Politik wie einen Western zu präsentieren, großartig.» Er straffte die Schultern und hob das Kinn. «Ach, ja? Ich fühle mich geschmeichelt, dass Sie das sagen, wie ist Ihr Name?» Ich wurde rot. Scholl-Latour wollte wissen, wie mein Name sei. Mit klopfendem Herzen sagte ich: «Ich heiße Muriel. Wissen Sie, dass mein Vater Sie, seit ich denken kann, verehrt?»

«Was macht Ihr Vater beruflich?» Ich antwortete wahrheitsgemäß und erwähnte kurz Westafrika. Scholl-Latours Interesse war anscheinend geweckt. «Ach ja, wie lange denn und wo?»

«Niger, Obervolta, Elfenbeinküste, die ganze Familie war mit, Moment, verzeihen Sie, Herr Scholl-Latour, ich muss bedienen.»

Ilja hatte mir schon mehrmals ungeduldige Zeichen gegeben, ich solle die anderen Gäste wegen dem einen nicht vernachlässigen, zumal sich Walter Staudinger mit weit geöffnetem Hemd und einem halben Dutzend Kumpels an der anderen Ecke der Bar niedergelassen hatte. Ich verstand mich prächtig mit Männern, die mit Vornamen Peter hießen, schoss es mir durch den Kopf. Nachdem ich Staudinger schnell mit drei Flaschen Cristal versorgt hatte, war ich wieder bei Scholl-Latour. «Sie waren in Westafrika, sprechen Sie vielleicht etwas Französisch?» So setzten wir unser Gespräch in dieser Sprache bis in die frühen Morgenstunden fort.

Am nächsten Tag telefonierte ich aufgeregt mit meinem Vater. «Du wirst es nicht glauben, aber ich habe gestern Abend bei der Bambi-Verleihung den Scholl-Latour kennengelernt, wir haben uns lange unterhalten, er fragte, ob ich mit ihm arbeiten möchte!» Ungläubige Stille. Mein Vater räusperte sich. «Du? Mit Scholl-Latour?»

«Ja, Papa, er hat mir seine Karte gegeben, ich soll mich bei ihm melden, dann reden wir nochmal darüber, er braucht für Verhandlungen und Drehgenehmigungen in Nahost eine Frau, eine Assistentin, die keine Angst vor Politikern und Generälen hat und die überall mit ihm hingeht, er wohnt in Paris.»

Mein Vater verharrte in ehrfürchtigem Schweigen. Im Nachhinein weiß ich, dies war einer der wenigen Augenblicke in seinem Leben, in denen er ein paar Sekunden stolz auf mich war. Niemals habe ich das Angebot in Anspruch genommen. Jemand wie Scholl-Latour verteilt seine Visitenkarten an alle möglichen Leute; selbstverständlich tut er das. Doch dass ich als kleiner Junkie, als unwichtiges Bar-Mädchen die Aufforderung erhielt, mich bei ihm zu melden, das tat mir nicht nur gut, das erfüllte mich auch mit Selbstvertrauen. Nie war ich in der Lage, die Möglichkeiten, die mir das Leben vorsetzte, zu nutzen. Was wäre passiert, hätte ich mich tatsächlich bei Peter Scholl-Latour gemeldet? Ich habe es nie rausgefunden, weil ich zu beschäftigt war mit der Vorbereitung meiner ersten kleinen Regiearbeit und mich den verlockenden Einladungen von Hans hingab.

Einer meiner letzten Versuche, ohne Gift zu leben, begann nach meiner Kündigung im *Charly M.* Am Abend blieb ich zum ersten Mal seit vielen Monaten zu Hause. Zu Hause, das hieß, in Ians Zimmer, in dem ich während seiner Abwesenheit in der großen Schwabinger

Altbauwohnung seiner Mutter Barabara Moorse kurzzeitig wohnte. Mein Apartment in der Barer Straße hatte ich unüberlegt gekündigt, ich hatte keine Lust mehr, dort zu wohnen, hatte aber noch nichts Neues. Gegen 19 Uhr wurde ich unruhig. Um diese Zeit machte ich mich sonst fertig für den Dienst. Drei Stunden später, ich saß apathisch vor lauter Nervosität mal hier, mal da auf dem Boden, dann wieder auf dem Bett, dem einzigen Möbelstück außer dem Kleiderschrank in dem kleinen, hohen Zimmer. In den kommenden Stunden hatte ich meinen ersten kleinen Affen, wusste meinen Zustand jedoch noch nicht einzuordnen. Ein ausgewachsener Gorilla war es nicht, doch eine lebendige kleine Meerkatze kann einen ebenfalls übel aus der Bahn werfen. Die Nacht über steigerte sich mein Zustand, ich schüttelte mich gleichzeitig vor Eiseskälte frierend und vor Hitze schwitzend, nieste in einem fort, die Nase tropfte, das Wasser lief mir aus den Augen, und ich wurde von nervösen Schauern geschüttelt. Obgleich todmüde, war es nicht möglich, ein paar Minuten Schlaf zu finden. Ich wälzte mich im durchschwitzten T-Shirt auf Ians riesigem Bett hin und her, musste jede Stunde zum Pinkeln zum Klo und fühlte mich schrecklich schwach, fühlte mich im wahrsten Sinne des Wortes zum «Aus-der-Haut-Fahren». Ich glaubte, nie wieder im Leben ein Wohlgefühl zu erlangen, und die Stunden wollten nicht vergehen. Die Zeit dehnte sich aus ins Unendliche. Was war das für eine ekelhafte Krankheit, dass ich so entsetzlich niedergeschlagen und todtraurig war. Heimgesucht von schwarzen Gedanken, fiel ich in einen oberflächlichen, von schrecklichen Träumen geplagten Schlaf. Nach einer mehr oder weniger durchwachten Nacht fiel ich im Morgengrauen des dritten Tages endlich völlig fertig auf die Matratze und schlief durch bis zum Mittag. Als ich aufwachte, war das Gröbste vorbei. Ich fühlte mich am Ende meiner Kräfte, doch verspürte ich zum ersten Mal seit zwei Tagen wieder Appetit. Was war das für eine scheußliche Krankheit gewesen? Egal – ich befand mich auf dem Weg der Besserung, langsam kamen wieder Hoffnung und zaghafte Lebensfreude auf. Ich nahm ein Bad, zog frische Kleider an, wankte unsicher in die geräumige Altbauküche und bediente mich am stets mit italienischen Leckereien gefüllten

Kühlschrank. Trotz chronischem Geldmangel gab es bei Barbara Moorse niemals Margarine. «Wenn wir keine Butter mehr auf dem Tisch haben, ist der Zusammenbruch der Republik nahe», pflegte Barbara in ihrem typischen, gleichbleibenden Tonfall zu verkünden. Heilfroh, dass ich mich besser fühlte, aß ich ein ordentliches Stück Ciabatta mit Mailänder Salami. «Gut, dass es dir bessergeht, wir haben nämlich einiges zu besprechen wegen dem Film.» Barbara setzte sich zu mir an den riesigen Holztisch und strahlte. Ich starrte sie ungläubig an. «Ja, es hat geklappt. Wir haben es durchgekriegt, ihr erhaltet zunächst eine Förderung für das Drehbuch für euren Episodenfilm und werdet im Frühjahr des kommenden Jahres Regie führen.» Mir drehte sich alles. Ungläubig glotzte ich sie an. Zu viert waren wir, ich und drei Jungs, von denen ich Niki Müllerschön und Richard L. Wagner gut kannte, den anderen namens Wolfgang Rühl hatte ich noch nie gesehen. Keine Ahnung, wer den angeschleppt hatte. Scheißegal. Hauptsache, ich konnte meine kleine Episode in Ruhe abdrehen.

Die nächsten Tage durchlebte ich in einer Art Fieber vor Aufregung, Freude und Stolz, meine Selbstsicherheit wuchs. Ich begann, mich besser zu fühlen. In dieser Phase telefonierte ich mehrmals mit Peter in Los Angeles, der mir herzlich gratulierte und sich mit mir freute, dass ich diese Chance erhielt.

Nachdem meine Mutter mich in München besucht hatte, besaß ich wieder eine eigene Wohnung. Die Studentin Uschi war für zwei Wochen zu ihren Eltern in den Harz gefahren. In dieser Zeit durfte ich in ihrem Apartment in der Falkenstraße am Kolumbusplatz wohnen. Sofort ergriff meine praktische Mama die Gelegenheit, bestach Uschis stille, hilfsbereite und nette Hausverwalterin mit vierhundert Mark. Dann bezog ich meine neue Einzimmerwohnung mit Miniküche, Balkon und einem anständigen Badezimmer. Uschi wohnte ein Stockwerk tiefer, das war praktisch, denn wir halfen uns gegenseitig mit Eiern, Klopapier und Schallplatten aus.

Weihnachten fuhr ich ins Sauerland zu meinen Eltern. Am zweiten Weihnachtstag hielt ich es nicht mehr aus. Große Unruhe hatte mich gepackt, ich musste ein paar Leute sehen. Muscha war im Begriff, seinerseits ins Sauerland zu fahren, um seine Mutter und seinen schwerkranken Vater zu besuchen. Christof war bei Dagmar in Hamburg. So fuhr ich nach Köln zu Jürgen Klauke. «Ein Weiberjäger!», schrie mir im *Coconut* vor drei Jahren Sophia bei *Superstistious* ins Ohr, «der ist nicht normal, halt dich bloß von dem fern!» Bei Klauke, der Menschen spezielle Namen zu geben pflegte – mich nannte er «Die Sauerlandlinie», Christof hieß «Der Kowalski» –, war man gut aufgehoben, wenn einem der Sinn nach ein bisschen Kunst, ein bisschen Irrsinn, ein paar Drogen und etwas unnormalem Sex stand. Sein Loft in der Elsaßstraße in einem alten Fabriklager diente ihm als Atelier. Um den meterlangen Tisch herum standen etwa zwei Dutzend Stühle, über welche alle möglichen Kleidungsstücke gehängt waren. Auf dem Tisch lagen bizarre Gegenstände, Figuren, Bücher, Gläser, ein ausgestopftes Nagetier, Skizzen, Notizen, Fotoobjektive, Filme und so weiter. Das riesige Bett war schwarz bezogen und der Kühlschrank voll Wodka, AN 1, Captagon, Valium, Mandrax und klebrigen Hustensaftflaschen. «Was isst der Jürgen denn?», wollte ich neugierig wissen. «Pillen», antwortete Udo. Mit Udo verband Jürgen seit langem eine undurchsichtige, aber belastbare Art von Freundschaft (ich gehörte wohl der Kategorie «Nervend, aber willig» an). Udo war einen ganzen Kopf größer als der mit durchscheinender, weißer Haut mit Sommersprossen versehene vogelgesichtige, dürre Klauke mit der «vornekurzhintenlang»-Bürstenfrisur und diente ihm oft als Assistent bei Fotosessions. Entweder musste der Assistent Klauke was bringen oder was tragen oder was zubereiten oder was hochhalten oder was drücken oder am Telefon für ihn lügen. Als Hofnarr war er für des Meisters Unterhaltung zuständig, beispielsweise erfreute er den Klauke über viele Jahre hinweg immer wieder aufs Neue mit seiner grandiosen «Freisler»-Rolle. Udo war in der Lage, gute zwanzig Minuten des Nürnberger Prozesses wortwörtlich in verschiedenen Stimmen vorzutragen. Je mehr Beifall er von Klauke, der einige Tricks auf Lager hatte, um den Schauspieler so richtig anzufeuern, und seinen verblüfften Gästen erhielt, desto mehr steigerte Udo sich hinein, wechselte im Sekundenbruchteil vom gedemütigten, flüsternden Angeklagten zum hoch aufragenden, despotisch schreienden Richter und tat dies mit einer irren Begeisterung, die schließlich in einem derartigen Ausbruch von Leidenschaft am Schauspiel gipfelte, dass wir uns, nicht unberechtigt, Sorgen um Udos Gesundheitszustand machten. Zwar nahmen wir kein H und kein LSD (Koks war noch nicht so populär), aber wir kifften und tranken mit sportlichem Eifer und machten uns über den Inhalt des Klauke'schen Kühlschranks her. Bernd, Wirt des in Kölner Künstler- und Punkkreisen beliebten *Kurfürstenhof*, hatte uns ordentlich abgefüllt und wollte nur noch schließen und nach Hause. Es dämmerte schon, als wir wankend, glücklich und scharf, das eiskalte Treppenhaus hochkrabbelten, auf der schwarzen Decke landeten und da weitermachten, wo wir im *Kurfüstenhof* trotz der großzügigen Freizügigkeit des Lokals aufhören mussten. Erst legte Klauke eine seiner Lieblingsschallplatten, Laurie Andersons LP *Big Science*, auf und schubste mich auf das schwarze Bett. Während Udo mir half, aus den Klamotten zu kommen, beschäftigten sich Klaukes lackierte Krallen mit meiner linken Körperhälfte, Udo, ein Mann der Zunge, übernahm die rechte. Klaukes zahllose nervend klimpernde, ehrlich erworbene, wie eigenhändig geraubte Halsketten, Anhänger, Armbänder, Fingerringe kratzten teils schmerzhaft, teils unangenehm, doch nach und nach wandelte sich Unangenehmes in Angenehmes. Dann teilten der Künstler und sein Assistent sich die Aufgaben, so hatte ich den Klauke obenrum, und den langen Udo untenrum. «Mein Make-up is sisch gerade beim Ruinieren», stellte der Künstler fest, packte Udo beim über kinnlangen Haarschopf und drückte ihn ohne Umschweife zwischen meine Schenkel. «Udo, übernimm die Angelegenheit.» Gekonnt überspielte er erste Ermüdungserscheinungen, immerhin war er schon über dreißig. Langsam, aber sicher rutschten die beiden Teile des Bettes auseinander, und Udo glitt von der Matratze runter in die Mitte. Mit dem Oberkörper, die Arme weit ausgestreckt, hing ich gerade noch so auf den beiden kissenbedeckten Kopfenden, v-förmig waren die beiden Liegen auseinander verschoben. Udo kniete jetzt am Boden, ohne sich in seiner Tätigkeit unterbrechen zu lassen. Klauke lag auf der linken Matratze neben mir, flüsterte schmutziges, geiles Zeug, packte meine Titten und schob mal seine Finger, mal seine Zunge in meinen Mund. Udo war sehr empfänglich für Klaukes leise Kommentare und Anweisungen: «Mach deine Arbeit sorgfältig, mach sie ja sorgfältig.» Oder: «Weitermachen, immer weitermachen, bis sie ein bisschen schreit.» Oder: «Gut so, schön langsam, damit sie richtig verrückt wird.» Oder: «Gleich hast du sie so weit, keine Sorge, ich halte sie fest.» Oder: «Ah, sie windet sich, jetzt will sie es aber wirklich wissen.» Und: «Flieg, flieg ab, wir halten dich fest, gut so, ja, so ist es gut.» Ich muss sagen, nicht nur Jürgen Klauke ist ein Künstler, auch Udo ist ein Meister. Jeder auf seinem Gebiet.

Zwei Tage später flog ich für ein paar Wochen nach Sri Lanka, Thailand und Malaysia. Vier Wochen vor Beginn der Dreharbeiten war ich wieder in München.

Wie im Fieber lag ich in der nächtlichen Dunkelheit und erträumte mir Regieruhm, stellte mir vor, wie ich dem Team Anweisungen geben würde. Keiner von uns hatte Regieerfahrung, niemand von uns vieren wusste eine Millionen Mark gezielt einzusetzen, um daraus einen anständigen Film zu fertigen. Die enthusiastische Chefin der *Barbara Moorse Workshop*-Filmproduktion trug dafür die Verantwortung und ging ein nicht zu unterschätzendes Risiko ein. Mit einem professionellen Team wurden ab Februar, während ich durch Thailand und Malaysia reiste, die Dreharbeiten für *Inflation im Paradies* zügig vorbereitet. Nach meiner Rückkehr traf ich zehn Tage lang eine ganze Reihe Schauspielschüler und Laiendarsteller, Nachwuchs aus Theater und Film, und entschied mich für einen Österreicher namens Christoph Waltz.

Bedauerlicherweise konnte der wegen Terminschwierigkeiten nicht zusagen, sodass ich schließlich Wolfgang Scherer den Part als Hauptdarsteller neben Alexandra Curtis gab, der, ich glaube, zu der Zeit sechzehnjährigen Tochter von Christine Kaufmann und Tony Curtis, die auch in Richard L. Wagners Episode mitmachte. Alexandra war erst seit einem Jahr in Deutschland, und man hörte ihr den amerikanischen Akzent sofort an.

Aufgeregt wurde ich, als ich mir im Programmkino *Peeping Tom* aus den Fünfzigern ansah. Der junge Karlheinz Böhm spielt darin einen perversen Mörder, der als Kameramann mit einem präparierten Stativ Frauen absticht und sich daran ergötzt, ihren Moment des Todes zu filmen. Wenn der Mann jetzt nur noch halb so klasse ist, ist er immer noch Spitze, dachte ich mir und wünschte mir Böhm als Darsteller in meiner Episode. Von Anfang April bis in die erste Maiwoche würde der Dreh dauern. Wolfgang Rühl, der Einzige, den ich vorher nicht kannte und der nicht in München wohnte, war nicht wirklich unnett, doch von Natur aus ein rechter Lahmarsch. Am Ende des zweiten Drehtages hatte er sein komplettes Material verbraucht, manche Szene ließ er dreißigmal wiederholen. Seine Unsicherheit als Regisseur übertrug sich auf die Crew, niemand wusste, was zu tun war, die Stimmung sackte blöderweise am Anfang schon ab. Irgendwie langweilten sich alle. Unser Kameramann Bernd Heinl und die Regieassistentin Christa Reeh, die bereits für Faßbinder und Fellini gearbeitet hatte (worauf wir natürlich ganz besonders stolz waren), einigten sich darauf, dem Regisseur Rühl mal Beine zu machen. Die Dreharbeiten hatten denkbar schlecht begonnen und konnten unmöglich auf diese schlappe, unprofessionelle Art weitergehen. Heinl und Reeh schafften unter großen Mühen und persönlichem Einsatz, dass Rühl seine Dreharbeiten dann in der doppelten Zeit wie vorgesehen fertigbekam, und schlugen tausend Kreuze, dass die erste von vier Episoden endlich im Kasten war. Weiter ging's mit Niki Müllerschön. Das war ein ganz anderes Kaliber; der wusste, was er wollte, und konnte sich ausdrücken. Aus Köln hatte er Anja Schüte, leidlich bekannt durch Aktbilder und als Darstellerin in dem Streifen *Zärtliche Cousinen* von dem Fotografen David Hamilton, angeheuert und ihr Barbara Moorses Sohn, unseren Freund Ian, als Partner zur Seite gestellt. Niki hatte den Film im Blut. Ich fand, dass er von uns allen der Geschickteste war.

Wenn die Hälfte der Drehzeit um ist, gibt's das sogenannte «Bergfest». Im Hinterhof des für unseren Film wiederbelebten Café Capri – das Original existierte schon seit Monaten nicht mehr – wurden Leckereien und Getränke angekarrt. Entspannt traf sich das ganze Team an diesem lauen Frühlingsabend an langen Biergartentischen.

Ich kam gerade mit meinem neuen weißen Kunststoffmantel, hatte mich schön gemacht, in Gedanken vertieft, malte mir meine eigenen Dreharbeiten aus, als ich an der Straßenecke zufällig zusammenstieß mit einem alten Bekannten aus Trier, der «Fletcher» genannt wurde. Das unerwartete Wiedersehen musste gefeiert werden. Aufgeregt nahm ich Fletcher mit zum Bergfest. Ein Blick genügte. Wir erkennen einander schon von weitem, am Gang, an der Haltung, an der Stimme, am Blick, am Geruch, an der Ausstrahlung. Die Gier überkam mich mit aller Macht. Auf mein Drängen hin nahm mich Fletcher mit aufs Klo, und ich hatte seit meiner Asienreise im Winter meinen ersten Hit. «Hast du noch mehr davon?», schnaufte ich mit tränenden Augen, während ich den Finger auf ein Nasenloch gedrückt hielt, um den Inhalt des anderen noch kräftiger hochziehen zu können. «Brauchst du noch 'n Schauspieler?», entgegnete er. Die kommenden drei Tage traf ich ihn. Am vierten Tag war ich wesentlich ärmer und besann mich auf meine Aufgabe. Unter Aufbringung aller Kräfte sagte ich unser Treffen für den kommenden Tag ab, machte aber mit ihm aus, mich in ein, zwei Wochen wieder zu melden. An dem Tag war ich krank vor Verlangen. Weil das Team so nett war und ich kein Spielverderber sein wollte, schaffte ich es mit dem Taxi zu Richards Dreharbeiten, die in einer Galerie stattfanden. Regieassistentin Christa, gute Seele des Ganzen, besprach sich gerade mit Richard und dem Kameramann, wie Christine Kaufmann die folgende Szene zu spielen habe. Ihr raffiniert in tausend Falten gelegtes, metallisch schimmerndes Designerkleid war extra für die zehn Sekunden ihres Auftritts gefertigt worden. Richard drehte nicht so zielstrebig wie Niki, machte seine Sache aber ganz gut, denn er war höflich und ruhig. Was mich allerdings furchtbar ärgerte, war sein peinlicher Hang zu peinlichem Luxus. Zum Beispiel ließ er einen 59er Morgan mieten, damit das scheißteure Auto am Stachus fünf Sekunden durchs Bild rollte. Oder er wies seine Freundin Danaé, unsere Ausstatterin, an, für jede Menge Kohle zwei komplette Wände in der angemieteten Altbauwohnung in der Gewürzmühlstraße mit lauter Plastik zu tapezieren. Aus Wut darüber ließ ich ein extra schlichtes Plakat anfertigen, mit Cindy von den *Plasmatics*, wie sie eine Hand vorn in ihre knallengen Shorts steckt, in der anderen das Mikrophon, auf den nackten Titten nichts als Rasierschaum. Ich hatte bislang nicht gewusst, dass hinter Richard L. Wagners leutseliger Fassade ausgeprägte Verschwendungswut lauerte, und erfuhr schockiert, dass für die letzte Episode noch läppische dreißigtausend Mark übrig waren. Die letzte Episode war meine. So, dachte ich knurrend, euch werd ich's zeigen, ihr sollt alle sehen, dass es möglich ist, mit wenig Geld saubere Arbeit abzuliefern, und dass ich eine ruhige und zuverlässige Regisseurin sein werde. So saudumm bin ich zu der Zeit gewesen. Als ob jemals einer einen gut findet, weil man sich Mühe gibt, Kapital durch Phantasie zu ersetzen. Und ich lernte in den kommenden dreißig Jahren nichts dazu.

Den ersten Drehtag meines Lebens brachte ich trotz nervös durchwachter Nacht erfolgreich hinter mich. Nicht nur das Team, ich selbst war auch verwundert darüber. Kameramann, Regieassistentin, Darsteller und Produzentin gratulierten mir nach Beendigung der Arbeit am Abend. Vielleicht hatte ich aus den Dreharbeiten der ersten drei Episoden gelernt, dass man am Set ruhig und präzise sein sollte. Mein Hochgefühl war unbeschreiblich, meine Nervosität wie weggeblasen. Der zweite Tag war noch besser, ich hatte das unglaubliche Drehverhältnis von 1:2, meine beiden Hauptdarsteller funktionierten wie geschmiert. Die Trockenübungen mit Wolfgang Scherer und Alexandra Curtis in den Wochen vorher machten sich bemerkbar. Anstatt sinnlos Geld für nebensächliche Requisiten rauszuschmeißen oder jede Szene «nur so zur Sicherheit» oder «für die Technik» zwanzigmal zu drehen, was Unmengen teures Filmmaterial verschlang, lautete mein Motto «Wirtschaftlichkeit» und «Effektivität». Ich Doofmensch hatte immer noch nicht kapiert, dass nur die Unverschämten, die Überteuerten, die Großkotze den Großen Preis erhielten! Dass kein Arsch erwähnen würde, wie clever ich gespart, wie phantasievoll ich das letzte Geld eingesetzt, wie ich ein Maximum an Gewinn mit einem Minimum an Einsatz herausgeholt hatte. Erst am Abend zuvor erfuhr ich, dass klappen würde, was bis zu dem Zeitpunkt noch nicht geklärt war: Mein Wunschdarsteller Karlheinz Böhm würde am nächsten Morgen zu den Dreharbeiten erscheinen. «Ah! Da isse ja, mein Name ist Karlheinz Böhm», stellte er sich vor, stand auf und reichte mir die Hand über den Tisch, wobei er mich aufmerksam über seine Brillengläser hinweg betrachtete. «Ich bin ein bisschen nervös, muss ich sagen», bemerkte er, während wir uns setzten. «Ach, lieber Herr Böhm, was soll ich denn sagen», brachte ich hervor. So hockten wir da und starrten uns an, wortlos, neugierig. «So, das ist also Ihr erster Film, Ihre erste Regie, meine ich, wie sind Sie auf –»

Ich unterbrach ihn vor Begeisterung: «*Peeping Tom*, es war *Peeping Tom*, der Film ist nicht nur vom Thema her für die sauberen Fünfziger aus der Art geschlagen, und ich fragte mich, was Sie nach ‹Sissi› dazu bewogen hat –»

Böhm fiel mir seinerseits ins Wort und bemerkte mit gesenkter Stimme: «Wirklich, das fragen Sie sich? Sie kennen die Antwort doch.» Und warf mir über den Rand seiner Brille einen durchdringenden Blick zu. Dieser Augenblick währte eine kleine Ewigkeit, den ich schließlich durchbrach, um meine aufkommende Verlegenheit zu überspielen. Während das Team im Wohnzimmer das Set vorbereitete, entspann sich zwischen Böhm und mir in der Küche ein lebhaftes Gespräch, bis Böhm wissen wollte, wie ich denn zum Film gekommen sei. Ich berichtete kurz, wie ich in Singapur Peter Bogdanovich kennengelernt hatte, und über meine Erlebnisse mit ihm. Böhm schüttelte verwundert den Kopf, lächelte und legte seine Hand beruhigend auf meinen Arm. Natürlich hatte er sich optimal vorbereitet und ging die Sache, obwohl es sich um eine unwichtige Miniproduktion, ein kleines Erstlingswerk, handelte, mit professioneller Ernsthaftigkeit an. Und dann griff er nach seinem Buch, schlug eine markierte Seite auf und fragte mich, ob es mir recht sei, wenn er mir anlässlich meiner allerersten Regiearbeit eine Seite aus einem seiner Lieblingsbücher vorläse. Längst habe ich vergessen, was Karlheinz Böhm mir vorgelesen hat. Seine wundervolle Art, auf Menschen einzugehen und ihnen die Stärke zu vermitteln, ihre natürlichen Gaben einzusetzen, imponierte mir noch mehr als seine darstellerischen Fähigkeiten. Inspiriert und beflügelt meisterte ich den dritten Drehtag meines Lebens. Der nächste, der vierte, war auch schon der letzte. Fletcher mimte als Kleindarsteller mit drei Sprechsätzen einen Betrunkenen in weißem Kapitänslook, der nachts im Eiscafé «Opium fürs Volk» verlangt und von der mütterlich lächelnden Serviererin April de Luca ein Kindereis in die Hand gedrückt bekommt. Ich war so zügig in meiner Arbeit vorgegangen, dass ich zwei Drehtage eingespart hatte. Am selben Abend zu später Stunde erklärte Barbara Moorse die Dreharbeiten von *Inflation im Paradies* für beendet. Fletcher und ich verschwanden zum dritten Mal an diesem Tag auf dem Damenklo. Was ich fühlte, lässt sich nicht beschreiben. Vier Tage Hochgefühl, intensiv wie keine «Arbeit» zuvor. Ich hatte mein Ding gefunden, Regie führen, ein Team dirigieren und Schauspieler inszenieren, mir um Ausstattungen Gedanken machen und um Filmmusik. Der Höhenflug währte zwei Tage, dann folgte der Absturz. Deprimiert hockte ich zu Hause und wusste nicht, wie es weitergehen sollte, als das Telefon klingelte. «Fletcher hier, sollen wir uns treffen?» Ich sagte sofort zu und fühlte Aufregung in mir hochsteigen. Gerade wollte ich die Wohnung verlassen, da klingelte das Telefon erneut. Richard sprach hastig: «Komm sofort ins *Venezia*, da treffen wir den Joachim Witt, weißt schon, der ‹Goldene Reiter›, der soll die Musik für unseren Film machen. Leider muss er zurück nach Hamburg, deswegen muss es schnell gehen.» Ich stritt mit mir selber, rief schließlich Fletcher an, um ein Treffen für morgen zu vereinbaren. Beleidigt meinte der aber, er wisse nicht, was morgen sei. Ich wurde ungeduldig, und wir begannen, uns zu streiten. Genervt schmiss ich den Hörer auf und beeilte mich, die U-Bahn zur Leopoldstraße noch zu erwischen. Es war das letzte Mal, dass ich mich so beherrschen konnte.

Eine psychosomatische Klinik irgendwo mitten in Deutschland Mai 1998

Bei der Mittwochnachmittags-Gruppe, einmal in der Woche mit Chefarzt und sämtlichen Oberärzten, fällt Jana mir unerwartet in den Rücken. Sie wollte schon seit Tagen unbedingt lesen, was ich die ganze Zeit schreibe, ihr könne ich das doch zeigen, sie würde mit niemandem darüber reden, sie sei bekannt für ihre Diskretion. Sie wurde richtig penetrant. Unter dem Siegel der Verschwiegenheit reichte ich ihr die ersten dreißig Seiten, ohne zu erwähnen, dass es sich um den Anfang eines Buches handelt. Ich wunderte mich etwas, warum sie heute Morgen so kühl und komisch zu mir war, schob das aber auf ihre niedrige Dosierung. Je weniger Methadon man erhält, desto schlechter geht es einem. In den späten Achtzigern machte mein Bruder mich auf einen Artikel im *Scientific American* aufmerksam, in dem hieß es, man habe in den USA «Langzeitbeobachtungen» über ein Jahr hinweg mit einhundert Junkies in allen Teilen der Staaten gemacht und festgestellt, dass Methadon definitiv keine körperliche Abhängigkeit hervorruft. Wie kann man so einen Blödsinn veröffentlichen. Ich meinte immer, Methadon sei Methadon, so, wie Aspirin Aspirin ist, so, wie Milch Milch und Salz Salz ist. Bei Medikamenten ist das anscheinend anders. Das finde ich als Laie verwirrend. Auf solche Unterschiede müsste hingewiesen werden. Wieder so eine Sache, die anscheinend jeder weiß, nur ich nicht. Von deutschem Methadon wird man hochgradig abhängig. Man muss Tropfen für Tropfen runterdosieren, langsam, konsequent, bis zum Ende. Ist man nach wochenlanger, in meinem Fall nach sieben Wochen Entgiftung auf null, hat man es noch nicht geschafft.

Noch acht Tage, dann bin ich auf null. Ohne Medizin muss ich die folgenden vier Wochen durchstehen, mit Bauchkrämpfen, mit diesen üblen Zuckungen, dem Gefühl, ein Ameisenheer sucht unter meiner Haut den Ausgang. Ich werde mich nicht passend fühlen in meinem Körper, werde schwitzen und frieren gleichzeitig und werde immer noch nicht richtig schlafen. Wochenlang schlecht schlafen trägt nicht zum Wohlbefinden bei. Zu aufgedreht zum Schlafen, zu kaputt zum Wachsein. Überreizt, in jeder Beziehung überreizt. Seelisch steht mir eine Achterbahn bevor. Mit Geduld und Selbstdisziplin werde ich mich allmählich von Woche zu Woche besser fühlen. Irgendwann werde ich besser schlafen. Danach sehne ich mich am meisten. Im Fernsehraum, der für die Gruppengespräche genutzt wird, sitzt Jana nicht neben mir, wie sonst, sondern auf dem Stuhl gegenüber. Sie deutet mit dem Finger auf mich und bezichtigt mich der Unruhestiftung und der «Heißmache», das ist die Bezeichnung für jede Form von Bagatellisierung, Glorifizierung und Sehnsucht im Zusammenhang mit Drogen. Sie ruft mit quäkiger Stimme verärgert, dass sie am liebsten an einem dicken Tau gezogen hätte, wenn eins da gewesen wäre. Das ist eine Anspielung auf den Holzvogel. Von dem über dem niedrigen Aschenbechertisch baumelnden Albatros im Aufenthaltsraum hängt eine lange Schnur, die die Flügel der Figur in schwingende Bewegungen versetzt. An der Leine soll ziehen, wer sich durch Gespräche heiß gemacht fühlt und drogengeil wird. Das ist das Signal für alle, augenblicklich das Thema zu wechseln. Suchtdruck wird wie Sexbedürfnis totgeschwiegen. Umso erstaunlicher und lobenswerter, dass oben in den Badezimmern Kondome in einem Glas liegen. Abgezählt. Wenn eins fehlt, vermuten nur die wenigsten, dass sich jemand einen Luftballon aufgeblasen hat. Es ist Bestandteil der Hausregeln, nicht über Sex und Drogen zu sprechen, auf den Regelverstoß folgt ein Verweis. Man glaubt, Gespräche darüber stacheln noch mehr an, so verdrängt man diese Themen zunächst und überlässt die Auseinandersetzung damit den Therapeutenkollegen in der Langzeiteinrichtung. Durch die Schilderung meiner Erlebnisse in der malaysischen Opiumhöhle fühlt Jana sich angemacht. Sie konnte nicht schlafen und ist wegen mir völlig durcheinander. Andere Stimmen melden sich zu Wort, ich werde kollektiv angegriffen, ich sondere mich ab, sei arrogant und halte mich für was Besseres. Ich werde scharf zurechtgewiesen und bekomme vom Chefarzt persönlich einen Verweis. Verblüfft stammele ich mir ein paar Rechtfertigungen ab, und noch während ich darauf hinweise, dass mir von meiner Betreuerin geraten wurde zu schreiben, geht mir auf, dass ich das besser nicht gesagt hätte. Ich ärgere mich, ich war unaufmerksam und habe mich reinlegen lassen. Gegen das «therapeutische» Schreiben sei nichts einzuwenden, doch dürfe ich das niemandem zu lesen geben. Therapeutisches Schreiben, erläutert der Chef, sei eine von vielen Möglichkeiten zur Selbsterkenntnis, mache dann Sinn, wenn das Geschriebene mit dem Therapeuten zusammen ausgewertet werde. Genau das möchte ich nicht. Vor dem Abendessen werde ich zu Frau Schmitz-Föhring zitiert. Der Chef hat sie ausgefragt, was es mit meiner Schreiberei auf sich habe, und betont, dass die anspruchsvolle Methode «Bild-, Klang- und/oder Textanalyse» nicht in einer Entgiftung, sondern später in der Therapie durchgeführt werde. Ich solle hier nie wieder jemanden was lesen lassen, es sei dumm gelaufen, dass Jana Einzelheiten wisse und Aufruhr deswegen veranstaltet habe. Sie merkt, wie mich die Sache aufregt, und legt mir ihre Hand auf die Schulter. Es klingelt zum Abendessen. «Schreiben Sie weiter, schreiben Sie alles so, wie Sie meinen, dass Ihre Geschichte geschrieben werden muss. Dass Sie ein Buch schreiben, behalten Sie für sich.»

«Ich möchte nicht zu ‹Therapiezwecken› –»

Sie fällt mir ins Wort. «Schsch, ganz ruhig, Frau Scheu, das brauchen Sie auch nicht, jedenfalls nicht bei mir. Gehen Sie jetzt zum Abendessen.» Ich habe verstanden. Nachts spielt mir mein Kopfkino törichtes Zeug vor. Ich bin in der Münchener U-Bahn, sehe die Schilder an den Rolltreppen: links gehen, rechts stehen. Was habe ich mich darüber geärgert, muss man darauf denn extra hinweisen, wissen die deutschen Menschen das nicht selber? Sie wissen es nicht von selber. In Städten ohne diese Schilder geht es bis heute drunter und drüber auf deutschen Rolltreppen. Auf Kölner Rolltreppen herrscht Chaos, weil die Leute zu gedankenlos sind, sich rechts hinzustellen und links frei zu lassen für Eilige. Ich habe etliche wichtige

Treffen deswegen nicht rechtzeitig wahrnehmen können und rege mich immer wieder darüber auf. Oder dass in deutschen Restaurants nicht, wie im Süden selbstverständlich, jede Menge Brot auf den Tischen steht, ist ein Skandal. Immerhin sind sie jetzt in besseren Wirtschaften dazu übergegangen, ein paar Scheibchen Brot, manchmal sogar etwas Butter oder einen Dip dazuzustellen. Ich merke, ich bin in wenigen Tagen auf null, dann wird unsereins noch empfindlicher und noch pingeliger.

New York 1981

Komm nach New York, ich drehe da meine neue Komödie, ich sage dir jetzt die Nummer des Produktionsbüros und des Plaza Hotels durch, melde dich, wenn du da bist, ich freu mich sehr, dich zu sehen!»

Die telefonische Verbindung wurde durch knarrende Geräusche in der Leitung unterbrochen. Eine halbe Stunde später klingelte es erneut, am Apparat war Joyce, Peters Sekretärin, und diktierte mir die Telefonnummern.

«… und wenn ich ein berühmter Schlagerstar bin, finden sie mich eines Tages tot im Bett – wegen einer Überdosis Mars und Smarties, in dem Zimmer im Chelsea Hotel, in dem Sid Vicous Nancy Spungen abgestochen hat.»

Andreas Dorau, Lokalmatador aus Hamburg, war ungefähr 17, als er eine Schallplatte mit Papstreden genommen, sie kunstvoll zerkratzt und bearbeitet unter dem Namen *Falsche Fahnen* rausgebracht hatte. Nun wollte ich Andreas Doraus Vision nicht stören, doch das Chelsea Hotel zog mich magisch an. Nie hätte ich gedacht, ein so riesiges Gebäude vor mir zu sehen, ich hatte mir das Chelsea immer klein und muckelig vorgestellt wie die verwinkelten Amsterdamer Absteigen. Die Gegend um das Hotel am Washington Square Garden war mir unheimlich, mir wurde gleichzeitig heiß und kalt. Ich fühlte die Nähe meiner Droge, «Horse», wie manche Amis sagen. Mein ganzer Körper überzog sich mit einer Gänsehaut. Ich hätte sofort zugegriffen, wenn es die Gelegenheit dazu gegeben hätte. Flashbacks rasten durch meinen Kopf, wie ich noch vor kurzem gegen die Macht des Heroins anzukämpfen versucht hatte. Geli und ich hatten nie darüber gesprochen. Fühlte sie das Gleiche wie ich? Wie hatte sie den Entzug geschafft? Sie musste doch auch einen

Affen gehabt haben. Gleichermaßen angezogen wie abgestoßen, verharrte ich mit läutenden Alarmglocken wie angewurzelt. «Wos is jetza? Geht's dir nät guat?», wollte Geli verständnislos wissen. «Gema woanders hi?» Plastik- und Papiertüten tragende Gestalten auf, neben und unter den Parkbänken ließen uns nicht aus ihren Augen. Das Chelsea Hotel war für meinen Geschmack zu unfreundlich und zu teuer. Wie hatte sich Nancy Spungen (Malcolm McLaren pflegte sie angeblich «das zu stark geschminkte Stück Schweinefleisch» zu nennen) gefühlt? Wieso war ich eigentlich nicht im Plaza Hotel in Peters Nähe, ich hatte doch sonst immer bei ihm gewohnt? Was war da los? Nach einem wirren Hin und Her mit einem ununterbrochen begeistert lächelnden russischen Taxifahrer, der kein amerikanisches Wort oder auch nur rudimentär Manhattans Straßennetz kannte, landeten wir schließlich in der 44th West, in einem günstigen Hotel neben der Traditionsherberge *Algonquin*. Mit Geli verbrachte ich zwei seltsame Wochen in New York. Das Produktionsbüro befand sich im Time-Life-Building. Ich rief an. Peter war nicht da, doch erwischte ich Robby. Peter sei verliebt, richtig verliebt, erzählte mir der Holländer, in seine Hauptdarstellerin Dorothy Stratten.

Es vergingen zwei Tage, bis jemand vom Produktionsbüro anrief und mir eine Adresse durchgab. Am folgenden Morgen fand ich mich im Spielwarengeschäft FAO Schwartz auf der 5th Avenue ein. Ringsum waren gutbewachte Absperrungen. Inmitten der wuselnden Menge des Filmteams erkannte ich Peter, der soeben Audrey Hepburn erklärte, wie sie ein ziemlich echt aussehendes Spielzeuggewehr bedienen sollte. Außerdem sah ich Patti Hansen, die es so lange mit Keith Richards ausgehalten hatte. Zu meinem Entsetzen war auch der schmierige Blaine Novak da, mit seinen fettigen Korkenzieherlocken, den ich schon in L.A. nicht hatte leiden können. Robby Müller hockte auf einer Art Kamerakran, völlig zugebaut mit Technik, er winkte mir kurz zu. Mit gedankenverlorenem Blick betrachtete er die Szenerie. Peter drehte sich um, erkannte mich eher zufällig, hielt kurz zögernd inne und winkte mich dann doch zu sich. Er umarmte mich ohne die frühere Herzlichkeit und stellte mir mechanisch Audrey Hepburn vor. Das oberflächliche, in Amerika übliche «Nice to meet you» beherrschte auch sie perfekt. Peter hieß mich warten bis zur Mittagspause, dann wandten sie sich wieder ihrer Arbeit zu. Vier, fünf Stunden wartete ich draußen vor dem Spielzeuggeschäft. Längst war es Nachmittag. Schließlich war Drehpause. Peter ließ mich durch einen Boten mit umgehängtem Plastikausweis hinter die Absperrung holen. Sichtlich unter Anspannung, wirkte er hektisch und lachte öfter und lauter, als ich es von ihm gewohnt war. Audrey Hepburn trug genau dieselbe Porsche-Brille wie Yoko Ono, die am Tag zuvor im Central Park an mir vorbeigeschlendert war. Audrey saß, mit dem Rücken an die Mauer gelehnt, auf einer Aluminiumkiste und trank Mineralwasser. Superschlank und zierlich war sie immer noch mit dreiundfünfzig. Ich war gereizt, ohne zu wissen, warum. Jetzt ein anständiger Schuss, durchzuckte es mich. Um uns herum Hektik, alle waren schrecklich beschäftigt, ich fühlte mich fehl am Platz. Niemand nahm Notiz von mir. Ich kam mir wie abgestellt vor. Irgendwann verließ ich das Set. Was ich sonst noch erlebte: die Erstbesteigung der Freiheitsstatue durch Greenpeace-Aktivisten und die Eröffnung der *Danceteria.* Am allerbesten gefielen mir die Nächte im drogen- und sexverseuchten *Mudd Club,* einem dunklen Ort mit einer roh zusammengekloppten Bar, ein paar roten Glühbirnen und dröhnender Fleischmusik, wo grundsätzlich vor den Klos lange Warteschlangen ausharrten, bis jeder mal an die Reihe kam.

Verletzt verließ ich New York, ohne mich von Peter Bogdanovich persönlich zu verabschieden. Im Produktionsbüro hieß es ein ums andere Mal, er habe keine Zeit, sei mit dem Dreh beschäftigt. Natürlich verstand ich das. Ich hinterließ ihm eine Nachricht. Wieso war ich so getroffen? Er hatte mir doch nichts getan, er hatte sich doch nur verliebt. Ich habe Peter Bogdanovich niemals wieder gesehen.

Eine psychosomatische Klinik
irgendwo mitten in Deutschland
Mai 1998

Noch vier Tage. Wie gerne würde ich einfach hier rausgehen. Ich bin nervös und gereizt, ich kann die Enge nicht mehr ertragen, die Leute, die dummen, überlauten Gespräche, ich werde aggressiv beim bloßen Anblick des Oberarztes, ich halte es nicht mehr aus, ich will raus. Frau Schmitz-Föhring redet mir gut zu, fängt meine Launen und Ängste auf und meint, ich könne stolz auf mich sein. Die letzten Tage vor der Entlassung sind heikel, in diesem Stadium lassen sich viele von ihren Dämonen verrückt machen und brechen ab. Das würde ich auch gerne. Das Schreiben macht, dass ich hierbleibe. Ich schreibe oftmals wie im Fieber, empfinde Befriedigung, wenn es mir gelungen ist, Erlebnisse detailgetreu wiederzugeben. Es ist, als sei eine verrostete, alte Tür geöffnet worden, die mich in andere Flure mit anderen Türen führt, ich tauche ab in verdrängte oder vergessen geglaubte Räume meiner Kindheit, durchlebe Tiefen und Höhepunkte meiner Teenagerjahre, sehe mich, wie ich einen Kinofilm sehe, bis zum Sommer des Jahres 1985, als meine große Liebe wie Sand in meinen Fingern zerrann und ich nichts dagegen tun konnte. Wie ein Zombie fühlte ich mich, als ich dieses Land verließ. Ich werde weiterschreiben in der Therapie, werde erzählen, wie ich im Goldenen Dreieck überlebte, wie ich in Bangkok drei Monate als Edelhure viel Geld verdiente und wie ich beinahe mein Leben verloren hätte, als ich der thailändischen Polizei in die Hände geriet. Ich werde schildern, wie ich in Berlin im Knast und in Hamburg Hausbesetzerin war. Von Indien, Nepal, Thailand werde ich erzählen und, wie es möglich ist, zwei Jahre vom eigenen Ehemann unerkannt als Junkie zu existieren. Wie lebt man als heroinabhängige Mutter – ich werde davon berichten.

München 1982–1985

Richard L. Wagner hatte es irgendwie geschafft, beim erzkonservativen Bayerischen Rundfunk als Regisseur bei der allerersten Video-Sendung (*Pop Stop*) der Bundesrepublik Deutschland mitzumischen. Die vollkommen neu auf dem Markt erschienenen Musikvideos stellten für jede Band, die was auf sich hielt, das brandneueste und publikumswirksamste Mittel dar, in der Öffentlichkeit wahrgenommen zu werden. Richard besaß als einer der Ersten einen Sony-Fernseher mit passendem Videorecorder. Beeindruckt lungerte ich mit Ian und Niki auf Richards kratzigem grauen Teppichboden im fünften Stock des Apartmenthauses in der Ainmillerstraße vor diesen neu erfundenen Wundern der Technik, von der der japanische Sony-Chef in einem *Playboy*-Interview vorausgesagt hatte, dass «die Menschheit nur und ausschließlich wegen und durch Technik überlebt». Wenn nicht kürzlich Olaf bei mir vorbeigekommen wäre, ja, dann – hätte auch ich solche Sony-Teile besessen. Ganz zufällig war Olaf («Olarb», wie die Thais ihn nannten), enger Freund von Hans, zu mir in die Falkenstraße gekommen und hatte mir sechs Gramm Nr. 4 für einen Spottpreis überlassen. Olaf wohnte seit drei, vier Jahren in Pattaya, Thailand, wo ich ihn letzten Februar besucht hatte. Er war dort verheiratet mit der Tochter eines alteingesessenen Hängebauchschweinzüchters und hier in München – ohne Wissen der Thailänderin und ihrer weitläufigen Verwandtschaft – verheiratet mit einer Studienrätin, mit der er vier Kinder hatte. Weil Richard L. Wagner mich als seine Assistentin für *Pop Stop* vorgeschlagen hatte und ich mich wahnsinnig auf den Job freute, schaffte ich es, die paar Gramm von Olaf nicht hintereinander weg zu ziehen. Nie wieder würde ich später diese Kraft aufbringen.

Um die Sendung zusammenzustellen, sichteten Richard und ich stapelweise Musikvideos, die uns die großen Plattenfirmen eifrig zur Verfügung stellten. Die Sendung wurde abwechselnd von zwei Teams gestaltet. Die von Steffi Schoener und ihrer Assistentin Ludmilla unterschied sich sehr von unserer, denn Richard war nicht nur Musik-, sondern auch ein Kunstfan. In unseren Folgen gab es neben den neuesten Musikvideos fast immer einen kleinen Beitrag über Performance-Art oder über junge deutsche Maler sowie einen Live-Act. Wie die Moderation, wie die Sendung auszusehen hatte, entschied allein Richard. Liebend gerne hätte ich eine solche Sendung gestaltet, und ich hätte es gut gemacht, doch es war nicht meine, sondern Richards Aufgabe. Meine Arbeit war, ihm die seine zu ermöglichen. Kompetenzstreitigkeiten gab es bei uns beiden nie. Ich glaube, er war froh darüber, dass ich wusste, wo mein Platz war. Natürlich war ich neidisch auf Richard, gab mir aber Mühe, dies nicht zu zeigen. Mit einer Assistentin, die versucht, einem die Regieposition streitig zu machen, kann keiner arbeiten. Ich freute mich, an etwas Neuem, Aufregendem beteiligt zu sein, und war erfüllt von einer enormen Aufbruchsstimmung. Von dem Honorar beim Bayerischen Rundfunk konnte ich allerdings nicht leben. Ein- bis zweimal die Woche schleppte ich deshalb in einer riesigen Tasche meine eigenen Langspiel-Platten in *Die Klappe* und sorgte für Sound von 21 bis 1 Uhr. Viele aus Presse, Kunst, Film und Musik begannen die Nacht in der *Klappe*. Mit dem Wirtspaar Mischa und Sylvie hatte ich immer mal wieder das eine oder andere spannende erotische Geplänkel. Er hatte keine Ahnung, dass ich mit ihr, sie wiederum wusste nicht, dass ich mit ihm was hatte. Viele Leute kannte ich mehr oder weniger oberflächlich, so Johannes Dziemballa, Zuzi, Pietro Giardini, Jochen Remky, Eberhard Schubert, Marco Serafini, Wolfgang Büld, April de Luca, Fufi, Lothar Meid, Lenzi, Viviane, Jörg Meyer, Arndt Klosowski, Inge und Hansi, Lorenz Lorenz, Rosanna, Wolfgang Flatz, Nana Müllerschön, Gerd Stein, Motte, Anna Schröder, Apfel, das Punk-Duo *Gorilla Aktiv* und andere. Außer meinem guten, engen Freund Apfel wusste niemand von meinem Suchtproblem.

Eines Abends spazierten hintereinander, von Kopf bis Fuß komplett in Schwarz, drei Männer von *Kraftwerk* herein. Und das gerade, als ich eine meiner Lieblingsplatten aufgelegt hatte. Karl Bartos und Ralf Hütter stellten sich direkt vor die Glasscheibe meiner DJ-Zelle und grinsten mir zu. Wolfgang Flühr, den seine Bandkollegen «Dr. Brendel» zu nennen pflegten, schaute sich suchend um und begab sich zur Bar. Florian Schneider habe ich außer während der *Computerwelt*-Tournee in Nürnberg nie gesehen. Die drei anderen gingen oft aus auf der Suche nach schönen, jungen Mädchen. Ralf Hütter entdeckte unter all den Mädchen in der *Klappe* ausgerechnet Viviane, die eigentlich hier in unserem heimatlichen Revier nicht so erfolgreich war. Schön war sie, doch hatte sie was Schwieriges, Zickiges an sich, Eigenschaften, die sich erst zeigten, wenn man sie besser kannte. Augenblicklich verfiel er ihr auf eine ungesunde Art. Für die kommenden Monate litt der arme Ralf unter seiner Leidenschaft für Viviane. Sie überragte ihn um einen halben Kopf. Die Beziehung zwischen den beiden schien sich nur schleppend aufzubauen; obwohl er sie anbetete, war sie nicht in der Lage, seine Gefühle zu erwidern.

Karl gefiel mir auf Anhieb, seine Lippen provozierten mich. Als er durch die Seitentür reinsah und fragte, ob ich nicht was Elektronisches auflegen könne, krachte mein Herz wie eine Abrissbirne auf ein Haus. Ich legte erst die «japanischen Kraftwerk» *Yellow Magic Orchestra* und dann *Baby Buddha* auf, die Platte hatte ich kürzlich in Berlin gekauft, und wandte mich ihm wieder zu. Zuerst wollte er meinen Namen wissen. Seine zweite Frage war, und ich gebe den Wortlaut haargenau wieder: «Ja, sag mal, isst du denn auch Fleisch?» Nach Dienstschluss wurde ich seine Geliebte für die nächsten zehn Monate und Vegetarierin für den Rest meines Lebens – und ich bevorzuge, wie Karl, rote Marmelade. Wenn er sich in München oder im Umkreis aufhielt, trafen wir uns. So kontrolliert er normalerweise wirkte, so enthemmt war er andererseits. Karl Bartos war im Bett so, wie sich das gehört: ein richtiges Schwein. Wir vögelten uns um den Verstand. Ich betrog meinen späteren Freund Stefan, dem ich ansonsten treu war, ein einziges Mal, weil ich nicht auf Karls Kunst verzichten wollte. Der Bartos von *Kraftwerk* war noch begabter als der aufmerksame Iggy Pop, obwohl sich Vergleiche auf diesem Gebiet nicht gehören und eine heikle Sache sind. Ich tue es im nachwirkenden Licht aufrichtiger Begeisterung.

Jeder Mensch hat seine ganz eigene Art, sich sexuell mitzuteilen. Ich bin mir sicher, dass insgeheim jeder Vergleiche anstellt; wir lernen durch das Vergleichen. «Ich dachte immer, wir wären so eine Art Altherrenclub», ächzte Karl einmal, während er seine Hände fest auf meinem Arsch hatte, «irgendwie langweilig. Wer hätte gedacht, dass die Münchner Mädchen – übrigens sind das die schönsten von ganz Deutschland – so scharf sind. Je hemmungsloser, desto lieber sind sie mir.» Ich musste mich zusammennehmen, damit meine Gefühle nicht außer Kontrolle gerieten. Suchte ich im Grunde genommen nicht doch etwas, was mir das «Außer-Kontrolle-Geraten» gestattete? Wie der Goldmund aus dem Buch *Narziss und Goldmund* bin ich zu totaler Hingabe veranlagt. Ich wollte immer nur beglücken, mich verschenken, empfangen, lernen, verfeinern; immer mehr von all dem wollte ich. Aber davor haben Männer Angst. Ein Quäntchen zu viel Leidenschaft wirkt zerstörerisch.

Karl und ich harmonierten in vielerlei Hinsicht. Ich genoss seine Gegenwart, die anregenden Unterhaltungen, auch blödeln konnte ich gut mit ihm. Ich spürte aber auch, dass er eine weitere Emotionalisierung nicht wünschte, er schien froh über diese Mischung aus Lockerheit und Innigkeit. Ob er noch andere Mädchen an anderen Orten hatte, die gleich mir auf ihn warteten, wusste ich nicht, gegönnt hätte ich es ihm. Ich hatte ein Gerücht vernommen, dass er in Düsseldorf in einer festen Beziehung sei. Das ging mich nichts an, ich wollte das auch gar nicht so genau wissen. An manchen Tagen, wenn er irgendwo auf Tour in Japan oder weiß der Geier wo war und es mir nicht gutging, war ich krank nach ihm. Krank warum? Die Definition Sehnsucht stimmte irgendwie nicht, zu romantisch. Eher war es Verlangen. Aber nicht beschränkt auf das Sexuelle. Ich fühlte mich so leer, so unbefriedigt, so elend, so gelähmt, dass ich nicht ausgehen konnte. Reglos wartete ich neben dem Telefon. Zugleich schämte ich mich für meine Abhängigkeit von dem Anruf eines Mannes, der mich niemals nur lieb halten, mich niemals tröstend in seine Arme nehmen würde. Ich wartete tage- und nächtelang. Sobald ich seine Stimme am Telefon vernahm, besserte sich schlagartig meine trübe Stimmung, die ich verheimlichte. Meine Melancholie war oft kurz davor, in schwärzeste Hoffnungslosigkeit umzukippen.

Kraftwerk, zumindest drei Viertel der Gruppe, waren hochgradig sexinteressiert. Vielleicht, weil sie die einzig wirklich saubere Band waren, die cleansten Leute, die ich je kennengelernt habe. Außer Sex hatten sie kein «Laster». Ihr ständiger Begleiter während der Tourneen, ihr Texter Emil Schult, der nicht nur durch seine langen Haare und seine Kleidung wie ein Überbleibsel längst vergangener Zeiten wirkte, sorgte gluckenhaft für Frischobst, rohes Gemüse, Käse-Schnittchen und gesunde Getränke ohne Alkohol. Weder rauchten noch kifften sie, sie aßen nichts, was mal ein Gesicht hatte, waren lieb und geduldig zu ihren Fans (ein beliebter Ausspruch innerhalb der Band, wörtlich und echt Düsseldorferisch: «… die Fenns, die toh-bönnn!»), schrecklich sportlich und fuhren die *Tour de France* mit, bis Ralf Hütter mit kaputt gebrochenem Schädel aus einem französischen Straßengraben gezogen wurde. Ihr Manager Gerd Lütticke, wie ich aus dem Sauerland, klagte über die andauernde Verzögerung bis zum nächsten Album. Schließlich widmete sich Gerd nur noch den *Scorpions*. Ich habe nie verstanden, wie man gleichzeitig *Kraftwerk* und die *Scorpions* managen kann.

Mein guter bester Freund Christof aus der Simrockstraße in Köln-Ehrenfeld besuchte mich in seinem ollen R4 nach wie vor alle paar Wochen. Nachdem wir uns in München die Panamarenko-Ausstellung angesehen hatten, waren wir noch kreativer und inspirierter. Wir schrieben uns Briefe, schmiedeten Pläne, was man alles machen sollte oder könnte (Kinos mit verrückbaren Screens, neuartige Kneipenkonzepte, Design für Möbel, Segelboote, Essbesteck, Schuhwerk, Schwimm- und Oberbekleidung, Frisuren, Drehbücher, Filme, Musik und weiß der Teufel, was sonst noch alles), und telefonierten. Christof kannte meine Phasen trauriger Nachdenklichkeit, doch vermochte er nicht einzuschätzen, wie es tatsächlich war. Weil ich fürchtete, ihn zu verlieren, verbarg ich meine quälende Schwermut ebenso wie meine Sucht, über meine Liebhaber wusste er aber im Großen und Ganzen Bescheid. War ich besonders deprimiert, halfen nur Drogen oder Sex, um mich spüren zu lassen, dass ich noch nicht tot war. Nach außen hin trug ich eine lebhafte Selbstsicherheit zur Schau, die ich niemals wirklich besessen hatte. Ich verbrachte meine Zeit damit, dem Bild zu entsprechen, das andere von mir hatten und welches ich so eifrig mitgeholfen hatte aufzubauen. Bewusst war mir das damals nicht. Jahre später sagte mir Christof einmal, er habe nie in seinem Leben jemanden kennengelernt, der so sehr um den Aufbau einer/seiner Persönlichkeit gerungen habe wie ich. Panische Angst, mit Drogen erwischt zu werden, erfüllte mich. Der Gedanke an einen Knastaufenthalt trieb mich zu paranoider Vorsicht, sodass ich während schlechter Phasen wegen Versorgungsengpässen, Turkey oder Depressionen in ein unregelmäßig beschriebenes Tagebuch notierte: wirklich schlechtes Wetter heute. Fielen meine sporadischen Aufzeichnungen den Bullen in die Hände, würden sie nichts Belastendes finden. Nur meine drei Freundinnen aus dem Nachtgeschäft, Geli vom *Charly M.*, Mo vom *Why Not* und Mona mit den kurzen bunten Haaren, mit der ich im *P1* hinter der Bar arbeitete, wussten Bescheid, da auch sie von Hans, der kurzzeitig «das Geschäft» wieder aufgenommen hatte, ihr Pulver erhielten. Hans hatte immer nur uns vier Mädchen um sich herum. Sein einziger «Mitarbeiter» war ein in München hängengebliebener Ex-GI, der Amerikaner Willy. Ein Dreivierteljahr später wurde Willy mein Hauptdealer. Hans hatte uns immer großzügig was umsonst gegeben. Irgendwann ging das nicht mehr, er teilte mir mit, ich solle mich in Zukunft an Willy wenden. Fletcher war nicht mehr auffindbar, und sonst kannte ich niemanden. In München nach der Junkieszene zu suchen, war wegen meiner Panik vor Entlarvung ausgeschlossen. Hans wurde stocksauer, wenn ich bei ihm anrief. Es blieb mir nichts anderes übrig. Wenn ich keinen Affen haben wollte, musste ich bei Willy kaufen. Und der bestimmte den Preis: 1000 Mark für ein Gramm. Möglicherweise hatte Hans unseren Verdienst im Nachtleben völlig überschätzt, oder aber Geli hatte wesentlich mehr Geld gemacht als ich. Willy blieb hart. Ich musste den Preis zahlen.

Außer den Jobs beim Bayerischen Rundfunk und als Plattenauflegerin verdiente ich Geld im *Why Not*, einer sympathischen kleinen New-Wave-Disco ohne das aufgesetzte Schickimicki-Getue des *Charly M.* Im *Why Not* verkehrten die verschiedensten Großstadt-Stämme aus allen sozialen Schichten. Türsteher Ossy war der einzige Türke in diesem bunten Schwarm. Weder von seinem Äußeren noch von seiner Aussprache her war er als Nicht-Deutscher zu erkennen. Ich konnte ihn sehr gut leiden. Die Inhaberin, eine unscheinbare Frau von etwa Ende dreißig, deren hervorstechendste Charakterzüge Misstrauen und Humorlosigkeit in ihrem verhärteten Gesicht eingeritzt waren, hieß Ella. Lediglich zwei Menschen auf dieser Welt konnten ihr so etwas wie ein Lächeln entlocken. Der schlaksige tschechische Discjockey Stevie war ihr besonderer Liebling und durfte nicht nur sich selbst, sondern auch seine Gäste, sprich Mädchen, unbegrenzt mit Jägermeister abfüllen. Dann war da noch Harry, der Geschäftsführer. Wegen dem altmodischen Sechzigerjahre-Krankenkassen-Brillengestell, der südamerikanischen Mambo-Anzüge im Stil von *Kid Creole and the Coconuts*, seiner an Nacken, Seiten und Hinterkopf sauber ausrasierten Haare und dem falkenhaft wachen Gesichtsausdruck selbst nach einer Dreiviertelflasche Wodka und diversen Drogen wirkte er wie eine Mischung aus Schlager-Rock'n'Roller, Schrebergärtner und kubanischem Zigarrenbaron. Morgens um fünf beim Abrechnen im mit Getränkekisten vollgestellten winzigen Lagerraum sah er vierzig Jahre älter aus, als er in Wirklichkeit war. Harry und Stevie hatten bei Ella Narrenfreiheit. Zu allen anderen war sie abweisend, unfreundlich und misstrauisch. Ich hatte eine feine Kollegin, mit der ich mir die Arbeit teilte, wir wechselten uns ab mit Service und Bar. Sie trug diesen zeigefingerkurzen, schwarzgefärbten, hochstehenden, aktuellen New-Wave-Haarschnitt, war knochig und blass und gute sechs Zentimeter größer als ich. So dünn war sie, dass sie Flucht nach vorn machte und von ihren Brüsten behauptete, es seien «zwei leere Tabaksbeutel». Sie trug immer das gleiche Make-up, schwarzgetuschte Wimpern und einen feuerroten Lippenstift wie Paloma Picasso. Sie war eine ganz liebe Süße mit einem Riesenherz.

Zwei-, dreimal im Monat kam Johannes von Thurn und Taxis, den ich aus dem *Charly M.* kannte. Als ich ihn das erste Mal in einer düsteren Ecke auf einem Hocker sah, umgeben von einem halben Dutzend niedlicher Jungs um die zwanzig, war er mir auf Anhieb wegen seiner unprätentiösen, entspannten Art sympathisch. Meine Eltern besaßen bei weitem mehr Standesbewusstsein als der nette Fürst Johannes. Er soff, wenn er Lust dazu hatte, und er verschwand auf dem Klo, allein oder mit noch jemandem, wenn er Lust dazu hatte. Im *Why Not* konnte jeder machen, was er wollte – vorausgesetzt, er hielt sich an die ungeschriebene Regel, kein Aufsehen zu erregen. Nicht jeder tat das, wie etwa die dicke Domenica, die sich beleidigt und lautstark mit unverkennbar Kölschem Dialekt beschwerte: Der unrasierte Herr, der sie den ganzen Abend belästige, habe keine Kinderstube. Der kinderstubenlose Jörg Immendorf kam oft, wenn er in München war, ins *Why Not.* Roswitha hatte ich mal zum Bildergucken mitgenommen in den Münchener Kunstraum, dessen sympathischen Direktor Dr. Michael Tacke, ein seriöser Intellektueller mit Halbglatze von etwa fünfzig Jahren, wir zu später Stunde mitschleppten ins *Why Not.* Roswitha hatte eine ganz eigene Art, rhythmisch hüpfend, anmutig und gelenkig, zu tanzen. Es war eine Freude, ihr zuzusehen. Der mit grauem Anzug und Krawatte bekleidete Dr. Tacke war begeistert von ihr und wagte sich nach einigen Drinks auch auf die kleine Tanzfläche. Er bewegte sich unbeholfen, wie ein ausgelassener Sauerländer beim Schützenfest, aber das spielte keine Rolle, sein ehrliches, braves Vergnügen bereitete mir großen Spaß. Außerdem war es lustig, zischen all diesen New Wavern, Two-Tone-Anhängern, Freaks, Schwulen, Mods, Neo-Existenzialisten, Alt-Hippies, Neu- und Altreichen, Transvestiten, Heavy-Metal-Fans, Existenzialisten, Soul- und Barmusik-Liebhabern, New-Romantics, Lesben, Psychobillies, Bhagwan Sannyasins, Neue-Deutsche-Welle-Mitläufern, Punks und Adligen den Vertreter einer unbekannten Richtung zu entdecken. Arndt von Bohlen und Halbach kam hin und wieder mit seiner philippinischen Horde. Ziemlich hysterisch reagierte er auf den Diebstahl seiner Juwelen im Hilton; danach kam er auch nicht mehr. Oft besuchten uns Bands. *Heaven 17*, denen ich in anderer Formierung als *Human League* eineinhalb Jahre zuvor als Vorgruppe von Iggy Pop begegnet war, soffen so hemmungslos, dass sie nur getrennt den Weg ins Hotel zurück fanden. Am nächsten Morgen kreischte die Putzfrau erschrocken auf, als ihr aus dem Klo eine ätzend stinkende, vollbekotzte, britisch lallende Schnapsleiche entgegenfiel. Der weißblonde Martin Ware war schon vom Management vermisst worden; er sollte Interviews geben und wurde hektisch im ganzen Hotel gesucht. Mick Jagger, Keith Richards und Ron Woods betraten das *Why Not* kurz vor vier Uhr morgens. Es waren noch ungefähr zwanzig Leute da, die, die niemals ein Ende fanden. Wir waren müde und aufgekratzt, hatten keine Lust mehr und wären froh gewesen, den Laden zu schließen. Aber eine solche Gelegenheit ließ sich Harry nicht entgehen. Eben noch genervt und übermüdet, strahlte jetzt das Gesicht des Geschäftsführers, als wäre Weihnachten. Er scheuchte uns rum und ermahnte uns, ja freundlich zu sein. Das war Quatsch, denn wir waren immer freundlich. Skrupellose, durchaus nett anzusehende, durchtrainierte Filipinos mit Freude an Grausamkeit und Sex waren gerade in Mode, man kannte das ja vom Bohlen und Halbach. Jagger hatte gar ein gutes Dutzend oder mehr bei sich, während Richards sich lieber auf den grimmigen Blick und die beeindruckende Muskulatur seines altgedienten Leibwächters verließ, eines riesigen Grobians mit notorisch schlechter Laune. Dieser Kleiderschrank imponierte allein durch seine Haltung. Wie er da so aufgebaut war, schweigend, mit verschränkten Armen, unverrückbar wie die Berliner Mauer – doch, das hatte was. Sogar der *Stern* widmete seine Aufmerksamkeit in dem aktuellen Artikel über die «Stones»-Tournee diesem undurchschaubaren, unverrückbar scheinenden Schatten, der mit seinem Herrn auf unerklärliche Weise zusammengewachsen schien. Von wem sich Ron Woods bewachen ließ, konnte ich nicht ausmachen. Vielleicht teilten sie sich die Schlitzaugen ja.

Jagger saß in meinem Service. Er ließ mich durch die Gegend

rennen, bestellte alles Mögliche, probierte dies, versuchte das, bis er schließlich bei einem ekligen fränkischen Bocksbeutel hängenblieb. Harry war völlig hektisch und machte einen auf obercool. Sonst war er ganz anders. Weil er den berühmten Rockstars unbedingt gefallen wollte, verkniff er sich auch jeden Protest, als Keith Richards' Gorilla einen Stapel saubere Tücher hervorzauberte, einen halben Meter Baroberfläche sorgfältig abputzte und aus einem Tabaksbeutel eine zehn Zentimeter lange Straße, wegen der Lichtsituation von nicht näher zu definierender Farbe, hinschüttete. Ich traute meinen Augen nicht. Kokain? Heroin? Eine Mischung? Der Wächter postierte sich neben die Linie und nahm eine drohende Haltung ein. Alle zehn, fünfzehn Minuten zog sich Richards was durch die Nase. Vielleicht um den unangenehmen Geschmack zu überdecken, kippte er Whisky nach. Außer ihm rührte niemand die Straße an, sie war nur für Keith Richards, der nicht auf den Gedanken kam, jemanden einzuladen. Stevie spielte von den *Flying Lizards* mein Lieblingslied *I want money* und danach peinlicherweise nur noch die Stones. Ronny Woods fand meinen neuen silbernen Ohrring in Form einer strahlenden Sonne so wunderbar, dass er mich hartnäckig beschwatzte, ihn ihm für die morgige Bühnenshow im Olympiastadion zu überlassen. Leihweise, natürlich. Ich könne ihn mir ja nach der Show im Hilton wieder abholen, meinte er mit gewinnendem Lächeln. Ronny war höflich, charmant, sehr lieb und freundlich, weckte jedoch nicht das geringste Interesse in mir. Schließlich überließ ich ihm schweren Herzens meinen neuen Sonnen-Ohrring, den ich am Tag zuvor von meinem Freund Stefan geschenkt bekommen hatte. Woods drückte mir zwei Backstagepässe in die Hand und wiederholte mehrmals seine Aufforderung, zu ihm ins Hilton zu kommen. Den Ohrring würde er mir dort wiedergeben, versicherte er ein ums andere Mal. Kurz nach sechs in der Frühe verlangte Mick Jagger die Rechnung. Sie betrug knapp 1000 Mark. Ich überbrachte sie auf einem kleinen Tablett. Ich merkte, wie hinter mir meine Kollegen mich beobachteten. Jagger warf einen kurzen Blick drauf, fischte aus seiner Jackentasche ein dickes Bündel Geldscheine und hielt es hoch. Ich erwartete, dass er die Rechnungssumme abzählen und mir übergeben würde. Nichts dergleichen passierte, weder sah er nach, um wie viel es sich bei dem Bündel in seiner Hand handelte, noch machte er Anstalten zu bezahlen. Er sah an mir vorbei, begann, mit dem Packen Geldscheine rumzuwedeln. Ja, bin ich denn ein Hund, der nach einem Knochen schnappt? «You must pay 1000 Deutschmark, Mr Jagger», versuchte ich ihm klarzumachen. Er ignorierte mich, starrte an meinem Ohr vorbei und fuhr fort, mit dem Geld rumzufuchteln, nur jetzt dicht vor meiner Nase. Wut stieg in mir hoch. Für wen hältst du dich, Wichser! Die Fuchtelei vor meinem Gesicht hörte nicht auf. Nach ein, zwei Minuten knallte ich das Tablett mit der Rechnung auf das Tischchen, stampfte zornig mit dem Fuß auf, drehte mich um und rannte hinter die Bar ins Lager, wo ich völlig aufgebracht eine arme Kiste zusammentrat. Jagger, du blödes Arschloch! Tränen stürzten mir aus den Augen. Ich fühlte mich furchtbar klein.

Am nächsten Abend rief mich Mo an. Heute brauchte ich nicht zu arbeiten, ich wollte zum Olympiastadion gehen. Bezahlt hätte ich nicht für die Rolling-Stones-Show, aber ich hatte ja die Backstagepässe. Meinen Ohrring wollte ich unbedingt wiederhaben. Meine Kollegin berichtete, dass Mick Jagger die Rechnung ohne Tip durch einen seiner Bewacher bezahlt und Harry die Angelegenheit geklärt habe. Ich hatte mindestens 7000 oder 8000 Mark ausgeschlagen. «So viel Kohle, Mann, ey, Mensch, du hättest nur zugreifen brauchen!», regte sie sich auf. Ich wusste nicht mehr, wo mir der Kopf stand. «Mo, für wen hält dieser Wichser sich, wedelt mit der Kohle rum! Entweder will einer was geben oder nicht, aber doch nicht auf so 'ne Tour, dem muss man doch mal zeigen … –»

Sie unterbrach mich verständnislos: «Meinst du etwa, der merkt, worum's dir geht? Der hat dich vergessen, bevor er dich wahrgenommen hat. Gott, bist du naiv!»

Ich hätte mich in den Hintern beißen können. Mo hatte recht. Ich hätte nur meine Hand ausstrecken brauchen. Dennoch. Ich hatte das Richtige getan. Oder doch nicht? Genervt und überfordert zog ich mir im Badezimmer schnell noch was in die Nase. Stefan wunderte sich, warum wir ständig pleite waren. Lange würde ich das Doppelleben ihm gegenüber nicht mehr aufrechterhalten können.

Die «Stones» spielten an zwei Tagen hintereinander im streng bewachten Olympiastadion. Ich zeigte meine Backstagepässe für zwei Personen vor, die ich von Ron Woods erhalten hatte, und sorgfältig wurden sie geprüft. Ein skeptischer Blick auf meinen Freund Stefan, dann wurden wir von den misstrauischen Sicherheitskräften vorgelassen. Jede Menge Leute, schwarzgekleidete Männer mit umgehängten Plastikausweisen, Lassoband, Hammer, Zange und sonstigem Werkzeug am Gürtel, hasteten geschäftig an uns vorbei. Ein pummeliger, dunkelhaariger Junge fiel mir auf. Er wirkte verloren auf mich. Niemand nahm Notiz davon, dass er einfach so jeden Bereich hinter der Bühne betrat, ganz, wie es ihm beliebte. Ich beobachtete ihn eine Zeitlang, bis er im abgesperrten Bandbereich verschwand. Stefan stieß mich an und wies nach rechts. Harry kam angetorkelt. Ich hatte ihn noch nie in einem solchen Zustand gesehen. «Hey! Das ist total irre hier, völlig wahnsinnig! Super! Wir sehn uns!», rief er wild gestikulierend im Vorbeigehen und heftete sich an die Fährte zweier ziemlich jung aussehender Mädchen.

Die Show langweilte mich. Es gab so viele gute Bands, wieso musste die dumme Mehrheit immer nur verehren, was sie kannte, warum brachten sie nicht das gleiche enthusiastische Interesse für Bands auf, die was Neues, Unbekanntes machten? Rolling Stones! Seit Jahren waren die völlig neben dem Zeitgeist. Den hatten sie mal vor vielen Jahren getroffen. Wie konnte man in der New-Wave-Zeit Gitarren-Rock'n' Roll machen? Alan Bangs Fernseh-Interview mit dem zugedröhnten Keith Richards zeigte, wie sehr die Stones den Anschluss ans Heute verloren hatten. Nach dem Konzert begaben wir uns ins Hilton, ich wollte meinen Sonnenohrring wiederhaben. Nach nervtötenden Verhandlungen mit den Wächtern schafften wir es, bis zu Ron Woods' Etage vorzudringen. Dort ließ man uns wieder warten, unter den misstrauischen Augen zahlloser Wichtig-Menschen, die alle gleich uns versuchten, vorgelassen zu werden. So eine Behandlung kannte ich bisher nicht. Wir wollten gerade gehen, als ich den pummeligen, dunkelhaarigen Jungen entdeckte, der mir bereits am späten Nachmittag zuvor aufgefallen war. Ich rief ihn zu mir und erklärte ihm die Situation. Mit regloser Miene hörte er sich alles an. Der nächste Wächter erklärte uns, dass dieser Junge der dreizehnjährige Marlon sei, Sohn von Keith Richards, und dass ich ihn nicht als Laufburschen einsetzen dürfe. Marlon bedeutete mir abzuwarten. Angestrengt versuchte ich vergeblich, im Gesicht des dicklichen Jungen mit der schlechten Haut, in seiner Statur, Ähnlichkeit mit seinem Vater zu entdecken. Dankbar lächelte ich ihn an. Hinter mir sagte unerwartet eine energische Stimme: «Take this, Ron Woods wants you to keep it instead of your earring which got lost during the show.» Eine Hand hielt mir eine Stofftasche hin, drehte mich geübt an der Schulter um, drückte mich bis vor den Lift, drückte auf den Knopf und schob mich in den Aufzug. Verdutzt ließ ich es geschehen. Stefan warf dem Typ böse Blicke zu, blieb aber beherrscht. In der Hotellobby schauten wir uns an, was Ron Woods mir da anstelle meines einzigartigen Ohrrings gegeben hatte. Was war ihm die Sache wert gewesen, ihm, der vor Geld stank? Ich ärgerte mich schrecklich, dass ich mich mal wieder hatte überreden lassen. Woods speiste mich ab mit etwas, das ich oberhässlich fand: einem ollen, abgeschabten, speckigen Satinbeutel. Himbeerrot. In dem Sack befand sich ein scheußlicher Ohrring mit einer langen zerfledderten Feder dran. Wer weiß, wem die Sachen mal gehört hatten. Wie kann ein Mann, berühmt, nett, fit, einen derart hinter der Zeit herhinkenden Geschmack besitzen? Auf einem Zettel stand geschrieben «Thanx, R. W.». Wütend und frustriert kehrte ich mit Stefan nach Hause zurück. Sofort legten wir zur Beruhigung nacheinander *Killing Joke*, *The Cure* und *Joy Division* auf. Er fühlte und dachte wie ich. Ich liebte ihn nicht nur für seine Schönheit, ich liebte ihn auch dafür, dass er auf vielen Gebieten empfand wie ich. Stefan. Die Worte «Schatz» oder «Liebling» fand ich von jeher so ziemlich das Phantasieloseste, um seinen «Schatz» liebevoll zu benennen. Es gibt so viele Möglichkeiten, sich auszudrücken, warum so ein ausgetretenes Wort? Zwei Namen kamen mir spontan für ihn in den Sinn. Einmal «Bubu», einfach, weil Stefan ein süßer kleiner Bubu war. Und dann noch «mein Füchschen», wie ich ihn mit überströmender Zärtlichkeit nannte, weil sein Profil mich an einen niedlichen kleinen Fuchs erinnerte.

Im Februar 1982 erblickte ich Stefan als das Gesicht in der Masse im *Schumann's*. Charles hatte mir mal wieder Geld geliehen, sonst hätte ich mir kein H kaufen können. Auch von seinem gutmütigen, rothaarigen Barmann Silvio erhielt ich immer wieder Geld. Da bekannt war, dass ich im Nachtleben arbeitete, war es kein Problem, sich kurzfristig aushelfen zu lassen.

Ich saß in einer Gruppe von Bekannten, als mich Silvia aufgeregt anstieß. Es war hier immer voll, nicht nur am Wochenende. Ich richtete meinen Blick auf die beiden auffallend attraktiven jungen Männer. Noch nie zuvor hatte ich sie gesehen. Die zwei mochten Anfang zwanzig sein, beide waren etwa gleich groß und schlank, besaßen fast dieselbe Frisur und Haarfarbe, der eine etwas heller als sein Freund. Sofort wusste ich, welchen von beiden sie meinte. «Den hol ich mir», stieß Silvia leise hervor und sah träumerisch in seine Richtung. Da stand, gekleidet in einen alten, ausgeblichenen dünnen Sommer-Trenchcoat, einer, der aussah wie der junge Helmut Berger. Nur schöner. Das Gesicht des anderen erinnerte von der Seite her gesehen an David Bowie. Ich war nicht die Einzige, die Notiz von den zwei neuen Typen genommen hatte.

Er legte den Mantel ab auf den nächsten Stuhl. Der Junge war groß, aber kein Eins-neunzig-Riese. Schlank, sehnig, mit ausgeprägten, aber nicht mit so peinlichen Kugelmuskeln, dunkelblondem, im Nacken kurzem Haar, vorne eine fast kinnlange, das Gesicht halb verdeckende hellere Strähne. Betonte Jochbeinknochen, hohe Stirn, perfekt geschwungene Brauen über blauen Augen, feines Näschen, ausgeprägter Mund. In diese Lippen wollte ich reinbeißen. Die Härte seiner Schenkel wollte ich spüren, während ich seinen Arsch fest umkrallt halten würde. Ich musste ihn haben, koste es, was es wolle. Seine ungewöhnliche Schönheit war eine Kostbarkeit, die ich für mich alleine haben wollte. Den heftigen Adrenalinausstoß bekam ich sofort in den Griff, als ich bemerkte, dass Silvia aufstand. Jetzt musste ich schneller sein. Überall zwischen den Tischen und in den Gängen standen Menschen mit Getränken in der Hand. Drei Sekunden später stand ich vor dem Jungen. Die ganze Welt um mich herum war ungültig, war nicht mehr da. Lärm, Leute, vielstimmige

Gespräche, Gedränge, Musik, das nahm ich alles nicht mehr wahr. Es existierten nur noch er und ich. Zweifel hatte ich keine, es war eher ein winziger Bruchteil Zeit des Zögerns, weil ich wusste, auf was ich mich jetzt einlassen würde. Ich atmete tief durch, fasste mir ein Herz und nahm, was mir zustand. Von nun an liebte ich auf das heftigste den zwanzigjährigen Stefan aus Tübingen. Dass ich vor drei Wochen schon sechsundzwanzig geworden war, störte nicht.

Am Tag darauf trafen wir uns im *Why Not*. Stefan kam mit zu mir, in mein winziges Apartment in der Falkenstraße, und blieb, bis im Mai 1985 unsere Beziehung endete. Wir ließen uns Zeit. Ihn zu küssen, zu spüren, ihn zu schmecken, zu riechen, zu streicheln, zu fühlen – was für eine andächtige Sensation. Es ging ihm ebenso.

In den ersten Wochen, nachdem Stefan sich auf mich eingelassen hatte, meldete sich Christof wie immer per Post und Telefon. Karl dachte nicht daran, sein Interesse an mir und meinem Körper zurückzunehmen. Ich konnte Stefan klarmachen, welcher Art die Freundschaft zu Christof war, in der Hoffnung, er würde verstehen. Es war dann Christof, der sich von mir distanzierte, während er in Köln eine ganze Reihe Freundinnen hatte.

Mit Karl war das anders. Das imponierte Stefan, zumal er *Kraftwerk* richtig gut fand, andererseits behagte der Gedanke, dass ich mit Karl was am Laufen hatte, Stefan gar nicht. Wir kannten uns gerade erst drei Wochen und waren völlig hingerissen voneinander, als das Telefon klingelte. Ich nahm ab. «Ich liege grad hier aufm Sofa und wichs mir eins», vernahm ich die Stimme, nach der ich mich so oft so sehr gesehnt hatte. «Hier regnet's auch seit Tagen», erwiderte ich und sah Stefan zu, wie er in der *Sounds* blätterte.

«Na los, du kleines Aas, fass dich an», lockte die Stimme.

«Regenschirme, Schals und Handschuhe habe ich schon als kleines Mädchen immer liegengelassen, meine Mutter hat immer deswegen mit mir geschimpft. Ach, Stefan, kannst du mal eine andere Platte auflegen?»

«Wie ist denn dein neuer Lover so, ich will alles wissen, morgen bin ich in München, Arabella Hotel, 17 Uhr.»

«Ich wünsch dir noch einen schönen Abend. Stefan und ich gehen gleich aus, mach's gut, bis bald!»

Am nächsten Tag erzählte ich Stefan, ich müsse mich vorstellen wegen eines Jobs. Ich badete, enthaarte mich, cremte mich ein, zog mir ein paar auf dem Klodeckel ausgelegte Linien die Nase hoch und wählte meine Kleidung. Mausgraues T-Shirt mit herausgerissenen Ärmeln zu einem engen knielangen, hinten geschlitzten Rock aus schwarzer Spitze. Sorgfältig geschminkt, Kontaktlinsen eingesetzt, in schwarze Unterwäsche gepackt, Strapse, schwarze Strümpfe, schnürte ich meine halbhohen, schwarzen Stiefelchen. Den knielangen weißen Kunststoffmantel besaß ich mittlerweile auch in Schwarz. Mein streichholzkurz geschnittenes Haar, obendrauf hellblond, die ausrasierten Seiten dunkel, stand korrekt in die Höhe. Plötzlich sah ich Stefan im Spiegel, neben dem Foto von Alan Vega von *Suicide*.

«Was für eine Filmproduktion ist denn das, wo du dich vorstellst?»

«Ach, nichts Besonderes, ich hab von denen mal gehört, weder groß noch klein, ich glaube, die sind auch in der Werbung tätig, und da kann man ja viel Schotter machen.» Wir nahmen uns in den Arm. «Achtung, Bubu, Make-up nicht ruinieren. Ich halte mich nicht lange auf, ich komme anschließend sofort wieder.»

«Viel Erfolg!», rief er leise hinter mir her.

Es war das erste und auch das letzte Mal, dass ich Stefan betrog. Wenn ich wirklich liebte, war ich treu. Stefan war genau das, was Silvia am ersten Abend im *Schumann's* bewundernd über ihn sagte: «Er hat irgendwie so was … (sie suchte kurz nach dem richtigen Wort) … Emotionales.»

Langsam bekam ich ein schlechtes Gewissen, weil ich Stefan mit Karl betrogen hatte und weil ich fortfuhr, ihm etwas vorzumachen, denn ich brauchte meine tägliche Dosis. Oft wusste ich nicht mehr ein noch aus. Um unserer Liebe willen versuchte ich einen Entzug. Stefan lag neben mir auf der durchgeschwitzten, schmalen Matratze, auf der ich mich nervös hin- und herdrehte, auf der ich dieses quälende Nervenrütteln, genannt «Ameisen-unter-der-Haut», hatte, auf der ich, das Gesicht fest ins Kopfkissen vergraben, um jeden Laut zu ersticken, diese üblen Bauchkrämpfe durchmachte. Mein Kopf spielte verrückt. Nur eine winzige Nase, ein kleiner Fix, und ich wäre wieder ein menschliches Wesen. Hans hatte mir geraten, Remedacen zu nehmen, das darin enthaltene Codein würde eine Linderung bewirken. Seltsam, immer fanden andere einen Arzt, der ihnen ein Rezept schrieb, ich geriet immer nur an Doktoren, die mich empört der Praxis verwiesen. Ich haderte mit mir und der Welt. Ich war zu dumm, einen Arzt zu finden.

Nach zwei endlosen Tagen und Nächten fühlte ich mich ein wenig besser, aber weiter hielt ich nicht durch. Ich rief meinen Dealer an. Im Nachhinein wundere ich, wie ich es hingekriegt habe, einem Menschen, der eng mit mir zusammenlebte, vorzumachen, ich hätte einen kleinen Infekt.

Er war in diesen Tagen recht melancholisch. Beide konnten wir, die wir doch sonst jede Nacht ausgingen und halb München kannten, im Moment keine Gesellschaft ertragen, wir blieben zu Hause und kapselten uns ab. Jeder von uns beiden litt still vor sich hin, ohne den anderen in seiner Lähmung zu stören.

Seinen Zivildienst leistete Stefan in einer Bogenhausener Privatklinik. Immer öfter kam er zu spät, manchmal tauchte er erst mittags in der Klinik auf. Und nur, wenn er morgens weg war, konnte ich unbemerkt Willy treffen. Mit einem Gramm kam ich vier, fünf Tage aus. Aus Sparsamkeitsgründen nahm ich wieder die Spritze, so ließ sich eine ganze Tagesdosis einsparen. Was anfangs so schön war, begann sich wie mit Cheick ohne erkennbaren Übergang zu einer schleichenden Zerstörung auszuwachsen. Aber nicht allein meine Sucht und das damit verbundene Doppelleben machten mir zu schaffen. Denn eins wusste ich – Stefan war zum Junkie geboren. Wie, um Himmels willen, konnte ich ihn schützen? Dass ich mich ihm offenbaren musste, war klar. Aber wann und wie? Ich zermarterte mir Kopf, Herz und Seele, wie ich ihm einerseits die Wahrheit sagen, ihn aber trotzdem schützen könnte. Eines Tages traf ich mich mit Willy auf der Straße, nah bei unserer Wohnung. Stefan war noch in der Klinik, ich erwartete ihn in einer halben Stunde. Ungeduldig erwartete ich den Amerikaner in seinem kleinen japanischen Lieferwagen, mit dem er für eine Firma Farben und Malerwerkzeug auslieferte. Vormittags telefonierten wir, machten Ort und Zeit klar und trafen uns. Mal war er in der Nähe, mal bestellte er mich ans andere Ende der Stadt weit hinter den Olympiapark. Willy und Stefan kannten sich oberflächlich, ich hatte ihn als den Hasch-Lieferanten einer Freundin ausgegeben. Willy hatte ich eingeschärft, Stefan gegenüber ja den Mund zu halten, und er hatte mir Stillschweigen geschworen. Nun hielt ich also aufgeregt Ausschau, sah endlich den Subaru auftauchen und am Ende der Straße – Stefan. Willy fuhr vor und hielt an. Ich brauchte schnell meine Dosis und wollte, dass Willy sich sofort wieder vom Acker machte. Es kam anders. Seit den letzten beiden Käufen hatte ich nicht genug Geld.

«Tag, Willy, na, wie geht's dir.»

Ich nahm das kleine Papier entgegen. «Weißt du», flötete ich, «in den letzten drei Nächten war ich nicht arbeiten, erst heute wieder, morgen kann ich dich dann bezahlen, du weißt doch, du kannst dich auf mich verlassen!» Er unterbrach mich: «No, no, du willst bezahlen heute, du hast gesagt.» Stirnrunzelnd sah er mich an.

«Willy, ich kann dir doch nicht weglaufen», bettelte ich nervös und sah im Autospiegel Stefan näher kommen. Noch hatte er mich nicht gesehen, schien in Gedanken versunken. «Mann, du weißt, dass du dein Geld kriegst, bitte, du kannst mich nicht hängenlassen, du kannst dir gar nicht vorstellen, wie beschissen es mir in drei Stunden gehen wird, und ich muss doch arbeiten, wenn ich nicht arbeiten kann, kann ich dich doch auch nicht bezahlen.»

Willy blieb hart und wurde unangenehm laut. Hastig zog ich alles Geld, was Stefan und ich besaßen, aus meiner Hosentasche, in der Hoffnung, den Dealer damit erst mal zu beruhigen. Das Geld für zwei Tage Lebensmittel, die Telefon- und Stromrechnung. «Hier, und jetzt mach, dass du wegkommst, wir sehen uns spätestens in zwei, drei Tagen.»

Natürlich fuhr Willy fort mit seinem Gezeter, und natürlich bekam Stefan genau das mit, was er nicht mitbekommen sollte. Endlich gab Willy Gas und brauste davon. Noch unten auf der Straße stellte Stefan mich zur Rede. Es war einer der Momente im Leben, die man so beschreibt: Am liebsten wäre ich auf der Stelle tot umgefallen. Jetzt befand ich mich in genau der Situation, die ich immer vermeiden wollte. Mir blieb nur die Flucht nach vorn. Ich antwortete weitgehend wahrheitsgemäß. Was für ein Schock das für ihn, aber auch für mich war, lässt sich nicht beschreiben.

Weder konnte ich ihm helfen, noch konnte er, in welcher Form auch immer, einen Schritt auf mich zumachen. Wir fielen, jeder für sich, in ein tiefes Loch. Ich ging nicht arbeiten in der Zeit, ich konnte ihn nicht alleine lassen, weil ich befürchtete, dass er sich etwas antun würde. Ich verließ das Haus nur zu dem Zweck, mir irgendwo Geld zu leihen, damit ich Willy zufriedenstellen und weiter versorgt werden konnte. Ansonsten war ich drei Tage und drei Nächte einfach nur anwesend, für den Fall, dass Stefan mich brauchte. Ich selbst verhielt mich ganz anders in einer Depression. Ich hungerte nach Zuwendung. Stefan wurde noch wütender, noch zurückgezogener, wenn ich ihn so behandelte, wie es für mich selbst gut gewesen wäre. Eine simple Umarmung hätte mich wieder zum Leben erwecken können. Nie habe ich einen Mann getroffen, der mir genau dieses gab, selbst wenn ich in klaren Worten ausdrückte, was ich gebraucht hätte. So zogen wir beide uns immer weiter runter in einer Spirale der Schwermut, und obgleich wir wussten, was jeder vom anderen erwartete, waren wir nicht in der Lage, uns eben das zu geben.

Ich kam nach Hause und wollte ins Badezimmer. Abgeschlossen. Es dauerte ein paar Minuten, dann öffnete er. Mit blutüberbeströmtem, abgebundenem Arm hielt er mir die Gun entgegen. Mir stürzten Tränen aus den Augen. Mein Magen begann zu rotieren. Ich war ausgelaugt, ich hatte in den letzten drei Wochen zu viele extreme Gefühle durchlebt. Ich heulte, ich weinte, ich schrie, ich flüsterte, bettelte, drohte, lockte, flehte, beschwor. Durch meine Tränen hindurch erkannte ich die Ausweglosigkeit der Situation, während sich mein Mageninhalt weiter einen Weg nach oben bahnte. Im letzten Moment traf ich einigermaßen ins Klo. Ungerührt stocherte er wortlos weiter in seiner blutenden Armbeuge rum. Nichts und niemand konnte ihn aufhalten. Ich würde ihm nur helfen können, sich nicht gleich anfangs völlig zu zerschinden. Immer noch zögerte ich. Bockig stieß er hervor: «Ich mach so lange weiter, bis ich es drin habe und weiß, was du fühlst!» Er stach wieder zu, traf aber nicht. Er zog die Nadel heraus und machte weiter mit der Rumstocherei. Blut lief in dünnen Bahnen seinen Unterarm entlang und tropfte vom Handgelenk auf den Fußboden. Es kann gefährlich sein, wenn man nicht in die Vene trifft und abdrückt. Erwischte er eine Arterie, wäre das ganz schön scheiße. Nervös sah ich hin, dann wieder musste ich meinen Blick abwenden. Verbissen machte er weiter. Es kam mir wieder hoch. Nachdem ich ätzende Ekligkeiten ausgekotzt hatte, war mir immer noch nicht besser. Als sein Arm völlig zerstochen war und er begann, den anderen abzubinden, konnte ich es nicht mehr mit ansehen. «Warte. So macht man das nicht.» Erst säuberte ich mich, spülte den Mund aus und putzte mir die Zähne. Dann wischte ich Stefans Arm mit einem sauberen Waschlappen ab. Ich zögerte das Ganze absichtlich so lange wie möglich hinaus, hoffte, er würde sich im letzten Moment doch noch besinnen. Er besann sich nicht. Schweigend wartete er geduldig, dass ich ihm alles zeigte. Ich tat die vollgeblutete, nicht mehr zu gebrauchende Gun in meinen dafür vorgesehenen Müllbeutel und gestehe, dass es mir schrecklich leidtat, das sauteure, kostbare Zeug einfach so wegzuschmeißen. Dann holte ich meine Sachen hervor und zeigte ihm Schritt für Schritt, wie man sich einen Schuss macht. Ich erzählte ihm, welche Sorte von Spritze man in der Apotheke kauft. Ich zeigte ihm, wie man einen Esslöffel zurechtbiegt, wie man seine Dosis möglichst korrekt abschätzt und auf dem Löffel mit Ascorbinsäure mischt, wies ihn während des gesamten Vorgangs darauf hin, worauf man besonders achten sollte, zeigte ihm, wie man aus einer nicht angerauchten Zigarette, einem Stückchen Watte oder Tampon einen kleinen Filter macht. Ich zeigte ihm, wie man alles aufkocht, ohne die wertvolle Flüssigkeit zu versauen, wann man umrühren, wann man den Filter reinlegen und wie man aufziehen sollte, ohne Schmutz und allzu viele Luftblasen mit hochzuziehen. Ich zeigte ihm, wie man eventuelle Restluft aus der Gun rausbekommt, welche

Stelle des Arms man am besten mit welchem Gegenstand abbindet, in welchem Winkel man die Nadelspitze ansetzt, wie man den Kolben kurz anzieht, um zu kontrollieren, ob man drin ist in der Vene, welche Farbe das Blut haben muss, damit man sicher sein kann, nicht versehentlich in einer Arterie gelandet zu sein. Dann gibt's grünes Licht zum Abdrücken.

Drogen waren und sind nicht legal, und dies sollte man stets im Kopf haben, auch wenn Abhängigkeit nicht strafbar ist: Es ist immer von Nachteil, sich erwischen zu lassen. Man sollte tunlichst sämtliche Spuren beseitigen, alles sorgfältig säubern, immer kontrollieren, ob nichts vergessen wurde. Als Neu-Fixer neigt man dazu, den Zustand zu genießen, und dadurch passieren die blödesten Fehler. Den gesamten Ablauf beherrscht man nach kürzester Zeit im Schlaf. Stefan passte gut auf. Was wäre passiert, wenn ich ihm all dies nicht beigebracht hätte? Das ging mir durch den Kopf, als ich den Schal an seinem Oberarm löste und den Kolben runterdrückte. Er lehnte sich zurück, verdrehte die Augen, um sie dann zu schließen, atmete langsam und schwer und murmelte tonlos: «Jetzt … jetzt kann ich dich verstehen!» Kraftlos sank ich nieder. Keuchend hing er breitbeinig auf dem weißen Klappstuhl. Ich fühlte mich wie ausgesaugt. Und wusste nicht, wie ich mit dieser Schuld weiterleben sollte.

Um keinen Affen zu kriegen, hielt sich Stefan die kommenden sechs, sieben Monate streng an meinen Rat, nicht regelmäßig H zu nehmen. Zunächst klappte das. Durch die zweite Hälfte seines Zivildienstes schleppte er sich genauso mühsam wie durch die erste. Trotz einer weiteren Abmahnung entging er wie durch ein Wunder einer Strafe. In der Zwischenzeit machte ich weiter im *Why Not*. Die Münchener Disco-Landschaft war in den letzten Monaten dabei, sich erheblich zu verändern. Als *Die Klappe* in den Wochen nach Rainer Werner Fassbinders Tod wegen größerer und kleinerer Skandälchen endgültig dichtmachte, mieteten die Scientologen die Räumlichkeiten und machten ein Dianetik-Center auf. Das Wirtspaar eröffnete ein paar Ecken weiter das *Coca's*. Karl Meier hatte das *Charly M.* schon vor Monaten an ein Brüderpaar abgegeben. Als sie aufgaben, folgte ihnen ein Teil der Klientel nach in das plüschige *Monaco*. Auf der Leopoldstraße versuchte sich der Klatschreporter Michael Graeter als Gastronom mit seinem *Extrablatt*. Angespornt von dem Wettbewerb, dauerte es nicht lange, und Inge und Hansi eröffneten das *Parkcafé*. Ich fing auf Rat von Mona mit ihr zusammen hinter der Bar im *P1* an, der Sound war erträglich, und ich konnte mit Mona auf dem Damenklo in Ruhe ein paar Nasen ziehen. Jetzt arbeitete ich mal im *Why Not*, mal im *P1* und unregelmäßig fürs Fernsehen. Die Nächte liefen immer nach demselben Schema ab. Von 23 Uhr bis Mitternacht war das *P1* erst höchstens zu einem Drittel gefüllt und die Tanzfläche leer. Der DJ Michael Reinboth konnte machen, was er wollte, erst, wenn ab Mitternacht die Hütte voll wurde und er *Popmusic* auflegte, geriet die Menge allmählich in Bewegung. Es folgten *Rock it* von Herbie Hancock, Thomas Dolby mit *She blinded me with science* und danach dann David Bowie. Wenn die Leute auch nur die ersten Töne von *Let's dance* hörten, stürzten sie sich wie die Verrückten auf den Tanzboden. Es bedurfte unbedingt dieser Reihenfolge. Diejenigen, die das *P1* oft besuchten, kannten den Ablauf und stellten sich schon bei Herbie Hancock ins Startloch.

In unregelmäßigen Abständen war ich weiterhin mit Richard L. Wagner mit der Fertigung der letzten Sendungen *Pop Stop* beschäftigt, doch wurde bald *Pop Stop*, obwohl nun zweimal im Monat sonntagvormittags im Ersten ausgestrahlt, abgesetzt.

In der Alabama-Halle pflegten wir seit letztem Jahr unsere Live-Drehs abzudreschen. Welche Band jetzt dran sei, fragte ich Richard. Der sah in seinen Unterlagen nach und meinte stirnrunzelnd: «Hhm, 17 Uhr, Sonntag, 26. September, keine Ahnung, die Redaktion hat uns den aufgedrückt, weil die gerade in der Stadt sind, Platz neunundvierzig oder siebenundvierzig in der amerikanischen Hitparade, hihi, das Lied heißt *Hot in the city*.»

«Wie heißt die Band?», wollte ich wissen.

«Äh», er räusperte sich und überlegte, «äh, Billy Idol oder so.»

Ich hakte nach: «Was für ein doofer Name, Billy I-dol oder Billy Ai-dll?»

«Keine Ahnung, wie man das ausspricht. Denk an die Nebelmaschine, du musst sie bei Stiers mieten.»

Die Band entpuppte sich als sehr kooperativ und freundlich. Die ungeschminkte, langweilig aussehende Keyboarderin, lange Nase, schmale Lippen, großflächiges, eckiges Gesicht, ausgeprägtes Kinn, war nach der Maske nicht mehr wiederzuerkennen in ihrem breitschultrigen, langen Mantel, so super sah sie aus. Der Gitarrist namens Steve Stevens war das dürrste, schmächtigste Kerlchen, das mir je begegnet war. Ähnlich wie der geniale Prince stakste Steve Stevens auf Acht-Zentimeter-Absätzen einher und trug seine schwarzgefärbten Haare hoch aufgetürmt. Dennoch muss ich sagen, dass all diese Tricks, das krampfhafte Bemühen um ein Mehr an körperlicher Länge eher das Gegenteil bewirkten. Steve Stevens, zweifellos einer der Besten seiner Zunft, spielt die Gitarre hinreißend wie ein junger Gott.

Der Sänger Billy Idol, mit weißblond gefärbtem, vier Zentimeter hoch stehendem Bürsten-Haarschnitt, war der Anführer seiner Gruppe. Auf Anhieb verstanden wir uns. Wir waren sehr auf die Arbeit konzentriert und hatten keine Zeit, uns besser kennenzulernen. Leider musste er schon wieder zurück nach New York. «We'll meet again», meinte Billy beim Abschied zuversichtlich. «Take care and come see me, when I'm in Munich next time.»

Am 5. Oktober drehten wir die nächste Band in der Alabama-Halle. «Angeblich die schönste Gruppe der Welt, so steht's geschrieben», Richard blickte skeptisch hoch von seiner Information. «Tschäppän, oder D-schah-pahn, eben Japan.»

«Ich meine nicht, wo kommen sie her, ich meine, wie heißen die?», fragte ich etwas irritiert.

«Sag ich doch – Japan», erwiderte Richard.

Diese Leute mit halb übers Gesicht fallenden gefärbten Haaren verhielten sich distanziert. David Sylvian trug beim Auftritt keine Brille. Er fiel mir auf, schien sensibel, aber auch launisch zu sein. Aufmerksam lauschte er den Regieanweisungen, schaute aber zur Seite, wenn jemand das Wort an ihn richtete. Ich versuchte zu verstehen, wie man gleichzeitig scheu und dennoch selbstsicher sein kann. David Sylvian machte mir bewusst, dass ich nicht schüchtern, aber scheu bin. Selbstsicherheit und Selbstbewusstsein werden in der Regel verwechselt. Obgleich Sylvian schmachtend mit überkippender Stimme sang: Kitschig war er nicht.

Zwei Tage später beehrten uns die neuesten Stars am englischen New-Wave-Himmel mit dem Namen *Duran Duran*, die mir ein bisschen langweilig und gekünstelt vorkamen, deshalb interessierten sie mich zu dem Zeitpunkt noch nicht.

Mein alter Freund Trini Trimpop ließ sich in der Gegend blicken. Er kam am 14. Oktober als Schlagzeuger mit der Band *Die Toten Hosen* in das für seine Live-Auftritte berüchtigte Dorf Ampermoching, vierzig, fünfzig Kilometer von München entfernt irgendwo in der bayerischen Pampa. Zwei Nächte verbrachten fünf «Tote Hosen» und Jochen, ihr Manager und Fahrer des VW-Band-Busses, auf dem Kunstrasen in meinem Mini-Apartment. Meine Nachbarn und auch die gute Hausmeisterin mit dem ehrwürdig anmutenden Namen Auguste Kocyba kriegten sich nicht mehr ein beim Anblick der Band. Ich fand, dass die Toten Hosen – genialer Name – peinlich aussahen, sie hatten so gar nichts von New-Wave-Eleganz. Nicht nur optisch wirkten sie wie Punks auf Sozialhilfe, denn anstatt sich zeitgemäßer elektronischer Instrumente zu bedienen, schrappelten sie sich mühsam auf altmodischen Gitarren einen ab. Sie hatten sich überlegt, wie sie äußerlich unter all den vielen um Jahre verspäteten Punk- und sonstigen Bands, die momentan wie die Pilze aus dem Boden schossen, herausragen könnten. So kam es, dass sie in einem Secondhand-Großlager kiloweise möglichst entsetzliche Kleidung kauften. Je bunter, je gestreifter, je weiter, enger, länger, kürzer, breiter, je karierter, gemusterter und gepunkteter, je gruseliger die Sachen waren, desto besser. Der junge Sänger namens Campino war noch weit unter zwanzig, die anderen vier, fünf Jahre älter. Dreimal waren sie in München, und jedes Mal gab es bei mir ein Tote-Hosen-Lager auf dem Kunstrasen. Trini wollte wissen, wie mir die Musik der *Toten Hosen* gefiel. Ich wagte nicht, ihm zu sagen, dass sie mir zu fröhlich war. Ich hörte *Throbbing Gristle*, *Gang of Four*, *Public Image*, *SPK*, *Ly-*

dia Lunch, Material, Yello, Birthday Party. Deutsche Texte mochte ich in Ausnahmefällen, wie bei *Deutsch-Amerikanische Freundschaft, Palais Schaumburg, Einstürzende Neubauten*. Manches von *Abwärts* ging auch noch, und von den *Fehlfarben* hatte ich *Es geht voran* und *Paul ist tot* gern. Von den Düsseldorfer Bands *Les Liaisons dangereuses, Der Plan* und dem *Pyrolator* besaß ich alle Platten.

Die Jahre 1983 und 1984 wurden besonders turbulent. Oft überschlugen sich die Ereignisse, und unsere Situation als Junkies verkomplizierte sich. Einerseits wäre ich gerne clean gewesen, ohne permanenten Beschaffungsstress und die daraus resultierenden Probleme. Andererseits hatte ich an dem latent gefahrvollen Doppelleben Gefallen gefunden. Vor einem Entzug hatte ich panische Angst. Wie und wo hätte ich effektiv entziehen können, ohne dass es jemand von Familie, Freunden und Kollegen erfuhr? Stefan war ein geradezu begeisterter Neu-Junkie, er liebte es, auf diese Art zu leben. Das heilige Ritual des Aufkochens und Fixens schien ihm mehr zu bedeuten als eine lasterhafte Notwendigkeit. Wie sehr er sich in seinem Ausdruck veränderte, wenn er wusste, gleich würde es was geben, wie unglaublich anders angesichts eines kleinen Papierchens mit ein bisschen H drin. «Weißt du eigentlich, dass du ganz anders aussiehst, wenn du dir was reinziehst?» Ohne sich unterbrechen zu lassen, hielt er das Feuerzeug unter den Löffel und fuhr in seiner Tätigkeit fort. «Du auch», antwortete er und zog die Pumpe auf.

Pop Stop war aufgrund der Konkurrenz von *Formel Eins* eingestellt worden. Ein paarmal arbeitete ich bei *Formel Eins* mit, zum Beispiel, als *Frankie goes to Hollywood* in München waren. Sie sollten für die Show ein Auto zerhacken, dafür lagen Vorschlaghämmer bereit. Sie freuten sich darauf wie die Irren und waren kaum zu bändigen. Gelangweilt vom Warten auf ihren Auftritt, dachten sie sich, es könne nicht schaden, ein bisschen zu üben. Die alte Kiste, die extra auf den Parkplatz geschleppt worden war und direkt neben dem neuen Auto des Aufnahmeleiters stand, interessierte die unternehmungslustigen jungen Briten nicht. Nachdem die erste Aufregung abgeklungen, der Band-Betreuer die Kosten für die chaotische Hack-Aktion übernommen hatte und der Dreh endlich im Kasten war, suchten wir für das Interview einen bayerischen Biergarten auf. Drei der fünf *Frankie goes to Hollywood*-Typen tranken reichlich bayerische Maß Bier, Peter Gill und Mark O'Toole wurden immer wilder und laberten immer unverständlicher, hatten Freude daran, den Kollegen Brian Nash aufzustacheln. Nash machte jedes Mädchen an den benachbarten Tischen an, spuckte und rotzte gemäß alter Punktradition in der Gegend rum und hüpfte über Klappstühle. Seltsamerweise hielt niemand ihn auf; neugierig starrten die Biergarten-Ottos zu uns rüber. Vorher schon kaum verständlich wegen ihres Dialektes, lallten die «Künstler» jetzt auch. Bis auf Paul Rutherford. Der hatte noch kein Wort von sich gegeben, hockte schweigend neben Holly Johnson und besah sich grüblerisch seine Fingernägel. Als Einziger hatte Holly sich in der Gewalt; er wirkte wie der Dompteur einer Pavianhorde. Auf einen Wink von ihm gehorchten die anderen sofort. Als das Interview fertig war, gaben wir uns zum Abschied die Hand. Holly Johnsons Hand fühlte sich an wie lauwarmer Wackelpeter. So einen schlabberigen Händedruck habe ich nie wieder im Leben bekommen.

Ein anderes Mal kamen die *Einstürzenden Neubauten* zu *Formel Eins*. Blixa Bargeld redete darüber, dass ein Magazin ihn zum «männlichen Sexsymbol» gekürt hätte, darauf bildete er sich mächtig was ein. Sie hatten ihren Auftritt inmitten von Abfall, Blixa stolzierte über Schrott und Unrat, der an manchen Stellen qualmend brannte, kreischte «Engel der Vernichtung», und auf Muftis Stirn tröpfelte «die Wasserfolter» in Nahaufnahme. Ich war froh, endlich mal richtige Musik zu hören. Der biedere Moderator Peter Illmann («Pillmann») verkündete sichtlich aufatmend im Anschluss an die knapp zwei Minuten mit den *Neubauten*: «Und nun, meine Damen und Herren, geht es wieder weiter mit richtiger Musik!» Und dann lief *Jump* von van Halen.

Boy George zu interviewen, und zwar so, wie ich mir ein Interview trotz Zeitdruck vorstellte, war eine Aufgabe nach meinem Geschmack. Vor dem Circus-Krone-Bau wartete seit Stunden eine Ansammlung zwölf- und dreizehnjähriger Mädchen und Jungen, fast alle im Boy-George-Look in dem hüftlangen, übergroßen weißen Schlabbershirt mit riesigen schwarzen Buchstaben bedruckt, schwarzem Hut, vielen Zöpfchen, Kajalaugen und curryfarbenem Eyeshadow. Viele hatten ein Stofftier mitgebracht oder ein Püppchen. Nur beim *Kiss*-Auftritt in der Olympiahalle habe ich noch mehr Mädchen und Jungen auf einem Haufen gesehen; eine beeindruckende Menge von schätzungsweise weit über tausend Neunjährigen, kreischend, aufgedreht und in glühendem Fan-Fieber, bemalt mit der Maske ihres Lieblings-Kiss. Das Taschengeld hätte nie gereicht für den Eintritt, abgesehen davon ließen sie Kinder dieser Altersstufe natürlich auch nicht rein.

Boy George war auf dem besten Weg, ein Superstar zu werden, war gut gelaunt und redete wie ein überdrehtes Uhrwerk. Schwarze Bartstoppeln ragten hier und da aus der Puderschicht heraus, und in natura war er nicht halb so grazil und zierlich wie in den «Culture Club»-Musikvideos. Ich war erstaunt über seine beträchtliche Leibesfülle, und wie geschickt er sein reichliches Hüftgold zu verbergen wusste unter schlabberigen Übergrößen-Hemden, die im Modewettkampf sofort einen Spitzenplatz in den oberen Rängen erzielten. Wenn er lachte, dröhnend und laut, klapperten die Ziegel auf dem Dach. Seine tiefe, volltönende Stimme sprudelte die Worte atemlos hervor, und er wusste genau, was er sagte. Kumpelhaft haute er mir fest auf die Schulter (wollte er mich in den Boden rammen?), nannte mich sofort «Darling» und «My dear» und fand meine Idee, ihn zunächst in einer Art Puzzle zu zeigen, bevor ich ihm die erste Frage stelle, ziemlich gut. Man sollte eine zusammengeschnittene Bilderfolge seiner typischen Attribute wie die Zöpfchen, den Hut, die geschminkten Augen abwechselnd mal von einem Fan, mal von George, dann wieder von einem Fan, wieder von George sehen, während die Musik leiser und dann ganz ausgeblendet wird. Erst jetzt sieht man sein Gesicht komplett, er grinst schelmisch, und los geht's mit der ersten Frage, die da lautet, ob England wirklich eine Königin braucht. Strahlend antwortet Boy George: «The queen is England's biggest teddy bear!»

Live aus dem Alabama hieß die neue Herausforderung, eine Live-Übertragung aus der Alabama-Halle, in Weltkriegszeiten «das Alabama-Depot», weshalb es eben «Aus dem» und nicht «Aus der Alabama» hieß. Alles, was nach München kam und nicht in der Olympiahalle oder dem Circus-Krone-Bau auftrat, spielte in der Alabama-Halle. Nachzügler und Ewiggestrige genauso wie die, die sich mitten im New-Wave-Zeitalter befanden. Während nebenan in der großen Halle *Ashra Temple* auftraten, wurde in der kleinen Halle nebenan unsere erste Live-Übertragung abgewickelt. Ein gewisser «Major» von der Kölsch-Rock-Band *BAP* ließ sich von meinen Kollegen interviewen, während ich zeitgemäß im New-Wave-Look gestylt als «Susi Farblos» für drei, vier Minuten die Vermittlerin zwischen Zuschauern und Redaktion zu sein vorgeben sollte. Dienstags wurde während einer Redaktionssitzung der Mitschnitt analysiert, dann wurde diskutiert. Meine Kollegen hießen Werner Schmidbauer, der nur bayerisch konnte, Amelie Fried, blond, kurzhaarig, ich glaube, 2,3, Jahre jünger als ich.

In der allerersten Ausstrahlung waren wir nervös, weil es unheimlich war, dass uns angeblich «Millionen» Leute zusahen. Obwohl Werner Schmidbauer und sein Freund komödiantisches Talent zeigten, verstand ich nicht, worauf sie hinauswollten mit der Lebensgeschichte des Apfels Gilmore. Bis zur vierten oder fünften Sendung mit dem Thema «Jugendliche Rechtsradikale», in der sie Leute von der Wiking-Jugend ganz hervorragend in die Enge trieb, wieder und wieder nachhakte, um sie schließlich festzunageln, fand ich Amelie Fried zum Gähnen bieder. Wegen der Wiking-Jugend-Sendung wurde ich ihr Fan. Das hätte ich nie so hingekriegt wie sie.

Ein Mann namens Giovanni di Lorenzo wurde, wie der unwitzigste Witzbold überhaupt, Eisi Gulp, Teil des Moderationsteams.

Zunächst war meine Position für die ersten zehn Sendungen als «Briefkastentante» Susi Farblos für einen fairen Austausch zwischen dem zumeist jugendlichen Publikum und der zumeist erwachsenen Redaktion vorgesehen. Bevor es losging mit «Live aus dem Alabama», wurde das neue Konzept der Öffentlichkeit vorgestellt. Was gaben sie damit an! Die beliebte Fernsehprogrammzeitschrift *Gong* hatte ein kleines Foto mit uns veröffentlicht, und man konnte dazu lesen, dass «die cool-schöne Susi Farblos mit den gelben Haaren …». Blablabla. Noch nie im Leben hatte ich gelbe Haare gehabt. Und «cool-schön», das traf auch nicht auf mich zu. Ich hatte rote, violette, grüne, blaue, aber nie gelbe. Scheiß auf die Haarfarbe, dachte ich, jetzt geht's los, bald muss ich mir keine Sorgen mehr ums Geld machen.

Der Ablauf vor der Ausstrahlung war immer gleich: Spätestens 19 Uhr 30 musste ich drehfertig sein, um Punkt 20 Uhr wurde live ausgestrahlt. Nervös, weil ich mir die ganze Zeit furchtbare Sorgen machte, ob er überhaupt käme, und bereits affig, wartete ich zwanghaft gähnend auf Willy. Meine Nase lief, die Augen tränten, und wenn ich nicht höllisch aufpasste, zerstörte ich mir mein Make-up. Immer achtete ich darauf, genügend Kleingeld für das öffentliche Telefon zu haben. Konnte das geizige Arschloch denn niemals pünktlich sein? Ich begab mich unter dem Vorwand, ich müsste noch einmal alles überdenken und bräuchte meine Ruhe, nach draußen vor die Halle. Oft tauchte Willy erst nach 19 Uhr auf. Mit quietschenden Reifen kam er in seinem Privatauto, einem weißen BMW, um die Kurve geschlittert, bremste kreischend ab, warf mir durchs geöffnete Fenster mein ersehntes Briefchen zu, riss mir das Geld aus der Hand und gab Gas. Er jagte in die eine, ich in die andere Richtung davon. Damit mich möglichst wenige vom Team sahen, benutzte ich das Publikums-Damenklo im Flur neben der Haupthalle. Eine Minute später kam ich heraus. Wie neu spazierte ich mit einem nonchalanten Lächeln auf dem Gesicht durch die Zuschauer und Reporter links und rechts. Obwohl noch 20 Minuten Zeit war, war alles auf Position. In der Zeit wechselte ich ein paar Worte mit Bekannten oder mit welchen aus dem Publikum. Da blinkte das rote Lichtlein auf, und zack! war ich auf Sendung. Ich stammelte vor Nervosität irgendeinen Blödsinn, doch fanden mich die meisten Zuschauer nett und menschlich, wie wir aus Briefen erfuhren. Schon nach der ersten Sendung kam viel Post. Ein Großteil davon an mich gerichtet. Die Rechnung schien von Anfang an aufzugehen, in der Öffentlichkeit wurde *Live aus dem Alabama* als erste und einzige Jugendsendung vorgestellt, bei der der Zuschauer ein Mitspracherecht habe, eine Art TV-Basisdemokratie. Meine Aufgabe bestand darin, dies dem Publikum darzulegen und es zum fleißigen «Mitreden, Mitdiskutieren und Kritisieren» aufzufordern. Musikwünsche sollten geäußert oder bestimmte Themenvorschläge gemacht werden. So erhoffte sich die Redaktion eine gute Quote. Nach der zweiten Sendung übergab mir die Redaktionssekretärin eine kleine Babybadewanne, die zu einem Viertel voll mit Post war, alles an mich gerichtet. Ab sofort war ich gewissenhaft mit Lesen und Beantworten beschäftigt. Nach jeder Sendung war die Babybadewanne voller. Zu der Zeit wurde *Live aus dem Alabama* nur in Bayern ausgestrahlt. Bald reichte die Babywanne nicht mehr. Es wurde ein kleiner Wäschekorb angeschafft. Die Flut war nicht mehr innerhalb weniger Tage zu bewältigen. In der Sendung bat ich die Zuschauer um Verständnis, wenn sie länger auf Antwort warten müssten, aber sie könnten sicher sein, dass ich mein Bestes täte, um der Redaktion die Wünsche und Anregungen des Publikums mitzuteilen, dafür sei ich da. Es kamen Briefe, die mich sehr mitnahmen. Ein Junge aus einem kleinen Dorf in Niederbayern schrieb: «Du musst mir helfen, ich weiß nicht mehr weiter. Ich bewundere Boy George so sehr, und ich laufe rum wie er, ich schminke mich wie er. Nun sagen meine Eltern ‹Kleine Schwuchtel› zu mir. Ich will nicht mehr leben!» Ein Mädchen fühlte sich dick und hässlich, hatte Probleme in der Schule und mit den Eltern. Auch sie sah keinen Sinn mehr weiterzuleben. Andere kamen nicht zurecht mit ihrer Sexualität, hatten Probleme mit ihren Mitschülern oder waren unglücklich verliebt. Manche waren als Kind adoptiert, manche im Heim groß geworden. Ein Junge hatte nur ein Mal im Leben einen Freund gehabt, und der war jetzt mit seinen Eltern nach Norddeutschland gezogen. Ein Mädchen kam nicht zurecht mit dem Tod ihres Goldhamsters und wurde deswegen von allen fertiggemacht. Sie wünschte sich, ihrem Hamster in den Tod zu folgen. Ich kam manchmal nicht mehr dazu, meinen Dienst im *Why Not* und im *P1* zu versehen, so sehr nahm mich die Beantwortung der Post in Anspruch. Viele Nächte antwortete ich auf das, was mir anvertraut worden war, und oft trieb es mir die Tränen in die

Augen, so sehr wurde ich von Mitgefühl, aber auch von unglaublicher Wut geschüttelt, von Wut auf Eltern, Wut auf Lehrer, auf Mitschüler, Chefs, überhaupt auf alle Erwachsenen. Die meisten Kids konnte ich gut verstehen, ich konnte mich gut in ihre Lage versetzen. Ich schrieb sorgfältig überlegt die Antwortbriefe, per Hand, weil ich meine elektrische Schreibmaschine ins Pfandhaus gegeben hatte. Manchmal tat mir das Handgelenk richtig weh. Müde, konzentriert und engagiert saß ich dienstags in den Redaktionssitzungen und merkte erst nach drei, vier Malen, dass sich niemand wirklich für die Zuschauer interessierte. Jedes Mal, wenn ich berichtete, was angeregt, gewünscht oder kritisiert wurde, winkten sie ab, sie hätten für die nächsten Sendungen schon alles bereit, das Programm würde stehen. Allmählich bekam ich mit, dass ich lediglich eine Lücke ausfüllte. Von der Redaktion, die so große Töne gespuckt hatte, «zum ersten Mal Mitspracherecht» und «Deutschlands erste Sendung von Jugendlichen für Jugendliche», kümmerte sich kein Schwein um deren Belange. Ich war so blöd, genauso dumm wie die Fernsehzuschauer, nicht zu kapieren, dass ich nichts anderes als das Alibi der Redaktion «Familienprogramm» (oder wie sie hieß) des Bayerischen Rundfunks darstellte. Gut möglich, dass die Redaktionsmitarbeiter und meine «Kollegen» sich über mich genauso schieflachten wie über die von mir während der Redaktionssitzungen vorgelesene Zuschauerpost. Weder interessierten sie sich für Anregungen, Wünsche und Vorschläge, noch beherzigten sie Ratschläge oder nahmen Kritik ernst. Mir wurde gesagt, ich solle mit meinen 27 Jahren nicht so auf «jugendlich machen», meine Mimik und Gestik, erst recht meine verbale Ausdrucksweise, seien meinem Alter nicht angemessen. Man wünsche mich bitte starrer, das wirke gelassen, mehr wie die von der Tagesschau, die sei so professionell, und ich solle meine Lebhaftigkeit unbedingt weniger zeigen. Verwirrt von so viel merkwürdigen «Ratschlägen» fuhr ich tief in Gedanken nach Hause. Wieso sollte ich mich verhalten wie diese steife Dagmar Berghoff? Zudem belästigte mich seit geraumer Zeit ein anonymer Anrufer zu allen möglichen Tages- und Nachtzeiten mit Obszönitäten. Ich zerbrach mir den Kopf, doch vermochte ich den Anrufer nicht zu identifizieren;

außer, dass er eine slawische Aussprache der Worte mit entsprechender Satzstellung hatte, fiel mir nichts zu dem lästigen Kerl ein. In meinem Bekanntenkreis befand sich niemand, auf den diese Stimme passen könnte. Offensichtlich verstellte der Anrufer weder Stimme noch Tonfall und machte sich nicht mal Mühe, seinen Akzent zu verheimlichen. Ich legte den Hörer sofort auf, wenn ich seine Stimme hörte. Das schien ihm völlig egal, die Anrufe kamen immer häufiger, und als ich eines Tages im Redaktionsbüro meine Postwanne holte, würdigte mich die normalerweise so freundliche Sekretärin keines Blickes. Schweigend wies sie, ohne zu grüßen, auf den Briefestapel, tat so, als wäre ich Luft, und vertiefte sich in ihre Arbeit. Auf meine verdutzte Nachfrage, was denn los sei und ob ich sie versehentlich gekränkt habe, hielt sie es nicht für nötig zu antworten, warf den Kopf in den Nacken und stolzierte demonstrativ aus dem Büro. Ich hatte verstanden, wusste mir aber keinen Reim darauf zu machen und war nun meinerseits gekränkt. Besorgt wandte ich mich an Jürgen Barto, meinen direkten Vorgesetzten. Der wusste angeblich auch nichts. Das ganze Büro war wie ausgewechselt, Eiseskälte schlug mir entgegen, wo sonst heuchlerische Freundlichkeit geherrscht hatte. Am nächsten Tag steckte mir schließlich verschämt eine Sekretärin, dass ein anonymer Anruf eingegangen sei, und der sei derart obszön gewesen, dass man jetzt nichts mehr mit mir zu tun haben wolle. Es stellte sich heraus, dass der Mann genüsslich geschildert hatte, was er alles an Perversitäten mit mir getrieben hätte. Anscheinend hatte sich die Tippse von dem Anrufer Details haarklein schildern lassen. Es ging nicht um einen harmlosen Fick im Hauseingang. Es ging auch nicht um einen schönen Dreier. Es ging um die ganz knallharte Tour, Anales mit einem Hund der Rasse Bernhardiner, Orales im Zusammenhang mit sogenanntem «Natursekt und Kaviar», Faustficks bis übers Handgelenk und so weiter. Ja sicher, klar doch, so ein anständiger Faustfick, das hat doch was! Leider war ich zu empört und viel zu verletzt, ich besaß nicht die nötige Selbstsicherheit für eine solche, einzig passende Antwort. Stattdessen nahm ich mir die Reaktion der dummen Sekretärin so sehr zu Herzen, dass ich einen Nervenzusammenbruch hatte. Dass sie nicht mir, die sie seit fast zwei Jahren kannte und zu der sie immer so freundlich gewesen war, sondern einem unbekannten, feigen Wichser Glauben schenkte, und die widerliche Geschichte brühwarm allen erzählte, darüber kam ich nicht hinweg. Ich verlor für einige Tage jeden Glauben und jede Zuversicht. Stefan hielt fest zu mir und versuchte, mir Mut zu machen, er redete auf mich ein, auch er hatte den Mann mal an der Strippe gehabt und wusste, zu was der Unbekannte fähig war. In meiner Not wandte ich mich an die Polizei. In Fernsehkrimis installieren sie dann eine Fangschaltung; dass das Opfer aber etwa 1300 Mark dafür bezahlen muss, war bisher in keinem Film erwähnt worden. Wenn man nicht bezahlen kann, hat man eben Pech gehabt, meinte der gelangweilte Bulle, während er an mir vorbeischaute. «Und was, wenn mir der Mann auflauert und mir was antut?», wollte ich wissen. «Na, dann ruafen'S die Bollizei!» Er und seine beiden Kollegen brachen in dröhnendes Gelächter aus. Fluchtartig verließ ich das Polizeigebäude. Mit engen Freunden verabredete ich ein Klingelzeichen. Im Redaktionssekretariat war ich nun eine persona non grata. Es kam mir vor, als hätten sie nur auf eine solche Gelegenheit gewartet. So viel Feigheit und Heuchelei war mehr, als ich ertragen konnte. Wenn ich weder mein Füchschen noch H gehabt hätte – ich weiß nicht, was mit mir passiert wäre. Die Unglücksphase riss nicht ab. Einige Wochen zuvor hatte ich mit einer Fotografin eine Fotostrecke für das Magazin *High Society* gemacht. Ich war zusammen mit Emily Woods und einer «Rosy-Rosy» (was für ein Name?!) in der gleichen Ausgabe; das Blatt hatte sich auf Frauen spezialisiert, die entweder bekannt oder auf dem Weg dahin waren. Es war das einzige Mal, dass ich einen derartigen Job angeboten bekam. In vier Tagen verdiente ich 4000 Mark, ich konnte unmöglich ablehnen. Die Bilder wurden überraschend gut, richtig niedlich. Man sah weder Busen noch Muschi. Die Fotos wirkten kindlich, ein bisschen verspielt und nett. Die Fotografin war zu der Zeit ebenfalls ein Junkie, so brauchten wir uns gegenseitig nichts vorzumachen. Meine Eltern waren schockiert, denn ein Schüler meines Vaters wurde im Unterricht mit dem «Herrenmagazin» erwischt. Zwar hatte ich meinen Eltern mitgeteilt, ich hätte mich für eine Zeitschrift ablichten lassen, doch Genaueres hatte ich verschwiegen, denn im Grunde ging es sie nichts an. Dass im Sauerland die *High Society* gelesen wurde, hätte ich nicht gedacht, erst recht nicht von katholischen Abiturienten.

Ungefähr zwei Wochen, nachdem sich der anonyme Anrufer bei der Sekretärin gemeldet hatte, verlor er das Interesse. Nach und nach wurden die Anrufe bei mir zu Hause seltener und hörten endlich ganz auf. Nach den angespannten letzten drei Monaten war ich nun höchst misstrauisch. Zaghaft nahm ich auch wieder ohne Klingelzeichen den Hörer ab. «BILD Frankfurt, Schneider, na, was sagen Sie denn dazu, wenn wir Ihr Nacktfoto groß rausbringen mit einer Überschrift wie ‹Mitarbeiterinnen des Kinder- und Familienprogramms des Bayerischen Rundfunks›?» Ich glaubte, nicht recht zu hören. «Weiß Ihre Redaktion das eigentlich? Der Bayerische Rundfunk ist ein christlich-konservativer Sender, ich kann mir nicht vorstellen, dass der Dr. Werner Ihre Fotos gutheißt.»

Schockiert lehnte ich mich gegen die Wand, mir wurde ganz schwindelig. Natürlich schossen mir augenblicklich die Tränen aus den Augen, wie immer. Ich hasste mich dafür. Wie immer. «Das dürfen Sie nicht tun, sagen Sie der Redaktion nichts und, bitte, drucken Sie um Himmels willen kein Foto ab.» Höhnisch wollte er wissen: «Warum denn nicht, Sie sehen doch sehr knackig aus.»

«Wenn Sie das tun, verliere ich meinen Job!» Und dachte weiter, wenn ich den verliere, dann verdiene ich nicht mehr genug Geld, und wenn ich noch weniger Geld habe, dann weiß ich nicht mehr, wie wir zurechtkommen sollen, wir kriegen einen höllischen Affen, und dann kann ich erst recht nicht mehr arbeiten. Der Bildzeitungswichser fuhr ungerührt fort: «Es gibt viele Menschen ohne Arbeit, das werden Sie auch verkraften, außerdem können Sie gar nichts dagegen tun, morgen bringen wir Ihr Foto ganz groß raus, und Ihre Redaktion wird –»

Ich unterbrach ihn völlig aufgelöst: «Nein, das können Sie nicht tun, meine Fotos waren nur für das eine Mal gedacht, ich stimme einer weiteren Veröffentlichung nicht zu –»

Er ließ mich nicht ausreden: «Haben Sie eine Ahnung, was wir alles können, seien Sie froh, dass Sie überhaupt informiert werden.»

Ich nahm meinen ganzen Mut zusammen, mit dem letzten Rest Hoffnung, diesen widerlichen Unmenschen vielleicht doch umzustimmen. Entschlossen stieß ich unter Tränen hervor: «Wenn Sie das tun dann hat alles keinen Sinn mehr, ich bringe mich um!»

«Umso besser, dann haben wir eine interessante Story, ich gebe Ihnen jetzt meine Telefonnummer, und Sie rufen an, wann und wo Sie sich umbringen wollen, ich werde da sein!» Fassungslos knallte ich den Hörer auf. Aufgeregt rannte ich weinend in dem kleinen Apartment hin und her. Dann kam mir plötzlich ein Gedanke. Es war der *High-Society*-Chef mit seinen guten Beziehungen zu Kollegen von der Presse, dem ich es zu verdanken hatte, dass nichts über mich in der BILD abgedruckt wurde. Dafür war ich ihm unendlich dankbar.

Nach der sechsten oder siebten *Live aus dem Alabama*-Sendung war mir klar: So konnte es nicht weitergehen. Entweder würde meinem Job als Vermittlerin zwischen Zuschauern und Redaktion ab sofort die Ernsthaftigkeit und Ehrlichkeit zuteil, die dieser Aufgabe wirklich zustand, oder aber jemand anders gab sich als Alibi für diese unaufrichtige Sache hin. Meine «Kollegen» Amelie Fried, Werner Schmidbauer, Giovanni di Lorenzo und Eisi Gulp hatten mich nie ernst genommen. Ich führte ja auch keine wichtigen Live-Gespräche. Für die «Briefkastentante Susi Farblos», deren Mini-Auftritt mit einer dämlichen Zeichentrick-Schnecke angekündigt wurde, blieben allerhöchstens drei Minuten. Einige wenige aus dem Team, darunter Tontechniker und Kameraleute und deren Assistenten, hatten begriffen, um was es ging, und hielten zu mir. Gemeines Gerede hinterm Rücken und Gerüchte über meine bevorstehende Kündigung waren im Umlauf. In meinem Vertrag, der mir auf jeden Fall die ersten zehn Sendungen auf Probe zugestand, gab es eine seltsame Klausel, die besagte, dass nichts, was hinter den Kulissen vor sich ging, an die Öffentlichkeit dringen dürfe. Ich dachte bis dahin, wir lebten in einer «offenen Gesellschaft», in der jeder an «das Volk» betreffenden Vorgängen teilhaben dürfe. Das hatte man mir als kleines Kind beigebracht, und die Medien taten alles dafür, um diesen Eindruck zu vertiefen. In diesem Land kam man nicht hinter Gitter für so was, aber man kann durchaus seine Arbeit verlieren, wenn man unbefangen seine Meinung äußert. Warum die Arbeitsverträge des Bayerischen Rundfunks überhaupt so was wie eine «Vereinbarung-zum-Schweigen-Klausel» enthielten, dämmerte mir allmählich. Dass mein Vertrag als einziger diese «Skurrilität» beinhaltete, konnte ich mir nicht vorstellen, so nahm ich an, dass auch in den Verträgen der Kollegen eine derartige Stelle existierte. Ich hatte vor, während der Live-Ausstrahlung den Zuschauern zu offenbaren, was bei *Live aus dem Alabama* hinter den Kulissen passierte, dass ich eine Figur in einem verlogenen Spiel war, die dafür benutzt wurde, falsche Tatsachen vorzuspiegeln. Mit zwei mir einigermaßen vertrauten Mitarbeitern beriet ich mich. Eindringlich rieten mir beide unabhängig voneinander, dies auf keinen Fall zu tun. Obwohl mir beide geschworen hatten, absolutes Stillschweigen zu bewahren, konnte ich meinen Plan nicht umsetzen. Am Tag darauf wurde ich zu Herrn Dr. Werner persönlich ins Büro zitiert. Er legte mir mit der Begründung, nicht in die Sendung zu passen, nahe, meine Kündigung einzureichen. Dafür müsse ich dankbar sein, denn es sei stets nachteilig, gekündigt zu werden, und er gäbe mir so die Chance zum Neubeginn. Niedergeschlagen willigte ich ein, unter der Bedingung, noch eine letzte Sendung mitmachen zu dürfen, ich müsse mich schließlich von meinen Zuschauern verabschieden, die würden sich sonst wundern, was los sei. Da ihm bewusst war, dass ich Fans hatte, willigte er zögernd ein. Per Handschlag war dies nun die Vereinbarung zwischen Herrn Dr. Werner und mir, so glaubte ich naiv. «Bitte nehmen Sie draußen noch Platz und gedulden Sie sich einen Moment.» Insgeheim lachte ich mir ins Fäustchen. In der letzten Live-Sendung würde ich vor laufender Kamera klarstellen, dass ich so vieles erklären wollte, aber unterschreiben musste, darüber nichts verlauten zu lassen. Ich glaubte, den Joker zu haben: Ich hatte ja nicht unterschrieben zu sagen, dass ich etwas unterschrieben hatte. Was wollte er denn jetzt noch, warum saß ich noch hier? Nach einer halben Stunde wurde ich wieder hereingerufen. «Unterschreiben Sie hier!», hieß es kurz angebunden. «Und wenn nicht?», wagte ich zu fragen. «Es ist besser für Sie, wenn Sie jetzt hier unten Ihren Namen druntersetzen!» Genau das war es, was ich unterschrieb: Dass ich nicht verlauten ließ, ich hätte etwas unterzeichnet. Meinen Joker hatte er aus seinem eigenen Ärmel gezaubert. Eingeschüchtert von so viel abgebrühter Entschlossenheit, setzte ich meinen Namen darunter und verließ ganz klein das Büro des Dr. Werner. Ich war gefeuert. Geschockt fühlte ich mich nicht in der Lage, in meiner so kleinen, nichtsdestotrotz so verlogenen Rolle als «Susi Farblos – Vermittlerin zwischen Zuschauern und Redaktion» bei der nächsten Folge mitzumachen. Sang- und klanglos verschwand ich von der Bildfläche. In diesem unanständigen Spiel stand von vorneherein der Gewinner fest. Wenn sie bei einer so unwichtigen Person wie mir schon so eine Nummer abziehen, was machen sie dann eigentlich mit wirklich Großen?

Im Laufe des Winters hatten Stefan und ich uns für den Notfall einen Vorrat an codeinhaltigen Remedacen-Tabletten zugelegt, verschrieben von einem einigermaßen verständnisvollen Allgemeinmediziner. Mit Junkies kannte er sich überhaupt nicht aus. Er mochte uns ganz gerne leiden, vielleicht waren wir ihm auch ein bisschen unheimlich. Rein äußerlich hatten wir nichts von Junkies an uns. Gepflegt, sauber, gut gekleidet, nicht ungebildet; das entsprach nicht dem Klischee dessen, was die Leute 1978 nach «Christiane F.» im Kopf hatten. Deutschlands schönsten und berühmtesten Vorzeigejunkie hatte ich kurz bei den Dreharbeiten zu *Neonstadt* getroffen. Mein guter Freund Wolfgang Büld, an dem ich sehr hing, steuerte die Episode mit dem netten Titel *Disco Satanica* bei. Mit seinen Musikdokumentationen *Women in Rock*, *Reggae inna Babylon* und vor allem mit *Punk in London* war er in Underground-Kreisen zu einiger Bekanntheit gelangt, fand sogar Erwähnung in der *Variety*. Sein Film *Gib Gas, ich will Spaß* verhalf Nena sofort zu nachhaltigem Popularitätsaufschwung. Susanne Kerner aus Hagen startete mit dem Film richtig durch und wurde über Nacht Deutschlands weiblicher Superstar, mit *Stern*-Titelbild und Pressewirbel vom Feinsten. So sehr ich den Erfolg dem Wolfgang Büld auch gönnte, meinen persönlichen Geschmack traf er nicht, der Film war ja auch ein Massenprodukt. Als ich zum ersten Mal *Bommerlunder* von den Hosen hörte, traute ich meinen Ohren nicht. Wir drehten unter Wolfgang Bülds Regie das Video der «Hochzeit» aller fünf Hosen in einer kleinen Dorfkapelle in Oberbayern («hochschwanger», mit einem Kopfkissen unterm Kleid, heirate ich Trini). Anschließend war der Ort entweiht. Sie weigerten sich vier Wochen lang, das Gotteshäuschen wieder benutzen, weil der Teufel zu arg gewütet hätte. Es kam extra der Bischof angereist, um den satanischen Punk auszutreiben und alles neu zu segnen. Trotz der vernünftigen Einwände von Jürgen Barto verhinderte Dr. Werner die Ausstrahlung des «Bommerlunder»-Videos. «Verunglimpfung des Sakraments der Ehe», «Blasphemie», «Kirchenschändung» und ähnlich mittelalterlicher Unsinn lautete die Begründung, mit der das harmlose «Bommerlunder»-Video jahrelang in Bayern nicht gezeigt werden durfte. Der liebe Gott tanzt nicht Pogo.

Billy Idol rief an. An einem schönen warmen Sommerabend 1984 fuhren Stefan und ich kurz vor Sonnenuntergang zum Gelände der Alabamahalle. Unter einem Sonnenschirm hockte Billy an einem bayerischen Biertisch mit ein paar Presseleuten und Bewunderern. Steve Stevens war als Einziger von der Band mitgekommen. Er saß gegenüber von Billy auf der anderen Seite des langen Holztisches. Billy Idol winkte, als er mich entdeckte. Wir umarmten uns und freuten uns über das Wiedersehen. Billy hatte Lust, mit uns auszugehen, wollte aber vorher noch ins Hotel duschen und sich umziehen. Im Hotel warteten wir in seinem Zimmer, während er im Bad war. Stefan und ich knutschten unterdessen auf Billys großem Bett. Schließlich öffnete sich die Tür, und Billy kam frisch geduscht heraus. Ohne zu zögern, legte er sich zwischen uns, eine Hand auf meine Titten, die andere tat er an Stefans Hüfte. Aufgeregt küsste ich Stefan weiter, merkte aber schnell, wie irritiert er von Billys Zuwendung war. Billy und ich hätten es gerne zu dritt gemacht. Leider interessierte sich mein Füchschen überhaupt nicht dafür. Obgleich ihm die Schwulen nachliefen, ihn geradezu verehrten, war er absolut heterosexuell. Ich hätte es reizvoll gefunden, wenn Stefan wenigstens ein kleines bisschen auf Jungen stehen würde. Aber selbst ein Billy Idol würde meinen Freund nicht verführen können. Ich musste etwas tun, damit die Situation nicht peinlich wurde, außerdem hatte ich gemerkt, dass es Billy gar nicht um Stefan ging. Er wollte nett sein und ihn nicht ausschließen, das war der Grund, warum er ihn anfasste. Ich musste in Ruhe überlegen, wie es weitergehen sollte, und verschwand zum Pinkeln im Bad. Was für ein Gestank mir da entgegenschlug. Mit zugehaltener Nase öffnete ich das WC und spülte Billy Idols riesigen Haufen von nahezu schwarzer Farbe und die hartnäckigen Bremsspuren in mehreren Durchgängen weg, bis das Klo wieder einigermaßen sauber war, und hockte mich gedankenverloren hin. Wie könnte ich mit Billy Sex haben, ohne meinen Freund vor den Kopf zu stoßen? Ich brachte mein Make-up in Ordnung und ging zurück ins Zimmer. Stefan und Billy lagen einträchtig rauchend, kichernd und trinkend auf dem Bett und sahen aus wie ein altes Ehepaar. Billy rief Steve in seinem Zimmer an und fragte, ob er mit uns kommen wolle. Es war nach Mitternacht, als wir zu viert das *P1* erreichten. Steve Stevens war nicht nur so schrecklich mickrig, er war auch ein sehr schweigsamer und introvertierter Mann. Das machte die Kommunikation mit ihm nicht gerade leicht. Im *P1* merkte ich, wie er gerne Kontakt aufgenommen hätte zu Mädchen, es aber nicht fertigbrachte, eine anzusprechen. Billy fragte ohne Umschweife, ob ich nicht eine Freundin hätte, die zu Steve für den Rest der Nacht nett sein würde. Es tat mir aufrichtig leid, ich kannte kein Mädchen, das dazu bereit gewesen wäre. Es war mir schrecklich peinlich, dem einsamen Steve Stevens nicht helfen zu können. Er tat mir leid, ich konnte nachempfinden, wie er sich fühlte. Es waren mal wieder die unterschiedlichsten Leute gleichzeitig im *P1*. Ein anständiger, freundlicher Kleiderschrank von Kerl namens Konstantin Wecker saß an der Bar, Mona bediente ihn und zwinkerte mir zu. Konstantin sang hektisch mit knödeliger Stimme bayerische Lieder zum selbst gespielten Klavier, ansonsten war er aber wirklich schwer in Ordnung. Obwohl er mich nicht richtig kannte, hatte er mir ein paarmal Geld geliehen und machte mir wegen der Rückzahlung keinen Stress. Oben auf der Empore sah ich den jungen Bollock mit seinen Kumpels aus Düsseldorf. In einer Ecke hinter der Bar lungerten welche von der *Münchener Freiheit* rum, ihnen schräg gegenüber hielten sich Barbara Rudnik, Burkhard Driest, Barbara Valentin und einer von *Queen*, Bernd Eichinger und Hannelore Elsner an ihren Gläsern fest. Normalerweise ging der Udo Lindenberg ins *Sugar Shack*; heute war er ausnahmsweise hier. Nach einer halben Stunde verloren wir die Lust. Wolfgang Büld hatte sich zu uns gesellt, wir beschlossen, zu ihm in die Buttermelcherstraße zu fahren, Videos gucken und Musik hören. Steve wollte zurück ins Hotel. Wir verfrachteten ihn in ein Taxi.

Bei Wolli machten wir es uns alle auf seinem Kingsize-Bett gemütlich, tranken und kifften. Als uns die Getränke ausgingen, meinte Wolli, er könne bestimmt bei einem Nachbarn noch was besorgen, in wenigen Minuten sei er wieder da. Stefan hatte die Gelegenheit wahrgenommen, um sich ins Badezimmer zum Fixen zurückzuziehen. Ich lag allein mit Billy auf dem riesigen Bett. Wir hatten schon die ganze Zeit heimlich aneinander herumgefummelt, jetzt bot sich die Gelegenheit zum richtigen Küssen. Was für breite Hüften, das war mir vorher nie aufgefallen. In ihren Musikvideos wirkten die Sänger immer so idealfigürlich. Mittlerweile waren wir völlig scharf aufeinander. Heftig atmend fragte ich: «Do you want a shot of heroin?», während wir uns ablutschten. Billy hatte mein Hemd hochgehoben und seinen Kopf druntergesteckt. «Sure.» Die Antwort kam durch das Baumwollgewebe, und weiter machte er mit Zunge und Hand. Richtig entspannen konnte ich mich nicht; ich wollte meinem Füchschen nicht wehtun, so lauschte ich die ganze Zeit, und beim ersten Geräusch aus dem Bad schreckte ich hoch. Ziemlich überbelichtet kam mein Freund wieder herein. «Hast du auch alles wieder aufgeräumt?» Er nickte. Ich half ihm, es sich bequem zu machen auf dem Bett, dann nahm ich meine Tasche und verschwand mit Billy in Wollis Badezimmer. Während ich die Sachen auspackte und zurechtlegte, machte Billy mit seiner Hand zwischen meinen Beinen rum. «Wait a minute, Billy, hey, just wait a minute», stöhnte ich. Er drehte mich um, sodass ich mich mit den Händen am Waschbecken abstützen musste, drängte sich fest an meinen Arsch, ließ mich seinen Harten von oben bis unten spüren, fasste mit einer Hand vorne in meine Hose, mit der anderen hielt er meinen Hals fest und biss mich leicht in den Nacken. «Pussy!», murmelte er mit rauer Stimme. Dieses eine, kurze Wort machte mich verrückt. Seine Linke rieb zwischen meinen nassen Schamlippen rum, er war kurz davor, mir den Finger zu geben, als ich schweren Herzens «No!» sagte. Wäre mein Freund nicht nebenan gewesen, hätte ich ihn bestimmt zum zweiten Mal betrogen. Billy verstand. Ohne Hast zog er sich gefühlvoll zurück, damit es nicht so abrupt wirkte und den Zauber der Situation vollends zerstörte. Dann gab mir einen freundschaftlichen Kuss und meinte: «It's alright, don't worry.»

«It's alright for you, really?», wollte ich zweifelnd wissen. Er nickte gutmütig. «Sure. Now I want my shot.» Mit wenigen Handgriffen machte ich alles zurecht, verpasste mir meinen Schuss, machte die Pumpe dann für ihn fertig und hielt sie ihm hin. Aufmerksam hatte er den Vorgang beobachtet. Er band seinen Oberarm mit meinem Tuch ab und setzte die Fixe an. «Billy, tell me, is this the first time?» Er schüttelte schweigend den Kopf, während er unbeholfen versuchte, einen günstigen Einstichpunkt zu finden. Das Abbinden war keineswegs routiniert, und die Art und Weise, wie er die Pumpe hielt, ließ auf einen Neuling schließen. Was sollte ich davon halten, er hatte die ganze Zeit so getan, als sei ein Schuss das Normalste von der Welt für ihn. Schließlich blickte er auf und meinte, er habe seit einiger Zeit nicht mehr geschossen. Ich verstand. Ich löste das Tuch und legte es korrekt um den Arm. Ich war mir sicher, noch nie war hier außer zur Blutabnahme reingestochen worden. «Hey – go on!», drängte er mit leicht ungeduldigem Unterton. Ich atmete durch und stach ganz sacht in seine geschwollene Vene. Einmal kurz den Kolben angezogen, und dunkelrotes Blut quoll hinein. Ich löste mit der einen Hand das Tuch und verpasste Billy Idol den ersten Schuss Heroin seines Lebens. Er rang nach Atem und sank in sich zusammen. Gut, dass ich geizig gewesen war und ihm nicht so viel auf den Löffel gelegt hatte wie mir selbst. Ich rief Stefan, der mir half, Billy ins Zimmer zu schleifen, ihn auf das Bett zu verfrachten und lang auszustrecken. Genau in diesem Moment kam der gute Wolli ahnungslos und ein bisschen betrunken mit einer halb vollen Flasche Wodka und Orangensaft zurück. Mit Billy war im Moment nicht viel anzufangen, er kratzte sich im Gesicht, vor allem in der Nasengegend, und konnte nur mit Mühe geradeaus gucken, weil ihm die Augen immer wieder zufielen. Wolli kam auf die Idee, Trini in Düsseldorf anzurufen, um damit anzugeben, dass Billy Idol wehrlos bei ihm zu Hause, auf seinem Bett in der Buttermelcherstraße war. Lange ließ er es klingeln, doch irgendwann nahm Trini den Hörer ab. Wolli brüllte sofort los: «Rat mal, wen wir hier bei uns aufm Bett haben.» Trini konnte sich überhaupt nicht vorstellen, wer das sein mochte. Wolli platzte vor Stolz: «Billy Idol! Er sitzt direkt hier neben mir!» Das war gelogen. Billy Idol saß nicht, er lag mit weit auseinandergestreckten Beinen quer über dem Bett, ein Arm hing schlaff neben ihm herab fast bis zum Boden. Als ob Trini sechshundert Kilometer weiter im Norden alles sehen könnte, legte Wolli mit triumphierender Miene demonstrativ seine Hand auf Billys Arm und begann, ihn klopfend von oben nach unten abzutätscheln. Trini kreischte enthusiastisch in den Hörer: «Haltet ihn fest, ich bin in fünf, sechs Stunden bei euch!» Ich riss Wolli, der ein bisschen schielte, den Hörer aus der Hand: «Neenee, Trini, bleib, wo du bist, der Billy muss um zehn Uhr schon wieder wegfliegen, bis dahin schaffst du das nicht.» Trinis Begeisterung kannte keine Grenzen, er ließ sich nicht beirren: «Ach was, ich geb der Kiste ordentlich Stoff, dann schaff ich's in unter vier Stunden, guck, ich bin schon angezogen!» Stefan schüttelte sich und hielt sich vor Lachen das Kissen vors Gesicht. Billy verstand kein Wort, merkte aber, dass es um ihn ging, und versuchte, vor Anstrengung die Augen verdrehend, dem deutschen Gespräch zu folgen; dabei verursachte er einen riesigen Brandfleck auf der Bettdecke, und der aufgeregte Wolli bekam einen Schluckauf. Ich schaffte es schließlich unter Aufbringung aller Überredungskünste, Trini zu überzeugen, sich lieber wieder auszuziehen und wieder hinzulegen und weiterzupennen.

Gegen sechs, halb sieben befand sich Billy nicht mehr in einem ganz so fertigen Zustand. Es war längst hell geworden. Ich hatte die

Idee, dass wir alle zusammen meinen Lieblingsfotoautomaten in der U-Bahn-Station bei der Feldherrnhalle aufsuchten. Es kamen zwei Viererserien dabei raus. Der Büld sah albern, wir drei Junkies ein bisschen mitgenommen aus. Wolli, Stefan, Billy und ich hockten kichernd in dem engen Automaten, machten doofe Grimassen wie besoffene Konfirmanden und teilten anschließend die Bilder unter uns auf. Mittlerweile war es kurz vor acht. Wolli hatte einen wichtigen Termin und musste vorher noch schlafen. Stefan und ich hatten abgesprochen, dass ich Billy im Taxi zum Hotel begleitete. Beim Abschied vor dem Hoteleingang nahmen wir uns fest in den Arm, küssten uns mehrmals und wünschten uns alles Gute. Auf einmal griff Billy in seine Hosentasche, zog ein paar blaue Scheine heraus, sechshundert Mark. «That's all I have with me», sagte er, «I don't know German money, I hope, it's enough, I know, you guys need it, take care, I see you soon!» Ich nickte. Dann drehten wir uns um, und jeder ging wieder zurück in sein eigenes Leben.

In der folgenden Nacht gingen Stefan und ich ins *Why Not.* Ein bisschen müde hockten wir auf den niedrigen Sitzen. Es war noch früh und deshalb nicht so laut wie zu späterer Stunde. Hinter mir hörte ich, wie eine Stimme sich bemühte, verführerisch zu klingen: «Na, hast du nicht Lust, mit zu mir zu kommen? Ich zeige dir auch das Original-Billy-Idol-Brandloch auf meiner Bettdecke.»

Der Beschaffungsstress wurde drückender. Alle, die wir kannten, die in Bars und Restaurants arbeiteten, hatten uns Geld geliehen. Es kam vor, dass wir uns was liehen, um es sofort an einen zurückzugeben, der uns ein paar Tage zuvor ausgeholfen hatte, nur damit er sah, auf uns war Verlass, und uns erneut was pumpte. Charles Schumann war ein diskreter und zuverlässiger Geldleiher; ein halbes Jahr lang lehnte er nie ab. Hauptsache, er sah den guten Willen und bekam ab und zu einen Schein zurück. Einer der Barmänner von *Harry's New York Bar* wollte am Wochenende einen kleinen Hit fürs Näschen, er kaufte ihn mir zu einem überhöhten Preis ab. Der Typ kannte eine Schneiderin von Rudolph Moshammer; auch sie freute sich, zwei-, dreimal im Monat eine mikroskopische Menge von mir zu bekommen. Noch immer jobbte Stefan in der In-Boutique *Robot*, sein Chef Gunter Kargl war ein ganz ganz Lieber und half Stefan großzügig, soweit er es vermochte. Wo immer es irgendwie möglich war, einen Vorschuss zu erhalten oder sich etwas zu leihen, taten wir es. Der immense, immerwährende Druck war kaum auszuhalten, und immer öfter, wenn wir uns gerade einen Schuss gemacht hatten, schmiedeten wir Pläne, wie wir uns wieder säubern könnten. Die Sehnsucht nach einem Leben ohne diesen Stress erfüllte uns wie ein viel zu hoch gestecktes Berufsziel. Etliche Versuche, mit dem Gift aufzuhören, brachen wir nach wenigen Tagen entmutigt und in einem üblen Zustand ab.

Durch Zufall hatte Stefan in der U-Bahn einen anderen Junkie, Flo, kennengelernt, der uns mit seiner Quelle bekannt machte. Der Typ dealte in seiner recht geräumigen Zweizimmer-Altbauwohnung im zweiten Stock eines braven Hauses. Bei ihm kostete ein Gramm «nur» fünfhundert Mark. In der Regel waren Dealer krankhaft misstrauische Personen, brauchten andererseits immer neue Kunden. Das hatte zur Folge, dass man einen Bürgen brauchte, der den Drogenverkäufer von der Ungefährlichkeit und Ehrlichkeit des Neuen überzeugte. Wir waren heilfroh, endlich eine neue Quelle zu haben. Zwei Wochen schickten wir Stefans neuen Freund Flo hoch in den zweiten Stock; der besorgte uns was mit und machte sich von unserer Ration natürlich ordentlich was ab. Endlich durfte Stefan mit Flo gehen, und einige Tage später durfte auch ich hoch. «Du hast recht gehabt, Füchschen», sagte ich, «der sieht wirklich aus wie Dschumblat.» Der libanesische Drusenführer war jede Woche in den Nachrichten. Er war noch gar nicht so alt, hatte fast schulterlanges, schütteres, welliges Haar von unbestimmtem, aschigem Farbton, dazu trug er einen ungepflegten Schnurrbart. Sein eines Auge schielte in eine ganz andere Richtung als das andere, was mich sehr irritierte. Eine Schönheit war der Drusenführer Walid Dschumblat weiß Gott nicht. Dschumblat nannten wir also unseren Dealer. Der fuhr mit der Bahn zweimal in der Woche den ganzen weiten Weg von München nach Amsterdam, wo er sich mit H eindeckte und es zum dreifachen Preis in München verscherbelte. Er sei in Goa wegen einer

Frau süchtig geworden, erzählte er stolz, weil ich ihn bewundernd auf seine an der Wand aufgehängte Landkarte des indischen Bundesstaates angesprochen hatte. Die erste Zeit ging es auch ganz gut mit Dschumblat. Leider war der Typ launisch. Mal war er so, dann wieder so, mal war er zu Hause, mal ließ er einen stundenlang warten, mal gab er zu wenig, mal machte er einen auf großzügig und legte ein Krümelchen obendrauf, mal schwieg er mit düsterer Miene vor sich hin, mal laberte er uns dicht. Kredit gab er nicht. Das begann, uns zu ärgern. Ein ungeschriebenes Gesetz sagt, der Dealer muss auch mal ein paar Tage warten können. Wir beschlossen, ihn zu überfallen. Stefan hatte seinerzeit aus Tübingen seinen besten Freund Svend mitgebracht. Svend, der vom Profil her gesehen David Bowie ähnlich sah, war bei Stefan gewesen, als ich die beiden zuerst mit Silvia zusammen gesehen hatte. Svend wusste als einziger Nicht-Junkie Bescheid über uns. Er nahm alle möglichen Drogen, aber kein H und blieb im Gegensatz zu uns auf nichts hängen. Aus Freundschaft und Langeweile machte Svend mit. Wir hatten uns den silbernen BMW von einer Barkollegin geliehen. Sabine war froh, Stefan einen Gefallen tun zu können; sie stand auf ihn und wollte ihm unbedingt gefallen. Sie hatte keine Ahnung, dass ihre Karre uns als Fluchtauto dienen würde. Aus einer Apotheke in einem Vorort Münchens hatte ich Chloroform besorgt, indem ich der Apothekerin irgendwas von unserer Katze, die neun Junge bekommen hatte, vorschwätzte. Sie dürfe das eigentlich nicht abgeben, sagte sie. Ich legte mich ins Zeug, weinte ein bisschen und laberte weiter von den armen Katzen, bis sie mir schließlich einen halben Liter Chloroform verkaufte. Den BMW parkten wir hundert Meter von Dschumblats Wohnung entfernt. Ich klingelte. Es dauerte zwei Minuten, dann machte er auf. Er war gerade dabei, sich einen Schuss aufzukochen, sehr gut, so war er abgelenkt. Ich traute meinen Augen kaum, er benutzte nicht, wie der normale Junkie, einen gewöhnlichen Löffel, er brauchte dafür eine Suppenkelle. Ich bat ihn, mir ein Gramm abzupacken. Das täte er gleich, erst müsse er sich seinen Druck machen. Ich fragte nach dem Klo, er wies mit dem Kopf in die Richtung. Auf dem Flur öffnete ich lautlos die Wohnungstür einen winzigen Spalt, ging zum WC und betätigte die Spülung, bevor ich wieder zurückging ins Wohnzimmer. Zwei Minuten darauf kamen zwei Gestalten hereingestürmt, maskiert mit farbenfrohen indischen Schals und fellbesetzten Handschuhen. Wie halbfertig eingewickelte Bauchtänzerinnen-Mumien sahen sie aus, denn anstatt in weiße Verbände waren sie in glitzernde, mit Spiegel- und Glasstückchen besetzte, mit Kreuzstich-Stickerei, Mausezahn-Umrandung und langen Fransen verzierte Schleier gehüllt, die dekorativ hinter ihnen herwehten und eine gewisse weibliche Anmut ausstrahlten. Wie verabredet rief ich theatralisch, wie im Stummfilm die Hände erhoben, so erschrocken, wie möglich: «Um Gottes willen, tut mir nichts, nehmt alles, aber tut mir nichts!» Der Anblick der beiden schreiend bunten Beduinenbräute war so grotesk, dass ich Probleme hatte, meinen Lachimpuls zu bezähmen, ich musste doch möglichst ängstlich und schockiert wirken. Der eine steif und starr wie ein Zombie aus einem Romero-Film, wie er mit weit vor sich ausgestreckten Armen in langen Storchschritten auf das Sofa zustelzte und dabei dunkle «Hu-Hu-Hu»-Laute ausstieß, die bedrohlich wirken sollten, während der andere sich gewandt und gelenkig auf Dschumblat stürzte und ihn festzuhalten versuchte. Der Dealer hatte sich nach der ersten Schrecksekunde überraschend schnell wieder gefasst, wehrte sich heftig und besaß sogar die Geistesgegenwart zu beobachten, was mit mir passierte. Der mit den Storchbeinen tat so, als wollte er mir an die Gurgel, doch stellte er sich beschämend ungeschickt an, wir verloren wertvolle Zeit, deshalb stieß ich bei meiner vermeintlichen Gegenwehr hervor: «Mann, nicht ich, der da!» Die Fellhandschuhe störten, nur unter großen Schwierigkeiten gelang es dem Storch nach einer endlosen Minute vergeblicher Fummelei endlich, die Chloroformflasche mit einem Ruck aufzukriegen. Im hohen Bogen kam ein Strahl raus, direkt auf die klirrenden Glitzerapplikationen seines grell lila-rosafarbenen Gesichtsschleiers. Hustend und spuckend rang er nach frischer Atemluft und schüttete hektisch den Rest des Flascheninhalts auf ein Stück Watte, das ich aus meiner Hosentasche gezogen und ihm hingehalten hatte. Die Hälfte war auf dem scheußlichen schwedischen Flickenteppich gelandet. Mir wurde schwindelig von dem

Geruch. Zu zweit hielten wir den laut schreienden, um sich hauenden und tretenden Dschumblat fest, so gut wir es vermochten, während es dem Storch endlich gelang, die chloroformgetränkte Watte auf die riesige Hakennase des Dealers zu drücken. Der schüttelte kräftig den Kopf hin und her und machte es uns wirklich schwer. «Jetzt halt mal das Maul, schmutziger Rauschgifthändler, du!», schimpfte Svend genervt mit weibisch verstellter Stimme und ließ nicht locker mit der Watte. Es kam mir vor wie eine Ewigkeit, bis der Dealer endlich schlaffer wurde und schließlich halb auf dem mit Brandlöchern übersäten Sofa, halb auf dem Flickenteppich lag. Der Tisch mit den ganzen Fixer-Utensilien war umgekippt. Svend blieb als Wächter bei dem Betäubten, während Stefan und ich ins Nebenzimmer rasten. Zielstrebig holte mein Freund eine Schublade aus dem Schrank, warf sie auf den Boden, griff in das Loch in der Wand und holte ein Päckchen hervor. Hektisch machten wir, dass wir aus der Wohnung kamen. Unten auf der Straße hatten sich Stefan und Svend schon fast ganz ausgewickelt aus ihren Tüchern, die ich im Laufen in meine geräumige Umhängetasche stopfte. «Ruhig, hey, ruhig, nicht rennen, das ist zu auffällig!» Trotzdem rannten wir weiter. Dahinten stand das Auto. Eine Sirene heulte, zwei Bullenwagen kamen uns mit Blaulicht entgegen. Nun rannten wir erst recht. Ich fuhr das Auto, während Stefan gespannt das Päckchen aufriss. «Viertausend Mark und ungefähr fünfzehn Gramm!» Einen Tausender reichte er Svend rüber. Die Beute versteckten wir vorläufig im Keller des Mietshauses, in dem wir wohnten, natürlich nicht in meinem Abteil, sondern in der Nähe der Mülltonnen. Mit dem silbernen BMW fuhren wir anschließend alle möglichen Vororte ab, um die Maskierung loszuwerden. Überall vermuteten wir irgendjemanden, der uns beobachtete und die Autonummer aufschrieb. Nach zwei paranoiden Stunden, in denen wir uns nicht einig werden konnten und rumzankten, wurde es Stefan zu blöd, er schmiss die Plastiktüte schließlich in den nächstbesten Container mit der unsinnigen Aufschrift «Ich bin zwei Öltanks» am Straßenrand.

«Wo sollen wir jetzt hin? Zu mir geht nicht, der Dschumblat hat kapiert, er weiß, dass ich euch geöffnet habe.» Vor seinen Freunden, aber auch vor dem Dealer selbst hatten wir ganz schön Schiss. Fünf Tage und vier Nächte verbrachten wir zu dritt im Hilton, ließen uns Meeresfrüchte, Mousse au Chocolat, Erdbeeren, Seeteufel und Champagner kommen und knallten uns mit dem erbeuteten H voll. Svend machte alles mit, nur fixte er nicht. Täglich durchforsteten wir die Zeitungen. Am dritten Tag nach der Aktion lasen wir einen beiläufigen, kurz gehaltenen Artikel: «Mit Chloroform auf Autohändler». Dort stand zu lesen, dass der dreißigjährige Gebrauchtwagenhändler Manfred S. in seiner Wohnung im zweiten Stock von drei Maskierten überfallen, mit Chloroform betäubt und ausgeraubt wurde. Die dreisten Täter hätten zwanzigtausend Mark erbeutet und die Polizei habe die Spuren gesichert. Nicht mit einem Wort wurde erwähnt, dass dieser Manfred S. ein drogenabhängiger Dealer war. Spuren konnten gar nicht gesichert worden sein, denn wir hatten außer der Chloroformflasche keine Spuren hinterlassen, und die hatte ich gewissenhaft abgewischt und nur mit Handschuhen angefasst. Außerdem hatten nur zwei von uns Masken und Handschuhe getragen, und wenn etwas über meine Person bekannt gewesen wäre, dann hätten sie mich längst verhaftet, zumal im Hilton unsere Personalien registriert waren. Am dritten Tag hatten wir Lust auf Kino, aber Angst, im Taxi durch München zu fahren, man weiß ja, es sind immer die blöden Zufälle, warum man erwischt wird. Wozu gibt es einen Limousinenservice. Hinter verdunkelten Fensterscheiben saßen wir in dem fetten Auto, ließen uns zum Kino und anschließend wieder zurück zum Hilton kutschieren und kamen uns großartig vor. Von der Vorstellung bekam Stefan nichts mit. Sobald es dunkel geworden war und der Film anfing, lag er breit im Sessel und schnarchte. An meinem Freund nervte mich furchtbar, dass er nicht in der Lage war, seine Gesichtsmuskeln zu kontrollieren, nach einem Schuss fielen ihm die Augen immer zu. Nur ein bisschen weniger auf den Löffel, dann wäre es nicht so schlimm, aber nein, er war zu gierig. Und erst die Kratzerei, mein Gott, wie ich es hasste, wenn er sich mit halb geschlossenen Augen und offen stehendem Mund im Gesicht kratzte. Es war schrecklich, jeder guckte ihn an, wenn er mal wieder mit geschlossenen Klüsen mehr in als vor seinem Teller saß.

In der Öffentlichkeit durfte man sich nicht so benehmen. Wenn ich nicht ständig aufgepasst hätte, mich nicht ständig selbst zurückgenommen, nicht ständig alles nach vergessenen Spuren abgesucht hätte, wären wir auffällig geworden. Wenn man schon in der Scheiße schwimmt, muss man den Kopf nicht auch noch hineinstecken.

Fünf Tage nach dem Dealerüberfall war das Geld aufgebraucht, nach acht Tagen das Gift. Schlecht gelaunt verließen wir das Hilton, zogen wieder in die Falkenstraße und machten weiter wie bisher. Ich fuhr für drei, vier Tage nach Köln, um bei Jürgen Klauke vorbeizuschauen und Christof zu besuchen. Der Klauke hatte in München zwei wunderbare Ausstellungen gehabt, und wir hatten uns in den Räumen von Six Friedrich getroffen. Gina, die wunderschöne neue Frau an seiner Seite, mochte ich auf Anhieb, obwohl sich nie eine Gelegenheit bot, sie näher kennenzulernen.

Es war herrlich, Christof wiederzusehen. Der wusste, dass ich Heroin liebte, aber was es bedeutet, süchtig zu sein, das wusste er nicht. Ich hätte mich ihm so manches Mal gerne offenbart, war oft kurz davor, traute mich dann aber nicht, aus Angst, ihn zu verlieren. Er lachte sich im Restaurant halb tot, bekam einen Schluckauf und musste sich am Tisch festhalten, als ich ihm von dem Dealer-Überfall erzählte. Wie Svend als bunt verschleierte Nomadenbraut mit ausgestreckten Armen unter heiseren «Hu-Hu-Hu»-Rufen den Raum durchquerte und sich beinahe selbst chloroformierte, musste ich ihm mehrmals hintereinander vormachen. Christof fand das alles ungeheuer lustig und berichtete seinerseits von etwas Witzigem, von seiner London-Reise mit seinem «Schwein». Damit meinte er seinen kleinen dicken Freund Dirk Bach, der Christof seinen «Frosch» nannte. Seit seiner spektakulären Rolle als König Herodes im Schauspiel *Salomé*, ich glaube, in der Studiobühne, hatte ich Dirk einige Male zufällig getroffen, meist hatte er seine jüngere Schwester im Schlepptau. Christof und Dirk verstanden sich in den ersten Achtzigerjahren recht gut und unternahmen einiges gemeinsam. Dirk liebte es laut Christof, in vollen Bussen kleine Kinder zu kneifen, und außerdem ärgerte er gerne Hunde. Vielleicht hielt er sich an W.C. Fields, wer weiß das schon. In London begehrten das Schwein und sein Frosch Einlass in eine düstere Männerbar für schnurrbärtige Muskelkerle in Leder und schwarzem Gummi, mit Ringen und Peitschen. Durch persönliche Beziehungen – sie hatten für ein paar Tage Unterschlupf gefunden in einer Männer-WG – ließ man sie ein. Alle starrten sie an: Der dicke kleine Dirk hatte seinen Lieblings-Anzug an, eigenhändig von seiner Mama für ihn genäht, bedruckt mit lauter kleinen «Fix-und-Foxis». Dieses «Fix-und-Foxi-Ensemble», wie mein bester guter Freund sich ausdrückte, einem Pyjama nicht unähnlich, habe ich mit eigenen Augen nie gesehen, aber dank des «Frosches» lebendiger Erzählkraft sah ich amüsiert das «Schwein» in seiner eigenwilligen Couture-Kreation in allen Einzelheiten vor mir.

Im Herbst meldete sich Alexandra Curtis und vermittelte mir bei Apple Computer einen Job, den sie selber nicht annehmen wollte. Es handelte sich um den Aufbau einer Hotline, bei der Menschen mit Computerproblemen von acht Uhr morgens bis acht Uhr abends die Adresse des nächstgelegenen Händlers genannt werden würde. Unfug war das alles, denn ich nahm an, dass man einen Computer selbstverständlich beim nächsten Händler kaufen und sich mit Problemen an ihn wenden würde. Ich leitete das Projekt, für das ein bestimmtes Budget zur Verfügung stand, mit dem stundenweise Studenten bezahlt werden sollten, um die Anfragen am Telefon zu beantworten. Nachdem ich im Auftrag der Geschäftsleitung ein Dutzend Studenten eingestellt hatte, begriff ich, wie ich meinen Vorteil nutzen könnte. Stefan war ebenfalls angeheuert worden, in welchem Verhältnis wir zueinander standen, verheimlichten wir. Nach und nach gelang es mir, die obere Etage davon zu überzeugen, die Hotline sei ein größerer Erfolg, wenn möglichst wenige anstatt viele Menschen sich darum kümmerten, da deren Arbeit besser zu kontrollieren sei. Ich erhielt grünes Licht, weil ich in Eigeninitiative Wochenberichte erstellt hatte. Des Weiteren hatte ich eine genaue Buchführung über die Telefonate angeregt. Meine Chefin war begeistert über so viel Engagement. Nach sechs Wochen konnte ich praktisch machen, was ich wollte. Pünktlich begann um acht Uhr morgens der Dienst und endete um zwanzig Uhr abends. Wer da am Telefon saß, war mittlerweile völlig egal, wichtig war, dass alles reibungslos lief. Bis auf zwei Ersatzkräfte hatte ich die Studenten alle gefeuert. Stefan und ich saßen nun zwölf Stunden sieben Tage die Woche in unserer durch Stellwände abgeteilten Ecke im Foyer des Glas- und Stahlgebäudes. Wir malochten wie die Irren. Nur so verdienten wir genug, um unseren Heroin-Konsum zu finanzieren. Egal, ob Wochenende, egal, ob Feiertag, Weihnachten, Silvester, Neujahr – wir saßen bei Apple Computer am Telefon. Einen Vertrag hatten sie uns nicht angeboten, und wir fragten auch nicht danach. Unsere Krankenkasse bezahlten wir selber. Es war ein top bezahlter Schwarzjob. Manchmal kam Willy, selber immer noch nicht drauf, in die Nähe von Apple Computer, und meistens so spät, dass wir uns ganz beschissen fühlten und nur unter Aufbietung aller Kräfte den Dienst versehen konnten. Wenn Willy nicht zu uns kommen konnte oder wollte, musste einer von uns beiden los, womöglich ans andere Ende der Stadt. Bei Rückkehr stritten wir uns darum, wer zuerst zur Toilette zum Drücken gehen durfte. Diese Streits konnten mitunter reichlich lautstark werden, denn wenn es ihm schlechtging, war Stefan alles egal. Ob die eingebildete Telefonistin am Empfang ihn hörte, war ihm scheißegal, aber mir nicht. Nach wie vor war ich unter ständigem Kontrollzwang. Stefan wurde nachlässiger, so musste ich für zwei aufpassen, was mich nicht nur anstrengte, sondern auch ärgerte. Die WCs im Foyer hatten keine normale Decke. Stellte ich mich auf eine Toilette und reckte mich ordentlich, war es möglich, das kleine Beutelchen mit den Fixer-Utensilien auf eine der weißen Metalllatten zu legen. Unmöglich konnte man das von unten sehen, und wer betrachtete sich schon genau die Decke des Damenklos. Hatte Stefan endlich seinen Druck reingekriegt, kam er fast torkelnd vom Klo zurück, nahm Platz vor seinem Telefon, kratzte sich das Gesicht und redete stockend mit veränderter, höherer Stimme. Es dauerte nicht lange, und ihm fielen die Augen zu. Sein Anblick war mir fast unerträglich geworden. Warum konnte er sich nicht dieses auffällige Junkieverhalten abgewöhnen, ich hatte das doch auch geschafft. Ständig stritten wir uns deswegen. Wir liebten uns, doch kamen wir nicht mehr zurecht miteinander. Meine Schwermut versuchte ich mit Arbeitswut zu überspielen. Die hochnäsigen Apple-Leute kümmerten sich nicht um uns. Kaum einer grüßte. Meine Vorgesetzte wollte nur ihre zuverlässige Hotline. Niemanden interessierte es, dass wir auch nach drei Monaten weder Vertrag noch Versicherung durch das Unternehmen hatten. Hauptsache, keiner nahm uns den Job weg, das war das Wichtigste für uns. Ich verdiente als Leiterin der Hotline achttausend, Stefan fünftausend Mark im Monat. Steuern zahlten wir nicht. Dreizehntausend Mark für Miete, Krankenversicherung und Gift. Genug war es nie. Eine aufstrebende Werbeagentur, die mit Apple arbeitete und mit der ich wegen der Hotline zu tun hatte, versuchte, mich abzuwerben. Sechstausend Mark brutto war das Äußerste, was sie sich leisten konnten. Wie gerne hätte ich das gemacht, mit einem ordentlichen Vertrag, normalen Arbeitszeiten, Dienstwagen, doch ich konnte in meiner Situation nicht akzeptieren. Ich bekam achttausend auf die Kralle, und für einen Junkie zählt nur der Moment.

Das großzügige Foyer von Apple Computer verfügte über einen Nebenraum, in dem die Sachen für Messepräsentationen lagerten. In dichtem Schneetreiben im Januar 1985 hetzten wir schwitzend und ächzend trotz Eiseskälte schwer beladen zur Bushaltestelle. In Sporttaschen hatten wir zwei Exemplare des Apple 2 C. Willy gab uns zwei Gramm dafür. Ende Februar waren wir am Ende unserer Kräfte, holten das Letzte aus uns heraus und gestanden uns schließlich ein, dass wir nach fast sechs Monaten rasanten Durcharbeitens ohne einen einzigen freien Tag dringend eine Pause brauchten. Bei meiner Vorgesetzten erhielt ich nach zähen Verhandlungen endlich die Erlaubnis für zwei Wochen Urlaub im März. Mit Stefan und mir lief es reibungslos und effektiv, sie hatte natürlich keine Lust auf andere Leute. Ich benachrichtigte die beiden Reserve-Studenten, die sich riesig freuten, uns zu vertreten. Stefan war noch nie außerhalb Europas gereist. Wir mussten uns genug Gift für unterwegs und die ersten Tage mitnehmen, danach würden wir weitersehen. Es würde sich vor Ort eine Lösung finden müssen.

Singapur/Penang/Bali März 1985

Aufmerksam spazierten wir durch Chinatown, aufgedreht und übermüdet. Ein billiges chinesisches Hotel diente uns als Unterkunft. Die Zimmer waren bessere Holzverschläge, der Fußboden bestand aus Brettern. Nebenan machten sich zwei nette thailändische Nutten fürs Nachtgeschäft zurecht. Stefan fand Singapur zwar interessant, doch war es ihm zu sauber, zu ordentlich, zu bieder, zu vorhersehbar, es fehlte der Kick. Unser Giftvorrat neigte sich dem Ende zu. In Singapur nach Smack zu suchen, kam nicht in Frage. Am späten Nachmittag des zweiten Tages buchten wir einen Flug nach Penang. Da würde es geben, was wir brauchten. Am nächsten Morgen machten wir uns mit dem letzten Rest einen Schuss und nahmen den zweistündigen Flug nach Georgetown. Das uniformierte Personal von Polizei und Zoll hatte großen Spaß an uns. Eine ganz kleine Zollbeamtin mit plattem Pfannkuchengesicht und strichschmalen Augen sprang begeistert mal an Stefan, mal an mir hoch, berührte unsere weißblond gefärbten, hoch- und abstehenden zeigefingerlangen Haare und kreischte: «You look like angel from sky!» Erst als ein Kollege ein Foto von der Zollfrau, die sich auf einen Hocker stellte, um ihre Arme um uns zu legen, mit uns zusammen gemacht hatte, durften wir offiziell einreisen in Malaysia. Wunderbar, wir wurden als Engel empfangen auf dieser herrlichen Insel. Während der Fahrt vom Airport zur Chulia Street kriegte Stefan sich vor Begeisterung nicht mehr ein: «Häuser auf Stelzen! Guck mal da, die kleinen Küken! Ey, die alte Oma da, die pafft 'ne dicke Zigarre! Der kleine Junge spielt mit einem Gockelhahn! Wahnsinn, ein Wasserbüffel! Und noch einer! Mein Gott, das Dach des Tempels, irre! Und Palmen und Bambus überall! Sieh mal, das rosa angestrichene Haus da! Hier gefällt's mir! Das ist was ganz anderes als Singapur!» Wir nahmen ein Zimmer im Noble Hotel nahe der

Chulia Street und machten uns auf die Suche. Wäre ich nicht schon mal hier gewesen, hätten wir uns nicht so schnell zu helfen gewusst. Wie vor einigen Jahren mischte ich mich, nun mit Stefan, unter die abgewrackten Inder, Chinesen, Thailänder, Nepalesen, Burmesen und Malayen in der Gasse vor dem Hotel. Man bot uns spezielle Massagen, Reisepässe aller möglichen Länder mit oder ohne Visa, ausgestopfte und lebendige geschützte Tiere, seltene Pflanzen, ungewöhnliche Nahrungsmittel, jüngere und ältere Jungen und Mädchen an, erkundigte sich freundlich, ob wir Travellerschecks verkaufen oder Geld wechseln wollten, und wir bekamen sogar eine Einladung zu einer geheimen «Rattenzeremonie», bei der man mit einem kleinen Perlmuttlöffel einem lebenden Rattenweibchen die Embryonen aus dem aufgeschnittenen Bauch schabt und runterschlucken muss; seit Generationen ein bewährtes Mittel zur Steigerung von Potenz und Libido. Endlich gerieten wir an jemanden mit weißem Thai-Smack und Brown Sugar aus Afghanistan oder Pakistan. Wir kauften von allem erst mal nur ein Gramm. Im Zimmer angekommen, testeten wir es. Man hatte uns nicht zu viel versprochen; es war vorzügliches braunes Heroin. Stefan ging sofort nach dem Druck heftig schwitzend in die Knie und kratzte sich unablässig im Gesicht. Für den Rest des Tages waren wir bedient, hingen schweißüberströmt auf unseren Betten rum und verließen das Zimmer nicht mehr. Am folgenden Tag besuchten wir den Kek Lok Si Tempel außerhalb von Georgetown. Nach dem anstrengenden Fußmarsch die vielen Treppen hoch in der Hitze brauchten wir etwas zu trinken. Ein chinesischer Mönch brachte uns kleine rosafarbene Plastiktüten mit eiskalter Cola, Strohhalm reingesteckt und oben zugeschnürt mit einem Gummi. Der kahlköpfige Mönch fand derart Gefallen an meinem Freund, dass er ihn an der Hand nahm, ihn am Arm streichelte und ihn ohne Unterlass bewunderte. Unsere weißgefärbten Stachelhaare schienen auf Penang auch im Kloster unwiderstehlich zu sein.

In Georgetown war ich sieben Jahre zuvor in einer Opiumhöhle gewesen; die Drogen-Gesetze hatten sie seit damals nicht gelockert. Fingen sie einen Europäer mit Opium oder Smack, konnte der sein Testament machen.

Wir hatten nach fünf Tagen genug von Penang und Lust, uns mehr von dieser Gegend der Welt anzusehen, deshalb buchten wir einen Flug nach Denpasar auf Bali mit obligatorischer Zwischenlandung in Singapur, kauften uns zwei, drei Gramm für den lächerlichsten Preis, den wir jemals hatten, versteckten alles sorgfältig. Mehr mitzunehmen trauten wir uns nicht.

Singapur. Der Weiterflug, vorgesehen nach einem zweistündigen Zwischenaufenthalt, fand nicht statt aufgrund eines technischen Defekts. Erst am nächsten Tag sollte es weitergehen. Die Airline sorgte für unsere Unterkunft und die Verpflegung. Da wir Idioten damit rechneten, am nächsten Tag weiterzufliegen, und wir uns in dem langweiligen Singapur nicht wohl fühlten, knallten wir zu viel von unserem wertvollen Stoff. Auf Bali würden sich die Zeiten bestimmt geändert haben, wir würden schon was organisieren, Scheiß drauf. So erlaubten wir uns in dem Hotelzimmer etwas, was man nie, nie, nie machen sollte, aber immer wieder tut, weil man so gierig, so süchtig ist: an den letzten Rest zu gehen. Erst am übernächsten Tag ging es weiter. Das Flugzeug war höchstens zu einem Viertel voll. Über Nordjava bekam ich schmerzhafte Bauchkrämpfe. Über dem Vulkan Merapi kotzte Stefan in den Gang. Zwei verärgerte Flugbegleiterinnen machten alles wieder sauber. Mir liefen die Tränen aus den Augen, weil die Helligkeit mich verrückt machte, während Stefan wimmernd neben mir lag. «Ich kann nicht mehr, ich kann nicht mehr!»

«Ich auch nicht, Bubu, ich fühle mich grauenhaft», keuchte ich. Über dem nächsten Vulkan, dem Bromo, kotzte ich. Die indonesische Flugbegleiterin kam. «Today Nyepi, in Bali all Doctor and everything close, today Nyepi, same like new year, understand!» Ich nickte kraftlos, ich hatte verstanden. Nyepi, balinesisches Neujahr. «Wann kommen wir endlich an, ich kann nicht mehr», ächzte Stefan. Ich hielt die Augen geschlossen, presste die Lippen zusammen, schüttelte verzweifelt den Kopf hin und her, unfähig zu antworten. Was hätte ich auch sagen können. Nach einer Ewigkeit landete das Flugzeug auf Bali, nach einer Ewigkeit hatten wir die Pass- und Zollkontrolle hinter uns. Zitternd und schwitzend zogen wir kraftlos unser Gepäck hinter uns her und reihten uns ein in die Menge wartender Reisender. Froh, überhaupt vom Flughafen wegzukommen, nahmen wir das erstbeste Auto, das uns zu einem völlig überhöhten Preis zum nächstbesten Hotel fuhr; zum Handeln war ich zu kaputt. Nur ganz wenige Verkehrsmittel waren unterwegs. An diesem Tag verlässt kein anständiger Balinese sein Haus. An Nyepi sind die Geister unterwegs, wie jeder weiß, und mit Geistern legt man sich nicht an. Die geldgierigen Leute vom Bruna Beach Hotel in Legian fürchteten sich nicht so sehr vor den Geistern wie ihre Nachbarn, hatten die Gunst der Stunde genutzt und an dem Tag richtig gut verdient. Total fertig bezogen wir unser Zimmer. Obgleich todmüde, war an Schlaf nicht zu denken. Wochenlange Schlaflosigkeit ist einer der quälendsten Begleitumstände eines Kalt-Entzugs.

Das Bruna oder, wie der Balinese sagt, Beruna Beach Hotel war ein besseres Gästehaus. Wir waren froh über fast saubere Matratzen. Ein Deckenventilator sorgte für Frischluft. Das Beste war unser eigenes Badezimmer. Vor dem Zimmer, welches Teil eines langgestreckten, niedrigen Gebäudes war, befand sich eine recht geräumige, überdachte Terrasse mit zwei Rattansesseln, einem Rattantisch mit Aschenbecher und Kerzenständer. Morgens brachte man uns eine chinesische Thermoskanne mit dünnem Tee, einen Bund zeigefingerkleiner Zuckerbananen und abends zwei Moskitospiralen. Der Geruch beim Abbrennen ist nicht jedermanns Sache, verscheucht aber die weniger penetranten Exemplare der nervigen Blutsaugerweibchen. Im Garten sorgten Frangipanibäume für einen angenehmen Duft. Am Ende des Gartens gelangte man nach fünfzig Metern über eine kleine Holzbrücke zum Restaurant direkt am Strand. Es war eine überdachte Plattform, nach allen Seiten hin offen, zweckmäßig eingerichtet, fast alles aus Bambus gefertigt. Hier ließen wir uns schnatternd vor Kälteschauern in die riesigen Rattansessel fallen, bestellten appetitlos irgendwas und versuchten jeder für sich und schweigend, unsere Situation zu realisieren. Nach einer halben Stunde hatten wir die Bekanntschaft von zwei Einheimischen gemacht, denen wir anvertrauten, warum wir so krank waren. Der ältere, bedächtigere, hieß Budi und sprach nach zwei Jahren in Düsseldorf überraschend gut Deutsch. Der andere namens Jono kam von Balis Nachbarinsel Java, hatte eine schulterblattlange Matte mit naturgebleichten Strähnen. Budi war klein, kräftig und ein bisschen untersetzt, Jono für einen Javaner recht groß und sehnig. Sie interessierten sich beide sehr für Musik, und gerne spielten sie unsere mitgebrachten Musikkassetten ab. Sie besaßen einen ganzen Schuhkarton voll mit geiler Musik. «Wie kommen die B52's nach Bali?», wunderte sich Stefan. Budi erzählte, kürzlich seien zwei Typen aus München da gewesen, die hätten nicht mehr genug Geld gehabt und ihr ganzes Gepäck dagelassen, zwei Sony-Walkmen und jede Menge Kassetten. Da war vieles, was ich liebte oder kannte; Lena Lovitch, *Devo*, *Talking Heads*, *Sigue Sigue Sputnik*, *Yazoo*, Billy Idol, Pat Benatar, *Gun Club*, Sade, *Thompson Twins*, *Frankie goes to Hollywood* und vieles mehr. «Witzig, Bubu, rat mal, wer die beiden Münchener sind, das glaubst du nicht: zwei Leute vom Café Größenwahn!» Oft waren wir ins Größenwahn nach Haidhausen gegangen, und auch in ihre *Tanzdiele*. Jono hatte ein bisschen Gras, doch für unsere Medizin würden sich unsere beiden neuen Freunde umhören müssen. Nicht jeder verträgt auf Affe THC, mir aber verschaffte das Kiffen eine halbe Stunde lang eine etwas entspanntere Muskulatur. Wir schütteten «Lumumba» in uns rein, heißen Kakao mit Rum. Gegen 23 Uhr, als das Strandrestaurant dichtmachte, torkelten wir mit Budis und Jonos Hilfe zurück zu unserem Zimmer, wo wir noch mehrmals in dieser Nacht kotzen mussten. Dass wir uns vor Jono und Budi nicht verstellen mussten, bedeutete eine riesige Erleichterung. Sie hatten feierlich versprochen, Stillschweigen über uns zu bewahren. Balis Einstellung zu Drogen war höchst unerfreulich für einen Junkie. Erst nach drei Tagen kam Jono endlich mit einem Typ an, der angeblich Mick Jagger und Leute von Rod Stewart beliefert hatte. Viele Stars zogen sich auf Bali in abgeschirmte Resorts mit Helikopterlandeplatz zurück, um etwas Privatleben zu genießen. Nicht wenige ließen sich ihre Hochzeit nach balinesischem Brauch ausrichten; Jagger heiratete so Jerry Hall.

Für umgerechnet tausend Mark bekamen wir läppische vier Gramm. Der krummbeinige, plattnasige Dealer mit den kaputten

Zähnen war mir augenblicklich unsympathisch, er schien mir die Sorte Wichser, die erst einem armen Junkie alles aus der Tasche ziehen und anschließend, ohne mit der Wimper zu zucken, nochmal bei den Bullen die Hand aufhalten. Es war weißes Thai-Smack mittlerer Qualität, gestreckt mit weiß der Geier was.

Die Sensation, die ein vom Affen geschüttelter Organismus erlebt, wenn er nach Tagen wieder einen Knaller kriegt, ist unbeschreiblich. In Sekunden wird man vom kriechenden, wahnsinnigen, verhungerten, todessehnsüchtigen Zombie wieder zum aufrecht gehenden Mensch mit Plänen, Tatkraft und Lebensfreude. Der Dealer gab uns die Telefonnummer eines Hotels, da sollten wir nach Alex fragen. Ich schlug Stefan vor, nach Bangkok zu fliegen und selbst was zu holen, in drei Tagen sei ich zurück, er könne beruhigt hierbleiben und sich auf mich verlassen. Unentschlossen beratschlagten wir hin und her, gingen an den Strand, ins Restaurant, entspannten, so gut es eben ging. Wir waren froh, ein paar Tage keinen Affen zu haben. Richtig relaxen konnten wir nicht, immer geisterte das Nachschub-Problem durch unsere Köpfe. Die Tage vergingen, und ich war immer noch hier. Am vierten Tag, die vier Gramm gingen zur Neige, versuchte ich stündlich, diesen Alex ans Telefon zu kriegen. Um nicht aufzufallen, benutzte ich nicht das Telefon unseres Losmen, sondern ging in der feuchten Hitze zu Fuß reihum zu den nächstgelegenen Unterkünften. Ein umständliches, zeitraubendes, anstrengendes Verfahren, doch wähnte ich uns sicherer, wenn wir nicht zu oft im selben Hotel telefonierten. Niemandem konnte man trauen.

Am Morgen des fünften Tages machten wir das Letzte weg. Verzweifelt hinterließ ich bestimmt zum dutzendsten Mal die Nachricht, Alex solle sich dringend melden, es sei schrecklich wichtig. Nachmittags hatten wir wieder einen Affen. Ich schleppte mich zum x-ten Mal zu einem Nachbarhotel. Asiaten tun immer so diskret, sind von Natur aus aber furchtbar neugierig. Europäer beobachten sie besonders gern und aufmerksam. Balinesen besitzen zu ihrer ungewöhnlichen Neugier leider auch noch ausgeprägte Schadenfreude – eine unangenehme Kombination. Wir stritten uns immer wieder heftig, ob Stefan oder ich telefonieren gehen sollte, mein Erfahrungen machten mich zum geschickteren Verhandlungspartner, er aber war der Mann von uns beiden. Manche Dealer geben sich lieber mit Männern ab. In der folgenden Nacht, als wir uns längst in einem verheerenden Zustand befanden, tauchte Alex plötzlich vor unserem Fenster auf der Terrasse auf. Er teilte uns mit, er sei für einige Tage nicht erreichbar, deshalb kauften wir ihm für eintausendfünfhundert Mark sieben Gramm ab. Ich sagte ihm, die Qualität seines Smacks sei mittelmäßig und das Ganze zu teuer. Alex zuckte mit den Schultern, wir könnten es ja bleiben lassen, er sei extra wegen uns aus Nordbali gekommen, wir könnten ja woanders kaufen. Wie immer in einem solchen Fall war es klug einzulenken. Nein, so sei das nicht gemeint gewesen, wir seien heilfroh, dass er gekommen sei, und er könne mit uns noch viel Asche machen, wir gedächten noch Wochen auf Bali zu bleiben. Mittlerweile waren vierzehn Tage um, ich sandte ein Fernschreiben nach München zu Apple Computer, es würde noch dauern, bis wir zurückkämen, mein Mitreisender sei erkrankt, ich könne ihn nicht alleine lassen, würde mich bald wieder melden. Unser Geld war fast aufgebraucht. Alles, was wir irgendwie entbehren konnten, meinen geliebten Original-Fünfzigerjahre-Campingbeutel, Kleider, die herrlichen Gürtel, meine neuen silbernen Sandalen, Schmuck, die tollen Acryl- und Plexiglaseinzelstücke von Christof, Kosmetik – alles, woran mein Herz hing, nahm eine In-Boutique für umgerechnet fünfhundert Mark. Alex kam fast fünf Stunden zu spät. Er wechselte ganz nach seinem Belieben den Preis, den wir natürlich akzeptieren mussten.

Am nächsten Morgen in der Polizeistation in Kuta erstatteten wir eine Anzeige gegen Unbekannt. Die Polizei fragte ganz genau nach, wollte jede Einzelheit wissen, wann und wo und unter welchen Umständen der Überfall stattgefunden hatte. Stefan hatte sich lustig gemacht über den Aufwand, den ich betrieben hatte, weil ich vorher die Seitenstraße abfuhr und mir genau einprägte, wo und vor allem auf welche Art und Weise uns der Raub passiert sein sollte. Mein Plan ging auf. Interessiert überprüfte die balinesische Polizei meine Angaben, und erst als kein Zweifel mehr bestand an meinen Angaben, stellten sie uns am nächsten Tag die «Anzeige gegen Unbekannt» aus. Damit begaben wir uns zum Konsulat, malerisch gelegen in einem herrlichen tropischen Garten auf der Südostseite der Insel in Sanur, in Nähe der Fünfsternehotels. Verheiratet mit einer Einheimischen, hatte der Konsul sich hiesigen Sitten und Gebräuchen angepasst. Seine Residenz bestand aus mehreren traditionell gebauten Häusern um einen begrünten Innenhof mit plätscherndem Wasser in Lotusbecken. So einen wunderschönen Ort hatte ich selten zuvor gesehen. Der Konsul, beeindruckt, dass wir bei Apple Computer angestellt waren, sorgte dafür, dass meine Vorgesetzte in München benachrichtigt wurde, und bestellte uns für übermorgen wieder her. Alex war natürlich nicht erreichbar. Um seine Gier anzustacheln, wollte ich ankündigen, dass übermorgen Geld da sei.

Weil wir Kuta und Legian leid waren und mehr von der Insel sehen wollten, machten wir uns noch einen Schuss und fuhren mit dem Motorrad nach Singaraja an Balis Nordküste. Die Fahrt durch die brütend heiße, staubige Ebene, durch die dicht bewachsenen Hügel mit den großartigen, bewässerten Reisterrassen Zentralbalis bis hinauf zum Bratansee am gleichnamigen erloschenen Vulkan war so phantastisch, dass wir alle paar Minuten anhielten. Auf der Passstraße in einem skurrilen dunstigen Wald von flechtenbehangenen Bäumen lungerten Affenhorden herum, die auf Erdnüsse von Vorbeifahrenden hofften. Berührt von der Schönheit dieser Welt, gaben wir den Äffchen alles Essbare, von dem wir meinten, dass sie es vertrugen, und blieben so lange, dass es bis zum Sonnenuntergang nur noch eine Stunde war. Ich weiß nicht, welcher Teufel uns geritten hatte – wahrscheinlich hatte uns die Aussicht auf Geld bekloppt gemacht. Wie sollten wir denn ohne H zurechtkommen? Unsere Unterkunft im Palmenhain von Lovina Beach direkt am schmalen Kiesstrand bestand aus auf Stelzen gebauten Bambushütten, die über Leitern zu erklimmen waren. Nachts musste Stefan kotzen und ich mehrmals zum Klo. Zweimal fiel ich in der Dunkelheit in meinem üblen Zustand die wackelige Leiter runter und hatte Riesenglück, mich nicht ernsthaft zu verletzen. Am folgenden Morgen beglichen wir zitternd und schwitzend unsere Rechnung, schwangen uns aufs Motorrad und gaben Gas. Für die Naturschönheiten, die uns gestern noch in helles Entzücken versetzt hatten, waren wir in unserem Zustand völlig unempfänglich; wir wollten nur schnellstens in Legian sein. So krank zu fahren war gefährlich, mehrere Male bauten wir beinahe einen Unfall, hätten fast Hühner, Hunde oder Kinder überfahren. Immerhin würde ich morgen das Geld beim Konsul abholen können, diese Aussicht half ein wenig. Nach einer weiteren grauenhaften Turkey-Nacht fuhr ich los. Zwei Stunden später besaßen wir fünftausend Mark. Gestern hatten wir Alex ein halbes Dutzend Mal vergeblich zu erreichen versucht. Wie durch ein Wunder saß er abends plötzlich auf unserer Terrasse, als wir uns vom Strandrestaurant zurück zu unserem Zimmer schleppten. Jono und Budi hatten versucht, eine neue Quelle für uns zu finden, Budi sei wohl erfolgreich gewesen, berichtete Jono. Bei Alex kauften wir deshalb erst mal nur vier Gramm. Wo war Budi? Am nächsten frühen Morgen fuhr ich allein mit dem Motorrad in die Berge in das Dorf, in welches Budi angeblich zur Bestattung seines Onkels gefahren war, und erkundigte mich nach ihm. Niemand konnte Englisch, und nirgendwo entdeckte ich Anzeichen für eine Leichenverbrennung. War ich im falschen Dorf? Ich gab mir große Mühe, mit meinen dürftigen Brocken Indonesisch mein Anliegen verständlich zu machen; das reichte, um nach dem Weg, nach essen und trinken oder dem Preis einer Sache zu fragen. Ich glaubte, das Wort für «Onkel» sei «Tuan», sicher war ich mir aber nicht, und was «tot» heißt, wusste ich erst recht nicht. Ich versuchte es auf verschiedene Arten, sagte mehrmals «Budi tuan – wuuschsch! Tot!» oder «Budi's uncle! Dead!», dabei verdrehte ich seufzend die Augen und tat so, als kippte ich tot um. Das ganze Dorf war inzwischen zusammengelaufen, um sich meine pantomimische Vorführung anzusehen. Zuerst lachten die Leute, dann sagte ein alter Mann etwas, da wurde das Lachen zaghafter. Der Alte fügte noch was hinzu, und das Lachen erstarb. Hatte ich sie unabsichtlich beleidigt? Der eine oder andere begann, mir mit erhobener Faust und wütender Miene zu drohen. Eine Frau rief etwas mit schriller Stimme und wies mit erhobener Hand in meine Richtung. Ich bekam Angst, schwang mich aufs Motorrad und war nachmittags wieder in Legian bei Stefan. Budi sahen wir erst an unserem Abreisetag wieder, ich hatte mich in der Tat im Dorf geirrt.

In der Woche vor unserem Rückflug machten wir noch einen Ausflug für zwei Tage und eine Nacht in die schöne Gegend von Mas, Ubud und Gianyar. Beim Affenwald von Bangli mieteten wir ein Losmen, eine schlichte indonesische Unterkunft für die Nacht. Der Vollmond spiegelte sich in den Reisterrassen, Insekten zirpten, und Frösche quakten. Nachtvögel beobachteten uns von hohen Baumriesen. Ewig hätten wir dort nur sitzen und schauen mögen. Alles war friedlich und entspannt. Mein geliebtes Füchschen und ich, wir hatten schon so lange nicht mehr miteinander geschlafen. In der Friedlichkeit dieser Umgebung fanden wir für wenige Stunden zu einem Bruchteil einstiger Innigkeit zurück.

München April 1985

Zurück in München, trafen wir als Erstes unseren Dealer, dann fuhren wir raus zu Apple Computer. Fremde Leute saßen an unserem Arbeitsplatz. Die hochnäsige Telefonistin am Eingang übergab mir mit triumphierend-abschätzigem Gesichtsausdruck einen Umschlag. Stefan suchte unterdessen auf der Toilette nach dem kleinen Beutel mit unseren Pumpen, den wir wohlweislich unter der Metalllatte unter der Decke deponiert hatten.

In dem Umschlag befand sich unsere sofortige Kündigung ohne Angabe des Grundes. Mir drehte sich alles. Stefan kam mit besorgter Miene zurück. Er schüttelte schon von weitem den Kopf. «Weg!», stieß er ungläubig hervor, «alles weg!» «Wie, weg?», fragte ich und glaubte, jeden Moment umzukippen. «Na, wie ich sage, was heißt wohl ‹weg›, kein Beutel da!»

«Stefan, wir sind gefeuert.» Ungläubig starrte er mich an.

«Und jetzt, wie soll es weitergehen?» Ich hatte kaum verstanden, was er gesagt hatte, seine Stimme schien von weit her zu kommen. Ich murmelte stockend: «Ich weiß nicht. Ich gehe mal hoch und versuche, was rauszufinden, vielleicht ist das Ganze ja nur ein dummes Missverständnis, schließlich haben wir doch immer super gearbeitet, in der Richtung haben wir uns nichts vorzuwerfen.»

Die Chefin weigerte sich hartnäckig, mich zu empfangen. Ich fing an, Krawall zu machen, da blieb ihnen nichts anderes übrig, als mich reinzuholen.

«Warum?», fragte ich. Schweigen. «Warum, ich will nur wissen, warum.»

Ich war kein Mensch, sie ließ mich spüren, dass ich nicht da war, gar nicht existierte. Schweigen. «Ich akzeptiere, will aber wissen, warum!» Niedergeschlagen berichtete ich Stefan auf dem Nachhauseweg, wie ich abgekanzelt worden war von der Frau, die so begeistert von meiner Arbeit gewesen war, die mich monatelang in höchsten Tönen gelobt und mir wieder und wieder die berühmte Apple-Philosophie von menschlicher Wärme bei der Mitarbeiterführung erklärt und damit angegeben hatte, jedes Problem zu lösen. Uns löste sie schweigend. Diese großartige Menschenführerin und Mitarbeiterversteherin saß steif in ihrem imponierenden Chefsessel, hielt mit zusammengepressten Lippen ihren Blick auf den Macintosh vor ihr geheftet, als wollte sie ihn gleich in sich einsaugen, und hielt beharrlich ihr tropfendes Maul, während ich mir so dermaßen erniedrigt und zusammengetreten vorkam, dass ich dachte, gleich setzt mein Herz aus. Ich fühlte mich, als brächen spitzeckige Handgranaten-Tränen aus meinen Augen. Es war eine der furchtbarsten Situationen, die ich je durchlebte.

Verstört standen wir in den dunkelsten Ecken des Münchener Nachtlebens rum. Der Zufall wollte es, dass wir in einem Schwulenlokal, in das ab und zu auch manche Frauen reindurften, einen Werbefotografen kennenlernten. Normalerweise sehen Menschen attraktiv aus, wenn sie glücklich sind. Bei Stefan war es anders. Im Schmerz sah er besonders schön, ja edel aus. Alte und junge Männer machten ihn an, immer war er überall der Star.

Der Fotograf hatte seinen Maskenbildner bei sich. Dieser war schwul, von weißer Hautfarbe, stammte aus Sambia in Südafrika, hieß Ian und war vom ersten Moment an verrückt nach Stefan. Ian war selber ein recht ansehnlicher Kerl, fünfzehn Zentimeter kleiner als mein Freund, hatte dunkelbraune Augen und Haare und ein riesengroßes Herz. Ian wurde unser bester Freund und Vertrauter. Er war einer der ganz, ganz wenigen Menschen, denen ich mich von Anfang an offenbarte und der sich davon nicht abstoßen ließ. Durch den Fotografen und den Make-up-Künstler kamen wir mit der Model-Szene in Kontakt. In diesen Kreisen fühlten sich viele zu Drogen aller Art hingezogen. Sie hatten gutbezahlte, unkonventionelle Jobs und konnten sich teure Drogen leisten. Ian hatte mit allen Erfahrungen, außer mit Heroin. Neugierig fragte er uns aus und wollte

Stefan beim Drücken zusehen; dem war das aber peinlich, und er lehnte ab. Am Tag darauf kam Ian mit einem kleinen Briefchen. Er hatte zwei Gramm von einem Model erhalten. Ian bestand penetrant darauf, auch einen Schuss abzubekommen. Dann verdrehte er die Augen, hauchte noch, wie geil das sei, und kippte vornüber vom Stuhl. Angstschweiß brach uns aus. Mit größter Mühe kriegten wir ihn unter der kalten Dusche halb wach. Panisch legte Stefan sich Ians Arm um die Schultern, schleppte ihn, nass, wie er war, unseren Bettvorleger als Decke umgehängt, nach unten auf die Straße und zog ihn hinter sich her in der Hoffnung auf die Wirkung frischen Sauerstoffs.

«Los, Ian, beweg dich! Ian, mach kein Scheiß, nicht schlafen! Bitte! Beweg dich! Na los, du Tunte, wackel ein bisschen für mich! Bitte, mein süßer Ian, nicht schlafen, ich brauche dich ... komm schon, Ian! Ian ...» Stefan merkte nicht, wie ihm die Tränen die Wangen runterliefen, und hörte nicht auf, beschwörend auf den leblosen Freund in seinen Armen einzureden. Ich betete laut: «Gott, erhöre mich, Gott, wenn uns armen Junkies jetzt einer helfen kann, bist du das, ich flehe dich an, mach, dass unser Ian die Augen aufschlägt ...»

Zittrig öffneten sich für einen ganz kurzen Moment seine Lider. Die Augen verdrehten sich, bis nur noch Weißes zu sehen war, dann röchelte er beinahe obszön, holte vernehmlich ganz tief Luft, stieß noch einen schrecklichen, lauten Seufzer aus und sackte kraftlos in sich zusammen. Die ganze Abfolge kam mir vor wie die Zeitlupe in einer surrealistischen Filmszene. Ich hörte Stefan und mich gleichzeitig einen Schrei ausstoßen. Ein Engel schüttete eine Ladung Körperkraft über Stefan aus. Er stellte Ian mit einem Ruck auf die Füße, versetzte ihm links und rechts ein paar heftige, klatschende Ohrfeigen, während er unablässig den Namen unseres Freundes brüllte. Ian begann zaghaft zu lächeln.

Unser neuer bester Freund hatte eine geniale Idee. Die ganze Nacht besprachen wir uns, und am nächsten Tag leitete ich alles in die Wege. «Hier hast du das money», er redete in einem deutsch-englischen Gemisch, «I see you soon, take care, darling, ick passe auf Stefan auf, don't worry.» Sein Geld rettete uns. Über meine Schwester bei der Lufthansa besorgte ich einen günstigen Hin- und Rückflug nach Bangkok. Unmittelbar nach der Ankunft ließ ich mich vom Airport zum Northern Bus Terminal fahren und nahm den nächsten Bus nach Chiang Mai. Diese Busse starteten stündlich. Zehn Stunden durch eine Ebene entlang an Reisfeldern, dann noch fast drei durch kurvige Hügelstraßen, Ankunft in Chiang Mai. Ich ließ mich übermüdet und in einem unguten Zustand am Busbahnhof von einem Schlepper in irgendein Guesthouse bringen. Volltreffer, bereits beim Einchecken stellten sie mir unschuldig die Frage: «Enniting nid? Let mi no, enniting ju wont.» Ich liebte die Art, mit der die Thais Englisch sprachen. Außerdem verstanden sie besser, wenn man in ihrem lustigen Slang mit ihnen sprach. Von Oxford-Englisch hatten sie noch nie gehört. Der mit allen Wassern gewaschene, sehr nette britische Mann der Hotelchefin, ein Ex-Knacki, half mir weiter. Fünf Tage darauf war ich wieder in München.

Wir verkauften einen Teil an ein paar Models, die Ian und der Fotograf uns vorgestellt hatten. Zwei Wochen später flog ich erneut nach Bangkok. Das Hotelbesitzerpaar in Chiang Mai freute sich, dass ich schon wieder da war. Vor meinem Rückflug suchte ich, wie beim ersten Mal, den buddhistischen Tempel Doi Suthep auf, dreizehn Kilometer außerhalb von Chiang Mai auf einem Hügel gelegen. Am Fuß der großen Treppe kaufte ich Händlern ein Dutzend Käfige mit aufgeregten piepsenden Vögelchen ab, die zwei Jungen mit unbeteiligter Miene für mich hoch zum Tempel trugen. Der Doi Suthep besteht aus vielen kleineren und größeren Gebäuden, oft mit diesem schönen, geschwungenen Dach aus verschiedenfarbigen Mosaikkacheln oder sogar komplett goldüberzogen. Kahlgeschorene Mönche in ärmellosen safrangelben Gewändern gelang es nicht, ihre Neugier zu verbergen. Andrew hatte mir versichert, dass sich unter den Mönchen gesuchte Verbrecher befänden, die, auf diese Weise maskiert, der Polizei zu entgehen versuchten. «Wenn man jetzt klar wüsste, dass der Mönch XY keine hehren Absichten hätte, was dann?» Ein paar Sekunden sah Andy mich still an. Schließlich antwortete er: «Kannst du hineinsehen ins Herz einen Menschen? Vielleicht ist ja ein ganz übler Typ gerade auf dem Weg zu Buddha und tut alles dafür, sich ernsthaft zu verändern.»

An einer besonders schönen Stelle mit einer spektakulären Aussicht auf die Hügel-Landschaft und die Stadt Chiang Mai öffnete ich die engen Käfige. Seltsam, die Vögelchen suchten nicht das Weite, sondern Unterschlupf in den dichten Bäumen der umliegenden Wälder. Das musste an der Vogelsorte liegen, dachte ich, es sind eben keine Weit- und Hochflieger, sie suchen Zuflucht ganz in der Nähe. Nachdenklich trat ich den Heimflug an.

Irgendwie war mein Freund verändert, fand ich, erkannte den Grund dafür aber erst, als er sie mir vorstellte. Die niedliche Babiche Holzer, wie Ian aus Sambia und mit ihm seit langem eng verbunden, hatte in München eine Fotostrecke für die *Freundin*. Unser Fotografenfreund fand, die beiden seien ein außergewöhnlich attraktives Paar. Bis dahin gab ich mir ja noch Mühe. Dann sah ich Fotos, die nicht für die Veröffentlichung vorgesehen waren. Mein Füchschen als Matrose und sie als stark geschminktes Luder. Der Seemann und die Hure, jung, schön, in ihrer Blüte, auf dem Höhepunkt körperlicher Attraktivität. Sie sahen unglaublich verführerisch aus. «Babiche, bescheuerter Name, wie kann jemand seine Tochter Babiche nennen, das kann man doch nur doof aussprechen: Babische, Bäbischi, oder richtig deutsch Bba-bbi-tche, die bitch. Ekelhaft, und wie heißt ihre Schwester? Nee, was, die heißt Deirdre? Wie spricht man denn das aus?»

«Dier-drie. Und ihr Name ist Babisch, so wird das ausgesprochen.»

Als beide mit einem frisch tätowierten Skorpion ankamen, neben dem Hüftknochen auf der Innenseite, wurde mir endgültig klar, dass ich ihn verloren hatte. Wer will sich schon einen langweiligen Steinbock auf den Bauch stechen lassen.

Babiche stand auf Kokain, die teure Modedroge ihrer Kreise. Sie sniffte mit Stefan, was das Zeug hielt, und bezahlte, denn sie war für die nächsten zehn Monate ausgebucht. Ihr Geld floss zuverlässig. Ian war meistens bei ihnen.

Sie mochte mich und wollte helfen, dass mir die Trennung leichter fiel. Sie war ein gutes Mädchen. Ich litt immer noch unter meinen sieben, acht, gefühlten zehn, zwanzig, dreißig Kilo Übergewicht, unter meinen unästhetischen Anhängseln mit der schrecklichen Form. In die grazile Babiche konnte man sich wirklich verlieben, schön und herzig, wie sie war, und dann noch mit einem guten Charakter. Sogar über eine meiner Lieblingseigenschaften verfügte sie, Großzügigkeit. Ich hätte mich auch in sie verliebt, und auch mir wäre ihr bekloppter Name egal gewesen. Wer konnte schon was dafür, wie durchgedrehte Eltern ihr runzeliges Neugeborenes nannten.

Ich kam von einer Dealerei zurück in die riesige Fotografenaltbauwohnung. Solche Typen hatten immer riesige Altbauwohnungen. Alle hatten immer riesige Altbauwohnungen. Ich nicht. Ich hatte immer die winzigen, überteuerten Einzimmerapartments, die aufblasbaren Wohnklos in zum Gähnen langweiligen Neubauten. Mein Freund saß mit seiner neuen Freundin knutschend in der Badewanne. Er stand auf, schaumbedeckt, und sie rubbelte ihn mit zärtlicher Fürsorge ab, passte bei dem neuen Tattoo auf dem unteren Bauch besonders auf. Beide lächelten mir zu, grüßten freundlich und widmeten sich wieder einander mit einer Konzentration, mit einer Hingabe, die mich mitten in die Seele traf. Gellend entfuhr meiner Kehle ein kreischender Laut. Bestürzt hielt das schöne nackte Paar inne und starrte mich an. Meine verzweifelt um Ausdruck kämpfende Stimme schien einen Moment lang die Oberhand zu gewinnen, wurde dann aber erstickt von meinen eigenen Händen. Ich sank allmählich in mich zusammen und vermochte nicht mehr, vom kalten Stein aufzustehen, weil ich kein Rückgrat mehr besaß. Lautlos erstickend ertrank ich in einem Tränenozean, während die beiden herrlichen schlanken, biegsamen jungen Menschen sich zu küssen begannen. Ich verstand ihn. Ich konnte nichts gut, außer weinen. Ich hätte mich auch verlassen.

Mein Platz war hier nicht länger. Mehr tot als lebendig wurde ich in ein Taxi verfrachtet. Es hielt vor irgendeinem der großen Hotels. Ich konnte auch hier nicht bleiben.

Ich musste diesen Ort, dieses Land verlassen.

Regenbogen über Bergketten, schlingende Pflanzen, seltsame Gewächse, eine Vielzahl an Orchideen und merkwürdigen Tieren, fremde Klänge und Gerüche, langsame Tänze mit ausdrucksvollen Gesten und verhaltener Mimik, Lächeln, Feinheiten, die ich ersehnte – vielleicht würde ich durch all das wieder zurückfinden zu mir. Ich wollte nie wieder gesehen werden, suchte mein Versteck inmitten von Donner und Blitz. War ich bereits tot – oder war ich im Begriff zu sterben?

Ich stürzte in eine fremde und seltsame Welt.

Eine psychosomatische Klinik
irgendwo mitten in Deutschland
Mai 1998

Morgen werde ich abgeholt. Mein Betreuer vom Sozialdienst Katholischer Männer wird mich im Auto zusammen mit meinem Sohn zur Therapie-Einrichtung fünfzig Kilometer südlich von Bielefeld bringen. Ein halbes Jahr Aufenthalt. Es gibt nur wenige Einrichtungen, in die man sein Kind mitbringen kann. Moritz wird im August zurückgehen zu seinem Vater, er wird eingeschult werden. Die Kosten für meine Heilung teilen sich verschiedene Ämter und meine Krankenkasse. Ich bin dankbar, dass es so was gibt in unserem Land.

Kathmandu/Nepal März 1994

In einem Café mit Blick auf den Souvenirmarkt, nah beim Palast der Lebenden Göttin, der Kumari, wartete ich ungeduldig auf meinen Vermittler. Um mir die Zeit zu vertreiben, blätterte ich in einer der herumliegenden, zerlesenen Ausgaben des *Spiegel.* Ein Foto zeigte einen toten Junkie auf einem Bahnhofsklo. Raju wollte wissen, was ich da läse. Einen Bericht über Junkies in Deutschland, und dass einer von ihnen ein Buch über seine Erfahrungen geschrieben hätte, erwiderte ich und erklärte ihm das Foto. Er riss mir das Magazin aus der Hand, starrte das Bild an. Der Tote interessierte ihn nicht. Fassungslos stieß er hervor: «Bei euch sind die öffentlichen Toiletten sauberer als bei uns die Ministerien! Bei euch kann ein Junkie ein Buch schreiben! Wenn ich hier zum Arzt gehe, sagt der, was willst du, du bist selbst schuld, du brauchst nicht süchtig zu sein, niemand zwingt dich, hör einfach auf damit. Dann kassiert er und schmeißt mich raus! Als Junkie bist du das Allerletzte!»

Epilog
Der gute Junkie von nebenan

Der Bericht von Teilen meines Lebens endet damit, dass ich im Juni 1985 nach meiner zerbrochenen Liebe von München nach Thailand flüchte. Im Februar 1986 kehrte ich nach neunmonatigem Aufenthalt nach Deutschland zurück. Clean trampte ich Ende März nach Berlin, wurde verhaftet, saß dreieinhalb Wochen in Untersuchungshaft in der Frauenhaftanstalt Plötzensee. Christiane Felscherinow hatte ihre Zelle ein Stockwerk über mir und schob regelmäßig den Essenswagen. Während ich im Gefängnis war, verlor ich den zugesagten Job und die Aussicht auf eine Wohnung. Ich beantragte zum ersten Mal Sozialhilfe und wurde rückfällig. Weil ich in Deutschland obdachlos war, verbrachte ich bis 1989 jeden Winter von Anfang November bis Anfang Mai in Thailand, Nepal, Indien und Goa. Die Sommer 87 und 88 war ich Hausbesetzerin in der Schanzenstraße in Hamburg. Als ich im Frühjahr 1989 aus Indien kommend ins Sauerland zurückkehrte, hatte ich keine unteren Frontzähne mehr und wog noch 44 Kilo. Ich entzog ohne Methadon, nur mit einigen harmlosen Beruhigungsmitteln, mal wieder zu Hause bei meinen ratlosen Eltern, betreut von dem alten Junkiearzt unserer Stadt. Um mich weiter aufzubauen und zu kräftigen, suchte ich in dieser Phase der Neuorientierung nach einer sinnvollen Sportart und trat dem örtlichen Taekwondo-Verein bei. Als einziges Weib misstrauisch beäugt von wesentlich jüngeren, ausschließlich männlichen Schülern, verbiss ich mich mit 33 Jahren in den Sport mit enormem Ehrgeiz bei täglichem Training.

Im September 1989 nahm ich eine Arbeitsstelle bei Hermes an und kräftigte mich weiter beim Ausladen der LKWs. Während dieser Tätigkeit lernte ich den Künstler Carla Subito kennen.

Im Januar 1990 zog ich nach Köln, wo ich auf Wunsch meiner

Eltern, aber auch, weil mir nichts Besseres einfiel, eine einjährige Ausbildung zur Kosmetikerin machte.

Im April 1990 wechselte mein Vater nach viermonatiger, heroisch ertragener Leidenszeit seinen Körper. Drei Wochen vor der Geburt unseres Wunschkindes heirateten Carla Subito und ich im April 1992. Sechs Monate später wurde ich nach dreieinhalb Jahren Drogenfreiheit rückfällig. Ich hatte in den Achtzigern ein Doppelleben geführt, doch nun erforderte ein anstrengendes Doppelleben mein ganzes Können. Zwei Jahre gelang es mir, meine Sucht vor meinem Mann zu verbergen, gleichzeitig machte ich ihm in Gedanken deswegen Vorwürfe – eine völlig absurde Situation.

Im April 1994 begleitete ich als Betreuerin den todkranken Künstler Roger Lips auf eine zweiwöchige Nepal-Reise. Während meiner Abwesenheit hatte mein Mann die Wahrheit herausgefunden.

Ich entgiftete im Mai 94 in einem Sauerländer Krankenhaus und war bis zum Herbst 97 im Kölner Methadonprogramm. Danach gab ich nochmal ordentlich Gas in freier Wildbahn, bis nichts mehr ging.

Im März 1998 entzog ich, um anschließend mit meinem Sohn in eine Langzeittherapie zu gehen. Nach sechs Wochen feuerten sie mich: «Nicht therapierbar.» Alles ging von vorne los. Im Jahr darauf entgiftete ich wieder und ging im Mai 99 ohne meinen nun schulpflichtigen Sohn in eine Therapieeinrichtung in Hessen. Dort lernte ich meinen jetzigen Mann, damals noch ein Hardcore-Kokain-Junkie, kennen, mit dem ich nach fünf Wochen «durchbrannte». Im September 1999 starteten wir einen zweiten Versuch, wurden wieder aufgenommen und beendeten ohne einen einzigen Rückfall unsere Therapie als «Vorzeigepatienten». Seitdem leben wir zusammen (2001 wurde meine Ehe geschieden), es geht uns gut, und wir haben Verständnis füreinander. Man bleibt sein Leben lang süchtig, wie Alkoholiker auch, und immer wieder gibt es schwierige Phasen. Je länger der Abstand, desto größer die Chance. Man darf nie nachlassen in seiner Wachsamkeit.

Ich habe einen kleinen, feinen Garten angelegt, finde Erfüllung beim Schreiben und Malen, freue mich, wenn mein Essen schmeckt, und bin irrsinnig stolz auf meinen Sohn, meinen Mann – und auch auf meinen Ex. Mit Verwunderung blicke ich zurück auf die zahllosen Leben, die ich durch-er-lebt habe: Das alles ist MIR widerfahren? Das Älterwerden ist ein spannender Prozess, genauso abenteuerlich wie die Jugendzeit. Aggression und Verzweiflung haben sich ganz von selbst in Luft aufgelöst. Ich lebe sehr zurückgezogen, und obwohl mich hin und wieder der Teufel reitet und ich mit mir und der Welt voller Zorn und Zweifel hadere, bin ich erfüllt von gelassener, heiterer, inniger Dankbarkeit. Ja – ich bin nett (!) geworden, und, ja – trotz allem Leid war und ist es ein schönes, buntes, reiches Leben.

Danksagung

2001 ergatterte ich eine einjährige ABM-Stelle als Verwaltungskraft im Kölner «Theater im Bauturm», wo ich Renan Demirkan kennenlernte. Sie gab mir fünf Adressen von Literaturagenturen. Ich schickte allen ein rohes Exposé. Eine Agentur meldete sich nicht, die andere war nicht zuständig für Autobiographisches. Von den dreien, die den Stoff wollten, waren zwei zu langsam. Morgens in der Post, mittags gelesen; nachmittags rief mich Joachim Jessen von der Literaturagentur Thomas Schlück an. Mir imponiert Entschlossenheit. Der schnelle Jessen vermochte unglaubliche Geduld aufzubringen. Umso größer meine Bewunderung, acht Jahre auf das Manuskript (ursprünglich 1800 Seiten) gewartet und mich niemals bedrängt zu haben. Herr Jessen, Chapeau! Barbara Laugwitz und meiner Lektorin Susanne Frank vom Rowohlt Verlag danke ich für ihr Vertrauen, ihren Glauben an mich und das, was ich zu erzählen habe. Mirjam Giersen, Wuschel, du weißt, wofür ich dir danke, so eine wie du ist mir noch nie begegnet. Bertram Beilke, zehn zähe Jahre hast du mich angetrieben, wenn ich nicht mehr weiterwusste, -konnte oder -wollte, du hast den Sonderplatz in meinem Herzen. Gisela Beilke und Hans-Christian Beilke, danke für zehn Jahre Bett und Essen und Taschengeld. Olga M. aus Berlin, beste Freundin, Leidensgefährtin und Geistesschwester, dich nehme ich fest in den Arm (nicht nur für deine konstruktive Kritik), ohne dich würde ich nicht mehr existieren. Herzlichen Dank an Trini Trimpop und Nicole Molitor, von Anfang an habt ihr mir mit eurer Unterstützung ein ums andere Mal Kraft gegeben. Carla Subito und Noah Jérome Schöne, meine Augäpfel seid ihr. Elisabeth Schöne, Hannelies Blänkner, Markus Blänkner danke ich von ganzem Herzen für Hilfsbereitschaft und Großzügigkeit. Meiner Schwester Jivan Bodhitara in Australien danke ich für erhellende Gespräche. Meinem Vater verdanke ich die Neugier und Liebe zu unserer fragilen Welt mit ihren zahllosen Wundern. Der Einzige, der übrig geblieben ist aus der einst von mir so bewunderten Sauerländer Clique meines Geburtsortes ist Johannes Stricker. Du hast dich nie um meinen Ruf gekümmert, hast dich niemals beirren lassen und bist mir bis heute in Freundschaft verbunden. Grazie tanto, Johannes. Trotzdem lasse ich mich nie wieder von dir in die Nase beißen, du Sack!